SAP PRESS

SAP PRESS ist eine gemeinschaftliche Initiative von SAP SE und der Rheinwerk Verlag GmbH. Unser Ziel ist es, Ihnen als Anwendern qualifiziertes SAP-Wissen zur Verfügung zu stellen. SAP PRESS vereint das Know-how der SAP und die verlegerische Kompetenz von Rheinwerk. Die Bücher bieten Ihnen Expertenwissen zu technischen wie auch zu betriebswirtschaftlichen SAP-Themen.

Damit Sie nach weiteren Titeln Ihres Interessengebiets nicht lange suchen müssen, haben wir eine kleine Auswahl zusammengestellt.

Lutz Baumbusch et al.
ABAP RESTful Application Programming Model
2. aktualisierte und erweitere Auflage, 667 Seiten, 2024, geb.
ISBN 978-3-367-10078-1
www.sap-press.de/5869

Rene Glavanovits et al.
SAP Fiori Elements: Das Praxishandbuch
440 Seiten, 2022, geb.,
ISBN 978-3-8362-8755-5
www.sap-press.de/5438

Carsten Bönnen et al.
SAP Gateway und OData
4., aktualisierte und erweiterte Auflage, 878 Seiten, 2024, geb.
ISBN 978-3-8362-9808-7
www.sap-press.de/5795

Daniel Bertolozi et al.
Clean SAPUI5: Lesbarer und wartbarer SAPUI5-Code
596 Seiten, 2024, geb.
ISBN 978-3-367-10050-7
www.sap-press.de/5859

Raja Gupta et al.
DevOps mit SAP: Methoden und Werkzeuge für effiziente Integration
427 Seiten, 2024, geb.
ISBN 978-3-367-10183-2
www.sap-press.de/5902

Fullstack-Entwicklung mit SAP®

Rene Glavanovits, Martin Koch, Daniel Krancz,
Maximilian Olzinger

Fullstack-Entwicklung mit SAP®

Rheinwerk
Publishing

Liebe Leserin, lieber Leser,

SAP-Landschaften sind komplex, und wir alle wissen, wie schnell sich Technologien und Anforderungen in der IT-Welt ändern. Genau da setzt SAP PRESS an: mit Büchern, die nicht nur Theorie vermitteln, sondern konkret im Alltag helfen.

In diesem Buch finden Sie direkt umsetzbare Ratschläge, praktische Beispiele und Lösungen für drängende Herausforderungen. Unsere Autor*innen sind Profis, die wissen, wo der Schuh drückt – und wie man Probleme effizient löst. Mit ihrer Erfahrung an Ihrer Seite können Sie Ihre SAP-Projekte gezielter angehen, fundiertere Entscheidungen treffen und die vielen Facetten von SAP besser meistern.

Ob Sie gerade erst beginnen oder schon lange im SAP-Umfeld tätig sind: Wir sind davon überzeugt, dass dieses Buch Ihnen hilfreiche Anleitungen und Tipps an die Hand gibt, um Ihre täglichen Aufgaben und Projekte erfolgreich zu meistern.

Wir freuen uns stets über Lob, aber auch über kritische Anmerkungen, die uns helfen, unsere Bücher zu verbessern. Zögern Sie also nicht, sich bei mir zu melden; Ihr Feedback ist jederzeit willkommen.

Wir wünschen Ihnen viele Aha-Momente und eine erfolgreiche Umsetzung mit diesem Buch!

Ihre Nicole Gürgens
Lektorat SAP PRESS

nicole.guergens@rheinwerk-verlag.de
www.rheinwerk-verlag.de
Rheinwerk Verlag · Rheinwerkallee 4 · 53227 Bonn

Auf einen Blick

Wir hoffen, dass Sie Freude an diesem Buch haben und sich Ihre Erwartungen erfüllen. Ihre Anregungen und Kommentare sind uns jederzeit willkommen. Bitte bewerten Sie doch das Buch auf unserer Website unter **www.rheinwerk-verlag.de/feedback**.

An diesem Buch haben viele mitgewirkt, insbesondere:

Lektorat Nicole Gürgens
Korrektorat Claudia Lötschert, Neuss
Herstellung Ralf Kepnik
Typografie und Layout Vera Brauner
Einbandgestaltung Silke Braun
Coverbilder iStock: 185309164 © GA161076
Satz SatzPro, Krefeld
Druck Beltz Grafische Betriebe, Bad Langensalza

FSC
www.fsc.org
MIX
Papier | Fördert gute Waldnutzung
FSC® C089473

Dieses Buch wurde gesetzt aus der TheAntiquaB (9,35/13,7 pt) in FrameMaker.
Gedruckt wurde es mit mineralölfreien Farben auf chlorfrei gebleichtem, FSC®-zertifiziertem Offsetpapier (90 g/m²).
Hergestellt in Deutschland.

Bibliografische Information der Deutschen Nationalbibliothek:
Die Deutsche Nationalbibliothek verzeichnet diese Publikation in der Deutschen Nationalbibliografie; detaillierte bibliografische Daten sind im Internet über *http://dnb.dnb.de* abrufbar.

ISBN 978-3-367-10334-8

1. Auflage 2025

Informationen zu unserem Verlag und Kontaktmöglichkeiten finden Sie auf unserer Verlagswebsite **www.rheinwerk-verlag.de**. Dort können Sie sich auch umfassend über unser aktuelles Programm informieren und unsere Bücher und E-Books bestellen.

Inhalt

Einleitung

Wir freuen uns, Ihnen dieses Buch vorstellen zu können, das Ihnen den Zugang zur Fullstack-Entwicklung mit SAP-Werkzeugen und -Lösungen erleichtern soll. Im heutigen digitalen Zeitalter, in dem Technologie eine entscheidende Rolle spielt und den wirtschaftlichen Erfolg von Unternehmen bestimmt, ist die Entwicklung von Softwareanwendungen von entscheidender Bedeutung. Eine Disziplin, die in den letzten Jahren zunehmend an Bedeutung gewonnen hat, ist die Fullstack-Entwicklung. Fullstack-Entwicklung ist eine wesentliche Kompetenz für Entwickler, die moderne und maßgeschneiderte Anwendungen erstellen wollen. Im SAP-Umfeld ist die Fullstack-Entwicklung von besonderer Bedeutung, da SAP-Technologien und -Systeme in vielen Unternehmen eine zentrale Rolle spielen.

Das Buch ist in drei Teile gegliedert.

Teil I: Einführung

Der erste Teil dieses Buchs befasst sich mit der Theorie, den Grundlagen und den Begriffsbestimmungen in diesem SAP-Fiori-Design-System. Wir stellen Ihnen Praktiken, Werkzeuge, Frameworks und Richtlinien vor und werden unser Bestes geben, um Ihnen die Bedeutung der SAP-Fiori-Welt zu vermitteln.

Wir beginnen in **Kapitel 1**, »Einführung in die Fullstack-Entwicklung«, mit einem Überblick über den heiligen Gral der modernen SAP-Entwicklung. Zunächst geben wir einen Überblick über die Rolle von Fullstack-Entwicklern. Anschließend stellen wir Ihnen die von SAP angebotenen Programmiermodelle vor. Das HTTP-Protokoll ist die technologische Grundlage aller SAP-Fiori-Anwendungen, die wir Ihnen in ihren Grundzügen vorstellen.

SAP Fiori und SAPUI5 sind in modernen SAP-Systemlandschaften weit verbreitet. Daher ist es wichtig, dass Sie die Grundlagen verstehen und anwenden können. Das haben wir uns in **Kapitel 2**, »Einführung in SAPUI5 und SAP Fiori«, vorgenommen. Da jedoch viele Entwickler, Administratoren und Anwender den Unterschied zwischen SAPUI5 und SAP Fiori nicht kennen, werden wir ihn erläutern. Anschließend stellen wir Ihnen das SAP Fiori Launchpad vor, eine Schlüsselkomponente der SAP-Fiori-Strategie und der zentrale Einstiegspunkt für alle SAP-Fiori-Anwendungen. Abschließend stellen wir Ihnen die SAP-Fiori-Designrichtlinien vor, die »Bibel« der SAP-Fiori-Entwickler.

OData ist mehr als nur ein triviales Protokoll – es ist die Grundlage für die Kommunikation aller SAP-Fiori-Anwendungen mit dem SAP-Backend. Aus diesem Grund konzentriert sich **Kapitel 3**, »Einführung in OData«, auf dieses Protokoll und seine

Einsatzmöglichkeiten. Mit OData können Sie Datenmodelle, die auf einer REST-Architektur basieren, vollständig abbilden. Wir beginnen mit einer Einführung in OData. Sie lernen alles, was für die Versorgung von SAP-Fiori-Apps wichtig ist. SAP bietet verschiedene Optionen für die OData-Entwicklung. Deshalb stellen wir Ihnen im zweiten Teil dieses Kapitels die Transaktion SEGW und das ABAP RESTful Application Programming Model vor. Mit diesen Informationen können Sie nahezu jede Anforderung in Form von OData-Services abbilden.

Core Data Services, auch bekannt als CDS, sind ein unverzichtbarer Bestandteil der modernen SAP-Entwicklung geworden. CDS ist eine von SAP entwickelte domänenspezifische Sprache für die Entwicklung von Datenbankartefakten in SAP-Systemen, mit der wir uns in **Kapitel 4**, »Einführung in CDS«, beschäftigen werden. Wir beginnen mit einer Einführung in die CDS-Entwicklung. Anschließend lernen Sie, wie Sie komplexe Datenmodelle mit mehreren Entitäten durch Verknüpfungen zwischen den Entitäten abbilden können. SAP wäre nicht SAP, wenn es kein Erweiterungskonzept gäbe. Dieses stellen wir in Abschnitt 4.3 vor. Schließlich befassen wir uns mit dem Thema Berechtigungen und wie sich CDS-Entitäten in das klassische SAP-Berechtigungswesen eingliedern lassen.

TypeScript ist eine Implementierung von ECMAScript und erweitert JavaScript um zusätzliche Funktionalitäten. Der gesamte JavaScript-Code funktioniert in TypeScript, aber nicht der gesamte TypeScript-Code funktioniert in JavaScript. TypeScript gewinnt auch in der SAPUI5- und SAP-Fiori-Entwicklung schnell an Bedeutung und behebt einige der Nachteile von JavaScript. Aus diesem Grund stellen wir die TypeScript-Entwicklung in **Kapitel 5**, »Einführung in TypeScript«, vor. TypeScript ist eine streng typisierte Skriptsprache, die Konzepte wie Objektorientierung und Typinferenz zur Beschreibung von Daten verwendet. TypeScript kann auch mit generischen Datentypen umgehen. TypeScript wird oft vernachlässigt, aber jetzt, wo SAP sich voll auf TypeScript konzentriert, wollen wir sicherstellen, dass Sie diesen Zug nicht verpassen. In diesem Kapitel werden wir Sie in die Entwicklung mit TypeScript einführen.

Teil II: Entwicklung

Im zweiten Teil setzen wir die Theorie in die Praxis um. Fullstack bedeutet, Frontend-Entwicklung, Backend-Entwicklung und die Kommunikation zwischen beiden Welten zu beherrschen. Aus diesem Grund werden wir für die Backend-Entwicklung das ABAP RESTful Application Programming Model und den SAP Getway Service Builder verwenden, um OData-Services der Version 2 und 4 zu erhalten. Diese Services werden wir für die Datenbeschaffung im Frontend verwenden, wenn es darum geht, SAPUI5-Freestyle-Anwendungen (Pro-Code-Entwicklung) und SAP-Fiori-Elements-Apps (Low-Code-Entwicklung) zu entwickeln. Als Sahnehäubchen wird das neue Flexible Programming Model vorgestellt, das die beiden Entwicklungsansätze Pro-Code und Low-Code kombiniert, um das Beste aus beiden Welten zu vereinen.

In **Kapitel 6**, »Entwicklung von OData-V4-Services mit dem ABAP RESTful Application Programming Model (Managed Scenario)«, führen wir Sie in die Welt der modernen Backend-Entwicklung ein und zeigen Ihnen, wie Sie einen OData-V4-Dienst implementieren. Das Beste daran ist, dass wir dasselbe Beispiel verwenden werden, das in Kapitel 8 des Buches für die Entwicklung mit dem SAP Gateway Service Builder verwendet wird. So können Sie die beiden Ansätze direkt vergleichen und die Vorteile des ABAP RESTful Application Programming Model besser verstehen. Unser Hauptziel ist es, Ihnen zu zeigen, wie Sie Business-Objekte entwickeln können. Sie lernen, wie Sie das Datenmodell definieren, Projektionen für verschiedene Anwendungsfälle erstellen und Servicedefinitionen und Service-Binding konfigurieren. Dies bildet die Grundlage für die Implementierung Ihres OData-V4-Services mit dem ABAP RESTful Application Programming Model. Aber das ist noch nicht alles! Wir werden auch fortgeschrittene Funktionen des ABAP RESTful Application Programming Model behandeln, die Ihre Anwendungsentwicklung auf die nächste Stufe bringen werden. Sie lernen, wie Sie Aktionen definieren, um komplexe Geschäftslogik in Ihren Services zu implementieren. Darüber hinaus zeigen wir Ihnen, wie Sie Wertehilfen verwenden, um Ihren Benutzern eine intuitive Werteauswahl zu ermöglichen.

In **Kapitel 7**, »Entwicklung von OData-V4-Services mit dem SAP Cloud Application Programming Model«, stellen wir Ihnen das SAP Cloud Application Programming Model als Alternative zum ABAP RESTful Application Programming Model für die Cloud-native Entwicklung vor. Das SAP Cloud Application Programming Model ist ein leichtgewichtiges Framework, das Sie bei der Modellierung und Entwicklung von Cloud-Anwendungen unterstützt. Wir verwenden das gleiche Beispiel wie in Kapitel 6, um Ihnen einen direkten Vergleich zwischen dem SAP Cloud Application Programming Model und dem ABAP RESTful Application Programming Model zu geben. Sie werden in der Lage sein, die Unterschiede und Gemeinsamkeiten zwischen den beiden Programmiermodellen zu erkennen und zu beurteilen, welches Modell besser zu Ihren spezifischen Anforderungen passt. Sie werden verstehen, wie das SAP Cloud Application Programming Model Ihnen helfen kann, Cloud-Anwendungen effizient zu entwickeln und welche Vorteile es gegenüber dem ABAP RESTful Application Programming Model bietet. Mit dem Wissen und den Fähigkeiten, die Sie in diesem Kapitel erwerben, können Sie fundierte Entscheidungen bei der Wahl des geeigneten Programmiermodells für Ihre Cloud-nativen Entwicklungen treffen.

OData V2 war lange Zeit der Standard für die Bereitstellung von Daten in der SAPUI5-Entwicklung. Wie in **Kapitel 8**, »Entwicklung von OData-V2-Services mit dem SAP Gateway Service Builder«, beschrieben, können Sie durch die Verwendung von OData V2 und die Entwicklung in der Transaktion SEGW Daten für Ihre SAPUI5-Anwendungen nach Ihren Bedürfnissen bereitstellen. Sie haben die Flexibilität, CRUD-Operationen für Ihre Entitäten zu definieren und diese durch einfache Konfigurationen oder eigenen Code zu implementieren. Dies ermöglicht Ihnen die schnelle und standardisierte Entwicklung von datenbasierten Anwendungen. Darüber hinaus bietet Ihnen die Service Adaptation Definition Language (SADL) eine alternative Möglichkeit zur Implementierung von OData-basierten Services. SADL ermöglicht eine generische Implementierung, bei der Sie sich auf die automatische Generierung von Code und Datenzugriffsschichten verlassen können. Dies vereinfacht die Entwicklung und Wartung Ihrer OData-Services erheblich, da ein Großteil des Codes automatisch generiert wird.

In **Kapitel 9**, »Entwicklung von SAPUI5-Freestyle-Anwendungen«, werden wir uns mit den Grundlagen der SAPUI5-Entwicklung beschäftigen. Bevor wir uns in den beiden folgenden Kapiteln mit der Entwicklung einer fiktiven, aber praxisnahen Anwendung beschäftigen, müssen wir uns ein grundlegendes Verständnis dieses Frameworks aneignen. Aus diesem Grund werden wir uns nicht nur die einzelnen Komponenten der Architektur ansehen, sondern auch konkret die Grundlagen zur Verwendung von UI-Komponenten und Layout Controls, das Arbeiten mit der SAPUI5-Dokumentation, die Arten und die Syntax von Data Binding, die Entwicklung von Formatter und Event Handler, die Möglichkeiten zur Navigation, das Unterstützen von mehrsprachigen Anwendungen und die Bereitstellung von SAPUI5- und SAP-Fiori-Anwendungen auf ein SAP-System kennenlernen. Wie Sie sehen, haben wir viel vor, aber keine Angst, wir haben die Theorie mit vielen kleinen Übungen und Veranschaulichungen verdeutlicht und machen Sie dadurch fit für die Übung en in den beiden folgenden Kapiteln.

Während sich die Entwicklung der Benutzerschnittstelle nicht zwischen den verschiedenen OData-Versionen unterscheidet, gibt es erhebliche Unterschiede in der Datenhaltung, der Kommunikation und den Möglichkeiten zwischen OData V2 und OData V4. Es ist nicht möglich, Anwendungen einfach zu migrieren, da die Datenbindung und -haltung im Kern des Modells für OData V4 anders ist. Aber keine Sorge! In **Kapitel 10**, »Entwicklung von SAPUI5-Freestyle-Anwendungen mit OData-V4-Services«, zeigen wir Ihnen, wie Sie eine SAP-Fiori-Benutzeroberfläche für einen der zuvor erstellten OData-Services entwickeln können. Unser Ziel ist es, dass Sie alle spezifischen Aspekte von OData V4 praxisnah erlernen und in der Lage sind, benutzerfreundliche und intuitive Benutzeroberflächen für Ihre SAPUI5-Anwendungen zu entwickeln. Dabei legen wir besonderen Wert darauf, dass Ihre Entwicklung den SAP-Fiori-Designrichtlinien entspricht. Dies ermöglicht es Ihnen, eine konsistente Benutzererfahrung über Anwendungsgrenzen hinweg zu bieten. Im Laufe dieses Kapitels werden wir praktische Beispiele und Anleitungen geben, um sicherzustellen, dass Sie OData V4, die Möglichkeiten, Grenzen und Unterschiede vom OData-V4-Model verstehen und effektiv nutzen können. Es ist besonders wichtig, sich vorher mit den Grundlagen aus Kapitel 9 vertraut zu machen, da wir in diesem Kapitel auf dieses Wissen zurückgreifen und im Rahmen der Entwicklungsschritte darauf aufbauen.

In **Kapitel 11**, »Entwicklung von SAPUI5-Freestyle-Anwendungen mit OData-V2-Services«, zeigen wir Ihnen, wie Sie eine SAPUI5-Benutzeroberfläche auf der Basis eines OData-V2-Dienstes implementieren. Unser Ziel ist es, eine lauffähige und praktikable Anwendung zu erstellen. Wir beginnen mit der Darstellung von Daten in einer Tabelle, die auf zwei Arten implementiert wird. Sie werden sehen, wie eine Tabelle manuell implementiert wird und wie intelligente Steuerelemente, sogenannte Smart Controls, Ihnen das Leben als Entwickler wesentlich erleichtern können. Als nächstes werden wir Ihnen zeigen, wie die Dateneingabe und -änderung implementiert wird. Dazu müssen Sie mit dem Konzept der Navigation vertraut sein. Außerdem führen wir das Konzept der Fragmente ein. Wie bereits erwähnt, ist es besonders wichtig, dass die Entwicklung mit den SAP-Fiori-Designrichtlinien übereinstimmt. So können Sie eine konsistente Benutzererfahrung über Anwendungsgrenzen hinweg bieten. Denken Sie daran, dass der Schwerpunkt dieses Kapitels auf der Entwicklung der lauffähigen Anwendung liegt, während die Grundlagen, auf denen wir aufbauen, bereits in Kapitel 9 erläutert wurden.

In **Kapitel 12**, »Entwicklung von Benutzeroberflächen mit SAP Fiori Elements«, werden wir uns mit der Entwicklung von Benutzeroberflächen mit SAP Fiori Elements befassen. Der Schwerpunkt liegt dabei auf der Vorstellung von Werkzeugen und Techniken, die Ihnen helfen, die Entwicklung von SAP-Fiori-Anwendungen zu beschleunigen und zu standardisieren. Wir stellen Ihnen die wichtigsten Floorplans von SAP Fiori Elements vor. Diese Vorlagen bieten vordefinierte Layouts und Strukturen, die häufig in Unternehmensanwendungen verwendet werden. Durch die Verwendung dieser Vorlagen können Sie Zeit und Aufwand sparen, indem Sie auf bewährte Muster und Best Practices zurückgreifen. Ein weiterer wichtiger Aspekt, den wir behandeln werden, sind die Annotationen. Annotationen sind Metadatenerweiterungen, die Sie Ihren OData-Services hinzufügen können, um Informationen über die Struktur und das Verhalten Ihrer Daten bereitzustellen. Wir zeigen Ihnen, wie Sie Annotationen verwenden können, um automatisch generierte Benutzeroberflächen zu erstellen, die auf den Eigenschaften und Beziehungen Ihrer Daten basieren. Dies vereinfacht die Entwicklung und Wartung von Benutzeroberflächen erheblich, da weniger manueller Code geschrieben werden muss.

In **Kapitel 13**, »Entwicklung von Benutzeroberflächen mit dem Flexible Programming Model«, tauchen wir in das Flexible Programming Model ein, das Ihnen erweiterte Möglichkeiten zur Anpassung und Erweiterung von SAP-Fiori-Anwendungen und OData-V4-basierten Anwendungen bietet. Dieses neue Programmiermodell ist ein innovativer Ansatz von SAP, um die Anpassbarkeit und Erweiterbarkeit von SAP-Fiori-Anwendungen zu verbessern und gleichzeitig eine hohe Qualität und Stabilität zu gewährleisten. Wir führen Sie in die grundlegenden Prinzipien und Konzepte des Flexible Programming Model ein und zeigen Ihnen, wie Sie diese in der Praxis anwenden können. Sie werden lernen, wie Sie Steuerelemente entwerfen, entwickeln und verwenden, um spezifische Funktionen hinzuzufügen, die über die Standardsteuerelemente hinausgehen. Wir werden Sie auch mit den Konzepten der sogenannten Building Blocks vertraut machen, die vorgefertigte Funktionen und Komponenten bieten, mit denen Sie Ihre SAP-Fiori-Anwendungen schneller entwickeln und gleichzeitig Best Practices und Standards einhalten können. Ein weiteres wichtiges Thema in diesem Kapitel ist die Integration des Flexible Programming Model in SAPUI5-Freestyle-Anwendungen. Wir zeigen Ihnen, wie Sie die Flexibilität und Anpassungsfähigkeit dieses Frameworks nutzen können, um das Beste aus den beiden Entwicklungsansätzen Pro-Code und Low-Code herauszuholen.

Teil III: Fortgeschrittene Themen

Im dritten Teil des Buches beschäftigen wir uns mit fortgeschrittenen Themen rund um die Fullstack-Entwicklung im SAP-Umfeld. Dazu gehören unter anderem das Hochladen und Ablegen von Dateien über SAP-Fiori-Apps, das Implementieren von Formvalidierungen, Fehlerbehandlung und Nachrichtenverwaltungen sowie die Nutzung von Kollaborationstechniken und Konfliktvermeidung bei manipulierenden Datenzugriffen. Ein wichtiger Bestandteil des SAP-Fiori-Design-Systems ist auch die Erweiterbarkeit bereits bestehender Anwendungen, unabhängig davon, ob diese von Ihnen entwickelt wurden oder von SAP im Standard ausgeliefert werden. Hier zeigen wir Ihnen Möglichkeiten zur modifikationsfreien Erweiterung und Weiterentwicklung von SAP-Fiori-Apps. Last but not least widmen wir uns dem Thema Deployment. Wir werden uns den Bereitstellungsmöglichkeiten mit all ihren Vor- und Nachteilen widmen.

In **Kapitel 14**, »Datei-Upload«, werden wir uns die Integration von Datei-Upload-Funktionen in Ihre Anwendungen ansehen. Wir werden einen vollständigen Beispielprozess vorstellen, der es Ihren Benutzern ermöglicht, Dateien hochzuladen und die hochgeladenen Dateien dann in Ihrer Anwendung zu verarbeiten. Sie lernen verschiedene Aspekte des Datei-Uploads kennen, z. B. die Definition der unterstützten Dateiformate, die Festlegung von Dateigrößenbeschränkungen und die Implementierung von Sicherheitsmaßnahmen, um unerwünschte Dateien oder potenzielle Sicherheitsrisiken zu verhindern. Wir zeigen Ihnen, wie Sie die hochgeladenen Dateien in Ihrer Anwendung verarbeiten können. Dazu gehören Aufgaben wie das Speichern der Dateien an einem geeigneten Speicherort, das Extrahieren von Metadaten aus den Dateien und die Durchführung weiterer Verarbeitungsschritte, wie z. B. Datenimport oder Dateikonvertierung.

In **Kapitel 15**, »Formularvalidierung und Error Handling«, werden wir uns mit der Formularvalidierung und der effektiven Fehlerbehandlung in Ihren Anwendungen befassen. Datenkonsistenz und Benutzerfreundlichkeit spielen hier eine Schlüsselrolle, um eine reibungslose und fehlerfreie Interaktion zwischen Ihren Benutzern und der Anwendung zu gewährleisten. Wir stellen Ihnen Best Practices und Techniken vor, wie Sie Formulare auf Datenkonsistenz prüfen können. Sie lernen, wie Sie die Eingaben Ihrer Benutzer validieren und sicherstellen, dass die eingegebenen Daten den erwarteten Anforderungen entsprechen. Wir zeigen Ihnen verschiedene Validierungsansätze, wie die Überprüfung von Pflichtfeldern, die Formatierung von Daten nach bestimmten Regeln und die Validierung von Abhängigkeiten zwischen verschiedenen Formularfeldern. Ein weiterer wichtiger Aspekt, den wir behandeln werden, ist die korrekte Anzeige von Fehlermeldungen gemäß den SAP-Fiori-Designrichtlinien. Wir zeigen Ihnen, wie Sie Fehlermeldungen klar und verständlich darstellen, um Ihren Benutzern ein effektives Feedback zu ihren Eingaben zu geben. Wir gehen auch auf die verschiedenen Arten von Fehlermeldungen ein, wie z. B. Feldfehler, Formularfehler und systembedingte Fehler. Neben der Validierung und Fehlerbehandlung zeigen wir Ihnen auch Strategien zur Fehlervermeidung. Sie lernen, wie Sie Ihren Benutzern hilfreiche Anweisungen und Vorschläge für eine fehlerfreie Dateneingabe geben und mögliche Fehlerquellen von vornherein minimieren können.

In **Kapitel 16**, »Entity Tags und Soft State«, beschäftigen wir uns mit einem äußerst wichtigen Aspekt der Anwendungsentwicklung– der Konfliktlösung und der gleichzeitigen Datenverarbeitung. In modernen Geschäftsanwendungen ist es oft erforderlich, dass mehrere Benutzer gleichzeitig auf denselben Datensatz zugreifen und ihn bearbeiten. Dies kann jedoch zu Konflikten führen, wenn zwei Benutzer gleichzeitig Änderungen an denselben Daten vornehmen. Um dieses Problem zu lösen, stellen wir in diesem Kapitel das Konzept der ETags vor. ETags sind ein Mechanismus zur Verfolgung des Zustands eines Datensatzes und zur Erkennung von Konflikten, wenn mehrere Benutzer gleichzeitig Änderungen vornehmen. Sie dienen als eine Art Fingerabdruck oder Tag, der den aktuellen Zustand eines Datensatzes darstellt. Ein weiterer wichtiger Aspekt, den wir in diesem Kapitel behandeln, ist der Soft State. Damit ist der Zustand eines Datensatzes gemeint, der vorübergehend geändert, aber noch nicht dauerhaft gespeichert wurde. Wir zeigen Ihnen, wie Sie den Soft State in Ihrer Anwendung implementieren, um Änderungen vorzunehmen und den Benutzern die Möglichkeit zu geben, ihre Änderungen zu überprüfen und zu bestätigen, bevor sie endgültig gespeichert werden.

In **Kapitel 17**, »Erweiterbarkeit«, tauchen wir in die faszinierende Welt der Erweiterbarkeit von SAP-Fiori-Anwendungen ein. Hier geht es darum, wie Sie Anwendungen anpassen und erweitern können, ohne den Standardcode zu ändern. Dieser Ansatz ermöglicht es Ihnen, flexibel auf spezifische Anforderungen einzugehen und gleichzeitig sicherzustellen, dass Ihre Anwendungen bei Bedarf aktualisiert und erweitert werden können. Wir stellen Ihnen verschiedene Techniken und Werkzeuge vor, mit denen Sie die Erweiterbarkeit von SAP-Fiori-Anwendungen realisieren können. Ein Schwerpunkt liegt dabei auf der Verwendung von Adaptionsprojekten und der Erweiterbarkeit für Key-User. Mit Adaption Projects können Sie sowohl Ihre eigenen SAP-Fiori-Anwendungen als auch die SAP-Standardapps anpassen, ohne den ursprünglichen Quellcode zu ändern oder in die Gefahr einer Modifikation zu laufen. Sie können zusätzliche Felder, Schaltflächen oder sogar ganze Views hinzufügen, um die Benutzeroberfläche anzupassen. Wir zeigen Ihnen Schritt für Schritt, wie Sie ein Adaption Project erstellen und konfigurieren. Außerdem stellen wir Ihnen die Konzepte und Möglichkeiten der Key-User-Erweiterbarkeit vor. Key-User können bestimmte Anpassungen an SAP-Fiori-Anwendungen vornehmen, ohne auf die Hilfe von Entwicklern angewiesen zu sein. Wir zeigen Ihnen, wie Sie Key-User-Erweiterbarkeit erstellen und verwalten können, um Ihre spezifischen Anwendungsanforderungen zu erfüllen.

In **Kapitel 18**, »Bereitstellung«, befassen wir uns mit dem entscheidenden Schritt der Bereitstellung von SAP-Fiori-Anwendungen. Nachdem Sie Ihre Anwendungen entwickelt haben, ist es nun an der Zeit, sie in eine Produktionsumgebung zu überführen und sie Ihren Benutzern zur Verfügung zu stellen. Wir stellen Ihnen verschiedene Optionen für die Bereitstellung Ihrer Anwendungen vor. Unabhängig davon, ob Sie in einer On-Premise-Umgebung oder auf der SAP Business Technology Platform arbeiten, vermitteln wir Ihnen das notwendige Wissen, um Ihre Anwendungen erfolgreich zum Laufen zu bringen. Wenn Sie in einer On-Premise-Umgebung arbeiten, zeigen wir Ihnen, wie Sie Ihre Anwendungen in den entsprechenden SAP-Systemen bereitstellen können. Sie werden lernen, wie Sie die notwendigen Transporte durchführen und Ihre Anwendungen erfolgreich in die Produktion überführen. Für diejenigen, die auf der SAP Business Technology Platform arbeiten, stellen wir die verschiedenen Bereitstellungsoptionen vor, die Ihnen zur Verfügung stehen. Wir zeigen Ihnen, wie Sie Ihre Anwendungen als Cloud-Anwendungen bereitstellen können.

In hervorgehobenen Informationskästen sind in diesem Buch Inhalte zu finden, die wissenswert und hilfreich sind, aber etwas außerhalb der eigentlichen Erläuterung stehen. Damit Sie die Informationen in den Kästen sofort einordnen können, haben wir die Kästen mit Symbolen gekennzeichnet:

[!] Dieses Symbol weist Sie auf Besonderheiten hin, die Sie beachten sollten. Es warnt Sie außerdem vor häufig gemachten Fehlern oder Problemen, die auftreten können.

[zB] Die durch dieses Symbol kenntlich gemachten Beispiele weisen auf Szenarien aus der Praxis hin und veranschaulichen die dargestellten Funktionen.

[»] In Kästen, die mit diesem Symbol gekennzeichnet sind, finden Sie Informationen zu *weiterführenden Themen* oder wichtigen Inhalten, die Sie sich merken sollten.

TEIL I

Einführung

Kapitel 1
Einführung in die Fullstack-Entwicklung

Um die Fullstack-Entwicklung zu verstehen, ist das Wissen um einige technologische Grundlagen eine zwingende Voraussetzung. Im SAP-Kontext kommen noch die verfügbaren Programmiermodelle hinzu. In diesem Kapitel schaffen wir die notwendigen Grundlagen, um den Rest des Buchs zu verstehen.

Unter *Fullstack-Entwicklung* versteht man die Entwicklung von Anwendungen, die sowohl *Frontend-* als auch *Backend*-Komponenten umfassen. Das bedeutet, dass ein Fullstack-Entwickler in der Lage sein sollte, sowohl die Benutzeroberfläche als auch die Datenbank- und Serverlogik einer Anwendung zu entwickeln. Dazu gehören in der Regel Kenntnisse in verschiedenen Programmiersprachen, Frameworks und Tools. Ein Fullstack-Entwickler kann sich flexibel an die Anforderungen des Projekts anpassen und sowohl die Frontend- als auch die Backend-Entwicklung übernehmen, was bedeutet, dass weniger Entwickler benötigt werden, um ein Projekt abzuschließen.

In diesem Kapitel geht es um Fullstack-Entwicklung. Wir beginnen in Abschnitt 1.1 mit der Frage, was Fullstack-Entwicklung bedeutet und was Fullstack-Entwickler ausmacht. Es gibt viele Herausforderungen, denen sich Fullstack-Entwickler stellen müssen. Es gibt jedoch auch einige grundlegende Anforderungen, die Entwickler erfüllen müssen, um Fullstack-Entwickler zu werden. Auch darauf gehen wir in diesem Abschnitt ein.

Da sich das Buch um das Thema Fullstack-Entwicklung im SAP-Umfeld dreht, gehen wir in Abschnitt 1.2 auf die derzeit von SAP angebotenen *Programmiermodelle* ein. Wir beginnen in Abschnitt 1.2.1 mit dem ABAP-Programmiermodell für SAP Fiori. Anschließend setzen wir in Abschnitt 1.2.2 unsere Reise durch das ABAP-Universum fort und stellen das ABAP RESTful Application Programming Modelvor. In Abschnitt 1.2.3 werfen wir dann einen Blick auf das Cloud Application Programming Model. Damit können Sie schnell und effizient mandantenfähige Cloud-Anwendungen entwickeln und bestehende Anwendungen erweitern.

Da es bei der Fullstack-Entwicklung immer auch um die Kommunikation zwischen dem Frontend und dem Backend geht, sollten Entwickler auch die Grundlagen der

Kommunikation verstehen. Deshalb gehen wir in Abschnitt 1.3 auf die Grundlagen von *HTTP* ein. Natürlich erklären wir auch den Unterschied zwischen HTTP und HTTPS, damit Sie mit Ihren Anwendungen immer auf der sicheren Seite sind.

1.1 Was ist ein Fullstack-Entwickler?

Fullstack-Entwickler sind Entwickler, die sowohl die Frontend- als auch die Backend-Komponenten einer Anwendung entwickeln. Sie verfügen über Kenntnisse in verschiedenen Programmiersprachen, Frameworks und Tools, um sowohl die Benutzeroberfläche als auch die Datenbank- und Serverlogik einer Anwendung zu entwickeln. Das klingt wie der Heilige Gral der Entwicklung, nicht wahr? Aber schauen wir uns das Thema noch etwas genauer an. Vorerst bleiben wir aber so allgemein, dass wir nicht auf die SAP-Spezifika eingehen werden.

Als Fullstack-Entwickler sollten Sie über Kenntnisse in verschiedenen Technologien und Programmiersprachen verfügen. Dazu gehören in der Regel *HTML*, *CSS*, *JavaScript* für die Frontend-Entwicklung sowie Erfahrung in einer Backend-Sprache wie *Python*, *Java* oder JavaScript mit *Node.js*.

Sie sollten auch Kenntnisse über verschiedene Frontend- und Backend-Frameworks haben, wie SAPUI5, React oder Angular für die Frontend-Entwicklung und Spring oder Express für die Backend-Entwicklung. Ein Fullstack-Entwickler sollte auch Kenntnisse über verschiedene Datenbanken und Speichertechnologien wie SAP HANA, PostgreSQL, MongoDB oder Redis haben und wissen, wie man sie mit der Anwendung verbindet. Sie sollten auch über Kenntnisse in DevOps verfügen, z. B. wie man Anwendungen auf einem Server bereitstellt und wie man sie skaliert und wartet. Es ist wichtig zu beachten, dass die Anforderungen an einen Fullstack-Entwickler je nach Unternehmen und Projekt variieren können und dass es eine ständige Lernkurve gibt, um auf dem neuesten Stand der Technik zu bleiben.

[»]

Was sind MongoDB und Redis?

MongoDB ist eine *NoSQL*-Datenbank, die für ihre Flexibilität, Skalierbarkeit und Leistung bekannt ist. Sie speichert Daten in Form von Dokumenten anstelle von Tabellen, wie es bei relationalen Datenbanken der Fall ist. MongoDB ist eine der am weitesten verbreiteten NoSQL-Datenbanken und wird häufig in Anwendungen eingesetzt, die große Mengen an unstrukturierten Daten verarbeiten müssen.

Redis ist ein *In-Memory-Datenbanksystem*, das häufig als Cache-Server, Nachrichtenwarteschlange, Datenstruktur-Server und primäres Speichermedium in Anwendungen eingesetzt wird. Sie unterstützt verschiedene Datenstrukturen wie Strings, Hashes, Listen, Sets und sortierte Sets, mit denen Entwickler Daten effizient speichern und abfragen können.

Eine typische Architektur einer Fullstack-Anwendung besteht aus mehreren Schichten, die aufeinander aufbauen und miteinander interagieren (siehe Abbildung 1.1). Zu diesen Schichten gehören:

- **Präsentationsschicht**

  Dies ist die oberste Schicht der Anwendung und umfasst die Benutzeroberfläche (engl. User Interface, UI) der Anwendung. Sie wird in der Regel mit Frontend-Technologien wie HTML, CSS und JavaScript erstellt und kann mit Frontend-Frameworks wie SAPUI5, Angular, React oder Vue.js erstellt werden.
- **Anwendungsschicht**

  Dies ist die Schicht, in der die Geschäftslogik der Anwendung implementiert ist. Sie enthält die Controller, die die Eingaben des Benutzers verarbeiten und die Anfragen an die Datenschicht und andere Schichten weiterleiten. Sie kann mit Backend-Sprachen wie JavaScript, Java, ABAP oder Python erstellt werden.
- **Persistenzschicht**

  Dies ist die Schicht, in der die Daten der Anwendung gespeichert und verwaltet werden. Sie kann mit relationalen Datenbanken wie SAP HANA, SAP HANA Cloud oder PostgreSQL oder mit NoSQL-Datenbanken wie MongoDB erstellt werden.

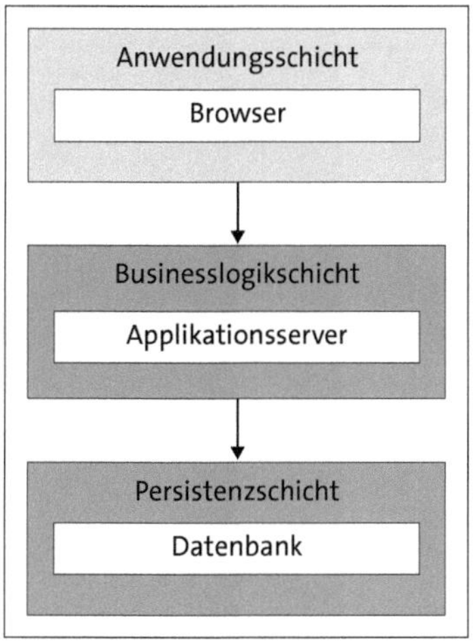

Abbildung 1.1 Fullstack-Anwendungsarchitektur

Darüber hinaus gibt es immer eine *Infrastrukturschicht*. Dies ist die Schicht, die die technischen Aspekte der Anwendung verwaltet, z. B. die Server, die Speicherung, die Netzwerke und die Sicherheit. Sie umfasst die Verwaltung der Hardware- und Software-Infrastruktur, die für die Ausführung der Anwendung erforderlich ist. In dieser Schicht können auch DevOps-Tools eingesetzt werden, um Prozesse wie die kontinuierliche Integration (engl. Continuous Integration), die kontinuierliche Bereitstellung (engl. Continuous Delivery) und das Monitoring zu automatisieren.

[»]

Worum es bei DevOps geht

DevOps ist eine Kombination aus den Begriffen »Development« (engl. für Entwicklung) und »Operations« (engl. für IT-Betrieb). und bezieht sich auf die Zusammenarbeit zwischen Entwicklern und Mitarbeitenden aus dem IT-Betrieb, um sicherzustellen, dass Anwendungen und Dienste schnell, sicher und zuverlässig bereitgestellt werden können. DevOps umfasst eine Vielzahl von Praktiken, Tools und Prozessen, die zur Automatisierung und Beschleunigung der Entwicklung, Bereitstellung und Wartung von Anwendungen und Diensten beitragen. Zu den wichtigsten DevOps-Praktiken gehören *Continuous Integration*, *Continuous Deployment*, *Continuous Testing*, *Infrastructure as Code* sowie *Monitoring* und *Logging*.

Aber wie sieht das in der SAP-Umgebung aus? Ein Fullstack-Entwickler in der SAP-Umgebung entwickelt sowohl die Frontend- als auch die Backend-Komponenten von Anwendungen, die auf der SAP-Plattform laufen. Dazu gehören in der Regel Kenntnisse über SAP-spezifische Technologien und Programmiersprachen sowie Kenntnisse über die Entwicklung von Anwendungen auf der SAP-Plattform. Dabei spielt es keine Rolle, ob die Anwendungen in der Cloud, also über *SAP Business Technology Platform*, oder in der On-Premise-Landschaft bereitgestellt werden.

[»]

On-Premise

On-Premise bezieht sich auf Software oder IT-Infrastruktur, die lokal auf physischen Servern und Systemen innerhalb eines Unternehmens bereitgestellt und betrieben wird. Das heißt, die Software oder Systeme laufen in den Räumlichkeiten bzw. dem Rechenzentrum des Unternehmens und werden nicht in der Cloud gehostet. On-Premise-Lösungen bieten in der Regel mehr Kontrolle und Anpassungsfähigkeit, erfordern aber auch höhere Investitionen in Infrastruktur, Betrieb und Wartung durch das Unternehmen selbst.

Fullstack-Entwickler im SAP-Umfeld sollten über Kenntnisse von SAP-spezifischen Technologien wie SAPUI5 oder SAP Business Technology Platform (SAP BTP) sowie über Kenntnisse von Programmier- und Auszeichnungssprachen wie JavaScript, HTML, CSS, Java, *ABAP* oder Python verfügen. Sie sollten auch Kenntnisse in der Entwicklung von Anwendungen auf der SAP-Plattform und der SAP-Integrationsarchitektur haben.

[»]

Einführung in Integrationsarchitektur

Der Begriff *Integrationsarchitektur* bezieht sich auf eine Reihe von Technologien, Standards, Prozessen und Praktiken, die dazu dienen, unterschiedliche Systeme und

Anwendungen innerhalb von oder zwischen Unternehmen zu verbinden. Die Integrationsarchitektur umfasst auch den Einsatz von Integrationstools wie *Middleware-Systeme, Enterprise Service Bus* (ESB) oder Cloud-Integrationsplattformen, um die Datenübertragung und Kommunikation zwischen Systemen und Anwendungen zu ermöglichen und zu automatisieren. Die Integrationsarchitektur ist wichtig, weil sie es ermöglicht, Daten und Prozesse in verschiedenen Systemen und Anwendungen zu koordinieren und zu automatisieren, was die Geschäftsprozesse und die Zusammenarbeit innerhalb eines Unternehmens oder zwischen Unternehmen verbessert.

Fullstack-Entwickler im SAP-Umfeld sollten auch über Kenntnisse in der Entwicklung von Anwendungen im SAP-Umfeld verfügen, z. B. in *SAP S/4HANA* oder SAP BTP. Sie sollten auch Kenntnisse in der Integration von SAP-Systemen mit anderen Systemen haben und wissen, wie man Anwendungen auf der SAP-Plattform einsetzt und wartet.

Als angehende Fullstack-Entwickler sollten Sie idealerweise die folgenden Voraussetzungen mitbringen:

- **Gute Kenntnisse in mindestens einer Programmiersprache:**
  Fullstack-Entwickler sollten über gute Kenntnisse in mindestens einer Programmiersprache wie JavaScript, Java, ABAP oder Python verfügen.
- **Kenntnisse in der Frontend-Entwicklung:**
  Fullstack-Entwickler sollten Kenntnisse in HTML, CSS und JavaScript haben und mit Frontend-Frameworks wie SAPUI5 oder Angular vertraut sein.
- **Kenntnisse in der Backend-Entwicklung:**
  Fullstack-Entwickler sollten über Kenntnisse von Backend-Sprachen, Programmiermodellen und Frameworks wie ABAP, ABAP RESTful Application Programming Model, Node.js oder SAP Cloud Application Programming Model verfügen und mit Datenbanken wie SAP HANA, SAP HANA Cloud, PostgreSQL, MongoDB oder Redis arbeiten können.
- **DevOps-Kenntnisse:**
  Fullstack-Entwickler sollten über DevOps-Kenntnisse verfügen und wissen, wie man Anwendungen auf einem Server bereitstellt, skaliert und wartet. Unsere Erfahrung zeigt, dass DevOps, insbesondere im SAP-Umfeld, bei Entwicklern meist nicht oder nur rudimentär vorhanden ist. Daher muss ein ausreichendes Grundwissen in DevOps aufgebaut werden.
- **Analytische und problemlösende Fähigkeiten:**
  Fullstack-Entwickler sollten die Fähigkeit haben, komplexe Probleme zu analysieren und zu lösen und sich schnell in neue Technologien und Tools einzuarbeiten.

- **Kommunikationsfähigkeiten:**

  Fullstack-Entwickler sollten über gute Kommunikationsfähigkeiten verfügen, um gut mit anderen Mitgliedern des Entwicklungsteams und anderen Abteilungen kommunizieren und zusammenarbeiten zu können.

- **Bereitschaft zum Lernen:**

  Fullstack-Entwickler sollten ständig bereit sein, zu lernen und sich über die neuesten Technologien auf dem Laufenden zu halten, da diese sich schnell verändern.

- **Kenntnisse über Quellcodeverwaltungssysteme:**

  Fullstack-Entwickler sollten über Kenntnisse in mindestens einem Quellcodeverwaltungssystem wie Git verfügen.

Wir wollen Sie mit dieser Liste nicht demotivieren. Jeder Entwickler kann mit der richtigen Motivation und dem richtigen Training und Coaching durch erfahrene Entwickler ein Fullstack-Entwickler werden. Aus diesen Anforderungen an einen Fullstack-Entwickler lassen sich viele Herausforderungen ableiten, denen sich Fullstack-Entwickler in ihrer täglichen Arbeit stellen können:

- **Lernkurve:**

  Die Technologie entwickelt sich ständig weiter, und es kann schwierig sein, mit den neuesten Trends und Tools Schritt zu halten.

- **Fehlersuche und Fehlerbehebung:**

  Es kann schwierig sein, Fehler in einem Programmcode zu finden und zu beheben.

- **Leistungsoptimierung:**

  Es kann schwierig sein, die Leistung einer Anwendung zu optimieren, insbesondere bei großen und komplexen Anwendungen.

- **Anforderungen und Prioritäten:**

  Es kann schwierig sein, die Kunden- oder Geschäftsanforderungen mit den technischen Möglichkeiten in Einklang zu bringen.

- **Kommunikation und Zusammenarbeit:**

  Es kann schwierig sein, sich mit anderen Mitgliedern des Entwicklungsteams und anderen Abteilungen abzustimmen und sicherzustellen, dass alle auf der gleichen Seite stehen.

- **Sicherheit:**

  Es ist wichtig, Anwendungen sicher zu gestalten, um Datenverluste und -lecks zu verhindern und die Datenintegrität zu gewährleisten.

- **Bereitstellung und Wartung:**

  Es kann schwierig sein, Anwendungen erfolgreich auf einem Produktionsserver bereitzustellen und sie am Laufen zu halten.

Dies sind nur einige der Herausforderungen, mit denen Entwickler konfrontiert werden können. Um als Fullstack-Entwickler erfolgreich zu sein, ist es wichtig, flexibel zu bleiben und eine positive Einstellung zum Lernen und zur Problemlösung zu haben.

Ein typischer SAP-Entwickler kommt entweder aus der On-Premise- oder der Cloud-Welt (auch bekannt als SAP BTP). Meistens liegt seine Expertise entweder im Backend oder in Form von *SAP Fiori* im Frontend. Der Stereotyp des Fullstack-Entwicklers existiert oft nur auf dem Papier. Für einen Fullstack-Entwickler im SAP-Umfeld geht es fast immer darum, die fehlenden Technologien zu erlernen. In der ABAP-Welt bringen Entwickler in der Regel auch vertiefte Kenntnisse in einem oder mehreren Modulen mit, wie z. B. Finanzen, Materialwirtschaft oder Logistik. Viele von ihnen haben SAP Fiori im Rahmen einer SAP-Fiori-Implementierung kennengelernt. Zusätzlich zu den klassischen technischen Fähigkeiten sollten Entwickler auch das *OData-Protokoll* kennen und verstehen. Das OData-Protokoll wird in Kapitel 3, »Einführung in OData«, ausführlicher behandelt. Dort werden alle Grundlagen erklärt. Damit haben Sie ein weiteres Puzzlestück auf dem Weg zu einem erfolgreichen Fullstack-Entwickler.

Die Begriffe *SAPUI5* und *SAP Fiori* werden oft miteinander verwechselt. Wir erklären die genauen Unterschiede in Kapitel 2, »Einführung in SAPUI5 und SAP Fiori«, aber wir nehmen an dieser Stelle vorweg, dass SAP Fiori das SAPUI5-Framework verwendet.

In der Cloud-Welt findet man häufig Backend-Entwickler, die mit Node.js arbeiten und damit die perfekten Voraussetzungen für die Frontend-Entwicklung auf Basis von JavaScript mitbringen. Im Bereich der Datenbanken setzt SAP mittlerweile fast ausschließlich auf *Core Data Services* (CDS). Dabei handelt es sich um eine domänenspezifische Sprache für das Design von Datenmodellen und Datenbankabfragen. Entwickler verfügen idealerweise auch über Kenntnisse in CDS. Kapitel 4, »Einführung in CDS«, stellt CDS vor.

1.2 SAP-Programmiermodelle

SAP bietet verschiedene Programmiermodelle an. Damit sollen die Anforderungen sowohl in der Cloud als auch in der On-Premise-Landschaft abgedeckt werden. Darüber hinaus will SAP sicherstellen, dass auch Kunden in der On-Premise-Landschaft unterstützt werden, die noch nicht auf SAP S/4HANA laufen oder keinen ausreichenden Releasestand haben. Diese Programmiermodelle richten sich an Fullstack-Entwickler. Das heißt, SAP ist sich schon lange bewusst, dass es in Zukunft mehr Fullstack-Entwickler geben muss und dass diese entsprechend geschult werden müssen.

Wir werden diese Programmiermodelle in diesem Abschnitt vorstellen. Wir beginnen in Abschnitt 1.2.1 mit dem ABAP-Programmiermodell für SAP Fiori. Dann zeigen wir Ihnen den nächsten Evolutionsschritt in der ABAP- bzw. SAP-Fiori-Programmierung in Form des ABAP RESTful Application Programming Model (siehe Abschnitt 1.2.2).

Mit diesem Modell erstellte Anwendungen können sowohl auf einem SAP-S/4HANA-System als auch auf SAP BTP ausgeführt werden. Darüber hinaus hat SAP 2018 das SAP Cloud Application Programming Model (meist informell als CAP bezeichnet) eingeführt. Damit kann die native Entwicklung (siehe in Abschnitt 1.2.3) in der Cloud erfolgen. Zusammenfassend lässt sich bereits an dieser Stelle sagen, dass für jeden SAP-Kunden ein passendes Programmiermodell zur Verfügung steht. Welches Modell Sie wählen, hängt von Ihnen und Ihren Präferenzen bzw. von den verfügbaren technologischen Ressourcen ab.

1.2.1 ABAP-Programmiermodell für SAP Fiori

Zeitlich gesehen war das ABAP-Programmiermodell für SAP Fiori das erste Programmiermodell, das SAP für SAP-Fiori-Entwickler eingeführt hat. Mit *SAP NetWeaver Application Server ABAP* Release 7.5 wurde das ABAP-Programmiermodell für SAP Fiori zum ersten Mal allgemein verfügbar gemacht. Mit den nachfolgenden Releases wurde es kontinuierlich erweitert.

Das ABAP-Programmiermodell für SAP Fiori definiert die Architektur für eine effiziente End-to-End-Entwicklung von optimierten SAP-Fiori-Anwendungen in SAP S/4HANA, aber auch in der SAP Business Suite. SAP S/4HANA unterstützt, wie der Name schon sagt, ausschließlich SAP HANA als Datenbank. In der SAP Business Suite sieht es hingegen anders aus. Dort hat der Kunde die Möglichkeit, auch andere Datenbanken wie einen Microsoft-SQL-Server oder Oracle zu nutzen. Einige Anforderungen, insbesondere im analytischen Bereich, lassen sich jedoch nur mit einer SAP-HANA-Datenbank in Kombination mit SAP Fiori umsetzen. Wir empfehlen daher allen Kunden, die dieses Programmiermodell in einer SAP Business Suite einsetzen wollen, eine SAP-HANA-Datenbank zu verwenden, um den vollen Funktionsumfang nutzen zu können.

Die Architektur einer Anwendung, die auf dem ABAP-Programmiermodell für SAP Fiori basiert, ist in Abbildung 1.2 dargestellt.

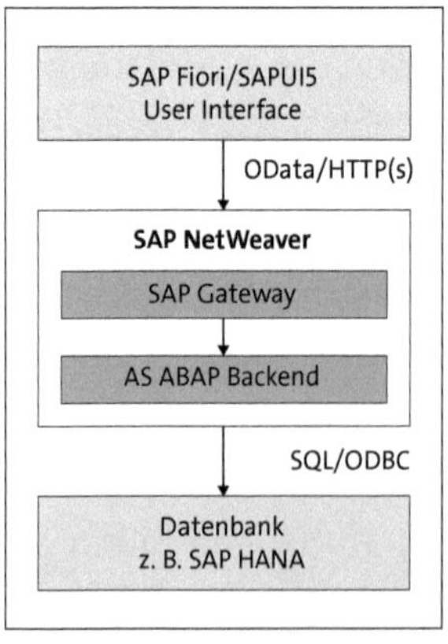

Abbildung 1.2 ABAP-Programmiermodell für SAP Fiori

Für die Entwicklung von Benutzeroberflächen können *SAPUI5 Freestyle Apps* oder *SAP Fiori Elements* verwendet werden. SAPUI5 Freestyle Apps werden idealerweise in Übereinstimmung mit den SAP-Fiori-Designrichtlinien entwickelt. SAP Fiori Elements ist das SAP-eigene Low-Code-Entwicklungsangebot im SAP-Fiori-Umfeld. SAPUI5, SAP Fiori und SAP Fiori Elements werden in Kapitel 2, »Einführung in SAPUI5 und SAP Fiori«, ausführlich behandelt.

Das Modell unterstützt die Entwicklung aller Arten von SAP-Fiori-Anwendungen wie transaktionale, analytische, Such- und Planungsanwendungen. Sie basiert auf robusten und bewährten Technologien und Frameworks wie CDS für die Definition von Datenmodellen, dem OData-Protokoll für den Datenaustausch zwischen SAP-Fiori-Anwendungen und dem Backend sowie ABAP-basierten Anwendungsservices, in denen kundenspezifische Logik abgebildet werden kann. Darüber hinaus kommen Benutzeroberflächen auf Basis des SAPUI5-Frameworks zum Einsatz. Die serverseitige Entwicklung erfolgt über den *SAP Gateway Service Builder*, der mit der Transaktion SEGW gestartet wird (siehe Abbildung 1.3). Es besteht die Möglichkeit, in der Transaktion SEGW eine referenzierte Datenquelle zu verwenden. Dabei wird ein *CDS-View* wiederverwendet.

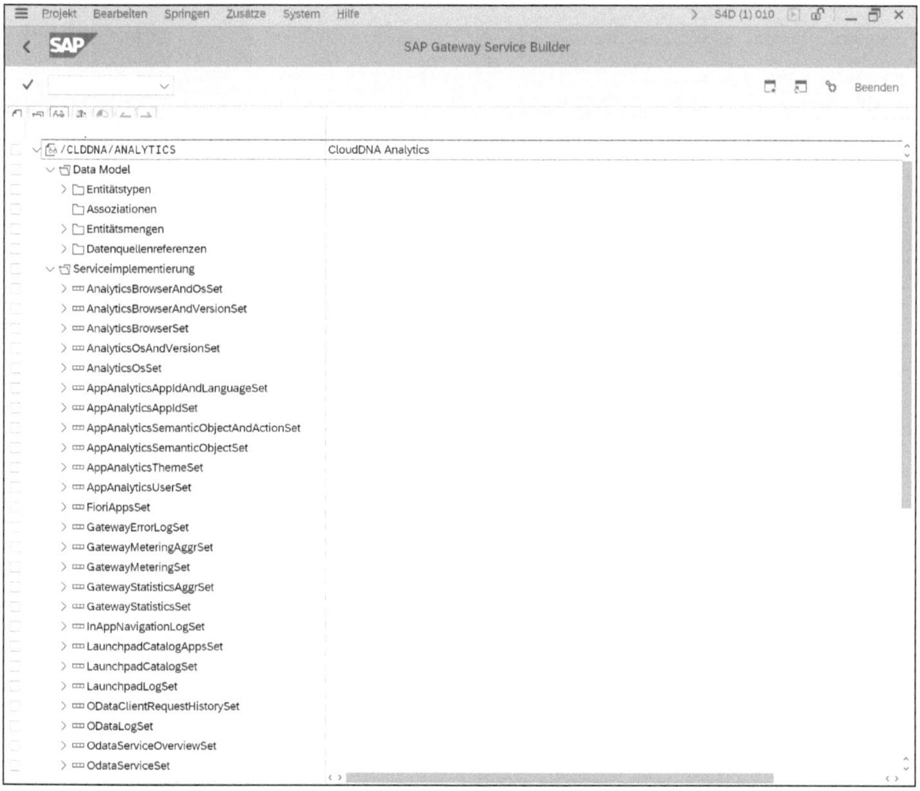

Abbildung 1.3 Transaction SEGW – Gateway Service Builder

Ein wesentlicher Bestandteil dieses Programmiermodells ist das *Business Object Processing Framework* (BOPF). Es bietet eine objektorientierte Abstraktion der Geschäftslogik und ermöglicht es Entwicklern, Geschäftsprozesse als objektorientierte Modelle zu definieren, die in der gesamten Anwendung wiederverwendet werden können. Außerdem bietet es Funktionen wie Validierung, Berechtigungen, Transaktionsverarbeitung und Protokollierung, die Entwicklern Zeit und Mühe bei der Implementierung dieser Funktionen ersparen (siehe Abbildung 1.4).

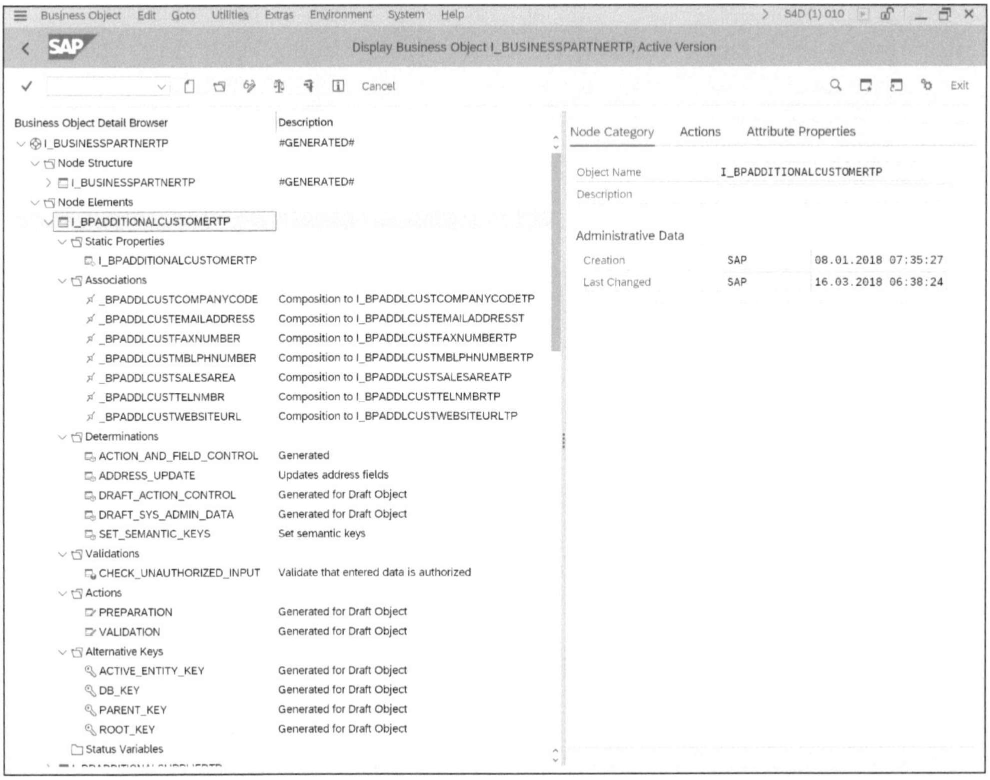

Abbildung 1.4 BOPF – Business Object

Außerdem können Sie damit Ihre Entwicklungen modularisieren und wiederverwendbare Komponenten entwerfen und entwickeln. Das BOPF verwaltet den gesamten Lebenszyklus von Business-Objekten. Das BOPF deckt alle Aspekte der Entwicklung Ihrer Geschäftsanwendungen auf der Grundlage von Business-Objekten ab. Der Vorteil für die Entwickler besteht darin, dass sie sich auf die Entwicklung der Geschäftslogik konzentrieren können, da die erforderliche Infrastruktur bereits durch das Framework bereitgestellt wird. In BOPF ist das Business-Objekt das zentrale Element. Es wird als hierarchischer Baum von Knoten dargestellt. Ein einzelner Knoten enthält zum einen verschiedene semantisch zusammenhängende Attribute und zum anderen die Geschäftslogik.

[zB] 1

SAP-Produkte, die das BOPF verwenden

Einige der bekanntesten SAP-Standardprodukte, die das BOPF verwenden, sind *SAP Transportation Management* (SAP TM) und *SAP Environment, Health and Safety Management* (SAP EHS Management).

Ab dem Release SAP NetWeaver 7.50 ist das BOPF im SAP-NetWeaver-Stand-alone-System verfügbar. Es ist somit eine Komponente der SAP-Basis-Schicht. Zuvor konnte das BOPF in der SAP Business Suite nur durch die Installation von *Enhancement Packs* (EhP) genutzt werden. Mit SAP NetWeaver 7.51 wurde das BOPF um das *Draft Handling* erweitert. Das Draft Handling ermöglicht es Benutzern, Änderungen an Geschäftsdaten vorzunehmen, ohne diese sofort zu aktivieren. Außerdem können die Änderungen überprüft werden, bevor sie tatsächlich gespeichert werden. Dies kann hilfreich sein, um sicherzustellen, dass die Änderungen korrekt und konsistent sind, bevor sie auf die Produktionsdaten angewendet werden. Das Draft Handling bietet auch die Möglichkeit, Entwürfe an andere Benutzer zur Überprüfung und Genehmigung weiterzuleiten. Es kann auch dazu verwendet werden, Änderungen an Geschäftsdaten zu protokollieren und rückgängig zu machen.

Dieses Programmiermodell unterstützt *Greenfield*-Szenarien. Greenfield-Szenarien sind neue Anwendungen, einschließlich ihrer benutzerdefinierten Logik, die von Grund auf neu entworfen und implementiert werden. Da keine bestehende Logik übernommen wird, ermöglichen diese Szenarien ein hohes Maß an Flexibilität in Bezug auf die Anwendungsarchitektur und das Design.

1.2.2 ABAP RESTful Application Programming Model

Aus Sicht von SAP ist es sinnvoll, die Cloud-Entwicklung auch für ABAP-Entwickler zu ermöglichen. Auf diese Weise kann die neue Technologie mit der Erfahrung der großen ABAP-Entwicklergemeinde kombiniert werden. Vorhandenes Know-how kann auch in der Cloud weiter genutzt werden. Zu diesem Zweck hat SAP das ABAP RESTful Application Programming Model entwickelt. Mit diesem Programmiermodell entwickelte Anwendungen können sowohl auf SAP BTP als auch auf On-Premise-SAP-S/4HANA-Systemen ausgeführt werden. Wie beim SAP Cloud Application Programming Model hat SAP damit zwei Fliegen mit einer Klappe geschlagen.

Das ABAP RESTful Application Programming Model hat wenig mit der klassischen ABAP-Entwicklung zu tun. Vielmehr handelt es sich um ein modernes Programmiermodell, das vollständig auf CDS und SAP Fiori basiert. In der Evolution der ABAP-Programmiermodelle stellt das ABAP RESTful Application Programming Model derzeit die letzte Stufe dar. Das klassische ABAP-Programmiermodell, das sich über Jahrzehnte bewährt hatte, wurde 2012 zunächst durch das ABAP-Programmiermodell für

SAP Fiori abgelöst. Dessen Nachfolger wiederum ist das ABAP RESTful Application Programming Model. Da dieses Programmiermodell nur in der Cloud und auf SAP S/4HANA ausgeführt werden kann, behalten die Vorgängermodelle für ältere Releases ihre Gültigkeit.

Das ABAP RESTful Application Programming Model hat die Entwicklung von ABAP-Anwendungen auf Basis von OData-Services vereinheitlicht. Es basiert auf drei Säulen, die Ihnen die Entwicklung erleichtern:

- **Werkzeuge**

  Die in die Eclipse-Entwicklungsumgebung integrierten *ABAP Development Tools* (ADT) können zur Durchführung aller Implementierungsaufgaben verwendet werden. Damit können Sie den Workflow in Entwicklungsprojekten optimieren. Neu eingeführte Entwicklungsartefakte helfen Ihnen, die Entwicklung zu standardisieren. Zu diesen Artefakten gehören z. B. CDS-Views, Metadatenerweiterungen oder *ABAP Managed Database Procedures* (AMDP).

- **Programmiersprachen**

  Die Programmiersprache ABAP wurde für das Programmiermodell ABAP RESTful Application angepasst, modernisiert und erweitert. Ziel war es, CDS zu unterstützen und SAP Cloud Application Extensions zu ermöglichen, ohne die Stabilität des Anwendungskerns zu beeinträchtigen. Befehle, die im Cloud-Kontext nicht sinnvoll sind, können daher mit dem ABAP RESTful Application Programming Model nicht mehr verwendet werden. Sie verwenden typisierte APIs für Standardimplementierungsaufgaben und profitieren von Funktionen wie Autovervollständigung, statischen Codeprüfungen und Elementinformationen.

- **Frameworks**

  Leistungsfähige und moderne Frameworks bilden die dritte wichtige Säule des Programmiermodells. Diese Frameworks, zu denen das SAP Gateway und das Orchestrierungs-Framework gehören, unterstützen Sie bei Standard-Implementierungsaufgaben.

Abbildung 1.5 veranschaulicht die Architektur des ABAP RESTful Application Programming Model. Die unterste Ebene ist die Datenmodellierung auf der Grundlage von Business-Objekten. Die Zwischenebene ist die Service Provisionierung in Form von OData-Diensten. Auf der Ebene der Service Consumption können SAP-Fiori-Elements-Anwendungen oder *API*-basierte Webanwendungen verwendet werden. Im Folgenden wird auf die einzelnen Komponenten dieser Architektur näher eingegangen.

Ein *Business-Objekt* ist ein gängiges Artefakt in der Entwicklung von Unternehmensanwendungen. Es stellt ein Objekt in der Unternehmenswelt dar, z. B. einen Auftrag, ein Produkt oder einen Geschäftspartner. Strukturell besteht ein Business-Objekt aus einem hierarchischen Baum, der sich aus mehreren Knoten zusammensetzt. Eine Bestellung enthält z. B. mehrere Bestellpositionen, die wiederum aus mehreren Produkten zusammengesetzt sind. Die Knoten dieser Struktur sind durch eine spezielle Art von Assoziation verbunden, die als *Komposition* bezeichnet wird. Jeder Knoten dieses Kompositionsbaums wird als CDS-Entität modelliert. Die Wurzelentität repräsentiert das Business-Objekt nach außen hin. Sie stellt den obersten Knoten innerhalb der Hierarchie dar.

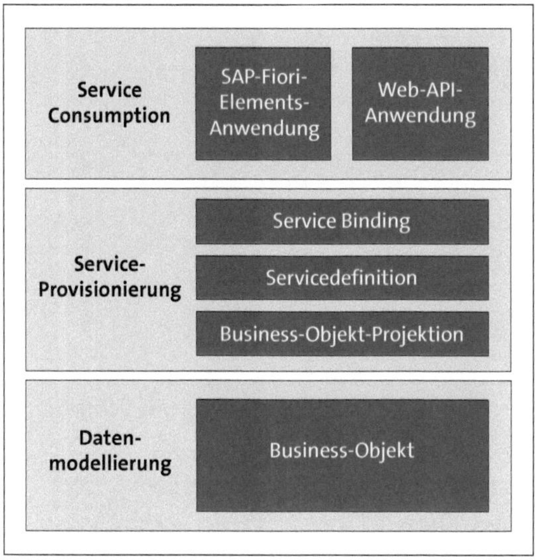

Abbildung 1.5 High-Level-Betrachtung der Anwendungsarchitektur des ABAP RESTful Application Programming Model

Für jedes Business-Objekt kann ein *Verhalten* definiert werden. Damit werden die Operationen und Feldeigenschaften eines einzelnen Business-Objekts definiert. Eine *Verhaltensdefinition* enthält somit Verhaltensmerkmale und eine Reihe von Operationen für jede Entität entlang des Kompositionsbaums eines Business-Objekts. Das Verhalten wird mithilfe der *Behavior Definition Language* (BDL) modelliert.

Das Business-Objekt ist grundsätzlich serviceunabhängig. Das bedeutet, dass es unabhängig von jeder OData-Service-Schicht erstellt wird. Das Business-Objekt umfasst daher den maximalen Funktionsumfang, der von einem bestimmten OData-Service genutzt werden kann, der dieses Business-Objekt bereitstellt, d. h. projiziert.

Die *Projektionsschicht* ist die erste servicespezifische Schicht, die während des Entwicklungsprojekts erstellt wird. Mit der Projektion des Business-Objekts definieren Sie das reale Verhalten eines Business-Objekts in einem OData-Service. Diese Zwischenschicht gibt Ihnen viel Flexibilität, wie Sie das Business-Objekt in verschiedenen OData-Services verwenden wollen. Zum Beispiel kann das zugrunde liegende Business-Objekt erweitert werden, ohne dass bestehende OData-Services davon betroffen sind.

Betrachtet man die in Abbildung 1.6 dargestellte Architektur genauer, so lässt sich aus der vorangegangenen Beschreibung ableiten, dass die Business-Objekte mithilfe von CDS modelliert werden. Die Daten werden in Datenbanktabellen gespeichert. Diese Tabellen werden im *Data Dictionary* erstellt. Business-Objekte werden über Business-Services zur Verfügung gestellt.

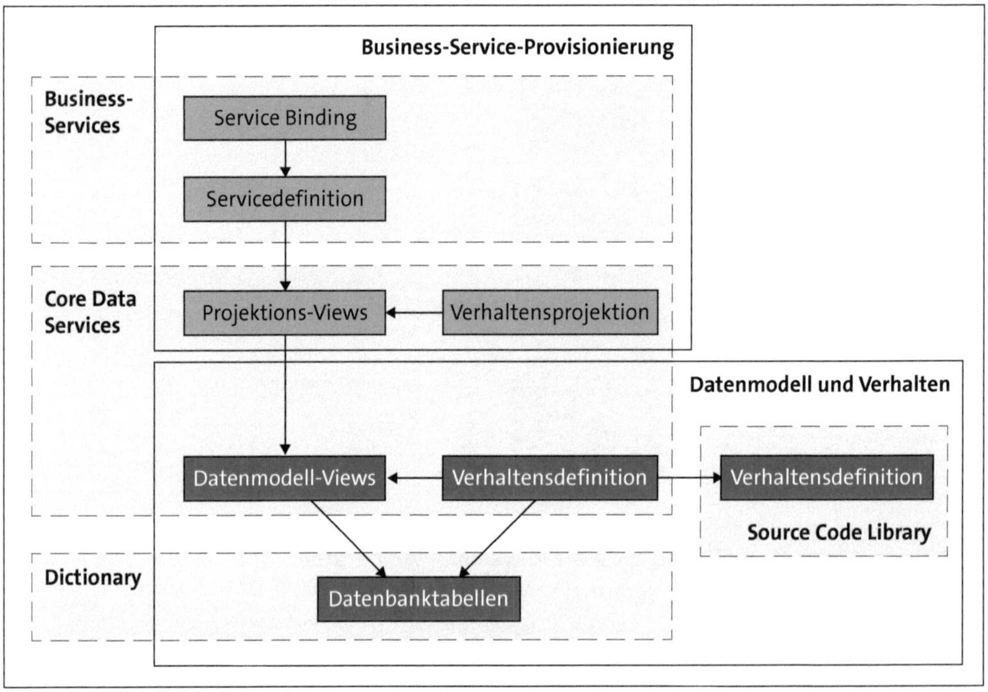

Abbildung 1.6 Architektur des ABAP RESTful Application Programming Model im Detail

Für die Entwicklung wird das folgende Verfahren verwendet:

1. **Stellen Sie die Datenbanktabellen bereit.**

   Je nach Entwicklungsszenario kann es sich dabei um bestehende Tabellen, Legacy-Tabellen oder speziell für diese Anwendung erstellte Tabellen handeln.

2. **Definieren Sie das Datenmodell.**

   Das Datenmodell des Business-Objekts wird mit CDS-Views definiert. Es gibt einfache Business-Objekte und zusammengesetzte Business-Objekte. Je nachdem, ob es sich um ein einfaches oder ein zusammengesetztes Business-Objekt handelt, sind ein oder mehrere CDS-Views erforderlich. Im Falle eines zusammengesetzten Business-Objekts wird hier auch die Entitätshierarchie definiert.

3. **Verhalten in transaktionalen Anwendungen definieren und implementieren.**

   Das Verhalten eines Business-Objekts im ABAP RESTful Application Programming Model für transaktionale Anwendungen erfordert in der Regel zusätzliche Logik, die in einer speziellen Art von globaler ABAP-Klasse, dem sogenannten *Behavior Pool*, implementiert wird.

4. **Projizieren Sie das Business-Objekt des ABAP RESTful Application Programming Model und stellen Sie servicespezifische Metadaten bereit.**

   Die Projektion des Business-Objekts des ABAP RESTful Application Programming Model besteht aus einer Datenmodellprojektion. Wenn ein Verhalten definiert wurde, enthält es zusätzlich eine Verhaltensprojektion. Um eine Projektion zu definieren, erstellen Sie einen oder mehrere CDS-Projection-Views und eine Verhaltensprojektion. Ein CDS-Projection-View ist ein spezieller Typ eines CDS-Views. Eine Verhaltensprojektion ist eine Art der Verhaltensdefinition. Für UI-Services sollten einer oder mehrere Projection-Views mit UI-spezifischen Metadaten angereichert werden. Um Anwendungen in Zukunft erweitern zu können, empfiehlt es sich, die Annotationen in Metadatenerweiterungen auszulagern.

5. **Definieren Sie den Service.**

   Im ABAP RESTful Application Programming Model wird ein Service durch das Anlegen einer Servicedefinition definiert. Die Servicedefinition referenziert die Projektions-Views und gibt an, welche von ihnen exponiert werden sollen, d. h., welche von ihnen für den Konsumenten des Services sichtbar sind.

6. **Binden und Testen des Service**

   Ein Service-Binding ist erforderlich, um festzulegen, wie der Service konsumiert werden soll (UI oder Web-API) und über welches Protokoll (OData V2 oder OData V4).

Die Projektion wird mithilfe eines CDS-Views erstellt. In der Regel werden zu diesem Zweck Interface- und Consumption-Views verwendet. Ein Interface-View sieht aus wie eine direkte Projektion auf eine zugrunde liegende Datenbanktabelle. Sie enthält keine Annotationen aus dem UI-Vokabular. Listing 1.1 zeigt ein Beispiel für einen Interface-View aus einer unserer Demo-Anwendungen.

```
@AbapCatalog.sqlViewName: '/CLDDNA/LPD_LOGS'
@AbapCatalog.compiler.compareFilter: true
@AbapCatalog.preserveKey: true
@AccessControl.authorizationCheck: #CHECK
@EndUserText.label: 'CloudDNA Analytics Launchpad Log'
@Metadata.allowExtensions: true
define view /CLDDNA/LPD_LOG_I as select from /clddna/lpd_log {
       key guid as Guid,
       username as Username,
```

```
        timestamp as Timestamp,
        app_type as AppType,
        app_id as AppId,
        app_intent as AppIntent,
        language as Language,
        theme as Theme,
        sem_obj as SemanticObject,
        sem_act as SemanticAction,
        sydate as Sydate,
        sytime as Sytime
}
```

Listing 1.1 CDS-Projection mit einem Interface-View

Ein Consumption-View basiert auf mehreren Interface-Views. Er enthält Annotationen aus dem UI-Vokabular und ist für die Verwendung in einer bestimmten SAP-Fiori-Anwendung vorgesehen. Listing 1.2 zeigt ein Beispiel für einen Consumption-View.

```
@AbapCatalog.sqlViewName: '/CLDDNA/LPD_LOGC'
@AbapCatalog.compiler.compareFilter: true
@AbapCatalog.preserveKey: true
@AccessControl.authorizationCheck: #CHECK
@EndUserText.label: 'CloudDNA Analytics Launchpad Log CV'
define view /CLDDNA/LPD_LOG_C as select from /CLDDNA/LPD_LOG_I {
    @UI.hidden: true
    key Guid,

    @UI.selectionField: [{position:10}]
    @UI.lineItem: [{
        position: 10,
        importance: #HIGH,
        label: 'Username' }]
    Username,

    @UI.selectionField: [{position:20}]
    @UI.lineItem: [{
        position: 20,
        importance: #HIGH,
        label: 'Timestamp' }]
    Timestamp,
```

```
    @UI.selectionField: [{position:30}]
    @UI.lineItem: [{
        position: 30,
        importance: #MEDIUM,
        label: 'App Type' }]
    AppType,

    @UI.selectionField: [{position:40}]
    @UI.lineItem: [{
        position: 40,
        importance: #HIGH,
        label: 'App ID' }]
    AppId
}
```

Listing 1.2 Consumption-View mit verschiedenen UI-Annotationen

Im nächsten Schritt erstellen Sie eine Servicedefinition (siehe Listing 1.3). Darin können Sie die zuvor erstellten Consumption-Views zur Verwendung in einem Service-Binding freigeben.

```
@EndUserText.label: 'LDP Demo'
define service ZSD_LPD_DEMO {
  expose /CLDDNA/LPD_LOG_C;
}
```

Listing 1.3 Servicedefinition

Das Service-Binding ist ein weiteres ABAP-Repository-Objekt, das dazu dient, die Servicedefinition an ein Client-Server-Kommunikationsprotokoll zu binden. Im SAP-Kontext ist das Kommunikationsprotokoll normalerweise OData. Wie jedes andere ABAP-Repository-Objekt nutzt auch das Service-Binding die bewährte Infrastruktur der ABAP Workbench, einschließlich der Transportfunktionalität. Das Service-Binding wird mithilfe des ADT erstellt. In der Form des Bindungstyps geben Sie an, welche OData-Version und welcher Consumption Type für die Bereitstellung eines Service verwendet werden soll (siehe Abbildung 1.7). Derzeit werden OData V2 und V4 unterstützt.

Die bereitgestellten OData-Services werden entweder als UI-Services für die Nutzung in SAP-Fiori-Anwendungen oder als Web-APIs für die Nutzung in jedem OData-Client bereitgestellt. Jede Frontend-Konfiguration, die in Form von Anmerkungen aus dem UI-Vokabular im Backend vorgenommen wird, ist in den Metadaten des OData-Service enthalten.

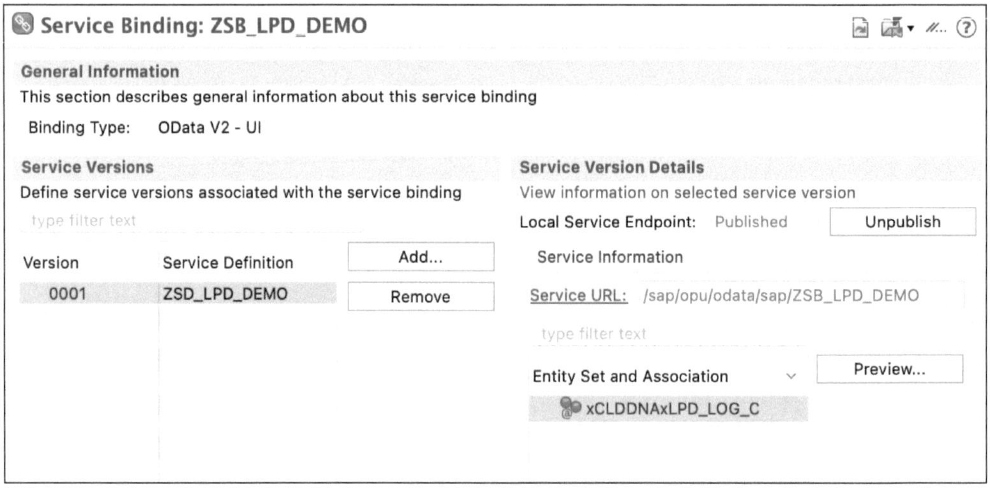

Abbildung 1.7 Anlegen eines Service-Binding in den ABAP Developer Tools

Eine SAP-Fiori-Elements-Anwendung liest die Metadateninformationen, interpretiert sie und leitet daraus die entsprechenden Benutzeroberflächen ab. Die Metadaten eines OData-Service, der als Web-API bereitgestellt wird, enthalten keine benutzeroberflächenspezifischen Informationen.

Um die Anmerkungen, die Sie im Consumption-View definiert haben, zu testen, können Sie eine Vorschau im Standardbrowser Ihres Betriebssystems starten, wenn Sie das Service-Binding in den ADT erstellen. Klicken Sie dazu auf den Button **Preview**. Die Vorschau für das hier vorgestellte Beispiel sehen Sie in Abbildung 1.8.

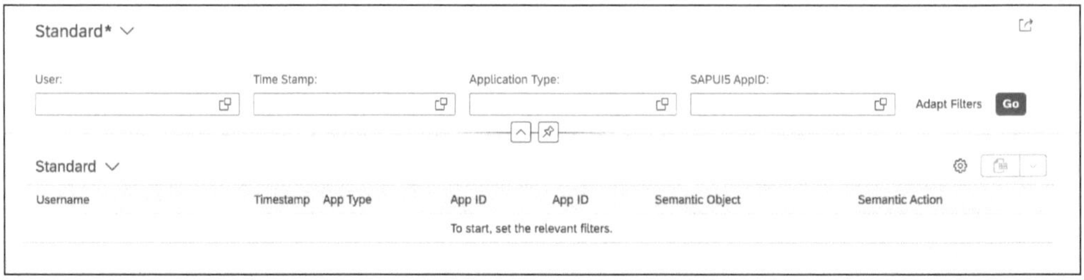

Abbildung 1.8 App für die Servicevorschau

In diesem Abschnitt haben wir nur einen Überblick über die Funktionsweise des Programmiermodells gegeben. Da das ABAP RESTful Application Programming Model ein Schlüsselelement bei der Entwicklung von Fullstack-Anwendungen im SAP-Umfeld ist, werden wir in Kapitel 6, »Entwicklung von OData-V4-Services mit dem ABAP RESTful Application Programming Model (Managed Scenario)«, noch ausführlicher darauf eingehen.

1.2.3 SAP Cloud Application Programming Model

Das *SAP Cloud Application Programming Model* konzentriert sich auf die geschäftlichen Anforderungen an die Anwendungsentwicklung. Die Art und Weise, wie diese Entwicklung umgesetzt wird, d. h. die zugrunde liegenden Technologien, wird durch das Programmiermodell abstrahiert. Dies erleichtert auch die Zusammenarbeit zwischen Experten aus den Fachabteilungen und den Entwicklern. CDS spielt hier eine Schlüsselrolle als leistungsfähige Sprache zur Erfassung domänenspezifischer Datenmodelle.

Mit der sich schnell verändernden Welt der Cloud-Technologien und -Plattformen Schritt zu halten, ist eine große Herausforderung – sowohl aufseiten der Anbieter als auch auf Kundenseite. Technologien, die heute aktuell sind, können übermorgen schon wieder veraltet sein. SAP vermeidet eine einseitige Fokussierung im SAP Cloud Application Programming Model durch übergeordnete Konzepte und APIs. Letztendlich haben die Entwicklungs- und Architekturteams die Kontrolle darüber, welche Werkzeuge oder Technologien sie wählen oder welchen Architekturmustern sie folgen.

Das SAP Cloud Application Programming Model ist ein Rahmenwerk von Programmier- und Designsprachen, Bibliotheken und Werkzeugen für die Entwicklung von Services und Anwendungen in der professionellen Unternehmensumgebung. Es bietet Ihnen Best Practices und eine Vielzahl von einsatzbereiten Lösungen für wiederkehrende Aufgaben. Das SAP Cloud Application Programming Model ermöglicht Ihnen die Entwicklung von Fullstack-Anwendungen. Dies bezieht sich auf alle Komponenten einer Anwendung, von der Persistenzschicht über die Geschäftslogik und die Bereitstellung von Services bis hin zur Benutzeroberfläche. Das Framework besteht aus einer Mischung aus bewährten sowie weit verbreiteten Open-Source-Technologien und SAP-Technologien.

Anwendungen, die mit diesem Programmiermodell entwickelt werden, werden entweder in JavaScript oder in Java entwickelt – beides Open-Source-Frameworks. Die JavaScript-Entwicklung setzt auf Node.js in Kombination mit dem Express Framework. Node.js ist der De-facto-Standard für die clientseitige JavaScript-Entwicklung. Das Express Framework ermöglicht die einfache Entwicklung und Bereitstellung von Anwendungen auf der Grundlage von Node.js.

Für die Java-Entwicklung wird das Spring-Framework eingesetzt. Darauf aufbauend verwendet das SAP Cloud Application Programming Model CDS für die Modellierung der Persistenzschicht und der Serviceschicht. Dabei handelt es sich um eine domänenspezifische Sprache, die von SAP entwickelt wurde. Darüber hinaus werden *Service Software Development Kits* (SDKs) verwendet, um beispielsweise auf SAP S/4HANA Cloud zuzugreifen.

Mit dem SAP Cloud Application Programming Model können Sie sowohl lokal als auch im SAP BTP entwickeln. Wenn Sie die lokale Entwicklung bevorzugen, müssen Sie Node.js und den zugehörigen *Node Package Manager* (npm) auf Ihrem Rechner installieren. Anschließend können die Anwendungen auf SAP BTP deployt werden.

Anwendungen, die mit dem Programmiermodell entwickelt werden, verwenden entweder SQLite oder SAP HANA als Datenbank für die Speicherung von Daten. SQLite ist eine minimalistische Datenbank, die als Open-Source-Software bereitgestellt wird. Bei der Entwicklung kann auch die In-Memory-Datenbank H2 verwendet werden. H2 ist eine in Java entwickelte relationale Datenbank. Allerdings werden in diesem Fall die Daten nach jedem Neustart der Anwendung gelöscht. Die SAP-HANA-Datenbank kann sowohl in der Cloud als auch on-premise genutzt werden.

Das SAP Cloud Application Programming Model wird hauptsächlich für zwei Szenarien eingesetzt:

- Zum einen liegt der Fokus auf der Entwicklung neuer Anwendungen. Mit dem Programmiermodell können Sie im Handumdrehen Anwendungen erstellen, die Sie in der Cloud und on-premise einsetzen können. Auch die Mandantenfähigkeit, die SAP als Anbieter von ERP-Lösungen nahezu unschlagbar gemacht hat, wird durch das SAP Cloud Application Programming Model standardmäßig unterstützt. Dies ermöglicht es Ihnen, Anwendungen unabhängig und völlig isoliert voneinander auf verschiedenen Clients bereitzustellen.
- Das zweite Einsatzszenario ist die Erweiterung von Software-as-a-Service-Anwendungen (SaaS-Anwendungen). Diese werden in der Regel ereignisgesteuert entwickelt. In der SaaS-Anwendung wird ein Ereignis ausgelöst, z. B. Änderungen an den Daten eines Kunden. Die Erweiterung registriert dieses Ereignis, sobald es eintritt, und führt bestimmte Funktionen aus.

Im SAP Cloud Application Programming Model überlässt SAP den Entwicklern die Entscheidung, welche UI-Technologie sie einsetzen wollen. Die Empfehlung geht jedoch klar in Richtung SAP Fiori Elements. Das SAP Cloud Application Programming Model unterstützt alle Annotationen, die für SAP-Fiori-Elements-Anwendungen erforderlich sind.

Im Folgenden wird anhand eines Beispiels gezeigt, wie eine Anwendung mit SAP Cloud Application Programming Model erstellt werden kann. Wir haben die Beispielanwendung lokal in *Visual Studio Code* erstellt. Unserer Erfahrung nach erhöht diese integrierte Entwicklungsumgebung die Effizienz der Entwicklung im Vergleich zum *SAP Business Application Studio* erheblich.

Im ersten Schritt initialisieren wir ein neues SAP-Cloud-Application-Programming-Model-Projekt mit dem Befehl `cds init` von der Kommandozeile aus:

```
cds init clouddna
```

Die Struktur des Projekts ist durch das SAP Cloud Application Programming Model vorgegeben (siehe Abbildung 1.9). Datenmodell, Service-Provisionierung und Benutzeroberfläche werden voneinander getrennt gehalten.

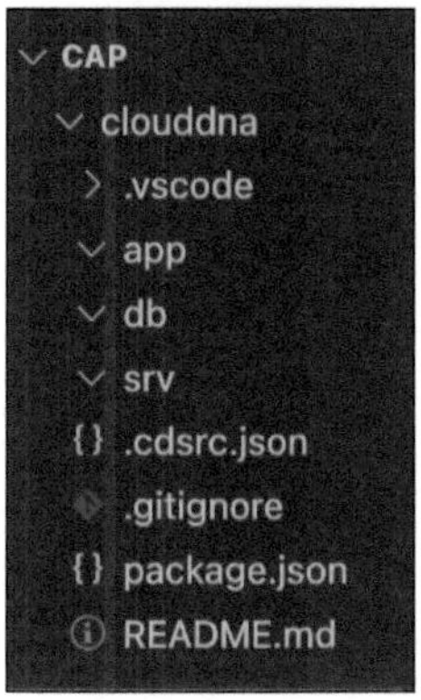

Abbildung 1.9 Projektstruktur im SAP Cloud Application Programming Model

Das Datenmodell wird im Verzeichnis **db** erstellt. Als Dateierweiterung wird **.cds** verwendet. Der Name der Datei spielt keine Rolle. In unserem Beispiel haben wir eine Datei mit dem Namen **model.cds** erstellt (siehe Abbildung 1.10).

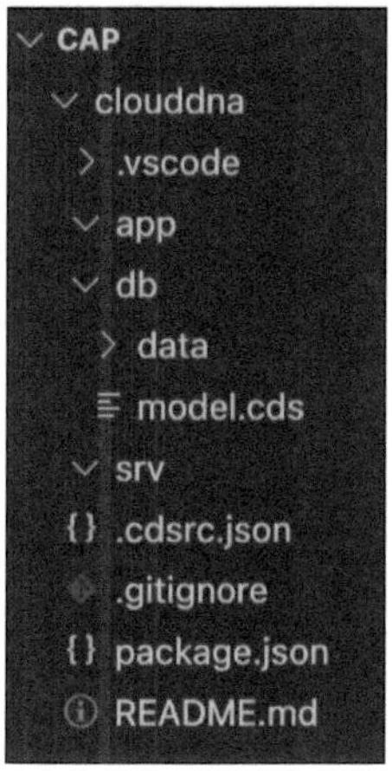

Abbildung 1.10 Datenmodell im Verzeichnis »db«

In dieser Datei muss zuerst ein Namensraum deklariert werden, um Namenskonflikte mit anderen eigenen Projekten oder SAP-Projekten zu vermeiden. In unserem Beispiel legen wir die Entitäten `customer` und `address` im Namensraum `at.clouddna.cap` an (siehe Listing 1.4). Beide Entitäten werden um den Aspekt `managed` erweitert. Ein Aspekt enthält bestimmte, häufig benötigte Eigenschaften. Dabei handelt es sich um ein von SAP bereitgestelltes Artefakt, das über den `using`-Request referenziert werden muss.

```
using { managed, sap } from '@sap/cds/common';
namespace at.clouddna.cap;

entity Customer: managed {
        key ID:       Integer;
        firstname:    String(50);
        lastname:     String(50);
        email:        String(100);
        phone:        String(30);
        address:      Association to Address;
}
entity Address: managed {
        key ID:       Integer;
        country:      String(50);
        region:       String(50);
        zip:          String(5);
        city:         String(100);
        street:       String(100);
        customer:     Association to one Customer;
}
```

Listing 1.4 CDS-Datenmodell einer SAP-Cloud-Application-Programming-Model-Anwendung

Über das Artefakt `managed` werden die Entitäten mit den zusätzlichen Attributen `createdAt`, `createdBy`, `modifiedAt` und `modifiedBy` angereichert. Diese Felder werden zur Laufzeit automatisch gefüllt und geben Ihnen die Möglichkeit, festzustellen, welcher Benutzer zu welchem Zeitpunkt einen Eintrag in der zugrunde liegenden Datenbank erstellt oder geändert hat.

Den einzelnen Attributen einer Entität müssen Datentypen zugewiesen werden. Darüber hinaus ist es möglich, *Fremdschlüsselbeziehungen* abzubilden. In unserem Beispiel gibt es eine solche Beziehung (`Association to`) zwischen den Entitäten `customer` und `address`.

Sie müssen das Modell nicht in einer einzigen Datei erstellen, sondern können es auf mehrere Dateien verteilen. Dies erleichtert die Arbeit im Team, und die Modelle können besser strukturiert werden.

Nachdem das Datenmodell erstellt wurde, kann die Anwendung bereits mit dem folgenden Befehl gestartet werden:

```
cds serve
```

Es kann sein, dass Syntaxfehler angezeigt werden.

Nach der Erstellung des Datenmodells in CDS wird im nächsten Schritt der OData-Service erstellt. Hierfür sind keine Programmierkenntnisse erforderlich. Der Service wird in Form von Dateien bereitgestellt, die Sie mit der Erweiterung **.cds** im Verzeichnis **srv** oder einem Unterverzeichnis anlegen müssen (siehe Abbildung 1.11).

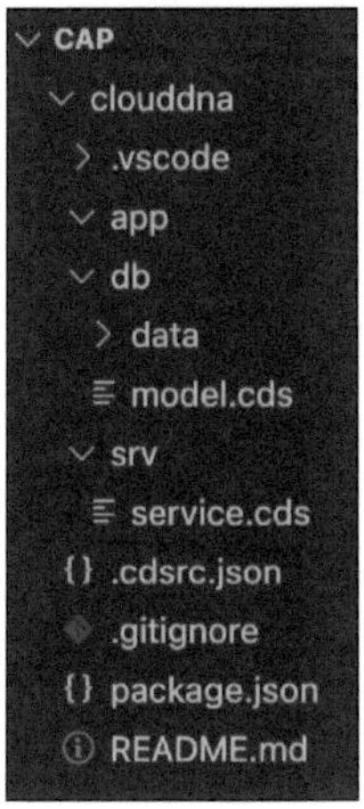

Abbildung 1.11 OData-Service im »srv«-Verzeichnis

In unserem Beispiel haben wir einen Service in der Datei **service.cds** erstellt. Sie können Ihren Service auch auf verschiedene Dateien aufteilen. Das SAP Cloud Application Programming Model stellt OData-Services der Version V4 im Standard zur Verfügung. Um die im Datenmodell definierten Entitäten bereitzustellen, müssen Sie lediglich eine Projektion erstellen. Dazu müssen Sie das zuvor definierte Datenmodell über den `using`-Request referenzieren und unter einem Alias zur Verfügung stellen. Im Beispiel in Listing 1.5 wurde der Alias `cap` verwendet.

```
using { at.clouddna.cap as cap } from '../db/model';

service UserService {
    entity Customer as projection on cap.Customer;
    entity Address as projection on cap.Address;
}
```

Listing 1.5 OData-Service mit einer Projektion generieren

Standardmäßig werden Ihnen alle *CRUDQ*-Methoden für jede Entität zur Verfügung gestellt. Mit diesen Methoden können Sie Funktionen zum Erstellen, Ändern, Lesen und Löschen von Daten bereitstellen, ohne eine einzige Zeile Code zu programmieren.

Nachdem Sie die Anwendung erneut mit dem Befehl `cds serve` gestartet haben, ist sie auf dem Localhost unter Port 4004 erreichbar. Dort werden alle Webanwendungen und die Service-Endpunkte des Projekts mit dem zugehörigen Metadaten-Dokument bereitgestellt (siehe Abbildung 1.12).

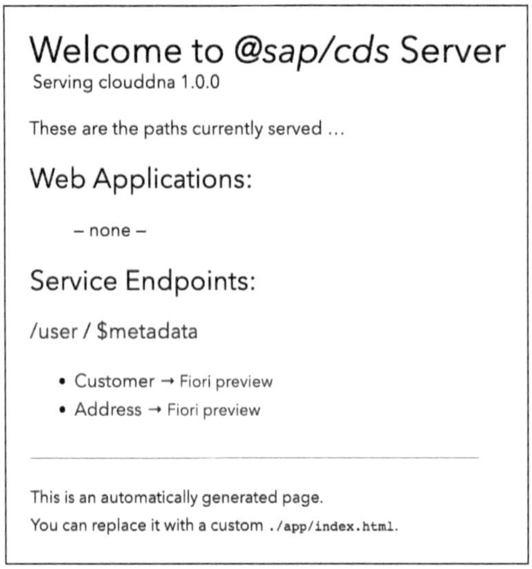

Abbildung 1.12 Startseite der CAP-Anwendung

Auf der Startseite der SAP-Cloud-Application-Programming-Model-Anwendung wird für jede Entität die Vorschau einer SAP-Fiori-Benutzeroberfläche (*Fiori Preview*) bereitgestellt (siehe Abbildung 1.13). Zu diesem Zweck wird eine SAP-Fiori-Elements-Anwendung dynamisch generiert. Diese automatisch generierte Anwendung sollte nur zu Testzwecken verwendet werden.

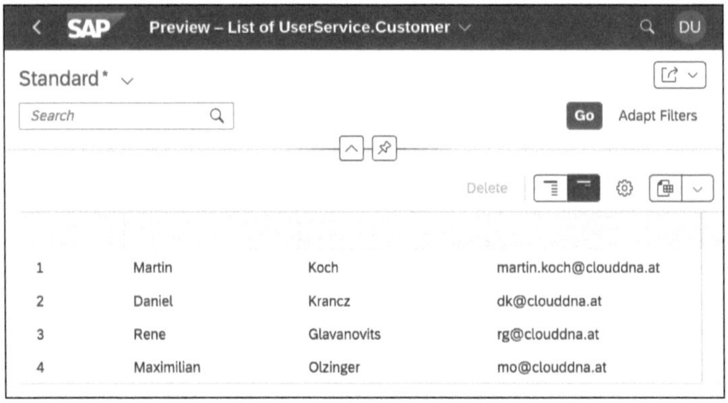

Abbildung 1.13 SAP-Fiori-Vorschau-Anwendung

Das Erscheinungsbild der Anwendung wird durch *Annotationen* gesteuert. Sie können diese in der Servicedatei mit der Erweiterung **.cds** oder in einer separaten **.cds**-Datei im **srv**-Verzeichnis anzeigen und anpassen. Listing 1.6 zeigt, wie die Entität `Customer` mit Annotationen aus dem UI-Vokabular versehen wurde. Das Beispiel ist auf zwei Annotationen beschränkt: `SelectionFields` und `LineItem`. Mit den Werten der Annotation `SelectionFields` können Sie steuern, welche Filter angezeigt werden. Die Werte der Annotation `LineItem` steuern, welche Felder in einer Tabelle angezeigt werden.

```
annotate UserService.Customer with @(
    UI: {
        SelectionFields: [ ID, firstname, lastname ],
        LineItem: [
            {   Value: ID, Label: 'Customer ID' },
            {   Value: firstname, Label: 'Firstname'},
            {   Value: lastname, Label: 'Lastname' },
            {   Value: email, Label: 'Email Address' },
            {   Value: phone, Label: 'Phone Number' }
        ]
    }
);
```

Listing 1.6 UI-Annotationen im Datenmodell einer CAP-Anwendung

Die geänderten Annotationen werden dann in der Vorschau in Abbildung 1.14 angezeigt.

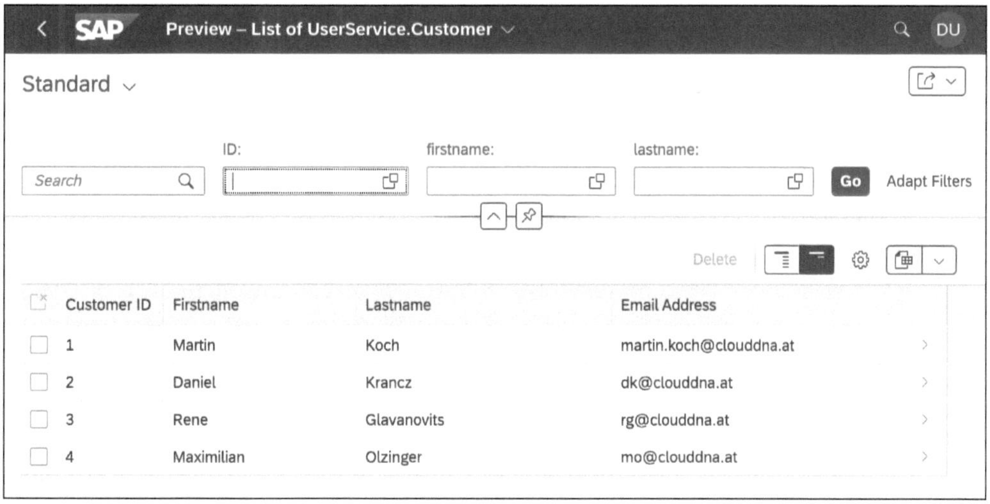

Abbildung 1.14 Vorschau der SAP-Cloud-Application-Programming-Model-Anwendung nach Hinzufügen von Annotationen zum Titel

Wir haben Ihnen an dieser Stelle einen kurzen Überblick gegeben, damit Sie sehen können, welche Möglichkeiten Ihnen das SAP Cloud Application Programming Model grundsätzlich bietet. Wie Sie hoffentlich schon sehen können, ist das Modell eine echte

Revolution im Bereich der Anwendungsentwicklung. Auf die Erstellung von Benutzeroberflächen und andere Details und Geheimnisse der Fullstack-App-Entwicklung auf Basis des SAP Cloud Application Programming Model werden wir in Kapitel 7, »Entwicklung von OData-V4-Services mit dem SAP Cloud Application Programming Model«, näher eingehen.

1.3 HTTP-Grundlagen

Das *Hypertext Transfer Protocol* (HTTP) ist ein Übertragungsprotokoll, das zum Austausch von Daten zwischen einem Client und einem Server verwendet wird. Bei dem Client handelt es sich in der Regel um einen Webbrowser und bei dem Server um einen Webserver, z. B. in Form von SAP BTP oder einem SAP-S/4HANA-System. Bei den übertragenen Daten handelt es sich meistens um HTML-Dokumente und Mediendateien. Es ermöglicht Benutzern den Zugriff auf und das Abrufen von Websites über einen Webbrowser durch Eingabe eines *Uniform Resource Locator* (URL). HTTP besteht aus zwei Teilen: einer Anfrage und einer Antwort (siehe Abbildung 1.15). Die Anfrage, die von einem Client gesendet wird, enthält Informationen über die Ressource, die der Client abrufen möchte. Die von einem Server gesendete Antwort enthält die angeforderte Ressource und Informationen darüber, ob die Anfrage erfolgreich war.

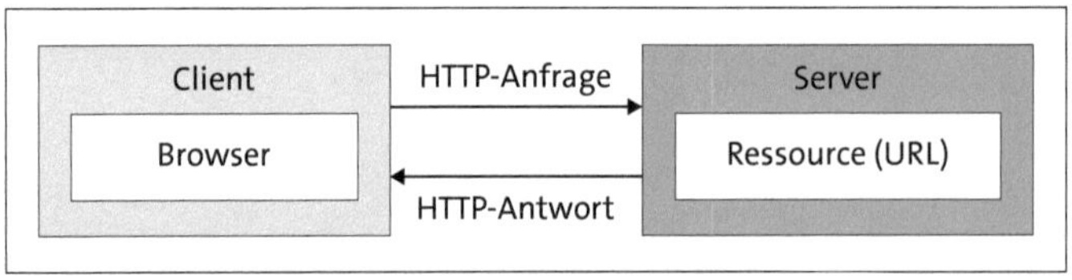

Abbildung 1.15 HTTP-Kommunikation

HTTP verwendet Transmission-Control-Protocol-Verbindungen für den Nachrichtenaustausch zwischen Clients und Servern. Das *Transmission Control Protocol* (TCP) ist ein verbindungsorientiertes Transportprotokoll. Es ist zustandslos, was bedeutet, dass der Server keine Informationen über frühere Anfragen sammelt. Das bedeutet, dass jede Anfrage unabhängig von früheren Anfragen bearbeitet wird und keine Informationen über frühere Anfragen gespeichert werden. HTTP besteht aus einer Reihe von Regeln und Standards, die festlegen, wie Nachrichten zwischen Clients und Servern ausgetauscht werden. Es legt fest, wie Anfragen von Clients gestellt und Antworten von Servern gegeben werden, ebenso wie die Struktur und der Inhalt der Nachrichten.

Eine HTTP-Anfrage (*Request*) besteht aus einer *URL*, einer Methode und *HTTP-Headern*. Der Header enthält Metadaten wie Informationen über den verwendeten Browser und gegebenenfalls Autorisierungsdaten. Der *Body*, der optional ist, enthält die eigentlichen zu übertragenden Daten.

Eine URL ist eine eindeutige Adresse, mit der Sie auf eine bestimmte Ressource oder ein Dokument im Internet verweisen können. Eine URL besteht aus mehreren Teilen, die Informationen darüber enthalten, wie man auf die Ressource zugreifen kann. Die grundlegenden Teile einer URL sind wie folgt:

- das Schema, das das zu verwendende Protokoll angibt (z. B. HTTP, HTTPS, FTP, SMTP),
- der Domänenname, der den Namen der Website angibt (z. B. clouddna.at)
- der Pfad, der beschreibt, wo sich die Ressource auf dem Server befindet (z. B. /rest/user/101)

Die HTTP-Methode, auch bekannt als HTTP-Verb, gibt an, welche Art von Aktion mit einer bestimmten Ressource durchgeführt werden soll. Die gängigsten HTTP-Methoden sind folgende:

- `GET`

  Diese Methode wird verwendet, um eine Ressource vom Server abzurufen. Wenn Sie z. B. eine Webseite im Browser besuchen, sendet der Browser eine GET-Anfrage an den Server, um die angeforderten Daten abzurufen.
- `POST`

  Diese Methode wird verwendet, um Daten an den Server zu senden. Wenn Sie z. B. ein Formular auf einer Webseite ausfüllen und abschicken, sendet der Browser eine POST-Anfrage an den Server. Die Daten werden im HTTP-Body übertragen.
- `PUT`

  Diese Methode wird verwendet, um eine Ressource auf dem Server zu aktualisieren.
- `DELETE`

  Diese Methode wird verwendet, um eine Ressource auf dem Server zu löschen.
- `HEAD`

  Diese Methode ist wie GET, aber der Server gibt nur die Header-Informationen zurück und nicht den Inhalt der Ressource. Damit kann geprüft werden, ob eine Ressource auf dem Server existiert.
- `OPTIONS`

  Diese Methode wird verwendet, um die für eine bestimmte Ressource verfügbaren HTTP-Methoden abzufragen.

Es gibt auch andere Methoden, die jedoch weniger häufig verwendet werden, wie `PATCH`, `CONNECT` und `TRACE`.

HTTP-Header sind Metadaten, die im HTTP-Protokoll verwendet werden, um zusätzliche Informationen über eine HTTP-Anfrage oder -Antwort zu übermitteln. Sie bestehen aus einem Schlüssel-Werte-Paar. Einige Beispiele für häufig verwendete HTTP-Header lauten wie folgt:

- Accept gibt an, welche Arten von Inhalten der Client akzeptiert.
- Content-Type gibt den Medientyp des Inhalts in der Anfrage oder Antwort an.
- User-Agent gibt Informationen über den Browser des Benutzers an.
- Referer gibt die URL der vorherigen Seite an, von der aus der Benutzer auf die aktuelle Seite gelangt ist.
- Authorization enthält Informationen über die Authentifizierung des Benutzers.
- Cookie enthält Informationen über die vom Server gesendeten Cookies.

Es gibt viele andere HTTP-Header, die je nach Anforderung verwendet werden können. Die Verwendung von HTTP-Headern ermöglicht es Servern und Clients, zusätzliche Informationen auszutauschen und die Interaktion zwischen ihnen zu steuern.

Eine HTTP-Antwort besteht aus einem HTTP-Statuscode, einem HTTP-Header und einem optionalen Body. Der Statuscode gibt an, ob die Anfrage erfolgreich war (z. B. **200 OK**) oder ob ein Fehler aufgetreten ist (z. B. **404 Not Found**). Der Header enthält Metadaten wie Informationen über den Inhaltstyp der Antwort und gegebenenfalls Informationen über *Cookies*. Der Body enthält die eigentlichen Daten, die übertragen werden.

Einige häufig verwendete HTTP-Statuscodes sind folgende:

- **200 OK**: Die Anfrage war erfolgreich, und der Server hat die angeforderten Daten zurückgesendet.
- **201 Created**: Die Anfrage war erfolgreich, und es wurde eine neue Ressource erstellt.
- **204 No Content**: Die Anfrage war erfolgreich, aber der Server hat keinen Inhalt zurückgegeben.
- **400 Bad Request**: Die Anfrage war ungültig und konnte vom Server nicht verarbeitet werden.
- **401 Unauthorized**: Der Benutzer ist nicht berechtigt, die angeforderte Ressource abzurufen.
- **403 Forbidden**: Der Benutzer ist berechtigt, die Anfrage zu senden, aber der Server weigert sich, sie auszuführen.
- **404 Not Found**: Die angeforderte Ressource konnte vom Server nicht gefunden werden.

- **500 Internal Server Error**: Auf dem Server ist ein Fehler aufgetreten, und die Anfrage konnte nicht bearbeitet werden.
- **503 Service not available**: Der Server ist derzeit nicht in der Lage, die Anfrage zu bearbeiten.

Ein weiterer wichtiger Aspekt, den es bei der Kommunikation zu beachten gilt, ist die Sicherheit der Datenübertragung. Dabei werden Sie unweigerlich auf HTTPS stoßen. HTTP und HTTPS (Hypertext Transfer Protocol Secure) sind beides Protokolle, die zur Datenübertragung im Internet verwendet werden. Der Unterschied zwischen den beiden besteht hauptsächlich darin, dass HTTPS eine zusätzliche Sicherheitsebene bietet. Wir empfehlen die Verwendung von HTTPS. HTTP ist nicht sicher, da es keine Verschlüsselung der übertragenen Daten bietet, was bedeutet, dass sie von jedermann eingesehen werden können.

Unverschlüsselter Verkehr kann auf verschiedene Weise abgefangen werden. Einige Beispiele sind folgende:

- **Unsichere Wi-Fi-Netzwerke:**

  Wenn Benutzer ihre Geräte mit ungesicherten Wi-Fi-Netzwerken verbinden, kann ein Angreifer in der Nähe den Datenverkehr leicht abfangen, indem er dasselbe Netzwerk verwendet.
- **Man-in-the-Middle-Angriffe:**

  Ein Angreifer kann sich zwischen den Client und den Server einschleusen und den Datenverkehr abfangen, indem er eine gefälschte Verbindung zum Server herstellt.
- **Sniffing:**

  Ein Angreifer kann den Datenverkehr abfangen, indem er sein eigenes Gerät als sogenannten Honeypot einrichtet und in das Netz einschleust. Er kann dann den Netzwerkverkehr abhören und abfangen, indem er den Verkehr auf seinem Gerät mit einer Packet-Sniffer-Software analysiert.
- **Abtrünnige Zugangspunkte:**

  Ein Angreifer kann einen »Rogue Access Point« einrichten, der sich als legitimer Access Point ausgibt. Benutzer, die sich mit diesem Zugangspunkt verbinden, senden ihre Daten an den Angreifer und nicht an den echten Server.

Um sich vor diesen Angriffen zu schützen, sollten Nutzer darauf achten, dass sie in vertrauenswürdigen Netzwerken und auf sicheren Websites arbeiten. Eine weitere Möglichkeit ist die Verwendung von verschlüsseltem Datenverkehr wie HTTPS, der die Integrität und Vertraulichkeit der Daten gewährleistet.

HTTPS verwendet das gleiche Protokoll wie HTTP, fügt aber eine zusätzliche Sicherheitsebene hinzu. Es verwendet *SSL* (Secure Sockets Layer) oder *TLS* (Transport Layer

Security) zur Verschlüsselung der Daten, die zwischen Client und Server ausgetauscht werden. Dadurch wird verhindert, dass Dritte die Daten abfangen und lesen können. Wir werden hier nicht auf die Einzelheiten des HTTPS-Protokolls eingehen, da dies den Rahmen sprengen würde. Wichtig ist nur, dass Sie verstehen, dass die Verwendung des HTTPS-Protokolls Ihnen hilft, die bestmögliche Sicherheit bei der Übertragung von Daten zu gewährleisten.

1.4 Zusammenfassung

In diesem Kapitel haben Sie eine allgemeine Einführung in das Thema Fullstack-Entwicklung erhalten. In Abschnitt 1.1 haben wir mit einem Überblick begonnen und die Frage beantwortet, was Fullstack-Entwickler eigentlich sind und welche Aufgaben sie haben. Anschließend haben wir in Abschnitt 1.2 die verschiedenen Programmiermodelle vorgestellt, die SAP derzeit anbietet. Dazu gehörten das ABAP-Programmiermodell für SAP Fiori in Abschnitt 1.2.1, das ABAP RESTful Application Programming Model in Abschnitt 1.2.2 und das SAP-Cloud Application Programming Model in Abschnitt 1.2.3. Da Sie bei der Entwicklung unweigerlich mit HTTP arbeiten werden, ist es unerlässlich, die Grundlagen von HTTP zu verstehen, die in Abschnitt 1.3 behandelt wurden.

Kapitel 2
Einführung in SAPUI5 und SAP Fiori

Die Begriffe SAPUI5 und SAP sorgen oft für Verwirrung und werden häufig falsch verwendet oder verwechselt. Alle diese Technologien gehören eng zusammen und bilden die Basis für eine völlig neue SAP-Benutzererfahrung.

SAPUI5 und *SAP Fiori* sind Begriffe, die bei SAP-Kunden große Erwartungen hervorrufen. Sie bieten attraktive Benutzeroberflächen, die sowohl auf Desktops und Laptops als auch auf mobilen Geräten wie Smartphones oder Tablets über einen Webbrowser zugänglich sind. Dieses Kapitel widmet sich genau diesem Thema. Sie erhalten eine kompakte Einführung in SAPUI5 und SAP Fiori und legen damit den Grundstein für die folgenden Kapitel.

Es ist wichtig, die Unterschiede zwischen SAPUI5 und SAP Fiori zu verstehen, die in Abschnitt 2.1 näher erläutert werden. Das *SAP Fiori Launchpad*, ein zentraler Bestandteil von SAP Fiori, spielt eine entscheidende Rolle für ein herausragendes Benutzererlebnis. In Abschnitt 2.2 stellen wir das SAP Fiori Launchpad im Detail vor. Anschließend betrachten wir in Abschnitt 2.3 die *SAP Fiori Design Guidelines*. Diese Richtlinien sollten von allen Entwicklern als Basis für das Design und die Entwicklung von Apps herangezogen werden. Die Einhaltung der SAP Fiori Design Guidelines gewährleistet ein einheitliches Erscheinungsbild der Anwendungen verschiedener Entwickler und trägt somit zur Verbesserung des Benutzererlebnisses bei. Natürlich müssen die Apps auch entwickelt werden. Hierfür stehen verschiedene Entwicklerwerkzeuge zur Verfügung, die wir in Abschnitt 2.4 vorstellen.

2.1 SAPUI5 versus SAP Fiori

SAPUI5 und SAP Fiori sind eng miteinander verwandt, sind aber nicht dasselbe. Dennoch werden diese Begriffe oft verwechselt oder falsch verwendet. SAPUI5 ist ein clientseitiges JavaScript-Framework für die Entwicklung webbasierter Benutzeroberflächen. Das Framework nutzt moderne Webtechnologien wie HTML5, CSS und JavaScript. Mit SAPUI5 können Entwickler Anwendungen und UI-Komponenten entwickeln und bestehende Anwendungen erweitern und anpassen. SAPUI5 bildet die technologische Basis für SAP Fiori und stellt die UI-Komponenten für SAP-Fiori-Anwendungen bereit. Das SAPUI5-Framework stellt Ihnen eine Sammlung von UI-Komponenten zur Verfügung, die in verschiedenen Anwendungen verwendet werden können. Diese UI-Komponenten decken ein sehr breites Spektrum ab, von einfachen Eingabefeldern bis hin zu komplexen Prozessdiagrammen. SAPUI5-Anwendungen werden immer nach dem gleichen Schema aufgebaut. Es wird ein Entwurfsmuster namens *Model-View-Controller* (MVC) verwendet. Es teilt eine Anwendung in drei Hauptkomponenten auf: Model, View und Controller. Diese Trennung ermöglicht eine klare Strukturierung des Codes und erleichtert die Wartung und Weiterentwicklung der Software. Durch diese Trennung der Zuständigkeiten in Model, View und Controller können Änderungen an einem Teil der Anwendung vorgenommen werden, ohne dass sich dies auf andere Teile auswirkt. Dies ist die Grundlage für eine bessere Wartbarkeit und Erweiterbarkeit der Anwendung (siehe Abbildung 2.1).

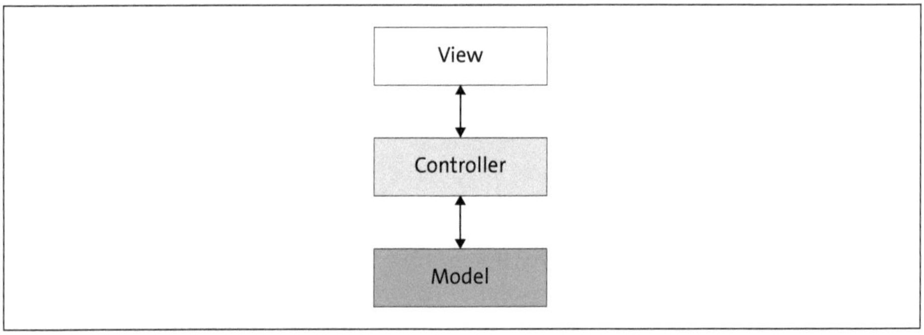

Abbildung 2.1 MVC-Designpattern

Lassen Sie uns die einzelnen Komponenten genauer betrachten:

- **View**
  Der View ist für die Darstellung der Daten zuständig, die vom Model bereitgestellt werden. Er enthält die Benutzeroberfläche der Anwendung, einschließlich Layout, Darstellung und Interaktionen, die der Benutzer sieht und nutzt. Der View ruft keine Daten direkt vom Model ab, sondern wird vom Controller über Änderungen informiert.
- **Controller**
  Der Controller fungiert als Vermittler zwischen Model und View. Er verarbeitet die Eingaben des Benutzers, sendet Anfragen an das Model und entscheidet, welcher View zur Darstellung der Daten verwendet werden soll. Der Controller nimmt Benutzereingaben entgegen, interpretiert sie und sorgt dafür, dass das Modell entsprechend aktualisiert wird. Anschließend aktualisiert der Controller den View, um die neuen Daten darzustellen. In SAP-Fiori-Apps übernimmt der Controller oft die Rolle, die Geschäftslogik von der Darstellung zu trennen und die Interaktion zwischen Benutzer und System zu steuern.

- **Model**
  Das Model repräsentiert die Daten und die Logik der Anwendung. Es ist verantwortlich für das Verwalten der Daten, die Geschäftslogik und die Regeln der Anwendung. Das Model reagiert auf Anfragen vom Controller und aktualisiert sich selbst entsprechend. Es informiert den View über Änderungen, sodass die Benutzeroberfläche aktualisiert werden kann.

Beginnen wir die weitere Erläuterung mit dem Modell. Das Modell enthält die Daten, die im View angezeigt werden. Es gibt drei Arten von Modellen. Das lokale Modell speichert die Daten direkt auf dem Gerät, z. B. im JSON- oder XML-Format. Die Daten werden also nicht an einen Server übertragen. Beim Remote-Model besteht eine Verbindung zu einem Datenmodell auf dem Server. In diesem Fall wird im SAPUI5-Framework nur OData unterstützt. Wenn Sie eine REST-API direkt ansprechen wollen, bietet SAPUI5 hierfür grundlegende Funktionen. Es gibt aber auch ein Open-Source-REST-Modell, mit dem Sie REST-APIs genauso einfach integrieren können wie OData-APIs. Die dritte Art von Modell ist das Resource-Model. Es hat eine besondere Funktion, da es Ihnen hilft, Ihre Anwendungen mehrsprachig auszuliefern und Texte sprachspezifisch zu pflegen.

Der View dient zur Darstellung der Daten für den Benutzer. Er wird in Form einer XML-Datei erstellt. Historisch gesehen müssen wir der Vollständigkeit halber auch HTML- und JSON-Views erwähnen. Diese haben inzwischen aber keine Bedeutung mehr. Im View werden alle verfügbaren UI-Controls durch ein XML-Element dargestellt. Listing 2.1 zeigt z. B. einen View, der ein `SimpleForm`-Control enthält. Simple Form ist ein Control, das dabei hilft, die Erfassung von Daten zu vereinfachen, indem diese in Form eines klassischen Formulars dargestellt werden. Formulare sind meist so aufgebaut, dass sie ein Label und ein zugehöriges Eingabefeld haben. Alle UI-Controls sollten ein `id`-Attribut haben, das verwendet werden kann, um das Element vom Controller aus anzusprechen.

```
<mvc:View xmlns:form="sap.ui.layout.form"
controllerName="at.clouddna.demo.demoproject.controller.Main"
xmlns:mvc="sap.ui.core.mvc"
displayBlock="true"
xmlns="sap.m">
<Shell id="shell">
  <App id="app">
    <pages>
      <Page id="page" title="{i18n>title}">
        <content>
          <form:SimpleForm id="contactForm">
            <form:content>
              <Label id="lblName" text="{i18n>name}" />
```

```
              <Input id="inpName" value="{SupplierName}" />
            </form:content>
          </form:SimpleForm>
        </content>
        <footer>
          <Toolbar id="tb">
            <ToolbarSpacer id="spacer"/>
            <Button id="btnApprove" text="{i18n>btnApprove}" press="onPress"
type="Accept"/>
            <Button id="btnReject" text="{i18n>btnReject}" press="onPress"
type="Reject"/>
          </Toolbar>
        </footer>
      </Page>
    </pages>
  </App>
</Shell>
</mvc:View>
```

Listing 2.1 Beispiel eines XML-Views

In Listing 2.1 sehen Sie das Attribut `value` für das XML-Element `Input`. Diesem Attribut wird der Wert `{Suppliername}` zugewiesen. Dies ist die *Datenbindung*. Die Datenbindung stellt die Verbindung zwischen dem View und dem Model her und sorgt dafür, dass der Wert aus dem Model zur Laufzeit dynamisch verwendet wird. Die Datenbindung kann entweder als One-Way- oder als Two-Way-Bindung definiert werden. Bei einer *One-Way-Bindung* wird der Wert aus dem Model im View gesetzt. Änderungen des Werts im View werden jedoch nicht mit dem Model synchronisiert. Bei der *Two-Way-Bindung* werden die Änderungen zurück an das Model übertragen. Im Listing sehen Sie auch eine One-Way-Bindung im Attribut `text` des XML-Elements `Label`. Dort finden Sie den Wert `{i18n>name}`. Dies ist eine Bindung an das Model namens *i18n*. Dieses Model wird für die Übersetzung von Texten verwendet.

[»]

Internationalisierung (i18n)

In SAPUI5-Anwendungen bezieht sich der Begriff Internationalisierung auf den Prozess, eine Anwendung so zu entwerfen und zu entwickeln, dass sie leicht in verschiedene Sprachen übersetzt und an unterschiedliche Kulturen angepasst werden kann. SAPUI5 bietet mehrere Funktionen zur Unterstützung der Internationalisierung, darunter Ressourcenbündel, d. h. Sammlungen von Text-Strings, die in verschiedene Sprachen übersetzt werden können, sowie lokal-spezifische Formatierungen für Zahlen, Daten und Währungen.

In Listing 2.1 sehen Sie ein weiteres wichtiges Konstrukt im XML-Element `Button`: die sogenannten Ereignisse. Der Button hat ein Ereignis namens `press`. Dieses Ereignis wird, wie der Name schon sagt, immer dann ausgelöst, wenn der Button gedrückt wird. Der dem Ereignis zugewiesene Name ist eine Funktion im Controller, die aufgerufen wird, um das Ereignis zu behandeln. Das bedeutet, dass die Geschäftslogik in dieser Funktion implementiert ist. Dort kann z. B. die Kommunikation mit dem Server ausgelöst oder eine Datenvalidierung durchgeführt werden.

An dieser Stelle ist es auch an der Zeit, den *Controller* zu erklären. Der Controller ist das Bindeglied zwischen dem View und dem Model und sorgt dafür, dass die Anfragen und Aktionen des Benutzers korrekt verarbeitet werden. Eine zentrale Aufgabe des Controllers ist die Steuerung und Verwaltung der vom Benutzer ausgeführten Anfragen und Aktionen sowie die Aktualisierung des Models und des Views. Der Controller nimmt Benutzeranfragen über den View entgegen, wertet sie aus und verarbeitet sie weiter. Der Controller ist auch für die Aktualisierung des Models zuständig. Der Controller ist für die Aufrechterhaltung der Datenkonsistenz und -integrität im Modell und für die korrekte Weitergabe von Änderungen im Modell an den View verantwortlich, um eine reibungslose und konsistente Aktualisierung der Benutzeroberfläche zu gewährleisten. In SAPUI5 ist der Controller in JavaScript oder *TypeScript* implementiert. In Listing 2.2 sehen Sie ein Beispiel für den View, der im vorherigen Beispiel gezeigt wurde. Darin finden Sie eine Funktion namens `onPress`. Diese wird aufgerufen, wenn der Benutzer auf einen der beiden Buttons im View klickt.

```
sap.ui.define(
["sap/ui/core/mvc/Controller", "sap/m/MessageToast"],
       function (Controller, MessageToast) {
              "use strict";

              return Controller.extend("at.clouddna.demo.demoproject.
controller.Main", {
              onInit: function () {
              },
              onPress: function (evt) {
                     MessageToast.show(evt.getSource().getId() + " Pressed");
              },
       });
});
```

Listing 2.2 Controller

Sie können ein SAPUI5-Projekt entweder manuell, mit dem *SAP Business Application Studio* in *SAP BTP* oder lokal mit *Visual Studio Code* erstellen. Wir werden dies in Abschnitt 2.2 näher erläutern. Die Struktur eines Projekts sehen Sie in Abbildung 2.2.

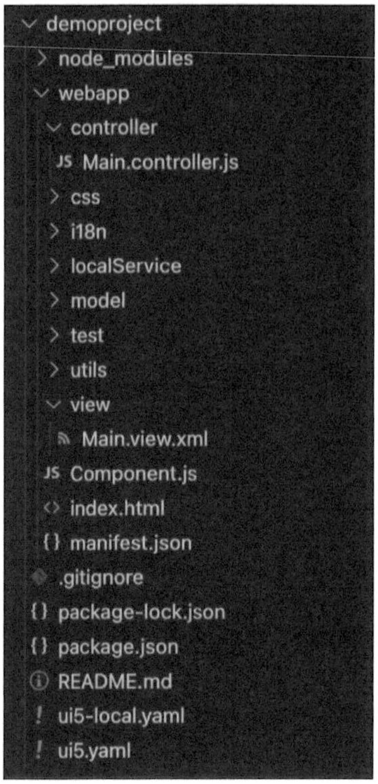

Abbildung 2.2 Projektstruktur

Zwei wichtige Dateien sind **manifest.json** und **Component.js**. Die Manifest-Datei ist der *Anwendungsdeskriptor*. SAP hat sich hier an dem vom W3C definierten Konzept des Manifests für Webanwendungen orientiert. Der Anwendungsdeskriptor wird verwendet, um Metadaten zu einer Anwendung zu speichern. Die Daten des Anwendungsdeskriptors werden im JSON-Format gespeichert.

Die Datei **Component.js** (siehe Listing 2.3) ist eine weitere wichtige Datei in SAPUI5-Projekten. Sie dient als Einstiegspunkt und lädt den Anwendungsdeskriptor für die Anwendung, initialisiert den Router und setzt das *Device Model*, das dazu dient, Informationen über das in der Anwendung verwendete Endgerät zur Laufzeit bereitzustellen.

```
sap.ui.define([
	"sap/ui/core/UIComponent",
	"sap/ui/Device",
	"at/clouddna/demo/demoproject/model/models"
], function (UIComponent, Device, models) {
	"use strict";
	return UIComponent.extend("at.clouddna.demo.demoproject.Component", {
		metadata: {
```

```
                manifest: "json"
            },
        /**
         * The component is initialized by SAPUI5 automatically during
           the startup of the app and calls the init method once.
        */
            init: function () {
                // call the base component's init function
                UIComponent.prototype.init.apply(this, arguments);

                // enable routing
                this.getRouter().initialize();

                // set the device model
                this.setModel(models.createDeviceModel(), "device");
            }
        });
});
```

Listing 2.3 Component.js

Eine weitere wichtige Datei ist **index.html**. Dies ist die Startseite, über die eine SAPUI5-App als eigenständige App gestartet werden kann und somit nicht in das *SAP Fiori Launchpad* eingebettet wurde. Dies ist auch einer der Hauptunterschiede zwischen SAPUI5 und SAP Fiori Apps. Das SAP Fiori Launchpad wird in Abschnitt 2.2 ausführlich erläutert.

An dieser Stelle ist es angebracht, auf die Unterschiede zwischen SAPUI5 und SAP Fiori einzugehen. SAPUI5 ist ein clientseitiges JavaScript-Framework, auch bekannt als *SAPUI5 Development Toolkit for HTML5*. SAP Fiori hingegen ist ein Framework zur Entwicklung von SAP-Anwendungen, das auf der SAPUI5-Technologie basiert. Es bietet eine Vielzahl von vorkonfigurierten Anwendungen für verschiedene Geschäftsbereiche wie Personalwesen, Einkauf, Vertrieb und viele andere. SAP Fiori stellt sicher, dass die Anwendungen über verschiedene Geräte hinweg konsistent und benutzerfreundlich sind. SAP Fiori ist eine moderne, benutzerfreundliche und intuitive Schnittstelle für SAP-Anwendungen. Mit SAP Fiori können Benutzer auf einfache und intuitive Weise auf Geschäftsprozesse und Daten zugreifen, unabhängig davon, wo sie sich befinden oder welches Gerät sie verwenden. Es bietet eine einheitliche Benutzeroberfläche für alle SAP-Anwendungen und macht die Arbeit mit SAP-Anwendungen einfacher, schneller und effizienter. SAP Fiori wurde erstmals im Mai 2013 der Öffentlichkeit vorgestellt.

SAP Fiori ist eine Designsprache, die Ihnen hilft, Unternehmensanwendungen mit einem großartigen Benutzererlebnis zu erstellen. SAP Fiori stellt einen absoluten Paradigmenwechsel in der Geschichte der SAP-Entwicklung dar. Die Menschen bewegen sich weg von schwergewichtigen, komplexen, monolithischen Transaktionen hin zu leichtgewichtigen Anwendungen, die perfekt auf die Aufgaben der Benutzer zugeschnitten sind. Mit SAP Fiori können Sie moderne, leichtgewichtige Anwendungen erstellen, die im Webbrowser laufen. Es besteht keine Notwendigkeit für unnötige Komplexität. Die Endbenutzer erhalten genau das, was sie brauchen, um ihre Aufgaben effizient zu erledigen. Dieses Kernziel spiegelt sich in den fünf Designprinzipien von SAP Fiori wider. Dementsprechend weisen SAP-Fiori-Anwendungen die folgenden Merkmale auf:

- rollenbasiert (engl. Role-based)
- entzückend (engl. Delightful)
- kohärent (engl. Coherent)
- einfach (engl. Simple)
- anpassungsfähig (engl. Adaptive)

SAP Fiori ist jedoch mehr als nur eine Designsprache für Webanwendungen. Mit SAP Fiori wurde auch das SAP Fiori Launchpad für einen einheitlichen Zugriff auf die Anwendungen eingeführt, das wir in Abschnitt 2.2 vorstellen.

Das SAP-Fiori-Designsystem unterstützt die Plattformen Web, iOS und Android. Der grundlegende Designansatz ist über alle Plattformen hinweg standardisiert. SAP wendet zu diesem Zweck einen designorientierten Entwicklungsprozess an, der wie folgt aussieht:

- Mit der Web-Technologie-Plattform bedient SAP alle Anwendungen, die browserbasiert sind. Sie sind unabhängig vom verwendeten Betriebssystem und benötigen lediglich einen Browser.
- Bei den mobilen nativen Apps bedient SAP die Betriebssysteme iOS und Android. Die Apps werden auf den mobilen Geräten installiert und müssen für das jeweilige Betriebssystem entwickelt werden.

Die SAP-Fiori-Designsprache geht auf die Besonderheiten der einzelnen Technologieplattformen ein. Sie beschreibt detailliert das Erscheinungsbild, die verfügbaren Bedienelemente und Grundrisse (Floorplans) oder Seiten sowie gemeinsame Funktionen wie die Navigation und Suche. SAP Fiori hat sich damit von einer kleinen SAP-internen Initiative zu einem Designsystem für alle SAP-Produkte und Kundenentwicklungen entwickelt. Die SAP Fiori Design Guidelines werden in Abschnitt 2.3 vorgestellt.

SAPUI5 ist ein Framework, das Entwicklern großen Spielraum bei der *visuellen Gestaltung* der Anwendungen lässt. Dies führt dazu, dass das Erscheinungsbild der Anwendungen stark vom Entwickler abhängig ist. Um eine möglichst flache Lernkurve für Endanwender zu schaffen und den Schulungsaufwand zu minimieren, gibt SAP Richtlinien und Empfehlungen für die Verwendung des SAPUI5-Frameworks für SAP-Fiori-Apps. Eine SAP-Fiori-App muss in Übereinstimmung mit den SAP-Fiori-Designrichtlinien entwickelt werden. SAP Fiori Apps können nur über das SAP Fiori Launchpad gestartet werden, unabhängig davon, ob dieses auf einem On-Premise-System oder auf der SAP BTP läuft. SAP hat zudem ein Erweiterungskonzept für SAP-Fiori-Apps erstellt, das ebenfalls die Nutzung des SAP Fiori Launchpad vorsieht. Damit haben Sie die Möglichkeit, SAP-Standard-Apps an Ihre Bedürfnisse anzupassen.

Das SAPUI5-Framework wird ständig weiterentwickelt, mit neuen Funktionen angereichert und verbessert. Daher gibt es verschiedene Versionen von SAPUI5. Sie sollten immer versuchen, die aktuelle Version zu verwenden, die jedoch vom Release des verwendeten SAP-Systems bzw. der Frontend-Server-Version abhängt. Eine Übersicht über die verfügbaren Versionen ist in Abbildung 2.3 zu sehen (aktuelle Informationen finden Sie unter *https://ui5.sap.com/versionoverview.html*). Dort sehen Sie auch, dass die Versionen 1.96 und 1.124 *Long Term Maintenance Releases* sind. Das sind Releases, die in der Regel vier Jahre lang von SAP gepflegt werden.

Version	Maintenance Status	End of Maintenance	End of Cloud Provisioning	SAP_UI version*	Front-end Server*
1.111 (2303)	Maintenance	Q3/2023	Q3/2024	Cloud only	Cloud only
1.108 (2211)	Maintenance	Long-term Maintenance, Q4/2027	Q4/2028	7.57	SAP FIORI FES 2022 FOR S/4HANA
1.105 (2208)	Maintenance	Q1/2023	Q1/2024	Cloud only	Cloud only
1.102(2205)	Maintenance	Q1/2023	Q1/2024	7.57	SAP FIORI FES 2022 FOR S/4HANA
1.96 (2111)	Maintenance	Long-term Maintenance, Q4/2024	Q4/2025	7.56	SAP FIORI FES 2021 FOR S/4HANA (SAP Note 3050199)
1.84 (2011)	Maintenance	Long-term Maintenance, Q4/2023	Q4/2024	7.55	SAP FIORI FES 2020 FOR S/4HANA (SAP Note 2919182)
1.71 (1910)	Maintenance	Long-term Maintenance, Q4/2027	Q4/2028	7.54	SAP Fiori FES 6.0 (SAP Note 2775163)
1.38	Maintenance	Long-Term Maintenance, Q4/2027	Q4/2028	Only via UI add-on 2.0	n/a (see SAP note 2210123 and SAP note 2972680)
1.110 (2301)	Out of maintenance		Q1/2024	Cloud only	Cloud only
1.109 (2212)	Out of maintenance		Q1/2024	Cloud only	Cloud only

Abbildung 2.3 SAPUI5-Versionen

Wenn Sie mit SAPUI5 arbeiten, sollten Sie immer die Version des Frameworks verwenden, die Ihrem Release-Stand im Projekt entspricht. Die Dokumentation, auf die Sie unter *https://ui5.sap.com/* zugreifen können, verweist jedoch immer auf die neueste Version. In Abbildung 2.4 sehen Sie, dass die Version 1.127 verwendet wird. Die Dokumentation wird Sie täglich in Ihrem Entwicklerleben begleiten. Dort haben Sie auch die Möglichkeit, mit einem Klick auf **Change Version** die Dokumentation für eine bestimmte SAPUI5-Version zu laden.

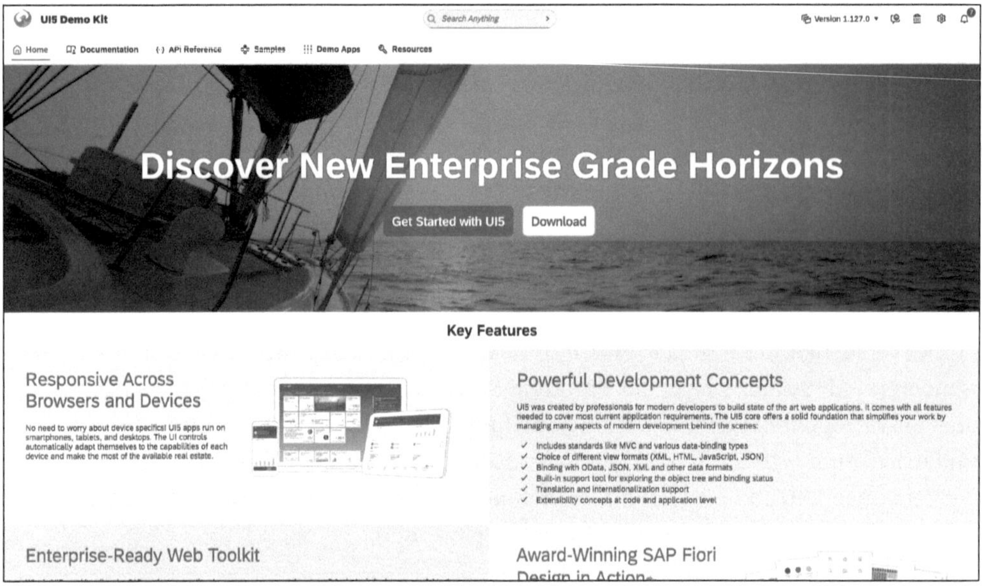

Abbildung 2.4 SAPUI5-Online-Hilfe

Die Dokumentation gibt Ihnen auch einen Überblick über die Änderungen, die im jeweiligen Release vorgenommen wurden (siehe Abbildung 2.5). Die Dokumentation wird zwar von SAP erstellt, erfahrene Entwickler sind jedoch aufgefordert, sie bei Bedarf zu korrigieren und zu erweitern. Sie können dies tun, indem Sie auf den Button Edit on GitHub klicken.

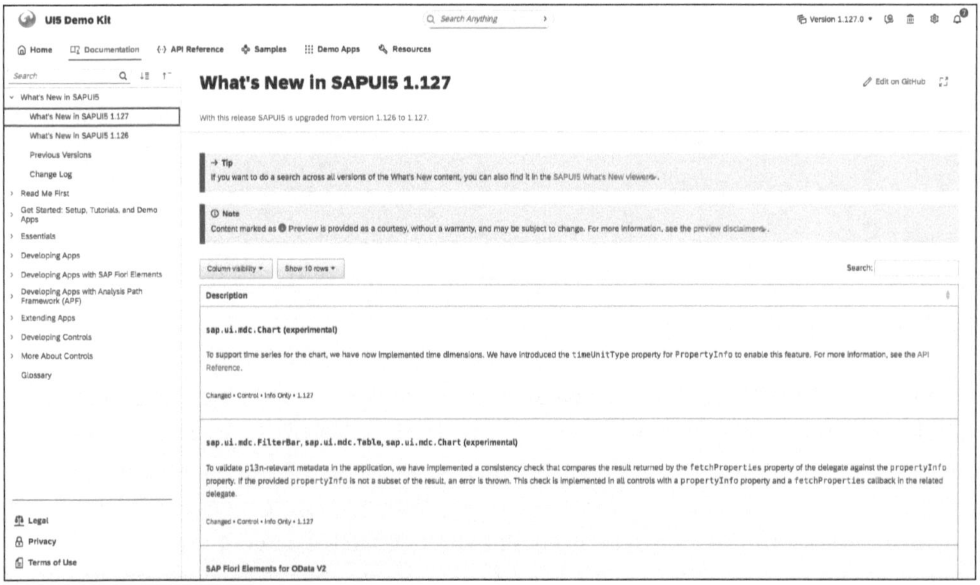

Abbildung 2.5 Bereich »What's new« in der SAPUI5-Hilfe

2.2 SAP Fiori Launchpad

Das SAP Fiori Launchpad ist eine Shell, die SAP-Fiori-Apps hostet. Es ist der zentrale Einstiegspunkt für alle SAP-Fiori-Apps, die auf dem entsprechenden System eingesetzt werden. Darüber hinaus stellt es den Apps Dienste wie Navigation, Personalisierung, Anwendungskonfiguration und eingebetteten Support zur Verfügung. Das Launchpad zeigt den Endanwendern eine Startseite mit *Kacheln* an. Jede Kachel steht für eine Geschäftsanwendung. Die Benutzer können diese Anwendung durch ein Klicken auf die Kachel starten. Ein Beispiel für ein Launchpad ist in Abbildung 2.6 dargestellt.

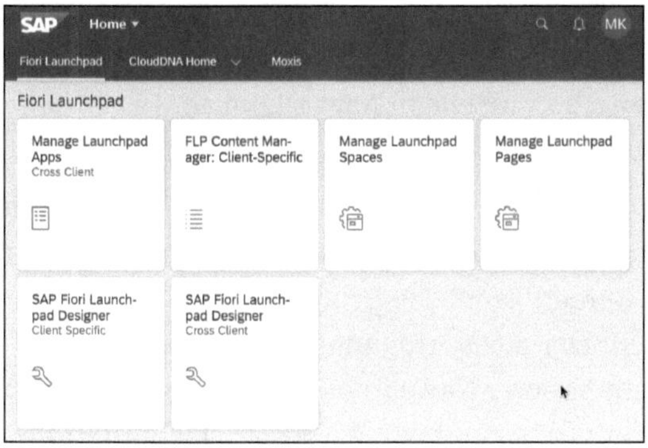

Abbildung 2.6 SAP Fiori Launchpad

Das SAP Fiori Launchpad verwendet zwei unterschiedliche Konzepte zur Verwaltung, Gruppierung und Anzeige von Anwendungen. Das ältere Konzept ist das der SAP-Fiori-Kataloge und SAP-Fiori-Gruppen. Es war ein zentraler Bestandteil der ersten SAP-Fiori-Version im Jahr 2013. Das neuere Konzept ist das der Bereiche (engl. Spaces) und Seiten (engl. Pages). Es wurde mit SAPUI5-Version 1.75 eingeführt und ist mit SAP Fiori Frontend Server 2020 für SAP S/4HANA verfügbar. Die Intent-basierte Navigation wird zum Starten von Apps aus dem Launchpad verwendet. Das zentrale Element ist der Intent. Er besteht aus einem semantischen Objekt und einer Aktion. Ein semantisches Objekt kann z. B. ein Kunde, ein Mitarbeiter, ein Auftrag oder ein Wartungsauftrag sein. Eine Aktion kann z. B. Verwalten, Anlegen oder Genehmigen sein. Die Intent-basierte Navigation ist auch die Grundlage für die App-zu-App-Navigation, damit Sie aus einer App heraus eine andere App aufrufen können. Neben dem Intent können auch Daten in Form von URL-Parametern an die App übergeben werden.

Der Intent wird der URL des Launchpads wie folgt hinzugefügt:

```
#<semantic object>-<action>?<semantic object parameter>=<value1>
```

An dieser Stelle ist es wichtig, Sie mit den Konzepten der SAP-Fiori-Kataloge und -Gruppen vertraut zu machen. Ein Katalog ist eine Sammlung von zusammengehörigen Anwendungen. Grundsätzlich wird zwischen *technischen* und *Business-Katalo-*

gen unterschieden. Kataloge sind die Grundlage für den SAP-Fiori-Inhalt im SAP Fiori Launchpad. Technische Kataloge definieren Anwendungen pro Anwendungsbereich, während Business-Kataloge diese Anwendungen pro Aufgabe des Benutzers referenzieren. Gruppen, Bereiche und Seiten referenzieren Kacheln und Links pro Geschäftsfeld aus Business-Katalogen. Business-Kataloge, Gruppen und Bereiche können dann über Business-Rollen den Benutzern zugewiesen werden. Ein technischer Katalog kann nur in der Konfiguration definiert werden. Business-Kataloge können in der Konfiguration und im Customizing definiert werden. Ein Benutzer kann dann alle Anwendungen in diesem Katalog starten. Stellt man sich an dieser Stelle ein voll ausgebautes SAP-System vor, dann hat ein Benutzer mehrere Tausend Anwendungen zur Verfügung. Es würde keinen Sinn ergeben, alle Apps direkt auf der Startseite als Kachel anzuzeigen. Zum einen benötigt der Benutzer die meisten Apps nur unregelmäßig, und zum anderen wäre es schwierig, die passenden Apps zu finden.

Deshalb hat SAP das Konzept der SAP-Fiori-Launchpad-Gruppen ursprünglich eingeführt. In einer Gruppe werden alle Anwendungen hinzugefügt, die dem Benutzer im Launchpad gruppiert angezeigt werden. Jeder Gruppe wird ein Titel zugewiesen, der in verschiedene Sprachen übersetzt werden kann. Die Gruppe wird ebenfalls einer Rolle zugeordnet und damit dem Benutzer zur Verfügung gestellt. Wie bereits erwähnt, wird eine App über eine Intent-basierte Navigation gestartet, d. h., der App wird ein semantisches Objekt und eine Aktion zugeordnet. Dies geschieht im *Target Mapping*. Das Zusammenspiel zwischen SAP-Fiori-Launchpad-Katalogen, -Gruppen, Kacheln, Target Mappings und Rollen ist in Abbildung 2.7 dargestellt.

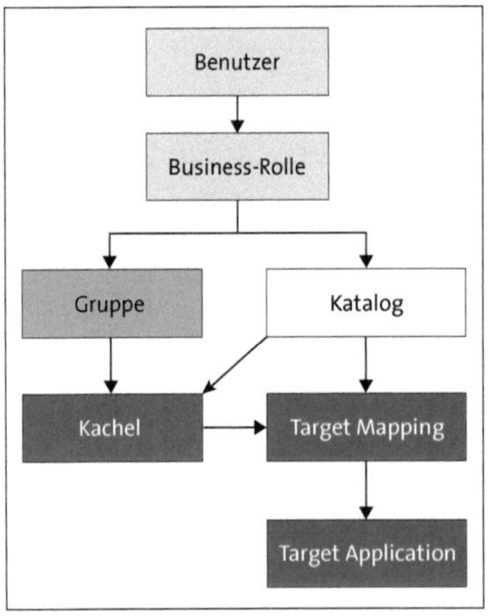

Abbildung 2.7 SAP-Fiori-Kataloge und -Gruppen

Seit SAP S/4HANA 2021 FPS01 ist das Konzept der Homepage von SAP Fiori Launchpad mit Gruppen veraltet. Es wird in einem zukünftigen Release durch das Konzept der *Bereiche* ersetzt werden. Der Bereich wird den Benutzern auf der Grundlage ihres Arbeitsprofils bzw. ihrer Benutzerrolle zugewiesen. Die Benutzer können in ihrem

Launchpad auch mehrere Bereiche sehen. Die Bereiche werden in der Navigationsleiste angezeigt, wo Sie zwischen den verschiedenen verfügbaren Bereichen und Seiten wechseln können. Eine Seite ist der Teil des Bereichs, der die Apps in Form von Kacheln und Links enthält, die in verschiedenen Abschnitten (engl. sections) gruppiert sind. Die Seite wird im Hauptbereich des Launchpads angezeigt. Wenn ein Benutzer sich beim Launchpad anmeldet, sieht er nur die Apps und Bereiche, die für ihn vorkonfiguriert wurden. Die Seite ist der zentrale Startpunkt im Launchpad und soll dem Benutzer die Apps zeigen, die im Kontext der täglichen Arbeit relevant sind (siehe Abbildung 2.8).

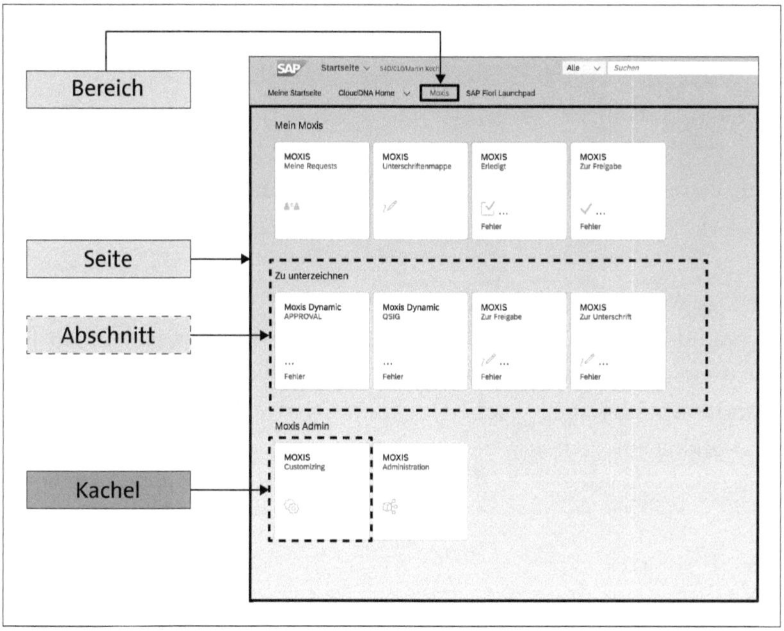

Abbildung 2.8 Bereiche, Seiten und Kacheln

Beachten Sie, dass die Seiten nicht alle Apps anzeigen, auf die Sie aufgrund Ihrer Rolle und der den Rollen zugeordneten Kataloge zugreifen können, sondern nur eine Auswahl, die Ihr Administrator zur Verfügung gestellt hat. Sie können auf alle Apps zugreifen, für die Sie berechtigt sind, indem Sie sie im Suchfeld, im *App-Finder* oder im Menü **Alle meine Apps** suchen.

Doch werfen wir noch einmal einen Blick auf die verschiedenen Typen von Katalogen. Technische Kataloge gliedern die Anwendungen in Lösungsbereiche. Sie sind als Standardkataloge bekannt und verwenden App-Deskriptoren, die aus Kacheln und Target-Mappings für Webanwendungen wie SAPUI5 bestehen. *Technische Kataloge*, die als replizierbare Kataloge oder Backend-Kataloge bekannt sind, bieten Anwendungsdeskriptoren für klassische Anwendungen wie ABAP-Transaktionen, die von Backend-Servern stammen. *Business-Kataloge* verweisen auf Kacheln und Zielzuordnungen von technischen Katalogen und Backend-Katalogen gemäß der Aufgabentrennung. Business-Katalog-Gruppen enthalten Anwendungen aus verschiedenen Business-Katalogen und bilden ein Unterthema. Business-Rollen kombinieren mehrere Business-Kataloge und Business-Katalog-Gruppen in einem Thema. Bereiche fassen ebenfalls mehrere Seiten in einem Thema zusammen.

Für die Verwaltung der Inhalte des SAP Fiori Launchpad werden verschiedene SAP-Fiori-Apps angeboten (siehe Abbildung 2.9). Alternativ können Sie noch immer im SAP GUI in den entsprechenden Transaktionen arbeiten.

Abbildung 2.9 SAP-Fiori-Launchpad-Content-Administration-Apps

Technische Kataloge werden im Anwendungsmanager für das SAP Fiori Launchpad angelegt (siehe Abbildung 2.10). Klicken Sie dazu im SAP Fiori Launchpad auf die Kachel mit dem Namen **Launchpad-App-Manager**. Dort finden Sie eine Übersicht aller verfügbaren Standardkataloge. Durch einen Klick auf **+ Neu Standardkatalog** können Sie einen neuen Katalog anlegen.

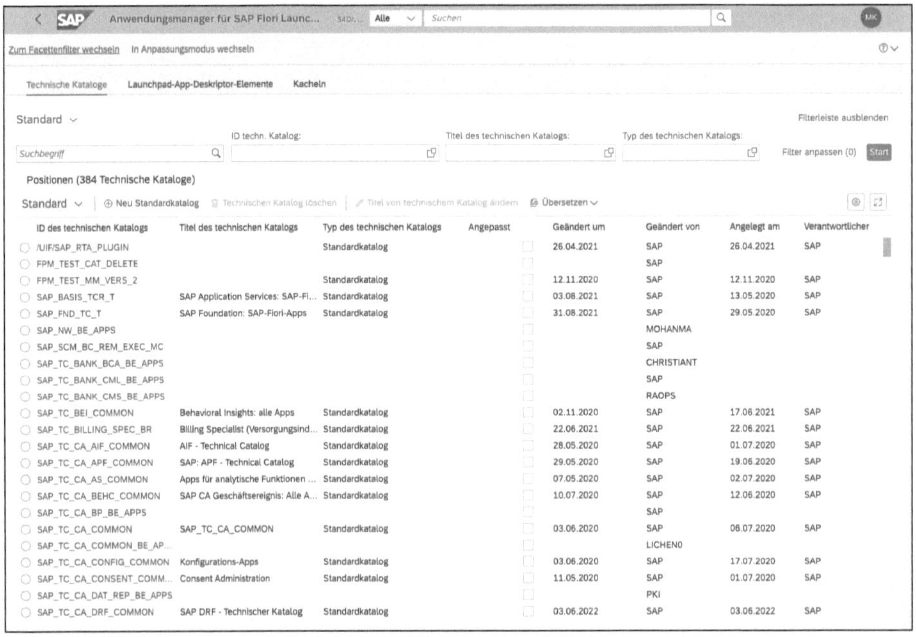

Abbildung 2.10 App-Manager für SAP Fiori Launchpad

Durch einen Klick auf den Namen eines Katalogs können Sie in die Details des Katalogs abspringen. Wie in Abbildung 2.11 dargestellt, können einem technischen Katalog verschieden App-Typen zugeordnet werden. Dazu zählen URL-Apps, Web-Dynpro-Anwendungen, Transaktionen, Webclient-UI-Anwendungen und SAPUI5-Fiori-Apps.

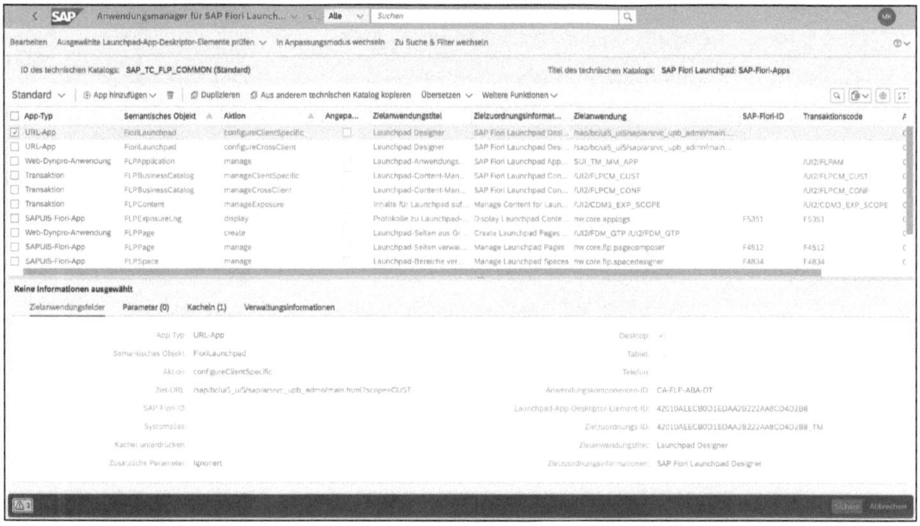

Abbildung 2.11 App-Zuordnung zu einem Katalog im SAP-Fiori-App-Manager

Kataloge werden im Launchpad-Content-Manager angelegt (siehe Abbildung 2.12).

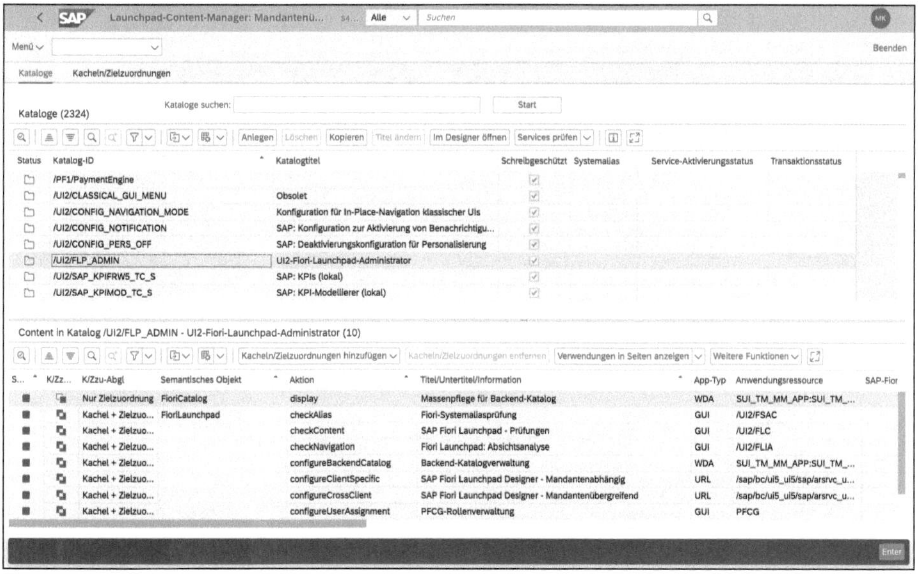

Abbildung 2.12 SAP-Fiori-Launchpad-Content-Manager

[+]

Empfehlungen für Bereiche und Seiten

Die Bereitstellung von Bereichen und Seiten soll die Benutzer dabei unterstützen, die wichtigsten Inhalte leicht zu finden und auf sie zuzugreifen. Daher ist es wichtig, die Anzahl der Kacheln auf ein sinnvolles Maß zu beschränken. Hier sind einige Best Practices für die Verwaltung von Bereichen und Seiten:

- Eine Business-Rolle sollte nur einen Bereich haben, da Business-Rollen auf ein Business-Thema abzielen.
- Ein Bereich sollte aus einer bis fünf Seiten bestehen, die eine Business-Aufgabe auf einer Seite bereitstellen.
- Eine Seite sollte aus zwei bis fünf Abschnitten bestehen, die von Insight- (oben links) bis zu Action-Aufgaben (unten rechts) geordnet sind.
- Ein Abschnitt sollte aus drei bis sieben Kacheln bestehen, die logisch und zum Thema passend angeordnet sind.
- Insgesamt sollte es nicht mehr als 25 Kacheln pro Seite geben, um es überschaubar zu halten.

Wenn Sie von SAP ausgelieferte Standard-Apps in das Launchpad einfügen möchten, finden Sie eine Übersicht in der *SAP Fiori Apps Reference Library*. Dort kann die App-ID der jeweiligen Anwendung ermittelt werden, und Sie finden hier eine Empfehlung für das semantische Objekt und die Aktion, die für diese App verwendet werden sollen, und den im Standard ausgelieferten Katalog und die Gruppe, der die App zugeordnet wurde (siehe Abbildung 2.13).

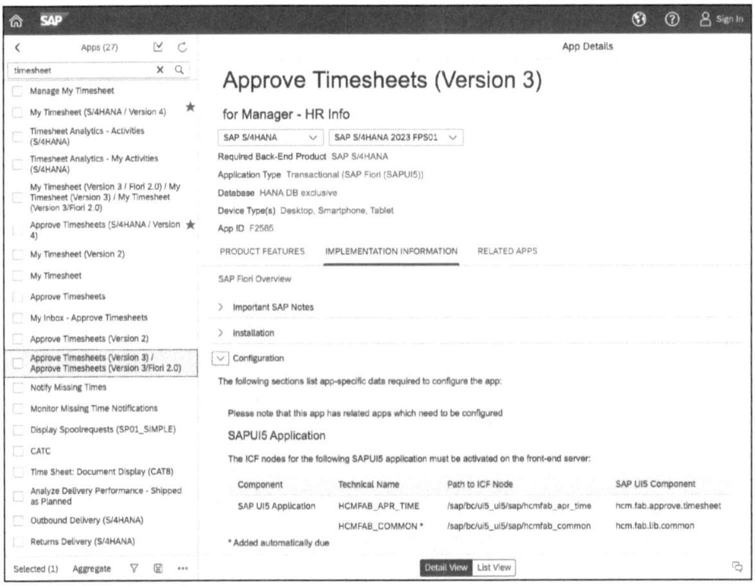

Abbildung 2.13 SAP Fiori Apps Reference Library

2.3 SAP Fiori Design Guidelines

Die App-Entwicklung bringt viele Herausforderungen mit sich. Eine davon ist, dass Apps ein einheitliches visuelles Erscheinungsbild aufweisen müssen, wodurch die individuelle Handschrift des Entwicklers oft nicht erkennbar ist. Zudem sollten sich die Apps in bestimmten Situationen konsistent verhalten, beispielsweise bei der Anzeige von Fehlermeldungen. SAP hat diese potenzielle Problematik frühzeitig erkannt und parallel zur ersten Version des SAP Fiori Launchpad die SAP Fiori Design Guidelines veröffentlicht. Diese Richtlinien werden regelmäßig mit jeder neuen SAPUI5-Version aktualisiert und sind unter der URL (*https://experience.sap.com/fiori-design-web*) verfügbar.

Die SAP Fiori Design Guidelines sind das Fundament der SAP-Fiori-Entwicklung. Sie dokumentieren bis ins kleinste Detail, wie Anwendungen gemäß den Idealvorstellungen von SAP entwickelt werden sollten. Die wichtigsten Elemente der Designrichtlinien sind:

- **Einheitliches Branding**

  Ein konsistentes Branding umfasst Look, Feel und Wording eines Produkts und sorgt für einen hohen Wiedererkennungseffekt. SAP definiert daher für SAP Fiori Standards in den folgenden Bereichen:

  - Theming
  - Farben
  - Ikonografie
  - Bewegungsdesign
  - Typografie
  - UX-Illustrationen
  - UI-Texte

- **Common Patterns**

  Common Patterns sind grundlegende Interaktionsmuster, die in allen SAP-Fiori-Webanwendungen konsistent verwendet werden sollten. Diese decken das gesamte Spektrum ab, von einfachen Mustern für die Positionierung von Aktionen bis hin zu komplexen Mustern für Anwendungslogik und Objektbehandlung. Diese Muster können als SAP Best Practices betrachtet werden. Bei der Nutzung von SAP Fiori Elements sind diese Muster bereits integriert.

- **Layouts und Floorplans**

  Die SAP-Fiori-Designrichtlinien beschreiben auch die verfügbaren Layouts und Floorplans. Das Standardlayout von SAP Fiori ist die dynamische Seite, bestehend aus einer Kopfzeile, einem Inhaltsbereich und einer Fußzeile. Floorplans basieren in der Regel auf diesem dynamischen Seitenlayout und sind für spezifische Anwendungsfälle optimiert.

- **Controls**

  Die Richtlinien geben einen Überblick über die in SAP Fiori verwendeten Controls, die von einfachen bis zu komplexen Controls reichen und auch Wiederverwendungskomponenten sowie spezielle Controls für assistierende Technologien umfassen. Die wichtigsten Control-Gruppen sind:

  - einfache Controls: Hierbei handelt es sich um Grundelemente der Benutzeroberfläche, wie Buttons, Texte oder Links.
  - komplexe Controls: Diese Controls kapseln andere Controls, wie z. B. Symbolleisten und intelligente Tabellen.
  - wiederverwendbare Komponenten: Ursprünglich für einen spezifischen Anwendungsfall entwickelt, können diese Komponenten auch in anderen ähnlichen Szenarien verwendet werden.
  - Smart Controls: Diese Controls bieten zusätzliche Funktionalität wie Unterstützung für OData-Metadaten und Anmerkungen.

- **Empfehlungen für die Verwendung**

  Die Designrichtlinien geben für jedes Bedienelement Empfehlungen zur Verwendung und zeigen geeignete und ungeeignete Anwendungsfälle auf. Dies bietet eine Entscheidungsgrundlage, wann bestimmte Controls eingesetzt werden sollten. Zudem wird gezeigt, wie die Controls auf verschiedenen Gerätetypen aussehen. SAPUI5 kategorisiert die Formfaktoren der Geräte anhand der Displaybreite in:

  - S (Small): bis zu 600 Pixel breit
  - M (Medium): 600 bis 1.024 Pixel breit
  - L (Large): 1.024 bis 1.440 Pixel breit
  - XL (Extra Large): ab 1.440 Pixel Breite

Diese umfassenden Richtlinien unterstützen Entwickler dabei, konsistente, barrierefreie und gut gestaltete Anwendungen zu erstellen, die den hohen Ansprüchen von SAP Fiori gerecht werden.

2.4 Entwicklungswerkzeuge

Für die Entwicklung von SAPUI5- und SAP-Fiori-Apps gibt es verschiedene Möglichkeiten. Ursprünglich verwendete SAP Eclipse mit SAP-eigenen Plug-ins als Entwicklungswerkzeug. Danach wurde die SAP Web IDE in SAP BTP, Neo-Umgebung bereitgestellt. Inzwischen gibt es einen modernen Nachfolger von SAP Web IDE, das SAP Business Application Studio, in SAP BTP, Cloud-Foundry-Umgebung, das Sie in Abschnitt 2.4.1 kennenlernen werden. Darüber hinaus gibt es die Möglichkeit, lokal mit Visual Studio Code zu entwickeln, die wir in Abschnitt 2.4.2 vorstellen werden.

Im Folgenden werden wir nur auf das SAP Business Application Studio im Hinblick auf die Entwicklung auf SAP BTP eingehen, da SAP SAP Web IDE für Neukunden mittelfristig nicht mehr anbieten wird und das SAP Business Application Studio als strategischer Nachfolger gesetzt ist. Für die lokale Entwicklung werden wir das Visual Studio Code einführen und auf *Eclipse* verzichten, da SAP die Plug-ins für die SAPUI5-Entwicklung in Eclipse schon lange nicht mehr weiterentwickelt. An dieser Stelle muss aber auch erwähnt werden, dass Eclipse bei SAP noch lange nicht totgesagt ist. Eclipse ist derzeit die einzige von SAP unterstützte Entwicklungsumgebung für ABAP RESTful Application Programming Model. Auf Eclipse wird daher in Kapitel 6, »Entwicklung von OData-V4-Services mit dem ABAP RESTful Application Programming Model (Managed Scenario)«, noch einmal eingegangen.

2.4.1 SAP Business Application Studio

Das SAP Business Application Studio ist seit Februar 2020 verfügbar. Es ist der Nachfolger von SAP Web IDE. Wenn Sie mit Visual Studio Code vertraut sind, werden Sie sofort sehen, dass die Benutzeroberflächen dieser Entwicklungsumgebungen sehr ähnlich sind. Das liegt daran, dass SAP Business Application Studio auf Eclipse Theia basiert und Eclipse Theia wiederum auf Visual Studio Code.

Das SAP Business Application Studio wird in der Multi-Cloud-Umgebung von SAP BTP angeboten. Genau wie SAP Web IDE basiert diese Umgebung auf Open-Source-Standards. Mit einem modularen Ansatz können Sie im SAP Business Application Studio neben SAPUI5-Anwendungen verschiedenste Arten von Anwendungen entwickeln, z. B. SAP-Cloud-Application-Programming-Model-Anwendungen (CAP) oder Workflows.

Das SAP Business Application Studio bietet auch verschiedene Vorlagen, die bei der Projekterstellung verwendet werden können. Dazu gehören z. B. Vorlagen für SAP Fiori Elements oder SAPUI5-Freestyle-Anwendungen.

Im SAP BTP Cockpit finden Sie unter **Instances and Subscriptions** einen Eintrag für das SAP Business Application Studio, über den Sie in die Entwicklungsumgebung springen können (siehe Abbildung 2.14).

Um das SAP Business Application Studio zu starten, müssen Sie entsprechend autorisiert sein. Mit der Subscription werden drei Role Collections im Subaccount bereitgestellt (siehe Abbildung 2.15):

- Business_Application_Studio_Administrator
- Business_Application_Studio_Developer
- Business_Application_Studio_Extension_Deployer

Für die Entwicklung von Anwendungen muss Ihnen die Role Collection **Business_Application_Studio_Developer** zugewiesen werden.

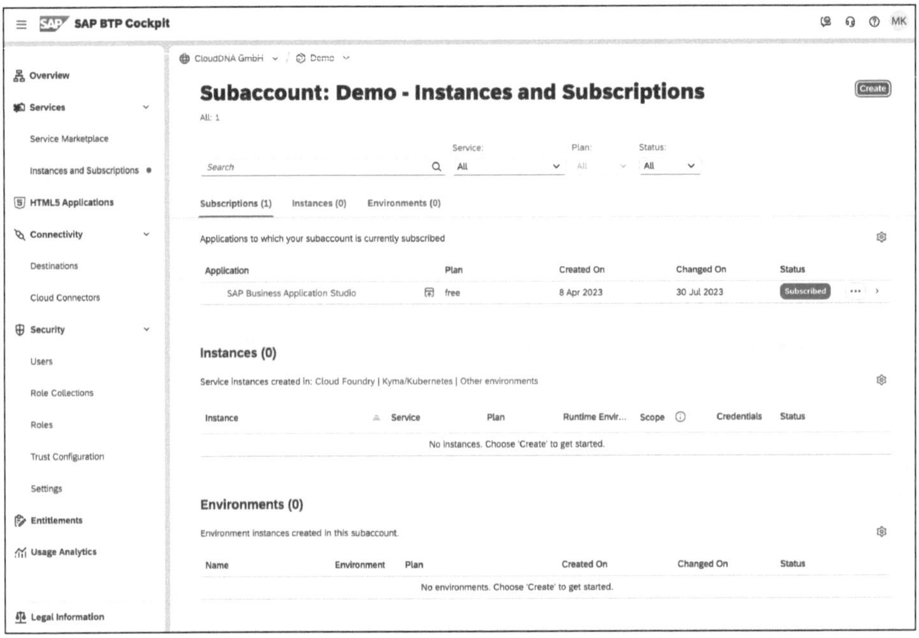

Abbildung 2.14 SAP-BTP-Abonnement für das SAP Business Application Studio

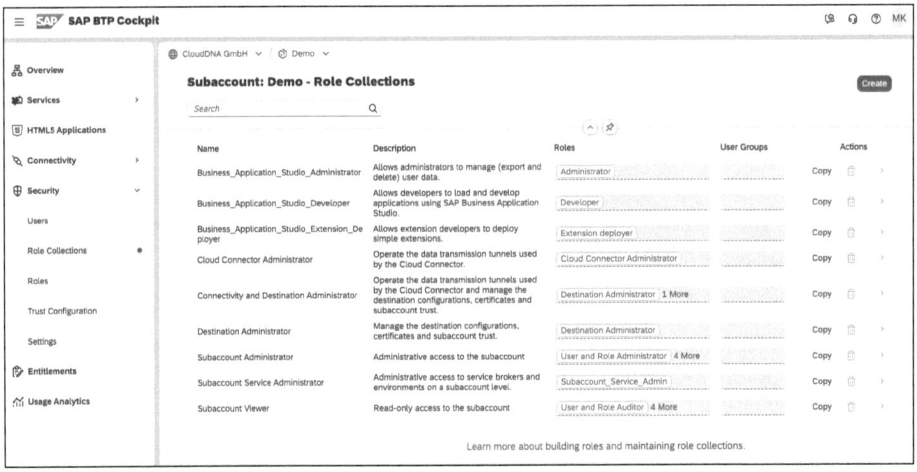

Abbildung 2.15 SAP Business Application Studio: Role Collections

Nach dem Start von SAP Business Application Studio sehen Sie zunächst die Übersicht über die einzelnen Entwicklungsräume (engl. Development Spaces, kurz *Dev Spaces*). Hier können Sie einen bestehenden Dev Space auswählen oder einen neuen anlegen. Im Folgenden zeigen wir Ihnen, wie Sie einen neuen Dev Space anlegen.

Dev Spaces stellen spezifische Entwicklungsumgebungen innerhalb des SAP Business Application Studio dar, die mit den entsprechenden Funktionen und Erweiterungen ausgestattet sind. Beim Anlegen eines Dev Space können Sie angeben, welche Art von Projekten Sie in diesem Space erstellen möchten (z. B. **SAP Fiori**, **Full-Stack Cloud Application** oder **SAP Mobile Application**). Diese Auswahl bestimmt, welche Werkzeuge in diesem Space verfügbar sind.

Die Dev Spaces bieten Ihnen jeweils spezifische Funktionen für die Erstellung bestimmter Anwendungen. Es gibt z. B. verschiedene Arten von Spaces, etwa für die folgenden Anwendungstypen:

- SAP-Fiori-Anwendungen
- Fullstack-Anwendungen
- SAP-HANA-native-Anwendungen
- mobile Anwendungen

Wenn Sie einen Space anlegen, können Sie den Typ auswählen. Sie sehen dann die Erweiterungen des SAP Business Application Studio, die für diesen Typ verfügbar sind. Daneben können Sie zusätzliche Erweiterungen auswählen, die Sie in Ihrem Space verwenden möchten.

Um einen Dev Space zu erstellen, gehen Sie wie folgt vor:

1. Wählen Sie in der Übersicht den Button **Create Dev Space**.
2. Wählen Sie auf der linken Seite den Typ aus. Wenn Sie eine SAP-Fiori- und eine SAP-Fiori-Elements-Anwendung erstellen wollen, wählen Sie den Typ **SAP Fiori** (siehe Abbildung 2.16). Zusätzliche Erweiterungen sind hier nicht erforderlich.

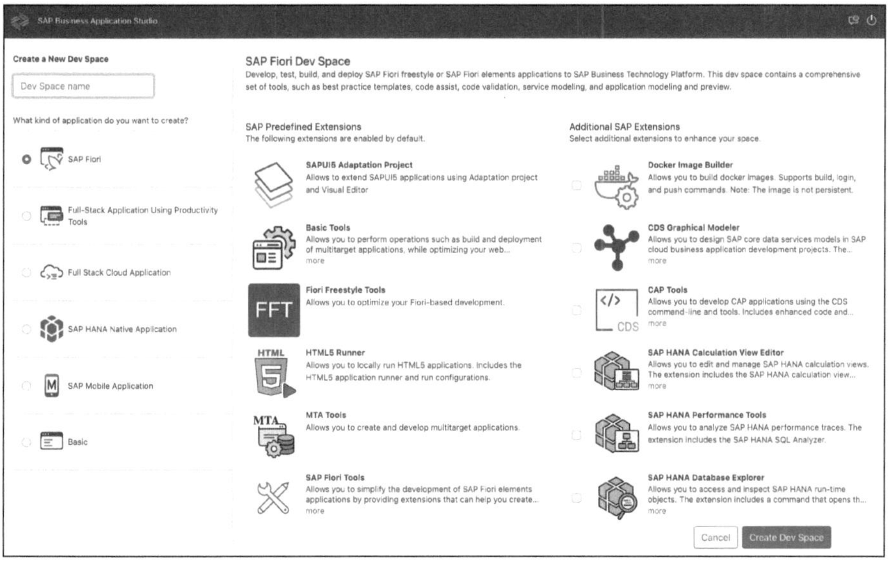

Abbildung 2.16 Dev Space anlegen

3. Vergeben Sie einen Namen für den Space. Sie können einen beliebigen Namen wählen, in unserem Beispiel geben wir »demo« ein.
4. Bestätigen Sie diesen Schritt mit **Create Dev Space**.

Nachdem der Erstellungsprozess abgeschlossen ist, werden Sie wieder zur Übersicht der Spaces weitergeleitet. Der neu angelegte Dev Space sollte automatisch den Status **STARTING** haben. Sobald er gestartet wurde, sollte sich der Status in **RUNNING** ändern (siehe Abbildung 2.17).

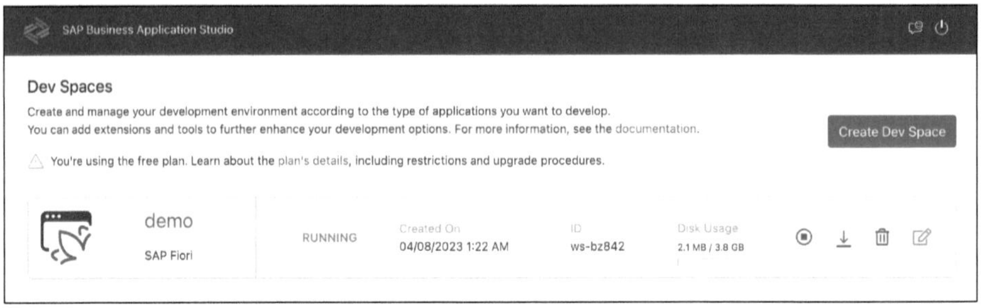

Abbildung 2.17 Dev Space: Übersicht

Wählen Sie den zuvor erstellten Space aus, indem Sie auf seinen Namen klicken, um ihn zu öffnen. Die Startseite des SAP Business Application Studio erscheint (siehe Abbildung 2.18).

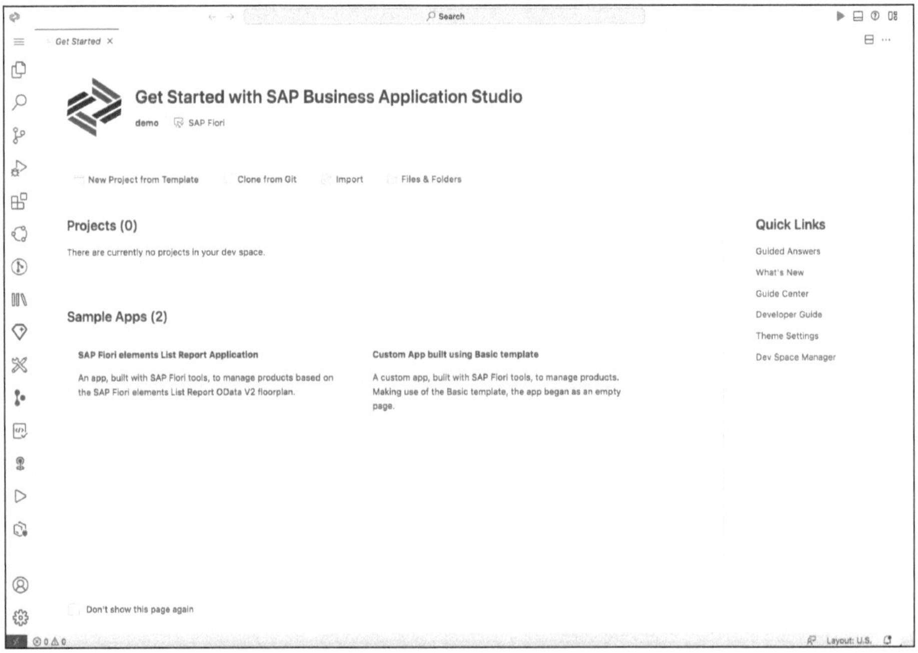

Abbildung 2.18 SAP Business Application Studio: Einstiegsdialog

Wie bereits erwähnt, ist die Benutzeroberfläche von SAP Business Application Studio dem Visual Studio Code sehr ähnlich. Einige Menüs, wie der Project Explorer, mit dem Sie Ihre Projektdateien strukturieren, oder die Suche sind sogar identisch. Durch das Hinzufügen von Erweiterungen ist es möglich, zusätzliche Menüpunkte anzuzeigen.

Standardmäßig werden viele Erweiterungen für Visual Studio Code bereits mit SAP Business Application Studio ausgeliefert, z. B.:

- Syntax-Hervorhebung für verschiedene Sprachen (CSS, JavaScript, XML, HTML usw.)
- Erweiterungen, die die Verwendung von Git vereinfachen (Behebung von Merge-Konflikten, bessere Übersicht über Commits usw.)
- verschiedene Tools für die Entwicklung von SAP-Fiori-Anwendungen (Application Modeler, Guided Development, Service Modeler)

Alle diese Erweiterungen, die bereits im Standard SAP Business Application Studio enthalten sind, können auch lokal in Visual Studio Code integriert werden (siehe Abschnitt 2.4.2, »Visual Studio Code«).

Neben diesen Erweiterungen für Syntaxchecks und Git-Tools bietet das SAP Business Application Studio weitere Funktionen, um die Entwicklung von SAP-Fiori-Elements-Anwendungen zu vereinfachen. So bietet die geführte Entwicklung einen Assistenten, mit dem Sie verschiedene geführte Funktionen zu einer SAP-Fiori-Elements-Anwendung hinzufügen können. Die dazu benötigten Code-Snippets werden vom Assistenten generiert und können entweder automatisch oder durch Kopieren in die Zwischenablage in den Editor oder die jeweiligen Dateien der Anwendung eingefügt werden. Auf diese Weise lassen sich z. B. Tabellenspalten, Filteroptionen oder ein Variantenmanagement in eine Anwendung einfügen.

Der Service Modeler als weiteres Werkzeug liefert Ihnen Informationen über den OData-Service, von dem Ihre Anwendung die Daten bezieht. Hier können Sie die verschiedenen Entitäten sowie deren Attribute und Assoziationen sehen. Wenn Sie sehen möchten, welche Seiten in der Anwendung vorhanden sind, können Sie dafür den Application Modeler verwenden. Dieser ermöglicht es Ihnen, die Struktur der einzelnen Seiten Ihrer Anwendung anzupassen.

2.4.2 Visual Studio Code

Visual Studio Code kann vor allem für die Entwicklung von SAPUI5-Anwendungen, aber auch für die Entwicklung von Java- und JavaScript-Anwendungen nach dem SAP Cloud Application Programming Model eingesetzt werden. Diese integrierte Entwicklungsumgebung ist besonders beliebt als Alternative zur älteren SAP Web IDE, Personal Edition.

Optisch unterscheidet sich Visual Studio Code nicht wirklich von SAP Business Application Studio. Um dort jedoch die gleichen Assistenten, z. B. für die Projekterstellung, zur Verfügung zu haben, müssen ein paar Erweiterungen installiert werden. Diese können einfach über den Bereich **Extensions** installiert werden.

Um die Entwicklung von SAP-Fiori-Anwendungen zu vereinfachen, stellt SAP verschiedene Erweiterungen für Visual Studio Code zur Verfügung. Dabei handelt es sich um dieselben Erweiterungen, die auch im SAP Business Application Studio standardmäßig verwendet werden. Die Erweiterung **SAP Fiori Tools – Extension Pack** ist eine der wichtigsten. Dieses Pack enthält gleich mehrere einzelne Erweiterungen. Die wichtigsten sind:

- Application Modeler
- Service Modeler
- Guided Development

Um diese zu installieren, suchen Sie im Extensions Marketplace nach »SAP Fiori«. Öffnen Sie den Bereich über das Symbol in der linken Menüleiste oder über den Menüpfad **Preferences • Extensions**. Nach Auswahl der Erweiterung klicken Sie auf den Button **Install** (siehe Abbildung 2.19).

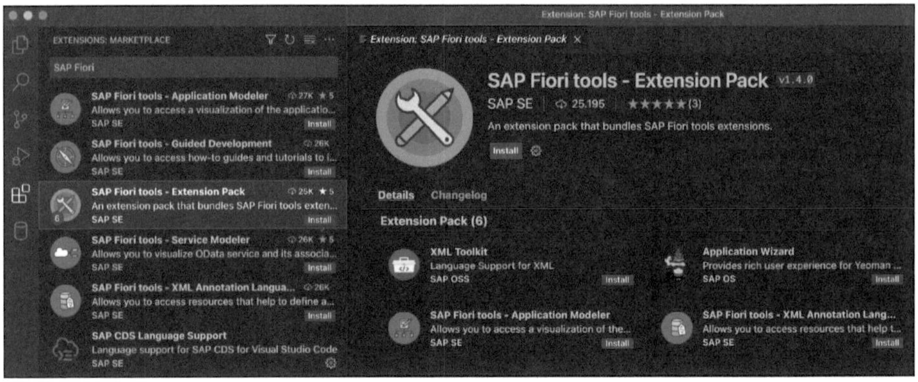

Abbildung 2.19 SAP Fiori Tools in Visual Studio Code installieren

Die Anwendung wird dann gestartet und in einem neuen Browserfenster geöffnet. Sollte dies nicht der Fall sein, finden Sie in der Konsole Informationen über den Endpunkt, auf dem die Anwendung erreichbar ist.

Da Visual Studio Code ebenfalls zu den lokalen integrierten Entwicklungsumgebungen gehört, sind Sie von Ausfallzeiten von SAP BTP genauso unabhängig wie mit der Personal Edition von SAP Web IDE. Sie können auch ohne aktive Internetverbindung an Ihren Projekten arbeiten. Neben SAPUI5-Entwicklungen oder CAP-Entwicklungen kann diese Entwicklungsumgebung auch für Entwicklungen verwendet werden, die nicht in den SAP-Bereich fallen, weshalb sie bereits von vielen Entwicklungsteams genutzt wird und bekannt ist. Mit Visual Studio Code nutzen Sie eine universell einsetzbare Entwicklungsumgebung.

2.5 Zusammenfassung

In diesem Kapitel haben wir Sie in Abschnitt 2.1 in das Thema SAPUI5 und SAP Fiori eingeführt und die beiden Technologien miteinander verglichen. SAPUI5 ist das Framework, d. h. die technologische Basis, auf der SAP Fiori aufbaut. In Abschnitt 2.2 haben wir das SAP Fiori Launchpad vorgestellt. Es ist der zentrale Einstiegspunkt für alle SAP-Fiori-Apps sowohl in der On-Premise-Landschaft als auch in der SAP Build Work Zone, Standard-Edition in SAP BTP. Danach haben wir uns in Abschnitt 2.3 dem Thema SAP Fiori Design Guidelines gewidmet. Hier wird Entwicklern ein Leitfaden an die Hand gegeben, der erklärt, wie SAP-Fiori-Apps aus Sicht von SAP aufgebaut sein sollten. Für die Entwicklung von Apps wird eine Entwicklungsumgebung benötigt. Für SAP-Fiori-Apps sind dies insbesondere das SAP Business Application Studio auf SAP BTP und Visual Studio Code. Beide Umgebungen wurden in Abschnitt 2.4 vorgestellt.

Kapitel 3
Einführung in OData

Das OData-Protokoll ist die Basis für die Entwicklung von Fullstack-Apps auf Basis von SAPUI5. Es ist nicht notwendig, den Standard bis ins letzte Detail zu kennen, daher beschränken wir uns auf die Aspekte, die Sie für Ihre tägliche Arbeit als Entwickler kennen sollten.

OData ist ein offenes Protokoll, das auf den Prinzipien des Representational State Transfer (REST) basiert und den Zugriff auf und die Bearbeitung von Daten in einem standardisierten Format ermöglicht. OData ermöglicht die Übertragung und Verarbeitung von Daten in verschiedenen Formaten wie JavaScript Object Notation (JSON) oder Extensible Markup Language (XML). Es unterstützt auch die Abfrage von Daten über URLs und das OData-Abfrageprotokoll. Damit können Entwickler Daten aus verschiedenen Datenquellen wie Datenbanken, SharePoint und anderen Diensten abrufen und bearbeiten. OData wurde ursprünglich von Microsoft entwickelt. Inzwischen wurde das Protokoll von Mitgliedern der Organization for the Advancement of Structured Information Standards (OASIS) weiterentwickelt. Seit 2017 ist es von der International Organization for Standardization (ISO) und der International Electrotechnical Commission (IEC) zertifiziert. Mit OData können Entwickler eine einheitliche RESTful-Schnittstelle bereitstellen. Über diese Schnittstelle können Daten für verschiedene Anwendungen und Middleware-Produkte wie die SAP Integration Suite zugänglich gemacht werden. Anhand dieser kurzen Einführung sollten Sie bereits erkennen, dass OData im Unternehmensumfeld wesentliche Vorteile bieten kann. SAP hat das Potenzial von OData schon früh erkannt und setzt sowohl in der On-Premise-Welt als auch in der Software-as-a-Service-Welt (SaaS) auf OData. Wie Sie bereits in Kapitel 2, »Einführung in SAPUI5 und SAP Fiori«, erfahren haben, setzt auch das SAPUI5-Framework auf die Verwendung von OData, um mit Zielsystemen zu kommunizieren. Ein Fullstack-Entwickler, der sowohl das Frontend als auch das Backend implementiert, muss im SAP-Kontext zwingend OData-Kenntnisse besitzen. In diesem Kapitel starten wir in Abschnitt 3.1 mit einer Einführung in das OData-Protokoll. Hier werden Sie die verschiedenen OData-Versionen und zahlreiche Abfragemöglichkeiten kennenlernen.

Es gibt mehrere Wege, um OData-Services im ABAP-Kontext zu entwickeln. Eine dieser Option ist die Nutzung eines SAP-Gateway-Service-Builder-Projekts, die in

Abschnitt 3.2.1 behandelt wird. Mit der Einführung von SAP S/4HANA kam auch das ABAP RESTful Application Programming Model, ein innovativer Ansatz, der die Bereitstellung von OData-Services erheblich vereinfacht. Dieser wird in Abschnitt 3.2.2 erläutert.

Nach der Entwicklung eines OData-Service ist es unerlässlich, diesen zu testen. Dies ist die Verantwortung jedes Entwicklers. In Abschnitt 3.3 wird das Testen von OData-Services besprochen, sowohl mit dem SAP GUI als auch mit dem beliebten Postman-REST-Client.

[»]

SAP-Gateway und OData

In diesem Kapitel werden wir nur die wichtigsten und vor allem notwendigen Themen im Zusammenhang mit OData für die Entwicklung von SAP-Fiori-Elements-Anwendungen behandeln. Das Ziel dieses Kapitels ist es nicht, OData und OData-Services im Detail vorzustellen, sondern grundlegende Informationen über die Kommunikation und den Datenaustausch zwischen unserer Frontend-Technologie SAP Fiori Elements und dem SAP-System zu vermitteln. Das Buch »SAP Gateway und OData« von Carsten Bönnen, Volker Drees, André Fischer, Ludwig Diehl und Karsten Strothmann (SAP PRESS 2024) bietet eine detaillierte Behandlung dieses Themas.

3.1 Einführung

Die OData-Spezifikation bietet eine standardisierte Methode zur Definition und Verwendung von RESTful-APIs, die es Entwicklern ermöglicht, auf Daten auf konsistente und interoperable Weise zuzugreifen. Es gibt mehrere Versionen von OData, die im Laufe der Zeit entwickelt wurden und unterschiedliche Funktionen und Verbesserungen enthalten. Die wichtigsten Versionen von OData sind *OData V2* und *OData V4*. OData V2 wurde 2011 veröffentlicht und enthält grundlegende CRUD-Operationen und Abfrageoptionen sowie erweiterte Funktionen wie Batch-Operationen, Atom-Feeds und -Tags und Support für JSON-Formatierung. Diese Version spielt eine wichtige Rolle in der SAP-Umgebung und war auch die erste OData-Version, die SAP eingeführt hat. OData V4 ist die neueste Version von OData. Sie wurde 2014 veröffentlicht und enthält erweiterte Funktionen wie Support für komplexe Typen, Navigationseigenschaften und Änderungsverfolgung sowie eine neue JSON-Formatierung.

[»]

Offizielle Dokumentation

Die offizielle Dokumentation für OData ist auf der Website *https://www.odata.org* zu finden.

3.1.1 Grundlagen von OData

Um OData in SAP-Fiori-Anwendungen zu nutzen, ist es zwingend notwendig, die Grundlagen von OData zu kennen. Wie bereits erwähnt, basiert OData auf REST. Als Transportprotokoll wird HTTP oder HTTPS verwendet. Wir beginnen an dieser Stelle mit einer Einführung in REST.

Representational State Transfer, kurz REST, ist ein Architekturstil, der bei der Entwicklung von webbasierten Anwendungen verwendet wird. REST-basierte Anwendungen verwenden eine standardisierte, Client-Server-basierte Architektur, bei der der Server Ressourcen bereitstellt, auf die der Client über HTTP-Protokolle zugreifen kann.

REST basiert auf einer Reihe von Entwurfsprinzipien. Sie gewährleisten, dass Anwendungen einfach, skalierbar, flexibel und erweiterbar sind. Eines der wichtigsten Gestaltungsprinzipien ist die Verwendung von Uniform Resource Identifiers (kurz URIs). Sie werden verwendet, um Ressourcen zu identifizieren. Darüber hinaus werden die HTTP-Methoden GET, POST, PUT, DELETE usw. verwendet, um diese Ressourcen zu manipulieren. Ein weiteres wichtiges Merkmal ist die Verwendung von zustandslosen Interaktionen. Das bedeutet, dass jede Anfrage vom Client eine vollständige Anfrage enthält und keine Sitzungen auf der Serverseite gespeichert werden. Das heißt, der Server speichert keine Informationen über frühere Anfragen des Clients. Dies ist ein wesentlicher Punkt, durch den die Skalierbarkeit der Anwendung verbessert wird.

Anfragen, die an eine OData-Schnittstelle gesendet werden, müssen einer bestimmten URI-Syntax (Uniform Resource Identifier) entsprechen. Diese Syntax wird von OData definiert. Wir haben sie in Abbildung 3.1 grafisch dargestellt.

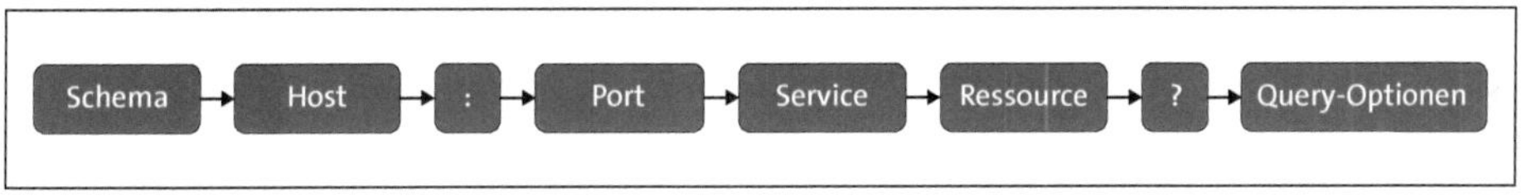

Abbildung 3.1 OData-URI-Struktur

Das Schema entspricht dem Protokoll. Es wird entweder HTTP oder HTTPS verwendet. Der Host entspricht dem Hostnamen, unter dem der Server, auf dem der OData-Service bereitgestellt wird, erreichbar ist. Der Port entspricht dem zugehörigen Port. Für HTTP wird im Standard der Port 80 und für HTTPS der Port 443 verwendet. Der Service entspricht dem Pfad, unter dem der konkrete OData-Service zu erreichen ist. Alle genannten Abschnitte werden auch als *Service-Root-URI* bezeichnet. Ein solcher Service-Root-URI kann z. B. wie folgt aussehen:

https://services.odata.org/OData/OData.svc

Die weiteren Bestandteile der Abfrage ändern sich je nach den gewünschten Informationen sowie deren Formatierung, Filterung und Sortierung.

Ein weiterer Aspekt der URI-Syntax bezieht sich auf die Identifizierung der Ressourcen, auf die zugegriffen wird. Zu diesem Zweck wurden für bestimmte Ressourcen bestimmte Abfragen entwickelt, die an der entsprechenden Stelle in die URI-Syntax integriert werden können. Wird die Ressource komplett weggelassen und nur die Service-Root-URI aufgerufen, sollte der OData-Service ein Servicedokument zurückgeben. Dieses Dokument enthält als Antwort alle verfügbaren Ressourcen mit ihren URIs und sinnvollen Namen. Abbildung 3.2 veranschaulicht beispielsweise die Antwort des zuvor erwähnten Service-Root-URI.

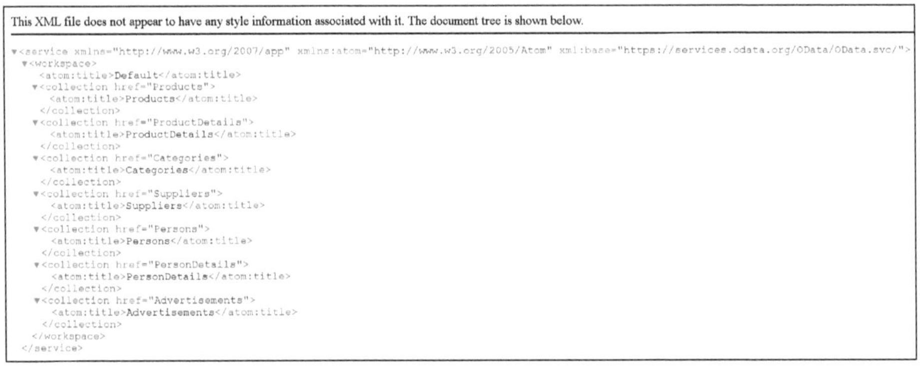
This XML file does not appear to have any style information associated with it. The document tree is shown below.


```
▼<service xmlns="http://www.w3.org/2007/app" xmlns:atom="http://www.w3.org/2005/Atom" xml:base="https://services.odata.org/OData/OData.svc/">
  ▼<workspace>
     <atom:title>Default</atom:title>
    ▼<collection href="Products">
       <atom:title>Products</atom:title>
     </collection>
    ▼<collection href="ProductDetails">
       <atom:title>ProductDetails</atom:title>
     </collection>
    ▼<collection href="Categories">
       <atom:title>Categories</atom:title>
     </collection>
    ▼<collection href="Suppliers">
       <atom:title>Suppliers</atom:title>
     </collection>
    ▼<collection href="Persons">
       <atom:title>Persons</atom:title>
     </collection>
    ▼<collection href="PersonDetails">
       <atom:title>PersonDetails</atom:title>
     </collection>
    ▼<collection href="Advertisements">
       <atom:title>Advertisements</atom:title>
     </collection>
   </workspace>
 </service>
```


Abbildung 3.2 OData-Service-Katalog

Es reicht oft nicht aus, nur die Namen der Ressourcen zu kennen, die auch als Entitäten bezeichnet werden. Es ist auch wichtig, zu verstehen, wie sie strukturiert sind und welche Attribute, Navigationsattribute oder Beziehungen sie haben. Für diese Anforderungen gibt es das Service-Metadatendokument. Dieses kann durch Hinzufügen der URI-Option /`$metadata` zum Service-Root-URI abgerufen werden. Insgesamt würde unsere Anfrage dann wie folgt aussehen:

https://services.odata.org/OData/OData.svc/$metadata

Ein Auszug aus der Antwort ist in Abbildung 3.3 zu sehen.

This XML file does not appear to have any style information associated with it. The document tree is shown below.


```
▼<edmx:Edmx xmlns:edmx="http://schemas.microsoft.com/ado/2007/06/edmx" Version="1.0">
  ▼<edmx:DataServices xmlns:m="http://schemas.microsoft.com/ado/2007/08/dataservices/metadata" m:DataServiceVersion="3.0" m:MaxDataServiceVersion="3.0">
    ▼<Schema xmlns="http://schemas.microsoft.com/ado/2009/11/edm" Namespace="ODataDemo">
      ▼<EntityType Name="Product">
        ▼<Key>
           <PropertyRef Name="ID"/>
         </Key>
         <Property Name="ID" Type="Edm.Int32" Nullable="false"/>
         <Property Name="Name" Type="Edm.String" m:FC_TargetPath="SyndicationTitle" m:FC_ContentKind="text" m:FC_KeepInContent="false"/>
         <Property Name="Description" Type="Edm.String" m:FC_TargetPath="SyndicationSummary" m:FC_ContentKind="text" m:FC_KeepInContent="false"/>
         <Property Name="ReleaseDate" Type="Edm.DateTime" Nullable="false"/>
         <Property Name="DiscontinuedDate" Type="Edm.DateTime"/>
         <Property Name="Rating" Type="Edm.Int16" Nullable="false"/>
         <Property Name="Price" Type="Edm.Double" Nullable="false"/>
         <NavigationProperty Name="Categories" Relationship="ODataDemo.Product_Categories_Category_Products" ToRole="Category_Products" FromRole="Product_Categories"/>
         <NavigationProperty Name="Supplier" Relationship="ODataDemo.Product_Supplier_Supplier_Products" ToRole="Supplier_Products" FromRole="Product_Supplier"/>
         <NavigationProperty Name="ProductDetail" Relationship="ODataDemo.Product_ProductDetail_ProductDetail_Product" ToRole="ProductDetail_Product"
         FromRole="Product_ProductDetail"/>
       </EntityType>
      ▼<EntityType Name="FeaturedProduct" BaseType="ODataDemo.Product">
         <NavigationProperty Name="Advertisement" Relationship="ODataDemo.FeaturedProduct_Advertisement_Advertisement_FeaturedProduct"
         ToRole="Advertisement_FeaturedProduct" FromRole="FeaturedProduct_Advertisement"/>
       </EntityType>
      ▼<EntityType Name="ProductDetail">
        ▼<Key>
           <PropertyRef Name="ProductID"/>
         </Key>
         <Property Name="ProductID" Type="Edm.Int32" Nullable="false"/>
         <Property Name="Details" Type="Edm.String"/>
         <NavigationProperty Name="Product" Relationship="ODataDemo.Product_ProductDetail_ProductDetail_Product" ToRole="Product_ProductDetail"
         FromRole="ProductDetail_Product"/>
       </EntityType>
```


Abbildung 3.3 OData-Metadatendokument

Um dieses Dokument zu interpretieren und das OData-Konzept im Allgemeinen zu verstehen, sollte man sich von den Grundprinzipien der konventionellen Datenbankmodellierung lösen und in Begriffen von Entitäten denken. *Entitäten* kann man sich als Objekte vorstellen, die bestimmte *Eigenschaften* (engl. Properties, sie werden auch als Attribute bezeichnet oder, wie in Listing 3.1 gezeigt, als `Property`) und Beziehungen zueinander haben (diese Beziehungen werden als Navigationsattribute oder Assoziationen und in Listing 3.1 als `NavigationProperty` gekennzeichnet).

Eine Entität wird immer durch einen Entitätstyp beschrieben, der dem Service-Metadatendokument entnommen werden kann. Betrachten Sie als Beispiel den Entitätstyp (`EntityType`) in Listing 3.1 und versuchen Sie, die relevanten Informationen zu extrahieren.

```
<EntityType Name="Product">
  <Key>
    <PropertyRef Name="ID"/>
  </Key>
  <Property Name="ID" Type="Edm.Int32" Nullable="false"/>
  <Property Name="Name" Type="Edm.String"
    m:FC_TargetPath="SyndicationTitle" m:FC_ContentKind="text"
    m:FC_KeepInContent="false"/>
  <Property Name="Description" Type="Edm.String"
    m:FC_TargetPath="SyndicationSummary" m:FC_ContentKind="text"
    m:FC_KeepInContent="false"/>
  <Property Name="ReleaseDate" Type="Edm.DateTime" Nullable="false"/>
  <Property Name="DiscontinuedDate" Type="Edm.DateTime"/>
  <Property Name="Rating" Type="Edm.Int16" Nullable="false"/>
  <Property Name="Price" Type="Edm.Double" Nullable="false"/>
  <NavigationProperty Name="Categories"
    Relationship="ODataDemo.Product_Categories_Category_Products"
    ToRole="Category_Products" FromRole="Product_Categories"/>
  <NavigationProperty Name="Supplier"
    Relationship="ODataDemo.Product_Supplier_Supplier_Products"
    ToRole="Supplier_Products" FromRole="Product_Supplier"/>
  <NavigationProperty Name="ProductDetail"
    Relationship="ODataDemo.Product_ProductDetail_ProductDetail_Product"
    ToRole="ProductDetail_Product" FromRole="Product_ProductDetail"/>
</EntityType>
```

Listing 3.1 Definition des Entitätstyps "Product"

Der Entitätstyp `"Product"` hat in diesem Fall verschiedene Attribute, darunter das Attribut `ID`, das auch der Schlüssel der Entität ist. Diese Information wird in Abschnitt 3.1.2, »CRUDQ-Methoden«, eine wichtige Rolle spielen. Neben der `ID` des Typs

Edm.Int32 gibt es noch Attribute wie Name und Description vom Typ Edm.String sowie noch weitere.

An den NavigationProperty-Elementen können Sie ablesen, ob unsere Produktentität Beziehungen zu anderen Entitäten hat. Die Kardinalitäten dieser Beziehungen können Sie an dieser Stelle jedoch nicht auslesen. Diese werden weiter unten im Service-Metadatendokument separat aufgeführt.

Listing 3.1 zeigt, dass jedes Attribut seinen eigenen eindeutigen Typ hat. Diese Typen sind im abstrakten Typsystem definiert, das alle primitiven Typen enthält, die Attribute annehmen können. Listing 3.1 zeigt z. B. den Typ Edm.Int32. Es gibt viele solcher primitiven Typen, die in diesem Kapitel nicht im Detail behandelt werden. Diese Typen werden in der offiziellen OData-Dokumentation beschrieben.

Bei einem offenen Standard ist es notwendig, den Datenaustausch und die Verarbeitung über Schnittstellen sicherzustellen, ohne zu wissen, welche Produkte in Zukunft über diese Schnittstellen kommunizieren werden. Aus diesem Grund müssen alle Daten, die von einer OData-Schnittstelle bereitgestellt werden, einem dieser vordefinierten Typen entsprechen. Im schlimmsten Fall müssen die Daten auf der sendenden Seite an diese Typen angepasst werden.

Um mehrere Entitäten gemeinsam darzustellen, werden Entity-Sets (EntitySet) verwendet. Sie sind wie Listen oder Arrays in der objektorientierten Programmierung. Für jede Anfrage wird eine Sammlung von Entitäten als Antwort empfangen, wobei diese Sammlung auch leer sein kann. Die Entity-Sets sind im Service-Metadatendokument im Abschnitt EntityContainer zu finden, der sich in der Regel gegen Ende des Dokuments befindet (siehe Listing 3.2).

```
<EntityContainer Name="DemoService" m:IsDefaultEntityContainer="true">
  <EntitySet Name="Products" EntityType="ODataDemo.Product"/>
  <EntitySet Name="ProductDetails"
    EntityType="ODataDemo.ProductDetail"/>
  <EntitySet Name="Categories" EntityType="ODataDemo.Category"/>
  <EntitySet Name="Suppliers" EntityType="ODataDemo.Supplier"/>
  <EntitySet Name="Persons" EntityType="ODataDemo.Person"/>
  <EntitySet Name="PersonDetails" EntityType="ODataDemo.PersonDetail"/>
  <EntitySet Name="Advertisements"
    EntityType="ODataDemo.Advertisement"/>
  <FunctionImport Name="GetProductsByRating"
    ReturnType="Collection(ODataDemo.Product)"
    EntitySet="Products" m:HttpMethod="GET">
    <Parameter Name="rating" Type="Edm.Int16" Nullable="false"/>
  </FunctionImport>
```

Listing 3.2 Abschnitt des EntityContainer-Bereichs aus dem Service-Metadatendokument

Die Architektur von OData ermöglicht das Vorhandensein mehrerer Entity-Sets mit unterschiedlichen Namen für einen einzigen Entitätstyp. Dadurch können den Nutzern der Schnittstelle verschiedene Datensätze angeboten werden, ohne dass sie explizit filtern oder andere Funktionen ausführen müssen. Dieses Konzept kann mit einem Produktkatalog verglichen werden, in dem es nicht nur eine Sammlung von Produkten gibt, sondern auch eine Sammlung von Lieblingsprodukten, Produktrankings usw.

3.1.2 CRUDQ-Methoden

Nachdem Sie nun die grundlegenden Aspekte von Entitäten und Entity-Sets kennengelernt haben, können wir uns in diesem Abschnitt darauf konzentrieren, wie man mit diesen Objekten interagiert. Wie Sie bereits wissen, werden Anfragen an einen OData-Service über HTTP gestellt. Der Service kann die Art der Anfrage anhand der angegebenen HTTP-Methoden bestimmen. Je nach Kontext werden vier bis fünf verschiedene Anfragetypen unterschieden, wobei der fünfte nicht immer separat aufgeführt wird. Tabelle 3.1 beschreibt diese fünf CRUDQ-Methoden. Das Akronym *CRUDQ* setzt sich aus den Anfangsbuchstaben der Methoden zusammen.

Methode	Funktionale Beschreibung
Create	Mit dieser Methode ist es möglich, einen neuen Datensatz zu erstellen. Die Daten müssen im *Body* der Anfrage enthalten sein.
Read	Mit dieser Methode können Sie einen bestimmten Datensatz lesen, indem Sie das/die entsprechende(n) Schlüsselfeld(er) angeben.
Update	Diese Methode ermöglicht die Aktualisierung eines bestimmten Datensatzes durch Angabe des/der entsprechenden Schlüsselfelds/Schlüsselfelder. Die zu aktualisierenden Daten müssen im Nachrichtentext der Anfrage angegeben werden.
Delete	Mit dieser Methode können Sie einen bestimmten Datensatz löschen, indem Sie das/die betreffende(n) Schlüsselfeld(er) angeben.
Query	Mit dieser Methode können Sie eine Sammlung von Datensätzen lesen, die auch leer sein kann. Mit Abfrageoptionen können Sie die Datenauswahl weiter spezifizieren und verfeinern.

Tabelle 3.1 CRUDQ-Methoden

[«]

CRUD vs. CRUDQ

In einigen Fällen sprechen wir einfach von CRUD-Methoden anstelle von CRUDQ-Methoden. Diese Bezeichnung geht davon aus, dass die Read-Methode – ähnlich wie die

Query-Methode – auch eine Sammlung von Datensätzen lesen kann und somit implizit die Query-Methode einschließt.

In den folgenden Abschnitten werden Sie anhand von Beispielen mehr über die Funktionalität der einzelnen CRUDQ-Operationen erfahren.

Create

Wenn Sie eine Create-Anfrage verwenden, greifen Sie manipulativ auf den OData-Service zu. In unserem Beispiel soll eine neue Entität erstellt werden.

Bevor Sie schreibend auf einen OData-Service zugreifen, sollten Sie die Metadaten noch einmal überprüfen und sich vergewissern, welche Attribute bei der Erstellung der Entität in der Anfrage enthalten sein müssen und um welche Arten dieser Attribute es sich handelt. Nehmen wir als Beispiel wieder die Metadaten für unsere Entität `Product` (siehe Listing 3.1). Suchen Sie nach Attributen, die mit `Nullable="false"` gekennzeichnet sind. Da diese Attribute nicht leer sein können, müssen Sie bei der Erstellung einer Entität unbedingt einen Wert für diese Attribute in der Abfrage angeben.

Anders als bei den Abfragen Read, Query und Delete müssen die zu erstellenden Daten im Nachrichtentext der HTTP-Anfrage übermittelt werden, da es bei diesen CRUDQ-Methoden nicht nur um Header geht. Der Pfad, den Sie ansprechen müssen, setzt sich zunächst aus den Kopfdaten zusammen und enthält den Namen des Entity-Sets:

https://services.odata.org/OData/OData.svc/Products

Für die Anfrage verwenden Sie dieses Mal die HTTP-Methode `POST`.

Die im Message-Body zu übermittelnden Daten sollten als JSON-Body gesendet werden. Es müssen die gleichen Attributnamen verwendet werden, die in den Metadaten definiert sind. Um z. B. einen Erdbeer-Smoothie als neues Produkt hinzuzufügen, können Sie den JSON-Body wie in Listing 3.3 dargestellt erstellen.

```
{
   "ID": 123,
   "Name": "Smoothie",
   "Description": "Strawberry Smoothie",
   "ReleaseDate": "1998-08-07T00:00:00",
   "Rating": 5,
   "Price": 4
}
```

Listing 3.3 Beispieldatensatz für die Erstellung eines neuen Produkts

Wichtig sind auch hier die richtigen Datentypen, da diese normalerweise vom OData-Service erkannt und abgefangen werden. Falsche Datentypen werden mit einer entsprechenden Fehlermeldung zurückgewiesen.

[+]

Datumswerte und Zeitangaben

In einem realen Szenario könnten Sie den Datumswert und die Uhrzeit direkt als JavaScript-Datumsobjekt im Body der HTTP-Anforderung senden, anstatt als Zeichenfolgenwert an das Attribut `ReleaseDate` wie in unserem Beispiel.

Es ist wichtig, zu überlegen, ob die Schlüssel beim Entwurf des OData-Service im Backend oder bei Anfragen vom Frontend übergeben werden müssen. Eine Alternative ist, die Schlüssel im Backend zu generieren und sie im Body wegzulassen. Das ist auch unsere Empfehlung, die wir an dieser Stelle aussprechen möchten.

Was die HTTP-Antwort betrifft, so sollte der OData-Service eine Antwort mit dem *HTTP-Statuscode* 201 (d. h. **Created**) zurückgeben. Darüber hinaus sollte der Body der HTTP-Antwort den neu erstellten Datensatz mit allen aktuellen Werten enthalten.

Read

Es gibt Situationen, in denen nicht alle Datensätze abgerufen werden müssen. Wenn Sie z. B. den Primärschlüssel einer Entität, d. h. ihren eindeutigen Bezeichner, bereits kennen, können Sie einen Lesevorgang mit der Methode Read durchführen.

Im Beispiel des Entity-Sets von Produkten, das wir zuvor betrachtet haben, umfasst der Bereich zwischen den XML-Tags `<entry>` und `</entry>` nicht nur die Daten einer Entität, sondern alle Entitäten, die zu einem Eintrag der Produktliste gehören (siehe Abbildung 3.4).

```
<entry>
    <id>https://services.odata.org/V3/OData/OData.svc/Products(0)</id>
    <category term="ODataDemo.Product" scheme="http://schemas.microsoft.com/ado/2007/08/dataservices/scheme"/>
    <link rel="edit" title="Product" href="Products(0)"/>
    <link rel="http://schemas.microsoft.com/ado/2007/08/dataservices/related/Categories" type="application/atom
    <link rel="http://schemas.microsoft.com/ado/2007/08/dataservices/related/Supplier" type="application/atom+xm
    <link rel="http://schemas.microsoft.com/ado/2007/08/dataservices/related/ProductDetail" type="application/at
    <title type="text">Bread</title>
    <summary type="text">Whole grain bread</summary>
    <updated>2021-11-17T14:20:36Z</updated>
    <author>
        <name/>
    </author>
    <link rel="http://schemas.microsoft.com/ado/2007/08/dataservices/relatedlinks/Categories" type="application/
    <link rel="http://schemas.microsoft.com/ado/2007/08/dataservices/relatedlinks/Supplier" type="application/xm
    <link rel="http://schemas.microsoft.com/ado/2007/08/dataservices/relatedlinks/ProductDetail" type="applicati
    <content type="application/xml">
        <m:properties>
            <d:ID m:type="Edm.Int32">0</d:ID>
            <d:ReleaseDate m:type="Edm.DateTime">1992-01-01T00:00:00</d:ReleaseDate>
            <d:DiscontinuedDate m:null="true"/>
            <d:Rating m:type="Edm.Int16">4</d:Rating>
            <d:Price m:type="Edm.Double">2.5</d:Price>
        </m:properties>
    </content>
</entry>
```

Abbildung 3.4 Eintrag aus dem Entity-Set

Wir haben bereits erwähnt, dass eine solche XML-Antwort Links enthalten kann, die Sie direkt im Programm Atom anklicken können. In Abbildung 3.4 sehen Sie einen sehr wichtigen Link, nämlich den zwischen den beiden XML-Tags `<id>` und `</id>`. Dieser enthält die Information, wie man eine Abfrage auslöst, wenn man diesen einen bestimmten Produkteintrag mit der ID 0 lesen möchte:

```
<id>https://services.odata.org/V3/OData.svc/Products(0)</id>
```

Daraus können Sie erkennen, dass der Primärschlüssel der Anfrage-URL in Klammern nach dem Entity-Set-Pfad angegeben werden muss. In Tabelle 3.2 sehen Sie zwei Beispiele für entsprechende Ressourcenanfragen, einmal für die Entität `Products` und zum Vergleich für eine fiktive Entität `Bookings`. Letztere hat einen zusammengesetzten Schlüssel, der, wie in Tabelle 3.2 gezeigt, in die Anfrage aufgenommen werden muss.

Entität	Schlüssel	Typ	Beispiel
`Products`	`Id`	`Edm.Int`	*/Products(0)*
`Bookings`	`Flight` `Seat`	`Edm.Int` `Edm.String`	*/Bookings(Flight=1,Seat="A1")*

Tabelle 3.2 Ressourcenanforderungen für einen Primärschlüssel und einen zusammengesetzten Schlüssel

Wenn Sie den Primärschlüssel einer Entität kennen, ist es nicht notwendig, den Umweg über das Entity-Set zu nehmen. Stattdessen können Sie eine einzelne Entität direkt abrufen. Die Informationen über die Schlüsselattribute sind im Metadatendokument des Service enthalten.

Die Antwort auf eine Anfrage mit der folgenden URL ist in Abbildung 3.5 dargestellt:

https://services.odata.org/V3/OData/OData.svc/Products(0)

```
<?xml version="1.0" encoding="utf-8"?>
<entry xml:base="https://services.odata.org/V3/OData/OData.svc/" xmlns="http://www.w3.org/2005/Atom" xmlns:d="http://schemas.microsoft.c
    <id>https://services.odata.org/V3/OData/OData.svc/Products(0)</id>
    <category term="ODataDemo.Product" scheme="http://schemas.microsoft.com/ado/2007/08/dataservices/scheme"/>
    <link rel="edit" title="Product" href="Products(0)"/>
    <link rel="http://schemas.microsoft.com/ado/2007/08/dataservices/related/Categories" type="application/atom+xml;type=feed" title="Ca
    <link rel="http://schemas.microsoft.com/ado/2007/08/dataservices/related/Supplier" type="application/atom+xml;type=entry" title="Sup
    <link rel="http://schemas.microsoft.com/ado/2007/08/dataservices/related/ProductDetail" type="application/atom+xml;type=entry" title
    <title type="text">Bread</title>
    <summary type="text">Whole grain bread</summary>
    <updated>2021-11-17T14:56:04Z</updated>
    <author>
        <name/>
    </author>
    <link rel="http://schemas.microsoft.com/ado/2007/08/dataservices/relatedlinks/Categories" type="application/xml" title="Categories"
    <link rel="http://schemas.microsoft.com/ado/2007/08/dataservices/relatedlinks/Supplier" type="application/xml" title="Supplier" href
    <link rel="http://schemas.microsoft.com/ado/2007/08/dataservices/relatedlinks/ProductDetail" type="application/xml" title="ProductDe
    <content type="application/xml">
        <m:properties>
            <d:ID m:type="Edm.Int32">0</d:ID>
            <d:ReleaseDate m:type="Edm.DateTime">1992-01-01T00:00:00</d:ReleaseDate>
            <d:DiscontinuedDate m:null="true"/>
            <d:Rating m:type="Edm.Int16">4</d:Rating>
            <d:Price m:type="Edm.Double">2.5</d:Price>
        </m:properties>
    </content>
</entry>
```

Abbildung 3.5 Ein ausgewähltes, einzelnes Produkt

In diesem Fall ist die Antwort viel kürzer und enthält nur das abgerufene Objekt. Im JSON-Format würde das Objekt nicht als Teil einer Liste aufgeführt, sondern als einzelnes Objekt mit seinen Attributen (siehe Abbildung 3.6).


```
{
    "odata.metadata": "https://services.odata.org/V3/OData/OData.svc/$metadata#Products/@Element",
    "ID": 0,
    "Name": "Bread",
    "Description": "Whole grain bread",
    "ReleaseDate": "1992-01-01T00:00:00",
    "DiscontinuedDate": null,
    "Rating": 4,
    "Price": 2.5
}
```


Abbildung 3.6 Ein einzelnes Produkt im JSON-Format

Um ein einzelnes Produkt abzurufen, müssen wir eine ID oder mehrere Schlüsselattribute übergeben, die zur Bestimmung des entsprechenden Objekts verwendet werden können. Wurde die ID falsch eingegeben oder konnte die angeforderte Ressource vom Service aus irgendeinem Grund nicht gefunden werden, wird eine Fehlermeldung als Antwort zurückgegeben (siehe Abbildung 3.7).


```
▼<m:error xmlns:m="http://schemas.microsoft.com/ado/2007/08/dataservices/metadata">
   <m:code/>
   <m:message xml:lang="en-US">Resource not found for the segment 'Products'.</m:message>
 </m:error>
```


Abbildung 3.7 Ressource nicht gefunden

In Abschnitt 3.1, »Einführung«, haben Sie gelernt, dass eine Entität Navigationsattribute hat, die Beziehungen zu anderen Entitäten darstellen. Betrachten Sie als Beispiel das Navigationsattribut (`NavigationProperty`) Kategorien (siehe Listing 3.1). Gemäß der Metadatenbeschreibung hat die Beziehung zwischen den Entitäten `Product` und `Category` eine Kardinalität von 1:1 (siehe Listing 3.1), was bedeutet, dass es genau eine zugehörige Kategorie für ein `Product` geben muss. Beachten Sie, dass der Name `Category` hier nicht im Plural formuliert ist.

Wenn Sie die Kategorie eines Produkts mit der ID 1 abrufen möchten, können Sie einfach das Navigationsattribut an die bereits bekannte Abfrage anhängen, wie folgt:

https://services.odata.org/V3/OData/OData.svc/Products(0)/Categories

Die Antwort enthält die Kategorie, die für dieses Produkt ermittelt wurde. Die Daten für diese Kategorie finden sich in Abbildung 3.8 zwischen den Tags `<content>` und `</content>`.

Dadurch erhalten wir eine `Category`-Entität, die ihrerseits Attribute und Navigationsattribute hat. Das Spiel könnte also von vorne beginnen, indem man diese Sprünge für weitere Abfragen nutzt.

```xml
<?xml version="1.0" encoding="utf-8"?>
<feed xml:base="https://services.odata.org/V3/OData/OData.svc/" xmlns="http://www.w3.org/2005/Atom" xmlns:d="http://schemas.microsoft.com
    <id>https://services.odata.org/V3/OData/OData.svc/Products(0)/Categories</id>
    <title type="text">Categories</title>
    <updated>2021-11-17T16:08:42Z</updated>
    <link rel="self" title="Categories" href="Categories"/>
    <entry>
        <id>https://services.odata.org/V3/OData/OData.svc/Categories(0)</id>
        <category term="ODataDemo.Category" scheme="http://schemas.microsoft.com/ado/2007/08/dataservices/scheme"/>
        <link rel="edit" title="Category" href="Categories(0)"/>
        <link rel="http://schemas.microsoft.com/ado/2007/08/dataservices/related/Products" type="application/atom+xml;type=feed" title="P
        <title type="text">Food</title>
        <updated>2021-11-17T16:08:42Z</updated>
        <author>
            <name/>
        </author>
        <link rel="http://schemas.microsoft.com/ado/2007/08/dataservices/relatedlinks/Products" type="application/xml" title="Products" h
        <content type="application/xml">
            <m:properties>
                <d:ID m:type="Edm.Int32">0</d:ID>
                <d:Name>Food</d:Name>
            </m:properties>
        </content>
    </entry>
</feed>
```


Abbildung 3.8 Kategorie eines Products lesen

Update

Um einen bestehenden Datensatz zu aktualisieren, müssen Sie das Wissen über die Verwendung der CRUDQ-Methoden Read und Create kombinieren. Einerseits müssen Sie die Entität identifizieren, deren Daten Sie aktualisieren möchten. Dazu verwenden Sie den (zusammengesetzten) Schlüssel in der HTTP-Anfrage:

https://services.odata.org/V3/OData/OData.svc/Products(1)

Mit der HTTP-Methode PUT signalisieren Sie, dass Sie die angegebene Entität aktualisieren möchten. Senden Sie im Message-Body alle Daten, die aktualisiert werden sollen. Sehen Sie sich Listing 3.4 für einen Beispieldatensatz an.

```
{
   "Rating": 5,
   "Price": 2
}
```

Listing 3.4 Beispieldatensatz zum Aktualisieren eines Datensatzes

Es ist nicht erforderlich, Werte für alle Attribute der Entität anzugeben. Es reicht aus, nur die Werte mitzuteilen, die aktualisiert werden sollen.

Es ist auch möglich, den Schlüssel selbst zu ändern, indem man die ID oder den Schlüssel in den Message-Body aufnimmt und den Service auffordert, auch dieses Feld zu aktualisieren. Allerdings erfordert jede Anfrage am Backend eine spezifische Implementierung und Logik für jede CRUDQ-Methode. Daher sollten Entwickler bei der Implementierung der OData-Schnittstelle auf solche Fragen achten.

Delete

Wie bereits erwähnt, werden die Begriffe CRUD und CRUDQ oft als Synonyme verwendet. Dennoch gibt es bei OData einen deutlichen Unterschied, ob Sie in der HTTP-Anfrage und -Antwort mehrere Datensätze oder nur einen bestimmten lesen wollen.

Zunächst muss man herausfinden, wo man Informationen darüber findet, welche Datensätze gelesen werden können und wie man sie abruft. Diese Informationen sind im Entity-Container (`EntityContainer`, siehe Listing 3.5) enthalten.


```
<EntitySet Name="Products" EntityType="ODataDemo.Product"/>
<EntitySet Name="ProductDetails" EntityType="ODataDemo.ProductDetail"/>
<EntitySet Name="Categories" EntityType="ODataDemo.Category"/>
<EntitySet Name="Suppliers" EntityType="ODataDemo.Supplier"/>
<EntitySet Name="Persons" EntityType="ODataDemo.Person"/>
<EntitySet Name="PersonDetails" EntityType="ODataDemo.PersonDetail"/>
<EntitySet Name="Advertisements" EntityType="ODataDemo.Advertisement"/>
```

Listing 3.5 Namen der Entity-Sets

Query

Mit diesen Informationen können Sie nun die ersten Datensätze lesen oder eine HTTP-GET-Anfrage mit einem beliebigen REST-Client senden. In Abschnitt 3.3, »OData testen«, sehen Sie beispielsweise, wie eine `GET`-Anfrage über den SAP Gateway Client zu Testzwecken gestellt werden kann. Die URI-Syntax, d. h. den Aufbau einer solchen Anfrage, kennen Sie bereits aus Abbildung 3.1. Um die verschiedenen Produkte unseres Beispielservice zu lesen, wird die folgende Anfrage verwendet:

https://services.odata.org/OData/OData.svc/Products

Ein Entity-Set kann entweder keine Ergebnisse (Kardinalität 0) oder viele Ergebnisse (Kardinalität n) liefern. Das Ergebnis unserer Abfrage sehen Sie in Abbildung 3.9.

```
<?xml version="1.0" encoding="utf-8"?>
<feed xml:base="https://services.odata.org/V3/OData/OData.svc/" xmlns="http://www.w3.org/2005/Atom" xmlns:d="http://schemas.microsoft.com/ad
    <id>https://services.odata.org/V3/OData/OData.svc/Products</id>
    <title type="text">Products</title>
    <updated>2021-11-17T14:20:36Z</updated>
    <link rel="self" title="Products" href="Products"/>
    <entry>
        <id>https://services.odata.org/V3/OData/OData.svc/Products(0)</id>
        <category term="ODataDemo.Product" scheme="http://schemas.microsoft.com/ado/2007/08/dataservices/scheme"/>
        <link rel="edit" title="Product" href="Products(0)"/>
        <link rel="http://schemas.microsoft.com/ado/2007/08/dataservices/related/Categories" type="application/atom+xml;type=feed" title="Ca
        <link rel="http://schemas.microsoft.com/ado/2007/08/dataservices/related/Supplier" type="application/atom+xml;type=entry" title="Sup
        <link rel="http://schemas.microsoft.com/ado/2007/08/dataservices/related/ProductDetail" type="application/atom+xml;type=entry" title
        <title type="text">Bread</title>
        <summary type="text">Whole grain bread</summary>
        <updated>2021-11-17T14:20:36Z</updated>
        <author>
            <name/>
        </author>
        <link rel="http://schemas.microsoft.com/ado/2007/08/dataservices/relatedlinks/Categories" type="application/xml" title="Categories"
        <link rel="http://schemas.microsoft.com/ado/2007/08/dataservices/relatedlinks/Supplier" type="application/xml" title="Supplier" href
        <link rel="http://schemas.microsoft.com/ado/2007/08/dataservices/relatedlinks/ProductDetail" type="application/xml" title="ProductDe
        <content type="application/xml">
            <m:properties>
                <d:ID m:type="Edm.Int32">0</d:ID>
                <d:ReleaseDate m:type="Edm.DateTime">1992-01-01T00:00:00</d:ReleaseDate>
                <d:DiscontinuedDate m:null="true"/>
                <d:Rating m:type="Edm.Int16">4</d:Rating>
                <d:Price m:type="Edm.Double">2.5</d:Price>
            </m:properties>
        </content>
    </entry>
```

Abbildung 3.9 Ausgabe der Menge aller Produkte

In diesem Beispiel wird die Antwort standardmäßig im XML-Format zurückgegeben. Dank des Standards für die Darstellung von Webressourcen, Atom genannt, ist die Antwort zum einen für das menschliche Auge besser lesbar, und zum anderen können Hyperlinks in der XML-Antwort direkt aufgerufen werden.

Die Antwort enthält eine Reihe `ProductType`-Entitäten. In der Fachsprache nennt man dies ein Array oder eine Liste von Objekten. Wenn Sie sich einen Eintrag in diesem Set genauer ansehen, sehen Sie alle Attribute mit ihren Werten, die zu diesen Produktentitäten gehören. Der Inhalt ist zwischen den XML-Tags `<content>` und `</content>` zu finden (siehe Abbildung 3.10).

```
<content type="application/xml">
    <m:properties>
        <d:ID m:type="Edm.Int32">0</d:ID>
        <d:ReleaseDate m:type="Edm.DateTime">1992-01-01T00:00:00</d:ReleaseDate>
        <d:DiscontinuedDate m:null="true"/>
        <d:Rating m:type="Edm.Int16">4</d:Rating>
        <d:Price m:type="Edm.Double">2.5</d:Price>
    </m:properties>
</content>
```

Abbildung 3.10 Inhalt der XML-Antwort

Die Notation von Attributen und Entitäten im XML-Format ist für das menschliche Auge nicht optimal. Um die Antwort in der Welt der Webentwicklung besser zu verstehen, gibt es mehrere Möglichkeiten, sie zu formatieren. Eine Möglichkeit besteht darin, die Antwort im JSON-Format anzufordern. In diesem Fall würde die Antwort für unseren Lesevorgang wie in Abbildung 3.11 aussehen.

```
{
    "odata.metadata": "https://services.odata.org/V3/(S(lock1ctifpyblrvi5idlx2n2))/OData/OData.svc/$metadata#Products",
    "value": [
        {
            "ID": 0,
            "Name": "Bread",
            "Description": "Whole grain bread",
            "ReleaseDate": "1992-01-01T00:00:00",
            "DiscontinuedDate": null,
            "Rating": 4,
            "Price": 2.5
        },
        {
            "ID": 1,
            "Name": "Milk",
            "Description": "Low fat milk",
            "ReleaseDate": "1995-10-01T00:00:00",
            "DiscontinuedDate": null,
            "Rating": 3,
            "Price": 3.5
        },
        {
            "ID": 2,
            "Name": "Vint soda",
            "Description": "Americana Variety - Mix of 6 flavors",
            "ReleaseDate": "2000-10-01T00:00:00",
            "DiscontinuedDate": null,
            "Rating": 3,
            "Price": 20.9
        },
        {
            "ID": 3,
            "Name": "Havina Cola",
            "Description": "The Original Key Lime Cola",
            "ReleaseDate": "2005-10-01T00:00:00",
            "DiscontinuedDate": "2006-10-01T00:00:00",
            "Rating": 3,
            "Price": 19.9
        },
        {
            "ID": 4,
            "Name": "Fruit Punch",
            "Description": "Mango flavor, 8.3 Ounce Cans (Pack of 24)",
            "ReleaseDate": "2003-01-05T00:00:00",
            "DiscontinuedDate": null,
            "Rating": 3,
            "Price": 22.99
        },
```

Abbildung 3.11 Ausgabe aller Produkte im JSON-Format

Der Vorteil von JSON besteht darin, dass es leichter verarbeitet und von Anwendungen wiederverwendet werden kann, z. B. für Darstellungen.

3.1.3 OData-Query-Optionen

Beim Lesen von Datensätzen, insbesondere von großen Entity-Sets, müssen bestimmte Zusatzinformationen für die Verarbeitung der Lesevorgänge angegeben werden. Diese zusätzlichen Informationen werden in der Fachsprache als *Abfrageoptionen* oder *Query-Optionen* bezeichnet. Einige Varianten davon haben Sie bereits in den vorherigen URI-Beispielen gesehen.

Die Abfrageoptionen werden direkt im Pfad als Abfrageparameter angegeben, indem sie mit einem Fragezeichen an den eigentlichen Pfad angehängt werden. Jede Abfrageoption hat einen bestimmten Namen, der im Pfad mit einem Dollarzeichen ($) angegeben werden muss. Wenn Sie mehr als eine dieser Zusatzinformationen angeben wollen, müssen sie durch ein Und-Zeichen (&) getrennt werden.

Diese Parameter werden immer nach den Abfragen an Entity-Sets oder Navigationsattribute angehängt, die einen Satz von Daten zurückgeben. In Tabelle 3.3 finden Sie Beispiele für Entity-Sets und ihre Navigationsattribute, die Sie bereits kennengelernt haben. Die verfügbaren Entity-Sets können dem Metadatendokument entnommen werden.

Entity-Set	Beschreibung
/Products	Fordert alle Produkte an
/Products(0)/Categories	Fragt die Kategorien des Produkts mit der ID 0 ab
/Categories	Anfragen an alle Kategorien
/Categories(1)/Products	Fordert alle Produkte für die Kategorie mit der ID 1 an
/Suppliers(0)/Products	Fordert alle Produkte für den Lieferanten mit der ID 0 an

Tabelle 3.3 Beispiele für Entity-Sets

$filter

Es ist zwar schön, viele Produkte zu durchsuchen, aber es kann schwierig sein, eine bestimmte Entität zu finden, wenn man den Primärschlüssel nicht kennt. Sie können den Abfrageparameter `$filter=` verwenden, um die Anzahl der Einträge zu begrenzen. Sie können diesem Abfrageparameter kommagetrennte Filterbedingungen hinzufügen, um die gesuchte Entität zu finden. Dazu können Sie verschiedene Operatoren verwenden, die wir in den folgenden Abschnitten erläutern werden. In Tabelle 3.4 finden Sie Beispiele für alle logischen Operatoren.

Operator	Beschreibung	Beispiel
eq	equals	/Products?$filter=Name eq 'Bread'
ne	not equals	/Products?$filter=Rating ne 1
gt	greater than	/Products?$filter=Price gt 2
ge	greater equals	/Products?$filter=Rating ge 4
lt	less than	/Products?$filter=Price lt 8
le	less equals	/Products?$filter=Rating le 2
and	And operator	/Products?$filter=Rating eq 4 and Price le 3
or	Or operator	/Suppliers?$filter=Address/City eq 'Redmond' or Name eq 'Tokyo Traders'
not	Not operator	/Products?$filter=not endswith(Description, 'bread')

Tabelle 3.4 Logische Operatoren

Die Gruppierung von Filterbedingungen erfolgt durch einfache Ersetzung von Klammern. Hier sehen Sie zwei Beispiele für die Gruppierung:

- /Products?$filter=(Price eq 3 and Rating eq 4) or (Price eq 2 and Rating eq 5)
- /Suppliers?$filter=Address/City eq 'Redmond' and (Street eq 'NE 40th' or Street eq 'NE 41th')

Der Datentyp String ist für Zeichenketten sehr verbreitet. Sie können Entitäten entweder nach einem bestimmten Text suchen oder sie nach Komponenten des Texts filtern. Zu diesem Zweck stehen verschiedene String-Funktionen zur Verfügung, die in Tabelle 3.5 zusammengefasst sind.

Funktion	Beschreibung	Beispiel
substringof(<string>, <attribute>)	Suche im Text	/Suppliers?$filter= substringof('New', Address/City)
endswith(<attribute>, <string>)	Suche am Ende des Texts	/Products?$filter= endswith(Description, 'bread')
startswith(<attribute>, <string>)	Suche am Anfang des Texts	/Products?$filter=startswith(Description, 'Whole')

Tabelle 3.5 String-Funktionen

Funktion	Beschreibung	Beispiel
length(<attribute>)	Länge der Anfrage	/Products?$filter= length(Name) eq 5
indexof(<attribute>, <string>)	Index finden	/Products?$filter= indexof(Name, 'read') eq 1
replace(<attribute>, <search>, <replace>)	Suchen und Ersetzen	/Products?$filter= replace(Description, ' ', '') eq 'Vintsoda'
substring(<attribute>, <pos>)	Text aus Position	/Products?$filter= substring(Name, 1) eq 'read'
substring(<attribute>, <pos>, <length>)	Text ab Position X Zeichen	/Products?$filter= substring(Name, 1, 2) eq 're'
tolower(<attribute>)	Kleinbuchstaben	/Products?$filter=tolower(Name) eq 'bread'
toupper(<attribute>)	Großbuchstaben	/Products?$filter= toupper(Name) eq 'BREAD'
trim(<attribute>)	Führende und nachfolgende Leerzeichen entfernen	/Products?$filter= trim(Description) eq 'Havina Cola'
concat(<attribute>, <string>)	Verkettung	/Products?$filter= concat(Name, '123') eq 'Bread123'

Tabelle 3.5 String-Funktionen (Forts.)

Sie können Datumswerte auch direkt mit einer Abfrage manipulieren. In Tabelle 3.6 finden Sie eine Beschreibung der verfügbaren Datumsfunktionen.

Funktion	Beschreibung	Beispiel
year(<attribute>)	Jahr	/Products?$filter=year(ReleaseDate) eq 2021
month(<attribute>)	Monat	/Products?$filter=month(ReleaseDate) eq 12
day(<attribute>)	Tag	/Products?$filter=day(ReleaseDate) eq 8
hour(<attribute>)	Stunde	/Products?$filter=hour(ReleaseDate) eq 11

Tabelle 3.6 Datumsfunktionen

Funktion	Beschreibung	Beispiel
minute(<attribute>)	Minute	/Products?$filter=minute(ReleaseDate) eq 28
second(<attribute>)	Sekunde	/Products?$filter=second(ReleaseDate) eq 0

Tabelle 3.6 Datumsfunktionen (Forts.)

Wir werden an dieser Stelle nicht auf die mathematischen und arithmetischen Operatoren eingehen.

$orderby

Möglicherweise möchten Sie die angeforderten und bereits gefilterten Daten in einer bestimmten Reihenfolge oder nach mehreren Kriterien sortiert ausgeben. Die Sortierbedingungen können mit dem Parameter `$orderby=` angegeben werden. Mehrere Sortierkriterien können durch Kommata getrennt werden. Die Standard-Sortierreihenfolge ist aufsteigend. Wenn Sie eine absteigende Sortierung wünschen, können Sie diese mit den Abkürzungen `asc` oder `desc` hinter dem Sortierparameter angeben.

In Tabelle 3.7 finden Sie einige Beispiele für Sortierungen, einschließlich Kombinationen aus Filtern und Sortieren.

Beispiel	Beschreibung
/Products?$orderby=Price	nach Preis aufsteigend sortieren
/Suppliers?$orderby=Name desc	nach Namen absteigend sortieren
/Products?$filter=Rating eq 5&$orderby=Price desc	Filter nach Bewertung »5«; Sortierung des Ergebnisses nach Preis in absteigender Reihenfolge
/Suppliers?$orderby=Address/City desc,Address/Street asc	nach Städtenamen absteigend und Straßennamen aufsteigend sortieren

Tabelle 3.7 Beispiele für Sortierbedingungen

$expand

Um beim Lesen von Entity-Sets oder einzelnen Entitäten auch die Navigationsattribute in der Antwort zu erhalten, können Sie den Query-Parameter `$expand=` verwenden. Dieser Parameter löst die Navigationsattribute auf und gibt sie in einer hierarchischen Struktur aus. Wenn Sie z. B. alle Produkte für Kategorien lesen wollen, können Sie die folgende Abfrage verwenden: `/Categories?$expand=Products`. In diesem Fall erhält jede Kategorie ein zusätzliches Attribut, das eine Liste von Produkten enthält.

Es ist auch möglich, mehrere durch Kommas getrennte Expand-Parameter anzugeben, um zusätzliche Navigationsattribute in einer Abfrage zu erhalten. Zum Beispiel können die Kategorien, Lieferanten und Lieferantenadressen für alle Produkte mit der Abfrage `/Products?$expand=Categories,Suppliers,Suppliers/Address` ausgelesen werden.

$top und $skip

Die Paginierung wird häufig verwendet, um in großen Datenbeständen zu navigieren. Hier werden die Abfrageparameter `$top=` und `$skip=` verwendet. Der Parameter `$top=` legt die Anzahl der abzufragenden Datensätze fest, während `$skip=` die Anzahl der Datensätze festlegt, die beim Lesen übersprungen werden sollen. Durch die Kombination dieser beiden Parameter können Sie durch die Datensätze blättern. In Tabelle 3.8 finden Sie ein Beispiel, das zeigt, wie Sie Datensätze von einem OData-Service in Blöcken von 100 anfordern können.

Anfrage	Beschreibung
`/Products?$skip=0&$top=100`	die ersten 100 Datensätze lesen
`/Products?$skip=100&$top=100`	die ersten 100 überspringen und die nächsten 100 Datensätze lesen

Tabelle 3.8 Beispiel für die Verwendung der Parameter »skip« und »top«

$format

Über den Abfrageparameter `$format=` können Sie die Formatierung der Antwort beeinflussen. In Tabelle 3.9 finden Sie eine Übersicht über die möglichen Parameter. Es ist zu beachten, dass nicht jeder OData-Service alle Formate unterstützt.

Anfrage	Beschreibung
`/Products?$format=json`	JSON-Format
`/Products?$format=xml`	XML-Format
`/Products?$format=atom`	Atom

Tabelle 3.9 Parameter für die Formatierung

$select

Um die Datenübertragung und -verarbeitung zu optimieren, können Sie mit dem Parameter `$select` angeben, welche Attribute einer Entität Sie benötigen. Dies ist besonders nützlich, wenn Sie nur bestimmte Informationen benötigen und nicht alle Attribute einer Entität abrufen möchten. Indem Sie die Menge der zu lesenden Daten reduzieren, können Sie die Leistung Ihres OData-Service verbessern.

Ein Beispiel für die Verwendung des `$select`-Parameters ist, wenn Sie nur den Produktnamen und den Preis einer bestimmten Abfrage benötigen. Sie können dann die folgende Abfrage ausführen:

```
/Products?$select=Name,Price
```

Dies würde dazu führen, dass für jedes Produkt nur die Spalten Name und Preis zurückgegeben werden. Dies reduziert die Datenübertragung und erhöht die Verarbeitungsgeschwindigkeit.

$count und $inlinecount

Um eine benutzerfreundliche Schnittstelle zu gestalten, ist es notwendig, die Anzahl der Datensätze in einem Entity-Set oder in einer Liste zu kennen. Dazu können Sie den Abfrageparameter `$inlinecount=` verwenden, der die Anzahl der Entitäten im Entity-Set angibt, die Sie abfragen möchten. Eine Beispielabfrage könnte wie folgt aussehen:

```
/products?$inlinecount=allpages
```

Diese Abfrage würde nicht nur das Entity-Set zurückgeben, sondern auch die Anzahl der Entitäten enthalten.

Wenn Sie nur an der Anzahl der Entitäten interessiert sind, ohne das Entity-Set abzurufen, können Sie den folgenden Abfrageparameter verwenden:

```
/products/$count
```

Dieser Parameter gibt die Anzahl der Entitäten im Entity-Set zurück und ist besonders nützlich, wenn Sie schnell die Gesamtzahl der Datensätze wissen wollen.

3.2 OData-Services entwickeln

Für die Entwicklung von OData-Services gibt es verschiedene Ansätze. Für die klassische ABAP-Entwicklung wurde der SAP Gateway Service Builder eingeführt, der in Abschnitt 3.2.1 ausführlich besprochen wird. Mit dem ABAP RESTful Application Programming Model, das mit SAP S/4HANA 1909 eingeführt wurde, kam jedoch ein designierter Nachfolger hinzu. Dieser wird in Abschnitt 3.2.2 vorgestellt.

Es ist möglich, beide Modelle parallel zu nutzen. Es wird jedoch die Verwendung des ABAP RESTful Application Programming Model empfohlen, da dies eine zukunftssichere Entwicklung gewährleistet. Darüber hinaus können Anwendungen des ABAP

RESTful Application Programming Model auch auf der SAP Business Technology Platform (SAP BTP) betrieben werden.

3.2.1 SAP-Gateway-Service-Builder-Projekte

Der SAP Gateway Service Builder ist eine Anwendung, die mit jedem ABAP-System ausgeliefert wird, einschließlich der SAP Business Suite und dem modernen SAP S/4HANA. Mit dem Service Builder können Entwickler OData-Services erstellen und verwalten. Um den Service Builder zu öffnen, rufen Sie einfach die Transaktion SEGW auf.

Bei der Arbeit mit dem Service Builder wird auf der Ebene von Projekten gearbeitet, von denen jedes einem OData-Service entspricht. Innerhalb dieser Projekte können Entwickler die verschiedenen Entitäten, Attribute und Funktionen des Service definieren und konfigurieren (siehe Abbildung 3.12).

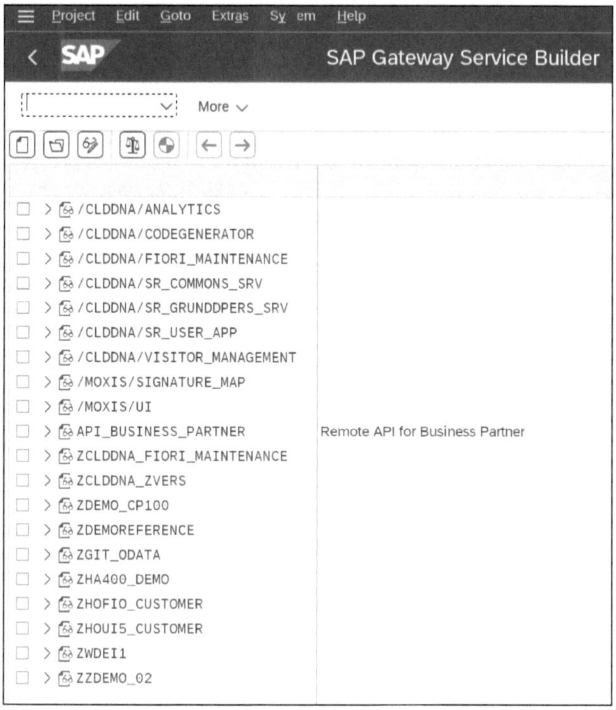

Abbildung 3.12 Überblick SAP Gateway Service Builder

Dabei bietet der Service Builder eine benutzerfreundliche Oberfläche und zahlreiche Funktionen zur Erstellung von Services. Dazu müssen Sie auf das Icon [icon] klicken. Danach sehen Sie den in Abbildung 3.13 dargestellten Bildschirm. Sie müssen einen Namen für das Projekt sowie eine Beschreibung vergeben. Darüber hinaus müssen Sie das Projekt einem Paket zuordnen. Denken Sie daran, dass Sie im Kundennamensraum (Objekte beginnen mit dem Buchstaben Z oder Y) oder in einem registrierten Namensraum arbeiten müssen. Klicken Sie schließlich auf das Icon ☑.

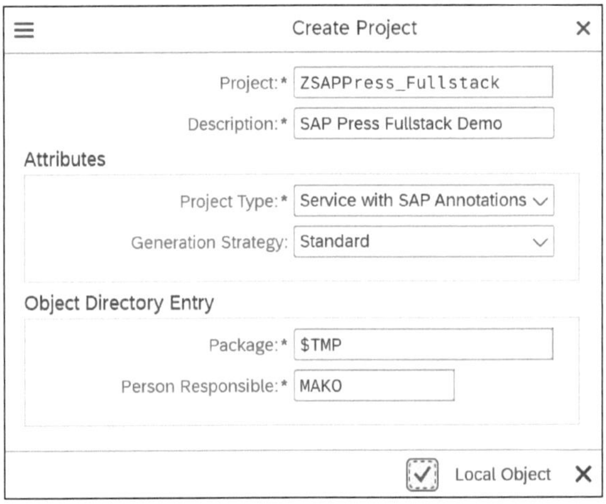

Abbildung 3.13 SAP-Gateway-Service-Builder-Projekt-Assistent

Nachdem das Projekt erstellt wurde, können Sie mit der Modellierung der Entitäten beginnen. Zu diesem Zweck steht das Kontextmenü im Bereich **Data Model** des Projekts zur Verfügung. Hier haben Sie verschiedene Möglichkeiten, Entitäten zu erstellen, zu importieren, neu zu definieren oder zu referenzieren. Eine einfache Möglichkeit ist der Import einer DDIC-Struktur, wie in Abbildung 3.14 dargestellt.

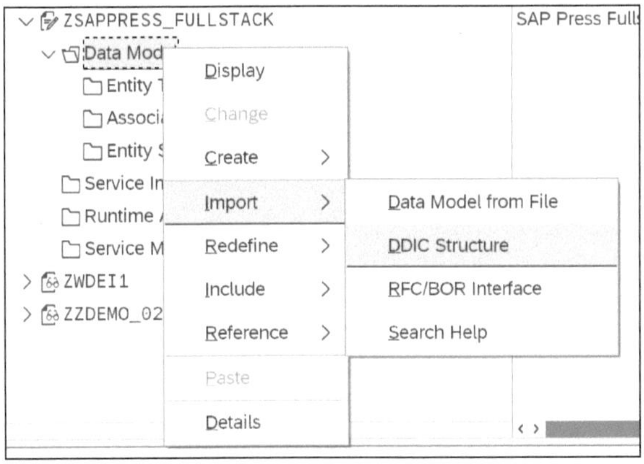

Abbildung 3.14 OData-Entität erstellen

Nachdem Sie die Option **Import • DDIC Structure** gewählt haben, öffnet sich ein Assistent, in dem Sie einen Namen für die Entität vergeben und die gewünschte ABAP-Struktur auswählen können (siehe Abbildung 3.15). Klicken Sie dann auf **Next**, und Sie können weitere Einstellungen vornehmen, wie die Auswahl der Schlüsselfelder und die Definition der Attribute.

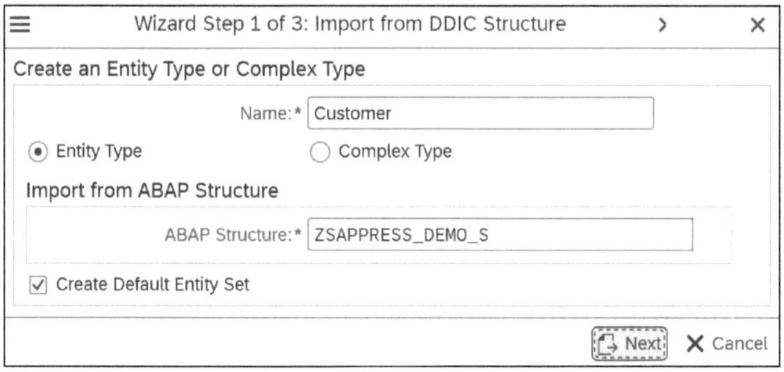

Abbildung 3.15 Entity-Name und DDIC-Struktur zuweisen

Dann können Sie die Attribute aus der DDIC-Struktur auswählen, die Sie auf die Entität übertragen möchten (siehe Abbildung 3.16). Klicken Sie dann auf den Button **Next**.

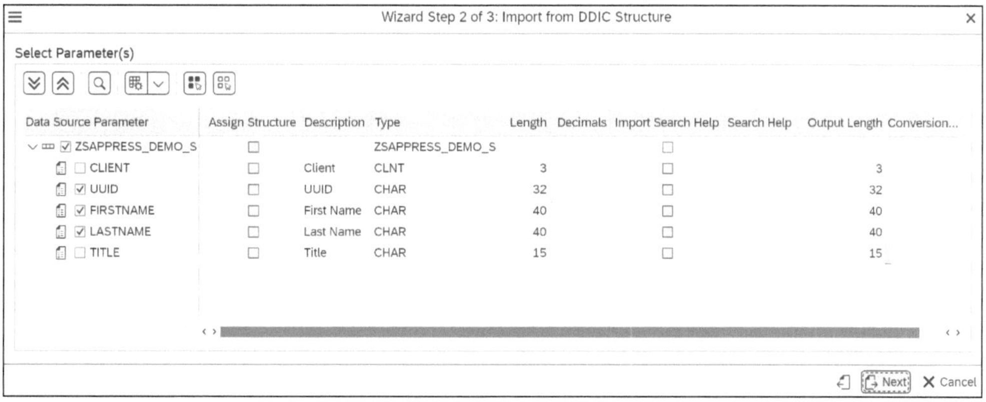

Abbildung 3.16 Attribute auswählen

Um den Modellierungsprozess abzuschließen, müssen Sie die Attribute auswählen, die als Schlüssel dienen sollen (siehe Abbildung 3.17).

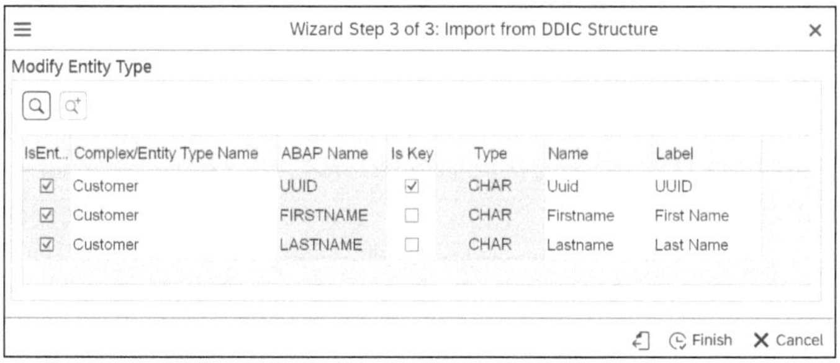

Abbildung 3.17 Schlüsselattribute auswählen

Es ist zu beachten, dass jede Entität eindeutig durch den Schlüssel identifiziert werden muss und somit keine Duplikate existieren dürfen. Klicken Sie abschließend auf den Button **Finish**, um die Entität zu erstellen.

Der einfachste Weg, die Lese- und Abfragefunktionalität zu implementieren, ist die Zuordnung zu einem bestehenden CDS-View. Öffnen Sie für die Zuordnung das Kontextmenü wie in Abbildung 3.18 gezeigt und klicken Sie auf die Option **Map to Data Source**.

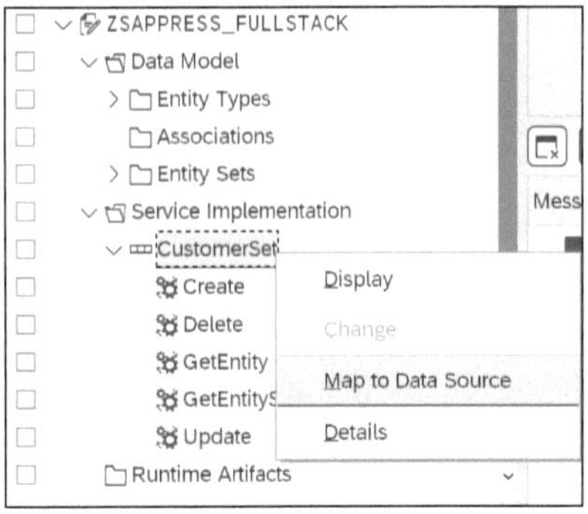

Abbildung 3.18 Entität der Datenquelle zuordnen

Im nächsten Schritt sollten Sie im Bereich **Target System** den Wert **Local** auswählen. Wählen Sie im Bereich **Data Source Attributes** den Typ **Business Entity** (siehe Abbildung 3.19). Öffnen Sie dann die Wertehilfe für das Feld **Name**.

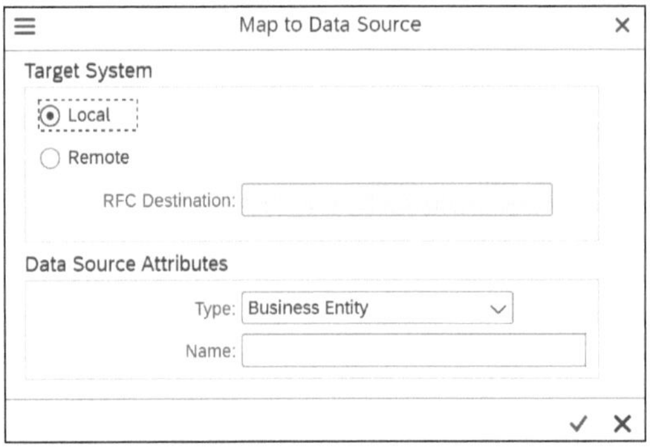

Abbildung 3.19 Auswahl der Datenquelle

Im nächsten Schritt sollten Sie als **SADL Model Type** den Wert **CDS Core Data Services** wählen und im Feld **SADL Model** den gewünschten OData-Service über die Eingabehilfe auswählen (siehe Abbildung 3.20). Klicken Sie abschließend auf das Icon .

Nach den vorangegangenen Schritten sollte das Ergebnis wie in Abbildung 3.21 aussehen, wobei leere Felder anzeigen, dass die Zuordnung noch nicht erstellt wurde. Klicken Sie auf **Generate Mapping**, um den Mapping-Prozess zu starten.

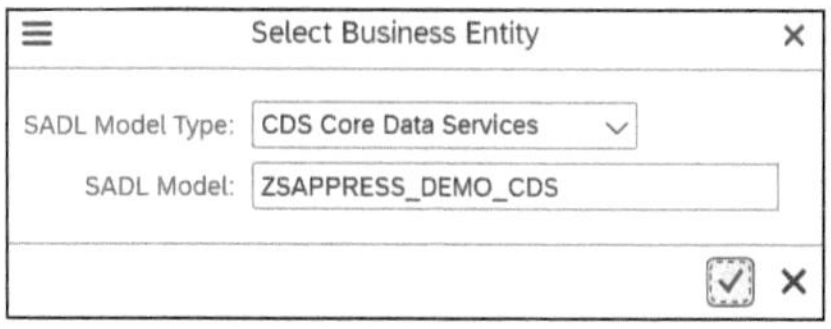

Abbildung 3.20 CDS-Auswahl

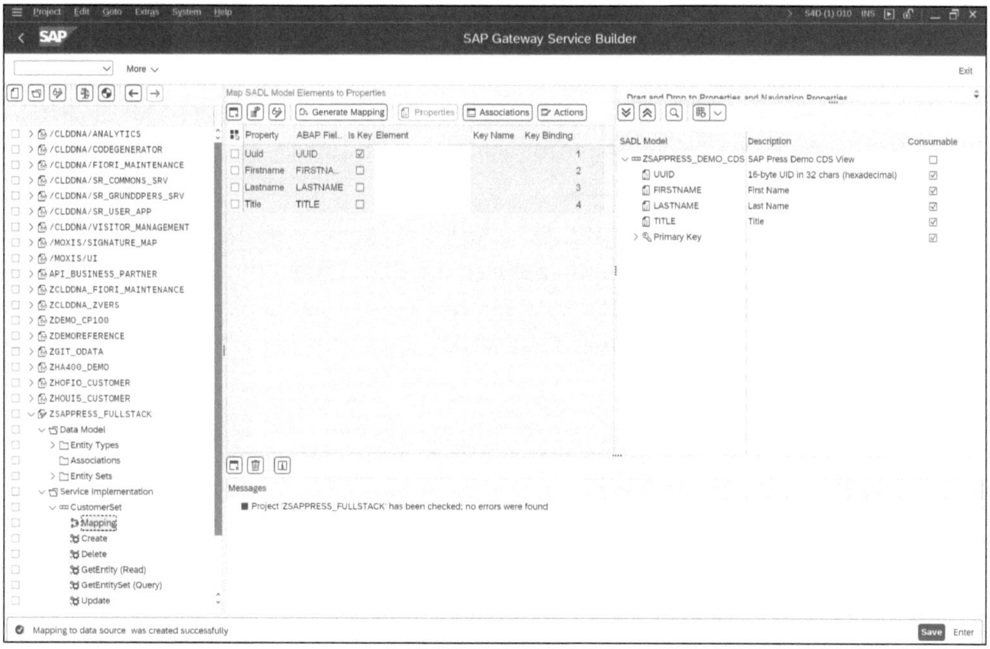

Abbildung 3.21 Übersicht über die Attribut-Mappings

Die Zuordnungen der Attribute erfolgen automatisch auf der Grundlage der Namensähnlichkeit. Wenn das Mapping abgeschlossen ist, sollte das Ergebnis dem in Abbildung 3.22 entsprechen. Sie können dann die Generierung der benötigten Klassen starten, indem Sie auf das Icon klicken.

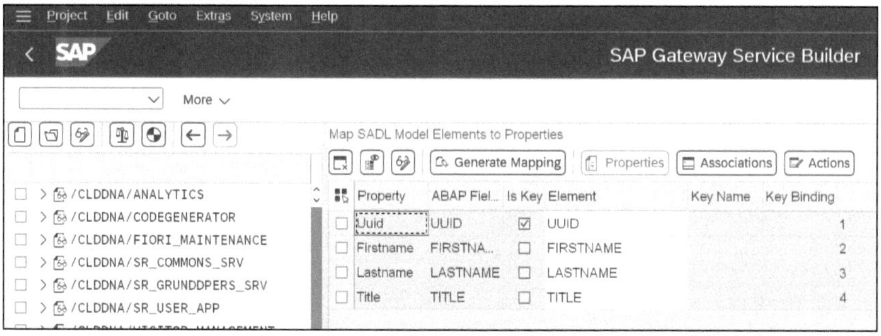

Abbildung 3.22 Ergebnis des Attribut-Mappings

Für jeden OData-Service werden im Hintergrund einige ABAP-Klassen erstellt. Die wichtigsten davon sind die Klassen mit den Erweiterungen _MPC, MPC_EXT, _DPC und _DPC_EXT.

Die *Model-Provider-Klasse* (MPC) und die *Data-Provider-Klasse* (DPC) sind Kernkomponenten bei der Entwicklung von OData-Services im SAP-System. Mit den Erweiterungsklassen MPC_EXT und DPC_EXT können diese Kernkomponenten erweitert werden.

Die MPC-Klasse ist für das Datenmodell verantwortlich und enthält die Definition der Entitäten und ihrer Attribute. Sie definiert auch die Navigationseigenschaften und die Beziehungen zwischen den Entitäten. Die DPC-Klasse hingegen ist für die Bereitstellung der Daten zuständig und enthält Methoden zum Lesen, Erstellen, Aktualisieren und Löschen von Entitäten.

Mit den Erweiterungsklassen MPC_EXT und DPC_EXT können Sie das Verhalten der Klassen MPC und DPC erweitern und anpassen. In einer Erweiterungsklasse können Sie beispielsweise zusätzliche Attribute für eine Entität definieren oder die Standardmethoden der DPC-Klasse außer Kraft setzen, um eine bestimmte Geschäftslogik zu implementieren.

Ihre eigene Implementierung sollte ausschließlich in den _EXT-Klassen erfolgen, da die _DPC- und _MPC-Klassen überschrieben werden, wenn der Service neu generiert wird und jede dort vorhandene Implementierung verloren geht.

Bei der Generierung des OData-Service haben Sie die Möglichkeit, die Namen der Data- und Model-Provider sowie der Service-Registrierungsklasse anzupassen. Diese können individuell nach Ihren Anforderungen benannt werden. Die entsprechenden Felder können in dem entsprechenden Dialogfeld angepasst werden, wie in Abbildung 3.23 dargestellt.

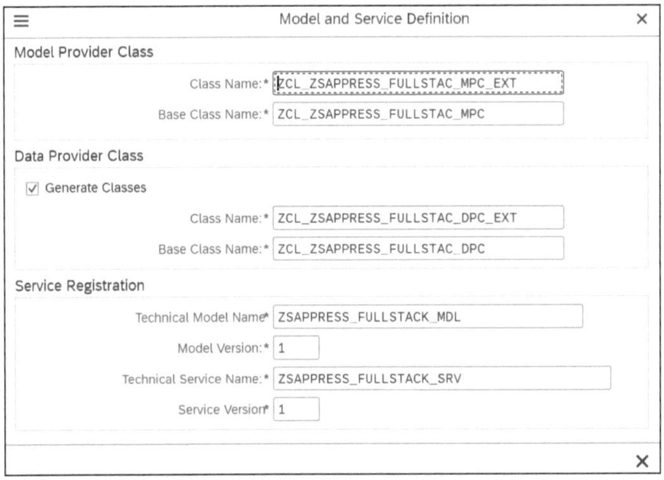

Abbildung 3.23 Service-Erzeugung

Um den erstellten OData-Service nutzen zu können, muss er zunächst im System registriert werden. Starten Sie dazu die Transaktion /IWFND/MAINT_SERVICE, die Ihnen eine Übersicht über alle bereits registrierten Services anzeigt. Um den neuen Service zu registrieren, klicken Sie auf den Button **+ Add Service** (siehe Abbildung 3.24).

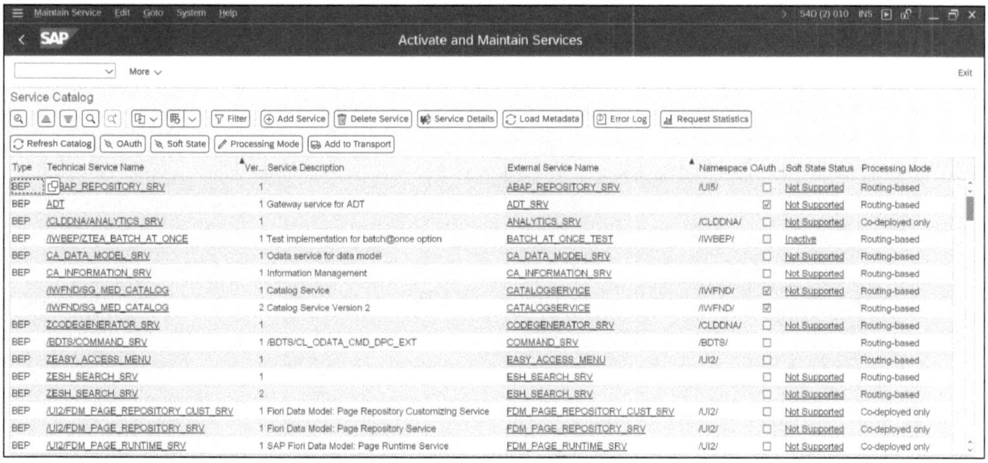

Abbildung 3.24 Service-Maintenance-Übersicht

Geben Sie den vollständigen Namen oder einen Teil davon in das Feld **Technical Service Name** ein und klicken Sie dann, siehe Abbildung 3.25, auf den Button **Get Services**.

Abbildung 3.25 Suche nach OData-Service

Um den OData-Service zu registrieren, müssen Sie ihm ein Paket zuweisen. Wählen Sie dazu im Feld **Package Assignment** das entsprechende Paket aus. Schließen Sie dann den Dialog mit einem Klick auf das Icon [✓], um die Registrierung abzuschließen (siehe Abbildung 3.26).

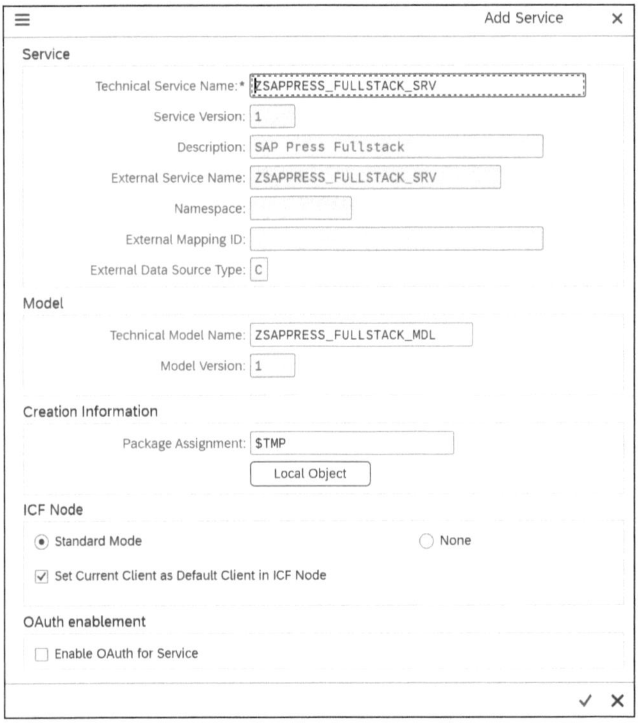

Abbildung 3.26 OData-Service hinzufügen

Der OData-Service wurde erfolgreich registriert und ist nun in der Serviceübersicht zu finden. Sie können den Service direkt aus der Übersicht heraus testen, indem Sie auf den Button **SAP Gateway Client** klicken. Dadurch gelangen Sie zum SAP Gateway Client des Service, wo Sie auf den Service zugreifen und ihn testen können (siehe Abbildung 3.27).

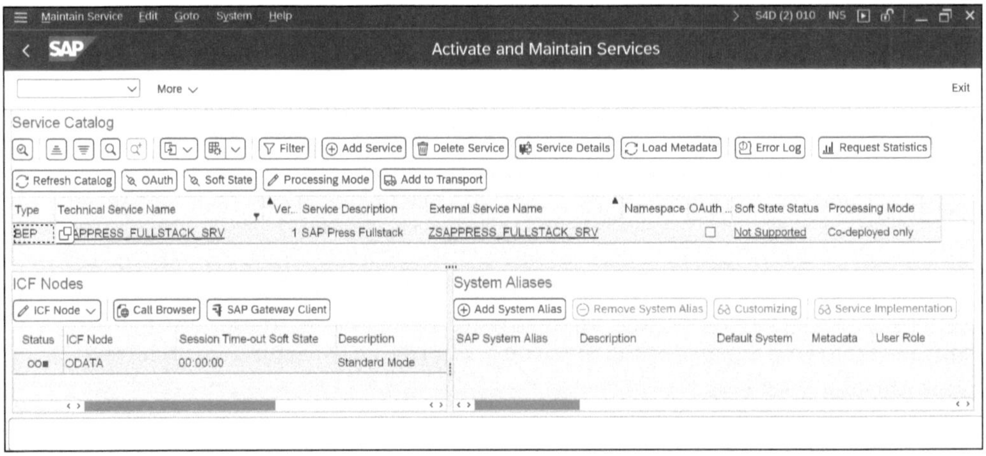

Abbildung 3.27 OData-Service-Registrierung

3.2.2 ABAP RESTful Application Programming Model

Aus Sicht von SAP ist es sinnvoll, die Cloud-Entwicklung auch für ABAP-Entwickler zu ermöglichen. Auf diese Weise kann die neue Technologie mit der Erfahrung der großen ABAP-Entwicklergemeinde kombiniert werden. Vorhandenes Know-how kann auch in der Cloud weiter genutzt werden. Zu diesem Zweck hat SAP das ABAP RESTful Application Programming Model entwickelt. Mit diesem Programmiermodell entwickelte Anwendungen können sowohl in SAP BTP als auch auf SAP-S/4HANA-Systemen on-premise ausgeführt werden. Wie beim SAP Cloud Application Programming Model (CAP) hat SAP damit zwei Fliegen mit einer Klappe geschlagen.

Das ABAP RESTful Application Programming Model hat wenig mit der klassischen ABAP-Entwicklung zu tun. Vielmehr handelt es sich um ein modernes Programmiermodell, das vollständig auf CDS und SAP Fiori basiert. In der Evolution der ABAP-Programmiermodelle stellt das ABAP RESTful Application Programming Model derzeit die letzte Stufe dar. Das klassische ABAP-Programmiermodell, das sich über Jahrzehnte bewährt hatte, wurde 2012 zunächst durch das ABAP-Programmiermodell für SAP Fiori abgelöst. Dessen Nachfolger wiederum ist das ABAP RESTful Application Programming Model. Da dieses Programmiermodell nur in der Cloud und auf SAP S/4HANA ausgeführt werden kann, behalten die Vorgängermodelle für ältere Releases ihre Gültigkeit.

Das ABAP RESTful Application Programming Model hat die Entwicklung von ABAP-Anwendungen auf Basis von OData-Services vereinheitlicht. Es basiert auf drei Säulen, die Ihnen die Entwicklung erleichtern:

- **Werkzeuge**

  Die in die Eclipse-Entwicklungsumgebung integrierten ABAP Development Tools (ADT) können zur Durchführung aller Implementierungsaufgaben verwendet werden. Damit können Sie den Workflow in Entwicklungsprojekten optimieren. Neu eingeführte Entwicklungsartefakte helfen Ihnen, die Entwicklung zu standardisieren. Zu diesen Artefakten gehören CDS-Views, Metadatenerweiterungen und ABAP Managed Database Procedures (AMDP).

- **Programmiersprache**

  Die Programmiersprache ABAP wurde für das ABAP RESTful Application Programming Model angepasst, modernisiert und erweitert. Ziel war es, CDS zu unterstützen und SAP-Cloud-Anwendungserweiterungen zu ermöglichen, ohne die Stabilität des Anwendungskerns zu beeinträchtigen. Befehle, die im Cloud-Kontext nicht sinnvoll sind, können daher mit dem ABAP RESTful Application Programming Model nicht mehr verwendet werden. Sie verwenden typisierte APIs für Standardimplementierungsaufgaben und profitieren von Funktionen wie Autovervollständigung, statischen Codeprüfungen und Elementinformationen.

- **Frameworks**

  Leistungsfähige und moderne Frameworks bilden die dritte wichtige Säule des Programmiermodells. Diese Frameworks, zu denen z. B. das SAP Gateway und das Orchestration Framework gehören, unterstützen Sie bei Standard-Implementierungsaufgaben.

Abbildung 3.28 veranschaulicht die Architektur des ABAP RESTful Application Programming Model. Die unterste Ebene ist die Datenmodellierung auf der Grundlage von Business-Objekten. Die Zwischenebene ist die Bereitstellung von Services in Form von OData-Services. Auf der Ebene der Servicenutzung können SAP-Fiori-Elements-Anwendungen oder API-basierte Webanwendungen verwendet werden. Im Folgenden wird auf die einzelnen Komponenten dieser Architektur näher eingegangen.

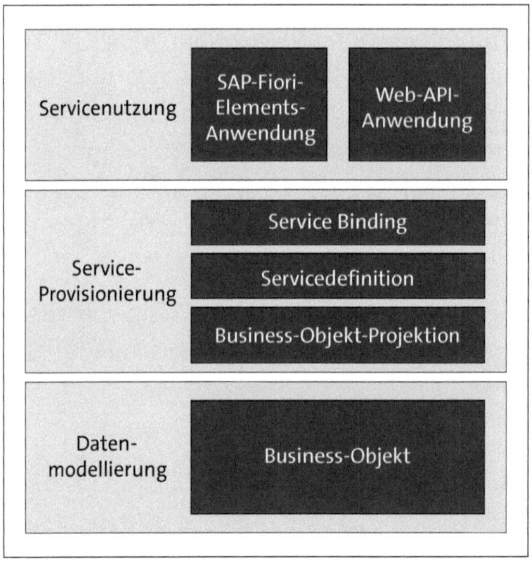

Abbildung 3.28 Architektur des ABAP RESTful Application Programming Model

Ein *Business-Objekt* ist ein gängiges Artefakt in der Entwicklung von Unternehmensanwendungen. Es repräsentiert ein Objekt in der Unternehmenswelt, z. B. einen Auftrag, ein Produkt oder einen Geschäftspartner. Strukturell besteht ein Business-Objekt aus einem hierarchischen Baum, der aus mehreren Knoten besteht. Eine Bestellung enthält z. B. mehrere Bestellpositionen, die wiederum aus mehreren Produkten zusammengesetzt sind. Die Knoten dieser Struktur sind durch eine spezielle Art von Assoziation verbunden, die als *Komposition* bezeichnet wird. Jeder Knoten dieses Kompositionsbaums wird als CDS-Entität modelliert. Die Wurzelentität repräsentiert das Business-Objekt nach außen hin. Sie stellt den obersten Knoten innerhalb der Hierarchie dar.

Für jedes Business-Objekt kann ein Verhalten (engl. *Behavior*) definiert werden. Damit werden die Operationen und Feldeigenschaften eines einzelnen Business-Objekts definiert. Eine *Verhaltensdefinition* enthält somit Verhaltensmerkmale und eine Reihe von Operationen für jede Entität entlang des Kompositionsbaums eines Business-Objekts. Das Verhalten wird mithilfe der *Behavior Definition Language* (BDL) modelliert.

Das Business-Objekt ist grundsätzlich serviceunabhängig. Das bedeutet, dass es unabhängig von jeder OData-Service-Schicht erstellt wird. Das Business-Objekt umfasst daher den maximalen Funktionsumfang, der von einem bestimmten OData-Service genutzt werden kann, der dieses Business-Objekt bereitstellt, d. h. projiziert.

Die *Projektionsschicht* ist die erste servicespezifische Schicht, die während des Entwicklungsprojekts erstellt wird. Mit der Projektion des Business-Objekts definieren Sie das reale Verhalten eines Business-Objekts in einem OData-Service. Diese Zwischenschicht gibt Ihnen viel Flexibilität, wie Sie das Business-Objekt in verschiedenen OData-Services verwenden können. So kann das zugrunde liegende Business-Objekt beispielsweise erweitert werden, ohne dass bestehende OData-Services davon betroffen sind.

Die Projektion wird mithilfe eines CDS-Views erstellt. In der Regel werden dafür Interface- und Consumption-Views verwendet. Ein Interface-View sieht aus wie eine direkte Projektion auf eine zugrunde liegende Datenbanktabelle. Er enthält keine Annotationen aus dem UI-Vokabular. Listing 3.6 zeigt ein Beispiel für einen Interface-View aus einer unserer Demo-Anwendungen.

```
@AbapCatalog.sqlViewName: 'ZMOXIS_DEMO_CDSS'
@AbapCatalog.compiler.compareFilter: true
@AbapCatalog.preserveKey: true
@AccessControl.authorizationCheck: #CHECK
@EndUserText.label: 'Moxis Demo'
@Metadata.allowExtensions: true
define view ZI_MOXIS_DEMO_CDS as select from /moxis/doc {
  key guid as Guid,t,
  order_text as OrderText,
  moxis_job_descr as MoxisJobDescr,
  moxis_order_id as MoxisOrderId,
  created_by as CreatedBy,
  created_date as CreatedDate,
  moxis_job_status as MoxisJobStatus,
  document_name as DocumentName
}
```

Listing 3.6 CDS-Projektion mit einem Interface-View

Ein Consumption-View basiert auf mehreren Interface-Views. Er enthält Annotationen aus dem UI-Vokabular und ist für die Verwendung in einer bestimmten SAP-Fiori-Anwendung vorgesehen. Listing 3.7 zeigt ein Beispiel für einen Consumption-View.

```
@AbapCatalog.sqlViewName: 'ZC_MOXIS_DEMO'
@AbapCatalog.compiler.compareFilter: true
@AbapCatalog.preserveKey: true
@AccessControl.authorizationCheck: #CHECK
@EndUserText.label: 'Moxis Demo Consumption View'
define view ZC_MOXIS_DEMO_CDS as select from ZI_MOXIS_DEMO_CDS {

    @UI.hidden: true
    key Guid,

    @UI.lineItem: [{position:10, importance: #HIGH,
                   label: 'Job Beschreibung'}]
    OrderText,

    @UI.selectionField: [{position:20}]
    @UI.lineItem: [{position:20, importance: #MEDIUM,
                   label: 'Moxis Status'}]
    MoxisJobStatus,

    @UI.selectionField: [{position:40}]
    @UI.lineItem: [{position:20, importance: #MEDIUM,
                   label: 'Erstellt am'}]
    CreatedDate,

    @UI.selectionField: [{position:30}]
    @UI.lineItem: [{position:30, importance: #HIGH,
                   label: 'Erstellt von'}]
    CreatedBy
}
```

Listing 3.7 Consumption-View mit verschiedenen UI-Annotationen

Die Business-Service-Schicht basiert auf diesen CDS-Views. Die Servicedefinition beschreibt, welche CDS-Entitäten eines Datenmodells offengelegt werden sollen, damit eine bestimmte Geschäftsanforderung umgesetzt werden kann. Die *Servicedefinition* ist ein ABAP-Repository-Objekt, das die konsumentenspezifische Sicht auf ein Datenmodell beschreibt. Die Servicedefinition ist protokollunabhängig, d. h., sie ist nicht abhängig von der Version oder dem Typ des verwendeten Protokolls. Ein Beispiel für eine Servicedefinition finden Sie in Listing 3.8.

```
@EndUserText.label: 'Moxis Demo'
define service ZMOXIS_UI_DEMO {
  expose ZC_MOXIS_DEMO_CDS;
}
```

Listing 3.8 Servicedefinition

Das *Service-Binding* ist ein weiteres ABAP-Repository-Objekt, das dazu dient, die Servicedefinition an ein Client-Server-Kommunikationsprotokoll zu binden. Im SAP-Kontext ist das Kommunikationsprotokoll normalerweise OData. Wie jedes andere ABAP-Repository-Objekt nutzt auch das Service-Binding die bewährte Infrastruktur der ABAP Workbench, einschließlich der Transportfunktionalität. Das Service-Binding wird mithilfe der ADT erstellt. In der Form des Bindungstyps geben Sie an, welche OData-Version und welcher Consumption Type für die Bereitstellung eines Service verwendet werden soll (siehe Abbildung 3.29). Derzeit werden OData V2 und V4 unterstützt.

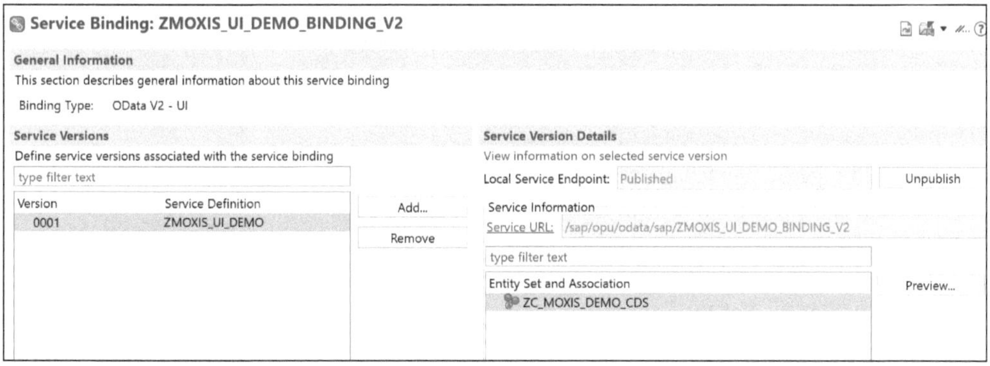

Abbildung 3.29 Service-Binding in ABAP Development Tools erstellen

Die OData-Services werden entweder als UI-Services für die Nutzung in SAP-Fiori-Anwendungen oder als Web-APIs für die Nutzung in jedem OData-Client bereitgestellt. Jede Frontend-Konfiguration, die in Form von Annotationen aus dem UI-Vokabular im Backend vorgenommen wird, ist in den Metadaten des OData-Service enthalten.

Eine SAP-Fiori-Elements-Anwendung liest die Metadateninformationen, interpretiert sie und leitet daraus die entsprechenden Benutzeroberflächen ab. Die Metadaten eines OData-Service, der als Web-API bereitgestellt wird, enthalten keine benutzeroberflächenspezifischen Informationen.

Um die Annotationen zu testen, die Sie im Consumption-View definiert haben, können Sie eine Vorschau im Standardbrowser Ihres Betriebssystems starten, wenn Sie das Service Binding in den ADT erstellen. Klicken Sie dazu auf den Button **Preview**. Die Datenvorschau für das in diesem Abschnitt vorgestellte Beispiel sehen Sie in Abbildung 3.30.

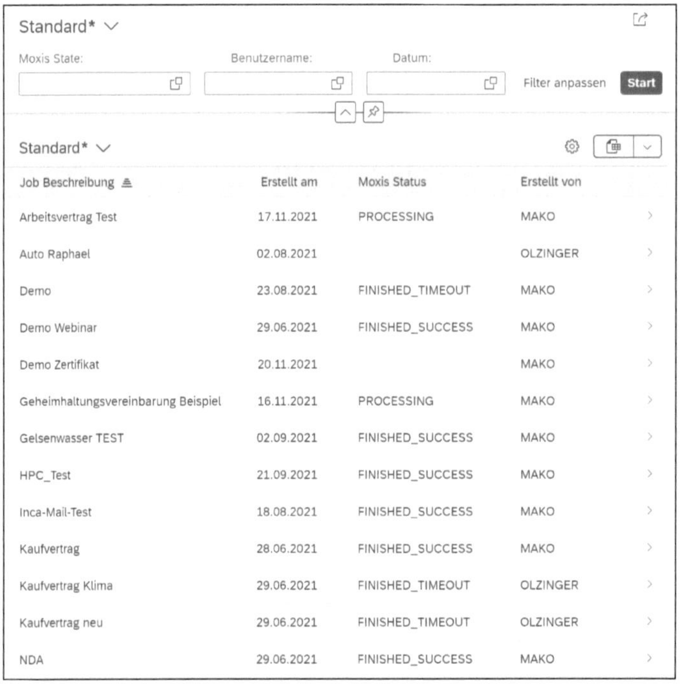

Abbildung 3.30 Vorschau der Benutzeroberfläche der SAP-Fiori-Elements-Anwendung in den ABAP-Entwicklungswerkzeugen

3.3 OData testen

Sobald Sie einen OData-Service entwickelt haben, ist das Testen des Service unerlässlich, um die Funktionalität und die Erfüllung der Anforderungen sicherzustellen. Es gibt viele Möglichkeiten, einen OData-Service zu testen, und zwei beliebte Optionen sind der *SAP Gateway Client* und *Postman*.

In Abschnitt 3.3.2 wird der SAP Gateway Client vorgestellt. Der SAP Gateway Client ist ein nützliches, in das SAP-System integriertes Tool, mit dem Entwickler OData-Services testen und debuggen können. Er bietet eine einfache Benutzeroberfläche, mit der Sie Anfragen an den Service senden, die Antwort anzeigen und den Anfrage- und Antwortverlauf überwachen können.

In Abschnitt 3.3.3 stellen wir Ihnen Postman vor. Postman ist ein weiteres beliebtes Tool zum Testen von OData-Services. Es handelt sich um eine browserbasierte Anwendung, mit der Entwickler HTTP-Anfragen senden und die Antworten überwachen können. Es bietet eine einfach zu bedienende Oberfläche und eine Vielzahl von Funktionen, die für die Entwicklung von OData-Services nützlich sind.

Zunächst werden wir jedoch eine mögliche Teststrategie erörtern, die Sie mit beiden Testtools verwenden können.

3.3.1 Teststrategie

Um eine umfassende Testabdeckung von OData-Services zu gewährleisten, wird ein strukturierter Ansatz empfohlen. Im Folgenden wird eine mögliche Teststrategie vorgestellt, die auf einer gründlichen Analyse der Anforderungen und des Funktionsumfangs des Service basiert. Verschiedene Werkzeuge werden eingesetzt, um die Testfälle automatisiert auszuführen und die Ergebnisse zuverlässig zu dokumentieren.

- **Analyse der Anforderungen und des Funktionsumfangs des OData-Service**

  Bevor mit dem Test des OData-Service begonnen wird, empfiehlt es sich, eine gründliche Analyse der Anforderungen und des Funktionsumfangs des Diensts durchzuführen. Insbesondere sollten die erwarteten Inputs und Outputs des Service sowie die unterstützten Funktionen wie das Lesen, Erstellen, Ändern und Löschen von Entitäten untersucht werden. Eine sorgfältige Analyse der Anforderungen kann sicherstellen, dass alle relevanten Funktionen des Service getestet und mögliche Fehlerquellen frühzeitig erkannt werden. Mögliche Rand- und Fehlerfälle sollten ebenfalls berücksichtigt werden, um eine möglichst umfassende Testabdeckung zu gewährleisten.

- **Erstellung von Testfällen**

  Zu einer guten Teststrategie für OData-Services gehört die Erstellung von Testfällen, die die Funktionalitäten des Service auf Herz und Nieren prüfen. Dazu sollten zunächst die Anforderungen und der Funktionsumfang des Service detailliert analysiert werden, um die erwarteten Inputs und Outputs sowie die unterstützten Funktionen wie das Lesen, Erstellen, Ändern und Löschen von Entitäten zu verstehen.

  Auf der Grundlage dieser Analyse können nun Testfälle entwickelt werden, um eine breite Abdeckung der verschiedenen Funktionalitäten und Anwendungsfälle des Service sicherzustellen. Es sollten sowohl positive als auch negative Testfälle berücksichtigt werden, um sicherzustellen, dass der Service in allen Szenarien korrekt funktioniert. Positive Testfälle prüfen, ob der Service wie erwartet funktioniert und die richtigen Ergebnisse liefert. Negative Testfälle hingegen prüfen, wie der Service auf unerwartete Eingaben oder Fehlfunktionen reagiert.

  Bei der Erstellung von Testfällen sollten auch mögliche Fehler- und Ausnahmesituationen berücksichtigt werden. Dabei wird geprüft, wie der Service auf unerwartete Ereignisse wie Netzwerkprobleme, Systemausfälle oder unerwartete

Eingaben reagiert. Es sollte auch geprüft werden, ob der Service korrekte Fehlermeldungen und Statuscodes zurückgibt und ob die entsprechenden Fehlerbehandlungsroutinen korrekt implementiert sind. Um den Testprozess für OData-Services zu strukturieren und zu optimieren, empfehlen wir ein gezieltes Vorgehen. Zu diesem Zweck schlagen wir folgende Schritte vor:

- **Verstehen Sie die Anforderungen.**
  Bevor Sie mit der Erstellung von Testfällen beginnen, stellen Sie sicher, dass Sie die Anforderungen an den OData-Service vollständig verstehen. Lesen Sie die Dokumentation des Service und sprechen Sie gegebenenfalls mit dem Entwickler oder Produktmanager, um Fragen zu klären.
- **Identifizieren Sie die Kernfunktionen.**
  Bestimmen Sie die Kernfunktionen des OData-Service, einschließlich der CRUD-Operationen und der verschiedenen Abfrageoptionen, die unterstützt werden. Achten Sie darauf, dass Sie alle Funktionen berücksichtigen, die der Service bietet.
- **Definieren Sie Testdaten.**
  Definieren Sie eine Liste von Testdaten, die alle möglichen Szenarien abdeckt, einschließlich positiver und negativer Testfälle. Stellen Sie sicher, dass alle Eingabedaten korrekt formatiert sind und alle erforderlichen Felder enthalten.
- **Entwickeln Sie Testfälle.**
  Auf der Grundlage der identifizierten Kernfunktionen und Testdaten sollten Sie nun spezifische Testfälle entwickeln. Jeder Testfall sollte einen klaren Zweck haben und die erwarteten Ergebnisse beschreiben.
- **Organisieren Sie die Testfälle.**
  Organisieren Sie die Testfälle nach Funktionsbereichen oder nach Priorität, um sicherzustellen, dass Sie alle wichtigen Tests durchführen. Sie können auch bestimmte Testfälle als kritisch markieren, um sicherzustellen, dass sie vorrangig behandelt werden.

- **Auswahl der Testwerkzeuge**

  Beim Testen von OData-Services stehen verschiedene Werkzeuge zur Verfügung, um die Anfragen an den Service zu erstellen und die Antworten zu überprüfen. Eine Möglichkeit ist der SAP Gateway Client, der eine integrierte Testumgebung für OData-Services bietet und häufig in der SAP-Umgebung eingesetzt wird. Ein weiteres beliebtes Tool ist Postman, eine plattformübergreifende Anwendung, die es ermöglicht, HTTP-Anfragen an den OData-Service zu senden und die Antworten zu verarbeiten.

  Die Entscheidung für ein bestimmtes Tool hängt von mehreren Faktoren ab, wie der verfügbaren Infrastruktur und den spezifischen Anforderungen des Tests.

Wenn z. B. ein SAP-System bereits im Einsatz ist, kann der SAP Gateway Client eine praktische Wahl sein, da er bereits in das System integriert ist und eine enge Integration mit SAP-Systemen bietet. Wenn der Service jedoch nicht in einer SAP-Umgebung eingesetzt wird oder eine plattformübergreifende Lösung bevorzugt wird, kann Postman eine gute Wahl sein.

Unabhängig vom verwendeten Tool ist es wichtig, dass es verschiedene HTTP-Methoden wie `GET`, `POST`, `PUT` und `DELETE` unterstützt, da dies die üblichen Methoden für den Zugriff auf OData-Services sind. Darüber hinaus sollten die Tools die Möglichkeit bieten, die verschiedenen Abfrageoptionen zum Filtern, Sortieren oder Paginieren der Abfragen zu verwenden, sowie die Fähigkeit haben, JSON- und XML-Formate zu verarbeiten.

Insgesamt ist es wichtig, dass das Werkzeug den Testprozess erleichtert und eine effiziente Überprüfung der Funktionalität des OData-Service ermöglicht.

- **Durchführung der Tests**

  Bei der Durchführung der Tests sollten alle definierten Testfälle systematisch abgearbeitet werden. Die positiven Testfälle sollten zuerst ausgeführt werden, um sicherzustellen, dass der Service wie erwartet funktioniert. Anschließend können die negativen Testfälle und Tests für Fehler- und Ausnahmesituationen durchgeführt werden, um die Robustheit und Fehlerbehandlung des Service zu überprüfen.

  Während der Durchführung der Tests sollten alle relevanten Testergebnisse dokumentiert werden, einschließlich der erwarteten und tatsächlichen Ergebnisse sowie der verwendeten Testdaten und -werkzeuge. Eine Möglichkeit hierfür ist der Einsatz von Testmanagement-Tools wie SAP Cloud ALM oder Jira, die speziell für das Testmanagement entwickelt wurden und eine strukturierte Erfassung und Auswertung der Testergebnisse ermöglichen.

- **Analyse der Testergebnisse**

  Um die Ergebnisse der Tests effektiv zu dokumentieren, kann eine Testdokumentation erstellt werden, die die Durchführung, die Ergebnisse und eventuelle Abweichungen festhält. Darin sollten alle Testfälle sowie deren Ausführungsergebnisse aufgeführt werden. Es kann auch hilfreich sein, Screenshots oder Protokolle der Testsitzungen anzufertigen, um etwaige Fehler oder Abweichungen besser nachvollziehen zu können.

  Die Ergebnisse der Tests sollten dann ausgewertet und analysiert werden, um etwaige Fehler oder Schwachstellen im Service zu ermitteln. Es kann sinnvoll sein, die Fehler und Abweichungen nach ihrem Schweregrad und ihrer Dringlichkeit zu priorisieren, damit anschließend gezielte Maßnahmen zur Behebung der Probleme ergriffen werden können. Darüber hinaus können die Ergebnisse genutzt werden, um den Service kontinuierlich zu verbessern und zu optimieren.

Die regelmäßige Durchführung von Tests und die Analyse der Testergebnisse kann dazu beitragen, die Qualität des OData-Service kontinuierlich zu verbessern und eine hohe Nutzerzufriedenheit zu gewährleisten.

Insgesamt ist eine sorgfältige und umfassende Teststrategie für OData-Services unerlässlich, um sicherzustellen, dass der Service in allen Szenarien korrekt und zuverlässig funktioniert. Diese sollte eine detaillierte Analyse der Anforderungen und des Funktionsumfangs des Service, die Entwicklung und Durchführung von Testfällen sowie die Dokumentation und Auswertung der Ergebnisse beinhalten. Im Folgenden werden wir verschiedene Testwerkzeuge näher betrachten.

3.3.2 Testen von OData-Services mit SAP Gateway Client

Im SAP-Kontext ist es naheliegend, ein Werkzeug zur Verfügung zu haben, das in die SAP-Umgebung integriert ist und somit eine nahtlose Interaktion ermöglicht. Genau hier setzt der SAP Gateway Client an, der von SAP zum Testen und Debuggen von OData-Services bereitgestellt wird. Er ist ein Teil des SAP-Gateway-Systems, der es den Anwendern ermöglicht, die Kommunikation mit dem Service zu überwachen und die Daten auf benutzerfreundliche Weise zu visualisieren.

Der SAP Gateway Client ist äußerst flexibel und unterstützt alle OData-Versionen, einschließlich der RESTful- und klassischen ABAP-Services. Er bietet eine einfache Möglichkeit, Anfragen an den Service zu senden und die Antwort in verschiedenen Formaten wie JSON oder XML zu erhalten. Darüber hinaus können Entitäten und Navigationsattribute in einer hierarchischen Struktur angezeigt werden, was die Verarbeitung der Daten erleichtert.

Um den SAP Gateway Client zu nutzen, ist lediglich der Aufruf der Transaktion /IWFND/GW_CLIENT erforderlich. Nach deren Start können Sie direkt mit dem Testen beginnen. Im Folgenden wird Schritt für Schritt der Testablauf beschrieben, beginnend mit dem Anlegen einer Entität, dem Lesen aller Entitäten, dem Lesen mit einem Filter, dem Lesen einer einzelnen Entität über den Schlüssel, dem Aktualisieren und dem anschließenden Löschen dieser Entität.

Da der SAP Gateway Client im selben SAP-System läuft wie der zu testende OData-Service, ist keine separate Authentifizierung des Benutzers erforderlich. Der aktuell eingeloggte Benutzer wird automatisch für die Tests verwendet.

Entität anlegen (Create)

Um eine neue Entität anzulegen, müssen Sie zunächst das entsprechende Entity-Set im Feld **Request URI** angeben. Wählen Sie dann die **HTTP Method: POST** und fügen Sie den gewünschten Payload in das Feld **HTTP Request** ein. Klicken Sie anschließend auf den Button **Execute**, um die Entität zu erstellen (siehe Abbildung 3.31).

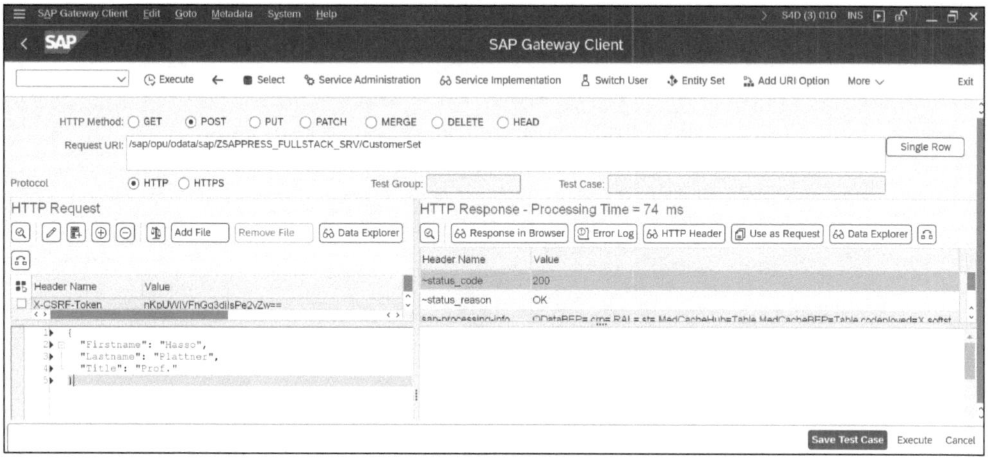

Abbildung 3.31 Entität erstellen

Nachdem Sie die Anfrage gesendet haben, erhalten Sie im Idealfall eine Antwort mit dem HTTP-Statuscode 201 (**Created**). In der HTTP-Antwort sollten Sie die erstellte Entität sehen können (siehe Abbildung 3.32).

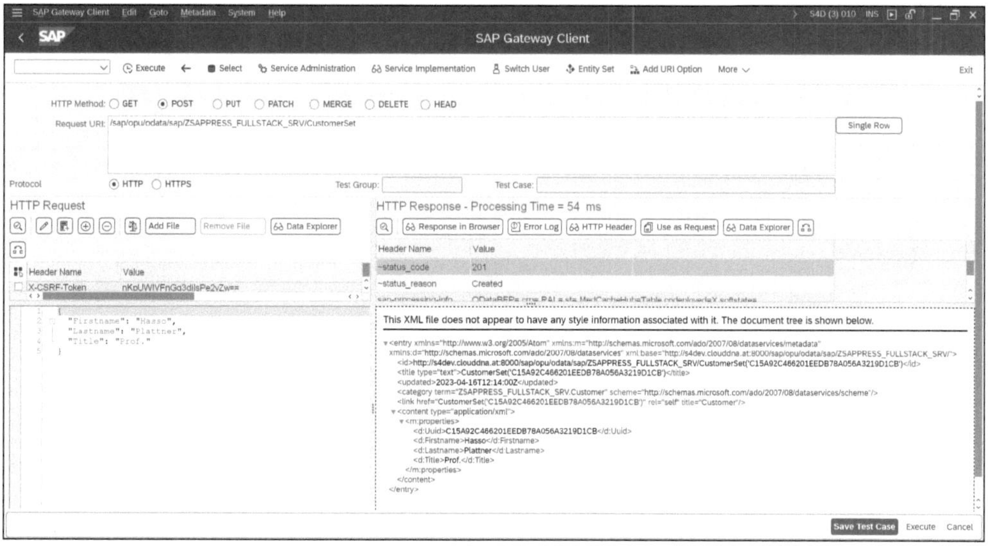

Abbildung 3.32 Antwort für Entitätserstellung

Entitäten abfragen (Query)

Um Entitäten zu lesen, können Sie eine Query verwenden. Wählen Sie dazu die **HTTP Method: GET** und geben Sie einfach den Namen des Entity-Sets im Feld **Request URI** an (siehe Abbildung 3.33). Klicken Sie dann auf **Execute**. Die Ergebnisse werden im XML-Format ausgegeben. Dieser Aufruf entspricht der Query in CRUDQ.

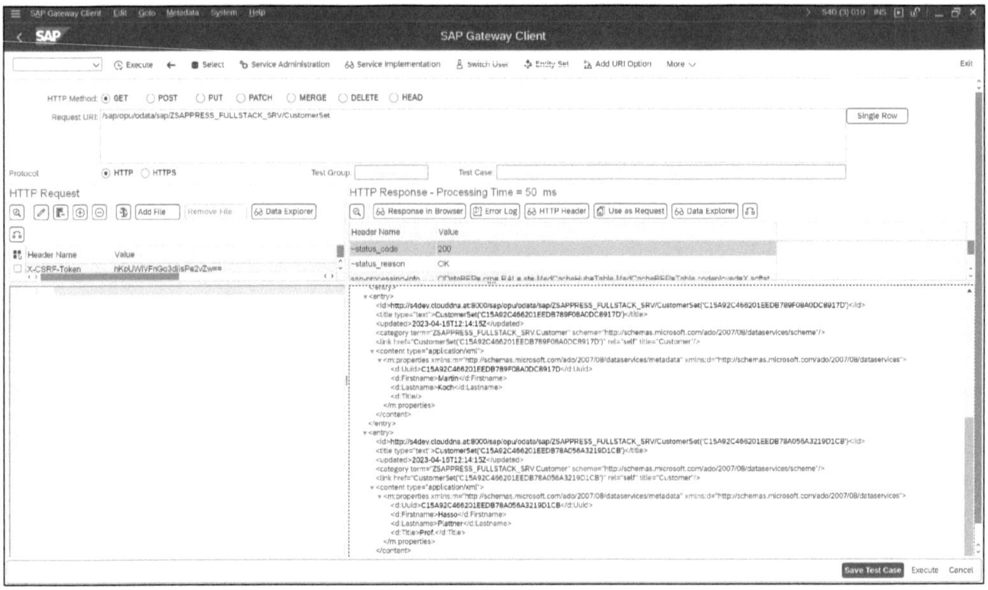

Abbildung 3.33 Abfrage aller Entitäten

Nachdem das Entity-Set einem CDS-View zugewiesen wurde, sind Filteroptionen für alle Felder verfügbar. Zum Beispiel können Sie, wie in Abbildung 3.34 gezeigt, nach allen Entitäten suchen, bei denen das Attribut **Firstname** den Wert **Martin** hat.

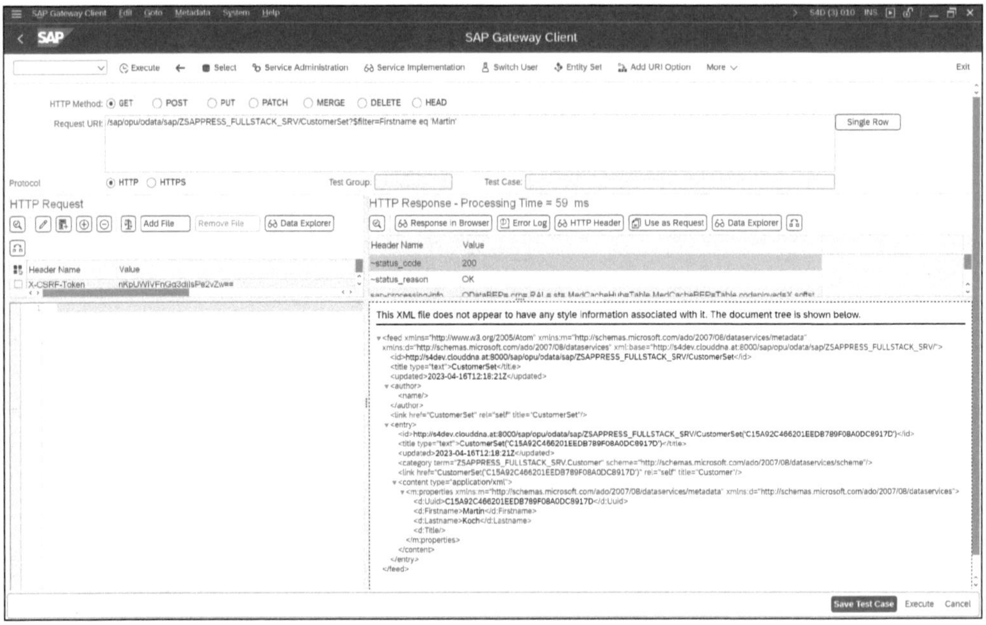

Abbildung 3.34 Abfrage von Entitäten mit einem Filter

Auch hier müssen Sie **HTTP Method: GET** wählen. Mit einem Klick auf **Execute** wird die Anfrage erneut abgeschickt. Als Ergebnis sehen Sie eine Liste mit 0 bis n Einträgen, die der Query mit Filteroptionen im CRUDQ entsprechen.

Entität lesen (Read)

Eine Möglichkeit, eine bestimmte Entität zu lesen, besteht darin, den entsprechenden Schlüssel zu kennen und ihn im Feld **Request URI** anzugeben. Wählen Sie dann die **HTTP Method: GET** und klicken Sie auf **Execute**, um die Anfrage zu senden. Sie erhalten genau einen Eintrag zurück, der dem Read in CRUDQ entspricht, wie in Abbildung 3.35 dargestellt.

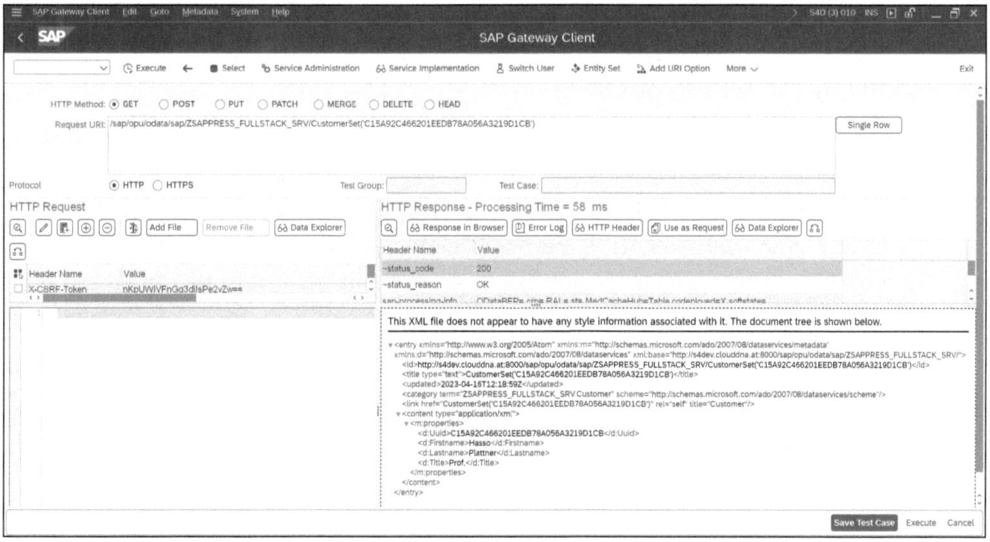

Abbildung 3.35 Entität lesen

Entität aktualisieren (Update)

Um eine bestehende Entität zu aktualisieren, muss die entsprechende ID bekannt sein. Dann kann **HTTP Method: PUT** ausgewählt und die **Request URI** mit der ID der Entität angegeben werden, wie in Abbildung 3.36 gezeigt. Bei der ID handelt es sich um alle Schlüsselfelder, über die die Entität eindeutig identifiziert werden kann. Im Feld **HTTP Request** kann der zu aktualisierende Payload im JSON-Format eingegeben werden. Mit einem Klick auf **Execute** wird der Aktualisierungsprozess ausgeführt. Bei Erfolg wird eine Antwort mit Statuscode 204 zurückgegeben, was einem Update in CRUDQ entspricht.

Abbildung 3.36 Entität aktualisieren

Entität löschen (Delete)

Um eine Entität in einer Anwendung zu löschen, müssen Sie die ID der Entität kennen. Sie können dann die **HTTP Method: Delete** wählen und die Entitäts-ID in der **Request-URI** angeben, wie in Abbildung 3.37 gezeigt. Ein Payload ist hier nicht erforderlich. Mit einem Klick auf **Execute** wird die Anfrage gesendet. Im Erfolgsfall erhalten Sie eine Antwort mit dem Statuscode 204, der in CRUDQ dem Delete entspricht.

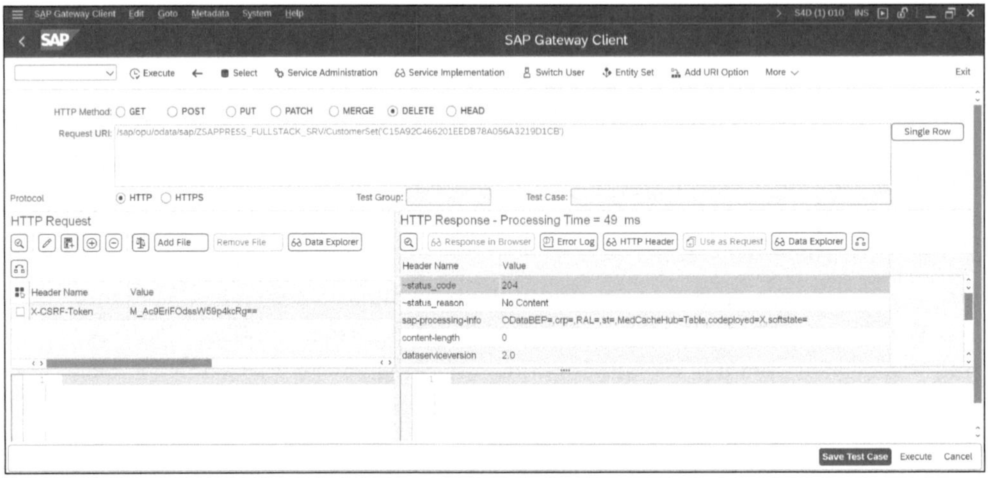

Abbildung 3.37 Entität löschen

3.3.3 Testen von OData-Services mit dem Postman-REST-Client

Für das Testen von OData-Services im Postman-REST-Client sind viele Schritte identisch mit denen des SAP Gateway Client. Es ist jedoch wichtig, gültige Benutzeranmeldeinformationen zu verwenden. Postman kann von der Website *https://www.postman.com/* heruntergeladen werden. Alternativ dazu ist auch eine Onlineversion von Postman verfügbar.

Erste Schritte

In Postman ist es am besten, mit Collections zu arbeiten. Eine Postman-Collection ist eine Gruppe von API-Anfragen und Testskripten, die in der Postman-App gespeichert werden können. Innerhalb einer Collection können mehrere Anfragen für einen bestimmten Service oder Endpunkt gruppiert werden. Durch die Definition von Tests und Skripten innerhalb der Sammlung können API-Endpunkte getestet und automatisierte Tests durchgeführt werden. Eine Sammlung kann auch für andere Entwickler oder Teammitglieder freigegeben werden, um eine einheitliche Nutzung der API zu gewährleisten.

Um eine Collection zu erstellen, klicken Sie im Seitenmenü auf die Registerkarte **Collections** und dann auf **+**. Vergeben Sie einen **Namen** und wählen Sie die Authentifizierungsart **Basic Auth** auf der Registerkarte **Authorization**. Geben Sie einen SAP-Benutzernamen in das Feld **Username** und das entsprechende Kennwort in das Feld **Password** ein. Diese Authentifizierung ist für alle Anfragen innerhalb der Collection verfügbar (siehe Abbildung 3.38).

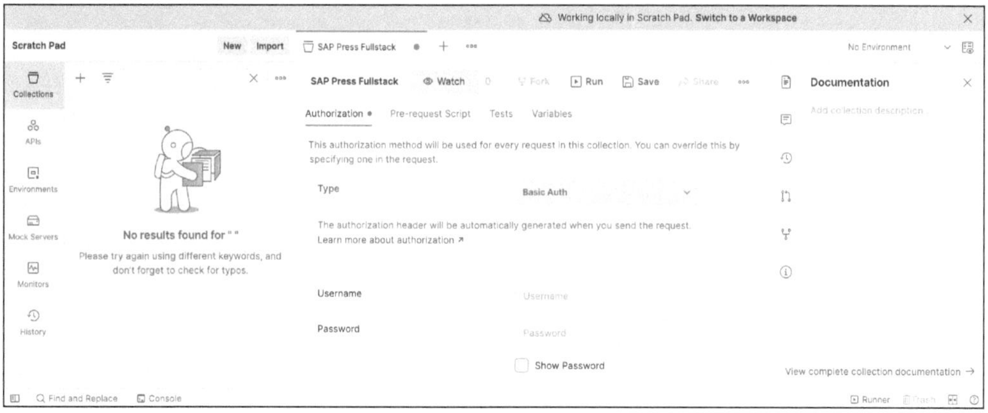

Abbildung 3.38 Postman Collection mit Authentifizierung erstellen

Um einer Postman Collection hinzuzufügen, öffnen Sie die Collection und klicken im Kontextmenü auf **Add request**, wie in Abbildung 3.39 gezeigt. Anschließend können Sie die Anfrage konfigurieren und speichern.

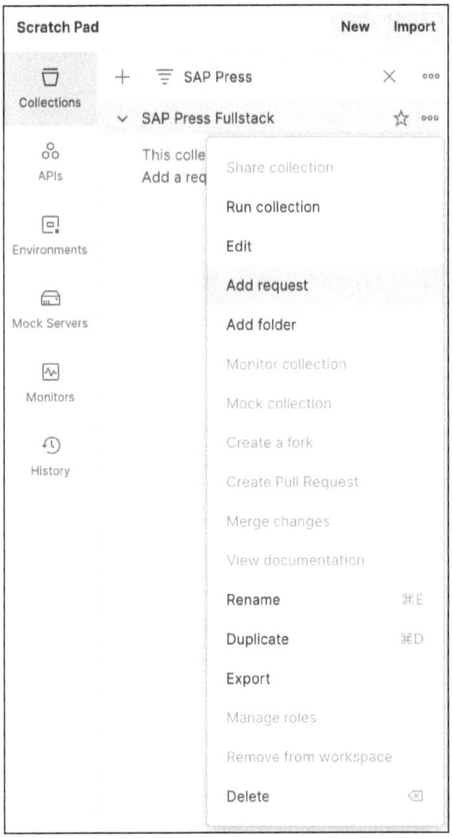

Abbildung 3.39 Anfrage zur Collection hinzufügen

Im ersten Schritt erstellen wir einen Head-Request, was ein wesentlicher Unterschied zum Testen im SAP Gateway Client ist. Dies ist notwendig, da für Anfragen, die Daten manipulieren, d. h. POST, PUT und DELETE, zuvor ein CSRF-Token angefordert werden muss, das als HTTP-Header mit der jeweiligen Anfrage gesendet wird. An dieser Stelle arbeiten wir auch mit einer Variablen namens **{{BASE_URL}}**, die das Protokoll, den Hostnamen und den Port des SAP-Systems enthält. Danach fügen Sie den Pfad der gewünschten Entität ein. Er wird auf der Ebene der Sammlung definiert. Erstellen Sie einen Request-Header namens **X-CSRF-Token** mit dem Wert **Fetch**, wie in Abbildung 3.40 gezeigt, und klicken Sie auf **Send**. Nach dem Senden der Anforderung erhalten Sie als Antwort einen Header namens **X-CSRF-Token**. Kopieren Sie den darin enthaltenen Wert zur späteren Verwendung in die Zwischenablage.

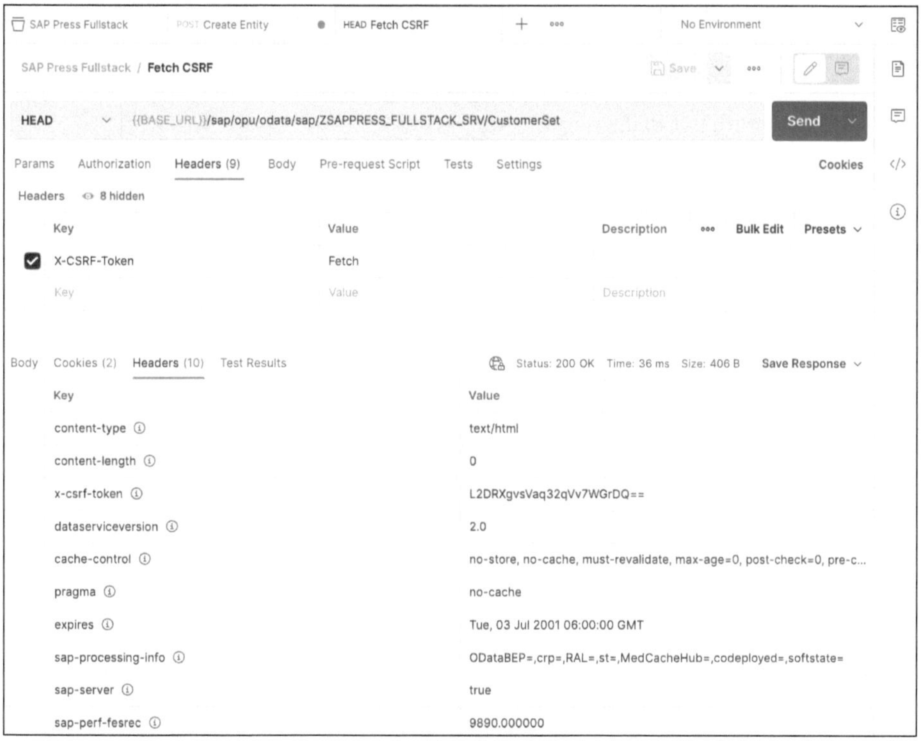

Abbildung 3.40 HEAD-Request zum Abrufen des CSRF-Tokens

Entität anlegen (Create)

Das Anlegen einer Entität in Postman ähnelt dem Anlegen einer Entität im SAP Gateway Client, aber es gibt einen Unterschied bezüglich des CSRF-Tokens. Wählen Sie die HTTP-Methode **POST** und geben Sie die URL der Entität ein. Fügen Sie auf der Registerkarte **Headers** einen Header namens **X-CSRF-Token** hinzu und geben Sie das zuvor kopierte CSRF-Token ein (siehe Abbildung 3.41).

Abbildung 3.41 CSRF-Token-Response

Im nächsten Schritt öffnen Sie die Registerkarte **Body** und wählen die Option **raw**. Hier können Sie den gewünschten Payload im JSON-Format einfügen (siehe Abbildung 3.42). Um die Anfrage zu senden, klicken Sie einfach auf **Send**. Dieser Aufruf entspricht dem Create in CRUDQ.

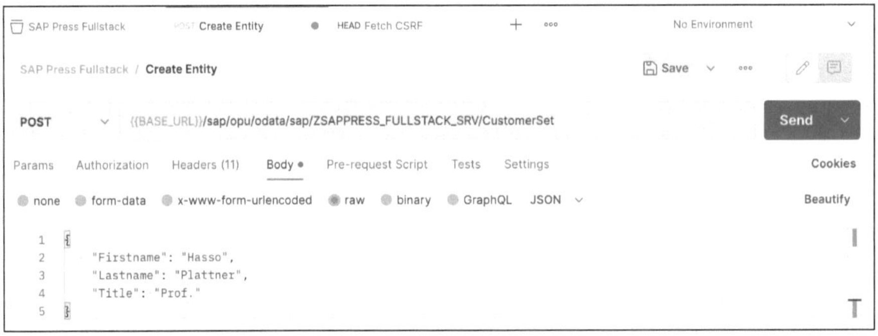

Abbildung 3.42 POST-Anfrage senden

Nachdem Sie eine Entität mit der HTTP-POST-Anforderung erfolgreich erstellt haben, erhalten Sie als Antwort den HTTP-Statuscode **201**, was bedeutet, dass die Anforderung erfolgreich war und eine neue Ressource erstellt wurde. Der Payload in der Antwort enthält alle relevanten Informationen über die neu erstellte Entität, wie z. B. den Schlüssel und die Attribute. Eine Beispieldarstellung der Antwort ist in Abbildung 3.43 zu sehen.

Abbildung 3.43 Antwort der POST-Request

Entität abfragen (Query)

Um Entitäten zu lesen, können Sie eine Abfrage verwenden. Wählen Sie dazu die HTTP-Methode **GET** und geben Sie einfach den Namen des Entity-Sets im Feld **Request URI** an (siehe Abbildung 3.44) und klicken Sie dann auf **Send**.

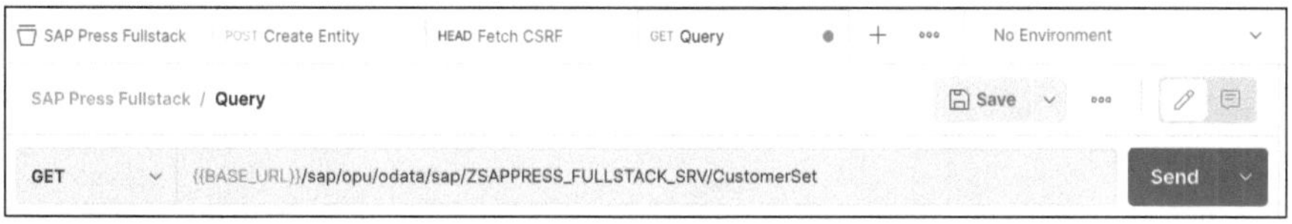

Abbildung 3.44 Query-(GET-)Anfrage senden

Die Ergebnisse werden im XML-Format ausgegeben (siehe Abbildung 3.45). Dieser Aufruf entspricht der Query in CRUDQ.

Abbildung 3.45 Antwort auf die Query

Entität lesen (Read)

Eine Möglichkeit, eine bestimmte Entität zu lesen, besteht darin, den entsprechenden Schlüssel zu kennen und ihn im Feld **Request URI** anzugeben. Wählen Sie dann die HTTP-Methode **GET** und klicken Sie auf **Send**, um die Anfrage zu senden (siehe Abbildung 3.46).

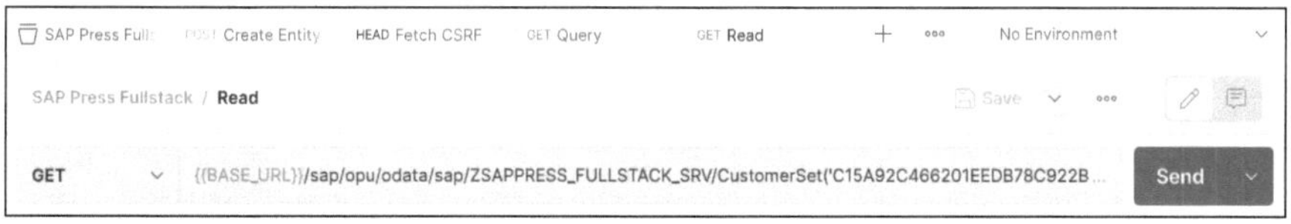

Abbildung 3.46 Anfrage zum Lesen einer Entität

Sie erhalten dann genau einen Eintrag zurück, der dem Read in CRUDQ entspricht, wie in Abbildung 3.47 dargestellt.

Abbildung 3.47 Antwort auf die Leseanfrage

Entität aktualisieren (Update)

Um eine bestehende Entität zu aktualisieren, muss die entsprechende ID bekannt sein. Dann kann die HTTP-Methode **PUT** gewählt und der **Request URI** mit der ID der Entität angegeben werden, wie in Abbildung 3.48 dargestellt. Im Body kann der zu aktualisierende Payload im JSON-Format angegeben werden. Mit einem Klick auf **Send** wird der Aktualisierungsprozess ausgeführt.

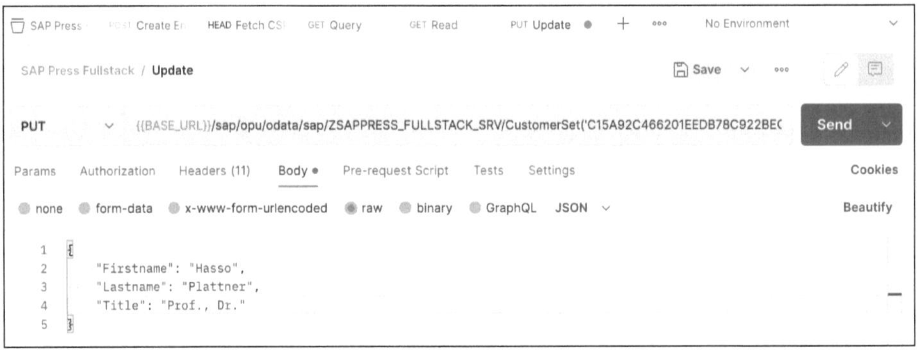

Abbildung 3.48 Anfrage zur Aktualisierung einer Entität

Bei Erfolg wird eine Antwort mit Statuscode **204** zurückgegeben, was einem Update in CRUDQ entspricht (siehe Abbildung 3.49).

Abbildung 3.49 Antwort der Anfrage zum Updaten der Entität

Entität löschen (Delete)

Um eine Entität in einer Anwendung zu löschen, müssen Sie die ID der Entität kennen. Sie können dann die HTTP-Methode **DELETE** wählen und die Entitäts-ID in der **Request-URI** angeben, wie in Abbildung 3.50 gezeigt. Ein Payload ist hier nicht erforderlich. Mit einem Klick auf **Send** wird die Anfrage gesendet.

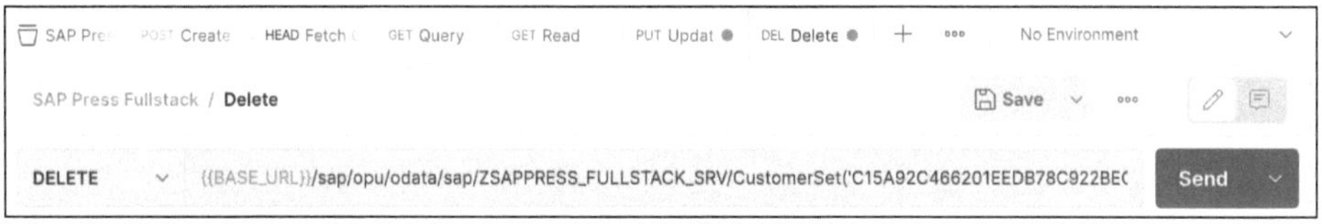

Abbildung 3.50 Anfrage zum Löschen einer Entität

Im Erfolgsfall erhalten Sie eine Antwort mit dem Statuscode **204**, der in CRUDQ dem Delete entspricht (siehe Abbildung 3.51).

Abbildung 3.51 Antwort auf die Anfrage zum Löschen einer Entität

3.4 Zusammenfassung

In diesem Kapitel haben wir Ihnen gezeigt, welche wichtige Rolle OData in der SAP-Umgebung spielt. Begonnen haben wir in Abschnitt 3.1 mit den OData-Grundlagen, den verschiedenen Versionen von OData und den Abfragemöglichkeiten.

In Abschnitt 3.2 wurden die Möglichkeiten der Entwicklung von OData-Services vorgestellt. In Abschnitt 3.2.1 haben Sie dann gelernt, wie man OData-Services auf der Grundlage eines SAP-Gateway-Service-Builder-Projekts entwickelt. Das ist zwar etwas altmodisch, aber auch die einzige Möglichkeit, wenn Sie mit Ihrem System noch nicht auf SAP S/4HANA sind. In Abschnitt 3.2.2 haben Sie das moderne ABAP RESTful Application Programming Model kennengelernt. Dieses Programmiermodell wurde mit SAP S/4HANA eingeführt und bietet Ihnen die Möglichkeit, OData-Services sowohl für On-Premise-Systeme als auch für SAP BTP, ABAP Environment zu entwickeln.

Danach haben wir Sie in Abschnitt 3.3 in das strukturierte Testen von OData-Services eingeführt. Dabei lernten Sie sowohl das Testen im SAP GUI mit dem SAP Gateway Client als auch das Testen in Postman, einem frei verfügbaren und weit verbreiteten REST-Client, kennen.

Sie sollten nun die theoretische Grundlage für die weiteren Kapitel dieses Buchs haben.

Kapitel 4
Einführung in CDS

Die Core Data Services (CDS) sind die optimale Basis für die Erstellung von OData-Services. Sie ermöglichen den einfachen und effizienten Zugriff auf Daten über das Code-to-Data-Paradigma.

In der sich ständig weiterentwickelnden SAP-Welt gibt es eine Vielzahl von Technologien und Tools, die Entwicklern helfen, innovative Lösungen zu erstellen und Geschäftsprozesse zu optimieren. Eine dieser Technologien, die in den letzten Jahren stark an Bedeutung gewonnen hat, sind *Core Data Services* (CDS). CDS ist eine domänenspezifische Sprache (engl. Domain Specific Language, kurz DSL). CDS ist eine Technologie zur Datenmodellierung, die es Entwicklern ermöglicht, komplexe Datenmodelle schnell und einfach zu erstellen, zu verwalten und zu erweitern. Das Konzept von CDS basiert auf der Idee, dass ein Datenmodell eine Menge von Konzepten ist, die in einer konsistenten und verständlichen Sprache ausgedrückt werden müssen. Mit CDS können Entwickler Datenmodelle auf einfache und standardisierte Weise definieren, die dann in verschiedenen SAP-Anwendungen, wie z. B. SAP S/4HANA, verwendet werden können.

Aber CDS bietet viel mehr als nur *Datenmodellierung*. Es ermöglicht Entwicklern auch die Implementierung von Geschäftslogik innerhalb des Datenmodells, was die Erstellung komplexer Geschäftsanwendungen erheblich vereinfacht. In diesem Kapitel werden wir einen detaillierten Blick auf die Grundlagen von CDS werfen und Ihnen zeigen, wie Sie diese Technologie nutzen können, um robuste und flexible Datenmodelle und Anwendungen zu erstellen. Dabei konzentrieren wir uns auf die wichtigsten Konzepte und Funktionen, die Ihnen ein umfassendes Verständnis von CDS vermitteln und Sie dabei unterstützen, Ihre SAP-Entwicklungsprojekte auf die nächste Stufe zu heben.

Wir beginnen in Abschnitt 4.1 mit der Entwicklung einfacher CDS-Views, einschließlich Joins, Projektionen und berechneter Felder. Außerdem werden wir uns mit kaskadierten Views befassen, einer fortgeschrittenen Technik, die es Entwicklern ermöglicht, komplexe Datenmodelle auf der Grundlage anderer Views zu erstellen. In Abschnitt 4.2 werden wir uns mit Assoziationen und Navigationseigenschaften beschäftigen, die es Entwicklern ermöglichen, Beziehungen zwischen verschiedenen Datenobjekten zu erstellen und zwischen ihnen zu navigieren.

Danach befassen wir uns mit CDS-View-Erweiterungen und zeigen Ihnen in Abschnitt 4.3, wie Sie bestehende CDS-Views erweitern und an spezifische Anforderungen anpassen können. In Abschnitt 4.4 werden wir uns auch mit dem Berechtigungsaspekt von CDS befassen, einschließlich Zugriffskontrollobjekten und literalen Bedingungen im Vergleich zu PFCG-Bedingungen.

4.1 Entwicklung von Core Data Services

Die Entwicklung von Core Data Services ist eine der zentralen Aufgaben für SAP-Entwickler. Mit CDS lassen sich Datenmodelle definieren, Geschäftslogik implementieren und Daten aus unterschiedlichen Quellen abfragen. CDS bietet zudem eine standardisierte und einfache Methode zur Erstellung und Verwaltung von Datenmodellen, was die Anwendungsentwicklung deutlich erleichtert. Um erfolgreich mit CDS arbeiten zu können, müssen Entwickler die grundlegenden Konzepte und Funktionen verstehen.

In diesem Abschnitt werden wir die Entwicklung von CDS im Detail betrachten, angefangen mit der Erstellung einfacher CDS-Views (siehe Abschnitt 4.1.1). Da es oft notwendig ist, Daten aus mehreren Tabellen zu lesen und zusammenzuführen, werden Joins ein unvermeidlicher Bestandteil Ihrer Arbeit sein. Zusätzlich werden Sie nicht immer alle Daten der zugrunde liegenden Tabellen oder CDS-Views benötigen, weshalb Projektionen ein wichtiges Thema sind. Diese Aspekte behandeln wir in Abschnitt 4.1.2.

Eine besonders nützliche Funktion von CDS sind berechnete Felder. Diese ermöglichen es, Berechnungen direkt in dem CDS-View und somit in der Datenbank durchzuführen. Wir werden dies in Abschnitt 4.1.3 erläutern. Auch aggregierte Felder können Sie in CDS in gewohnter Form einsetzen. Wir werden in Abschnitt 4.1.4 detailliert darauf eingehen. Im Gegensatz zu klassischen Dictionary-Views, die Sie möglicherweise aus der Transaktion SE11 kennen, können Sie mit CDS-Views komplexe Kaskaden erstellen. Dies wird in Abschnitt 4.1.5 besprochen.

Wir zeigen Ihnen, wie Sie mit CDS komplexe Datenmodelle effizient erstellen und verwalten können. Mit CDS können Sie nicht nur Datenmodelle definieren, sondern auch Geschäftslogik innerhalb des Modells implementieren und Daten aus verschiedenen Quellen abfragen. Am Ende dieses Abschnitts werden Sie in der Lage sein, CDS effektiv zu nutzen, um leistungsstarke und flexible Datenmodelle zu erstellen.

Bevor Sie mit der Entwicklung von Core Data Services beginnen, sollten Sie einige wichtige Überlegungen zur Entwicklungsumgebung anstellen. Wie in Kapitel 2, »Einführung in SAPUI5 und SAP Fiori«, erläutert, hat SAP das Ende der Eclipse-basierten Entwicklungsumgebungen für SAPUI5 und SAP Fiori angekündigt. Doch keine Sorge

– es gibt ausgezeichnete Alternativen wie das SAP Business Application Studio auf SAP BTP und Visual Studio Code für die lokale Entwicklung.

Eine Ausnahme bildet jedoch die Entwicklung von CDS-Artefakten, die weiterhin Eclipse erfordert. Dies bedeutet nicht, dass Sie auf eine veraltete oder ineffektive Umgebung zurückgreifen müssen. SAP bietet ein leistungsstarkes Eclipse-Plug-in namens ABAP Development Tools (ADT), das speziell für die Erstellung von CDS-Artefakten entwickelt wurde. ADT stellen ein umfassendes Set an Werkzeugen und Funktionen bereit, um CDS-Artefakte schnell und effizient zu erstellen.

Eine CDS-Entität ist ein strukturiertes ABAP-CDS-Objekt, das vom ABAP Dictionary verwaltet wird. Bei der Aktivierung einer CDS-Datendefinition werden die Metadaten im CDS-Quellcode erstellt. Anders als bei anderen Objekten werden CDS-Entitäten nicht transportiert, sondern nach der Aktivierung der CDS-Quelle im Zielsystem angelegt.

Für die Beispiele in diesem Abschnitt verwenden wir das bei SAP-Kunden bekannte Flugdatenmodell. SAP stellt den Report SAPBC_DATA_GENERATOR bereit, mit dem Sie die benötigten Daten generieren können.

4.1.1 Einfache CDS-Views

Das Erstellen von CDS-Views ist mit Eclipse sehr einfach. Sie können den Assistenten verwenden, um neue Objekte zu erstellen. Es gibt mehrere Möglichkeiten, den Assistenten zu starten. Eine davon ist das Kontextmenü auf dem ABAP-Entwicklungspaket. Wählen Sie **New • Other ABAP Repository Object** aus dem Kontextmenü, wie in Abbildung 4.1 dargestellt.

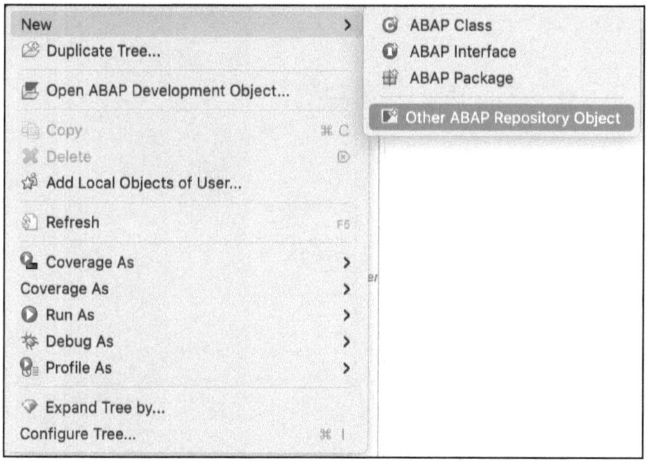

Abbildung 4.1 ABAP-Repository-Objekt anlegen

Danach suchen Sie den Ordner mit dem Namen **Core Data Services**. Je nach der Version der ADT und der Version des verwendeten Backend-Systems gibt es darin verschiedene Optionen. Eine CDS-Entität entspricht einer Datendefinition. Wählen Sie im Ordner **Core Data Services** die Option **Data Definition** (siehe Abbildung 4.2). Klicken Sie dann auf **Next >**.

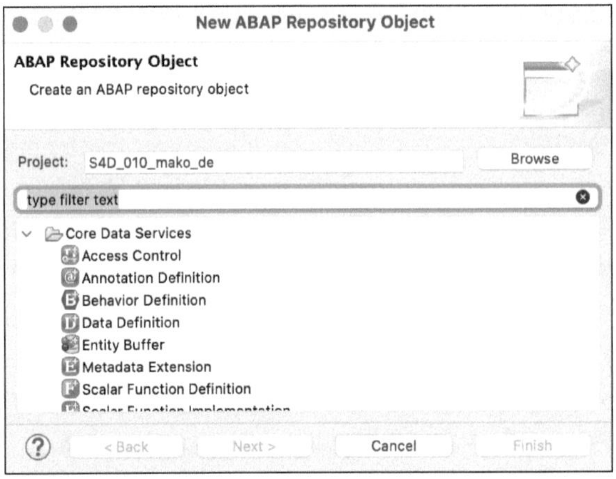

Abbildung 4.2 Objekttyp auswählen

Im nächsten Schritt müssen Sie ein Paket (**Package**) auswählen und einen Namen (**Name**) und eine Beschreibung (**Description**) vergeben (siehe Abbildung 4.3). Der Name muss innerhalb Ihres SAP-Systems eindeutig sein. Klicken Sie dann auf **Next >**.

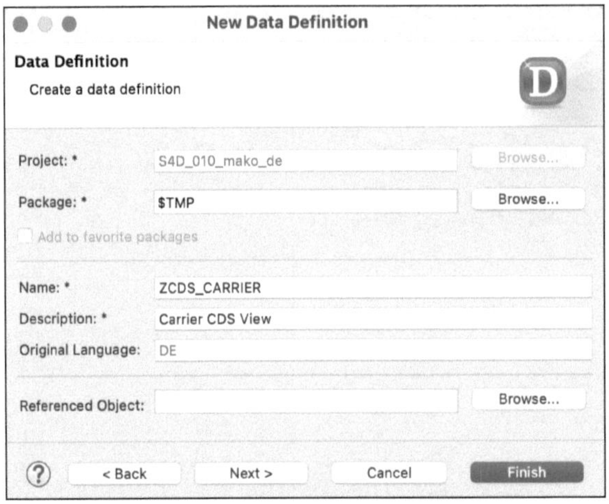

Abbildung 4.3 Data Definition spezifizieren

Sie haben nun die Möglichkeit, eine Vorlage auszuwählen. In unserem Beispiel wählen wir die Vorlage **Define View**, wie in Abbildung 4.4 dargestellt. Damit wird die einfachste Form eines CDS-Views erstellt. Klicken Sie abschließend auf **Finish**.

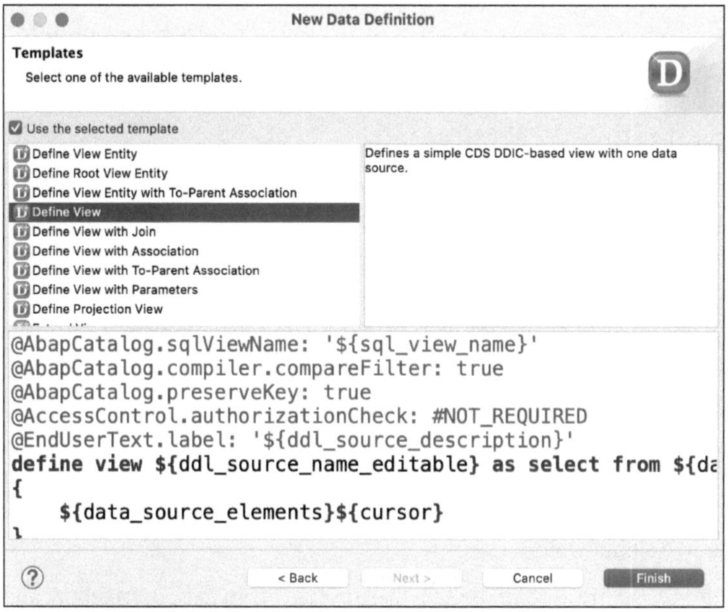

Abbildung 4.4 Vorlage auswählen

CDS-View vs. CDS-View-Entity

Mit dem ABAP-Release 7.55 steht ein neuer Typ von CDS-View zur Verfügung: In der offiziellen Terminologie heißt er *CDS-View-Entity*. CDS-View-Entitys sind eine moderne und verbesserte Version der traditionellen, auf DDIC (Data Dictionary) basierenden CDS-Views. Obwohl beide Konzepte ähnlich sind, bieten CDS-View-Entitys eine vereinfachte Handhabung sowie zahlreiche kleine Verbesserungen und erweiterte Funktionen.

Hier sind einige der wesentlichen Unterschiede zwischen CDS-View-Entitys und den klassischen, auf DDIC basierenden CDS-Views:

- Keine DDIC-View:
  Bei CDS-View-Entitys ist die Erstellung einer separaten DDIC-View nicht erforderlich. Dies vereinfacht die Struktur und reduziert den administrativen Aufwand.
- Einfachere Benennung:
  Die Annotation `@AbapCatalog.sqlViewName` wird nicht mehr benötigt, da jede View-Entity nur einen einzigen Namen hat. Dies macht die Verwaltung und Verwendung der Views übersichtlicher.

Zusätzlich zu diesen Unterschieden bieten CDS-View-Entitys weitere Vorteile, wie verbesserte Performance, erweiterte Abfragemöglichkeiten und eine engere Integration mit anderen SAP-Technologien. Diese Verbesserungen machen CDS-View-Entitys zu einem wichtigen Werkzeug für SAP-Entwickler, die moderne und effiziente Datenmodelle erstellen möchten. Die wir mit diesem Buch auch jene Entwickler ansprechen möchten, die auf einem ABAP-Release < 7.55 arbeiten, verzichten wir auf die Verwendung der View-Entitys. Die Unterschiede sind für die Erklärungen in diesem Kapitel und das grundlegende Verständnis nicht relevant.

Wie Sie in Listing 4.1 sehen können, werden dem View mehrere Annotationen hinzugefügt. Dadurch erhält die ABAP-Laufzeit Informationen zur Generierung der Views und zum Verhalten der Views zur Laufzeit. Die wichtigste Annotation ist `@AbapCatalog.sqlViewName`. Diese muss zugewiesen werden und darf nicht identisch sein mit dem Namen der CDS-Entität, in unserem Beispiel `ZI_CARRIER`. Der Name muss im System eindeutig sein und darf eine Länge von 16 Zeichen nicht überschreiten. Der Name der CDS-Entität wird direkt nach der Anweisung `define view` angegeben. Er ist in der Regel identisch mit dem Namen der Datenquelle, kann aber auch anders lauten, wenn Sie dies wünschen. Sowohl der CDS-Entity-Name als auch der Datenquellenname dürfen nicht länger als 30 Zeichen sein.

Nach dem Namen der CDS-Entität folgt die `select`-Anweisung, in der Sie angeben, aus welcher Tabelle oder welchem CDS-View Sie lesen möchten. Dann geben Sie innerhalb des durch geschweifte Klammern ({ und }) begrenzten Blocks die Felder an, die im View gelesen und für den Verbrauch verfügbar gemacht werden sollen. Mit dem Schlüsselwort `key` können ein oder mehrere Felder als Schlüsselfelder definiert werden. Nachdem Sie den View erstellt haben, müssen Sie ihn speichern und aktivieren. Die Aktivierung erfolgt durch Klicken auf das Icon .

```
@AbapCatalog.sqlViewName: 'ZS_CARRIER'
@AbapCatalog.compiler.compareFilter: true
@AbapCatalog.preserveKey: true
@AccessControl.authorizationCheck: #NOT_REQUIRED
@EndUserText.label: 'Carrier View'
define view ZI_CARRIER
  as select from scarr
{
  key carrid   as CarrierId,
      carrname as CarrierName,
      currcode as Currency,
      url      as Website
}
```

Listing 4.1 Eine einfacher Interface-View

Nachdem der View erfolgreich aktiviert wurde, kann er direkt aus den ADT heraus getestet werden. Klicken Sie dazu auf den Button **RUN**. Wählen Sie dann im Dialog **Run As** die Option **ABAP Application**, wie in Abbildung 4.5 gezeigt.

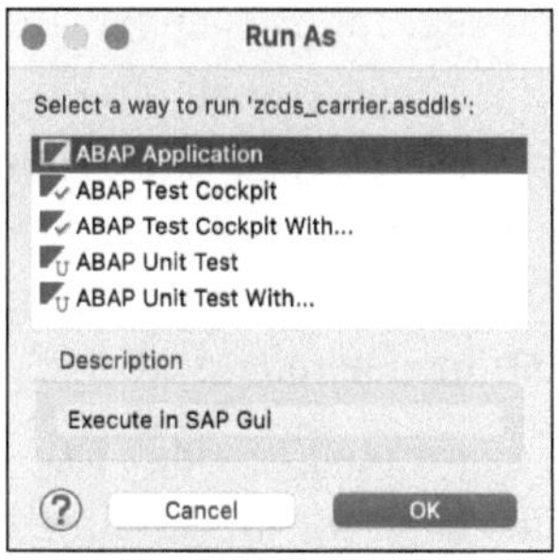

Abbildung 4.5 Vorschau/CDS-View ausführen

Das Ergebnis der Vorschau ist in Abbildung 4.6 dargestellt. Dort können Sie Filter setzen und zur SQL-Konsole springen.

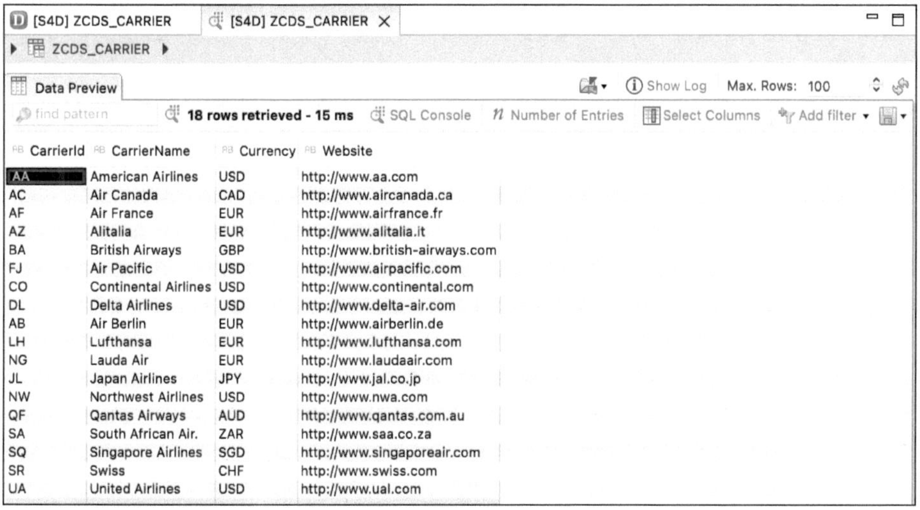

Abbildung 4.6 Ergebnis der Datenvorschau

4.1.2 Joins und Projektionen

Das Lesen von Daten aus einer einzigen Tabelle ist mit CDS-Views sehr einfach. In der Praxis werden Sie damit aber nicht auskommen. Dort müssen Sie in der Regel Daten aus verschiedenen Tabellen zusammenführen. Dazu gibt es zwei Möglichkeiten: *Joins* und *Assoziationen*. Joins sind im SQL-Standard enthalten und werden in ABAP in *OpenSQL* unterstützt und sind daher den meisten ABAP-Entwicklern bekannt. SAP hat mit CDS auch Assoziationen eingeführt. Diese bieten im Vergleich zu Joins zusätzliche Möglichkeiten und werden in Abschnitt 4.3, »CDS-View-Erweiterung«, näher erläutert.

Ein Projektions-View ist ein virtueller View, der aus einer oder mehreren vorhandenen Tabellen oder Views erstellt wird. Mit einem Projektions-View können Sie bestimmte Spalten oder eine Teilmenge der Daten aus den zugrunde liegenden Tabellen abrufen und anzeigen. Im Gegensatz zu physischen Tabellen enthält ein Projektions-View keine eigenen physischen Daten. Stattdessen verweist er auf die Daten in den zugrunde liegenden Tabellen und stellt sie auf eine bestimmte Weise dar. Dabei können Berechnungen, Filter, Join-Operationen oder andere Transformationen auf die Daten angewendet werden, um bestimmte Informationen bereitzustellen.

Im Beispiel in Listing 4.2 verknüpfen wir Daten aus zwei zugrunde liegenden CDS-Views namens ZI_BOOKING und ZI_CUSTOMER. An dieser Stelle haben wir uns für einen *Left Outer Join* entschieden. Dadurch werden alle Daten aus dem ersten View des Joins gelesen, unabhängig davon, ob es in dem zweiten View passende Einträge gibt. Das bedeutet, dass wir in unserem Beispiel alle Buchungen erhalten, unabhängig davon, ob es einen passenden Kunden für sie gibt. Die Join-Bedingung muss in der on-Klausel angegeben werden. Sie legt fest, anhand welcher Felder die Verknüpfung zwischen den beiden Views oder Tabellen vorgenommen wird, und kann ein oder mehrere Felder enthalten. An dieser Stelle haben Sie auch einen wichtigen Unterschied zwischen CDS-Views und klassischen Dictionary-Views kennengelernt. Dictionary-Views können nur aus Tabellen lesen, nicht aber aus anderen Dictionary-Views. CDS-Views hingegen können auch aus anderen CDS-Views lesen, und somit können diese Views auch kaskadiert werden.

```
@AbapCatalog.sqlViewName: 'Z_BOOKCUST_S'
@AbapCatalog.compiler.compareFilter: true
@AbapCatalog.preserveKey: true
@AccessControl.authorizationCheck: #NOT_REQUIRED
@EndUserText.label: 'Composite View Bookings with Customers'
define view ZC_BOOKING_WITH_CUSTOMERS
  as select from    ZI_BOOKING  as BOOKING
    left outer join ZI_CUSTOMER as CUSTOMER on BOOKING.Customid = CUSTOMER.Id
{
  key BOOKING.Carrid as CarrierId,
  key BOOKING.Connid as ConnectionId,
  key BOOKING.Fldate as FlightDate,
  key BOOKING.Bookid as BookingId,
  key CUSTOMER.Id as CustomerId,
  BOOKING.Custtype as CustomerTyoe,
  BOOKING.Class as BookingClass,
  BOOKING.Loccuram as LocalCurrencyAmount,
  BOOKING.Loccurkey as LocalCurrency,
  BOOKING.OrderDate,
  BOOKING.Cancelled,
  BOOKING.Reserved,
  CUSTOMER.Name,
```

```
  CUSTOMER.Form,
  CUSTOMER.Street,
  CUSTOMER.Postbox,
  CUSTOMER.Postcode,
  CUSTOMER.City,
  CUSTOMER.Country,
  CUSTOMER.Langu as Language
}
```

Listing 4.2 CDS-View mit Join

In CDS-Views gibt es verschiedene Join-Typen, die je nach Anwendungsfall verwendet werden können. Dies sind die gängigsten Join-Typen:

- **Innerer Join**

  Der innere Join ist der Standard-Join-Typ und gibt nur die Datensätze zurück, die in beiden Tabellen übereinstimmen.

- **Left Outer Join**

  Der Left Outer Join gibt alle Datensätze aus der linken Tabelle zurück und fügt die passenden Datensätze aus der rechten Tabelle hinzu. Wenn es keine übereinstimmenden Datensätze gibt, werden die entsprechenden Felder der rechten Tabelle mit Null-Werten gefüllt.

- **Right Outer Join**

  Der Right Outer Join ist das Gegenstück zum Left Outer Join und gibt alle Datensätze aus der rechten Tabelle zurück und fügt die passenden Datensätze aus der linken Tabelle hinzu. Wenn es keine übereinstimmenden Datensätze gibt, werden die entsprechenden Felder der linken Tabelle mit Null-Werten gefüllt.

- **Cross Join**

  Der Cross Join, auch bekannt als kartesisches Produkt, gibt alle möglichen Kombinationen von Datensätzen aus beiden Tabellen zurück. Dies kann zu einer großen Anzahl von Datensätzen führen und sollte nur in besonderen Fällen verwendet werden.

Diese Join-Typen können in CDS-Views mit der Syntax `INNER JOIN`, `LEFT OUTER JOIN`, `RIGHT OUTER JOIN` und `CROSS JOIN` verwendet werden.

4.1.3 Berechnete Felder

Ein weiterer Vorteil der CDS-Views ist die Möglichkeit, in den Views Berechnungen durchzuführen. Dies kann von einfachen arithmetischen Berechnungen bis hin zu *String-Funktionen* oder *Datumsfunktionen* gehen. Die verfügbaren Möglichkeiten hängen von der verwendeten Basisversion des zugrunde liegenden Systems ab. In

Listing 4.3 sehen Sie die Verwendung der Funktion dats_days_between. Diese berechnet die Differenz in Tagen zwischen zwei Datumsfeldern. Sie können auch die Funktion concat_with_space sehen. Diese Funktion wird verwendet, um zwei zeichenbasierte Felder mit einem Leerzeichen als Trennzeichen zu verketten. Außerdem sehen Sie, dass diese Funktion in die Funktion ltrim eingebettet ist. Das bedeutet, dass auch Funktionen verkettet werden können.

In unserem Beispiel werden die Anrede und der Name des Kunden mit einem Leerzeichen als Trennzeichen verkettet. Wenn die Anrede leer ist, würde der resultierende Wert mit einem Leerzeichen beginnen. Deshalb verwenden wir die Funktion ltrim, um damit führende Leerzeichen zu entfernen. Am Ende des Views sehen Sie eine weitere interessante Option mit der where-Klausel. Damit lässt sich die Ergebnismenge direkt im View weiter einschränken, indem nur die Flüge gelesen werden, die nicht storniert wurden.

```
@AbapCatalog.sqlViewName: 'Z_BOOKCALC_S'
@AbapCatalog.compiler.compareFilter: true
@AbapCatalog.preserveKey: true
@AccessControl.authorizationCheck: #NOT_REQUIRED
@EndUserText.label: 'Booking with Calculated Fields'
define view ZC_BOOKING_WITH_CALC
  as select from ZC_BOOKING_WITH_CUSTOMERS
{
  key CarrierId,
  key ConnectionId,
  key FlightDate,
  key BookingId,
  key CustomerId,
      CustomerTyoe,
      BookingClass,
      LocalCurrencyAmount,
      LocalCurrency,
      OrderDate,
      dats_days_between(OrderDate, FlightDate) as DaysAhead,
      ltrim(concat_with_space(Form, Name, 1), ' ') as CustomerFullName,
      Street,
      Postbox,
      Postcode,
      City,
      Country,
      Language
} where Cancelled <> 'X'
```

Listing 4.3 CDS-View mit berechneten Feldern und Where-Bedingung

4.1.4 Aggregationsfunktionen

SQL-Aggregationsfunktionen sind spezielle Funktionen in der Structured Query Language, auch SQL genannt, die dazu dienen, Informationen über mehrere Datenzeilen in einer Tabelle zusammenzufassen. Mit diesen Funktionen können Berechnungen wie Summen, Durchschnittswerte, Zählungen oder die Bestimmung von Höchst- oder Mindestwerten durchgeführt werden.

Sie werden in der Regel in Verbindung mit SELECT-Anweisungen verwendet, um eine Übersicht oder Zusammenfassung von Daten aus einer Tabelle zu erstellen. Wenn Sie z. B. den Gesamtumsatz aller Kunden in einem Monat berechnen möchten, können Sie eine Aggregationsfunktion wie SUM verwenden, um die Umsätze der Kunden zu addieren.

Es gibt verschiedene Ausprägungen von SQL-Aggregationsfunktionen, darunter die folgenden:

- SUM: Berechnet die Summe der Werte einer Spalte für die ausgewählten Zeilen.
- AVG: Berechnet den Durchschnitt der Werte einer Spalte für die markierten Zeilen.
- COUNT: Zählt die Anzahl der Zeilen in einer Spalte für die markierten Zeilen.
- MIN: Gibt den kleinsten Wert in einer Spalte für die ausgewählten Zeilen zurück.
- MAX: Gibt für die ausgewählten Zeilen den größten Wert in einer Spalte zurück.

GROUP BY ist eine SQL-Klausel, die mit Aggregationsfunktionen verwendet wird, um Datensätze in einer Tabelle auf der Grundlage einer bestimmten Spalte zu gruppieren und aggregierte Informationen für jede Gruppe zu berechnen.

Die Klausel ermöglicht es Entwicklern, detaillierte Informationen aus einer Tabelle zu extrahieren, indem sie die Ergebnisse auf einer granularen Ebene gruppieren. Die GROUP BY-Klausel kann z. B. verwendet werden, um den durchschnittlichen Umsatz pro Kunde aus einer Tabelle mit Flugbuchungen zu berechnen. Listing 4.4 zeigt, wie nach Kunde, Buchungsklasse und Währung gruppierte Aggregationsfunktionen verwendet werden, um den Durchschnitt, den Mindestwert, den Höchstwert und die Summe der Beträge sowie die Anzahl der gruppierten Einträge pro Zeile zu berechnen.

```
@AbapCatalog.sqlViewName: 'Z_BOOKAGGR_S'
@AbapCatalog.compiler.compareFilter: true
@AbapCatalog.preserveKey: true
@AccessControl.authorizationCheck: #NOT_REQUIRED
@EndUserText.label: 'Booking with Aggregate Functions'
define view ZC_BOOKING_AGGREGATE
  as select from ZC_BOOKING_WITH_CUSTOMERS
{
  key CustomerId,
```

```
        Name,
        BookingClass,
        LocalCurrency,
        sum(LocalCurrencyAmount) as AmountSum,
        avg(LocalCurrencyAmount) as AmountAverage,
        min(LocalCurrencyAmount) as AmountMin,
        max(LocalCurrencyAmount) as AmountMax,
        count(*)                 as NumberOfBookings
}
group by
  CustomerId,
  Name,
  BookingClass,
  LocalCurrency
```

Listing 4.4 CDS-View mit Aggregationsfunktionen

Das Ergebnis des CDS-Views wird in der Datenvorschau in Abbildung 4.7 dargestellt.

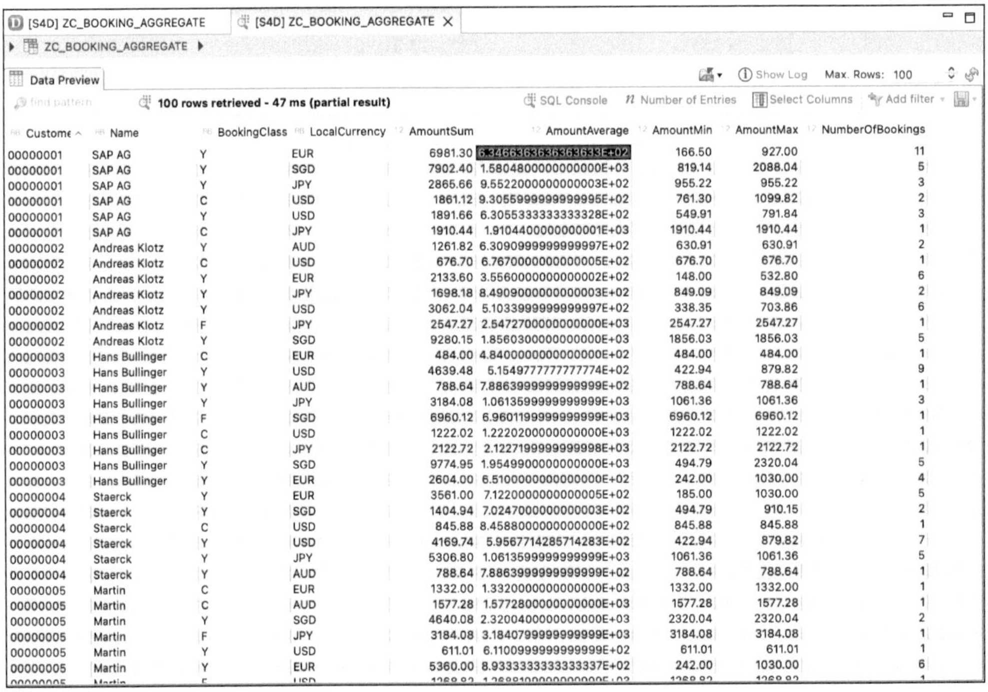

Custome	Name	BookingClass	LocalCurrency	AmountSum	AmountAverage	AmountMin	AmountMax	NumberOfBookings
00000001	SAP AG	Y	EUR	6981.30	6.3466363636363633E+02	166.50	927.00	11
00000001	SAP AG	Y	SGD	7902.40	1.5804800000000000E+03	819.14	2088.04	5
00000001	SAP AG	Y	JPY	2865.66	9.5522000000000003E+02	955.22	955.22	3
00000001	SAP AG	C	USD	1861.12	9.3055999999999995E+02	761.30	1099.82	2
00000001	SAP AG	Y	USD	1891.66	6.3055333333333328E+02	549.91	791.84	3
00000001	SAP AG	C	JPY	1910.44	1.9104400000000001E+03	1910.44	1910.44	1
00000002	Andreas Klotz	Y	AUD	1261.82	6.3090999999999997E+02	630.91	630.91	2
00000002	Andreas Klotz	C	USD	676.70	6.7670000000000005E+02	676.70	676.70	1
00000002	Andreas Klotz	Y	EUR	2133.60	3.5560000000000002E+02	148.00	532.80	6
00000002	Andreas Klotz	Y	JPY	1698.18	8.4909000000000003E+02	849.09	849.09	2
00000002	Andreas Klotz	Y	USD	3062.04	5.1033999999999997E+02	338.35	703.86	6
00000002	Andreas Klotz	F	JPY	2547.27	2.5472700000000000E+03	2547.27	2547.27	1
00000002	Andreas Klotz	Y	SGD	9280.15	1.8560300000000000E+03	1856.03	1856.03	5
00000003	Hans Bullinger	C	EUR	484.00	4.8400000000000000E+02	484.00	484.00	1
00000003	Hans Bullinger	Y	USD	4639.48	5.1549777777777774E+02	422.94	879.82	9
00000003	Hans Bullinger	Y	AUD	788.64	7.8863999999999999E+02	788.64	788.64	1
00000003	Hans Bullinger	Y	JPY	3184.08	1.0613599999999999E+03	1061.36	1061.36	3
00000003	Hans Bullinger	F	SGD	6960.12	6.9601199999999999E+03	6960.12	6960.12	1
00000003	Hans Bullinger	C	USD	1222.02	1.2220200000000000E+03	1222.02	1222.02	1
00000003	Hans Bullinger	C	JPY	2122.72	2.1227199999999998E+03	2122.72	2122.72	1
00000003	Hans Bullinger	Y	SGD	9774.95	1.9549900000000000E+03	494.79	2320.04	5
00000003	Hans Bullinger	Y	EUR	2604.00	6.5100000000000000E+02	242.00	1030.00	4
00000004	Staerck	Y	EUR	3561.00	7.1220000000000005E+02	185.00	1030.00	5
00000004	Staerck	Y	SGD	1404.94	7.0247000000000003E+02	494.79	910.15	2
00000004	Staerck	C	USD	845.88	8.4588000000000000E+02	845.88	845.88	1
00000004	Staerck	Y	USD	4169.74	5.9567714285714283E+02	422.94	879.82	7
00000004	Staerck	Y	JPY	5306.80	1.0613599999999999E+03	1061.36	1061.36	5
00000004	Staerck	Y	AUD	788.64	7.8863999999999999E+02	788.64	788.64	1
00000005	Martin	C	EUR	1332.00	1.3320000000000000E+03	1332.00	1332.00	1
00000005	Martin	C	AUD	1577.28	1.5772800000000000E+03	1577.28	1577.28	1
00000005	Martin	Y	SGD	4640.08	2.3200400000000000E+03	2320.04	2320.04	2
00000005	Martin	F	JPY	3184.08	3.1840799999999999E+03	3184.08	3184.08	1
00000005	Martin	Y	USD	611.01	6.1100999999999999E+02	611.01	611.01	1
00000005	Martin	Y	EUR	5360.00	8.9333333333333337E+02	242.00	1030.00	6

Abbildung 4.7 Ergebnis des CDS-Views mit Aggregationsfunktionen

4.1.5 Kaskadierende Views

Wie Sie bereits in Abschnitt 4.1.3, »Berechnete Felder«, gelernt haben, können CDS-Views auch kaskadiert werden. Dies bietet viele Möglichkeiten hinsichtlich der Wiederverwendbarkeit der Views. SAP hat zu diesem Zweck das *virtuelle Datenmodell* (VDM) eingeführt. Das virtuelle Datenmodell bildet die Grundlage für den Datenzugriff in SAP S/4HANA, sei es für analytische Anwendungen oder APIs. In SAP S/4HANA Cloud und SAP S/4HANA wird das VDM durch CDS-Views dargestellt (siehe Abbildung 4.8). Diese Views, die das VDM formen, folgen einheitlichen Modellierungs- und Benennungsregeln. Sie bieten eine klare und konsistente Darstellung von Geschäftsdaten, die in Datenbanktabellen gespeichert sind und auf geschäftlicher Semantik basieren, was ihre Verwendung erleichtert. Innerhalb des virtuellen Datenmodells können CDS-Views nach verschiedenen Kriterien unterschieden werden, z. B. nach ihrer Position innerhalb der VDM-Schichten, ihrem Zweck und ihrer beabsichtigten Wiederverwendbarkeit.

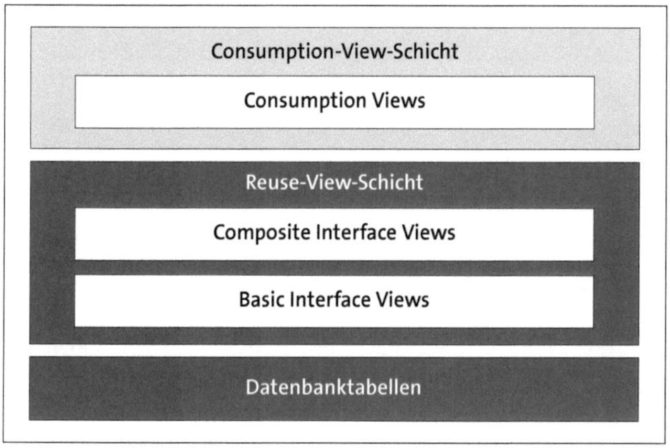

Abbildung 4.8 View-Schichten in virtuellen Datenmodellen

Im virtuellen Datenmodell von SAP S/4HANA befinden sich die Datenbanktabellen auf der untersten Ebene, während die VDM-Views darüber angeordnet sind, um einen leichteren Zugriff auf ihre Inhalte zu ermöglichen. Die CDS-Views im VDM können nach verschiedenen Kriterien unterschieden werden, etwa nach ihrer Position in den VDM-Schichten, ihrem Zweck und ihrer beabsichtigten Wiederverwendung. Ein wichtiger Aspekt sind dabei die Reuse-Views, die sich in Basic Views und Composite Views sowie in Consumption-Views als weitere übergreifende View-Typen unterteilen lassen.

Innerhalb des virtuellen Datenmodells wird ein Knoten eines fachlichen, technischen oder Konfigurationsobjekts in der Regel durch einen CDS-View in der Wiederverwendungsschicht dargestellt.

Basic-Interface-Views haben eine direkte Verbindung zu den Datenbanktabellen und erlauben die Umbenennung der Tabellenfelder in verständliche Begriffe der fachlichen Semantik. Darüber hinaus reichern sie das Datenmodell mit Metadaten wie Annotationen und Relationen an. Die Annotation `@VDM.viewType: #BASIC` kennzeichnet sie als Basic-Views.

Composite-Interface-Views basieren auf Basic-Interface-Views und können anderen Composite-Views zugeordnet werden. Sie greifen nicht direkt auf die Datenbanktabellen zu, sondern nur über die Basic-View-Schicht. Durch die Kombination mehrerer Basic-Interface-Views oder anderer Composite-Interface-Views bilden sie neue semantische Entitäten und können z. B. als analytische Cube-Views verwendet werden. Composite-Interface-Views werden mit der Annotation `@VDM.viewType: #COMPOSITE` gekennzeichnet.

In der obersten Schicht des VDM-CDS-View-Stacks befinden sich die Consumption-Views, die auf Reuse-Views basieren und nur indirekt auf die Datenbanktabellen zugreifen können. Diese Views sind speziell für bestimmte Zwecke mit spezifischen Anforderungen konzipiert, z. B. für die Verwendung durch eine bestimmte transaktionale oder analytische Anwendung. Consumption-Views sind die einzigen VDM-View-Typen, die als analytische Abfragen funktionieren können. Für Consumption-Views wird die Annotation `@VDM.viewType: #CONSUMPTION` verwendet.

4.2 Assoziationen und Navigationseigenschaften

CDS bietet erweiterte Unterstützung für die Handhabung von Beziehungen zwischen Entitäten. Solche Beziehungen werden in der Datenbank oft als Fremdschlüsselbeziehungen dargestellt, aber in SQL sind sie häufig in komplexen *Join-Bedingungen* versteckt, was für Entwickler mühsam und fehleranfällig sein kann und zu einem erheblichen Overhead führt, wenn Joins wiederverwendet werden sollen. Die Syntax von Assoziationen macht diese Beziehungen zwischen Entitäten im Datenmodell explizit. Pfadausdrücke und gefilterte Assoziationen vereinfachen die Lesbarkeit von CDS-View-Definitionen sowie von `SELECT`-Anweisungen, die auf Views zugreifen.

Obwohl sich Assoziationen und Joins in der Syntax unterscheiden, gibt es auf der Datenbankebene keinen Unterschied zwischen ihnen. Letztlich wird jede Assoziation in einen gewöhnlichen Join umgewandelt. Die Art und Weise, wie ein View konsumiert wird, beeinflusst jedoch das Verhalten. Im Fall von exponierten Assoziationen wird der Join nur ausgeführt, wenn der Konsument Daten von der verknüpften Datenquelle anfordert. Dies kann sich positiv auf die Leistung auswirken und wird manchmal auch als *Join on Demand* bezeichnet. Listing 4.5 veranschaulicht den Join des bekannten CDS-Views `ZI_BOOKING` mit dem CDS-View `ZI_CUSTOMER` über eine Assoziation. Auch hier wird ein Alias verwendet, und die Kardinalität wird in eckigen Klammern nach dem ASSOCIATION-Schlüsselwort angegeben. Die Angabe einer Kardinalität nach dem Schlüsselwort ASSOCIATION ist nicht obligatorisch. Wenn keine explizite Kardinalität definiert wurde, wird standardmäßig die Kardinalität 0..1 angenommen.

```
@AbapCatalog.sqlViewName: 'Z_BOOKASSO_S'
@AbapCatalog.compiler.compareFilter: true
@AbapCatalog.preserveKey: true
@AccessControl.authorizationCheck: #NOT_REQUIRED
@EndUserText.label: 'Booking with Association'
define view ZC_BOOKING_WITH_ASSOCIATION
    as select from ZI_BOOKING as _BOOKING
    association[0..1] to ZI_CUSTOMER as _CUSTOMER
        on _BOOKING.Customid = _CUSTOMER.Id
{
    key _BOOKING.Carrid,
    key _BOOKING.Connid,
    key _BOOKING.Fldate,
    key _BOOKING.Bookid,
    _BOOKING.Customid,
    _BOOKING.Custtype,
    _BOOKING.Luggweight,
    _BOOKING.Wunit,
    _BOOKING.Invoice,
    _BOOKING.Class,
    _BOOKING.OrderDate,
    _CUSTOMER.Name,
    _CUSTOMER.Country
}
```

Listing 4.5 CDS-View mit Assoziation

In den vorherigen Beispielen wurden die Views direkt mit den Feldern der zugehörigen Datenquelle verknüpft. Diese Art der Verknüpfung wird als *Ad-hoc-Verknüpfung* bezeichnet. Die Nützlichkeit der Verknüpfung wird jedoch deutlicher, wenn Sie die exponierte Verknüpfung betrachten.

Anstatt einzelne Felder der zugehörigen Datenquelle anzusprechen, kann ein CDS-View den Namen der Assoziation selbst als Element in seine Liste aufnehmen. Auf diese Weise steht die Assoziation dem Konsumenten des CDS-Views zur Verfügung, sei es ein anderer CDS-View oder eine ABAP-SQL-Anweisung. Damit hat der Konsument des Views vollen Zugriff auf alle Komponenten der assoziierten Datenquelle. Alle Felder, die in der ON-Bedingung der Assoziation verwendet werden, müssen Teil der Elementliste sein. In Listing 4.6 sehen Sie die Exponierung des CDS-Views ZI_CUSTOMER.

```
@AbapCatalog.sqlViewName: 'Z_BOOKASSO_S'
@AbapCatalog.compiler.compareFilter: true
@AbapCatalog.preserveKey: true
@AccessControl.authorizationCheck: #NOT_REQUIRED
@EndUserText.label: 'Booking with Association'
define view ZC_BOOKING_WITH_ASSOCIATION
    as select from ZI_BOOKING as _BOOKING
    association to ZI_CUSTOMER as _CUSTOMER
        on _BOOKING.Customid = _CUSTOMER.Id
{
    key _BOOKING.Carrid,
    key _BOOKING.Connid,
    key _BOOKING.Fldate,
    key _BOOKING.Bookid,
    _BOOKING.Customid,
    _BOOKING.Custtype,
    _BOOKING.Luggweight,
    _BOOKING.Wunit,
    _BOOKING.Invoice,
    _BOOKING.Class,
    _BOOKING.OrderDate,

    //Exposed Association
    _CUSTOMER
}
```

Listing 4.6 Views mit exponierter Assoziation

Indem Sie eine Assoziation exponieren, treffen Sie keine Vorauswahl der Felder in der Datenquelle, von denen Sie glauben, dass sie für den Konsumenten von Interesse sein könnten. Diese Entscheidung bleibt allein dem Konsumenten überlassen. Es gibt jedoch einen wichtigen technischen Unterschied, der zum Tragen kommt, wenn der Konsumenten keine Felder aus der Assoziation auswählt. Im Falle einer exponierten Assoziation ist der SQL-View nicht unmittelbar mit der zugehörigen Datenquelle verknüpft. Die eigentliche Verknüpfung der Datenquelle erfolgt erst, wenn der Konsument auf einzelne Felder der verknüpften Datenquelle zugreift. Mit anderen Worten: Durch die Offenlegung einer Assoziation wird die eigentliche Verknüpfung der Datenquellen aufgeschoben, bis der Konsument Daten aus der verknüpften Datenquelle abrufen möchte. Daher können Sie Ihrem View eine beliebige Anzahl offener Assoziationen hinzufügen, ohne befürchten zu müssen, einen SQL-View mit einem komplexen Join-Ausdruck zu erstellen.

In den ADT können Sie auf eine Assoziation auch auf eine einfachere Weise zugreifen. Wenn Sie mit der rechten Maustaste auf ein Feld klicken, das mit einer Assoziation verknüpft ist, und aus dem Kontextmenü die Option **Follow Association** wählen, können Sie schnell auf die verknüpfte und exponierte Datenquelle zugreifen. Abbildung 4.9 zeigt diese Option.

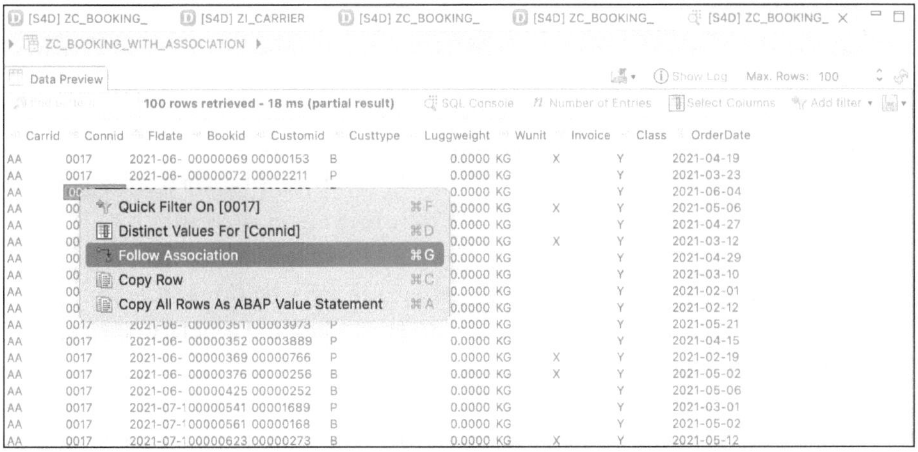

Abbildung 4.9 Folgen Sie einer Assoziation in der Daten-Vorschau

Mit der Annotation `@OData.publish: true` können Sie einen CDS-View als OData-Service bereitstellen. Wenn eine exponierte Entität im CDS-View verwendet wird, wird sie als eigene Entität erstellt, und eine `NavigationProperty` wird hinzugefügt. Das Verhalten wird durch das Beispiel in Listing 4.7 veranschaulicht.

```
@AbapCatalog.sqlViewName: 'Z_BOOKODATA_S'
@AbapCatalog.compiler.compareFilter: true
@AbapCatalog.preserveKey: true
@AccessControl.authorizationCheck: #NOT_REQUIRED
@EndUserText.label: 'Booking OData Exposure'
@OData.publish: true
define view ZC_BOOKING_ODATA
    as select from ZI_BOOKING as _BOOKING
    association to ZI_CUSTOMER as _CUSTOMER
        on _BOOKING.Customid = _CUSTOMER.Id
{
    key _BOOKING.Carrid,
    key _BOOKING.Connid,
    key _BOOKING.Fldate,
    key _BOOKING.Bookid,
    _BOOKING.Customid,
    _BOOKING.Custtype,
```

```
    _BOOKING.Luggweight,
    _BOOKING.Wunit,
    _BOOKING.Invoice,
    _BOOKING.Class,
    _BOOKING.OrderDate,

    //Exposed Association
    _CUSTOMER
}
```

Listing 4.7 CDS-View mit exponierter Assoziation als OData-Service

Wenn eine exponierte Assoziation im CDS-View verwendet wird, wird für die exponierte Assoziation zusätzlich zum Entity-Set des CDS-View ein eigenes Entity-Set erstellt (siehe Abbildung 4.10). Darüber hinaus wird eine Navigation Property mit dem Namen des Alias unter Verwendung des Präfixes to erstellt. Über diese Navigationseigenschaft können Daten aus beiden Entity-Sets abgerufen werden. Wenn Sie den zugehörigen OData-Service testen, können Sie das zweite Entity-Set unter dem Namen ZI_CUSTOMER aufrufen und die Systemabfrageoption $expand verwenden, um die Navigationseigenschaft zum Abrufen der zugehörigen Daten zu nutzen.

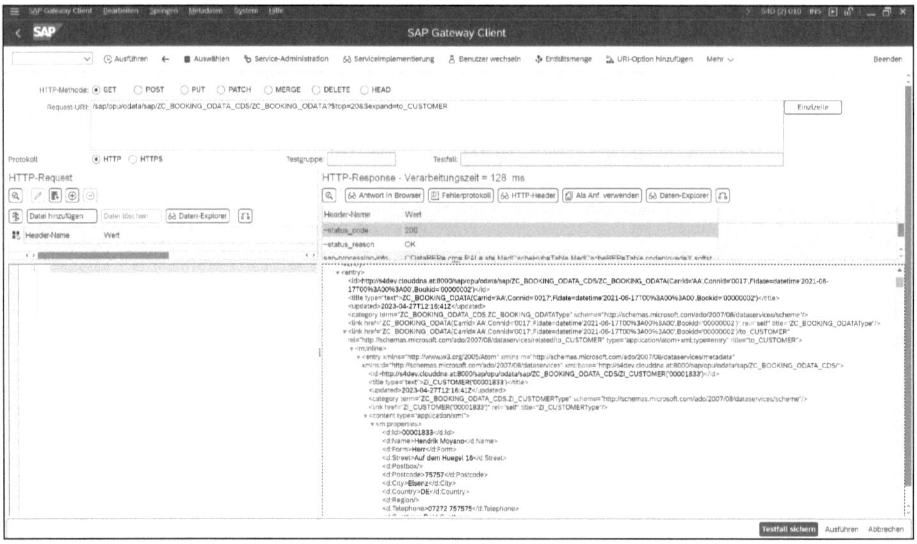

Abbildung 4.10 Test der OData-Assoziation

4.3 CDS-View-Erweiterung

CDS-Views ermöglichen modifikationsfreie Erweiterungen, sowohl der von SAP ausgelieferten CDS-Views als auch der selbst erstellten. Dies wird durch Append-Views realisiert, die zusätzliche Felder aus Basistabellen als View-Felder hinzufügen können. Es ist jedoch nicht möglich, zusätzliche Basistabellen hinzuzufügen oder die Join-Bedingungen eines Datenbank-Views mit *Append-Views* zu ändern. Ein Append-View ist immer mit einem Datenbank-View verbunden, und es können mehrere Append-Views für einen Datenbank-View erstellt werden.

Wenn Sie eine Datendefinition mit einer CDS-View-Erweiterung erstellen, werden zwei Objekte definiert: die eigentliche CDS-View-Erweiterung und ein zugehöriger Append-View. Dies entspricht den beiden Objekten, die in einer Standard-DDL definiert sind: dem CDS-View und dem SQL-View. In den ADT gibt es eine eigene Vorlage für die View-Erweiterungen (siehe Abbildung 4.11).

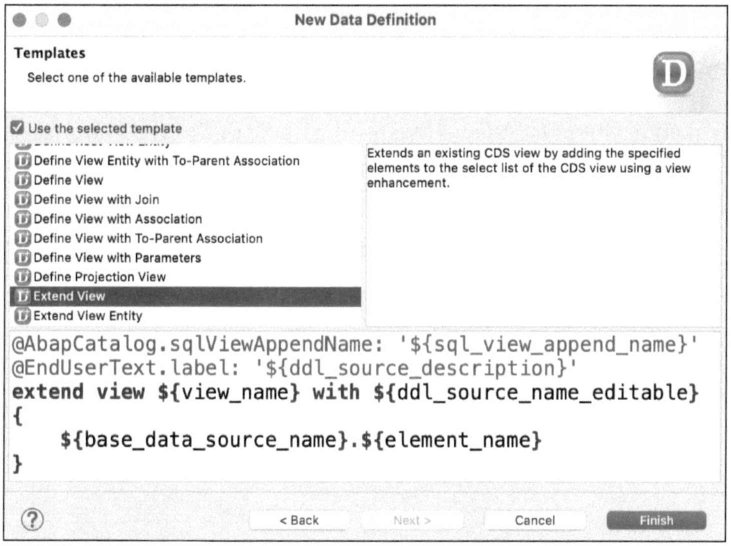

Abbildung 4.11 ADT-Vorlage, um View zu erweitern

Nach der Erstellung der View-Extension müssen wir noch entsprechende Anpassungen vornehmen, um sie an unsere eigenen Anforderungen anzupassen. Ein Beispiel dafür finden Sie in Listing 4.8, wo wir das Feld `Reserved` zum View hinzufügen. Außerdem werten wir das Feld `Cancelled` aus und geben `No` zurück, wenn der Wert ungleich `X` ist, andernfalls geben wir `Yes` zurück. Schließlich führen wir eine Berechnung durch, um die Differenz zwischen dem Systemdatum, das über die Variable `$session` verfügbar ist, und dem `FlightDate` zu ermitteln. Für die Berechnung ist ein Cast in den Datentyp `abap.dats` erforderlich.

```
@AbapCatalog.sqlViewAppendName: 'ZA_BOOKCALC_S'
@EndUserText.label: 'Booking View Extension'
extend view ZC_BOOKING_WITH_CALC with ZC_BOOKING_WITH_CALC_EXT
{
    Reserved,
```

```
    case
        when Cancelled <> 'X'
            then 'No'
        else 'Yes'
    end as FlightCancelled,

    dats_days_between(
        cast($session.system_date as abap.dats),
        FlightDate
    ) as DaysSinceFlight
}
```

Listing 4.8 CDS-View-Erweiterung

Eine weitere Möglichkeit in einer CDS-View-Erweiterung ist die Definition von zusätzlichen Assoziationen. Ein konkretes Beispiel findet sich in Listing 4.9, wo der Basis-View um eine Assoziation zum CDS-View `ZI_CARRIER` erweitert wird, die als `_CARRIER` exponiert ist.

```
@AbapCatalog.sqlViewAppendName: 'ZA_BOOKCALC_S'
@EndUserText.label: 'Booking View Extension'
extend view ZC_BOOKING_WITH_CALC with ZC_BOOKING_WITH_CALC_EXT
association to ZI_CARRIER as _CARRIER
    on $projection.carrierid = _CARRIER.CarrierId
{
    Reserved,

    case
        when Cancelled <> 'X'
            then 'No'
        else 'Yes'
    end as FlightCancelled,

    dats_days_between(
        cast($session.system_date as abap.dats),
        ZC_BOOKING_WITH_CUSTOMERS.FlightDate
    ) as DaysSinceFlight,

    //Exposed Association
    _CARRIER
}
```

Listing 4.9 CDS-View mit Erweiterung und Assoziation

Bei der Erweiterung von CDS-Views ist es wichtig, die Namen für Repository-Objekte und zusätzliche Entitäten sorgfältig zu wählen, um Konflikte bei zukünftigen Upgrades zu vermeiden. Es wird empfohlen, die zusätzlichen Repository-Objekte in einem geeigneten Namensraum zu platzieren und keine zu generischen Namen für Elementlisteneinträge und Assoziationen zu verwenden, um Konflikte mit zukünftigen Erweiterungen des Standards zu vermeiden. Es wird empfohlen, aber nicht vorgeschrieben, denselben Namen für Datendefinition und CDS-Entität zu verwenden. Es ist jedoch wichtig, zu beachten, dass nach dem Transport einer DDL-Quelle aus dem Entwicklungssystem die Namen der SQL-Append-Views und CDS-Views feststehen und nicht mehr geändert werden können.

Ab ABAP Release 7.51 haben Sie die Möglichkeit, die Erweiterbarkeit eines CDS-Views mithilfe der Annotation `@AbapCatalog.viewEnhancementCategory` einzuschränken. Diese Annotation kann mit einer kommaseparierten Werteliste in eckigen Klammern verwendet werden. Die möglichen Werte sind:

- `#NONE`

  Die Option zu erweitern, ist nicht erlaubt. Sie kann nicht mit anderen Optionen kombiniert werden.

- `#PROJECTION_LIST`

  Änderungen an der `SELECT`-Liste und das Hinzufügen von Assoziationen sind erlaubt. Änderungen an CDS-Views mit `SELECT`-Listen, die Aggregatausdrücke oder eine `UNION`-Klausel enthalten, müssen jedoch explizit durch zusätzliche Werte erlaubt werden.

- `#GROUP BY`

  In einer `SELECT`-Liste, die aggregierte Ausdrücke enthält, können sowohl aggregierte als auch nicht-aggregierte Elemente aufgenommen werden, und auch zusätzliche Erweiterungen der `GROUP-BY`-Klausel sind erlaubt. Diese Option kann nur zusammen mit `#PROJECTION_LIST` angegeben werden.

- `#UNION`

  Erweiterungen der `SELECT`-Liste eines CDS-Views, die eine `UNION`-Klausel enthalten, sind erlaubt. Diese Option kann jedoch nur in Verbindung mit `#PROJECTION_LIST` angegeben werden.

4.4 Berechtigungen

In ABAP-Systemen basieren alle Berechtigungen auf einem speziellen Repository-Objekt namens *Berechtigungsobjekt*. SAP empfiehlt, Benutzerrollen mit generierten Berechtigungsprofilen zu definieren und zuzuweisen, anstatt Berechtigungsprofile direkt zu definieren und zuzuweisen.

Um eine Berechtigungsprüfung durchzuführen, prüft das System, ob eine bestimmte Berechtigung Teil von mindestens einem der Berechtigungsprofile ist, die einem bestimmten Benutzer zugeordnet sind. Dazu wird der Stammsatz des Benutzers untersucht, um die zugeordneten Berechtigungsprofile zu ermitteln.

Durch diese Art der Organisation und Zuweisung von Berechtigungen können Entwickler die Berechtigungsverwaltung vereinfachen und die Sicherheit in ABAP-Systemen erhöhen. Durch die Verwendung von Rollen und Berechtigungsprofilen können Berechtigungen schnell und effektiv an Benutzer vergeben werden, ohne dass jede Berechtigung einzeln verwaltet werden muss.

Einige Berechtigungsprüfungen werden implizit vom ABAP-Framework durchgeführt, wenn der Benutzer auf bestimmte Funktionen, wie z. B. eine Transaktion oder einen Report, zugreift. Normalerweise werden Berechtigungsprüfungen von Entwicklern in ABAP-Programmen mithilfe der ABAP-Anweisung `AUTHORITY-CHECK` durchgeführt.

Die ABAP Core Data Services haben ihr eigenes Berechtigungskonzept, das auf der im SQL-Standard definierten Data Control Language (DCL) basiert. Das ABAP-CDS-Berechtigungskonzept verwendet die im CDS definierten Bedingungen und kann auf klassische PFCG-Berechtigungen zurückgreifen, um Benutzerberechtigungen zu prüfen. Das CDS-Berechtigungskonzept koexistiert mit dem klassischen SAP-NetWeaver-AS-ABAP-Berechtigungskonzept. Die Konzepte können gemeinsam oder unabhängig voneinander verwendet werden. Das klassische Berechtigungskonzept basiert auf den bereits erwähnten Berechtigungsobjekten. Das CDS-Berechtigungskonzept basiert auf impliziten Berechtigungsprüfungen, die bei Zugriffsversuchen auf CDS-Entitäten entweder über Service Adaption Definition Language (SADL) oder über Open SQL aus den ABAP-Entwicklungsobjekten heraus erfolgen.

Entwickler definieren eine CDS-Rolle in einem separaten CDS-Quellcode für einen CDS-View mit der DCL-Anweisung `DEFINE ROLE`. Beim Zugriff auf eine CDS-Entität über SADL oder Open SQL wird Folgendes geprüft:

1. Ist eine Rolle für die CDS-Entität definiert?
2. Verfügt der aktuelle Benutzer über die erforderlichen Rechte?

Wenn für eine CDS-Entität keine Rolle definiert ist, gibt es keine Einschränkungen für die von der Abfrage zurückgegebenen Daten. Wenn für die CDS-Entität eine Rolle definiert ist, prüft das Access Control Management den aktuellen Benutzer auf Berechtigungen und liest nur die Daten, für die eine Berechtigung besteht. CDS-Rollen werden implizit allen Benutzern zugewiesen.

Ein Zugriffskontrollobjekt für einen CDS-View zu erstellen, ist direkt über das Kontextmenü des Views möglich (siehe Abbildung 4.12), indem Sie **New • Access Control** wählen.

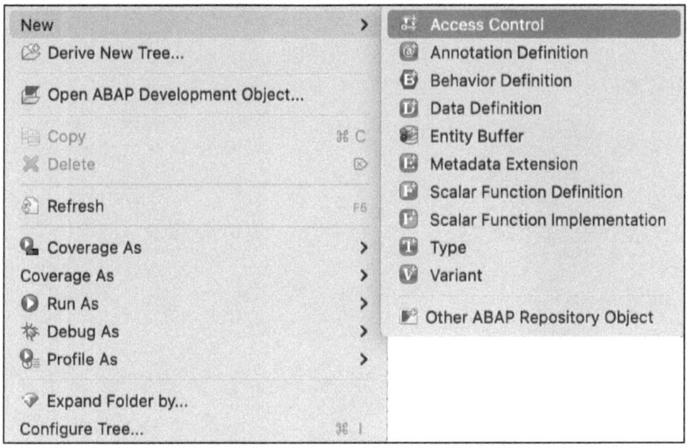

Abbildung 4.12 Artefakt der Access Control erstellen

Anschließend kann im Assistenten die Vorlage **Define Role with Simple Conditions** ausgewählt werden, wie in Abbildung 4.13 dargestellt.

Abbildung 4.13 Rolle mit Simple Conditions

Die Definition einer Rolle beginnt mit dem Schlüsselwort `define role`. Dann wird der CDS-View angegeben, auf den sich die Rolle bezieht. In Listing 4.10 ist dies der CDS-View `ZC_BOOKING_WITH_CUSTOMERS`, für den die `Select`-Berechtigung erteilt wird. Die gewünschte Einschränkung wird dann in der `where`-Klausel definiert. Im vorliegenden Beispiel wird nur das Land mit dem Wert `DE` berücksichtigt.

```
@EndUserText.label: 'Booking with Customers Role'
@MappingRole: true
define role Z_BOOKING_CUSTOMERS_ROLE {
    grant
        select
            on
                ZC_BOOKING_WITH_CUSTOMERS
                    where
                        Country = 'DE';

}
```

Listing 4.10 Rolle mit einer Simple Condition

Wie bereits erwähnt, ist es auch möglich, ein bereits vorhandenes Berechtigungsobjekt zu verwenden. Dazu bietet der Assistent eine Vorlage namens **Define Role with PFCG Aspect** an (siehe Abbildung 4.14).

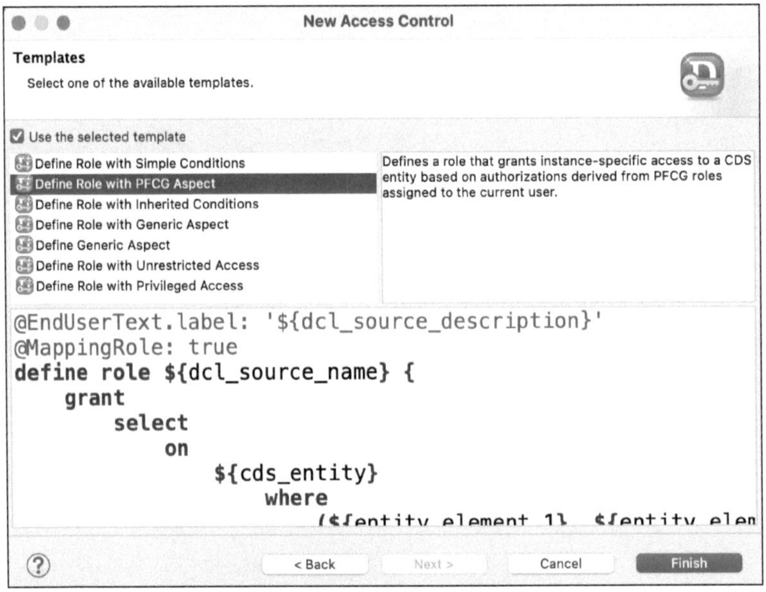

Abbildung 4.14 Rolle mit PFCG-Aspekt

Der einzige Unterschied zur einfachen Condition ist die `where`-Klausel. Dort wird mit dem Schlüsselwort `aspect pfcg_auth` ein Aspekt definiert, der sich auf ein bereits vorhandenes Berechtigungsobjekt bezieht. Innerhalb dieses Aspekts wird zuerst das Berechtigungsobjekt angegeben, gefolgt von den zu prüfenden Feldern und der auszuführenden Aktivität (siehe Listing 4.11).

```
@EndUserText.label: 'Booking with PFCG Role'
@MappingRole: true
define role Z_BOOKING_WITH_PFCG {
    grant
        select
            on
                ZC_BOOKING_WITH_CUSTOMERS
                    where
                        (CarrierId) = aspect pfcg_auth(
                            S_CARRID,
                            CARRID,
                            ACTVT = '03');

}
```

Listing 4.11 Rolle mit PFCG-Aspekt

4.5 Zusammenfassung

In diesem Kapitel haben Sie in Abschnitt 4.1 die Grundlagen der Core Data Services kennengelernt. Wir haben mit einfachen CDS-Views begonnen und dann Joins und Projektionen behandelt. Anschließend haben Sie die leistungsstarke Funktionalität von berechneten Feldern kennengelernt und erfahren, wie SQL-Aggregationsfunktionen in CDS-Views verwendet werden können. Außerdem haben wir Sie mit dem virtuellen Datenmodell vertraut gemacht.

In Abschnitt 4.2 haben wir uns mit Assoziationen und Navigationseigenschaften beschäftigt. Dort haben Sie gelernt, wie Sie einen CDS-View als OData-Service bereitstellen. CDS-Views können ohne Änderungen erweitert werden, was in Abschnitt 4.3 ausführlich behandelt wurde. Schließlich haben wir in Abschnitt 4.4 gezeigt, wie Berechtigungsprüfungen in CDS-Views durchgeführt werden. Dabei haben wir sowohl einfache Anweisungen als auch die Verwendung von Berechtigungsobjekten demonstriert.

Kapitel 5

Einführung in TypeScript

TypeScript ist eine Erweiterung von JavaScript, die die Entwicklung einer robusten und wartbaren Codebasis ermöglicht. Dabei spielen Aspekte wie Typisierung, Klassen, Interfaces, Generics und andere Funktionen eine wichtige Rolle bei der Vereinfachung des Entwicklungsprozesses und der Erhöhung der Quellcodequalität. TypeScript hilft, typbezogene Fehler frühzeitig zu erkennen, die Komplexität des Codes zu reduzieren und die Lesbarkeit des Codes zu erhöhen.

TypeScript ist eine Skriptsprache, die von Microsoft entwickelt und 2012 veröffentlicht wurde. Sie basiert auf dem Standard 6 European Computer Manufacturers Association (ECMA) und ist unter der Apache-Lizenz verfügbar. TypeScript ist wahrscheinlich im Bereich der Webentwicklung am weitesten verbreitet. Aufgrund seiner zahlreichen Vorteile gegenüber JavaScript nimmt seine Bedeutung auch im Bereich der SAPUI5-Entwicklung enorm zu. Im Vergleich zu JavaScript bringt TypeScript viele zusätzliche Features mit, wie z. B. die Typisierung.

In diesem Kapitel werden wir uns TypeScript genauer ansehen. In Abschnitt 5.1 und in Abschnitt 5.2 werden wir uns mit den Grundlagen bzw. fortgeschrittenen Konzepten von TypeScript beschäftigen. In Abschnitt 5.3 werden wir die Klassen und Interfaces behandeln, die auch in anderen Programmiersprachen wie Java wichtig sind. In Abschnitt 5.4 erklären wir, was Generics sind, welche Vorteile sie bieten und wie man sie einsetzt. In Abschnitt 5.5 geht es schließlich um die Entwicklung von Modulen.

5.1 TypeScript-Grundlagen

Wie bereits erwähnt, basiert TypeScript auf dem ECMA-Standard, genau wie JavaScript. Die aktuelle Version ist ECMAScript (ES) 2022, die im Juni 2022 als insgesamt dreizehnte Version veröffentlicht wurde.

ECMA

ECMA ist eine gemeinnützige Organisation, die Standards für Computerhardware, Kommunikation und Programmiersprachen entwickelt.

TypeScript ist eine Obermenge von JavaScript und kann daher verschiedene Bibliotheken wie Angular verwenden. Ursprünglich wurde TypeScript nur von der Entwicklungsumgebung Visual Studio Code unterstützt, aber das ist nicht mehr der Fall. Inzwischen unterstützen fast alle gängigen integrierten Entwicklungsumgebungen (engl. Integrated Development Environments, IDEs) diese Programmiersprache. Aufgrund der Ähnlichkeiten mit JavaScript wird häufig eine Kombination aus beiden Sprachen verwendet. Im Prinzip kann JavaScript überall dort eingesetzt werden, wo auch TypeScript verwendet wird, aber umgekehrt ist dies nicht möglich. TypeScript-Code kann durch einen Compiler in JavaScript-Code umgewandelt werden.

Ob TypeScript und JavaScript zwei eigenständige Sprachen sind, wird oft diskutiert, da TypeScript eine Obermenge von JavaScript ist. In den meisten Fällen sind Entwickler, die TypeScript erlernen, jedoch bereits mit JavaScript vertraut oder lernen es zur gleichen Zeit.

Was sind also die Unterschiede zwischen JavaScript und TypeScript? Um die Vor- und Nachteile der beiden Sprachen zu vergleichen, ist ein direkter Vergleich der Funktionen und Eigenschaften am besten geeignet. Außerdem schauen wir uns die möglichen Einsatzgebiete und die Funktionsweise der Sprachen an. In den folgenden Abschnitten werden wir auch einen Blick auf die verschiedenen Datentypen werfen, die TypeScript bietet.

5.1.1 JavaScript

JavaScript ist eine leichtgewichtige Skriptsprache, die Daten verschiedener Art berechnen, validieren und ändern kann, um Webseiten interaktiv zu machen. Sie kann auch verwendet werden, um dynamisch Inhalte in HTML- und CSS-Dokumente einzufügen. JavaScript wird aufgrund seines Namens oft mit Java in Verbindung gebracht. Es ist jedoch wichtig, hier eine strikte Unterscheidung zu treffen. Abgesehen vom Namen haben die beiden Sprachen nichts miteinander zu tun.

JavaScript kann im Browser einfach ohne weitere Hilfsmittel ausgeführt werden. In JavaScript gibt es keine Typisierung, die auch als dynamische Typisierung bezeichnet wird. Das bedeutet, dass der Typ einer Variablen immer von ihrem Inhalt abhängt. Wenn Sie eine Zeichenkette in einer Variablen speichern, hat diese den Typ String. Wenn Sie nun eine Datumsinstanz in dieselbe Variable schreiben, hat die Variable nicht mehr den Typ String, sondern Date. Das mag zwar in der Entwicklung bequem sein, weil jeder Variablen immer ein beliebiger Wert oder Typ zugewiesen werden kann, führt aber oft zu Problemen, die bei Sprachen mit strenger Typisierung nicht aufgetreten wären. Außerdem leidet die Lesbarkeit des Programmcodes bis zu einem gewissen Grad.

5.1.2 TypeScript

Zusätzlich zu den Funktionen, die in JavaScript verfügbar sind, verfügt TypeScript über alle Funktionen und Konzepte der objektorientierten Entwicklung. Das bedeutet, dass mit TypeScript Klassen, Interfaces, Vererbung, Module usw. zur Verfügung stehen. Im Gegensatz zu JavaScript kann TypeScript nicht einfach im Browser ausgeführt werden. TypeScript-Code muss vor der Ausführung zunächst von einem Compiler in JavaScript-Code umgewandelt werden, was als *Transpiling* bezeichnet wird. Ein wesentlicher Vorteil von TypeScript ist, dass es eine strenge Typisierung aufweist. Dies macht den geschriebenen Code weniger anfällig für Fehler, da diese oft in einer früheren Phase der Entwicklung abgefangen werden können. Außerdem bietet es eine bessere Syntaxhervorhebung, was die Entwicklung und Analyse von Quellcode erheblich vereinfacht.

Wenn wir einer Variablen in JavaScript den Wert `Hello World` zuweisen wollen, sieht das so aus:

```
let myString = "Hello World";
```

In TypeScript sieht das fast identisch aus. Auch hier wird ein Typ angegeben – in unserem Fall String:

```
let myString: string = "Hello World";
```

Wenn Sie versuchen würden, der Variablen einen Wert vom Typ Zahl zuzuweisen, würde dies in TypeScript zu einem Syntaxfehler führen, während Sie in JavaScript keine Rückmeldung erhalten würden. Ein Beispiel wäre etwa:

```
myString = 1;
```

Zusätzlich zu den bereits vorhandenen Standardtypen wie String, Number, Boolean usw. können Sie in TypeScript auch eigene Typen definieren, wie später in Abschnitt 5.3, »Klassen und Interfaces«, gezeigt wird.

Die Frage, wann Sie JavaScript und wann TypeScript verwenden sollten, ist allerdings noch nicht geklärt. Grundsätzlich ist JavaScript geeignet, wenn Sie ein schnelles, kurzes Skript schreiben oder kleine Projekte entwickeln wollen. Handelt es sich jedoch um ein größeres Projekt, an dem mehrere Entwickler beteiligt sind, ist TypeScript die bessere Entscheidung, vor allem weil der in TypeScript geschriebene Quellcode viel einfacher zu lesen ist. Außerdem ist es einfacher, externe Bibliotheken und verschiedene Frameworks in TypeScript zu integrieren.

5.1.3 Zweck von TypeScript

Mit TypeScript lässt sich qualitativ besserer Quellcode schreiben. Der Grund dafür ist, dass – anders als in JavaScript – Probleme viel früher auftreten und daher auch früher korrigiert werden können. So können beispielsweise Fehler, die durch falsche Typen verursacht werden, bereits während der Entwicklung durch entsprechende Typisierung und Syntaxhervorhebung erkannt werden. In JavaScript können solche Fehler meist erst beim Testen der Anwendung entdeckt werden. Das spart Zeit sowohl bei der Entwicklung als auch bei der Qualitätssicherung.

Nicht nur der entwickelte Code ist qualitativ hochwertiger, sondern auch die Entwicklung selbst ist einfacher. Durch entsprechende Typisierung, die es in JavaScript nicht gibt, können Komfortfunktionen wie die Code-Vervollständigung genutzt werden. So werden Ihnen verfügbare Funktionen oder Eigenschaften vorgeschlagen, die mit einem Objekt ausgeführt werden können. Auf diese Weise muss man nicht in der Dokumentation nachschlagen, sondern es ist sozusagen in die Entwicklungsumgebung integriert. Dieser Aspekt von TypeScript ist sehr nützlich, vor allem wenn man Bibliotheken oder Frameworks verwendet.

Oft möchte man am Ende der Entwicklung eine Programmdokumentation erstellen. Auch hier schafft TypeScript durch die Typisierung Abhilfe. Während in JavaScript die Dokumentation über Kommentare eingefügt werden muss, kann TypeScript dies out of the box tun. Mit TypeScript kann man über die verwendeten Typen erklären, wie der Quellcode verwendet werden soll. Zusätzlich kann man einen Generator wie TypeDoc verwenden, der für die Ausgabe einer Dokumentation zuständig ist.

5.1.4 Verwendung von TypeScript

Während JavaScript ohne weitere Installation verwendet werden kann, muss TypeScript installiert werden, um es zu verwenden. Zur Installation von TypeScript werden Node.js und der Node Package Manager (npm) benötigt.

[»]

Node.js und der Node Package Manager

Im Folgenden werden die Begriffe Node.js und Node Package Manager näher erläutert:

- **Node.js**
  Node.js ist eine serverseitige JavaScript-Laufzeitumgebung, mit der JavaScript-Code außerhalb eines Browsers ausgeführt werden kann. Die asynchrone Arbeitsweise ermöglicht eine hohe Skalierbarkeit und Leistung. Darüber hinaus werden Entwicklern zahlreiche Module und Pakete angeboten, mit denen Anwendungen um verschiedene Funktionen erweitert werden können. Diese Pakete können mit npm installiert werden.

- **Node Package Manager (npm)**
  npm ist ein Tool, mit dem Sie verschiedene Pakete, Module oder Bibliotheken für Node.js-Anwendungen installieren, aktualisieren und verwalten können. npm enthält mehr als 1 Million Projekte, die von der Open-Source-Community bereitgestellt werden. Damit ist es das größte Paket-Repository für JavaScript. Der Funktionsumfang dieser bereitgestellten Pakete ist sehr breit gefächert. So gibt es sowohl komplexe Frameworks, die für die Webentwicklung genutzt werden, als auch Pakete, die nur einfache Hilfsfunktionen bieten.

Um solche Pakete in die eigenen Anwendungen zu integrieren, müssen die Abhängigkeiten zu diesen Paketen in der Datei **package.json** eingetragen werden, die in Node.js-Projekten existiert. npm sorgt schließlich dafür, dass die definierten Abhängigkeiten verfügbar und installiert sind.

Node.js kann über die offizielle Website *www.nodejs.org/en/download* heruntergeladen und installiert werden. Mit der Installation von Node.js wird auch npm installiert. Sobald diese Installation abgeschlossen ist, kann TypeScript mit npm installiert werden. Dies geschieht mit dem folgenden Befehl über die Kommandozeile:

```
npm install -g typescript
```

Wie in Abbildung 5.1 dargestellt, wird nach erfolgreicher Installation eine Erfolgsmeldung angezeigt.

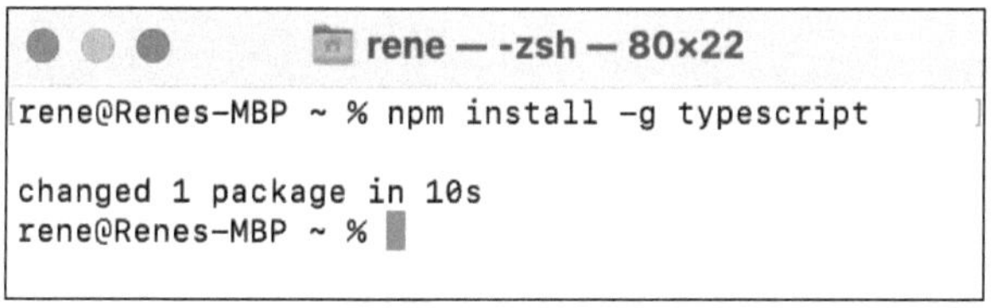

Abbildung 5.1 Installation von TypeScript mittels npm

Wenn Sie nun `tsc` in die Konsole eingeben und ausführen, sollten Sie eine ähnliche Ausgabe wie in Abbildung 5.2 sehen. In dieser Ausgabe können Sie sehen, welche Version von TypeScript installiert ist, und Sie erhalten Hilfe zu den verfügbaren Befehlen.

Um TypeScript so zu kompilieren, dass ausführbares JavaScript erzeugt wird, gibt es einen weiteren Befehl: `tsc` (TypeScript-Compiler). Wenn TypeScript jedoch zum ersten Mal in einem Projekt eingerichtet wird, sollte eine TypeScript-Konfigurationsdatei namens **tsconfig.json** kompiliert werden, die u. a. Konfigurationen für den Compiler enthält. Eine Standardkonfiguration kann mit dem folgenden Befehl erstellt werden:

```
tsc --init
```

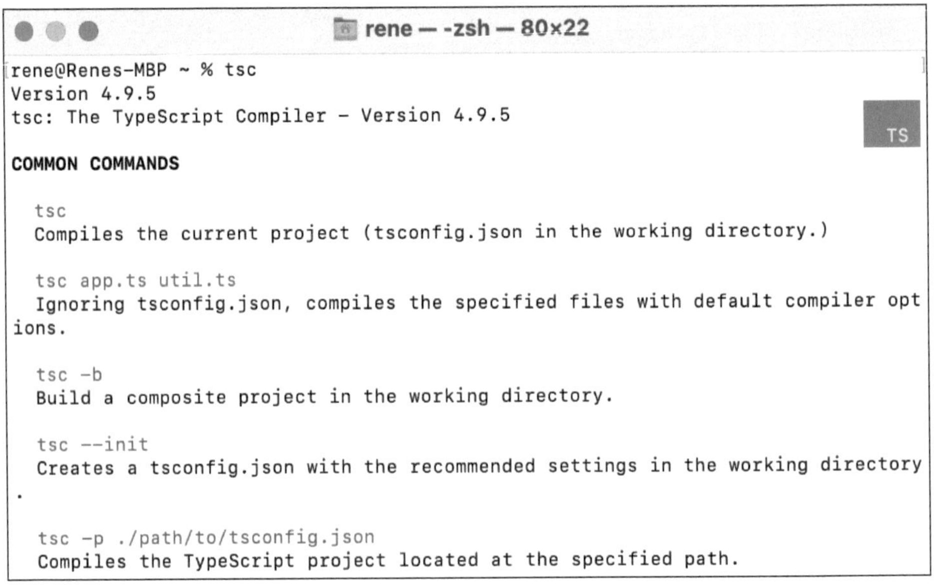

Abbildung 5.2 Installation von TypeScript prüfen

Anfänglich könnte diese Datei so aussehen wie in Listing 5.1.

```
{
   "compilerOptions": {
      /* Language and Environment */
      "target": "es2016",
      /* Modules */
      "module": "commonjs",
      /* Interop Constraints */
      "esModuleInterop": true,
      "forceConsistentCasingInFileNames": true,
      /* Type Checking */
      "strict": true,
      /* Completeness */
      "skipLibCheck": true
   }
}
```

Listing 5.1 Datei »tsconfig.json«

Nachdem die Konfigurationsdatei erstellt wurde, kann der Code durch Ausführen des Befehls `tsc` kompiliert werden. Bei der Ausführung dieser Befehle ist es wichtig, zu beachten, dass sie immer im Stammverzeichnis des Projekts ausgeführt werden.

5.1.5 Datentypen

Nachdem nun die Typisierung in TypeScript unterstützt wird, wollen wir uns die verschiedenen Datentypen ansehen, die uns zur Verfügung stehen. Natürlich können die folgenden Datentypen jederzeit durch speziell entwickelte Typen ergänzt werden:

- **Primitive Typen**

  TypeScript bringt die folgenden primitiven Datentypen mit sich:

  - String
  - Number
  - Boolean

  Dies sind auch die am häufigsten verwendeten Datentypen.

  Der String-Datentyp kann zur Darstellung von Zeichenketten verwendet werden, z. B. »`Hello World!`«. Der Datentyp Number hingegen wird für alle Zahlen verwendet. Anders als in Programmiersprachen wie Java oder C gibt es hier keine Unterscheidung zwischen Integer und Float. Zahlen wie 38 oder 3,9 können mit dem Typ Number dargestellt werden. Der letzte primitive Datentyp ist Boolean, der für boolesche Ausdrücke verwendet wird. Eine Variable vom Typ Boolean kann also die Werte `true` oder `false` annehmen.

- **Arrays**

  Ein spezieller Typ zur Darstellung von Listen oder Arrays ist Array. Im Prinzip kann ein Array aus jedem Typ erstellt werden. Die Syntax lautet wie folgt: `type[]`, um also ein Array mit Zahlen zu definieren, müssten Sie `number[]` schreiben.

- **Any Type**

  TypeScript bringt einen weiteren speziellen Typ mit, Any Type, der immer dann verwendet werden kann, wenn man auf die explizite Angabe eines Typs verzichten möchte.

  Wenn eine Variable mit Typ Any vorhanden ist, kann auf alle ihre Eigenschaften zugegriffen werden. Im Grunde kann man damit fast alles machen, was syntaktisch korrekt ist. Allerdings sollte dieser Typ nur dann verwendet werden, wenn man bewusst keine lange Typdefinition schreiben will, nur um TypeScript von der Korrektheit des Codes zu überzeugen. Der Typ Any wird auch verwendet, wenn kein Typ angegeben ist.

5.2 TypeScript der nächsten Generation

Natürlich gibt es in TypeScript auch fortgeschrittenere Konzepte und Funktionen, auf die wir in diesem Abschnitt näher eingehen werden. In den folgenden Abschnitten werden Sie sehen, wie anonyme Funktionen und Arrow Functions implementiert werden können. Diese bieten eine kurze Möglichkeit, bestimmte Funktionen zu definieren und zu implementieren. Sie werden auch sehen, wie Funktionen überladen und Rest-Parameter verwendet werden können. Für fortgeschrittene Themen werden wir auch Vererbung und abstrakte Klassen erklären.

5.2.1 Anonyme Funktionen

Ähnlich wie in anderen Sprachen, z. B. Java, ist es auch in TypeScript möglich, *anonyme Funktionen* zu definieren. Eine solche Funktion kann wie jede andere Funktion eine beliebige Anzahl von Übergabeparametern und einen beliebigen oder gar keinen Rückgabetyp haben.

Die Syntax für eine anonyme Funktion ist in Listing 5.2 dargestellt.

```
let fnAnonymous = function([args]) {
// body
}
```

Listing 5.2 Syntax einer anonymen Funktion

5.2.2 Arrow Functions

Neben den anonymen Funktionen sind auch *Arrow Functions* sehr beliebt. Im Grunde handelt es sich dabei um anonyme Funktionen in einer kürzeren Notation. Arrow Functions sind in anderen Programmiersprachen auch als *Lambda-Funktionen* bekannt. Die Syntax dieser Funktion lautet wie folgt:

```
(param1, ..., paramN) => expression
```

Der hier verwendete Pfeil (`=>`), von dem diese Art von Funktion auch ihren Namen hat, ersetzt das Schlüsselwort `function`. Darüber hinaus trennt der Pfeil die Übergabeparameter (links) vom Funktionskörper (rechts). Genau wie anonyme oder normale Funktionen kann dieser Funktionstyp beliebig viele Übergabeparameter und auch einen beliebigen oder gar keinen Rückgabetyp haben.

Übergabeparameter werden hier in runden Klammern () übergeben. Wenn Sie nur einen Übergabeparameter haben, können die Klammern auch weggelassen werden. Das Gleiche gilt für die Anweisungen des Funktionskörpers. Diese sind innerhalb der geschweiften Klammern zu platzieren. Wenn die Funktion nur aus einer Anweisung besteht, können diese Klammern auch weggelassen werden.

Wenn Sie nun eine Funktion definieren wollen, die die Summe von zwei übergebenen Zahlen berechnet, kann diese wie in Listing 5.3 aussehen.

```
let sum = (a: number, b: number): number => {
   return a + b;
}
sum(3, 5); // returns 8
```

Listing 5.3 Definition einer Arrow Function

Da diese Funktion nur aus einer Anweisung besteht, kann sie noch weiter optimiert werden, wie im Folgenden gezeigt wird:

```
let sum = (a: number, b: number): number => a + b;
sum(3, 5); // returns 8
```

Wie Sie sehen können, entfallen in der optimierten Version nicht nur die geschweiften Klammern, sondern auch das Schlüsselwort `return`.

5.2.3 Rest-Parameter

Oft ist es unsicher oder ändert sich, wie viele Parameter tatsächlich an eine Funktion übergeben werden. TypeScript schafft in diesem Fall Abhilfe mit Rest-Parametern. Dazu werden einfach drei Punkte (...) vor den Bezeichner des Parameters gesetzt. Wenn ein Parameter als *Rest-Parameter* definiert ist, kann ihm eine beliebige Anzahl von Argumenten oder sogar überhaupt keine Argumente übergeben werden. Der Compiler erstellt automatisch ein Array, das die übergebenen Parameter enthält.

Listing 5.4 zeigt ein Beispiel, wie Rest-Parameter verwendet werden können.

```
function print(...vehicles: string[]) {
   console.log(vehicles);
}

print('Audi', 'BMW', 'VW'); // prints "Audi, BMW, VW"
print('Ford',); // prints "Ford"
print('',); // prints ""
```

Listing 5.4 Funktion mit Rest-Parametern

Wie im Beispiel gezeigt, kann der Funktion eine beliebige Anzahl von Zeichenketten übergeben werden, die schließlich innerhalb der Funktion zu einem Array zusammengeführt werden. Das Einzige, was bei der Verwendung dieser Parameter zu beachten ist, ist, dass sie nur als letzter Parameter in der Funktionsdeklaration aufgeführt werden dürfen.

5.2.4 Funktionsüberladung

Ein weiteres hilfreiches Konzept, das TypeScript bietet, ist die *Funktionsüberladung*. Hier ist es möglich, mehrere Funktionen mit demselben Namen zu haben. Diese Funktionen unterscheiden sich nur in ihren Parametertypen und Rückgabetypen. Die Anzahl der Parameter sollte dabei identisch sein.

Schauen wir uns dies an einem Beispiel an (siehe Listing 5.5).

```
function add(a: number, b: number): number;
function add(a: string, b: string): string;
function add(a: any, b: any): any {
  return a + b;
}

add(3, 5); // returns 8
add('Hello ', 'World'); // returns "Hello World"
```

Listing 5.5 Funktionsüberladung

Im Beispiel in Listing 5.5 haben wir eine Funktion `add()` mit zwei Funktionsdeklarationen und einer Implementierung definiert. Die erste Deklaration hat zwei Parameter vom Typ number und einen Rückgabetyp number. Die zweite Deklaration hingegen hat zwei Parameter vom Typ string und einen string als Rückgabetyp. Außerdem nimmt eine Funktionsimplementierung ebenfalls zwei Parameter, aber vom Typ any. Die Funktion tut nichts anderes, als die beiden übergebenen Parameter zu addieren. Wenn Zahlen übergeben werden, wird nur die Summe gebildet.

[!]

Kein Überladen bei unterschiedlicher Parameteranzahl

Beachten Sie, dass das Überladen von Funktionen mit einer unterschiedlichen Anzahl von Übergabeparametern nicht unterstützt wird.

5.2.5 Statische Mitglieder

Wie in ES6 sind auch in TypeScript *statische Mitglieder* (engl. static member) enthalten. Das Besondere an statischen Mitgliedern ist, dass sie, ohne dass eine Instanz der Klasse erstellt werden muss, existieren und somit verwendet werden können. Der Zugriff auf statische Mitglieder erfolgt über den Klassennamen und den Namen des Mitglieds. Statische Mitglieder werden durch das Schlüsselwort `static` gekennzeichnet oder definiert. Hilfsfunktionen oder Konstanten, aber auch andere Variablen und Funktionen werden oft als statische Mitglieder definiert.

In Listing 5.6 sehen Sie ein Beispiel für eine Klasse mit statischen Mitgliedern und wie auf sie zugegriffen werden kann. Natürlich können statische und nicht-statische Mitglieder auch gemischt werden.

```
class MathUtil {
   static PI: number = 3,141592;

   static square(a: number): number {
      return a*a;
   }
}
let PI = MathUtil.PI;
let result = MathUtil.square(3);
```

Listing 5.6 Klasse mit statischen Mitgliedern

5.2.6 Intersection- und Union-Typen

In TypeScript kann der Entwickler Intersection- oder Union-Typen definieren. Ein *Intersection-Typ* wird durch die Verschmelzung von zwei oder mehr verschiedenen Typen zu einem neuen Typ erstellt. Der neue Typ enthält somit alle Eigenschaften der beiden anderen Typen. Um dies zu erreichen, wird der Operator & verwendet. Dabei können beliebig viele Typen verschmolzen werden. Der Einfachheit halber werden wir nur zwei Typen verschmelzen.

Nehmen wir an, wir haben zwei Typen, type1 und type2, und wollen aus ihnen einen Intersection-Typ definieren. Wie das geht, sehen Sie im Folgenden:

```
type type_12 = type1 & type2;
```

Im Gegensatz zum Intersection-Typ wird der *Union-Typ* verwendet, um zu definieren, dass ein Wert einer von mehreren Typen sein kann. So kann z. B. definiert werden, dass einer Variablen type1 oder type2 zugewiesen werden kann. Für diesen Typ wird der Operator | verwendet. Im Folgenden können Sie sehen, wie dieser Typ gehandhabt werden kann. In unserem Fall verwenden wir nur zwei verschiedene Typen, aber es gibt hier keine Beschränkung.

```
let var1 = type1 | type2;
```

Unabhängig davon, ob ein Intersection-Typ oder ein Union-Typ verwendet wird, spielt es keine Rolle, in welcher Reihenfolge die einzelnen Typen definiert werden.

5.2.7 Variablendeklaration

Wie JavaScript bietet TypeScript die folgenden Möglichkeiten zur Deklaration von Variablen:

- `var`

  `var` ist die am längsten bestehende Möglichkeit, Variablen zu deklarieren. Oft ist es notwendig, Variablen mit `var` zu deklarieren, insbesondere wenn die Anwendung in alten Browsern laufen soll. Mit `var` definierte Variablen können mehrfach deklariert werden, was natürlich zu ungewollten Fehlern oder Missverständnissen führen kann. Wichtig ist, dass mit `var` definierte Variablen global verfügbar sind, d. h., dass auf solche Variablen auch schon vor ihrer Deklaration zugegriffen werden kann.

- `let`

  Das Schlüsselwort `let` ist der Nachfolger von `var`. Im Gegensatz zu `var`-Variablen sind Variablen, die mit `let` deklariert werden, nur in dem Block verfügbar, in dem sie definiert wurden. Dies wird auch als Blockbereich oder Block Scope bezeichnet. Das heißt, wenn eine Variable innerhalb einer `if`-Anweisung oder einer Schleife mit `let` deklariert wird, kann außerhalb des Blocks nicht mehr auf sie zugegriffen werden.

- `const`

  Konstanten können mit dem Schlüsselwort `const` erstellt werden. Wichtig ist dabei, dass diesen sofort ein Wert zugewiesen wird, da dies zu einem späteren Zeitpunkt nicht mehr möglich ist. Der Geltungsbereich einer `const`-Variable ist auf den Block beschränkt, in dem sie definiert ist.

Einige Vorteile von `let` gegenüber `var` sind folgende:

- Variablen mit Blockbereich können nicht gelesen oder geändert werden, bevor sie überhaupt deklariert wurden (siehe Listing 5.7).

  ```
  console.log(var1); // Compiler Error
  let var1: number = 1;

  console.log(var2); // No Error, Ouput: undefined
  var var2: number = 1;
  ```

  Listing 5.7 »let« versus »var«

  Bei der Deklaration mit `let` würden wir in diesem Beispiel auf einen Fehler stoßen. Wenn die Variable jedoch mit `var` deklariert wird, tritt kein Fehler auf, und der Wert in der Variablen wäre `undefined`.

- `let`-Variablen können nicht mehr als einmal deklariert werden. Während `var`-Variablen mehrmals mit demselben Namen deklariert werden können, ist dies bei let-Variablen nicht möglich. Bei let-Variablen stößt man auch hier auf einen Fehler, da die Variablen mehrfach in ein und demselben Block vorkommen. Listing 5.8 zeigt ein entsprechendes Beispiel.

```
var num1: number = 1; // OK
var num1: number = 2; // OK

let num2: number = 1; // OK
let num2: number = 2; // Compiler Error
```

Listing 5.8 Mehrfache Deklaration von Variablen

- let-Variablen reduzieren die Fehleranfälligkeit. Die Verwendung von let fördert nicht nur die Wartbarkeit und Lesbarkeit des Codes, sondern sorgt auch dafür, dass die Anzahl der Laufzeitfehler reduziert wird. Dies liegt daran, dass mögliche Fehler bereits vom Compiler erkannt werden.

5.2.8 Vererbung

Wie in anderen Programmiersprachen spielt die *Vererbung* auch in TypeScript eine wichtige Rolle, insbesondere wenn es um die Wiederverwendung von Eigenschaften und Methoden aus anderen Klassen geht. Die Klasse, die Eigenschaften und Methoden von einer anderen Klasse erbt, wird als Kindklasse bezeichnet. Die Klasse, die geerbt wird, wird als Elternklasse bezeichnet.

Wie bereits erwähnt, wird durch die Vererbung eine gewisse Wiederverwendbarkeit erreicht und damit auch verhindert, dass identischer Code mehrfach definiert wird. In JavaScript wird die klassische Vererbung nicht unterstützt, wohl aber die prototypische Vererbung. In TypeScript hingegen wird die Vererbung auf die gleiche Weise unterstützt wie in ES6.

Um zu definieren, dass eine Kindklasse von einer Elternklasse erbt, wird das Schlüsselwort extends verwendet. Es ist am besten, dies an einem praktischen Beispiel zu sehen. Nehmen wir an, wir haben eine class Vehicle wie in Listing 5.9 gezeigt.

```
class Vehicle {
  private brand: string;
  private color: string;

  constructor(brand: string, color: string) {
    this.brand = brand;
    this.color = color;
  }

  getBrand(): string {
```

```
        return this.brand;
    }
}
```

Listing 5.9 Definition einer Elternklasse

Wie Sie hier sehen können, haben wir ein `class vehicle` mit den Attributen `brand` und `color`. Ein Fahrzeug kann viele verschiedene Dinge sein – Auto, Lastwagen usw. –, aber sie alle haben die Attribute `brand` und `color`.

Um ein konkretes Fahrzeug, wie z. B. ein Auto, zu implementieren, gehen wir wie in Listing 5.10 gezeigt vor.

```
class Car extends Vehicle {
    private registrationDate: date;
    ...
    constructor(brand: string, color: string, registrationDate: date) {
        super(brand, color);
        this.registrationDate = registrationDate;
    }
}
```

Listing 5.10 Definition einer Kindklasse

Wie im vorherigen Beispiel gezeigt, sind die Eigenschaften `brand` und `color` nicht in der `class car` definiert. Das liegt daran, dass sie von der Klasse `Vehicle` geerbt werden, was bedeutet, dass alle Methoden und Eigenschaften von `class vehicle` in die erbende Klasse übernommen werden. Dennoch kann die Klasse um weitere Eigenschaften und Methoden erweitert werden. In unserem Fall wird die Klasse um die Eigenschaft `registrationDate` erweitert.

Neben der Verwendung des `extends`-Schlüsselworts gibt es eine weitere Auffälligkeit in dieser Klassendefinition. Im Konstruktor wird nämlich die Funktion `super` aufgerufen. Diese Funktion ist der Aufruf an den Konstruktor der Elternklasse. Es ist wichtig, dass dieser Aufruf der erste Aufruf im Konstruktor der Kindklasse ist. Außerdem müssen die übergebenen Parameter mit den Parametern übereinstimmen, die in der Elternklasse definiert sind. Neben dem Aufruf des Konstruktors können die Funktionen der Elternklasse auch mit dem Schlüsselwort `super` aufgerufen werden, wie hier gezeigt:

```
super.functionName();
```

Da alle Eigenschaften und Methoden von der übergeordneten Klasse geerbt werden, sind Ausdrücke wie der folgende zulässig und liefern auch ein korrektes Ergebnis:

```
let car = new Car('Audi', 'blue', new Date());
car.getBrand();    // returns "Audi"
```

Wenn möglich, sollten die Elternklassen so gestaltet sein, dass die Methoden auch für alle Kindklassen verwendet werden können. Oft ist dies jedoch nicht möglich. In diesem Fall kann die Methode jedoch einfach in der Kindklasse redefiniert werden, wie in Listing 5.11 gezeigt.


```
class Car extends Vehicle{
   getBrand(): string {
   return 'Brand: ' + this.brand;
   }
}
```

Listing 5.11 Redefinieren einer Methode der Elternklasse

Wird nun eine Instanz der Klasse `Car` erzeugt und die Methode `getBrand` aufgerufen, wird nicht mehr die Implementierung aus der Elternklasse verwendet, sondern die überschriebene Implementierung in der konkreten Klasse `Car`.

5.2.9 Abstrakte Klassen

TypeScript unterstützt auch das Konzept der abstrakten Klassen. Grundsätzlich werden abstrakte Klassen verwendet, um zu definieren, wie sich abgeleitete Klassen verhalten sollen. Im Gegensatz zu normalen Klassen können abstrakte Klassen nicht instanziiert werden. Wenn eine Klasse von einer abstrakten Klasse erbt, ist sie automatisch abstrakt, solange die abstrakten Methoden nicht implementiert sind. Das wichtigste Schlüsselwort im Zusammenhang mit abstrakten Klassen ist `abstract`.

Typischerweise werden in einer abstrakten Klasse eine oder mehrere abstrakte Methoden definiert. Diese enthalten jedoch keine Implementierung, sondern definieren nur die Signatur. Die Implementierung der abstrakten Methoden finden wir in der konkreten Klasse, die von der abstrakten Klasse erbt.

Wie die Definition einer abstrakten Klasse aussehen könnte, sehen Sie in Listing 5.12.

```
abstract class Vehicle {
   abstract getPrice(): number;
}
```

Listing 5.12 Definition einer abstrakten Klasse

Nachdem im vorangegangenen Beispiel eine abstrakte Klasse mit einer abstrakten Methode definiert wurde, ist es nun notwendig, diese in einer anderen Klasse zu implementieren. Neben der Vererbung der Klasse muss auch die Implementierung der Methode definiert werden. In Listing 5.13 sehen wir, wie dies in unserem Fall aussehen könnte.

```
class Car extends Vehicle {
  getPrice(): number {
    return 30000;
  }
}
```

Listing 5.13 Implementierung einer abstrakten Klasse

5.3 Klassen und Interfaces

Ähnlich wie in Java stehen Entwicklern in TypeScript objektorientierte Konzepte wie Klassen und Interfaces zur Verfügung. In TypeScript dienen Klassen als Bausteine für die Modellierung von Objekten, indem sie Eigenschaften und Methoden definieren, während Interfaces verwendet werden, um den Typ eines Objekts zu beschreiben, ohne eine Implementierung zu spezifizieren. Klassen erlauben es, Objekte zu instanziieren und Methoden aufzurufen, während Interfaces als Verträge dienen, die definieren, welche Eigenschaften und Methoden ein Objekt haben muss, um als ein bestimmter Typ zu gelten.

5.3.1 Klassen

Im Grunde sind Klassen in TypeScript ähnlich wie in anderen Programmiersprachen. Mit Klassen können Sie eine Vorlage für die Erstellung von Objekten definieren. Diese Vorlage enthält schließlich verschiedene Methoden und Eigenschaften. Die definierten Methoden müssen nicht unbedingt mit den definierten Eigenschaften zusammenhängen. Zu beachten ist auch, dass Klassen in TypeScript, genau wie in Java, Eigenschaften, Methoden und Konstruktoren, aber auch Access Modifier enthalten können. Wenn ein Objekt einer Klasse erstellt wird, nennt man es eine Instanz.

Klassen in TypeScript können, genau wie in anderen objektorientierten Programmiersprachen, Folgendes enthalten:

- Konstruktor
- Eigenschaften
- Methoden

Bevor wir diese drei Elemente besprechen, sehen wir uns zunächst ein paar Beispiele für eine TypeScript-Klasse an.

Beispiel einer Klasse

Eine TypeScript-Klasse könnte wie die in Listing 5.14 gezeigte aussehen.

```
class Vehicle {
   brand: string;
   color: string;

   constructor(pBrand: string, pColor: string) {
      this.brand = pBrand;
      this.color = pColor;
   }

   getBrand(): string {
      return this.brand;
   }
}
```

Listing 5.14 Beispiel einer Klasse in TypeScript

Wie wir jedoch in einem früheren Abschnitt gelernt haben, wird TypeScript-Code vom Compiler in JavaScript-Code umgewandelt. In Listing 5.15 können Sie sehen, wie die vorangegangene Klasse in JavaScript aussehen würde. Wie Sie gleich sehen werden, ist die Klasse in TypeScript viel einfacher zu lesen und zu verstehen.

```
var Vehicle = (function() {
   function Vehicle(brand, color) {
      this.brand = brand;
      this.color = color;
   }

   Vehicle.prototype.getBrand = function() {
      return this.brand;
   };
   return Vehicle;
}());
```

Listing 5.15 TypeScript-Klasse kompiliert in JavaScript

Konstruktor

Ein *Konstruktor* ist eine besondere Art von Methode einer Klasse. Immer wenn eine Instanz einer Klasse erstellt wird, wird ihr Konstruktor aufgerufen. In TypeScript hat dieser immer den Methodennamen `constructor`. In anderen Programmiersprachen, wie z. B. Java, stellt eine Methode mit dem Namen der Klasse den Konstruktor dar.

In unserem Beispiel enthält die Klasse `Vehicle` einen Konstruktor mit den Parametern `pBrand` und `pColor`. Im Konstruktor kann über das Schlüsselwort `this` direkt auf die Mitgliedsvariablen der Klasse zugegriffen werden – in diesem Fall `this.brand` und `this.color`. Hier passiert nichts, außer dass die Werte der beiden übergebenen Variablen in den entsprechenden Mitgliedsvariablen gespeichert werden. Eine Klasse muss nicht unbedingt einen Konstruktor haben. Wenn dieser weggelassen wird, existiert der Standardkonstruktor, der keine Parameter akzeptiert.

Um nun eine Instanz einer Klasse zu erzeugen und damit auch den Konstruktor aufzurufen, wird das Schlüsselwort `new` verwendet. In unserem Fall würden wir dies mit der folgenden Anweisung tun:

```
let vehicle = new Vehicle('Audi', 'blue');
```

Sichtbarkeiten von Attributen und Methoden

Eigenschaften und Methoden einer Klasse können unterschiedliche Sichtbarkeiten haben. Der Grund für die Verwendung solcher Sichtbarkeiten ist das Konzept der Kapselung. Die folgenden sind verfügbar:

- private
- protected
- public

Was die einzelnen Sichtbarkeiten im Einzelnen bedeuten, werden wir uns im Folgenden ansehen.

Sichtbarkeit »private«

Wenn eine Eigenschaft oder eine Methode mit der Sichtbarkeit `private` definiert ist, bedeutet dies, dass nur innerhalb der Klasse auf sie zugegriffen werden kann; von außen ist sie nicht zugänglich. In der Regel werden Eigenschaften als `private` definiert, oft aber auch Methoden, wenn sie nur innerhalb der Klasse verwendet werden. Diese Methoden sind meist Hilfsmethoden.

Wie in Listing 5.16 gezeigt, wurde eine Eigenschaft als `private` und eine als `public` (Standardwert) definiert. Wenn nun eine Instanz außerhalb der Klasse erzeugt wird und auf beide Eigenschaften zugegriffen wird, führt dies manchmal zu Fehlern. Auf die öffentliche Eigenschaft `color` kann natürlich zugegriffen werden. Der Zugriff auf die private Eigenschaft `brand` führt jedoch zu einem Compiler-Fehler, da private Eigenschaften nur innerhalb der Klasse verfügbar sind. In diesem Fall müsste man entweder die Sichtbarkeit dieser Eigenschaft ändern oder, wie es üblich ist, öffentliche Methoden für den Zugriff auf diese Eigenschaft definieren.

```
class Car {
   private brand: string;
   color: string;
}
let car = new Car();
car.brand = 'Audi';
car.color = 'blue';
```

Listing 5.16 Klasse mit privaten Attributen

Sichtbarkeit »protected«

Der Zugriffsmodifikator `protected` ist ähnlich wie `private`. Es gibt jedoch einen kleinen Unterschied: Auf Mitglieder, die als `protected` definiert sind, kann auch von abgeleiteten Klassen aus zugegriffen werden. `protected` kann daher als eine Mischung aus `private` und `public` angesehen werden.

Sichtbarkeit »public«

Der letzte Zugriffsmodifikator, der auch den Standardwert angibt, ist `public`. Für die Verwendung von `public` gibt es keine Einschränkungen. Es ist daher möglich, auf diese Mitglieder sowohl von innen als auch von außen zuzugreifen. Methoden werden in der Regel als `public` definiert.

In dem Beispiel aus Listing 5.17 haben wir nun die Klasse `Car` definiert, die die Eigenschaften `brand` und `color` enthält. Während `brand` als `public` definiert ist, wurde für `color` kein Modifikator angegeben, was bedeutet, dass `public` hier der Standardwert ist. Da beide Eigenschaften `public` sind, kann auf sie direkt außerhalb der Klasse zugegriffen werden, wie es im Beispiel der Fall ist.

```
class Car {
   public brand: string;
   color: string;
}
let car = new Car();
car.brand = 'Audi';
car.color = 'blue';
```

Listing 5.17 Klasse mit öffentlichen Attributen

5.3.2 Interfaces

Während Klassen sowohl die Struktur eines Objekts als auch seine Funktionen abbilden, wird ein Interface nur zur Darstellung der Struktur eines Objekts verwendet. Das bedeutet, dass ein Interface im Grunde nur festlegt, welche Eigenschaften oder Methoden eine Klasse in einer späteren Instanz enthalten muss. Klassen, die ein Interface implementieren, müssen sich also an die Struktur des Interfaces halten.

Im Gegensatz zu Klassen werden Interfaces vom Compiler nicht in JavaScript-Code umgewandelt. Interfaces hingegen werden zur Typüberprüfung verwendet. Dies wird auch als *Duck Typing* oder *strukturelle Typisierung* bezeichnet. Interfaces werden mit dem Schlüsselwort `interface` deklariert. Neben den Eigenschaften können Interfaces auch Methodendeklarationen enthalten. In Listing 5.18 sehen Sie ein Beispiel für ein solches Interface.

```
interface IVehicle {
   brand: string;
   color: string;
   getMileage: () => number;
   getBrand(): string;
}
```

Listing 5.18 Interface in TypeScript

Das Interface in Listing 5.18 enthält zwei Eigenschaften: `brand` und `color`. Darüber hinaus hat es zwei Methoden, nämlich `getMileage` und `getBrand`. Die Methode `getBrand` ist als normale Methode mit einem `string` als Rückgabetyp deklariert. Die zweite Methode `getMileage` ist als Arrow Function mit `number` als Rückgabetyp deklariert. Wie diese Methoden deklariert werden, spielt hier jedoch keine Rolle und ist Geschmackssache des jeweiligen Entwicklers. Aufgrund der Struktur des Interfaces muss eine Klasse, die dieses Interface implementiert, beide Eigenschaften und beide Methoden definieren.

Im Folgenden sehen Sie, wie ein Interface implementiert werden kann. Außerdem werden Sie sehen, wie Interfaces verwendet werden können, um bestimmte Typen wie Funktionstypen oder Array-Typen zu definieren. Danach werden wir besprechen, wie bestimmte Eigenschaften eines Interfaces als optional oder schreibgeschützt definiert werden können.

Implementieren eines Interfaces

Ähnlich wie in anderen Programmiersprachen (z. B. Java) können Klassen definiert werden, die ein Interface implementieren. In Listing 5.19 können Sie sehen, wie eine Klasse aussehen würde, die das Interface aus Listing 5.18 implementiert. Das dafür verwendete Schlüsselwort ist `implements` in der Definition der Klasse.

```
class Vehicle implements IVehicle {
   brand: string;
   color: string;
   getMileage: () {
```

```
        return 1000;
    }
    getBrand(): string {
        return this.brand;
    }
}
```

Listing 5.19 Klasse, die ein Interface implementiert

Neben der Definition eines Interfaces für die Implementierung in Klassen ist es jedoch auch üblich, Interfaces für die Definition von Typen zu verwenden. In Listing 5.20 können Sie sehen, wie ein solches Interface aussehen könnte.

```
interface MessageStatus{
    status: string;
    message: string;
}
```

Listing 5.20 Interface als Typ

Wie Sie sehen können, haben wir ein Interface mit den beiden Eigenschaften `status` und `message` vom Typ `string` definiert. Bei der Erstellung von Variablen kann dieses Interface nun zusätzlich zu den bereits vorhandenen Typen verwendet werden. Da keine der Variablen optional ist, müssen beide Variablen bei der Erstellung des Objekts angegeben werden. Es ist nicht nur wichtig, dass beide Variablen angegeben werden, sondern auch, dass der Typ übereinstimmt.

In Listing 5.21 haben wir nun drei Variablen angelegt, die jeweils den Typ `MessageStatus` haben. Wir werden uns nun im Detail ansehen, welche davon gültig sind und zu Fehlern führen.

```
let msg1: MessageStatus = {status: 'OK', message: 'Ok!'};
let msg2: MessageStatus = {status: 'NOK', msg: 'Not ok!'};
let msg3: MessageStatus = {status: 1, message: 'Not ok!'};
```

Listing 5.21 Erstellen von Variablen mit einem Interface als Typ

Die Variable `msg1` folgt der Struktur des Interfaces und ist daher gültig. Die zweite Variable `msg2` enthält zwar die Eigenschaft `status`, aber die Eigenschaft `message` fehlt hier, weil statt `message` die Kurzform `msg` verwendet wird. Dadurch würde der Compiler auf einen Fehler stoßen, und die Anweisung wäre somit ungültig. Betrachtet man das dritte und letzte Beispiel, `msg3`, könnte man auf den ersten Blick meinen, dass es sich um eine gültige Anweisung handelt. Bei näherer Betrachtung fällt jedoch auf, dass zwar die Namen der definierten Eigenschaften korrekt sind, der Typ des übergebenen Parameters `status` jedoch vom Typ in dem Interface abweicht. Im Interface ist der Status mit einer Zeichenkette definiert, aber es wird ein Parameter vom Typ `number` übergeben. Daher ist auch diese Anweisung ungültig, und der Compiler zeigt dies mit einem Fehler an.

In diesem Beispiel haben wir das Interface als Typ für eine Variable verwendet. Es ist jedoch auch möglich, Interfaces als Typen für Funktionen oder Arrays zu verwenden, und die Vorgehensweise ist im Grunde die gleiche.

Interface als Typ einer Funktion

Listing 5.22 zeigt, wie ein Interface als Funktionstyp verwendet werden kann. Hier wird eine Methodensignatur im Interface definiert. Dann kann eine Variable mit dem Interface als Typ erstellt werden. In unserem Fall wird durch die Definition des Interfaces sichergestellt, dass die Variable nur Verweise auf Funktionen enthalten kann, die die gleiche Signatur haben, wie sie im Interface definiert ist. Der Versuch, eine Funktion mit einer anderen Signatur – einem anderen Übergabeparameter und einem anderen Rückgabetyp – zuzuweisen, würde zu einem Fehler führen.

```
interface MessageStatus {
   (status: string, message: string): void;
}
function print(status: string, message: string): void{
   console.log('Status=' + status + ', message=' + message);
}
let processor: MesssageStatus = print;
processor('OK', 'Ok!'); // Output: Status=OK, message=Ok!
```

Listing 5.22 Interface als Funktionstyp

Interface als Typ eines Arrays

Interfaces können auch als Typen für ein Array verwendet werden. Auch der Typ des Indexes kann hier definiert werden. Wenn wir ein Array erstellen wollen, das sowohl einen `index` als auch einen Wert vom Typ `string` verwendet, ist dies wie in Listing 5.23 gezeigt zu implementieren.

```
interface IArrayString {
   [index:string]: string;
}
let arrStr: IArrayString = {};
arrStr['OK'] = 'Ok!';
arrStr['NOK'] = 'Not ok!';
```

Listing 5.23 Definition eines Array-Typs mithilfe eines Interfaces

Im vorherigen Beispiel definiert das Interface IArrayString ein Array, in dem sowohl der Index als auch der Wert, der bei einem Index im Array gefunden wird, vom Typ String sind.

Optionale Eigenschaften

Es ist nicht immer sinnvoll, alle Eigenschaften eines Interfaces als Pflichtfelder zu definieren. Um zu vermeiden, dass Sie für verschiedene Fälle separate Interfaces definieren müssen, können einzelne Eigenschaften als optional definiert werden. Diese sind mit einem Fragezeichen (?) gekennzeichnet und müssen daher bei der Erstellung des Interfaces nicht als Pflichtfeld angegeben werden.

Wie in Listing 5.24 gezeigt, haben wir nun das zuvor verwendete Interface um eine weitere Eigenschaft, errorCode, erweitert. Da es in der Regel nur eine geben kann, wenn ein Fehler auftritt, wird diese durch das ? als optional gekennzeichnet. In diesem Fall sind beide Aussagen – success und error – gültig, auch wenn die erste diese neue Eigenschaft nicht definiert. Wenn die Eigenschaft nicht definiert ist, kann auch auf sie zugegriffen werden, aber der zurückgegebene Wert wäre undefined.

```
interface MessageStatus {
   status: string;
   message: string;
   errorCode?: string;
}

let success: MessageStatus = {status: 'OK', message: 'Ok!'};
let error: MessageStatus = {status: 'NOK', message: 'Not ok!', errorCode:
'500'};
```

Listing 5.24 Interface mit optionalen Eigenschaften

Read-only-Eigenschaften

Wenn Sie sicherstellen wollen, dass einer Eigenschaft nur einmal ein Wert zugewiesen werden kann, der dann nicht mehr geändert werden kann, bietet TypeScript auch das Schlüsselwort readonly. Ein Beispiel-Interface mit einer readonly-Eigenschaft ist in Listing 5.25 dargestellt.

```
interface Person {
   name: string;
   readonly birthday: string;
}
let pers = {name: 'Max', birthday: '2000-01-01'};
```

```
pers.name = 'Max II';
pers.birthday = '2000-02-02';
```

Listing 5.25 Interface mit »readonly«-Eigenschaft

In diesem Interface gibt es zwei Eigenschaften vom Typ `string`. Die Eigenschaft `name` ist nicht schreibgeschützt und kann daher nach Belieben geändert werden, während die zweite Eigenschaft `birthday` das Schlüsselwort `readonly` trägt. Dies hat zur Folge, dass diese Eigenschaft zunächst gesetzt, danach aber nicht mehr geändert werden kann. Eine Anweisung wie die in diesem Listing, die den Wert dieser Eigenschaft ändern würde, würde zu einem Compiler-Fehler führen.

5.4 Generics

Egal in welchem Bereich der Softwareentwicklung, Wiederverwendbarkeit ist ein sehr wichtiger Faktor. Dies spielt sowohl für UI-Komponenten als auch für Klassen oder Logiken eine entscheidende Rolle, um qualitativ guten, sauberen Code zu schreiben. Wiederverwendung erhöht aber auch die Flexibilität und vermeidet, dass identischer Code mehrfach gepflegt werden muss.

Generics existieren, um genau dies auf Klassenebene zu erreichen. Sie bieten die Möglichkeit, Komponenten auf eine bestimmte Weise wiederverwendbar zu machen. Dies schafft die Möglichkeit, dass Komponenten mit verschiedenen Datentypen umgehen können und nicht auf einen bestimmten beschränkt sind. Letztendlich können generische Komponenten mit beliebigen Datentypen verwendet werden, ohne dass die Funktionalität verloren geht. In TypeScript sind die Generics ähnlich wie in C#.

In den folgenden Abschnitten werden wir zunächst sehen, warum Generics wichtig sind und in der Entwicklung verwendet werden sollten. Danach werden wir uns die einzelnen Methoden ansehen, die von Generics bereitgestellt werden. Schließlich werden wir die Implementierung von Generics in Klassen und Schnittstellen untersuchen.

5.4.1 Beispiel für Generics

Schauen wir uns ein Beispiel dafür an, warum Generics in der Entwicklung relevant sind. In Listing 5.26 haben wir die Funktion `getArray()`, die ein Array des Typs `any` annimmt. In dieser Funktion passiert nichts, außer dass ein neues Array erstellt wird, in das die Elemente aus dem übergebenen Array eingefügt werden, und das Ergebnis schließlich zurückgegeben wird. Da der Typ `any` definiert wurde, können an dieser

Stelle Arrays mit beliebigen Datentypen übergeben werden. Dies ist jedoch nicht unbedingt das gewünschte Verhalten. In diesem Beispiel könnte man Elemente vom Typ `number` und `string` in die beiden Arrays `numberArray` und `stringArray` einfügen. In der Regel ist dies nicht erwünscht, aber ein Array sollte nur Elemente desselben Typs enthalten.


```
function getArray(arr: any[]): any[] {
  return new Array().concat(items);
}
let numberArray = getArray([10, 20, 30]);
let stringArray = getArray(['Full', 'Stack']);

numberArray.push(40); // OK
stringArray.push('Full-Stack'); // OK
numberArray.push('Test'); // OK
stringArray.push(50); // OK

console.log(numberArray); // [10, 20, 30, 40, 'Test']
console.log(stringArray); // ['Full', 'Stack', 'Full-Stack', 50]
```

Listing 5.26 Warum werden Generics benötigt?

Zur Lösung dieses Problems können Generics verwendet werden. Grundsätzlich muss die Methode `getArray()` in einen generischen Typ geändert werden. In unserem Fall geschieht dies mit der Typvariablen `<T>`. Diese Variable ist ein Spezialfall von Variablen, die einen Typ bezeichnen. Zum einen muss diese Typvariable in die jeweilige Funktion, die generisch sein soll, eingebunden werden, zum anderen muss beim Aufruf ein Typ übergeben werden. In Listing 5.27 können Sie sehen, welche Änderungen dies in der Implementierung mit sich bringt.

```
function getArray<T>(arr: T[]): T[] {
  return new Array<T>().concat(items);
}
let numberArray = getArray<number>([10, 20, 30]);
let stringArray = getArray<string>(['Full', 'Stack']);

numberArray.push(40); // OK
stringArray.push('Full-Stack'); // OK

numberArray.push('Test'); // Error
stringArray.push(50); // Error
```

Listing 5.27 Verwenden von Generics

Da die Methode `getArray()` nun einen Typ akzeptiert, muss dieser auch bei der Verwendung angegeben werden. Anstelle des vorher verwendeten Typs `any` wird nun der übergebene Typ verwendet. Außerdem wird der Typ bei der Instanziierung des Arrays verwendet, was bedeutet, dass es nicht mehr möglich ist, Elemente verschiedener Typen in einem Array zu mischen. Dies ist auch in dem Beispiel aus Listing 5.27 zu sehen.

Sie können auch generische Funktionen aufrufen, ohne einen Typ anzugeben, aber das ist nicht empfehlenswert. Der Compiler bestimmt den zu verwendenden Typ anhand des Typs des übergebenen Parameters.

Generics können auf Folgendes angewendet werden:

- Parameter einer Funktion
- Rückgabetypen einer Funktion
- Variablen einer Klasse
- Methoden einer Klasse

Die Anzahl der verwendeten generischen Datentypen ist nicht begrenzt. Auch wenn wir in unserem Beispiel nur einen solchen Datentyp verwenden, kann eine beliebige Anzahl zugewiesen werden. Wichtig ist nur, dass die Namen dieser Generics eindeutig gehalten werden. Außerdem können generische Datentypen auch in Verbindung mit nicht-generischen Datentypen verwendet werden.

5.4.2 Methoden von generischen Typen

Wenn Variablen vom generischen Typ verwendet werden, können sie nur auf Methoden und Eigenschaften zugreifen, die von ihrem Typ unabhängig sind. Zum Beispiel kann auf die Methode `toUpperCase()` oder `toFixed()`, die nur für Strings oder Zahlen existiert, nicht zugegriffen werden. Die folgenden Methoden sind z. B. für jedes Objekt verfügbar:

- `toString`
- `hashCode`
- `equals`

Auch hier kann mithilfe von Constraints weitere Flexibilität ins Spiel gebracht werden.

5.4.3 Generic Constraints

Im Prinzip erlaubt der generische Typ jeden Typ. Oft ist das aber nicht gewünscht. Deshalb bietet TypeScript auch hier Abhilfe, nämlich durch die Verwendung von Constraints. In Listing 5.28 können Sie sehen, wie Constraints verwendet werden.

```
class Vehicle {
   brand: string;
   color: string;

   constructor(pBrand: string, pColor: string) {
      this.brand = pBrand;
      this.color = pColor;
   }
}
function print<T extends Vehicle>(v: T): void {
   console.log('Brand=' + v.brand + ' color=' + v.color);
}
let vehicle = new Vehicle('Audi', 'blue');
print(vehicle); // Output: Brand=Audi color=blue
print("Audi"); // Error
```

Listing 5.28 Generic mit Constraints

Wie Sie in sehen können, haben wir die Klasse `Vehicle`, zusammen mit der Funktion `print()`, die eine generische Funktion mit einer Einschränkung ist. Diese Einschränkung wird in den spitzen Klammern nach dem generischen Typ angegeben. In unserem Fall ist dies `<T extends Vehicle>`, was einfach bedeutet, dass der generische Typ die Klasse `Vehicle` erben muss. Konkret bedeutet dies, dass es nicht mehr möglich ist, einen beliebigen Typ zu übergeben, sondern nur noch die Klasse `Vehicle` oder eine Unterklasse von ihr. Wird versucht, Typen zu übergeben, die dieser Regel nicht folgen, führt dies zu einem Fehler.

5.4.4 Generische Interfaces

Generische Datentypen können nicht nur auf Methoden angewandt werden, sondern auch dazu verwendet werden, Schnittstellen generisch zu gestalten. Schauen wir uns das anhand eines kurzen Beispiels an. In Listing 5.29 haben wir eine Schnittstelle definiert, die zwei Eigenschaften enthält: `key` und `value`. Der Variablen `key` wird der Typ der Typvariablen `K` zugewiesen, während der Variablen `value` der Typ der Typvariablen `V` zugewiesen wird. Die Bezeichnung dieser Variablen kann beliebig gewählt werden.

```
interface KeyValue<K, V> {
   key: K;
   value: V;
}
```

Listing 5.29 Definition eines generischen Interfaces

Listing 5.30 zeigt, wie ein Objekt vom Typ KeyValue erstellt wird. Auch hier ist es wichtig, dass die Typen entsprechend angegeben werden und dass die angegebenen Werte dem richtigen Typ entsprechen. In beiden Fällen würde es jedes Mal ohne Probleme funktionieren. Würden wir jedoch string erwarten und number übergeben, käme es zu einem Fehler.

```
let pair1: KeyValue<string, string> = {key: 'a', value: 'Test I'};
let pair2: KeyValue<string, number> = {key: 'a', value: 1};
```

Listing 5.30 Verwenden von generischen Interfaces

In diesem Fall haben wir die Schnittstelle als Typdefinition verwendet. Wie bereits erwähnt, können Schnittstellen z. B. auch in Klassen verwendet werden. Daran ändert sich aber nichts, außer dass der generische Typ natürlich auch dort angegeben werden muss.

Ein großer Vorteil dieser Art der Implementierung ist, dass sie sehr viel Flexibilität bietet. Im Grunde können alle Schlüssel-Wert-Paare mit dieser Schnittstelle abgebildet werden. Ohne Generics müsste man für jede Anwendung eine eigene Schnittstelle definieren.

5.4.5 Generische Klassen

Zusätzlich zu generischen Schnittstellen unterstützt TypeScript auch generische Klassen. Bei Klassen sieht das Ganze ähnlich aus wie bei Schnittstellen. Auch hier wird der generische Typ in spitzen Klammern in der Klassendefinition angegeben. Generische Klassen können eine beliebige Anzahl von generischen Typen, generischen Mitgliedern und generischen Methoden haben. Wenn wir das zuvor gezeigte KeyValue-Beispiel als Klasse implementieren würden, sähe es wie in Listing 5.31 aus.

```
class KeyValue<K, V> {
   private key: K;
   private value: V;

   put(key: K, value: V): void {
      this.key = key;
      this.value = value;
   }

   print(): void {
      console.log(this.key + '=' + this.value);
   }
}
let pair1 = new KeyValue<string, string>();
```

```
let pair2 = new KeyValue<string, number>();
pair1.put('a', 'Test I');
pair1.print(); // a=Test I

pair2.put('a', 1);
pair2.print(); // a=1
```

Listing 5.31 Implementierung einer generischen Klasse

In Listing 5.31 wurde eine generische Klasse `KeyValue` mit den beiden generischen Typvariablen `K` und `V` implementiert. Diese beiden Typvariablen geben die Typen für die Eigenschaften `key` und `value` an. Darüber hinaus werden die Typen auch in der Funktion `put()` verwendet, der zwei Parameter übergeben werden und die den Schlüssel und den Wert des Objekts entsprechend setzt.

Klassen oder generische Klassen können auch andere generische Klassen oder generische Schnittstellen implementieren. Der Typ dieser implementierenden Klassen oder Schnittstellen muss ebenfalls angegeben werden. Man kann entweder einen festen Typ angeben oder dies über die generischen Typvariablen tun. Wenn wir die generische Schnittstelle aus einem der vorherigen Beispiele verwenden und in einer Klasse implementieren würden, sähe das so aus.

Listing 5.32 ist ein Beispiel, in dem eine Klasse eine generische Schnittstelle implementiert. Allerdings sind die Typen hart codiert, was einen Verlust an Flexibilität bedeutet. Hier müssten Sie eine eigene Klasse für die verschiedenen Anwendungsfälle erstellen.

```
class KeyValueStatic implements KeyValue<string, string>{
}
let pair1 = new KeyValueStatic();
pair1.key = 'a';
pair1.value = 'Test I';
```

Listing 5.32 Verwenden eines generischen Interfaces in einer Klasse

Im Beispiel in Listing 5.33 sehen Sie, wie Sie dies dynamischer gestalten können.

```
class KeyValueDynamic<K,V> implements KeyValue<K,V> {
}
let pair1 = new KeyValueDynamic<string, string>();
pair1.key = 'a';
pair1.value = 'Test I';
```

Listing 5.33 Verwenden eines generischen Interfaces in einer generischen Klasse

Im Gegensatz zum vorherigen Beispiel muss in diesem Beispiel der Typ bei der Instanziierung angegeben werden. Dieser wird dann an die generische Schnittstelle weitergegeben. Somit kann diese Implementierung mit beliebigen Datentypen verwendet werden, ohne dass etwas geändert werden muss.

5.5 Modulentwicklung

In JavaScript wurden in der Vergangenheit verschiedene Ansätze zur Modularisierung von Code getestet. Im Laufe der Jahre haben sich ES-Module (wie bereits erwähnt auch ES6-Module genannt) schließlich mit TypeScript durchgesetzt. Sie sind auch unter dem Begriff *Import-Export-Syntax* bekannt. Im folgenden Abschnitt erfahren Sie, was Module sind und warum man sie verwenden sollte. Außerdem werden wir uns die beiden Arten von Modulen genauer ansehen: Import und Export.

5.5.1 Was sind Module?

Jede TypeScript-Datei, die eine Import- oder Export-Anweisung auf oberster Ebene enthält, ist ein Modul. Umgekehrt wird jede Datei, die keine Import- oder Exportanweisung der obersten Ebene enthält, als global verfügbares Skript betrachtet. Dateien, die global verfügbar sind, sind auch für Module verfügbar.

Der große Unterschied bei Modulen ist, dass sie in ihrem eigenen Bereich und nicht im globalen Bereich ausgeführt werden. Das bedeutet, dass alle Methoden, Variablen, Klassen usw., die innerhalb des Moduls deklariert werden, grundsätzlich außerhalb des Moduls nicht sichtbar sind. Es gibt jedoch eine Ausnahme, wenn sie explizit mit einer Export-Anweisung versehen sind. Umgekehrt muss eine Variable, die aus einem anderen Modul exportiert wurde, mit einer Import-Anweisung in das gewünschte Modul importiert werden.

5.5.2 Warum Module verwenden?

Da TypeScript-Code standardmäßig im globalen Bereich liegt, würde dies bedeuten, dass auf Variablen, Funktionen usw. von jeder Datei aus zugegriffen werden kann. Auf diese kann nicht nur lesend, sondern auch schreibend zugegriffen werden, sodass sie manipuliert werden können, was zu unerwartetem Verhalten führen kann. Dies ist im Hinblick auf die Kapselung und Fehleranfälligkeit nicht optimal. Module können dieses Problem lösen.

Durch die Verwendung von Modulen erreichen Sie einen gewissen lokalen Geltungsbereich innerhalb einer Datei. Wie bereits erwähnt, sind `import` und `export` die beiden wichtigsten Schlüsselwörter im Zusammenhang mit Modulen. Was das im Einzelnen bedeutet, sehen wir uns im Folgenden an.

Um dies praktisch zu veranschaulichen, nehmen wir an, wir haben zwei Dateien: **file_1.ts** und **file_2.ts**. Schauen wir uns zunächst **file_1.ts** an:

```
let author: string = 'Max Mustermann';
```

Als Nächstes sehen wir uns **file_2.ts** an:

```
console.log(author); // Max Mustermann
author = 'Max';
```

Die Ausdrücke in diesen beiden Dateien wären gültig, zulässig und funktionieren, da, wie bereits erwähnt, alle Variablen im globalen Bereich liegen. Der Wert dieser Variablen kann also überschrieben werden, was natürlich zu Problemen im produktiven Code führen könnte.

5.5.3 Export-Module

Um ein Modul überhaupt erst zu erstellen, wird das Schlüsselwort `export` verwendet. Wenn wir uns nun **file_1.ts** aus dem vorherigen Beispiel erneut als Modul ansehen, könnte es wie folgt aussehen:

```
export let author = 'Max Mustermann';
```

Im Grunde hat sich nicht viel geändert, außer dass der Variablen das Schlüsselwort `export` vorangestellt wurde. Das bedeutet, dass es jetzt eine Export-Anweisung auf der obersten Ebene gibt, die diese Datei in ein Modul verwandelt. Nun kann diese Variable von anderen Modulen mittels einer Import-Anweisung importiert werden. Der Unterschied ist jedoch, dass Sie sich nicht mehr im globalen Bereich befinden.

5.5.4 Import-Module

Das Schlüsselwort `import` wird verwendet, um Module in ein anderes Modul zu importieren und so die Funktionen und Variablen dieses Moduls zu verwenden. Wenn wir nun wie bisher auf die Eigenschaft `author` zugreifen wollen, wird es nicht funktionieren, weil sie nicht als Modul importiert wurde. Um den Code trotzdem wieder zum Laufen zu bringen, müssen wir die Implementierung ein wenig ändern, und zwar wie folgt:

```
import {author} from 'file_1.ts';
console.log(author); // Max Mustermann
```

In einem Export-Modul können mehrere Variablen exportiert werden. In diesem Fall kann jede Variable einzeln oder das gesamte Modul in eine Variable importiert werden. Diese Variable würde dann alle Exporte enthalten.

Zu diesem Zweck erweitern wir unsere Datei **file_1.ts** um einen weiteren Export, wie folgt:

```
export let author = 'Max Mustermann';
export let age = 30;
```

Wenn wir dieses Modul importieren würden, müssten wir angeben, was importiert werden soll. Wir wollen jedoch das gesamte Modul in eine Variable importieren. Wie dies aussieht und wie auf die Mitglieder zugegriffen werden kann, ist in Listing 5.34 dargestellt.

```
import * as authorObj from 'file_1.ts';

console.log(authorObj.authorName);
console.log(authorObj.age);
```

Listing 5.34 Modul in eine Variable importieren

Eine andere Lösung besteht darin, jede Eigenschaft einzeln zu importieren.

5.6 Zusammenfassung

In diesem Kapitel haben wir uns sowohl mit den Grundlagen von TypeScript als auch mit fortgeschrittenen Konzepten beschäftigt. Gerade im Hinblick auf die ständig wachsenden und sich ändernden Anforderungen ist es wichtig, von Anfang an qualitativ hochwertigen Code zu schreiben. Spätere Änderungen lassen sich so oft leichter umsetzen. Auch in TypeScript kann die Qualität des Codes durch die gezielte Kapselung von Daten und die Trennung von Logiken deutlich gesteigert werden. Nicht zu vergessen sind Konzepte wie Generics und Module, die im Hinblick auf die Wiederverwendbarkeit des Codes helfen.

Nachdem wir uns in den vorangegangenen und aktuellen Kapiteln mit verschiedenen Frameworks und Programmiersprachen beschäftigt haben, werden wir uns in den folgenden Kapiteln mit der Implementierung von Fullstack-Anwendungen anhand praktischer Beispiele beschäftigen. Im nächsten Kapitel beginnen wir mit der Entwicklung eines OData-Service unter Verwendung des ABAP RESTful Application Programming Model, der in einem späteren Kapitel in eine SAPUI5-Anwendung integriert wird.

TEIL II

Entwicklung

Kapitel 6

Entwicklung von OData-V4-Services mit dem ABAP RESTful Application Programming Model (Managed Scenario)

Das ABAP RESTful Application Programming Model ist das neueste SAP-Fiori-Programmiermodell für SAP S/4HANA. Mit diesem leistungsstarken Programmiermodell können Fullstack-Anwendungen mit den gängigsten, modernen SAP-Entwicklungsansätzen und -Technologien wie CDS und OData implementiert werden, um das volle Potenzial einer SAP-HANA-Datenbank und deren Vorteile bei der ABAP-Anwendungsentwicklung zu nutzen.

Das ABAP RESTful Application Programming Model ist das Programmiermodell für SAP S/4HANA. Dieses ist mit SAP S/4HANA 1909 (SAP NetWeaver Application Server für ABAP 7.56)/SAP Business Technology Platform (SAP BTP) verfügbar. Das Programmiermodell verwendet das OData-Protokoll zum Austausch von Daten und zur Durchführung von Operationen zwischen einem Client und einem Server. Der SAP NetWeaver AS für ABAP wird hier als zustandsloser Webserver verwendet, um der REST-Architektur zu entsprechen. Kurz gesagt, das ABAP RESTful Application Programming Model ermöglicht es, neue und bestehende Technologien zu nutzen, um alles, was für eine Anwendung notwendig ist, in einem Projekt zu verpacken.

Das ABAP RESTful Application Programming Model versucht, neue Standards in der modernen ABAP-Anwendungsentwicklung zu setzen und baut auf bestehenden und etablierten Technologien auf, um einen Fullstack-Entwicklungsansatz zu bieten:

- **Benutzererfahrung**

  Da das ABAP RESTful Application Programming Model für SAP S/4HANA entworfen wurde, wird auch der daraus resultierenden Benutzererfahrung große Aufmerksamkeit geschenkt. Die SAP-Fiori-Designrichtlinien bieten eine Designsprache, die sich auf ein rollenbasiertes, konsistentes und einfaches Design, Responsiveness und Benutzerfreundlichkeit konzentriert. Folgende Technologien kommen hier zum Einsatz:

  - SAP Fiori
  - SAPUI5 bzw. SAP Fiori Elements
  - OData V2/OData V4
- **Möglichkeiten von SAP HANA**

  Die Vorteile der In-Memory-Datenbank SAP HANA können und werden im ABAP RESTful Application Programming Model genutzt, um die schnellstmögliche und effektivste Entwicklung und Leistung zu gewährleisten. Folgende Features werden genutzt:
  - ABAP Managed Code Pushdown
  - ABAP SQL
  - Core Data Services (CDS)
- **Effizientes Entwickeln**

  Um den Anforderungen an eine moderne Entwicklungsumgebung gerecht zu werden, wird Eclipse mit den ABAP Development Tools (ADT) für die Entwicklung des ABAP RESTful Application Programming Model eingesetzt. Diese Werkzeuge ermöglichen es, spezielle Entwicklungsobjekte zu erstellen und diese effizient zu entwickeln, zu debuggen und zu warten:
  - ADT
  - Eclipse
- **Cloud-Fähigkeit**

  Das ABAP RESTful Application Programming Model bietet auch die Möglichkeit, die Entwicklung in die Cloud zu bringen. In SAP BTP, ABAP-Umgebung können Sie das ABAP RESTful Application Programming Model für moderne, skalierbare und Cloud-basierte Anwendungen nutzen:
  - SAP BTP
  - In-App-Erweiterbarkeit

In den folgenden Abschnitten gehen wir die gesamte Architektur Schritt für Schritt durch und implementieren sie anhand einfacher Beispiele.

6.1 Entwicklung von Business-Objekten

Abbildung 6.1 zeigt die Architektur des ABAP RESTful Application Programming Model. Alles beginnt mit der Datenmodellierung. Hier werden die *Business-Objekte* erstellt, die die Objekte innerhalb des ABAP RESTful Application Programming Model darstellen. Diese werden als CDS-Entitäten definiert, und ihr Verhalten wird in der Verhaltensdefinition (engl. *Behavior Definition*) deklariert. Das eigentliche Verhalten wird dann in der ABAP-Verhaltensimplementierung programmiert (engl. *Behavior*

Implementation; siehe Abschnitt 6.2 für Aktionen und Abschnitt 6.3 für erweiterte Funktionen).

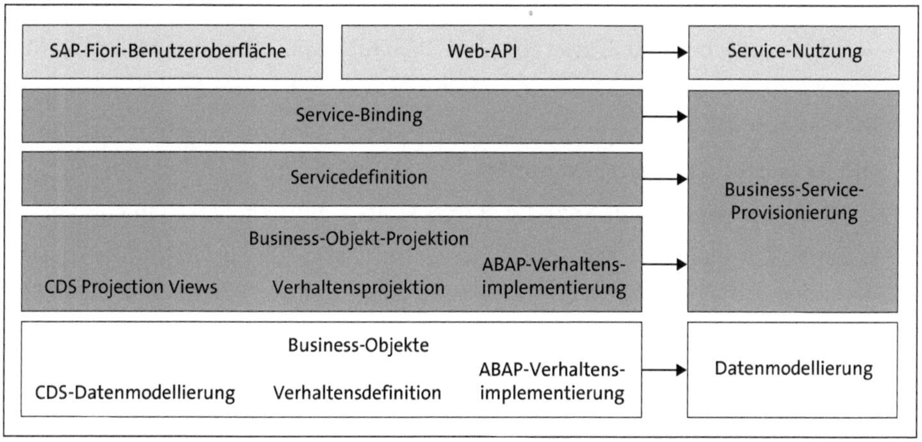

Abbildung 6.1 Architektur des ABAP RESTful Application Programming Model

ABAP RESTful Application Programming Model: Szenarien

Das ABAP RESTful Application Programming Model unterscheidet zwischen zwei Implementierungsmethoden: dem *Managed* und dem *Unmanaged Scenario*. In einem Managed Scenario übernimmt das ABAP RESTful Application Programming Model den größten Teil der Arbeit. Das bedeutet, dass Lese- und Schreiboperationen nicht programmiert werden müssen, sondern vom ABAP RESTful Application Programming Model automatisch durchgeführt werden. Dies bringt jedoch einige Einschränkungen mit sich, auf die wir noch eingehen werden. Das Unmanaged Scenario bietet mehr Freiheit, aber die Logik für die Schreiboperationen muss selbst programmiert werden. Dies ist von Vorteil, wenn Sie vorhandene Geschäftslogik wie z. B. Business Application Programming Interfaces (BAPIs) verwenden möchten. In unseren Beispielen werden wir ein Managed Scenario implementieren.

Da die Datenmodellierungsschicht jedoch anwendungs- und szenariounabhängig ist, wird das, was tatsächlich für die Nutzung in einem Client benötigt wird, in der *Provisionierungsschicht* bereitgestellt (siehe Abschnitt 7.1.1, »Namenskonventionen«). Die Business-Objekte werden in der *CDS-Projektion-View* referenziert und projiziert (siehe Abschnitt 6.1.3, »Projection-Views«), und die Verhaltensdefinition wird in der *Verhaltensprojektion* angepasst (siehe Abschnitt 6.1.2, »Core Data Services: Verhaltensdefinition«). Anschließend können die *CDS-Projection-Views* in einer *Servicedefinition* (siehe Abschnitt 6.1.4, »Servicedefinition und Service-Binding«) für einen OData-Service kombiniert werden. Das *Service-Binding* bindet nun ein OData-Protokoll an die Servicedefinition.

Der resultierende OData-Service kann nun entweder in einer SAP-Fiori-Anwendung verwendet oder über eine Web Application Programming Interface (API) als öffentliche Schnittstelle konsumiert werden.

Wir werden nun Schritt für Schritt ein ABAP-RESTful-Application-Programming-Model-Projekt für eine persönliche Buchverwaltung erstellen. Dieses Projekt hat die folgenden Anforderungen:

- eine Tabelle für die Buchverwaltung
- ein OData-Service, über den wir die Bücher lesen, ändern und löschen können
- eine SAP-Fiori-Elements-Anwendung, in der wir den OData-Service nutzen und die Methoden zum Erstellen, Lesen, Aktualisieren und Löschen (engl. Create, Read, Update, Delete, kurz CRUD) ausführen können

6.1.1 Datenmodell

Beginnen wir mit dem Datenmodell. Im Datenmodell erstellen wir eine Tabelle zur Verwaltung der Bücher. Im Folgenden werden die beiden dafür notwendigen wichtigsten Schritte durchlaufen: die Erstellung der Grundlage für das Projekt und die Erstellung der CDS-Views.

Projektgrundlagen erstellen

Um alle unsere Objekte transportierbar zu machen, legen wir zunächst mit Transaktion SE09 einen Transportauftrag in unserem SAP-System an (siehe Abbildung 6.2).

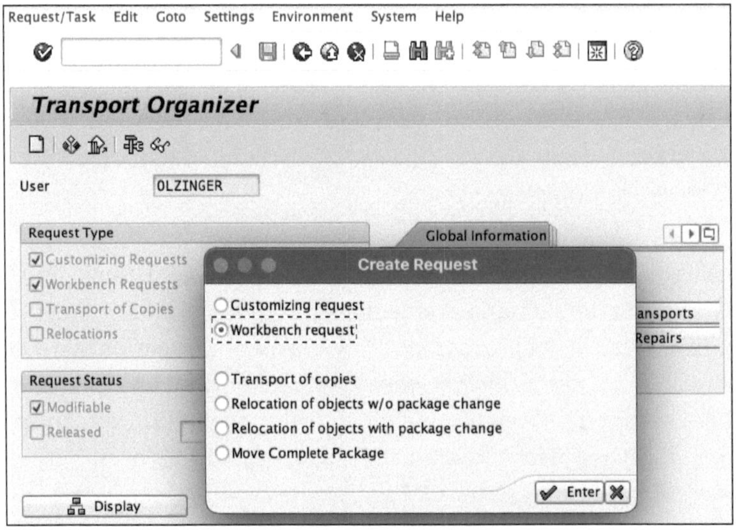

Abbildung 6.2 Anlegen eines neuen Workbench-Transportauftrags

In Transaktion SE09 können Sie einen neuen Workbench-Auftrag anlegen, indem Sie das Feld **Workbench request** markieren und auf `Enter` klicken. Geben Sie anschließend eine Beschreibung (siehe Abbildung 6.3) für den Transportauftrag in das Feld **Short Description** ein und erstellen Sie den Transportauftrag, indem Sie auf **Enter** klicken.

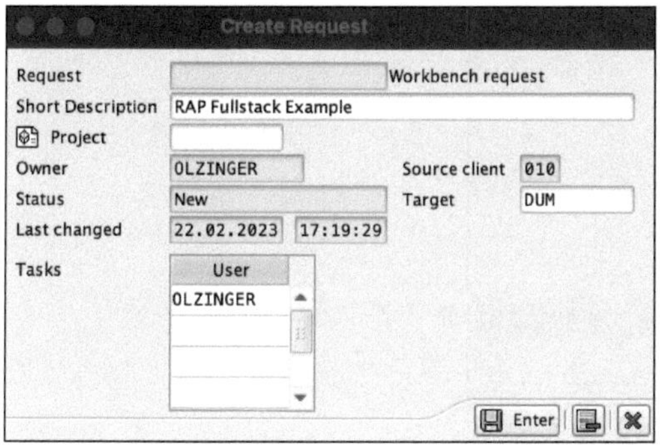

Abbildung 6.3 Konfigurieren des Transportauftrags

Legen Sie dann in Transaktion SE80 ein neues Entwicklungspaket an und wählen Sie unter **Repository Browser** den Wert **Package**. Nun können Sie einen neuen Paketnamen in das Eingabefeld unterhalb der Drop-down-Liste eingeben (siehe Abbildung 6.4).

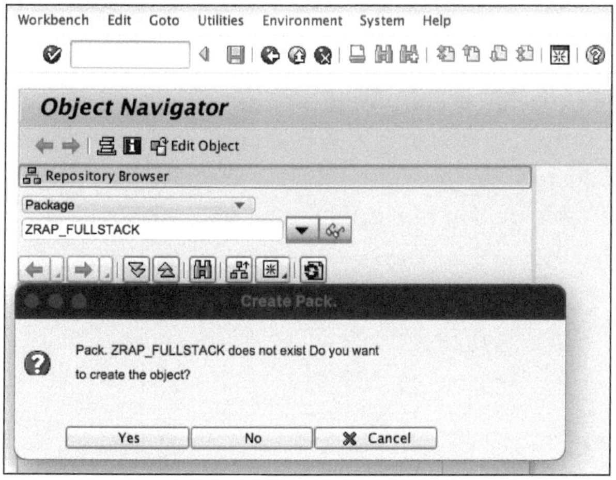

Abbildung 6.4 Anlegen eines neuen Pakets

Bestätigen Sie die Erstellung mit einem Klick auf den Button **Yes** und definieren Sie dann das Entwicklungspaket mit den folgenden Eigenschaften (siehe Abbildung 6.5):

- **Package**: »ZRAP_FULLSTACK«
- **Short Description**: »RAP Fullstack Example«
- **Application Component**: »CA«

- **Software Component**: »HOME«
- **Transport Layer**: eine verfügbare Transportschicht
- **Superpackage**: leer
- **Package Type**: Option **Development Package**
- **Package encapsulated**: nicht auswählen

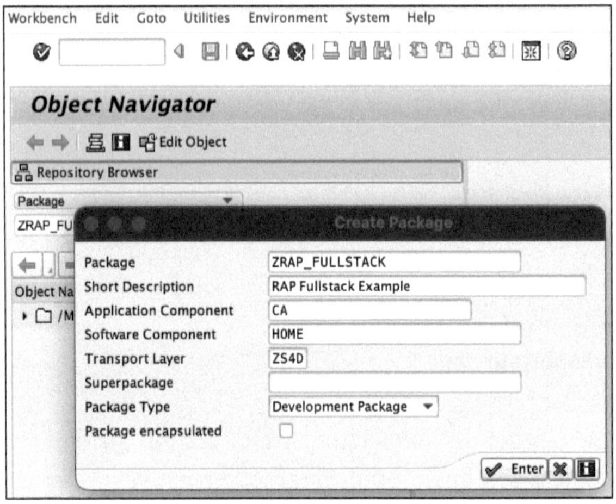

Abbildung 6.5 Paketinformationen eingeben

Erstellen Sie schließlich das neue Paket, indem Sie auf den Button **Enter** klicken.

Jetzt brauchen wir eine *Persistenztabelle*, in der unsere Bücher gespeichert werden und die als Datenquelle für unsere kommenden CDS-Views dient. Sie können diese Tabelle erstellen, indem Sie mit der rechten Maustaste auf das Paket klicken und **New • Dictionary Objects • Database Table** wählen (siehe Abbildung 6.6).

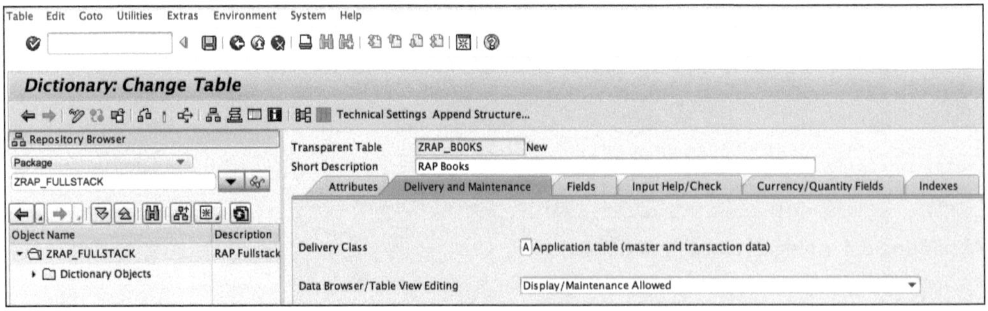

Abbildung 6.6 Anlegen einer neuen Tabelle

Verwenden Sie die folgenden Eigenschaften für die Tabelle:

- **Transparent Table**: »ZRAP_BOOKS«
- **Short Description**: »RAP Books«

- **Delivery Class**: »A«
- **Data Browser/Table View Editing**: Option **Display/Maintenance Allowed**

Speichern Sie dann die Tabelle und weisen Sie sie der bereits erstellten Workbench-Anfrage zu.

Danach benötigt die neue Tabelle noch einige Spalten. Wechseln Sie daher zur Registerkarte **Fields** und fügen Sie die in Tabelle 6.1 und Abbildung 6.7 gezeigten Spalten ein.

Feld	Key	Initial	Datenelement	Datentyp
CLNT	X	X	MANDT	CLNT
BOOK_GUID	X	X	SYSUUID_C32	CHAR 32
ISBN				CHAR 13
TITLE				CHAR 100
GENRE				CHAR 32
AUTHOR				CHAR 64
BOOK_PAGES				INT4
DESCRIPTION				CHAR
PURCH_DATE			DATS	DATS
FINISHED			BOOLEAN	CHAR 1
RATING			INT2	INT2
NOTE				CHAR 256

Tabelle 6.1 Neue Tabellenspalten

Diese Felder sollten Ihnen genügend Informationen über ein Buch geben, um es zu speichern und mit ihm zu arbeiten. Sie können auch eigene Datenelemente erstellen und sie in dieser Tabelle verwenden. Dies bietet Ihnen den Vorteil, dass Sie Domänen und übersetzbare Feldbezeichnungen verwenden können.

Überprüfen Sie Ihre Tabelle und speichern Sie sie erneut. Sie werden aufgefordert, die technischen Einstellungen Ihrer Tabelle vorzunehmen, bevor Sie sie aktivieren können. Gehen Sie im Screen für die technischen Einstellungen auf die Registerkarte **General Properties** und wählen Sie eine geeignete Datenklasse und Größenkategorie (siehe Abbildung 6.8).

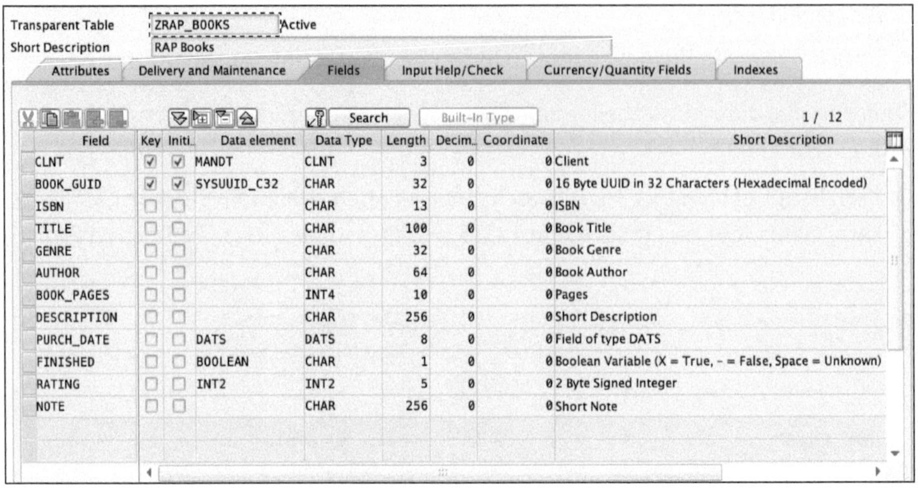

Abbildung 6.7 Definieren der Tabellenspalten

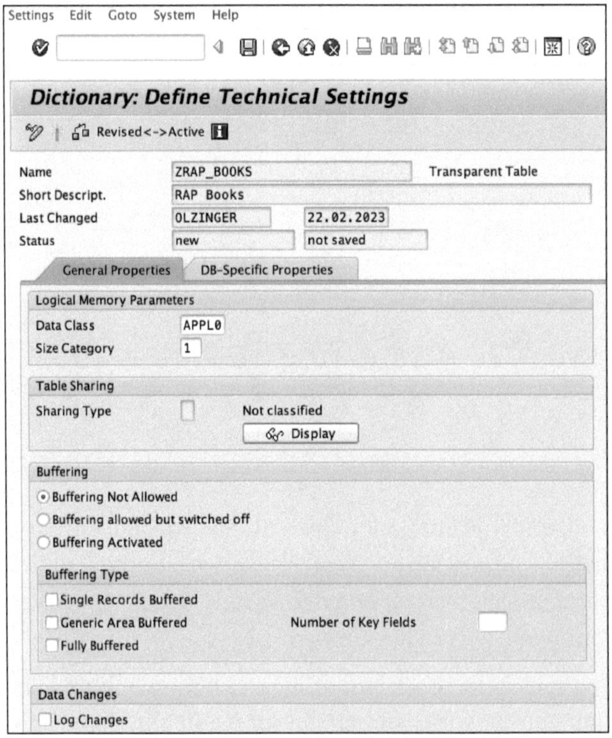

Abbildung 6.8 Die technischen Eigenschaften der Tabelle

Nachdem Sie die Tabelle eingerichtet haben, können Sie sie aktivieren. Die allgemeine ABAP-Basis des ABAP-RESTful-Application-Programming-Model-Projekts ist nun vollständig, sodass wir zur Datenmodellierungsschicht übergehen können.

Nummernvergabe für Primärschlüssel im ABAP RESTful Application Programming Model

Das ABAP RESTful Application Programming Model kann die automatische Nummerierung von Primärschlüsseln übernehmen. Bei der internen Nummerierung kann das ABAP RESTful Application Programming Model bei der Erstellung neuer Einträge automatisch Werte für Primärschlüssel auf der Grundlage von Universal Unique Identifiers (UUIDs) zuweisen. Bei der externen Nummerierung hingegen muss der Benutzer einen Wert als Primärschlüssel für neue Einträge angeben.

Core Data Services: View-Entitäten anlegen

Um das Datenmodell unseres ABAP-RESTful-Application-Programming-Model-Projekts zu definieren, müssen wir CDS-View-Entitäten verwenden. Mindestens eine CDS-View-Entität wird benötigt, um unser Business-Objekt zu erstellen. Jedes Business-Objekt wird durch eine CDS-View-Entität, ein Verhalten und eine ABAP-Implementierung dargestellt. Sie können miteinander in Beziehung stehen, worauf wir später in Abschnitt 6.5, »Verschachtelte Business-Objekte«, eingehen werden.

Die meisten Entwicklungsobjekte des ABAP RESTful Application Programming Model müssen mithilfe der ADT erstellt werden. Das allgemeine CDS-Konzept und ADT wurden bereits in Kapitel 4, »Einführung in CDS«, besprochen.

Wir müssen nun eine neue CDS-Datendefinition erstellen, indem wir im Eclipse-Menü **File • New • Other • ABAP • Core Data Services • Data Definition** wählen (siehe Abbildung 6.9).

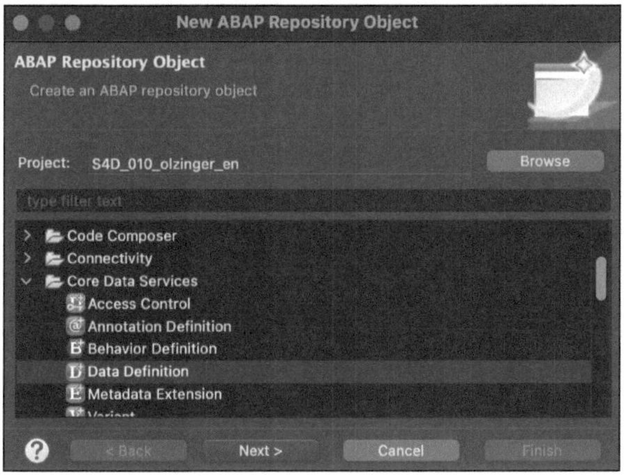

Abbildung 6.9 Anlegen eines neuen CDS-Views

Klicken Sie auf **Next**, um die Datendefinition (siehe Abbildung 6.10) mit den folgenden Werten zu definieren:

- **Package:** »ZRAP_FULLSTACK«
- **Name:** »ZRAP_IV_BOOKS«
- **Description:** »CDS Entity - Books«

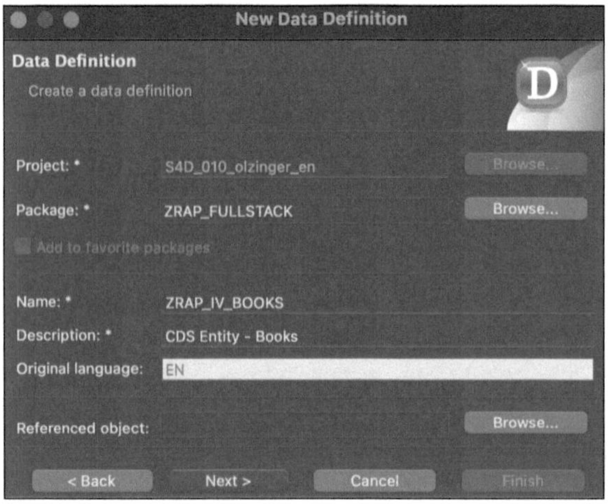

Abbildung 6.10 Eigenschaften des CDS-Views definieren

Nun müssen wir eine Vorlage für unsere Datendefinition auswählen (siehe Abbildung 6.11), indem wir auf **Next** klicken. In unserem Fall verwenden wir die Vorlage **Define Root View Entity** und klicken auf den Button **Finish**, um unsere Datendefinition zu erstellen.

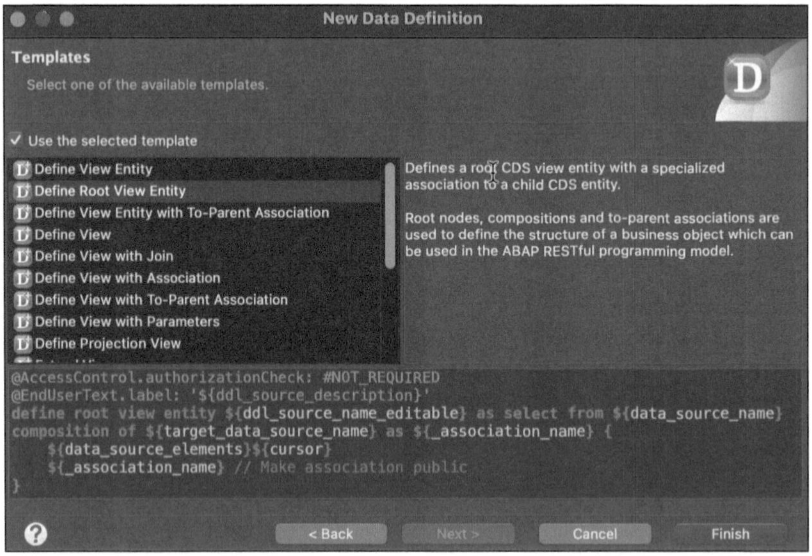

Abbildung 6.11 Vorlage auswählen

Sie können das folgende CDS-Coding (siehe Listing 6.1) kopieren, um die Wurzelentität zu definieren. Die Wurzelentität ist das Haupt-Business-Objekt unseres ABAP-RESTful-Application-Programming-Model-Projekts, um das sich alles dreht:

```
@AccessControl.authorizationCheck: #NOT_REQUIRED
@EndUserText.label: 'CDS Entity - Books'
define root view entity ZRAP_IV_BOOKS as select from zrap_books {

    key book_guid as BookGuid,
    isbn as ISBN,
    title as Title,
    genre as Genre,
    author as Author,
    book_pages as BookPages,
    description as Description,
    purch_date as PurchasingDate,
    finished as ReadingFinished,
    rating as Rating,
    note as Note

}
```

Listing 6.1 Inhalt des CDS-Views definieren

Unsere Datendefinition liest ihre Daten aus der Datenbanktabelle ZRAP_BOOKS und stellt alle Felder dieser Tabelle für die Verwendung zur Verfügung. Wir definieren auch Aliase für die folgenden Felder, um ihnen mehr Bedeutung zu verleihen und es anderen Entwicklern zu erleichtern, unser Datenmodell zu verstehen:

- purch_date: PurchasingDate
- finished: ReadingFinished

Nach dem Speichern und Aktivieren der CDS-Datendefinition ist das grundlegende Datenmodell eingerichtet und bereit für die Verwendung und zusätzliche Erweiterung durch eine Verhaltensdefinition.

6.1.2 Core Data Services: Verhaltensdefinition

Um das Verhalten eines Business-Objekts zu spezifizieren, können Sie eine Verhaltensdefinition erstellen, die der im vorherigen Schritt erstellten Wurzel-View-Entität entspricht.

Eine Verhaltensdefinition legt den Implementierungstyp (Managed oder Unmanaged Scenario), allgemeine CRUD-Funktionalitäten, Sperrmechanismen und Concurrency Control sowie Aktionen (Abschnitt 6.2), Validierungen (Abschnitt 6.3.2), Determinationen (Abschnitt 6.3.3), Feature Control (Abschnitt 6.3.4) und eine Feldzuordnung fest. Je nach den verschiedenen Funktionalitäten, die Sie verwenden möchten, ist eine ABAP-Verhaltensimplementierung erforderlich, die das entsprechende ABAP-Coding enthält.

Die Verhaltensdefinition für unser ABAP-RESTful-Application-Programming-Model-Projekt kann erstellt werden, indem Sie mit der rechten Maustaste auf die Datendefinition klicken und im Kontextmenü **New Data Definitions** wählen. Wählen Sie im Dialogfeld **New Behavior Definition** (siehe Abbildung 6.12) aus dem Drop-down-Menü **Implementation Type** die Option **Managed** und ordnen Sie sie dem Transportauftrag zu.

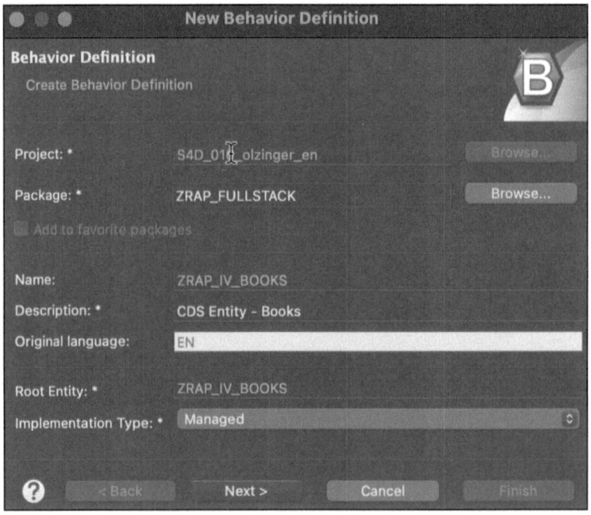

Abbildung 6.12 Neue Verhaltensdefinition anlegen

Nun können wir unsere Verhaltensdefinition definieren, indem wir das folgende Coding (siehe Listing 6.2) in unsere neu erstellte Definition einfügen:

```
managed; // implementation in class zbp_rap_iv_books unique;

define behavior for ZRAP_IV_BOOKS alias Books
persistent table zrap_books
lock master
//authorization master ( instance )
//etag master <field_name>
{
  create;
  update;
```

```
  delete;

  mapping for ZRAP_BOOKS corresponding {
    BookGuid = book_guid;
    PurchasingDate = purch_date;
    BookPages = book_pages;
    ReadingFinished = finished;
  }
}
```


Listing 6.2 Verhaltensdefinition für Bücher

Für unsere Verhaltensdefinition verweisen wir auf unsere persistente Tabelle ZRAP_BOOKS. Das Schlüsselwort `lock master` muss für jeden Root-View in einem Managed Scenario festgelegt werden. Dann aktivieren wir die Funktionen `create`, `update` und `delete`, indem wir die Auskommentierung aufheben. Für jedes CDS-Feld, das von den Feldnamen in der Persistenztabelle abweicht, ist eine Feldzuordnung erforderlich; denken Sie also daran, wenn Sie in Ihrer CDS-Datendefinition Feldaliase angeben. Die Verhaltensdefinition kann nun gespeichert und aktiviert werden.

6.1.3 Projection-Views

Nun gehen wir in unserer ABAP-RESTful-Application-Programming-Model-Architektur eine Schicht nach oben zur Schicht für die Bereitstellung von Business-Objekten. Diese Schicht ist anwendungsspezifisch, was bedeutet, dass wir unser Datenmodell je nach den Anforderungen einer bestimmten Anwendung ändern können.

Stellen Sie sich vor, dass wir in Zukunft drei Anwendungen für die Verwaltung unserer Bücher haben: eine Anwendung für Administratoren, eine für Support-Benutzer und eine weitere für Endbenutzer. Jede dieser Anwendungen benötigt dasselbe Basismodell, benötigt aber unterschiedliche Aktionen, ermöglicht unterschiedliche CRUD-Operationen und sollte unterschiedliche Rechte gewähren. Da das Basismodell bereits definiert ist, erstellen wir nun Projection-Views, die nur die Felder unserer CDS-Datendefinition für den weiteren Gebrauch verfügbar machen, die in diesem Szenario wirklich benötigt werden.

Wir können einen solchen Projection-View erstellen, indem wir im Eclipse-Menü **File • New • Other • ABAP • Core Data Services • Data Definition** wählen und die folgenden Werte verwenden (siehe Abbildung 6.13):

- **Package**: »ZRAP_FULLSTACK«
- **Name**: »ZRAP_CV_BOOKS«
- **Description**: »CDS Projection - Books«
- **Referenced object**: »ZRAP_IV_BOOKS«

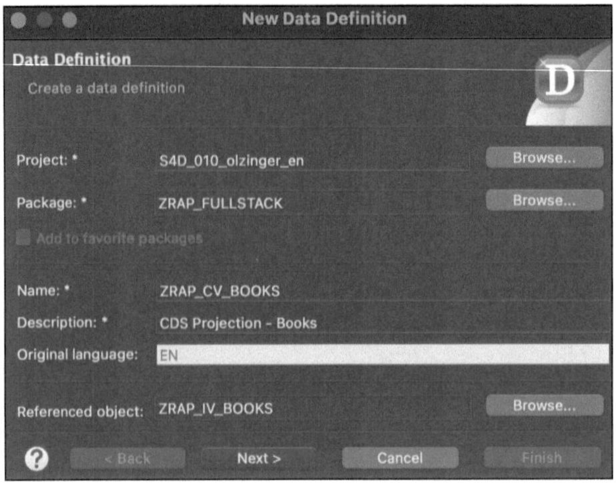

Abbildung 6.13 Einen neuen Projection-View erstellen

Klicken Sie auf **Next** und wählen Sie die Vorlage **Define Projection View**. Kopieren Sie den Code in Listing 6.3 und fügen Sie ihn in den neuen Projection-View ein.

```
@EndUserText.label: 'CDS Projection - Books'
@AccessControl.authorizationCheck: #NOT_REQUIRED

@Metadata.allowExtensions: true

define root view entity ZRAP_CV_BOOKS as projection on ZRAP_IV_BOOKS {
    key BookGuid,
    ISBN,
    Title,
    Genre,
    Author,
    BookPages,
    Description,
    PurchasingDate,
    ReadingFinished,
    Rating,
    Note
}
```

Listing 6.3 Neuer Projection-View

Wir definieren eine neue Root-View-Entität als Projektion auf unsere Basisdatendefinition und machen alle Felder für die Verwendung verfügbar. Darüber hinaus verwenden wir die Annotation `Metadata.allowExtensions: true`, um die Verwendung einer CDS-Metadatenerweiterung zu ermöglichen, die wir später erstellen werden. Speichern und aktivieren Sie nun den neuen Projection-View.

Die Basisverhaltensdefinition muss ebenfalls projiziert werden, sodass nur das Verhalten verfügbar ist, das für dieses Szenario wirklich benötigt wird. Wir erstellen eine solche Verhaltensprojektion, indem wir mit der rechten Maustaste auf unseren Projection-View klicken, **New Behavior Definition** wählen (siehe Abbildung 6.14) und die folgenden Informationen eingeben:

- **Description**: »Books - Behavior Projection«
- **Implementation Type**: **Projection**

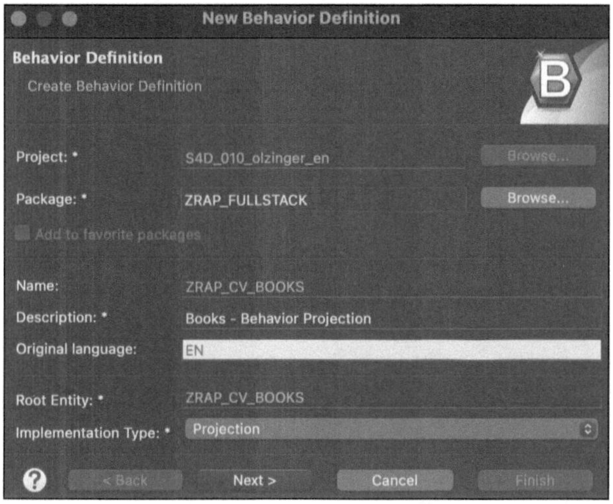

Abbildung 6.14 Neue Verhaltensprojektion

Klicken Sie auf **Next**, ordnen Sie die Verhaltensprojektion einem Transportauftrag zu und klicken Sie dann auf **Finish**. Kopieren Sie den Code in Listing 6.4 und fügen Sie ihn in die neue Verhaltensprojektion ein:

```
projection;

define behavior for ZRAP_CV_BOOKS //alias <alias_name>
{
  use create;
  use update;
  use delete;
}
```

Listing 6.4 Neue Verhaltensdefinition

In unserem Fall sollte es möglich sein, `create`, `update` und `delete` auf der Verbraucherseite zu verwenden. Da wir diese Funktionen in unseren Verhaltensdefinitionen verfügbar gemacht haben, können sie auch in der Verhaltensprojektion verwendet werden.

Die letzte Schicht, die jetzt noch fehlt, ist die Service-Consumption-Schicht.

6.1.4 Servicedefinition und Service-Binding

Um unsere Business-Objekte zu einem Teil eines OData-Service zu machen (siehe Kapitel 3, »Einführung in OData«, für eine Auffrischung), müssen zwei Objekte erstellt werden: eine *Servicedefinition* und ein *Service-Binding*. Sobald das erledigt ist, müssen wir Annotationen hinzufügen.

Anlegen der Servicedefinition und des Service-Bindings

Die Servicedefinition definiert alle Projection-Views und andere CDS-Datendefinitionen, die Teil eines OData-Service sein sollen. Das Service-Binding wiederum bindet ein OData-Protokoll an die Servicedefinition und macht sie zu einem OData-Dienst.

Um eine Servicedefinition zu erstellen, klicken Sie mit der rechten Maustaste auf den Projection-View und wählen **New • Service Definition** (siehe Abbildung 6.15).

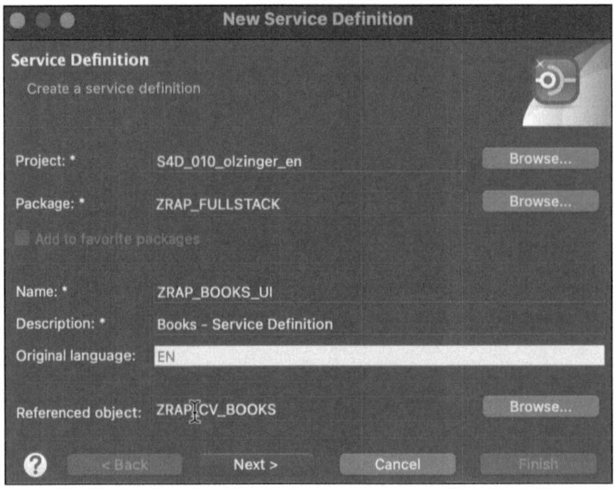

Abbildung 6.15 Neue Servicedefinition anlegen

Geben Sie eine Beschreibung ein und wählen Sie dann **Next**, um die Servicedefinition zu erstellen. Vergewissern Sie sich, dass das Coding so aussieht wie in Listing 6.5, und Sie können die Servicedefinition speichern und aktivieren.

```
@EndUserText.label: 'Books - Service Definition'
define service ZRAP_BOOKS_UI {
    expose ZRAP_CV_BOOKS;
}
```

Listing 6.5 Neue Servicedefinition

Nun müssen wir das OData-Protokoll an unsere Servicedefinition binden, indem wir ein Service-Binding erstellen. Dazu klicken Sie mit der rechten Maustaste auf die Servicedefinition und wählen **New Service Binding** (siehe Abbildung 6.16). Wählen Sie dann die folgenden Werte, um einen OData-V4-Service zu erstellen, der für die Verwendung in einer SAP-Fiori-Elements-Anwendung vorgesehen ist:

- **Description**: »Books - Service Binding«
- **Binding Type: OData V4 - UI**

Klicken Sie nun auf **Next**, um das Service-Binding zu erstellen.

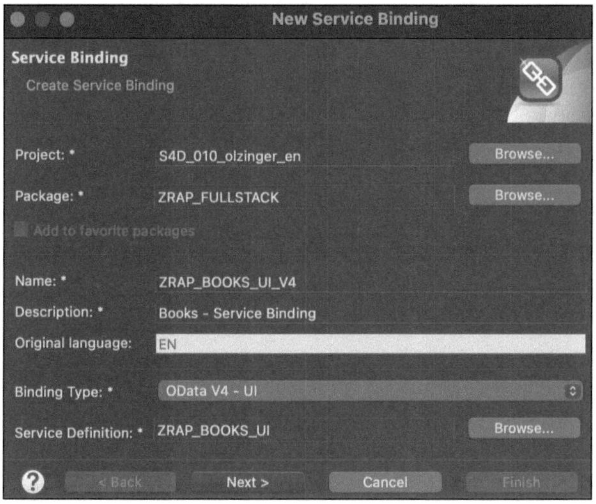

Abbildung 6.16 Neues Service-Binding anlegen

Service-Binding-Typen

Das ABAP RESTful Application Programming Model bietet mehrere Service-Binding-Typen, wie folgt:

- **OData V2 – UI**
- **OData V2 – WebAPI**
- **OData V4 – UI**
- **OData V4 – WebAPI**

Die Hauptunterschiede sind die Versionen (2 und 4) und der Typ (UI oder Web API). UI-Service-Bindings sind für die Nutzung des Service innerhalb einer SAP-Fiori-Benutzeroberfläche gedacht und bieten eine SAP-Fiori-Elements-List-Report-Anwendungsvorschau. Web-API-Services hingegen bieten eine öffentliche Schnittstelle, über die der OData-Service von jedem anderen OData-Client genutzt werden kann.

OData-Services müssen am SAP-Gateway im Internet-Communication-Framework-Knoten (ICF) **/sap/opu/odata** registriert und veröffentlicht werden. Bei OData-V2-Services kann dies automatisch aus dem Service-Binding heraus über den Button **Publish** erfolgen. Wenn Sie jedoch OData-V4-Services verwenden, müssen diese manuell über Transaktion /IWFND/V4_ADMIN (SAP Gateway Service Administration) registriert werden.

SAP-Hinweis 3101976 liefert zusätzliche Informationen (*https://me.sap.com/notes/0003101976*).

[»]

SAP Gateway Service Administration

Das SAP-Gateway bietet zwei Transaktionen zur Pflege und Verwaltung von SAP-Gateway-Services: Transaktion /IWFND/MAINT_SERVICE (Activate and Maintain Services) für OData V2 und Transaktion /IWFND/V4_ADMIN (SAP Gateway Service Administration) für OData-V4-Services. Mit diesen Transaktionen können OData-Services registriert und gepflegt werden, und zusätzliche Funktionalitäten wie z. B. ein Fehlerprotokoll (Transaktion /IWFND/ERROR_LOG) können von diesen Services aus erreicht werden. Auch eine Verknüpfung zwischen einem OData-Endpunkt auf dem Frontend-Server und dem Backend-Server, der die Implementierungslogik enthält, kann hier realisiert werden, sofern Service-/Systemaliase auf eine Remote-Function-Call-Verbindung (RFC) zeigen.

Nach dem Öffnen von Transaktion /IWFND/V4_ADMIN kann unser OData-V4-Service durch Klicken auf den Button **Publish Service Groups** registriert werden (siehe Abbildung 6.17).

Suchen Sie im folgenden Bildschirm nach der Servicegruppen-ID »ZRAP*« und wählen Sie einen verfügbaren Systemalias (in unserem Fall **LOCAL**; siehe Abbildung 6.18).

Wählen Sie nun den OData-Service mit demselben Namen wie das Service-Binding aus und klicken Sie auf **Publish Service Groups**. Nun muss ein Customizing-Auftrag ausgewählt werden. Dieser kann erstellt werden, indem Sie den in Abschnitt 6.1.1, »Datenmodell«, beschriebenen Schritten folgen, wobei in Transaktion SE09 die Option **Customizing request** anstelle von **Workbench request** ausgewählt wird.

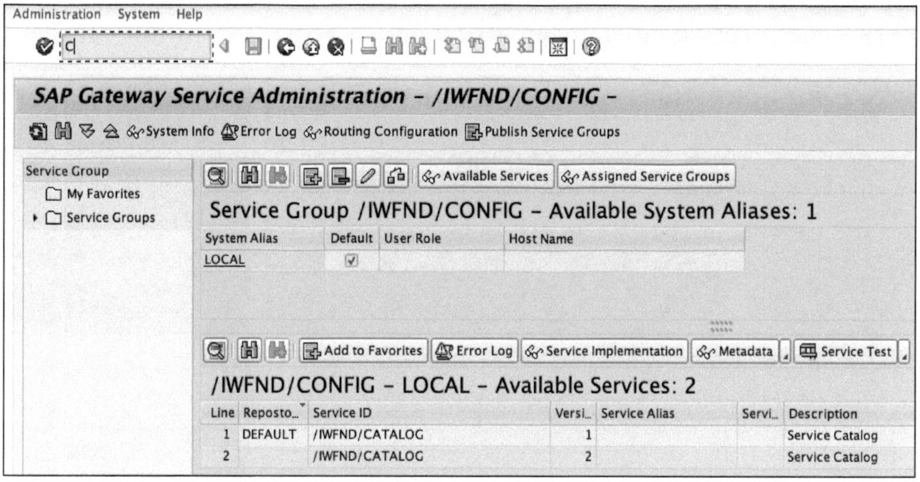

Abbildung 6.17 Servicegruppe registrieren

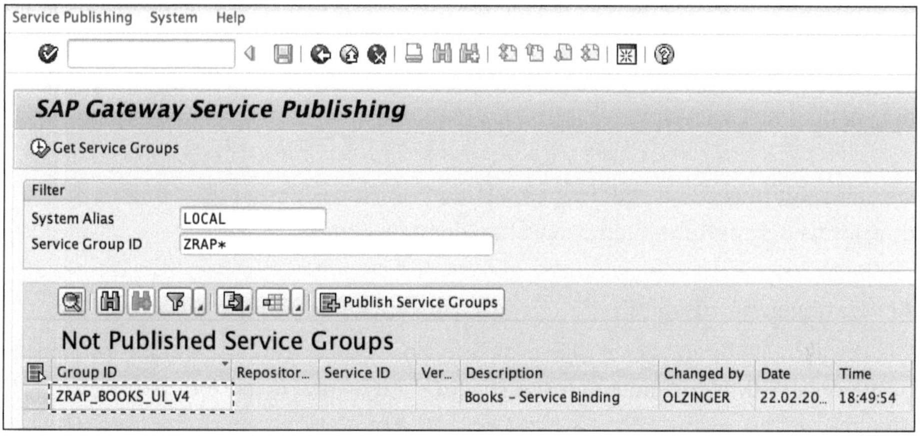

Abbildung 6.18 Servicegruppe veröffentlichen

Nun können wir zu Eclipse zurückkehren und unser Service-Binding erneut öffnen. Im Bereich **Service Version Details** auf der rechten Seite des Bildschirms sollte eine neue Service-URL zu sehen sein, die auf unseren ICF-Knoten zeigt (siehe Abbildung 6.19).

Klicken Sie auf den Button **Preview...** neben **Entity Set and Association**, nachdem Sie den Projection-View ZRAP_CV_BOOKS ausgewählt haben (siehe Abbildung 6.20).

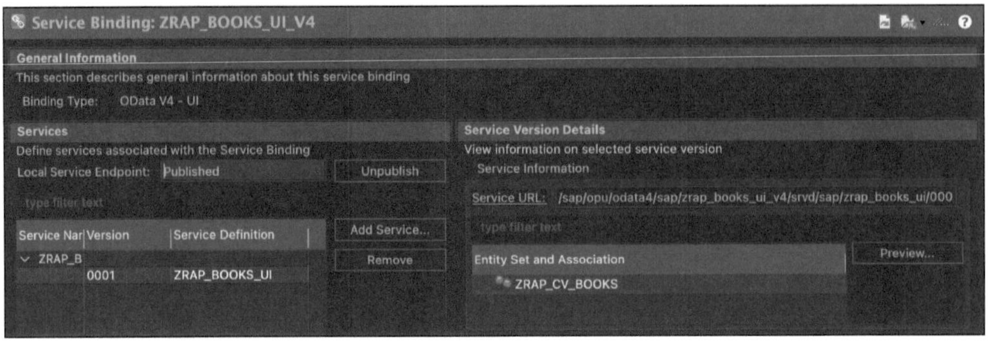

Abbildung 6.19 Vorschau öffnen

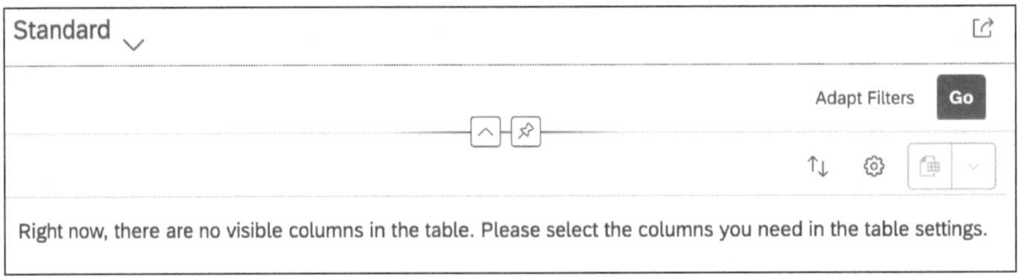

Abbildung 6.20 Eine leere SAP-Fiori-Elements-Vorschau

Derzeit zeigt unsere Anwendung eine leere SAP-Fiori-Elements-List-Report-Anwendung ohne definierte Spalten, Auswahlfelder oder Daten.

Annotationen hinzufügen

Um die aktuelle Benutzeroberfläche zu ändern, werden wir CDS-Annotationen mithilfe von CDS-Metadatenerweiterungen (*CDS Metadata Extension*) definieren. Mit diesen Erweiterungen können wir UI-relevante Annotationen in eine andere Datei als unsere CDS-View-Datendefinitionsdatei auslagern. Dadurch kann sie in anderen SAP-Systemen überschrieben werden, in denen unser Code nicht geändert, sondern erweitert werden soll.

Wir erstellen eine neue CDS-Metadatenerweiterung, indem wir mit der rechten Maustaste auf den Projection-View klicken und im Kontextmenü **New • Metadata Extension** wählen. Wir müssen nun die folgenden Eigenschaften angeben (siehe Abbildung 6.21):

- **Name**: »ZRAP_CV_BOOKS«
- **Description**: »CDS Metadata Extension - Books«

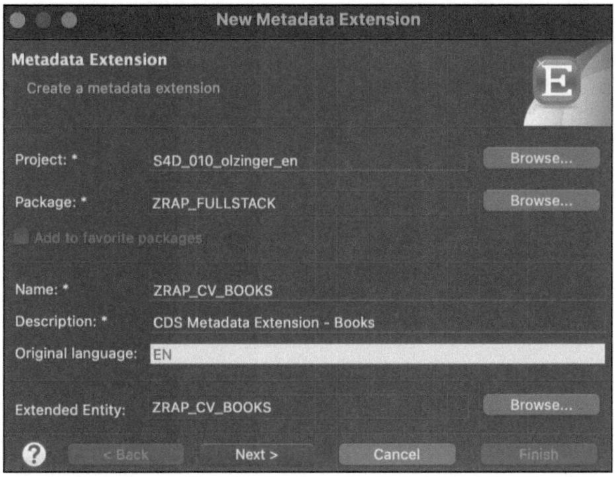

Abbildung 6.21 Neue CDS-Metadatenerweiterung anlegen

Klicken Sie danach auf **Next**, weisen Sie einen Transportauftrag zu, um die neue CDS-Metadatenerweiterung zu erstellen, und kopieren Sie das Coding in Listing 6.6 in die neue Erweiterung.

```
@Metadata.layer: #CUSTOMER
@UI.headerInfo: {
    typeName: 'Book',
    typeNamePlural: 'Books',
    title.value: 'Title',
    description.value: 'ISBN'
}

annotate view ZRAP_CV_BOOKS with
{
  @UI.hidden: true
  BookGuid;

  @EndUserText.label: 'ISBN'
  @UI.lineItem: [{position: 10, importance: #HIGH }]
  @UI.selectionField: [{position: 10 }]
  ISBN;

  @EndUserText.label: 'Title'
  @UI.lineItem: [{position: 20, importance: #HIGH }]
  @UI.selectionField: [{position: 20 }]
  Title;
```

```
  @EndUserText.label: 'Genre'
  @UI.lineItem: [{position: 40, importance: #MEDIUM }]
  @UI.selectionField: [{position: 20 }]
  Genre;

  @EndUserText.label: 'Author'
  @UI.lineItem: [{position: 30, importance: #MEDIUM }]
  Author;

  @EndUserText.label: 'Finished'
  @UI.lineItem: [{position: 50, importance: #LOW}]
  ReadingFinished;

  @UI.lineItem: [{
      label: 'Rating',
      valueQualifier: 'Rating',
      type: #AS_DATAPOINT,
      position: 60,
      importance: #LOW
  }]
  @UI.dataPoint: {
   targetValue: 5,
   visualization: #RATING
  }
  Rating;

}
```

Listing 6.6 Neue Metadatenerweiterung

Die Annotation `@UI.headerInfo` ist für die Tabellen- und Detailüberschriften unserer App zuständig. Durch Hinzufügen der Annotation `@UI.lineItem` können die Spalten der SAP-Fiori-Elements-List-Report-Anwendungen definiert werden, und die Annotation `@UI.selectionField` fügt der Filterleiste Filterfelder hinzu.

Nachdem die Metadatenerweiterung gespeichert und aktiviert wurde, aktualisieren Sie die Vorschau, und die Benutzeroberfläche sollte nun wie in Abbildung 6.22 aussehen.

Damit wir nun neue Einträge erstellen können, müssen wir den Entwurfsmodus in unserem Geschäftsverhalten aktivieren, da wir OData V4 in unserem Service-Binding verwenden.

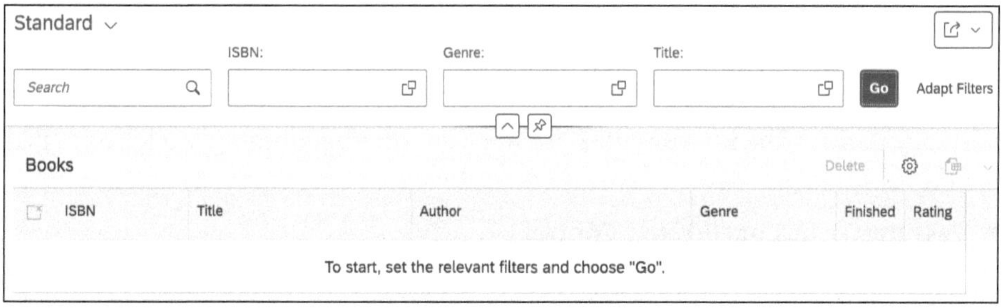

Abbildung 6.22 Funktionierende Annotationen

6.1.5 Draft Handling

Indem wir das *Draft Handling* für unser Business-Objekt aktivieren, können wir eine Zwischenversion unseres Objekts speichern und damit arbeiten, ohne in die persistenten Daten einzugreifen. Das Draft Handling ist sowohl für Managed- als auch für Unmanaged-Entwicklungsansätze verfügbar, aber es gibt ein paar Unterschiede:

- **Managed Draft Handling**

  Das Draft Handling hat keinen direkten Einfluss auf Validatoren oder Determinations, aber wenn Sie OData V4 verwenden, muss das Draft Handling für SAP Fiori Elements aktiviert sein, um Funktionen zum Erstellen und Löschen bereitzustellen.

- **Unmanaged Draft Handling**

  Wenn Sie ein unmanaged Behavior verwenden, funktionieren Determinations und Validierungen nur, wenn das Draft Handling aktiviert ist.

Entwurf (Draft)

Ein Entwurf ist eine Zwischenversion einer Entität eines Business-Objekts. Seine Daten können inkonsistent oder noch nicht vollständig sein, müssen aber dennoch jederzeit gespeichert werden, ohne die persistente, aktive Version des Business-Objekts zu beeinträchtigen. Dies dient dazu, das Risiko von Datenverlusten durch technische oder menschliche Fehler zu minimieren. Die Wiederaufnahme der Arbeit an einem Entwurf kann auf verschiedenen Geräten unterbrochen und neu initiiert werden.

Um die Bearbeitung von Entwürfen zu ermöglichen, müssen wir auch die Concurrency Control implementieren. Danach können wir uns mit Entwurfsaktionen und der Aktualisierung und Erstellung von Feldsteuerungen befassen.

Concurrency Control

Die *Concurrency Control* verhindert die gleichzeitige Verwendung identischer Datenbankeinträge, um inkonsistente Daten zu vermeiden. Es gibt zwei Konzepte der Concurrency Control, die im ABAP RESTful Application Programming Model verfügbar sind:

- **Pessimistische Concurrency Control**

  Die pessimistische Concurrency Control verhindert die Änderung von Datenbankeinträgen durch mehrere Benutzer zur gleichen Zeit. Sie bezieht sich auf die klassische exklusive ABAP-Locking- und Enqueueing-Technologie und ist an eine ABAP-Sitzung gebunden. Diese Kontrolle muss in einem Unmanaged-Ansatz implementiert werden, aber in einem Managed-Ansatz wird dies durch das ABAP RESTful Application Programming Model gehandhabt. Pessimistisch ist immer die Standard-Concurrency-Control.

- **Optimistische Concurrency Control**

  Die optimistische Concurrency Control basiert auf einem Entity-Tag-Feld (ETag), das sich auf einen bestimmten Wert bezieht, der einen Eintrag zu einem bestimmten Zeitpunkt identifiziert. Im ABAP RESTful Application Programming Model erfolgt dies im Allgemeinen durch Verwendung eines Zeitstempels, der sich auf den Zeitpunkt der letzten Änderung des Eintrags bezieht. Dies ist nur in OData-Verbrauchsszenarien relevant, da dieser Wert bei jeder Anfrage gesendet wird, um zu verhindern, dass neue Daten mit alten Daten überschrieben werden, und er wird vollständig vom ABAP-RESTful-Application-Programming-Model-Framework verarbeitet.

In unserem Fall werden wir einen optimistischen Ansatz wählen. Daher fügen wir unserer Entität einige neue Felder hinzu, vor allem um festzuhalten, wer einen Eintrag wann geändert hat, wer einen Eintrag erstellt hat und wann er erstellt wurde. Fügen Sie die Felder in Listing 6.7 zur Datenbanktabelle ZRAP_BOOKS hinzu und reaktivieren Sie sie erneut.

```
changed_at       : timestamp;
changed_by       : uname;
created_at       : timestamp;
created_by       : uname;
total_changed_at : timestamp;
```

Listing 6.7 Neue Tabellenfelder hinzufügen

Die gleichen Felder (siehe Listing 6.8) müssen auch in den View ZRAP_IV_BOOKS aufgenommen werden.

```
@Semantics.systemDateTime.lastChangedAt: true
changed_at as ChangedAt,
@Semantics.user.lastChangedBy: true
changed_by as ChangedBy,
@Semantics.systemDateTime.createdAt: true
created_at as CreatedAt,
@Semantics.user.createdBy: true
created_by as CreatedBy,
@Semantics.systemDateTime.localInstanceLastChangedAt: true
total_changed_at as TotalChangedAt
```

Listing 6.8 Neue CDS-Felder hinzufügen

Danach müssen die Felder in den Projection-View `ZRAP_PV_BOOKS` projiziert werden. Zusätzlich kann die Annotation `@UI.hidden: true` in der Metadatenerweiterung verwendet werden, um diese Felder vor dem Benutzer zu verbergen.

Fügen Sie dann das ETag-Handling und die Feldzuordnung (siehe Listing 6.9) zu unserer Verhaltensdefinition hinzu.

```
managed; // implementation in class zbp_rap_iv_books unique;

with draft;

define behavior for ZRAP_IV_BOOKS alias Books
persistent table zrap_books
draft table zrap_books_d
lock master
total etag ChangedAt
etag master TotalChangedAt
authorization master ( instance )
{
  create;
  update;
  delete;

  mapping for ZRAP_BOOKS corresponding {
    BookGuid = book_guid;
    PurchasingDate = purch_date;
    BookPages = book_pages;     ReadingFinished = finished;
    ChangedAt = changed_at;
    ChangedBy = changed_by;
    CreatedAt = created_at;
    CreatedBy = created_by;
```

```
    TotalChangedAt = total_changed_at;
  }
}
```

Listing 6.9 Draft Handling zur Verhaltensdefinition hinzufügen

Mit dem Schlüsselwort `with draft` aktivieren wir allgemeine Entwurfsfunktionen. Außerdem müssen wir eine Entwurfstabelle angeben, indem wir mit dem Schlüsselwort `draft table` einen Namen für eine neue Datenbanktabelle vergeben. Verwenden Sie einen Quick Fix, um automatisch eine Entwurfstabelle zu erstellen. Diese Tabelle hat die gleiche Struktur wie unser CDS-View mit zusätzlichen Draft-Verwaltungsfeldern. Wir fügen auch eine optimistische Concurrency Control hinzu, indem wir die Schlüsselwörter `total etag` und `etag master` hinzufügen, um auf unsere neu hinzugefügten Datenbanktabellenfelder zu verweisen. Das ABAP RESTful Application Programming Model überprüft und pflegt diese Werte automatisch. Zusätzlich müssen auch die neuen View-Felder zum Mapping hinzugefügt werden.

Draft-Aktionen

Nun müssen wir angeben, welche Entwurfsaktionen zur Verfügung stehen sollen, wie folgt:

- **`Edit`**

  `Edit` kopiert eine aktive Version eines Business-Objekts in die Entwurfstabelle.

- **`Activate`**

  `Activate` aktiviert den Entwurfseintrag und ruft die Aktion `Prepare` auf. Dies ist der umgekehrte Typ zu `Edit`.

- **`Discard`**

  `Discard` löscht den Entwurf.

- **`Prepare`**

  `Prepare` führt die für diesen Schritt definierten Determinations und Validierungen aus. Er wird direkt aufgerufen, bevor ein Entwurf zu einer aktiven Version in der persistenten Datenbanktabelle wird.

- **`Resume`**

  `Resume` ermöglicht es Ihnen, die Arbeit an einem Entwurf wieder aufzunehmen.

In unserem Fall werden wir alle diese Draft-Aktionen (siehe Listing 6.10) in unserer Verhaltensdefinition verwenden.

```
define behavior for ZRAP_IV_BOOKS alias Books
...
{
```

```
  ...

  draft action Activate;
  draft action Discard;
  draft action Edit;
  draft action Resume;

  draft determine action Prepare {}

  ...
}
```

Listing 6.10 Draft-Aktionen definieren

Nun müssen wir das Draft Handling (siehe Listing 6.11) in unsere Verhaltensprojektion projizieren.

```
projection;
use draft;
define behavior for ZRAP_CV_BOOKS //alias <alias_name>
{
  use create;
  use update;
  use delete;

  use action Activate;
  use action Discard;
  use action Edit;
  use action Prepare;
  use action Resume;
}
```

Listing 6.11 Projizieren der Draft-Aktionen

Wenn Sie nun die Vorschau aktualisieren, werden Sie feststellen, dass in der Kopfzeile der Tabelle nun der Button **Create** zu sehen ist. Wenn Sie auf diesen Button klicken, können Sie jetzt neue Einträge erstellen.

Wie Sie vielleicht bemerken, ist die Detailseite (**SAP Fiori elements object page**) noch relativ leer. Um das zu ändern, müssen wir unsere Metadatenerweiterung (siehe Listing 6.12) aktualisieren, um unsere Felder in bestimmten Abschnitten unserer Object Page anzuzeigen.

```
...

annotate view ZRAP_CV_BOOKS with
{
  @UI.facet: [{
    id: 'YOURBOOK',
    type: #COLLECTION,
    position: 10,
    label: 'Your Book'
  }, {
    id: 'GENERAL',
    type: #IDENTIFICATION_REFERENCE,
    parentId: 'YOURBOOK',
    label: 'General Information'
  }, {
    id: 'READING',
    type: #FIELDGROUP_REFERENCE,
    parentId: 'YOURBOOK',
    targetQualifier: 'READFAC',
    label: 'Reading Information'
  }]

  @UI.hidden: true
  BookGuid;

  @EndUserText.label: 'ISBN'
  @UI.lineItem: [{position: 10, importance: #HIGH }]
  @UI.selectionField: [{position: 10 }]
  @UI.identification: [{ position: 10 }]
  ISBN;

  @EndUserText.label: 'Title'
  @UI.lineItem: [{position: 20, importance: #HIGH }]
  @UI.selectionField: [{position: 20 }]
  @UI.identification: [{ position: 20 }]
  Title;

  @EndUserText.label: 'Genre'
  @UI.lineItem: [{position: 40, importance: #MEDIUM }]
  @UI.selectionField: [{position: 20 }]
  @UI.identification: [{ position: 30 }]
  Genre;
```

```
  @EndUserText.label: 'Author'
  @UI.lineItem: [{position: 30, importance: #MEDIUM }]
  @UI.identification: [{ position: 40 }]
  Author;

  @EndUserText.label: 'Pages'
  @UI.identification: [{ position: 50 }]
  BookPages;

  @EndUserText.label: 'Description'
  @UI.identification: [{ position: 60 }]
  Description;

  @EndUserText.label: 'Purchasing Date'
  @UI.identification: [{ position: 10 }]
  PurchasingDate;


  @EndUserText.label: 'Finished'
  @UI.lineItem: [{position: 50, importance: #LOW}]
  @UI.fieldGroup: [{ qualifier: 'READFAC', position: 10 }]
  ReadingFinished;

  @UI.lineItem: [{
      label: 'Rating',
      valueQualifier: 'Rating',
      type: #AS_DATAPOINT,
      position: 60,
      importance: #LOW
  }]
  @UI.dataPoint: {
   targetValue: 5,
   visualization: #RATING
  }
  @UI.fieldGroup: [
{label: 'Your Rating', qualifier: 'READFAC', valueQualifier: 'Rating', type: #
AS_DATAPOINT, position: 20 }]
  Rating;

  @EndUserText.label: 'Notes'
  @UI.fieldGroup: [{ qualifier: 'READFAC', position: 30 }]
  Note;
```

```
...
}
```

Listing 6.12 Facetten zur Object Page hinzufügen

Durch Hinzufügen neuer `UI.facet`-Annotationen können wir Abschnitte in unserer Objektseite erstellen. Wir haben einen allgemeinen Abschnitt mit der Bezeichnung **Your Book** und zwei Unterabschnitte mit den Bezeichnungen **General Information** und **Reading Information** hinzugefügt, die jeweils verschiedene Felder unseres CDS-Views enthalten, die entweder mit den `UI.fieldGroup`- oder `UI.identification`-Annotationen verbunden sind.

Feldsteuerung für Aktualisier- und Anlegefunktionen

Damit das ABAP RESTful Application Programming Model weiß, welche Felder in welchem Modus gepflegt werden sollen, müssen als Letztes die statische Feldsteuerung und die Managed-Nummerierung aktiviert werden.

[»]

Nummernvergabetechniken in ABAP RESTful Application Programming Model

Das ABAP RESTful Application Programming Model bietet verschiedene Methoden, um einen Wert für einen Primärschlüssel eines Business-Objekts zu setzen: externe Nummerierung, interne Nummerierung und optionale externe Nummerierungstechniken. Die Managed-Nummerierung ist jedoch nur für UUID-basierte Primärschlüssel verfügbar. Schauen wir uns diese drei Methoden etwas genauer an:

- **Externe Nummerierung**
  Externe Nummerierung bedeutet, dass der Client für die Bereitstellung eines Werts als Primärschlüssel verantwortlich ist. Dies ist für beide Implementierungsszenarien verfügbar.
- **Interne Nummerierung**
  Interne Nummerierung bedeutet, dass das ABAP RESTful Application Programming Model Werte für Primärschlüssel berechnet. Dies kann in Managed-Szenarien durch das ABAP RESTful Application Programming Model selbst oder in einem Unmanaged-Szenario durch den Entwickler erfolgen.
- **Optionale externe Nummerierung**
  Diese Nummerierungstechnik ist für Managed-Szenarien verfügbar. Wenn der Client keinen Wert für einen Primärschlüssel sendet, generiert das ABAP RESTful Application Programming Model einen für ihn.

In unserem Fall lassen wir das ABAP RESTful Application Programming Model eine UUID für unseren Primärschlüssel berechnen. Darüber hinaus sollten bestimmte Felder obligatorisch sein, sodass wir unsere Verhaltensdefinition wie folgt aktualisieren müssen:

```
field (numbering : managed, readonly ) BookGuid;
field (mandatory) ISBN, PurchasingDate;
```

Nachdem wir unsere Verhaltensdefinition aktiviert haben, können wir unsere ersten Einträge erstellen und bearbeiten, indem wir in der Vorschau auf **Create** klicken (siehe Abbildung 6.23).

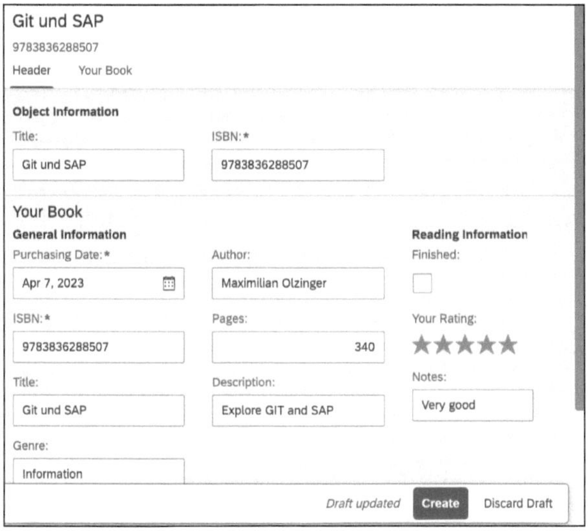

Abbildung 6.23 Neuen Eintrag hinzufügen

Sie werden feststellen, dass jedes Mal, wenn Sie ein Feld bearbeiten, ein Entwurf Ihrer Änderungen gespeichert wird. Wenn Sie z. B. Ihren Browser schließen, können Sie Ihren Entwurf immer noch bearbeiten und ihn explizit dauerhaft machen, indem Sie auf **Create** in der unteren rechten Ecke der Seite **Detail** klicken.

Unser ABAP-RESTful-Application-Programming-Model-Projekt unterstützt nun Folgendes:

- Draft Handling
- Erstellen
- Aktualisieren
- Löschen
- Managed-Nummerierung
- statische Feldsteuerung

Im nächsten Abschnitt werden wir uns mit den nicht standardmäßigen Änderungsaktionen befassen.

6.2 Aktionen

Aktionen (engl. Actions) im ABAP RESTful Application Programming Model sind ein Teil des Business-Objekts selbst, das entweder aus OData oder über ABAP aufgerufen werden kann. Diese Aktionen sind als nicht standardmäßige Änderungsoperationen definiert, die es in drei verschiedenen speziellen Typen gibt:

- **Interne Aktionen**

  Interne Aktionen können nur von der Verhaltensimplementierung aus aufgerufen und als private Aktionen betrachtet werden.

- **Statische Aktionen**

  Statische Aktionen sind nicht direkt an eine Instanz eines Business-Objekts gebunden, sondern an die gesamte Palette der Entitäten.

- **Factory-Aktionen**

  Factory-Aktionen können verwendet werden, um neue Einträge mit vordefinierten Werten zu erstellen, z. B. wenn Sie einen vorhandenen Eintrag kopieren möchten.

Eine Aktion muss in der Verhaltensdefinition des Business-Objekts mit dem Schlüsselwort `action` definiert werden. Die Logik der Aktion muss dann in der Verhaltensimplementierung eingesetzt werden.

Standardmäßig sind Aktionen immer an eine einzelne Instanz eines Business-Objekts gebunden, dies kann aber durch Verwendung eines der speziellen Typen geändert werden. Zusätzlich können Aktionen Eingabeparameter haben, die Schlüssel enthalten, und einen Ergebnisparameter. Aktionen werden in OData als Funktionsimporte bereitgestellt und können in ABAP mit der Entity Manipulation Language (EML) aufgerufen werden.

In unserem Beispiel fügen wir eine Instanzaktion namens `finishBook` hinzu, die das Kennzeichen `finished` unserer persistenten Tabelle auf `true` setzt. Diese wird dann in der Provisionierungsschicht bereitgestellt und in der SAP-Fiori-Elements-Vorschau mithilfe von Annotationen zugänglich gemacht.

Definieren wir zunächst eine Aktion in unserer Verhaltensdefinition (siehe Listing 6.13).

```
managed implementation in class zbp_rap_iv_books unique;
...
define behavior for ZRAP_IV_BOOKS alias Books
... {
...
```

```
action finishBook;
...
}
```

Listing 6.13 Neue Aktion hinzufügen

Wir fügen auch das Schlüsselwort `managed implementation in class` hinzu, um einen neuen Behavior Pool hinzuzufügen, einschließlich einer lokalen Handler-Klasse, die für die Verhaltensimplementierung unseres Business-Objekts verantwortlich ist. Mit einem Quick Fix für den Klassennamen und die Aktion können wir den Behavior Pool und die Implementierung der Aktion erzeugen.

Wir haben nun eine relativ leere lokale Handler-Klasse (siehe Listing 6.14), die nur die Aktion `finishBook` enthält.

```
CLASS lhc_Books DEFINITION INHERITING FROM cl_abap_behavior_handler.
  PRIVATE SECTION.
    METHODS finishBook FOR MODIFY
      IMPORTING keys FOR ACTION Books~finishBook.
ENDCLASS.

CLASS lhc_Books IMPLEMENTATION.
  METHOD finishBook.
  ENDMETHOD.
ENDCLASS.
```

Listing 6.14 Neue lokale Handler-Klasse

Innerhalb der Klassenimplementierung und der Methode `finishBook` werden wir die Logik (siehe Listing 6.15) der Aktion implementieren.

```
METHOD finishBook.
    READ ENTITY IN LOCAL MODE zrap_iv_books
        ALL FIELDS WITH CORRESPONDING #( keys )
        RESULT DATA(lt_books).

    LOOP AT lt_books ASSIGNING FIELD-SYMBOL(<fs_book>).
      IF <fs_book>-ReadingFinished = abap_true.
        APPEND VALUE #( %tky = <fs_book>-%tky
                        %msg = NEW zcm_rap(
                                 textid   = zcm_rap=>already_finished
                                 severity = if_abap_behv_message=>severity-error
                                 )
                      )
```

```
          TO reported-books.

      ELSE.
        MODIFY ENTITY IN LOCAL MODE zrap_iv_books
          UPDATE FIELDS (  ReadingFinished )
                 WITH VALUE #(
                              ( %tky = <fs_book>-%tky
                                ReadingFinished = abap_true
                              )
                            )
          FAILED DATA(ls_failed).

        IF ls_failed IS INITIAL.
          APPEND VALUE #( %tky = <fs_book>-%tky
                          %msg = NEW zcm_rap(
                            textid   = zcm_rap=>book_finished
                            severity = if_abap_behv_message=>severity-success
                              )
                        )
           TO reported-books.

        ENDIF.
      ENDIF.
    ENDLOOP.
  ENDMETHOD.
```

Listing 6.15 Implementierung der Methode »finishBook«

Das sieht vielleicht nach einer Menge Code aus, aber wir gehen ihn Schritt für Schritt durch. Leider werden wir nicht im Detail auf EML eingehen, da dies den Rahmen dieses Buchs sprengen würde. Eine ausführliche technische Dokumentation finden Sie jedoch unter *http://s-prs.de/v1033400*.

Wir verwenden EML, um die Business-Objekt-Instanz über die bereitgestellten Schlüssel zu lesen, wobei wir das Feld `ReadingFinished` auf `true` setzen wollen. Wenn eine Instanz dieses Feld bereits auf `true` gesetzt hat, senden wir eine Fehlermeldung an den gemeldeten Parameter. Diese Nachrichtenklasse und die entsprechenden Texte finden Sie im Download-Material zu diesem Buch unter *www.sap-press.de/5956*.

Wenn eine Instanz das Feld `ReadingFinished` auf `true` gesetzt hat, verwenden wir wieder EML, um unseren persistenten Eintrag zu ändern und eine Erfolgsmeldung an den `reported`-Parameter zu senden.

[«]

Entity Manipulation Language (EML)

EML ist eine neue Reihe von ABAP-Anweisungen, die den Zugriff auf die Business-Objekte des ABAP RESTful Application Programming Model ermöglichen. EML kann zum Lesen, Ändern oder Ausführen von Aktionen auf einem Business-Objekt sowie zum Auslösen der persistenten Speicherung verwendet werden.

EML verwendet abgeleitete Datentypen als Parameter, um Daten zu übergeben, Ergebnisse zu empfangen und Nachrichten zu senden. Sie sind auf das jeweilige Business-Objekt zugeschnitten und liefern nicht nur die notwendigen Daten des Business-Objekts, sondern auch weitere Informationen mit Komponenten. EML bietet die folgenden Methoden:

- **`READ ENTITY`**
  `READ ENTITY` wird verwendet, um ein ABAP-RESTful-Application-Programming-Model-Business-Objekt anhand seiner Primärschlüssel zu lesen.
- **`MODIFY ENTITY`**
  `MODIFY ENTITY` wird verwendet, um ein Business-Objekt und seine Daten zu ändern. Er hat die folgenden Untertypen:
  - `MODIFY ENTITY CREATE`: legt neue Einträge an
  - `MODIFY ENTITY UPDATE`: aktualisiert bestehende Einträge
  - `MODIFY ENTITY DELETE`: löscht bestehende Einträge
  - `MODIFY ENTITY EXECUTE`: führt eine Aktion aus

Damit die Projektionsschicht diese Aktion kennt und verwenden kann, müssen wir sie (siehe Listing 6.16) in der Verhaltensprojektion verwenden.

```
projection;
use draft;
define behavior for ZRAP_CV_BOOKS //alias <alias_name>
{
...

  use action finishBook;
...
}
```

Listing 6.16 Aktion projizieren

Nun müssen wir SAP Fiori Elements mitteilen, wo unsere Aktion angezeigt werden soll, also kommentieren wir (siehe Listing 6.17) das Feld `ReadingFinished` in der Metadatenerweiterung.

```
@EndUserText.label: 'Finished'
@UI.lineItem: [{position: 50, importance: #LOW},
        { type: #FOR_ACTION, dataAction: 'finishBook', label: 'Finish Book'}]
@UI.fieldGroup: [{ qualifier: 'READFAC', position: 10 }]
ReadingFinished;
```

Listing 6.17 Aktion in der List Report Page anzeigen

Danach können wir direkt in unsere Vorschau zurückkehren (siehe Abbildung 6.24) und einen Eintrag in unserer Tabelle auswählen. Klicken Sie auf den Button **Finish Book**, und Sie erhalten eine Erfolgsmeldung.

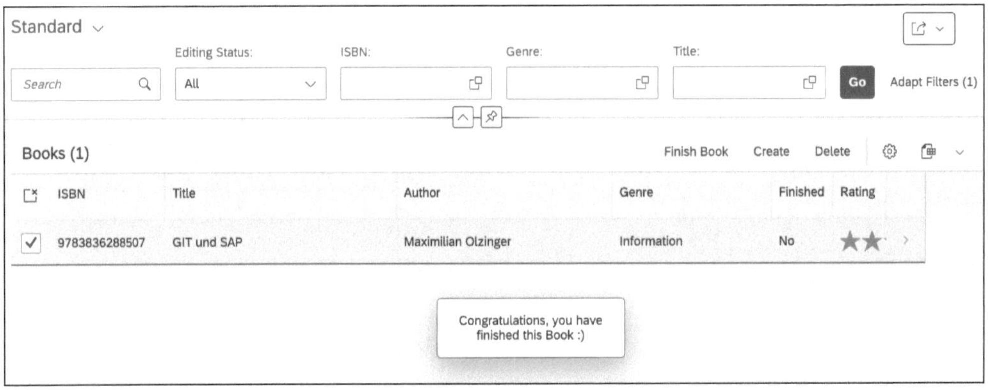

Abbildung 6.24 Aktion erfolgreich ausgeführt

Wenn Sie versuchen, diese Aktion für ein bereits abgeschlossenes Buch auszuführen, erhalten Sie eine Fehlermeldung (siehe Abbildung 6.25).

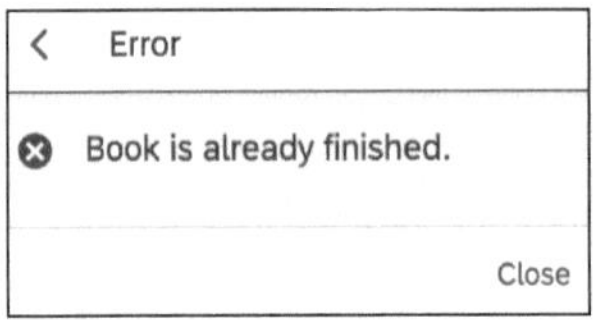

Abbildung 6.25 Aktion nicht erfolgreich ausgeführt

Nachdem wir unserem Business-Objekt Aktionen hinzugefügt haben, wollen wir uns nun mit den erweiterten Funktionen des ABAP RESTful Application Programming Model beschäftigen.

6.3 Erweiterte Funktionen

In diesem Abschnitt werfen wir einen Blick auf die fortgeschrittenen Funktionen des ABAP RESTful Application Programming Model. Zunächst schauen wir uns die Wertehilfen in Abschnitt 6.3.1 an. Sie bieten eine [F4]-ähnliche Hilfe für die Dateneingabe. Dann gehen wir in Abschnitt 6.3.2 auf Validierungen ein, um die zu ändernden Daten zu überprüfen und Inkonsistenzen zu vermeiden. Danach können die Determinationen in Abschnitt 6.3.3 zur Bestimmung von Werten wie semantischen Schlüsseln verwendet werden. Schließlich wird in Abschnitt 6.3.4 die dynamische Feature Control behandelt, das sich darauf bezieht, welche Änderungsfunktion auf der Grundlage unseres Business-Objekts verfügbar sein wird.

6.3.1 Wertehilfen

Eine *Wertehilfe* in CDS ermöglicht es Benutzern, die bereitgestellten Werte aus einem vorhandenen CDS-View in einer Benutzeroberfläche auszuwählen. Dies funktioniert durch die Verwendung der Annotation `Consumption.valueHelpDefinition` auf dem CDS-Feld, wobei die entsprechende Benutzeroberfläche ein Eingabefeld mit einer [F4]-ähnlichen Wertehilfe bereitstellen sollte.

Die Annotation `Consumption.valueHelpDefinition` muss auf der Ebene eines Projection-Views bereitgestellt werden und muss auf einen CDS-View verweisen, der die entsprechenden Werte bereitstellt, die als Wert für den Feldwert des Projection-Views verwendet werden sollen.

Nehmen wir an, wir haben einen Projection-View mit Feldern für eine Adresse (`AddressNumber`), einen Ort (`City`) und ein Land (`Country`). Wir möchten nun eine Wertehilfe für das Feld `AddressNumber` bereitstellen, die bei Auswahl auch die Werte für `City` und `Country` ändert.

Zunächst müssen wir einen eigenen CDS-View für die Wertehilfe definieren (siehe Listing 6.18).

```
@AccessControl.authorizationCheck: #NOT_REQUIRED
@EndUserText.label: 'Value Help for ADRC'
@Metadata.ignorePropagatedAnnotations: true

define view entity Z_ADRC_VH as select from adrc {
    key addrnumber as Addrnumber,
    name1 as Name1,
    city1 as City1,
    po_box as PoBox,
    street as Street,
    house_num1 as HouseNum1,
    country as Country,
    county_code as CountyCode
}
```

Listing 6.18 CDS-Wertehilfe

Dieser CDS-View liest die Einträge aus der Datenbanktabelle ADRC, die alle in einem SAP-System gespeicherten Adressen enthält und als Wertehilfe für unser Projection-View-Feld dienen soll.

Als Nächstes müssen wir unser Projection-View-Feld, in dem die Wertehilfe verfügbar sein soll, mit Annotationen versehen (siehe Listing 6.19).

```
@Consumption.valueHelpDefinition: [{
        entity: {
            name: 'Z_ADRC_VH',
            element: 'Addrnumber'
        },
        additionalBinding: [{
            usage: #RESULT,
            element: 'City1',
            localElement: 'City'
        },{
            usage: #RESULT,
            element: 'Country',
            localElement: 'Country'
        }]
    }]
    adrnum as AdressNumber,
 city as City,
    country as Country
```

Listing 6.19 Verwenden der Wertehilfe

Diese Annotation funktioniert folgendermaßen: Wir annotieren unser Feld mit der Annotation `Consumption.valueHelpDefinition` und fügen ein neues Objekt hinzu. Dort definieren wir die Eigenschaft `entity`. Diese Eigenschaft richtet die allgemeine Wertehilfe ein, indem sie unseren CDS-View mit der Eigenschaft `name` referenziert, und wir definieren, welche Feldwerte dieses CDS-Views verwendet werden sollen, wenn der Benutzer einen Eintrag in der Benutzeroberfläche mit der Eigenschaft `element` auswählt.

Darüber hinaus können wir Bindungsbedingungen zwischen unseren lokalen Elementen und den Elementen der Wertehilfen-Views hinzufügen, indem wir das Element `additionalBinding` hinzufügen. Das bedeutet, dass, wenn ein Benutzer einen Wert in der Wertehilfe auswählt, auch andere Feldwerte geändert werden. Wenn also ein Benutzer einen Wert für `AddressNumber` auswählt, werden auch die Werte der Felder `City` und `Country` geändert. Dieser `additionalBinding`-Eintrag besteht aus den Eigenschaften `type`, einem `element`, das auf ein Feld des Wertehilfe-CDS verweist, und einem localElement, das auf eines der Felder unseres Projection-Views verweist. Der type dieses additionalBinding kann einer der folgenden sein:

- **#FILTER**

  #FILTER bedeutet, dass der Wert, auf den im localElement verwiesen wird, als Filter für die Wertehilfe verwendet wird.

- **#RESULT**

  #RESULT bedeutet, dass der Wert des ausgewählten Wertehilfeeintrags im localElement verwendet wird.

- **#FILTER_AND_RESULT**

  #FILTER_AND_RESULT kombiniert diese beiden Typen.

6.3.2 Validierungen

Wie Aktionen sind auch Validierungen (engl. *Validations*) Teil des Business-Objekt-Verhaltens und prüfen die Konsistenz einer Business-Objekt-Instanz. Sie können bei den Änderungsaktionen Create, Update und Delete ausgelöst werden und validieren die Werte der geänderten Felder. Wenn eine Validierung fehlschlägt, wird die aufgerufene Änderungsaktion abgelehnt und eine Nachricht erzeugt, die an den Client weitergeleitet wird. Die Logik solcher Validatoren ist wiederum wie die in der lokalen Handler-Klasse implementierten Aktionen.

Wir werden einen Validator implementieren, der das ISBN-Feld unseres Business-Objekts überprüft, wenn es zwischen 10 und 13 Zeichen lang ist. Dieser Validator soll sowohl bei der Erstellung neuer Einträge als auch bei der Aktualisierung bestehender Einträge aufgerufen werden. Zu Beginn müssen wir unseren Validator in der Verhaltensdefinition festlegen (siehe Listing 6.20).

```
...
draft determine action Prepare {
    validation validateISBN;
  }
validation validateISBN on save { create; update; field ISBN;}
...
```

Listing 6.20 Neuen Validator hinzufügen

Wir geben unserer Validierung einen Namen, validateISBN, und legen fest, wann sie aufgerufen werden soll. Um einen konsistenten Entwurf zu erstellen, müssen wir außerdem unsere Validierung zur Entwurfsaktion Prepare hinzufügen.

Nun können wir den Quick Fix verwenden, um diese Validierung in unserer lokalen Handler-Klasse zu erzeugen und mit der Implementierung der Validierungslogik zu beginnen (siehe Listing 6.21).

```
METHOD validateISBN.
    READ ENTITY IN LOCAL MODE zrap_iv_books
        ALL FIELDS WITH CORRESPONDING #( keys )
        RESULT DATA(lt_books).

    LOOP AT lt_books ASSIGNING FIELD-SYMBOL(<fs_book>).
        if strlen( <fs_book>-isbn ) not between 10 and 13.
        APPEND CORRESPONDING #( <fs_book> ) TO failed-books.

       APPEND VALUE #(
          %tky     = <fs_book>-%tky
          %element = VALUE #( ISBN = if_abap_behv=>mk-on )
          %msg     = NEW zcm_rap(
                         textid     = zcm_rap=>isbn_validation_failed
                         severity   = if_abap_behv_message=>severity-error
                                    )
          %state_area = 'ISBN'
                      )
            TO reported-books.
        endif.
    endloop.
  ENDMETHOD.
```

Listing 6.21 Logik des Validators

Zunächst liest unsere Validierung die Instanz unseres Business-Objekts. Dann überprüfen wir die Länge des Felds `ISBN`. Liegt sie nicht zwischen 10 und 13, fügen wir eine neue Nachricht an den abgeleiteten Datentyp `report` an, der eine Nachricht der bereitgestellten Nachrichtenklasse enthält. Wir verwenden auch die Komponente `%element`, um dem ABAP RESTful Application Programming Model mitzuteilen, welches Feld genau inkonsistent ist.

Als Nächstes können wir direkt in den Bearbeitungsmodus einer unserer Entitäten springen und eine ISBN mit einer Länge von, sagen wir, 8 eingeben. Wenn wir versuchen, diesen Eintrag zu speichern, um ihn persistent zu machen, kommt unser Validator zum Einsatz und verhindert die Aktualisierung, indem er eine aussagekräftige Fehlermeldung (siehe Abbildung 6.26) liefert, die das ISBN-Feld hervorhebt.

Um die Änderungen zu persistieren, müssen wir die Länge wieder auf 10 oder 13 Zeichen setzen, und schon können wir unsere Daten speichern.

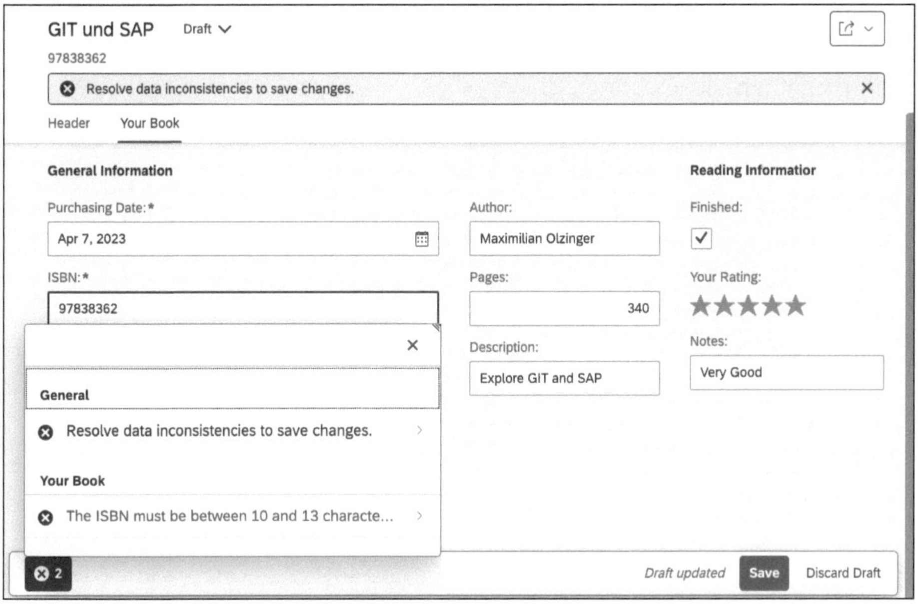

Abbildung 6.26 Fehlerhafte Validierung

6.3.3 Determinationen

Determinationen werden, wie der Name schon sagt, verwendet, um Werte unseres Business-Objekts während der Create-, Update- oder Delete-Operationen zu bestimmen oder zu generieren. Sie können entweder unmittelbar nach der Änderung (`on modify`) oder während der Speicherphase des Business-Objekts (`on save`) aufgerufen werden.

Nun werden wir eine Determination implementieren, die einen Platzhalterwert für das Feld **Notes** ermitteln soll, wenn wir einen neuen Eintrag erstellen. Fügen wir zunächst eine neue Determination zu unserer Verhaltensdefinition hinzu (siehe Listing 6.22).

```
managed implementation in class zbp_rap_iv_books unique;
...
define behavior for ZRAP_IV_BOOKS alias Books
... {
...
determination determineNote on modify { create; }
...
}
```

Listing 6.22 Definieren einer neuen Determination

Mithilfe des Quick Fix können wir die Determinationsmethode in unserer lokalen Handler-Klasse erzeugen und mit der Implementierung der Logik unserer Determination beginnen (siehe Listing 6.23).

```
METHOD determineNote.
       MODIFY ENTITY IN LOCAL MODE zrap_iv_books
       UPDATE FIELDS ( Note )
       WITH VALUE #( FOR key IN keys (
         %tky = key-%tky
         Note = 'Provide some notes'
       ) ) REPORTED DATA(ls_reported).

       reported = CORRESPONDING #( DEEP ls_reported ).
  ENDMETHOD.
```

Listing 6.23 Die Logik der Determination

Da die Determination beim Anlegen neuer Einträge aufgerufen wird, können wir EML verwenden, um einen Anfangswert für das Feld **Notes** zu setzen. Dazu ändern wir einfach unsere neuen Einträge. Wenn wir nun einen neuen Eintrag mithilfe der Vorschau erstellen, können wir sehen, dass bereits ein Wert für das Feld **Notes** festgelegt wurde (siehe Abbildung 6.27).

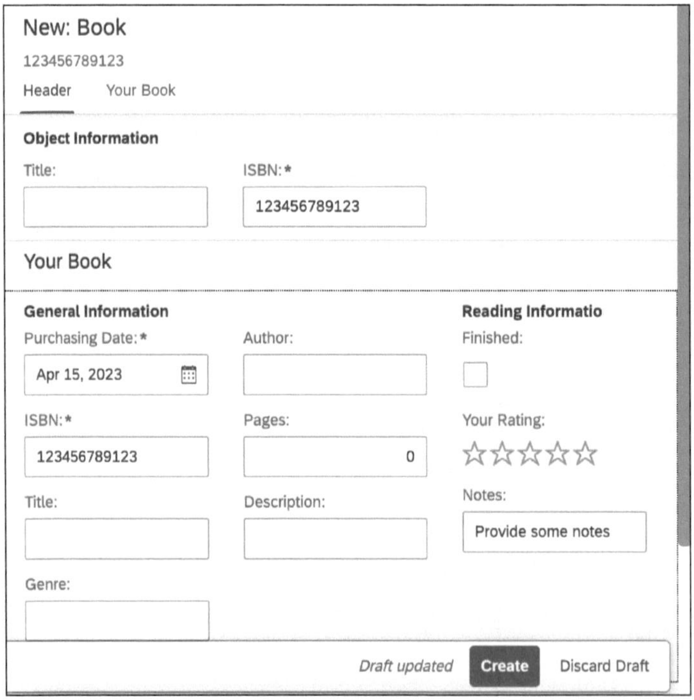

Abbildung 6.27 Initialer Wert wurde determiniert

6.3.4 Feature Control

Die *dynamische Feature Control* im ABAP RESTful Application Programming Model ermöglicht es Entwicklern, die Merkmale einer Instanz des Business-Objekts in der Serviceschicht zu kontrollieren. Die folgenden Merkmale können gesteuert werden:

- **Aktionen**

  Abhängig von der Instanz des Business-Objekts können Aktionen entweder aktiviert oder deaktiviert werden.

- **Operationen**

  Die Operationen `create`, `update` und `delete` können ebenfalls auf der Grundlage einer Instanz des Business-Objekts aktiviert oder deaktiviert werden.

- **Felder**

  Felder können entweder als schreibgeschützt oder obligatorisch festgelegt werden.

Die kombinierte Logik der dynamischen Feature Control wird in der lokalen Handler-Klasse über die Methode `get_features` implementiert. Diese Methode hat einen wichtigen impliziten Antwortparameter/abgeleiteten Datentyp namens `result`. Dieser Parameter ist eine interne Tabelle, die mit den kontrollierten Features gefüllt wird. Der Zeilentyp des Ergebnisparameters enthält die Schlüsselfelder und Komponenten für jedes zu kontrollierende Feature. Die Schnittstelle `if_abap_behv` kann verwendet werden, um Konstanten für die verschiedenen Kontrolltypen zu erhalten.

Jetzt werden wir eine Feature Control für unser Business-Objekt implementieren, die die Bearbeitung deaktiviert, wenn das Buch fertig ist, und dann auch unsere Aktion deaktiviert. Außerdem wollen wir, wenn ein Autor angegeben wurde, auch das Genre obligatorisch machen.

Beginnen wir mit der Änderung unserer Verhaltensdefinition (siehe Listing 6.24).

```
managed implementation in class zbp_rap_iv_books unique;
...
define behavior for ZRAP_IV_BOOKS alias Books
... {
...
  update (features: instance);
  ...
  field (features: instance) Genre;
  ...
  action (features: instance) finishBook;
  ...
}
```

Listing 6.24 Ändern der Verhaltensdefinition

Hier legen wir fest, dass die Operation update, das Feld **Genre** und die Aktion finishBook von der dynamischen Feature Control gesteuert werden sollen. Mithilfe eines Quick Fix für unsere Verhaltensdefinition können wir die Methode get_instance_features in unserer lokalen Handler-Klasse implementieren (siehe Listing 6.25).

```
METHOD get_instance_features.
    DATA ls_result LIKE LINE OF result.

    CONSTANTS c_enabled   TYPE if_abap_behv=>t_xflag
                         VALUE if_abap_behv=>fc-o-enabled.
    CONSTANTS c_disabled  TYPE if_abap_behv=>t_xflag
                         VALUE if_abap_behv=>fc-o-disabled.
    CONSTANTS c_mandatory TYPE if_abap_behv=>t_xflag
                         VALUE if_abap_behv=>fc-f-mandatory.

    READ ENTITY IN LOCAL MODE zrap_iv_books
        ALL FIELDS WITH CORRESPONDING #( keys )
        RESULT DATA(lt_books).

    LOOP AT lt_books ASSIGNING FIELD-SYMBOL(<fs_book>).
        clear ls_result.

        ls_result-%tky = <fs_book>-%tky.

        if <fs_book>-ReadingFinished = abap_true.
            ls_result-%features-%action-finishBook = c_disabled.
            ls_result-%features-%update = c_disabled.
        else.
            ls_result-%features-%action-finishBook = c_enabled.
            ls_result-%features-%update = c_enabled.
        endif.

        if <fs_book>-Author is not initial.
            ls_result-%features-%field-Genre = c_mandatory.
        endif.

        append ls_result to result.
    ENDLOOP.
  ENDMETHOD.
```

Listing 6.25 Implementierung der Feature Control

Diese Methode liest zunächst die zu kontrollierende Instanz. Anhand des Werts des Felds ReadingFinished werden die Aktion finishBook und die Operation update aktiviert oder deaktiviert. Außerdem wird anhand des Werts des Felds `Author` das Feld **Genre** obligatorisch oder nicht.

Nach der Aktivierung können wir unsere neu implementierte dynamische Feature Control in der Vorschau ausprobieren (siehe Abbildung 6.28).

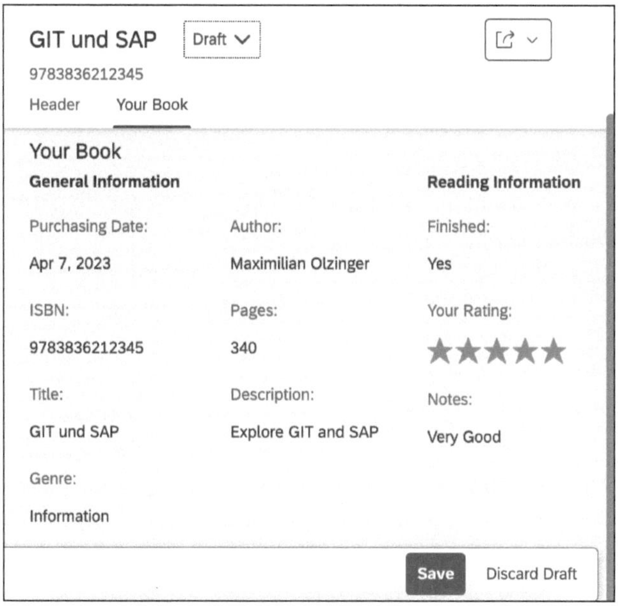

Abbildung 6.28 Aktualisieren deaktiviert

Wenn Sie eine Instanz ändern wollen, bei der das Feld **Finished** auf **Yes** gesetzt wurde, können keine Änderungen mehr an der Instanz des Business-Objekts vorgenommen werden.

Nachdem wir nun die fortgeschrittenen Funktionen des ABAP RESTful Application Programming Model kennengelernt haben, werfen wir einen Blick darauf, wie die Berechtigung gesteuert werden kann.

6.4 Berechtigungsprüfung

Das ABAP RESTful Application Programming Model bietet die folgenden drei Arten von Berechtigungsprüfungen:

- **CDS-Zugriffskontrolle**

  CDS-Zugriffskontrollen können verwendet werden, um Berechtigungsprüfungen für Leseoperationen zu implementieren. Sie funktionieren durch Filtern des Ergebnisses einer CDS-Datendefinition auf der Grundlage bestimmter Bedingungen, wie z. B. Berechtigungsobjekte, die durch eine Transaktions-PFCG-Rolle gewährt werden, und sind Teil der Data Control Language (DCL) von CDS, die unabhängig vom ABAP RESTful Application Programming Model ist.

- **Methode zur Implementierung von Berechtigungen**

  Das Gewähren von Zugriff auf modifizierende Operationen kann über das Schlüsselwort `authority master/dependent` in einer Verhaltensdefinition erfolgen. Die generierte Autorisierungsmethode muss dann in der lokalen Handler-Klasse implementiert werden und kann die Ausführung von Aktionen und die modifizierenden Operationen Create, Update und Delete einschränken.

- **Einschränkungen für OData-Services**

  Der allgemeine Zugriff auf einen OData-Service kann auch mithilfe von Rollen und Vorlagen eingeschränkt werden, aber das gehört nicht wirklich in den Aufgabenbereich eines Entwicklers des ABAP RESTful Application Programming Model.

6.4.1 CDS-Zugriffskontrollen

Um die Lesekontrolle zu implementieren, muss die CDS-Zugriffskontrolle auf der Datenmodellierungsebene implementiert und auf die Projektionsschicht projiziert werden. Wenn CDS-Views geschichtet sind, muss jeder CDS-View über eine eigene Zugriffskontrolle verfügen, die die Bedingungen des zugrunde liegenden Views übernimmt oder neue Regeln definiert.

Eine neue CDS-Zugriffskontrolle kann erstellt werden, indem man mit der rechten Maustaste auf den CDS-View klickt und im Kontextmenü **New Access Control** wählt. Ein Beispiel für die Implementierung finden Sie in Listing 6.26.

```
@EndUserText.label: 'new access control'
@MappingRole: true
define role ZRAP_IV_BOOKS {
    grant
        select
            on
                ZRAP_IV_BOOKS
                    where
                        (Author) = aspect pfcg_auth(authorization_object,
authorization_field_filter_field_1 = 'filter_value_1');
}
```

Listing 6.26 Beispiel einer CDS-Zugriffskontrolle

In diesem Fall wird eine neue Rolle erstellt, die `select` in einem CDS-View erlaubt, in dem das Feld **Author** Teil eines Berechtigungsobjekts ist, das dem Benutzer in einer Transaktions-PFCG-Rolle gewährt wird. Wenn diese Bedingung fehlschlägt, wird die Zeile, in der das fehlerhafte Feld enthalten ist, aus dem Ergebnis entfernt.

Dieses Verhalten kann in einen darüberliegenden CDS-View vererbt werden, indem ebenfalls eine Berechtigungsprüfung erstellt wird, bei der die Bedingungen eines darunterliegenden CDS-Views vererbt werden (siehe Listing 6.27).

```
@EndUserText.label: 'new access control'
@MappingRole: true
define role ZRAP_CV_BOOKS {
    grant
        select
            on
                ZRAP_CV_BOOKS
                    where inheriting conditions from entity ZRAP_IV_BOOKS;

}
```

Listing 6.27 CDS-Zugriffskontrolle mit geerbten Bedingungen

Damit eine Zugriffskontrolle jedoch den Lesezugriff eines CDS-Views einschränken kann, muss der CDS-View selbst die Annotation `@AccessControl.authorizationCheck` aufweisen. Diese Annotation kann die folgenden Werte haben:

- `CHECK`

  Eine Berechtigungsprüfung muss vorhanden sein, ansonsten wird im Editor eine Warnung angezeigt.
- `NOT_REQUIRED`

  Wenn eine Berechtigungsprüfung vorhanden ist, wird sie ausgeführt; andernfalls gibt es keine Warnung. Dies wird normalerweise für neue CDS-Views verwendet.
- `NOT_ALLOWED`

  Es wird keine Zugriffskontrolle durchgeführt.
- `MANDATORY`

  Eine Zugriffskontrolle muss vorhanden sein; andernfalls wird beim Lesen dieses CDS-Views ein Shortdump erzeugt.

6.4.2 Implementierung der Authorization-Methode

Mit dem Schlüsselwort `authorization master` oder `dependent` in einer Verhaltensdefinition können die modifizierenden Operationen des ABAP RESTful Application Programming Model gesteuert werden. Das Schlüsselwort `master` ist relevant für Root-Objekte eines Kompositionsbaums (siehe Abschnitt 6.5, »Verschachtelte Business-Objekte«) und das Schlüsselwort `dependent` für die darunterliegenden Kinder.

Die Verwendung dieser Schlüsselwörter erfordert die Implementierung der entsprechenden Methoden in der lokalen Handler-Klasse mit der Methode `get_authorization`.

Diese Methode hat die Parameter keys mit den Schlüsseln der betroffenen Entität, requested_authorizations mit den tatsächlich angeforderten Operationsberechtigungen und results, einen Rückgabeparameter, der mit den gewährten Zugriffsrechten gefüllt werden muss.

Bei dieser Methode bleibt es dem Entwickler überlassen, wie die Logik einer solchen Autorisierung implementiert wird. Eine Möglichkeit ist die ABAP-Anweisung AUTHORITY-CHECK, die die dem Benutzer gewährten Berechtigungsobjekte und deren Werte prüft.

Schauen wir uns als Nächstes die Kombination mehrerer Business-Objekte an.

6.5 Verschachtelte Business-Objekte

Das ABAP RESTful Application Programming Model kann ein hierarchisches Modell, einen sogenannten Kompositionsbaum (engl. Composition Tree), definieren, der die Beziehungen zwischen mehreren Business-Objekten beschreibt und definiert. Dieser Kompositionsbaum besteht aus einer einzigen Wurzel (engl. Root) und darunterliegenden Kindern (engl. Child). Jedes untergeordnete Objekt kann seine eigenen untergeordneten Objekte haben, muss aber immer zu seinem übergeordneten Objekt zurückverweisen. Diese bidirektionale Assoziation ist im ABAP RESTful Application Programming Model sehr wichtig, da die Verbindung von einem übergeordneten Objekt zu seinen untergeordneten Objekten immer auch in der anderen Richtung zugänglich sein muss.

Die Hierarchie des Kompositionsbaums muss in den CDS-Views über spezielle Schlüsselwörter definiert werden:

- **Datenmodellierungsschicht**
  - composition [cardinality] of view as alias
  - association to parent view as alias
- **Projektionsschicht**
  - redirect to composition child view
  - redirect to parent view

Wir demonstrieren, wie dies umgesetzt werden könnte: Nehmen wir an, wir haben zwei Entitäten namens Books und Notes. Die Entität Notes hat ein Fremdschlüsselfeld für den Primärschlüssel Books. Mit dem Schlüsselwort composition in unserem Wurzel-View können wir mehrere Notizen mit einem Buch verknüpfen (siehe Listing 6.28).

```
define root view entity ZRAP_IV_BOOKS as select from zrap_books
composition [0..*] of ZRAP_IV_NOTES as _Notes
{
    key book_guid as BookGuid,
    _Notes
}
```

Listing 6.28 Eltern-View

Der Kind-View muss nun auch eine Assoziation zu seinem Kompositionselternteil haben (siehe Listing 6.29).

```
define view entity ZRAP_IV_NOTES as select from zrap_notes
association to parent ZRAP_IV_BOOKS as _Book
on $projection.BookGuid = _Book.BookGuid
{
    key note_guid as NoteGuid,
    book_guid as BookGuid,
    _Notes
}
```

Listing 6.29 Kind-View

Beachten Sie, dass sowohl die Komposition als auch die Assoziation in der Feldliste des CDS-Views sichtbar sein müssen. Nun muss diese Komposition in der Projektionsschicht mit dem Schlüsselwort `redirect` auf die freigelegten Assoziationen projiziert werden. Der Eltern-View leitet auf sein Kompositionskind um, wie folgt:

```
define root view entity ZRAP_CV_BOOKS as projection on ZRAP_IV_BOOKS {
    key BookGuid,
    _Notes: redirect to composition child ZRAP_CV_NOTES
}
```

Ebenso leitet der Kind-View zu seinem Elternteil um, wie folgt:

```
define view entity ZRAP_CV_NOTES as projection on ZRAP_IV_NOTES {
    key NoteGuid,
    _Book: redirect to parent ZRAP_CV_BOOKS
}
```

Vergessen Sie außerdem nicht, beide Views in der Servicedefinition aufzunehmen.

Nun können Sie eine Verhaltensdefinition für den Wurzel-View erstellen, der auch das definierende Verhalten für den Kind-View enthält, wie in Listing 6.30 gezeigt.

```
define behavior for ZRAP_IV_BOOKS
... {
...
 use association _Notes;
}
define behavior for ZRAP_IV_NOTES
... {
...
 use association _Book;
}
```

Listing 6.30 Verhaltensdefinition für den Kind-View hinzufügen

Wenn Sie das Draft Handling verwenden, müssen Sie es außerdem für Kind-Entitäten mit der Schlüsselwortphrase `use association _Notes { with draft; }` aktivieren. Sie können auch das Erstellen, Aktualisieren und Löschen für diese Assoziationen aktivieren, z. B. um Notizen direkt von der Buch-Eltern-Entität zu erstellen, indem Sie das Schlüsselwort `use association _Notes { create; with draft; }` verwenden.

6.6 Zusammenfassung

Das ABAP RESTful Application Programming Model in einem Managed Scenario bietet eine Vielzahl von Funktionen, um alle Aspekte eines Business-Objekts zu implementieren. Vom Hinzufügen allgemeiner Modifizierungsfunktionen über die Validierung und Determinierung von Daten bis hin zur Kombination mehrerer Business-Objekte in einem Kompositionsbaum bietet das ABAP RESTful Application Programming Model eine Vielzahl von Standardfunktionen zur Implementierung von Unternehmensanwendungen.

Allerdings müssen Entwickler in den meisten Fällen vorhandene Geschäftslogik wiederverwenden, sodass der Managed-Implementierungsansatz nicht immer der am besten geeignete ist. Das ABAP RESTful Application Programming Model bietet aber auch einen Implementierungsansatz für die nicht verwaltete Implementierung (Unmanaged Scenario), der sich am besten für Brownfield-Implementierungen eignet.

Kapitel 7

Entwicklung von OData-V4-Services mit dem SAP Cloud Application Programming Model

Mit dem SAP Cloud Application Programming Model können OData-Services relativ einfach erstellt werden. Diese Entwicklung kann auch lokal erfolgen und erfordert daher nicht viel Software. Zudem sind Sie relativ schnell bei einem testbaren OData-Service. Und bei Bedarf können spezifische Anforderungen auch durch eigene Logik umgesetzt werden.

Das *SAP Cloud Application Programming Model* stellt die fachlichen Anforderungen an die Anwendungsentwicklung in den Vordergrund. Wie diese Entwicklung umgesetzt wird, also die zugrunde liegenden Technologien, wird durch das Programmiermodell abstrahiert. Dadurch wird auch die Zusammenarbeit zwischen den Experten aus den Fachbereichen und den Entwicklern erleichtert. Eine wesentliche Rolle spielt dabei die Infrastruktur der Core Data Services (CDS) als leistungsfähige Sprache zur Erfassung von bereichspezifischen Datenmodellen.

Mit der sich schnell verändernden Welt der Cloud-Technologien und -Plattformen Schritt zu halten, ist eine große Herausforderung – sowohl für Hersteller als auch für Kunden. Heute aktuelle Technologien können übermorgen schon veraltet sein. SAP vermeidet eine einseitige Fokussierung im SAP Cloud Application Programming Model durch übergeordnete Konzepte und APIs. Letztendlich haben die Entwicklungs- und Architekturteams die Kontrolle darüber, welche Tools oder Technologien sie wählen oder welchen Architekturmustern sie folgen.

Das SAP Cloud Application Programming Model ist ein Framework aus Programmier- und Designsprachen, Bibliotheken und Werkzeugen für die Entwicklung von Services und Anwendungen im professionellen Unternehmensumfeld. Es gibt Ihnen Best Practices an die Hand und stellt eine Vielzahl sofort einsetzbarer Lösungen für wiederkehrende Aufgaben bereit. Es ermöglicht Ihnen die Entwicklung von Fullstack-Applikationen. Darunter versteht man alle Komponenten einer Applikation von der Persistenzschicht über die Geschäftslogik und Servicebereitstellung bis hin zur Benutzeroberfläche. Das Framework besteht aus einer Mischung aus bewährten sowie weit verbreiteten Open-Source-Technologien und SAP-Technologien. Mit diesem Programmiermodell entwickelte Anwendungen werden entweder in JavaScript oder in Java entwickelt – beides Open-Source-Frameworks. Bei der JavaScript-Entwicklung wird auf Node.js in Kombination mit dem Express Framework gesetzt. Node.js ist der De-facto-Standard für die clientseitige JavaScript-Entwicklung. Das Express Framework ermöglicht eine einfache Entwicklung und Bereitstellung von Anwendungen auf Basis von Node.js.

In diesem Kapitel betrachten wir die Entwicklung von OData-V4-Services mit dem SAP Cloud Application Programming Model. Dazu wird der OData-Service, den wir bereits in Kapitel 6, »Entwicklung von OData-V4-Services mit dem ABAP RESTful Application Programming Model (Managed Scenario)«, mit dem ABAP RESTful Application Programming Model implementiert haben, hier erneut mit dem SAP Cloud Application Programming Model implementiert.

In Abschnitt 7.1 werden wir uns zunächst untersuchen, wie eine Domäne modelliert werden kann, d. h., welche Entitäten, Typen und Schlüssel uns zur Verfügung stehen. Außerdem werden wir uns die verschiedenen Arten von Beziehungen und Kompositionen ansehen. Da die Lokalisierung bei der Entwicklung von Diensten eine wesentliche Rolle spielt, werden wir in diesem Abschnitt auch darauf näher eingehen. In Abschnitt 7.2 lernen wir bestimmte Annotationen kennen, die es uns ermöglichen, Eingaben zu validieren und Benutzeroberflächen zu implementieren, und wir erfahren, wie benutzerdefinierte Logik in solchen Services implementiert werden kann. In Abschnitt 7.3 sehen wir, wie eine Anwendung mit dem SAP Cloud Application Programmin3 g Model eingerichtet und implementiert werden kann. In Abschnitt 7.4 sehen wir schließlich, wie Berechtigungsprüfungen auf Services angewendet werden können, die mit SAP Cloud Application Programming Model entwickelt wurden.

7.1 Domänenmodellierung

Domänenmodelle sind ein wichtiger Bestandteil bei der Entwicklung von Softwaresystemen, da sie die statischen Aspekte eines Problemfelds strukturiert und übersichtlich darstellen. Sie bilden die Grundlage für alle weiteren Schritte bei der Umsetzung einer Softwarelösung, angefangen von der Konzeptionierung bis hin zur Implementierung. Ein Domänenmodell beschreibt die Entitäten eines Problemfelds sowie deren Beziehungen untereinander. Dabei werden auch die Attribute und Eigenschaften der verschiedenen Entitäten erfasst, wodurch ein umfassendes Bild des Problemfelds erstellt werden kann. Da Domänenmodelle eine einheitliche Sprache zur Beschreibung von Problemstellungen zur Verfügung stellen, vereinfacht dies die Entwicklung von Softwaresystemen erheblich. Außerdem stellen Domänenmodelle die Basis für Persistenzmodelle, die in Datenbanken implementiert werden.

Neben der Verwendung von Domänenmodellen in der Erstellung von Persistenzmodellen werden diese zugleich auch für die Erstellung von Services verwendet. Services sind dafür zuständig, eine Schnittstelle zwischen dem Benutzer und dem Softwaresystem zu schaffen. Im Falle des SAP Cloud Application Programming Models leiten sich anhand der Domänenmodelle die entsprechenden Services ab.

Ähnlich wie beim Domain-driven Design zielt auch die Domänenmodellierung darauf ab, den Fokus von Projekten auf das Problemfeld zu legen. Hierbei wird eine enge Zusammenarbeit zwischen Entwicklern und Experten gefördert, um das Wissen über das Problemfeld laufend zu verfeinern.

Ein wichtiger Grundsatz im SAP Cloud Application Programming Model ist das KISS-Prinzip, »Keep it simple (and) stupid«.

Deshalb ist es bei der Modellierung von Entitäten wichtig, auf folgende Aspekte zu achten:

- **Sauberkeit**
  Domänen sollen nicht mit technischen Details zugemüllt sein.
- **Prägnanz**
  Es sollen kurze, aber sprechende Bezeichner verwendet werden. Es sollen möglichst flache Strukturen geschaffen und verwendet werden.
- **Nachvollziehbarkeit**
  Es ist wichtig, dass nicht nur die Entwickler, sondern auch die Nutzer verstehen, warum eine Domäne auf eine gewisse Art und Weise erstellt wurde.

7.1.1 Namenskonventionen

Im Hinblick auf die Lesbarkeit und Verständlichkeit spielt es auch eine wichtige Rolle, Namenskonventionen einzuhalten. Das SAP Cloud Application Programming Model gibt diese zwar nicht vor, es wird allerdings empfohlen, trotzdem welche zu verwenden. Empfohlen wird die Verwendung von Konventionen, die auch in anderen Communitys, wie z. B. Java, JavaScript, C, SQL usw. genutzt werden.

Hier könnte man beispielsweise auf folgende Konventionen setzen:

- zwischen Entitäten, Typen und Elementen unterscheiden
- Namensräume verwenden
- bevorzugen von Namensräume gegenüber Top Level Contexts

Zum ersten Punkt: Die Bezeichner für Entitäten und Typen sollten immer mit Großbuchstaben beginnen, während Attribute in Kleinbuchstaben gehalten werden sollen. Weiterhin sollte für Entitäten der Plural verwendet werden. Typen sollten im Singular benannt werden. Daraus würden sich beispielsweise folgende Bezeichnungen ergeben: »Alben« für eine Entität, »Genre« für einen Typen und »Titel« für ein Attribut.

Außerdem sollte man soweit möglich einfache Bezeichner, die aus einem Wort bestehen, vergeben.

Um eindeutige Namen zu erhalten, ohne auf vollqualifizierte Namen zurückzugreifen, kann man *Namensräume* verwenden. Grundsätzlich sind diese lediglich ein Präfix, das sonst keine besondere Bedeutung hat. Dieses Präfix wird automatisch auf sämtliche relevanten Namen in der Datei angewandt.

Ein Beispiel hierfür sehen Sie in Listing 7.1:

```
namespace demo;
entity TestOne {}
entity TestTwo : TestOne {}
```

Listing 7.1 Verwendung eines Namensraums

Wie die inhaltlich gleiche Definition ohne die Verwendung von Namensräumen aussehen würde, sehen Sie in Listing 7.2.

```
entity demo.TestOne {}
entity demo.TestTwo : demo.TestOne {}
```

Listing 7.2 Beispiel ohne Namensraum

Anhand der beiden vorangegangen Beispiele wird ersichtlich, dass durch die Verwendung von Namensräumen der Code schlanker und besser lesbar wird.

Grundsätzlich gibt es für die Verwendung von Namensräumen folgende Empfehlungen:

- Werden die Modelle auch in anderen Projekten verwendet, sollte man Namensräume verwenden.
- Ist dies nicht der Fall, kann darauf verzichtet werden.
- Für die Definition eines Namensraums eignet sich der Ansatz reverse-domainname gut. Das heißt, wenn die Unternehmensdomain »clouddna.at« lautet, wäre der korrelierende Namensraum »at.clouddna«.
- Man sollte möglichst versuchen, langlebige Namen zu vergeben, um nicht Gefahr zu laufen, diese Bezeichner in Zukunft ändern zu müssen.
- Weiterhin sollten die Namen kurz und knackig sein. Auf lange zusammenhängende Akronyme sollte verzichtet werden.

[»]

Namensräume sind optional

Namensräume sind optional und müssen daher nicht zwingend verwendet werden. Man kann genauso auch direkt eindeutige Bezeichner vergeben, wodurch auf Namensräume verzichtet werden kann.

Neben Namensräumen gibt es auch noch die Möglichkeit, *Kontexte* zu verwenden. Diese sind im Grunde ähnlich wie Namensräume. In älteren Verwendungen von CDS in SAP HANA wurden man gezwungen, sämtliche Definitionen umschlossen von einem Top-Level-Kontext zu definieren. Diese Einschränkung gibt es nun nicht mehr und sollte auch nicht verwendet werden. In der Regel sollten Namensräume immer vorrangig gegenüber eines Top-Level-Kontexts verwendet werden.

In Listing 7.3 sehen wir einen Vergleich zwischen der Verwendung eines Namensraums und eines Top-Level-Kontexts.


```
// Usage of namespace
namespace demo;
entity TestOne {}
entity TestTwo {}

// usage of top-level-context
context demo {
   entity TestOne {}
   entity TestTwo {}
}
```

Listing 7.3 Verwendung eines Namensraums vs. Verwendung eines Top-Level-Kontexts

7.1.2 Entitäten, Typen und Schlüssel

Für das Mapping eines Datenmodells sind Entitäten, Typen sowie Schlüssel unumgänglich. Deshalb sehen wir uns in den folgenden Abschnitten diese genauer an.

Entitäten

Im SAP Cloud Application Programming Model stellen Entitäten *Domänendaten* dar. Wenn Sie einfache Anforderungen in natürlicher Sprache niederschreiben und dann Substantive, Verben, Präpositionen und Schlüsselwörter extrahieren, können Sie daraus oft die Struktur eines Datenmodells ableiten.

Betrachten Sie das folgende Beispiel: Wir möchten eine Musik-Streaming-Plattform erstellen, auf der die Benutzer *Alben* und *Interpreten* durchsuchen und zwischen den beiden navigieren können. Die Alben werden nach *Genre* sortiert. Betrachtet man diese konkrete Anforderung, so ergeben sich daraus die Entitäten `Album` und `Interpret` und ein speziell definierter Typ `Genre`. Außerdem stehen die beiden Entitäten in einer Beziehung zueinander. In Listing 7.4 sehen wir, wie dies im SAP Cloud Application Programming Model aussehen könnte.

```
entity Album {
   key ID: UUID;
   title: String;
   year: Integer;
   genre: Genre;
   interpret: Association to Interpret;
}

entity Interpret {
   key ID: UUID;
   name: String;
   albums: Association to many Album on albums.interpret = $self;
}

type Genre : String enum {
   Rock, Pop, Rap
}
```

Listing 7.4 Beispielentitäten in CDS

Oftmals ergeben sich Anwendungsfälle, in denen mehrerer Tabellen gewisse Überschneidungen haben, also die gleichen Attribute vorweisen. Um hier die Implementierung und spätere Wartung zu vereinfachen, kann auf das Konzept der Vererbung zurückgegriffen werden. Dazu muss bei der Definition der Entität nach der Bezeichnung dieser nur jener Typ angegeben werde, von welchem geerbt werden soll. Wie dies praktisch aussieht, sehen Sie in Listing 7.5.

```
entity Demo : Demo2{
   key id : UUID;
   name : String;
}

type Demo2 {
   description : String;
}
```

Listing 7.5 Entität mit Vererbung

Typen

Wie am vorangegangenen Beispiel zu sehen ist, werden für die Definition von Entitäten verschiedene Typen benötigt. CDS kommt standardmäßig mit einem kleinen Set an generellen vordefinierten Typen. Diese Typen können verwendet werden, um Elementen einen Typ zuzuordnen oder aber auch um eigens definierte Typen von bereits bestehenden abzuleiten.

In Tabelle 7.1 sehen Sie eine Auflistung bereits vordefinierter Typen, die wir in einem SAP-Cloud-Application-Programming-Model-Projekt verwenden können.

CDS-Typ	Argumente	Beispiel	SQL
UUID	opaque 36 characters string	123e4567-e89b-12d3-a456-426614174000	NVARCHAR(36)
Boolean		true | false	BOOLEAN
UInt8		133	TINYINT
Int16		1337	SMALLINT
Int32		1337	INTEGER
Integer		1337	INTEGER
Int64		1337	BIGINT
Integer64		1337	BIGINT
Decimal	(precision, scale)	15.2	DECIMAL
Double		15.2	DOUBLE
Date		'2023-03-28'	DATE
Time		'22:15:00'	TIME
DateTime	sec precision	'2023-03-28T22:15:00Z'	TIMESTAMP
Timestamp	0.1µs precision	'2023-03-28T22:15:00.000Z'	TIMESTAMP
String	(length)	'Hello World!'	NVARCHAR
Binary	(length)		VARBINARY
LargeBinary			BLOB
LargeString		'Hello World!'	NCLOB

Tabelle 7.1 Verfügbare Datentypen in CDS

Neben den aufgezählten Datentypen bietet SAP im Namensraum `@sap/cds/common` weitere Typen an, die für die Wiederverwendung gedacht sind. Man sollte, so gut es geht, bereits bestehende Datentypen verwenden und diese nicht neu definieren. Dadurch profitiert man in folgenden Belangen:

- prägnante und verständliche Datenmodelle
- bessere Interoperabilität zwischen verschiedenen Anwendungen, da die gleichen Typen verwendet werden

- bewährte Best Practices aus echten Applikationen
- optimierte Implementierung und Performance
- Localization wird out-of-the-box unterstützt

Als Beispiel kann man hier den Typ »Country« heranziehen. Dieser Typ kann verwendet werden, um beispielsweise den zweistelligen ISO-Code eines Lands zu speichern. Weiterhin gibt es noch Typen wie z. B.:

- `Currency`
- `Language`
- `Locale`

Neben den Typen spielen auch Schlüsselfelder eine wichtige Rolle, um ein Datenmodell abzubilden. Hierbei unterscheidet man zwischen zwei verschiedenen Arten von Schlüsseln:

- Primärschlüssel
- Fremdschlüssel

Wofür diese benötigt werden und inwieweit sie sich voneinander unterscheiden, sehen wir uns im Folgenden an.

Primärschlüssel

Primärschlüssel werden verwendet, um Entitäten eindeutig identifizierbar zu machen. Durch diesen Schlüssel erhält somit jeder Datensatz diese Entität ein eindeutiges Merkmal, worüber man dann auf einen speziellen Datensatz zugreifen kann. Um in SAP Cloud Application Programming Model ein Feld als Primärschlüssel zu definieren, wird das Schlüsselwort `key` verwendet. In Listing 7.6 sehen wir eine beispielhafte Entität, die als Primärschlüssel ein Feld vom Typ `UUID` hat.

```
entity Demo {
   key id: UUID;
   description: string;
}
```

Listing 7.6 Entität mit Primärschlüssel

Es ist ebenso möglich, in einer Entität mehrere Felder zum Primärschlüssel zu machen, hierbei spricht man dann von einem zusammengesetzten Primärschlüssel. In Listing 7.7 sehen Sie, wie die Definition einer solchen Entität aussehen könnte. Im Grunde unterscheidet sich diese Entität nicht stark von der vorangegangenen. Sie weist lediglich mehrere Felder, die mit dem Schlüsselwort `key` versehen sind, auf.

```
entity Demo {
   key id: UUID;
   key id2: UUID;
   description: string;
}
```

Listing 7.7 Entität mit zusammengesetztem Primärschlüssel

Primärschlüssel können grundsätzlich die folgenden Merkmale aufweisen:

- **Einfach**

  Dies bedeutet, dass sie aus einem einzelnen Feld oder aus mehreren Feldern bestehen.

- **Technisch**

  Dies bedeutet, dass sie nicht zwingend eine semantische Bedeutung vorweisen müssen. Diese Art von Schlüssel wird in den meisten Fällen automatisch generiert, beispielsweise durch eine Datenbanksequenz.

- **Unveränderlich**

  Dies bedeutet, dass die Schlüsselfelder nach initialer Erstellung nicht mehr verändert werden können. Eine Veränderung des Primärschlüssel könnte möglicherweise zu Inkonsistenzen oder Fehlern in der Datenbank führen, weshalb eine nachträgliche Änderung nicht erlaubt ist.

[!]

Best Practises für Primärschlüssel

SAP Cloud Application Programming Model unterstützt alle genannten Punkte, der Empfehlung nach sollte so gut und oft es geht, ein einfacher, technischer, unveränderlicher Primärschlüssel zum Einsatz kommen.

Die Verwendung von Binärdaten als Primärschlüssel ist dringendst zu vermeiden. Aufgrund der Tatsache, dass Binärdaten (z. B. Dokumente, Bilder, Video, Audio) zumeist relativ groß und schwer zu vergleichen sind, eignen sich kurze und einfach vergleichbare Werte besser.

Des Weiteren wird empfohlen, kanonische Primärschlüssel zu verwenden. Kanonische Primärschlüssel sind nichts anderes als Schlüssel, die bestimmten Konventionen folgen. Dies verbessert die Lesbarkeit, Verständlichkeit und Wartbarkeit. Im Grunde haben diese Schlüssel eindeutige, aber beschreibende Bezeichnungen. Durch die beschreibenden Bezeichnungen haben Entwickler einen besseren Überblick und können etwaige Probleme rascher lösen.

Wenn eine Entität `Customer` vorliegt, könnte der kanonische Schlüssel beispielweise `customer_id` lauten. So wird durch die Bezeichnung sofort ersichtlich, welche Entität damit referenziert wird. Natürlich kann hier auch jeder beliebige andere Name verwendet werden, schließlich ist die Verwendung von kanonischen Bezeichnern lediglich eine Empfehlung und keine Einschränkung.

Außerdem können bei Bedarf Basisentitäten definiert werden, die dann im Projekt bei den einzelnen Entitäten über Vererbung verwendet werden können. Dies hat den Vorteil, dass Sie Teile, die immer gleich sind, an zentraler Stelle einmalig definieren können.

Eine weitere Empfehlung ist, für technische Primärschlüssel den Typ `UUID` zu wählen. UUIDs bringen zwar einen gewissen Overhead und somit auch Performanceeinbußen mit sich, allerdings werden diese Nachteile durch eine Reihe an Vorteilen eliminiert:

- **UUIDs sind universal.**

  UUIDs sind über alle Systeme der Welt hinweg eindeutig. Im Vergleich dazu sind Datenbanksequenzen nur bis zu den Systemgrenzen eindeutig. Möchten Sie Daten mit anderen Systemen austauschen, haben Sie bei der Verwendung von UUIDs somit kein Problem. Im Falle von Datenbanksequenzen muss aber unbedingt darauf geachtet werden, die Eindeutigkeit aufrechtzuerhalten.
- **UUIDs erlauben die Verteilung von Seed-Werten.**

  Betrachtet man Sequenzen, wird immer ein zentraler Service benötigt, der diese verwaltet. Dies könnte beispielsweise eine Datenbankinstanz oder ein Schema sein. In verteilten Systemlandschaften wird dies zu einem Problem. UUIDs hingegen benötigen keine zentrale Instanz.
- **Datenbanksequenzen sind schwer zu erraten.**

  Möchte man innerhalb einer Transaktion Einträge in einer Entität anlegen, die einen Fremdschlüssel auf eine übergeordnete Entität beinhaltet, müsste der Werte aus der Datenbanksequenz explizit ausgelesen werden. Dafür gäbe es zwar Funktionen, allerdings würden diese einem bei der Verwendung von UUIDs erspart bleiben.
- **Primärschlüssel sind autogeneriert.**

  Primärschlüssel vom Typ UUID werden bei Insert-Statements automatisch generiert und können so weggelassen werden.

Die Verwendung von Integer-Sequenzen als Primärschlüssel bietet sich dann an, wenn man mit großen Datenmengen zu tun hat, andernfalls sollten – wenn möglich – UUIDs eingesetzt werden. Oftmals hat man auch semantische Primärschlüssel, die z. B. aus zusammengesetzten Daten wie Datum oder Uhrzeit bestehen. In diesem Fall kann je nach Belieben eine Sequenz oder ein UUID verwendet werden.

[«]

Universal Unique Identifier

UUID ist die Abkürzung für Universal Unique Identifier. Häufig wird dafür auch Globally Unique Identifier (GUID) verwendet. Er besteht aus einer 128-Bit-Zeichenkette, die nach einem bestimmten Algorithmus generiert wird. Diese besteht aus mehreren Komponenten:

- 60-Bit-Zeitstempel-Komponente
- 48-Bit-Knoten-ID
- 6-Bit-Zufallszahl

Fremdschlüssel

Neben den Primärschlüsseln gibt es eine zweite Art von Schlüsseln: Fremdschlüssel. Dabei handelt es sich im Wesentlichen um Attribute, die sich auf den Primärschlüssel einer anderen Tabelle beziehen. Das heißt, Fremdschlüssel werden verwendet, um Beziehungen zwischen Entitäten darzustellen. Der Fremdschlüssel ist also immer in der abhängigen Entität zu finden. In den meisten Fällen wird der Name der anderen Entität oder ihr Primärschlüsselname als Bezeichner des Fremdschlüssels verwendet.

Darüber hinaus wird beim Einfügen oder Ändern eines Datensatzes mit einem Fremdschlüssel geprüft, ob dieser Schlüssel überhaupt existiert. Wenn diese Prüfung fehlschlägt, kann der Datensatz nicht eingefügt werden. Darüber hinaus wird beim Löschen von Datensätzen geprüft, ob der zu löschende Datensatz von anderen Tabellen referenziert wird. Ist dies der Fall, müssen zuerst die abhängigen Datensätze entfernt werden, bevor der referenzierte Eintrag gelöscht werden kann. Diese Vorkehrungen dienen der Wahrung der Datenkonsistenz und der Datenintegrität, um Fehler in der Datenbank zu vermeiden.

7.1.3 Kompositionen und Assoziationen

Kompositionen und Assoziationen sind ebenfalls ein wichtiger Bestandteil für die Erstellung von Datenmodellen. Was diese genau bewirken, werden wir in den folgenden Abschnitten sehen.

Kompositionen

Kompositionen werden verwendet, um eine »Enthalten in«-Beziehung darzustellen. Das Besondere an dieser Beziehung ist, dass die abhängige Entität nicht ohne die übergeordnete Entität existieren kann. Das bedeutet, dass die übergeordnete Entität praktisch aus der abhängigen Entität besteht. In den meisten Fällen enthält die übergeordnete Entität Metadaten, während die abhängige Entität letztlich bestimmte Daten speichert.

Ein klassisches Beispiel für eine solche Konstellation sind die Entitäten `Invoice` und `InvoiceItem`. Eine Rechnung (engl. invoice) besteht bekanntlich aus mehreren Positionen (engl. item), und eine Position gehört zu genau einer Rechnung. Außerdem kann ein Rechnungsposten nicht ohne eine Rechnung existieren.

Um eine Eigenschaft innerhalb einer Entität als Komposition zu deklarieren, wird das Schlüsselwort `Composition of` verwendet. Zusätzlich kann `of many` verwendet werden, um anzuzeigen, dass es sich um eine 1:n-Komposition handelt. In der `on`-Klausel muss schließlich angegeben werden, über welche Eigenschaft die abhängige Entität auf die übergeordnete Entität abgebildet wird.

In Listing 7.8 sehen wir ein Beispiel für eine Komposition in Form der Entitäten `Invoice` und `InvoiceItem`. Natürlich können die Entitäten um beliebige andere Felder erweitert werden.

```
entity Invoice {
   key id : UUID;
   invoiceItems : Composition of many InvoiceItems on invoiceItems.parent =
$self;
}

entity InvoiceItems {
   key id : UUID;
   key invoiceId : Association to Invoice;
   amount : Float;
}
```

Listing 7.8 Beispiel einer Komposition

Mit dem SAP Cloud Application Programming Model steht eine Reihe von Funktionen standardmäßig zur Verfügung, z. B. die folgenden:

- Eigenschaften, die als Kompositionen enthalten sind, werden automatisch im Service exponiert.
- Deep Insert, Update und Upsert (ein Portmanteau (Kofferwort) aus Update und Insert) werden automatisch unterstützt.
- Die *Cascade-Delete-Strategie* wird standardmäßig für Löschungen verwendet.

[»]

Cascade-Delete-Strategie

Bei Löschvorgängen, die sich auf einen Datensatz einer übergeordneten Entität beziehen, spielt die Cascade-Delete-Strategie eine Rolle. Dabei wird berücksichtigt, dass nicht nur die übergeordnete Entität, sondern auch die von ihr abhängigen Datensätze gelöscht werden. Dadurch werden Inkonsistenzen in der Datenbank vermieden.

In Listing 7.8 wurde für jede der über- und untergeordneten Entitäten eine eigene Entität erstellt. Mithilfe von aspects kann hier Code eingespart werden. Die Definition einer Komposition mit Aspekten ist in Listing 7.9 dargestellt.

```
entity Invoice {
   key id : UUID;
   invoiceItems : Composition of many InvoiceItems;
}

aspect InvoiceItems {
   key id : UUID;
   amount : Float;
}
```

Listing 7.9 Komposition mit aspects

Wie in diesem Beispiel gezeigt, werden bei dieser Art der Verwendung die To-parent-Beziehung und die on-Klausel weggelassen.

Alternativ können Sie auch auf eine Definition mit anonymen Inline-Typen zurückgreifen (siehe Listing 7.10).

```
entity Invoice {
   key id : UUID;
   invoiceItems : Composition of many {
      key id : UUID;
      amount : Float;
   }
}
```

Listing 7.10 Komposition mit anonymen Inline-Typen

Auch wenn die Definition der beiden Varianten kürzer und knackiger ist als die der ersten, führen alle drei Varianten zum gleichen Ergebnis.

Mithilfe von Kompositionen können natürlich auch Many-to-many-Beziehungen abgebildet werden. Dazu ist allerdings eine Zwischentabelle mit zwei One-to-many-Beziehungen erforderlich.

Assoziationen

Assoziationen können auch verwendet werden, um Beziehungen zwischen verschiedenen Entitäten abzubilden. Im Gegensatz zu Kompositionen müssen die Einträge in der übergeordneten Entität nicht unbedingt vorhanden sein, d. h., der Fremdschlüssel muss nicht gefüllt sein. Darüber hinaus kann man über Assoziationen zwischen den einzelnen Entitäten navigieren. Es werden drei Arten von Beziehungen unterschieden:

- **One-to-one-Beziehung**

  One-to-one-Beziehungen deklarieren eine Abhängigkeit, bei der jeder Eintrag der übergeordneten Entität mit einem Eintrag der abhängigen Entität verbunden ist.
- **One-to-many-Beziehung**

  Bei One-to-many-Beziehungen werden null oder mehr Instanzen einer anderen Entität der Instanz einer Entität zugeordnet.
- **Many-to-many-Beziehung**

  Eine Many-to-many-Beziehung liegt vor, wenn mehrere Instanzen einer anderen Entität einer Instanz zugeordnet sind. Das Gleiche gilt in beide Richtungen.

Dies wird oft als *Kardinalität* bezeichnet, die bestimmt, wie viele Instanzen einer Entität von einer zweiten Entität abhängig sind.

Navigationseigenschaften ermöglichen die Navigation zwischen abhängigen Entitäten. Wenn Sie beispielsweise eine Entität haben, die eine One-to-many-Beziehung mit einer anderen Entität hat, gibt es eine Eigenschaft auf der ersten Entität, die Sie verwenden können, um zu dem entsprechenden Datensätzen in der zweiten Entität zu springen. Das SAP Cloud Application Programming Model unterstützt auch die referenzielle Integrität. Dadurch wird sichergestellt, dass die Abhängigkeiten zwischen Entitäten konsistent sind. Dies vermeidet das Auftreten von Fehlern in der Datenbank und fördert auch die Leistung.

Um eine Beziehung zwischen Entitäten zu deklarieren, wird das Schlüsselwort `Association to` verwendet. Für One-to-many-Beziehungen müssen zusätzlich der `many`-Qualifier und die `on`-Klausel angegeben werden. In Listing 7.11 sehen wir ein Beispiel dafür, wie eine Beziehung zwischen zwei Entitäten definiert werden kann.

```
entity Demo {
   key id : UUID;
   name : String;
   items : Association to many DemoItem on items.demo = $self;
}

entity DemoItem {
   key id : UUID;
   demo : Association to Demo;
}
```

Listing 7.11 Beispiel einer Assoziation

Wie in diesem Beispiel gezeigt, gibt es für jeden Eintrag in der Entität `Demo` mehrere Einträge in der Entität `DemoItem`. Zusätzlich wird ein Rückverweis in die Entität `DemoItem` eingefügt. Dadurch ist es möglich, die Beziehung in beide Richtungen aufzulösen.

Many-to-many-Beziehungen werden grundsätzlich genauso definiert wie One-to-many-Beziehungen, jedoch muss zusätzlich eine Zwischentabelle angelegt werden. Diese Zwischentabelle enthält jeweils einen Fremdschlüssel zu den beiden Tabellen, die mit einer Many-to-many-Kardinalität verknüpft werden sollen. Diese beiden Fremdschlüssel werden auch als zusammengesetzter Primärschlüssel in dieser Tabelle verwendet. Natürlich können dieser Zwischentabelle weitere Felder hinzugefügt werden. In Listing 7.12 sehen wir ein Beispiel für eine solche Beziehung mit einer Zwischentabelle.


```
entity Demo1 {
   key id : UUID;
   items : Association to many Demo1_to_Demo2 on items.demo1 = $self;
   ...
}

entity Demo2 {
   key id : UUID;
   items : Association to many Demo1_to_Demo2 on items.demo2 = $self;
   ...
}

entity Demo1_to_Demo2 {
   key demo1 : Assocation to Demo1;
   key demo2 : Assocation to Demo2;
}
```

Listing 7.12 Beispiel einer Many-to-many-Assoziation

Wie in Kompositionen können auch in Assoziationen aspects oder anonyme Inline-Typen verwendet werden. Die Definitionen dieser Typen sind grundsätzlich identisch.

7.1.4 Lokalisierte Daten

Im SAP Cloud Application Programming Model ist es auch möglich, die Lokalisierung zu nutzen. Das bedeutet, dass mehrsprachige Texttabellen out of the box implementiert werden können. Darüber hinaus werden diese mehrsprachigen Texte automatisch und korrekt gelesen. Die Sprache wird dabei durch die vom Benutzer angegebene Sprache bestimmt. Existieren die Texte nicht in der gewünschten Sprache, wird eine Standardsprache verwendet. Die Sprachschlüssel basieren auf dem ISO-639-1-Format.

Um bestimmte Felder in Entitäten als mehrsprachig zu definieren, ist das Schlüsselwort `localized` zu verwenden. Die einzige Einschränkung hierbei ist, dass die Schlüsselfelder der Entität keine Assoziationen sein dürfen. Listing 7.13 enthält ein Beispiel für die Definition einer solchen Entität.

```
entity Demo {
   key id : UUID;
   name : localized String;
   ...
}
```

Listing 7.13 Entität mit einer lokalisierten Eigenschaft

Im Prinzip genügt der Zusatz zur Spezifikation der Eigenschaften; den Rest erledigt der CDS-Compiler für uns. Zu diesem Zweck legt der Compiler eine eigene Tabelle an. Außerdem verwendet der Compiler die Konzepte der Assoziationen und Kompositionen, deren Namen von der jeweiligen Entität abgeleitet sind. Außerdem wird das Suffix `.texts` hinzugefügt. In unserem Fall hieße diese Tabelle `Demo.texts`.

Neben dem Schlüssel aus der Hauptentität und dem Sprachschlüssel enthält diese Entität alle Felder, die als lokalisiert gekennzeichnet sind. In Listing 7.14 sehen wir, wie diese Texttabelle in unserem Fall aussehen würde.

```
entity Demo.texts {
   key locale : sap.common.Locale;
   key ID : UUID; // Primary key from table "Demo"
   name : String;
}
```

Listing 7.14 Texttabelle für Demo-Entität

Darüber hinaus wird die eigentliche Entität `Demo` um eine Assoziation und Komposition zur Texttabelle erweitert (siehe Listing 7.15).

```
extend entity Demo with {
   texts : Composition of many Demo.texts on texts.ID = ID;
   localized : Association too Demo.texts on localized.IID = ID and
localized.locale = $user.locale;
}
```

Listing 7.15 Entitätserweiterung für Lokalisierung

Die Komposition `texts` enthält einen Verweis auf alle Übersetzungen der jeweiligen Entität. Die Assoziation `localized` hingegen verweist auf alle Übersetzungen, eingeschränkt auf die Sprache des Benutzers. Diese Sprache kann aus dem Request-Objekt ausgelesen werden.

Letztendlich wird ein View generiert, der das Auslesen der Übersetzungen mit einem entsprechenden Fallback ermöglicht. Dies ist in Listing 7.16 zu sehen.

```
entity localized.Demo as SELECT from Demo {*,
   coalesce (localized.name, name) as name
}
```

Listing 7.16 View für lokalisierte Tabelle

7

[«]

Pseudovariable für User-Sprache

Wie bereits erwähnt, wird die Sprache des Benutzers anhand der Pseudovariablen `$user.locale` in der Anfrage ermittelt, die dann zum Lesen der Übersetzungen verwendet wird.

Es gibt eine Reihe von Regeln für die Einstellung dieser Sprache, die in der folgenden Reihenfolge abgearbeitet werden:

1. Wenn vorhanden, wird die Sprache aus dem URL-Parameter `sap-locale` gelesen.
2. Wenn vorhanden, wird die Sprache aus dem URL-Parameter `sap-language` gelesen.
3. Der erste Eintrag stammt aus dem Header `Accept-Language`.
4. Ansonsten wird die Standardsprache verwendet, die auf Anwendungsebene definiert werden kann.

7.2 Service-Bereitstellung

In diesem Abschnitt lernen wir Annotationen kennen, die es uns ermöglichen, Eingaben zu validieren und Benutzeroberflächen zu implementieren, und wir erfahren, wie benutzerdefinierte Logik in solche Dienste implementiert werden kann.

7.2.1 Input-Validierung

Um von vornherein sicherzustellen, dass nur gültige Einträge gespeichert werden können, gibt es im SAP Cloud Application Programming Model eine Reihe von Anmerkungen, die für die Validierung der Einträge zuständig sind, wie folgt:

- `@readonly`
- `@mandatory`

- `@assert.unique`
- `@assert.integrity`
- `@assert.target`
- `@assert.format`
- `@assert.range`
- `@assert.notNull`

In den folgenden Abschnitten werden wir diese im Detail betrachten.

@readonly-Felder

Wenn einzelne Felder mit der `@readonly`-Annotation gekennzeichnet sind, sind sie vor nachfolgenden Schreiboperationen geschützt, z. B.:

```
@readonly feld1 : String;
```

@mandatory-Felder

Als `@mandatory` gekennzeichnete Felder werden bei der Erstellung oder Aktualisierung auf leeren Inhalt geprüft. Diese müssen ausgefüllt werden. Im Falle von Null-Werten oder leeren Zeichenfolgen tritt ebenfalls ein Fehler auf, z. B.:

```
@mandatory field1 : String;
```

@assert.unique-Einschränkung

Um festzulegen, dass die Datensätze einer Entität in Bezug auf bestimmte Felder eindeutig sein müssen, kann die Einschränkung `@assert.unique` verwendet werden. Dazu wird die Einschränkung einfach über die Entität mit den entsprechenden Feldern definiert. Die Syntax lautet `@assert.unique.<Name>`. Ein Beispiel sehen Sie hier:

```
@assert.unique : {
   demo : [field1, field2, ...]
}
```

Primärschlüsselfelder müssen nicht mit der Eindeutigkeitsbeschränkung versehen werden, sie sind automatisch eindeutig.

@assert.integrity-Einschränkung

Assoziationen und Kompositionen mit einer To-one-Kardinalität können automatisch auf referenzielle Integrität geprüft werden. Wenn dies nicht gewünscht ist, kann die Einschränkung `@assert.integrity` verwendet werden, um dies für Assoziationen, Entitäten oder Dienste zu kontrollieren. Ein Beispiel könnte so aussehen:

```
@assert.integrity : false or true
```

@assert.target-Einschränkung

Die Einschränkung `@assert.target` kann verwendet werden, um sicherzustellen, dass der entsprechende Datensatz, auf den verwiesen wird, bei Schreiboperationen von Fremdschlüsseln tatsächlich existiert. Diese Einschränkung kann auch auf mehrere Fremdschlüssel in einer Entität gleichzeitig angewendet werden. Allerdings wirkt sich diese Einschränkung nur auf Schreiboperationen aus, nicht auf Löschoperationen. Schließlich dient sie der Überprüfung von Benutzereingaben und nicht der Gewährleistung der referenziellen Integrität. Daher wirkt diese Beschränkung gleichzeitig mit der `@assert.integrity`-Beschränkung. Wenn das `@assert.target`-Constraint verletzt wird, d. h. ein Fremdschlüssel übergeben wird, der nicht existiert, wird eine entsprechende Fehlermeldung ausgelöst. Ein Beispiel sieht aus wie folgt:

```
texts : Association to Text @assert.target;
```

@assert.format-Einschränkung

Wenn eine Anforderung verlangt, dass die Werte bestimmter Felder einem bestimmten Muster folgen müssen, kann dies über Regelausdrücke und die Einschränkung `@assert.format` eingeschränkt werden. Zum Beispiel:

```
demo : String @assert.format: '[a-z]';
```

@assert.range-Einschränkung

Um festzulegen, dass eine Eigenschaft nur Werte innerhalb eines bestimmten Bereichs annehmen kann, kann z. B. die Einschränkung `@assert.range` verwendet werden. Hier muss nur eine untere und obere Grenze angegeben werden, gegen die die Validierung erfolgt. Die beiden Grenzen werden als ein geschlossenes Intervall betrachtet. Zum Beispiel:

```
demo : Integer @assert.range : [1, 10];
demo2 : String @assert.range enum { m, w };
```

@assert.notNull

Um die Nicht-Null-Prüfung zu umgehen, können einzelne Attribute mit `@assert.notNull` annotiert werden, was notwendig sein kann, wenn dieses Feld automatisch gefüllt wird. Zum Beispiel:

```
demo : String not null @assert.notNull : false;
```

7.2.2 OData-Annotationen

Besonders in SAP-Fiori-Elements-Anwendungen oder SAPUI5-Anwendungen, die Smart Controls verwenden, ist es sehr schwierig, ohne Annotationen auszukommen.

Obwohl diese auch direkt lokal in der Anwendung eingefügt werden könnten, ist es ratsam, sie in der Backend-Anwendung, also in der SAP-Cloud-Application-Programming-Model-Anwendung, zu speichern. Im Folgenden sehen wir uns an, wie solche OData-Annotationen in unserer SAP-Cloud-Application-Programming-Model-Anwendung angewendet werden können. In den folgenden Abschnitten werden wir einige der wichtigsten Annotationen im Detail betrachten.

Terms und Eigenschaften

OData definiert eine zweistufige Schlüsselstruktur für die Annotationen, die aus folgenden Elementen besteht:

- Vocabulary
- Term

In der Praxis sieht das folgendermaßen aus: `@<Vocabulary>.<Term>`.

Der Wert, der einer Annotation zugewiesen wird, kann verschiedene Arten annehmen, wie z. B. die folgenden:

- primitiver Typ
- Record
- Collection

Wenn wir z. B. unserer Entität `Book` eine Bezeichnung geben wollen, können wir dies wie in Listing 7.17 gezeigt tun.

```
@Common.Label: 'Books'
entity Book { /* ... */ }
```

Listing 7.17 Entität mit Label annotiert

Qualifizierte Annotationen

OData ermöglicht auch die Zuweisung von qualifizierten Annotationen. Dies bedeutet nichts anderes, als ein und derselben Eigenschaft mehrere Werte zuzuweisen. Dazu muss nach der Deklaration der Annotation ein # gefolgt von einem Schlüssel angegeben werden. Dies kann in der SAPUI5-Anwendung abgefragt werden, wodurch die richtigen Werte angezeigt werden. In Listing 7.18 können Sie sehen, wie dies beispielsweise aussehen könnte.

```
@Common.Label: 'BOOK'
@Common.Label#Teacher: 'Book'
```

Listing 7.18 Qualifizierte Annotationen

Primitive Typen als Annotationen

Das SAP Cloud Application Programming Model kann auch primitive Annotationen verarbeiten. Wenn primitive Annotationswerte auftreten, werden sie auf die entsprechende OData-Annotation abgebildet. Die Annotationen in Listing 7.19 würden auf die Annotationen in Listing 7.20 gemappt werden. Beachten Sie, dass die Annotation `Any` nicht existiert, sie wird hier nur zur Veranschaulichung des Mappings verwendet.

```
@Any.Integer: 8.2
@Any.Boolean: false
@Any.String: 'test'
```

Listing 7.19 Primitive Annotationen im SAP Cloud Application Programming Model

```
<Annotation Term="Any.Integer" Int="8.2"/>
<Annotation Term="Any.Boolean" Bool="false"/>
<Annotation Term="Any.String" String="test"/>
```

Listing 7.20 Primitive Annotation in OData

Records als Annotationen

Strukturen, die einem Datensatz ähneln, werden den entsprechenden <Record>-Knoten in einer **EDMX**-Datei zugeordnet. Die primitiven Typen werden jedoch wie im vorherigen Abschnitt beschrieben abgebildet. In Listing 7.21 und Listing 7.22 sehen wir noch einmal anhand eines Beispiels, wie das Mapping des SAP Cloud Application Programming Model in OData aussieht.

```
@Any.Record: {
   Integer: 8.2,
   Boolean: false
   String: 'test'
}
```

Listing 7.21 Record-Annotation im SAP Cloud Application Programming Model

```
<Annotation Term="Any.Record">
<Record>
   <PropertyValue Property="Integer" Int="8.2"/>
   <PropertyValue Property="Bool" Int="false"/>
   <PropertyValue Property="String" Int="test"/>
</Record>
</Annotation>
```

Listing 7.22 Record-Annotation in OData

Collections als Annotationen

Zusätzlich zu primitiven Typen und Records können auch Collections in Annotationen abgebildet werden. Das heißt, wenn ein Array angegeben wird, wird es auf einen entsprechenden Sammlungsknoten abgebildet. Die Regeln für Records und Collections werden rekursiv angewendet. Primitive Typen werden direkt als Kindknoten erstellt.

In Listing 7.23 und Listing 7.24 sehen wir wieder ein Beispiel dafür, wie ein solches Mapping aussehen könnte.

```
@Any.Collection: [
   false, 8.2, 'test', { $Type: 'UI.DataField', Label: 'Test-Label'}
]
```

Listing 7.23 Collection-Annotation im SAP Cloud Application Programming Model

```
<Annotation Term="Any.Collection">
   <Collection>
      <Bool>false</Bool>
      <Int>8.2</Int>
      <String>Test</String>
      <Record Type="UI.DataField">
         <PropertyValue Property="Label" String="Test-Label"/>
      </Record>
   </Collection>
</Annotation>
```

Listing 7.24 Collection-Annotation in OData

Unterschiede im Vergleich zu den ABAP Core Data Services

Was die Annotationen betrifft, gibt es einige Unterschiede zwischen SAP Cloud Application Programming Model und ABAP CDS. Im SAP Cloud Application Programming Model wird ein generischer, isomorpher Ansatz verfolgt, was bedeutet, dass die Namen und Positionen der Annotationen identisch sind wie in den OData-Vokabularen angegeben. Daraus ergibt sich eine Reihe von Vorteilen:

- **Single Source of Truth**

  Entwickler müssen keine andere Dokumentation als die offizielle OData-Dokumentation konsultieren.

- **Effizientere Geschwindigkeit**

  Komplexe Mapping-Logik ist nicht erforderlich.

- **Eliminierung von Engpässen**

  CDS kann in Entity Data Model XML (EDMX) übersetzt werden und umgekehrt.

- **Zeitsparend**
  Das Schreiben von Derivaten des OData-Vokabulars ist nicht erforderlich.

7.2.3 Kundenspezifische Logik

Auch wenn die meisten Anforderungen mit den standardmäßig verfügbaren generischen Service-Providern umgesetzt werden können, gibt es auch Fälle, in denen auf manuelle Implementierungen, auch wenn sie mehr Aufwand bedeuten, nicht ganz verzichtet werden kann. In den meisten Fällen ist die Notwendigkeit solcher Implementierungen jedoch eher begrenzt. Zum Beispiel könnte eine solche Implementierung notwendig sein, wenn einer der folgenden Punkte zutrifft:

- Domänenspezifische programmatische Validierungen sind erforderlich.
- Ergebnismengen müssen erweitert werden, z. B. berechnete Felder, die zur Laufzeit berechnet werden.
- Eine programmatische Berechtigungsprüfung ist erforderlich.
- Der Aufruf bestimmter Folgeaktionen ist erforderlich, z. B. der Aufruf anderer Services.
- Es werden Logiken benötigt, die mit dem generischen Ansatz nicht implementiert werden können.

In den folgenden Abschnitten werden wir sehen, wie solche spezifischen Logiken aufgerufen oder implementiert werden können.

7.2.4 Kundenspezifische Implementierungen anbieten

Der einfachste Weg, die Implementierung von Services in Node.js zu definieren, besteht darin, eine JavaScript-Datei zu erstellen, in die später die Logik eingefügt wird. Es ist wichtig, dass die JavaScript-Datei denselben Namen hat wie die CDS-Datei, die die Servicedefinition enthält. Außerdem sollten sich beide Dateien im selben Verzeichnis befinden.

Diese Dateistruktur könnte z. B. so aussehen:

- /srv
  - my-service.cds
  - my-service.js

7.2.5 Event Handler Hooks

Es gibt verschiedene Hooks, für die Sie einen Event Handler registrieren können. Der Hook bestimmt im Grunde nur, zu welchem Zeitpunkt die Implementierung aufgerufen wird. Die folgenden Hooks sind verfügbar:

- on

  Ein on-Handler ersetzt die Standardimplementierung eines Services.
- before

  Der before-Handler wird vor der Standardimplementierung aufgerufen, oder, wenn er von on überschrieben wird, vor dem on-Handler.
- after

  Der after-Handler wird nach der Standardimplementierung aufgerufen, oder, wenn er von on überschrieben wird, nach dem On-Handler. Es kann immer nur eine gültige Implementierung des on-Handlers geben, die aufgerufen wird. Wenn mehrere before- oder after-Handler implementiert sind, werden sie alle parallel aufgerufen.

Event Handler registrieren

Nachdem wir nun die einzelnen Hooks kennengelernt haben, stellt sich natürlich die Frage, wie die Event Handler registriert werden können, damit die entsprechenden Logiken auch ausgeführt werden.

Dazu muss Code in der zuvor definierten JavaScript-Datei implementiert werden. Für jeden Hook wird hier eine Methode zur Verfügung gestellt, die aufgerufen werden kann. In dieser Methode müssen folgende Parameter übergeben werden:

- Name der Operation (CREATE, READ, UPDATE, DELETE)
- Name der Entität (z. B. Products)
- Funktion, die die Logik des Handlers beinhaltet

Für die ersten beiden Parameter (Operation, Entität) kann ein Sternchen * als Platzhalter angegeben werden. Dies würde dann »alle« bedeuten.

In Listing 7.25 sehen wir, wie der Inhalt der JavaScript-Datei aussehen könnte. Natürlich muss auch die Logik in der Funktion entsprechend implementiert werden.

```
const cds = require('@sap/cds');
module.exports = function() {
   this.on('CREATE', 'Product', (req) => {/* Custom Logic */})
   this.before('*', '*', (req) => {/* Custom Logic */})
   this.after('READ', 'Product', (req) => {/* Custom Logic */})
}
```

Listing 7.25 Kundenspezifischen Event Handler registrieren

Wie hier im Beispiel gezeigt, wird der Handler-Funktion ein Request-Message-Objekt übergeben. Dadurch ist es möglich, auf sehr wichtige Informationen in der Funktion zuzugreifen, darunter die folgenden:

- Ereignisname (kann ein Name der Methoden create, read, updated, delete [CRUD] oder ein benutzerdefinierter Name sein)
- Zielentität, falls vorhanden
- Abfrage für CRUD-Anfragen
- Daten-Payload
- der Benutzer, wenn die Anfrage authentifiziert ist
- der Mandant, der die Software-as-a-Service-Anwendung nutzt (nur wenn dies aktiviert ist)

7.3 Aufsetzen einer SAP-Cloud-Application-Programming-Model-Anwendung

In diesem Abschnitt sehen wir uns nun an, wie wir eine Anwendung mit dem SAP Cloud Application Programming Model entwickeln können und welche Voraussetzungen dafür notwendig sind. Für das Datenmodell verwenden wir dasjenige, das bereits in Kapitel 6, »Entwicklung von OData-V4-Services mit dem ABAP RESTful Application Programming Model (Managed Scenario)«, mit dem ABAP RESTful Application Programming Model implementiert wurde.

7.3.1 Installieren der erforderlichen Software

Bevor Sie beginnen, sollten Node.js und Visual Studio Code installiert werden. Sobald dies geschehen ist, kann die Installation von cds-dk gestartet werden. Dabei handelt es sich um eine Kommandozeile, die Funktionen und Werkzeuge bereitstellt, die für die Entwicklung mit dem SAP Cloud Application Programming Model erforderlich sind.

Öffnen Sie dazu eine Kommandozeilenanwendung und führen Sie den folgenden Befehl aus (siehe Abbildung 7.1):

```
npm install -g @sap/cds-dk
```

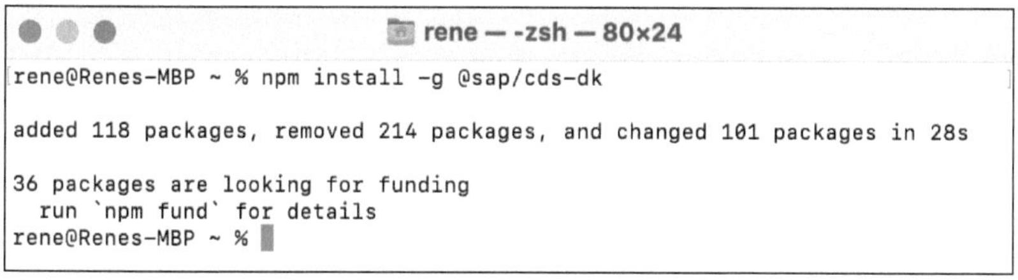

Abbildung 7.1 Tools für die Entwicklung mit dem SAP Cloud Application Programming Model installieren

Sobald die Installation abgeschlossen ist, können Sie die Installation durch Eingabe von »cds« und anschließende Bestätigung mit [↵] überprüfen. Wenn die Installation erfolgreich war, sollten Sie eine Ausgabe wie in Abbildung 7.2 sehen.

```
rene — -zsh — 80×24

rene@Renes-MBP ~ % cds
USAGE
    cds <command> [<args>]
    cds <src>  =  cds compile <src>
    cds        =  cds help
COMMANDS

    i | init        jump-start cds-based projects
    a | add         add a feature to an existing project
    y | bind        bind application to remote services
    m | import      add models from external sources
    c | compile     compile cds models to different outputs
    p | parse       parses given cds models
    s | serve       run your services in local server
    w | watch       run and restart on file changes
    r | repl        read-eval-event loop
    e | env         inspect effective configuration
    b | build       prepare for deployment
    d | deploy      deploy to databases or cloud
    l | login       login to extendable SaaS application
    x | extend      create extension project from SaaS application
```

Abbildung 7.2 Verifizieren der Installation der Development Tools

7.3.2 Erstellen eines SAP-Cloud-Application-Programming-Model-Projekts

Nachdem nun die notwendige Software installiert wurde, können wir mit der Erstellung des SAP-Cloud-Application-Programming-Model-Projekts fortfahren. Dazu starten wir zunächst Visual Studio Code.

Um ein Projekt zu erstellen, navigieren Sie in der Befehlszeile zu einem beliebigen Verzeichnis, in dem die Anwendung erstellt werden soll. Führen Sie dann den Befehl `cds init` aus, gefolgt von dem Namen der Anwendung. In unserem Fall ist dies `cap_example`, also führen wir `cds init cap_example` aus (siehe Abbildung 7.3).

```
example — -zsh — 80×24

rene@Renes-MBP example % cds init cap_example
Creating new cap project in ./cap_example

Adding feature 'nodejs'...
Done adding features

Continue with 'cd cap_example'
Find samples on https://github.com/SAP-samples/cloud-cap-samples
Learn about next steps at https://cap.cloud.sap

rene@Renes-MBP example % ▌
```

Abbildung 7.3 Erstellen eines SAP-Cloud-Application-Programming-Model-Projekts

Sobald dies geschehen ist, kann das Projekt in Visual Studio Code geöffnet werden. Führen Sie dann den Kommandozeilenbefehl `npm install` einmal im Stammverzeichnis des Projekts aus, um alle für das Projekt erforderlichen Dependencies zu installieren, damit das Projekt später gestartet werden kann.

Ist dies geschehen, kann die eigentliche Implementierung beginnen.

7.3.3 Erstellen des Entitätenmodells

Für unser Beispiel benötigen wir eine Entität `Books`, in der verschiedene Bücher verwaltet werden können. Um dies zu erreichen, gehen wir folgendermaßen vor: Zunächst muss im Verzeichnis **db** eine CDS-Datei namens **schema** angelegt werden, falls sie noch nicht existiert. Das Entitätenmodell wird dann in dieser Datei abgebildet.

Wie in Listing 7.26 dargestellt, hat unsere Entität eine UUID als Primärschlüssel sowie zahlreiche weitere Attribute. Darüber hinaus wird der Aspekt `managed` über Vererbung hinzugefügt. Dadurch werden weitere Felder wie letzte Änderung, Änderungsdatum, Ersteller und Erstellungsdatum hinzugefügt und automatisch ausgefüllt. Diese Metadaten können oft hilfreich sein, um nachzuvollziehen, wer etwas wann geändert hat.

```
using managed from '@sap/cds/common';
namespace at.clouddna;

entity Book : managed {
    key ID : UUID;
    isbn : String;
    title : String;
    description : String;
    genre : String;
    author : String;
    book_pages : Integer;
    purch_date : Date;
    finished : Boolean;
    rating : Integer;
}
```

Listing 7.26 Definition eines Schemas im SAP Cloud Application Programming Model

Nachdem das Datenmodell definiert und gespeichert wurde, starten Sie die Anwendung mit `cds watch`. Sie sollten im Terminal eine ähnliche Ausgabe wie in Abbildung 7.4 sehen.

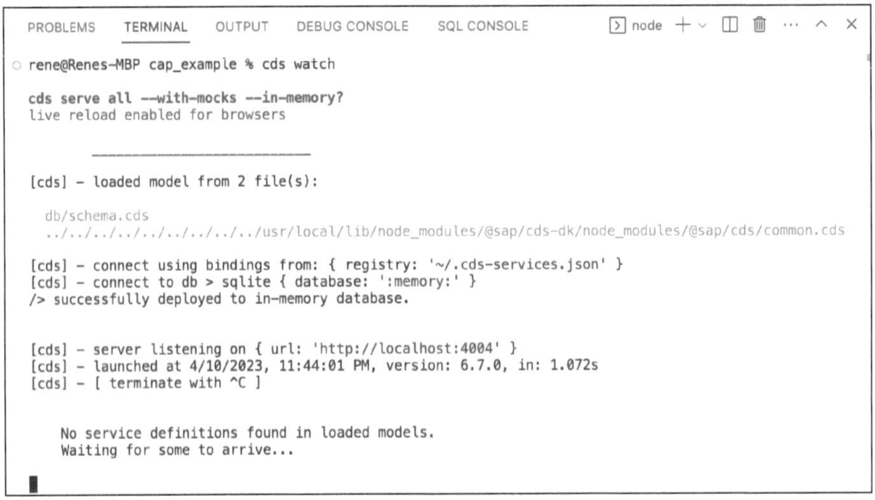

Abbildung 7.4 Starten der SAP-Cloud-Application-Programming-Model-Anwendung

Der Standardport, auf dem die Anwendung gestartet wird, ist 4004, wie in der Konsolenausgabe zu sehen ist. Wenn Sie die Adresse *localhost:4004* aufrufen, können Sie nun auch auf die Anwendung zugreifen, aber Sie werden noch nicht viel sehen (siehe Abbildung 7.5), da eine wichtige Komponente noch fehlt: die Servicedefinition. Im nächsten Abschnitt werden Sie sehen, wie Sie diese Servicedefinition erstellen.

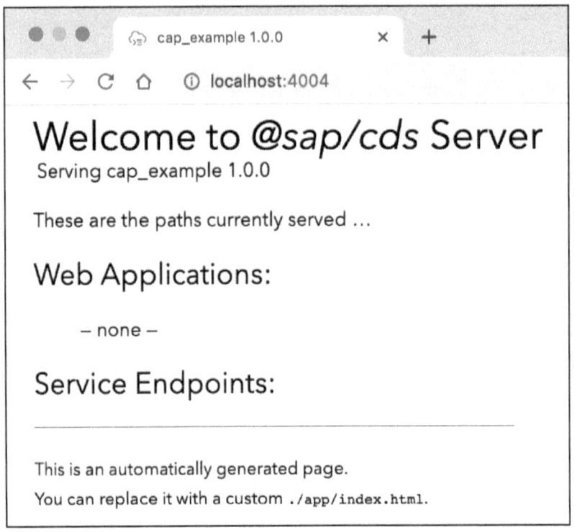

Abbildung 7.5 Einstiegsseite des gestarteten Service

7.3.4 Erstellen der Servicedefinition

Wenn Sie die Adresse öffnen, unter der die Anwendung läuft, werden Sie feststellen, dass derzeit keine Servicedefinitionen vorhanden sind. Dies wird auch in der Konsole durch eine Ausgabe angezeigt. Um hier Abhilfe zu schaffen, werden wir in den nächsten Schritten eine Servicedefinition erstellen, die unseren Service veröffentlichen wird.

Die Servicedefinition stellt im Grunde eine Schnittstelle zwischen den Domänenmodellen und dem Endbenutzer her. Das bedeutet, dass der Benutzer über den Service mithilfe definierter Methoden und Funktionen auf die zugrunde liegenden Daten zugreifen kann. Standardmäßig wird ein OData-4.0-Service veröffentlicht. Es gibt verschiedene Möglichkeiten, wie und ob einzelne Entitäten überhaupt publiziert werden. Dies kann bei der Definition des Service festgelegt werden.

Die SAP-Cloud-Application-Programming-Model-Laufzeit übernimmt bereits einen Teil der Logik und bietet damit zahlreiche Funktionen out of the box, z. B.:

- alle CRUD-Operationen
- Deep Inserts
- Deep Updates
- Deep Deletes
- autogenerierte Primärschlüssel
- Filter- und Sortieroperationen
- Paginierung

Im SAP Cloud Application Programming Model können auch mehrere Services innerhalb eines Projekts erstellt werden. Dies hat keine negativen Auswirkungen und wird sogar empfohlen.

Generell sollte darauf geachtet werden, dass nicht ein Service definiert wird, der alle Entitäten enthält. Stattdessen sollten die Services nach Anwendungsfällen aufgeteilt werden. Darüber hinaus sollte eine 1:1-Abbildung von Services möglichst vermieden werden.

Es mag auf den ersten Blick einfacher und schneller erscheinen, einen Service zu definieren, der alle Domänenmodelle abbildet, aber man stößt dann später auf mögliche Probleme:

- Große Services, die alles enthalten, können den Nutzern Zugangspunkte bieten, die unbeabsichtigt mit wenigen Einschränkungen genutzt werden können.
- Spezifische Anwendungsfälle werden in der API möglicherweise nicht berücksichtigt.
- Zahlreiche Prüfungen, wie z. B. Berechtigungsprüfungen, müssen zu mehreren Anfragen hinzugefügt werden.

Stattdessen sollten die Services nach einzelnen Anwendungsfällen getrennt werden. Dies könnten z. B. Services sein, die je nach Rolle oder Berechtigung aufgerufen werden. Auf diese Weise bekämen Administratoren eigene Services mit umfangreicheren Funktionen als Endanwender. Auch wenn die gleichen Entitäten dahinter stehen, kann der Funktionsumfang unterschiedlich sein.

In unserem Fall reicht es aus, einen einzigen Service zu erstellen. Die notwendigen Schritte und wie der Service dann genutzt werden kann, wird in diesem Abschnitt gezeigt.

Um eine Servicedefinition zu erstellen, die unsere Entität zugänglich macht, muss zunächst eine CDS-Datei im Verzeichnis **srv/** angelegt werden, sofern dies noch nicht geschehen ist. Der Name dieser Datei kann frei gewählt werden, aber es ist ratsam, einen beschreibenden Namen zu verwenden, der Auskunft darüber gibt, wofür dieser Service zuständig ist.

In unserem Fall benennen wir die Datei **book-service.cds**, indem Sie die folgenden Schritte ausführen:

1. Klicken Sie mit der rechten Maustaste auf das Verzeichnis **srv**.
2. Wählen Sie **New File** (siehe Abbildung 7.6).

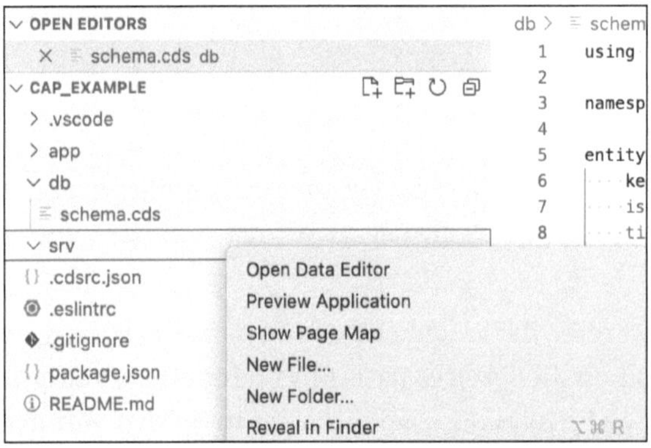

Abbildung 7.6 Erstellen einer Servicedefinition

3. Weisen Sie den Namen mit der entsprechenden **.cds**-Dateierweiterung zu.

Danach sollte die Verzeichnisstruktur wie in Abbildung 7.7 aussehen.

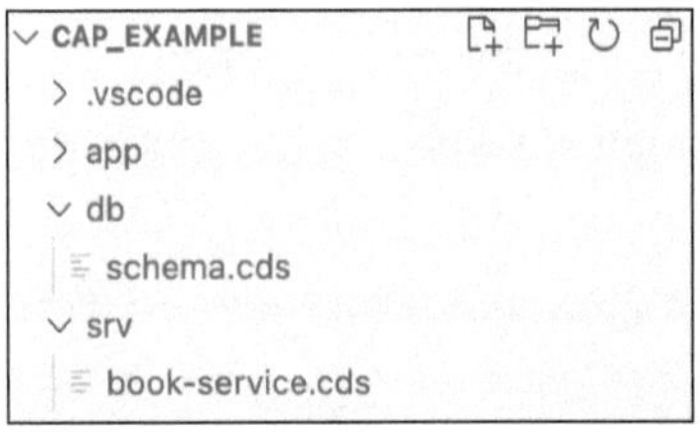

Abbildung 7.7 Projektstruktur nach Anlage der Servicedefinition

Nun öffnen wir zunächst die neu erstellte Datei und implementieren darin den eigentlichen Service. Die vereinfachte Syntax hierfür lautet wie folgt:

```
service <servicename> { /* Definitions */ }
```

Optional können einzelne Services auch mit Annotationen versehen werden, z. B. um Services nur für bestimmte Rollen oder Benutzer verfügbar zu machen. In unserem Fall kann der Service ohne Einschränkung genutzt werden.

Zunächst fügen wir in der Servicedefinition mit `using` einen Import ein, der das Datenmodellschema importiert. Dieses ist in der Datei **schema.cds** definiert. Mit dem Schlüsselwort `as` wird ein Alias definiert, damit wir nicht immer den vollen Namensraum ausschreiben müssen. Dieser Alias kann beliebig gewählt werden, etwa wie folgt:

```
using { at.clouddna as my } from '../db/schema';
```

Anschließend kann der Service definiert werden. Optional können wir einen Pfad angeben, unter dem der Service aufgerufen werden kann, was vor allem dann notwendig ist, wenn innerhalb eines Projekts verschiedene Services definiert sind. Wir verwenden `/bookservice` als Pfad. In unserem Fall sieht die Definition des Service wie folgt aus:

```
service BookService @(path: '/bookservice') {}
```

Wenn wir nun die Anwendung erneut starten und die Seite *localhost:4004* aufrufen, sehen wir, dass die Servicedefinition bereits erkannt wird (siehe Abbildung 7.8). Es fehlen jedoch noch die entsprechenden Entitäten.

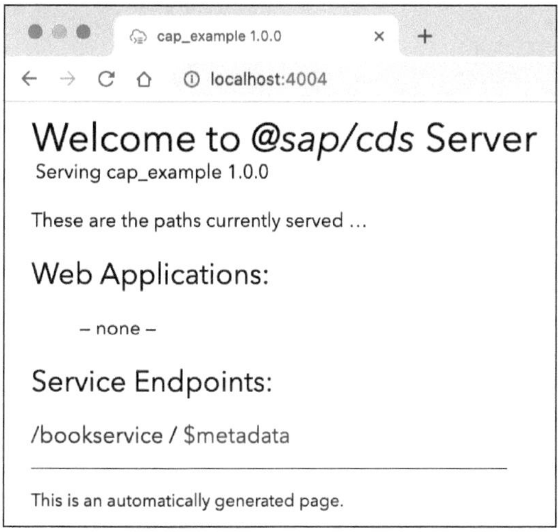

Abbildung 7.8 Veröffentlichte Servicedefinition

Im nächsten und letzten Schritt müssen nun noch die entsprechenden Entitäten im Service veröffentlicht werden. In unserem Fall ist dies nur die Entität `Book`. Diese veröffentlichen wir als Service-Entität mit dem gleichen Namen. Dazu gehen wir zurück zur Servicedefinition und fügen die Projektion auf die Entität an der entsprechenden Stelle ein. Die Syntax hierfür lautet wie folgt:

```
entity <service_entity_name> as projection on <entity_name>;
```

Durch die Klausel `as projection on` wird die gesamte Entität, wie sie im Datenmodell definiert ist, als Ganzes im Service veröffentlicht. Wenn wir hier bestimmte Einschränkungen erreichen wollen, wie z. B. das explizite Weglassen bestimmter Felder, kann auch eine andere Syntax verwendet werden. Dies werden wir im Folgenden sehen:

```
entity <service_entity_name> as SELECT from <entity_name> { * } excluding {
<field1, …> }
```

Anstelle der `as projection on`-Klausel kann auch eine `SELECT`-Anweisung angegeben werden. Außerdem kann eine `excluding`-Klausel verwendet werden, um anzugeben, dass bestimmte Felder nicht gelesen werden sollen.

Für unseren Fall ist die vereinfachte Syntax ausreichend. In der Datei **service.cds** fügen wir dies entsprechend ein. Wir wählen `Book` als Namen für die Entität in unserem Service. Die Definition sollte wie folgt aussehen:

```
entity Book as projection on my.Book;
```

Nachdem diese Definition eingefügt wurde, sollte unsere CDS-Datei wie in Abbildung 7.9 aussehen.

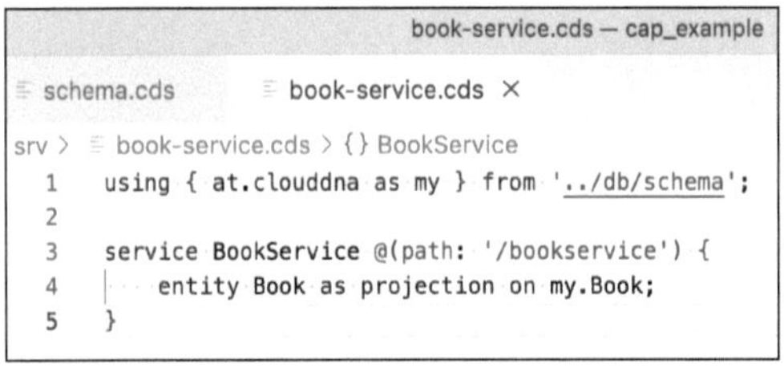

Abbildung 7.9 Servicedefinition mit der veröffentlichten Book-Entität

Wenn die Anwendung nun neu gestartet wird, sollte die veröffentlichte Entität auch in ihr verfügbar sein. Dazu öffnen wir die Anwendung erneut in einem beliebigen Browser. Wie in Abbildung 7.10 zu sehen ist, ist die entsprechende Entität, die mittels einer Servicedefinition veröffentlicht wurde, nun hier sichtbar.

Außerdem wird die veröffentlichte Entität auch in den Metadaten wiedergegeben, wie in Abbildung 7.11 zu sehen ist. Diese können unter der folgenden Adresse abgefragt werden: *localhost:4004/<service_name>/$metadata*. In unserem Fall ist es *localhost:4004/bookservice/$metadata*.

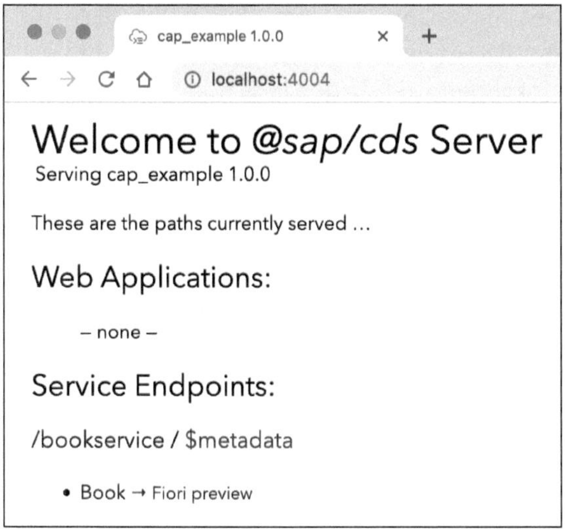

Abbildung 7.10 Veröffentlichte Entität in laufender Applikation

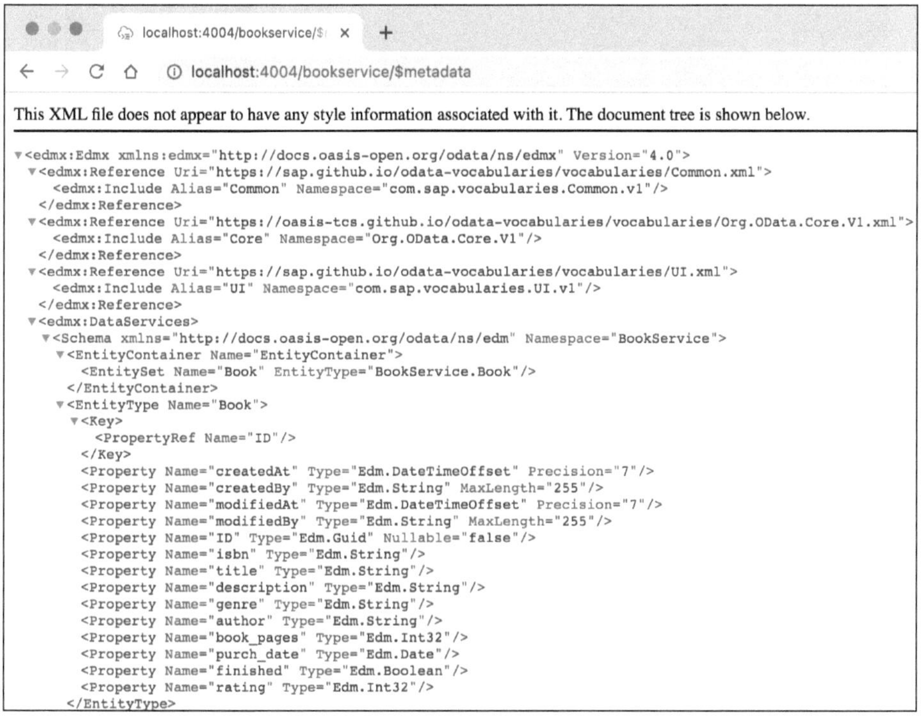

Abbildung 7.11 Metadaten des zuvor angelegten Service

7.3.5 Bereitstellen von Daten

Nachdem wir nun alle notwendigen Vorkehrungen für die Nutzung des Service getroffen haben, geht es jetzt darum, die entsprechenden Daten in den Service zu bekommen. Dies kann mithilfe der CRUD-Funktionen über die OData-Schnittstelle geschehen. Wird die Anwendung lokal gestartet, befindet sich dahinter nur eine In-Memory-Datenbank. Das bedeutet, dass die Daten bei jedem Neustart verloren gehen.

Um dies zu vereinfachen, können Daten aus **.csv**-Dateien importiert werden, die dann bei jedem Neustart der Anwendung zur Verfügung stehen. Obwohl dies kein Anwendungsfall für produktive Anwendungen ist, eignet sich diese Art der Datenbereitstellung gut zum Testen der Anwendung.

Um Daten automatisch zu importieren, sind nur wenige Schritte erforderlich. Zunächst muss innerhalb des **db**-Verzeichnisses ein Unterverzeichnis namens **data** angelegt werden. In diesem Verzeichnis können später die gewünschten **.csv**-Dateien abgelegt werden. Folgen Sie diesen Schritten:

1. Klicken Sie mit der rechten Maustaste auf **db**, wählen Sie **New Folder** und erstellen Sie einen neuen Ordner mit dem Namen »data« (siehe Abbildung 7.12).

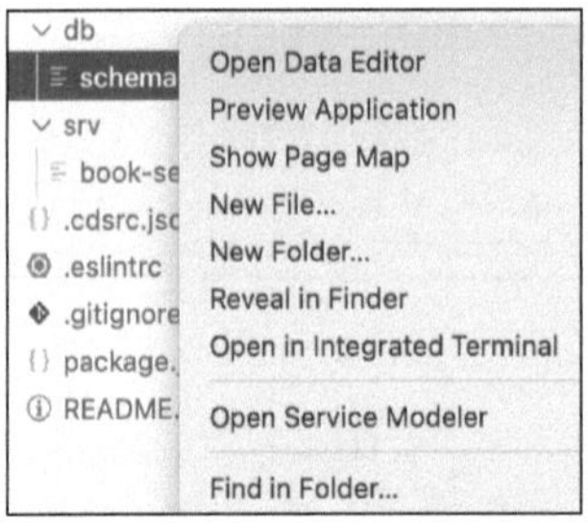

Abbildung 7.12 Erstellen eines neuen Ordners für die ».csv«-Dateien

Nachdem dieses Verzeichnis erstellt wurde, sollte die Ordnerstruktur in etwa wie in Abbildung 7.13 aussehen.

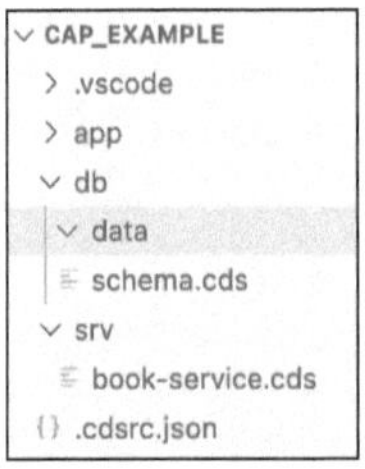

Abbildung 7.13 Ordnerstruktur nach Anlage des Ordners für die ».csv«-Dateien

Anschließend müssen die entsprechenden **.csv**-Dateien in dem neu erstellten Verzeichnis angelegt werden. Dabei gilt die folgende Namenskonvention: **<Name-**

space>-<Entitätsname>.csv. Es ist wichtig, dass für jede gewünschte Entität eine eigene Datei erstellt wird. In unserem Fall muss die Datei also wie folgt lauten: **at.clouddna-Book.csv**.

2. Um diese Datei zu erstellen, klicken Sie mit der rechten Maustaste auf das Verzeichnis **data** (siehe Abbildung 7.14). Anschließend muss mit **New File** eine neue **.csv**-Datei mit dem zuvor angegebenen Namen erstellt werden.

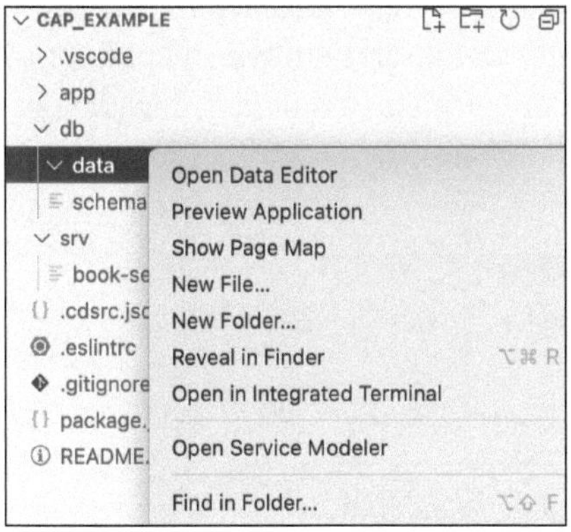

Abbildung 7.14 Erstellen einer ».csv«-Datei für Beispieldaten

Nachdem diese Datei erstellt wurde, sollte die Projektstruktur wie in Abbildung 7.15 aussehen. Der Namensraum und der Entitätsname im Dateinamen sind hier wichtig.

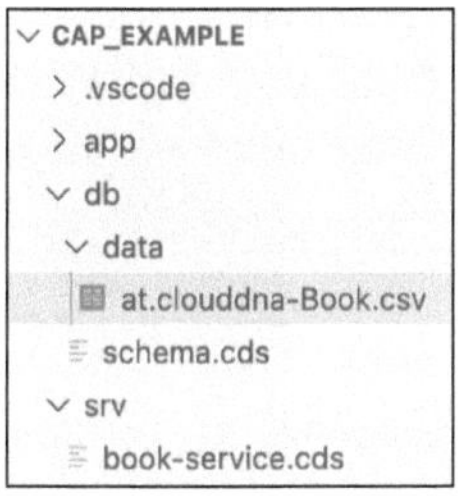

Abbildung 7.15 Projektstruktur nach Anlage der ».csv«-Datei

Nachdem die Datei erstellt wurde, können die Beispieldaten in der Datei gepflegt werden. Die Eigenschaftsnamen müssen als Kopfzeile definiert werden. Es müssen jedoch nicht alle vorhandenen Attribute angegeben werden, da fehlende mit den jeweiligen Standardwerten des dahinter stehenden Datentyps aufgefüllt werden.

Außerdem kann in unserem Fall die ID weggelassen werden, da wir eine UUID verwenden, die automatisch generiert wird. In Abbildung 7.16 sehen Sie, wie eine Beispielspaltendefinition aussehen könnte. In unserem Fall werden wir nur die folgenden Spalten füllen: `isbn`, `title`, `description`, `author` und `book_pages`.

Abbildung 7.16 Definition der Header in der ».csv«-Datei

3. Alle nachfolgenden Zeilen enthalten die Daten, die in die Entität eingefügt werden sollen. In unserem Fall fügen wir zwei Beispieldatensätze ein, wie in Abbildung 7.17 dargestellt. Achten Sie bei der Definition der Beispieldaten darauf, dass die Datentypen der Werte mit den jeweiligen Spalten übereinstimmen, da sonst ein Fehler auftritt.

Abbildung 7.17 Definition der ».csv«-Datei mit Beispieldaten

Nachdem die Beispieldaten gepflegt worden sind, kann die Anwendung neu gestartet werden. In der Konsole sollte angezeigt werden, dass die Daten aus der **.csv**-Datei geladen werden.

4. Dazu starten Sie die Anwendung erneut mit `cds watch`. In der Konsole sollte eine Ausgabe sichtbar werden, dass die Daten aus der **.csv**-Datei geladen wurden. Dies ist in der Regel `init from db/data/<Name_der_csv-Datei>`. Ein solches Beispiel sehen Sie in Abbildung 7.18.

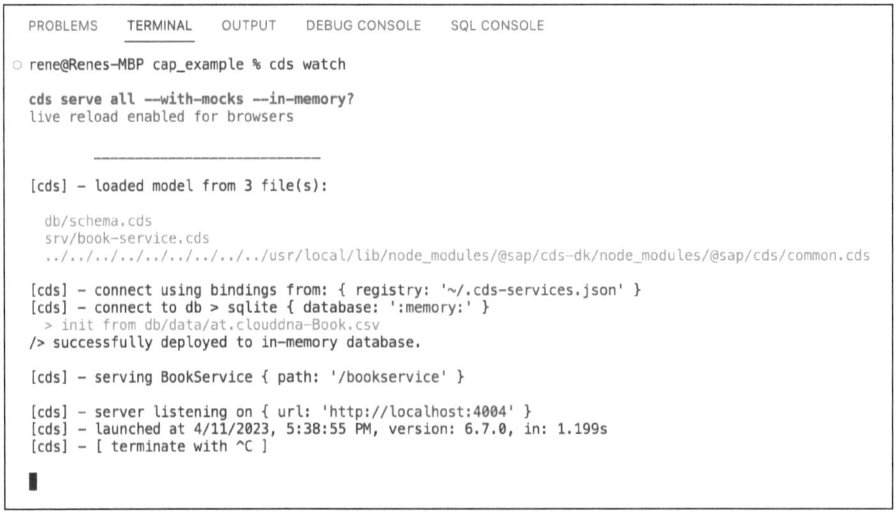

Abbildung 7.18 Konsolenausgabe nach erfolgreichem Laden der Beispieldaten

7.3.6 Anzeige von Daten

Um tatsächlich zu überprüfen, ob die Daten geladen wurden, können Sie den OData-Service oder die SAP-Fiori-Vorschau aufrufen. Im Folgenden werden wir uns beide Möglichkeiten ansehen.

Daten über den OData-Service anzeigen

OData-Services werden in der Regel in SAPUI5-Anwendungen verwendet, um Daten aus dem Backend abzurufen oder Daten an das Backend zu übermitteln. Alles was wir brauchen, ist der Aufruf des entsprechenden Entity-Sets. In unserem Fall kann dieses über die URL *http://localhost:4004/bookservice/Book* mithilfe eines REST-Clients abgefragt werden. Wie in Abbildung 7.19 zu sehen ist, werden die beiden Einträge, die wir über die **.csv**-Datei importiert haben, korrekt zurückgegeben.

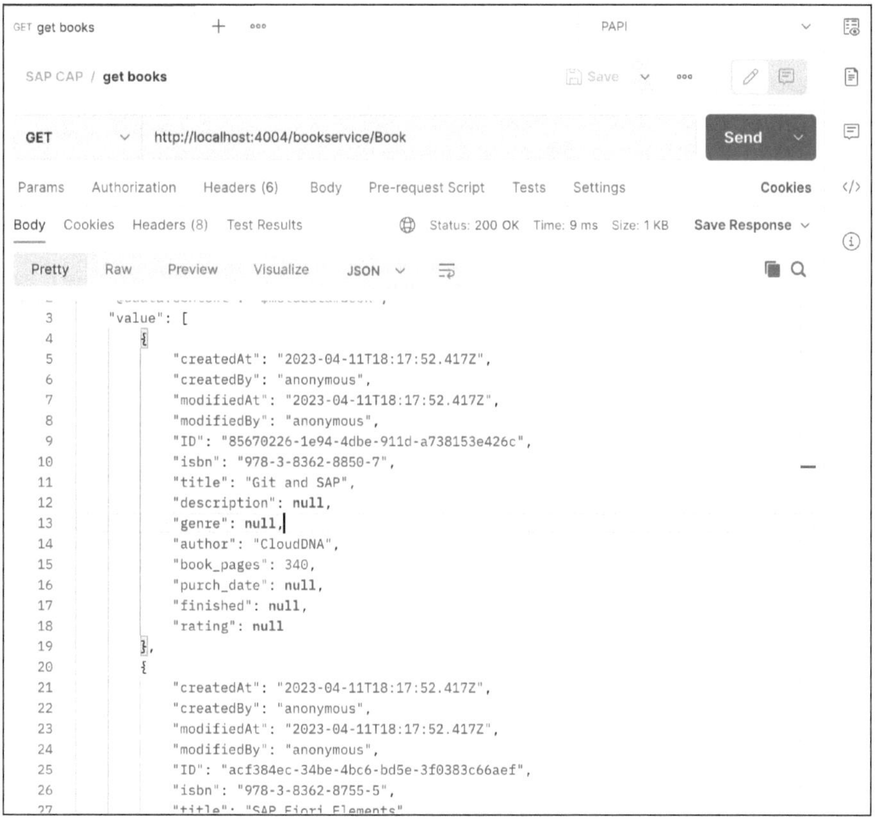

Abbildung 7.19 Abfrage von Daten über den OData-Service

Daten mittels der SAP-Fiori-Vorschau anzeigen

Eine weitere Möglichkeit, die Daten aus den jeweiligen Diensten anzuzeigen, bietet die SAP-Fiori-Vorschau. Diese wird von SAP Cloud Application Programming Model standardmäßig bereitgestellt. Es handelt sich im Grunde um eine tabellarische Darstellung der Service-Entität. Hier können auch Sortierungen und Filter angewendet werden.

Um diese Vorschau zu öffnen, navigieren Sie zunächst zur Root-Adresse der SAP-Cloud-Application-Programming-Model-Anwendung, d. h. zu *http://localhost:4004*. Die verfügbaren Service-Endpunkte werden hier angezeigt, mit dem Link **Fiori preview** neben jedem Service-Endpunkt (siehe Abbildung 7.20).

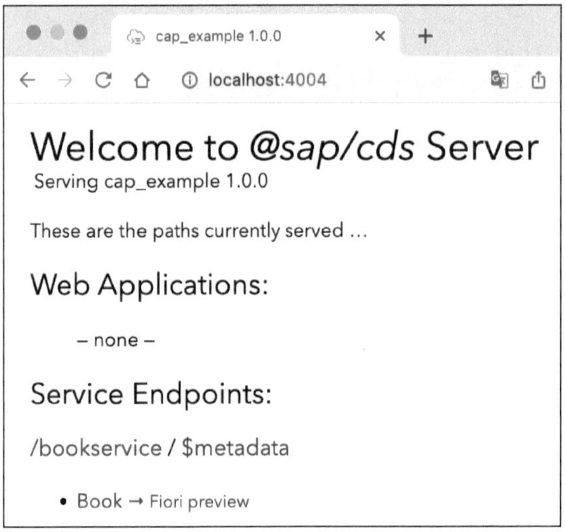

Abbildung 7.20 SAP-Fiori-Preview-Link für das Entity-Set

Wenn Sie auf den Link klicken, können Sie dorthin springen. Hier werden zunächst keine Spalten angezeigt, da diese erst eingeblendet werden müssen. Wenn die gewünschten Spalten zum ersten Mal angezeigt werden, werden auch die vorhandenen Datensätze angezeigt (siehe Abbildung 7.21).

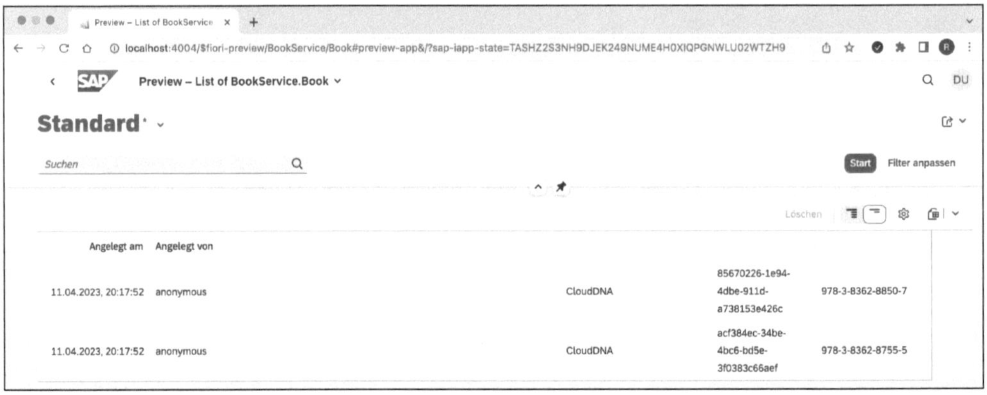

Abbildung 7.21 SAP Fiori Preview der Books

7.4 Autorisierungsprüfungen

Autorisierung bedeutet, dass der Zugriff auf Daten entsprechend den Berechtigungen des Benutzers eingeschränkt wird. Im SAP Cloud Application Programming Model kann dies über Annotationen gesteuert werden, die in der Servicedefinition angewendet werden. Standardmäßig gibt es keine Einschränkung, d. h., jeder kann alles sehen.

Mit der entsprechenden Annotationen kann festgelegt werden, dass nur Benutzer mit der entsprechenden Rolle oder dem entsprechenden Scope auf den Service zugreifen dürfen. Dafür stehen die folgenden Annotationen zur Verfügung:

- `@requires`
- `@restrict`

7.4.1 @requires

Mit der `@requires`-Annotation kann festgelegt werden, dass nur Benutzer mit bestimmten Rollen auf den Service zugreifen dürfen. Diese Annotation wird in der Regel direkt auf dem Service angegeben. Es folgt ein Anwendungsbeispiel für diese Annotation:

```
annotate Bookservice with @(requires : 'Enduser');
```

Die vorstehende Anweisung würde dazu führen, dass nur Benutzer mit der Rolle **Enduser** auf den Service zugreifen dürfen.

[«]

Metadaten veröffentlichen

Wenn Sie einen ganzen Dienst mit der `@requires`-Annotation einschränken, werden auch die Metadaten automatisch durch diese Annotation eingeschränkt. Dies ist nicht immer erwünscht, da die Metadaten oft unabhängig geladen werden können sollten.

Um dies zu verhindern, können Sie die Konfigurationseigenschaft `cds.env.odata.protectMetadata` auf `false` setzen, um die Metadaten unabhängig von der `@requires`-Anmerkung zu veröffentlichen.

7.4.2 @restrict

Neben der `@requires`-Annotation ist auch die `@restrict`-Annotation verfügbar. Diese Annotation ermöglicht es, granulare Berechtigungen zu definieren. Grundsätzlich können damit alle Arten von Einschränkungen ausgedrückt werden. Diese Annotation wird normalerweise auf den einzelnen Entitäten in der Servicedefinition angegeben. Die Syntax dieser Regeln lautet:

```
{ grant: <event>, to: <roles>, where: <filter_condition> }
```

Die einzelnen Attribute lauten wie folgt:

- **grant**

  Hier können ein oder mehrere Events angegeben werden, für die die Einschränkung wirksam wird. Mögliche Werte für diese Eigenschaft sind `READ`, `CREATE`, `UPDATE` und `DELETE`. Außerdem kann das virtuelle Element `WRITE` angegeben werden, das grundsätzlich alle Schreiboperationen abdeckt. Wenn Sie alle Ereignisse abfangen wollen, können Sie den Platzhalter * verwenden.
- **to** (optional)

  Hier können eine oder mehrere Rollen angegeben werden, für die die Einschränkung wirksam wird. Welche Rollen hier angegeben werden, bleibt grundsätzlich dem Entwickler überlassen. Wenn keine Rolle angegeben wird, wird der Standardwert `any` verwendet.
- **where** (optional)

  Hier kann eine Filterbedingung angegeben werden, die die Ergebnismenge einschränkt. Diese Klausel kann einen booleschen Ausdruck enthalten. Wenn Sie dynamische Berechtigungen auf die Ergebnismenge anwenden wollen, ist diese Klausel die richtige Wahl.

Eine definierte Berechtigung ist nur dann erfüllt, wenn alle vorhandenen Klauseln tatsächlich erfüllt sind. Angenommen, wir haben ein Beispiel wie in Listing 7.27. Hier soll die Entität `Book` nur von Benutzern mit der Rolle `Admin` gelesen werden können. Außerdem sollen nur Einträge zurückgegeben werden, bei denen die Eigenschaft `valid` den Wert `true` enthält.

```
entity Book @(restrict: [grant: 'READ', to: 'Admin', where: 'valid = true']) {
   /* ... */
}
```

Listing 7.27 Beispiel einer beschränkten Entität

Solche Rechte können natürlich auch erweitert werden, z. B. könnte man mehrere Rollen angeben. In diesem Fall würde es jedoch ausreichen, wenn der Benutzer nur eine der definierten Rollen hat (d. h., diese sind miteinander verknüpft).

7.5 Zusammenfassung

In diesem Kapitel haben wir einen ausführlichen Blick auf das SAP Cloud Application Programming Model geworfen. Beginnend mit den Grundlagen, wie man eine Entität definiert, welche Typen verfügbar sind und wie man Primär- und Fremdschlüssel versteht und verwendet, haben wir in den folgenden Abschnitten auch fortgeschrittenere Themen erforscht. Wir haben uns auch angeschaut, wie Übersetzungstabellen implementiert und sofort verwendet werden können. Anschließend haben wir Möglichkeiten zur Validierung von Benutzereingaben erörtert, bevor sie in die Datenbank geschrieben werden.

Weitere wichtige Punkte sind die Integration von benutzerdefinierter Logik und die Implementierung von verschiedenen Berechtigungsprüfungen. Außerdem haben wir anhand eines praktischen Beispiels einen einfachen OData-Dienst mit dem SAP Cloud Application Programming Model installiert und implementiert. Dieser Service könnte natürlich um weitere Funktionalitäten, wie z. B. Berechtigungsprüfungen oder Eingabevalidierungen, erweitert werden.

Zusammenfassend lässt sich sagen, dass es relativ einfach ist, einen OData-Service mit dem SAP Cloud Application Programming Model einzurichten. Die Anwendung ist schnell fertig, man hat früh einen testbaren Status und die Anwendung bleibt schlank.

Nachdem wir uns in diesem und dem vorangegangenen Kapitel mit Technologien beschäftigt haben, die die Entwicklung von OData-Services ermöglichen, werden wir uns in den nächsten Kapiteln mit der Implementierung entsprechender Benutzeroberflächen mit SAPUI5 beschäftigen.

Kapitel 8
Entwicklung von OData-V2-Services mit dem SAP Gateway Service Builder

Mit SEGW-Projekten können wir OData-Services von Grund auf entwickeln. Es ist die Aufgabe von Entwicklern, sich um die Definition der Entitäten und die Implementierung der Geschäftslogik zu kümmern. Im Gegenzug werden sie mit größerer Flexibilität und Freiheit bei der Entwicklung belohnt.

Im *SAP Gateway Service Builder* (Transaktion SEGW) legen Sie die Basis für die Entwicklung von OData-Services. Dieser Ansatz der Entwicklung von OData-Services entspricht einem Pro-Code-Ansatz, denn im Gegensatz zu Frameworks wie dem ABAP RESTful Application Programming Model müssen Sie sich um die Definition der einzelnen Entitäten, deren Eigenschaften und wiederum Datentypen, die Beziehungen zwischen diesen Entitäten und die Implementierung der Geschäftslogik selbst kümmern.

Seit 2011, als SAP auf der SAPPHIRE NOW ankündigte, OData-Services mit dem SAP NetWeaver Gateway (jetzt nur noch SAP Gateway) zu unterstützen und anzubieten, hat sich viel getan. Mit diesem Schritt setzte SAP auf einen etablierten und offenen Standard für die Entwicklung und Definition von Schnittstellen.

OData wurde seitdem als OData V2 und OData V4 weiterentwickelt, wobei beide Versionen im SAP-Umfeld in der breiten Masse verwendet werden. Das Protokoll wurde von Mitgliedern der Organization for the Advancement of Structured Information Standards (OASIS) entwickelt. Seit 2017 ist es von der International Organization for Standardization (ISO) und der International Electrotechnical Commission (IEC) zertifiziert.

In diesem Kapitel werden wir einen OData-Service entwickeln, um Kundendaten aus einer bestehenden Datenbanktabelle zu konsumieren und auch zu bearbeiten. Stellen Sie sich ein Szenario vor, bei dem Sie als Backend-Entwickler gebeten werden, einen OData-Service bereitzustellen, damit die Frontend-Entwickler eine SAP-Fiori-Anwendung bauen können, die die Pflege dieser Kundendaten erlaubt. Die SAP-Fiori-Anwendung kann nicht direkt auf die Datenbanktabelle zugreifen und die Daten somit auch nicht lesen oder manipulieren. Aus diesem Grund müssen wir einen OData-

Service bereitstellen, der die entsprechenden Application Programming Interfaces (APIs) zur Verfügung stellt und die Geschäftslogik im Backend übernimmt.

In Abschnitt 8.1 wird gezeigt, wie man einfache Modelle mit der Transaktion SEGW auf der Grundlage einer Data-Dictionary-Struktur (DDIC) erstellt. Außerdem wird erläutert, wie der erstellte OData-Service aktiviert wird. Abschnitt 8.2 befasst sich mit der Implementierung der Geschäftslogik und stellt die entsprechenden Methoden zum Erstellen, Lesen, Aktualisieren, Löschen und Abfragen (CRUDQ) vor. Schließlich wird in Abschnitt 8.3 gezeigt, dass die Geschäftslogik auch mithilfe der *Service Adaptation Definition Language* (SADL) ausgelagert werden kann.

Inhalte in diesem Kapitel

In diesem Kapitel werden wir uns nur auf die wichtigsten und notwendigsten Themen im Zusammenhang mit OData für die Entwicklung von SAP-Fiori-Anwendungen fokussieren. Das Ziel dieses Kapitels ist es nicht, OData und OData-Services im Detail vorzustellen, sondern grundlegende Informationen über OData zu liefern und Ihnen zu helfen, Einblicke in die Entwicklung mit OData zu gewinnen.

8.1 Servicemodellierung in der Transaktion SEGW

Bevor wir mit der Erstellung eines SEGW-Projekts beginnen, wollen wir sehen, für welche DDIC-Objekte der neue Service zuständig sein wird. Wie in Abbildung 8.1 dargestellt, wollen wir es den Konsumenten ermöglichen, die Tabelle ZCUSTOMER mithilfe eines OData-Service zu pflegen.

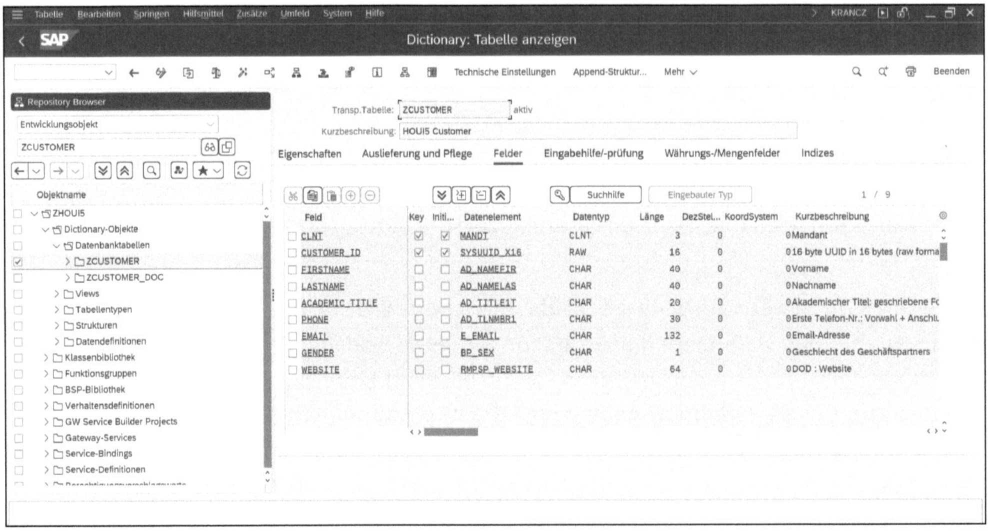

Abbildung 8.1 Datenbanktabelle, in der die Kundendaten gespeichert werden

Diese Tabelle hat neben dem Mandanten eine CUSTOMER_ID als Schlüsselfeld. Dieser eindeutige Bezeichner speichert eine GUID, daher verwenden wir das Datenelement SYSUUID_X16, das im Standard ausgeliefert wird. Alle anderen Felder sind keine Schlüsselfelder und speichern andere Informationen über einen Kunden.

[«]

Globally Unique Identifier (GUID)

Ein Globally Unique Identifier (GUID) ist ein Standard für die Generierung einer bestimmten Zeichenfolge, die sowohl Ziffern als auch Zahlen beinhalten kann. Es ist eine Implementierung vom Universally Unique Identifier (UUID) und wird heutzutage für verschiedenste Einsatzzwecke von den verschiedensten Herstellern verwendet.

Der Vorteil des darunterliegenden Algorithmus für die Generierung dieser Zeichenfolge ist es, dass die Wahrscheinlichkeit für Duplikate bei nahezu null liegt. Wenn wir es ganz genau nehmen wollen, dann liegt die Wahrscheinlichkeit für ein Duplikat, wenn man 103 Billionen Version-4-UUIDs generiert hat, bei eins zu einer Milliarde. Aus diesem Grund werden solche GUIDs gerne auch als Primärschlüssel anstelle von Nummernkreisobjekten im SAP-Umfeld verwendet.

Der Nachteil im Vergleich zu Nummernkreisobjekten ist die Lesbarkeit. Es gibt zwar mehrere Arten und Versionen dieses Standards, jedoch folgen sie immer einer ähnlichen Struktur. Eine Art dieser Zeichenkette wird im 8-4-4-4-12-Format XXXXXXXX-XXXX-XXXX-XXXX-XXXXXXXXXXXX dargestellt. Hier sehen Sie ein Beispiel für ein GUID: c15a92c4-6620-1ede-8c89-0e35852058e7.

Bei den Datenelementen, die im SAP-Standard ausgeliefert werden, gibt es eine Abweichung vom UUID-Standard, nämlich werden im SAP-System die Bindestriche zwischen den Blöcken nicht gespeichert, wie hier beispielhaft gezeigt: C15A92C466201ED E8C890E35852058E7.

Entsprechend der Tabelle haben wir eine Struktur erstellt (siehe Abbildung 8.2). Dieser Schritt wird für uns wichtig sein, denn die Struktur wird die Grundlage unserer Entitäten im Datenmodell des SEGW-Projekts darstellen. Im Laufe dieses Kapitels werden wir Ihnen auch zeigen, welche Vorteile diese Vorgehensweise noch bietet.

In Abschnitt 8.1.1 legen wir ein neues Projekt im SAP Gateway Service Builder an. Abschnitt 8.1.2 beschäftigt sich mit der Definition eines Datenmodells. Wenn ein SEGW-Projekt zum ersten Mal angelegt und generiert wird, wird auch ein OData-Service angelegt. Diesen OData-Service werden wir in Abschnitt 8.1.3 registrieren.

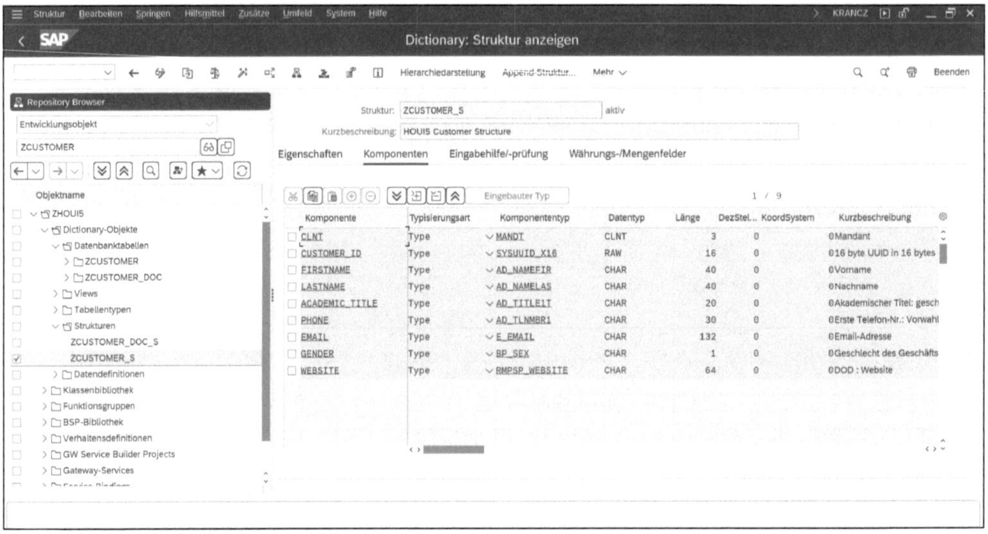

Abbildung 8.2 Struktur, die als Grundlage für die Definition des Datenmodells dient

8.1.1 SEGW-Projekt erstellen

Mit diesen Vorbereitungen und Grundkenntnissen können wir beginnen, ein neues SEGW-Projekt anzulegen. Dazu wechseln wir über die Transaktion SEGW in den *SAP Gateway Service Builder* (siehe Abbildung 8.3). In der Transaktion legen wir ein neues Projekt an, indem wir auf den Button [ ] (**Projekt anlegen**) klicken.

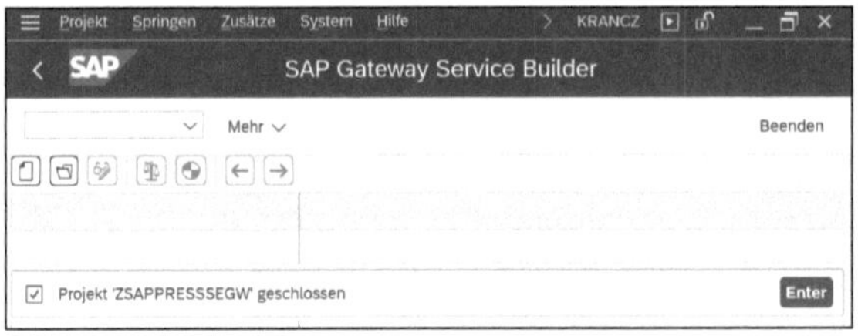

Abbildung 8.3 SAP Gateway Service Builder

Wie in Abbildung 8.4 dargestellt, müssen Sie beim Anlegen eines neuen SEGW-Projekts die folgenden Informationen angeben:

❶ **Projekt**

Dies ist der Name des SEGW-Projekts. Unter diesem Namen können Sie und Ihre Kollegen auch später noch auf das Projekt zugreifen. Starten Sie entweder mit Z oder Y bzw. mit Ihrem Namensraum.

❷ **Beschreibung**

Dies ist eine kurze Beschreibung dessen, was Sie in diesem Projekt implementieren werden.

❸ Projekttyp

Dies ist der Typ für das SEGW-Projekt. Sie können auch OData-V4-Services erstellen, die wir jedoch nicht betrachten werden.

❹ Paket

Dieses Entwicklungspaket enthält die Projektdefinition, die Servicedefinition und die entsprechenden Klassen, die im späteren Verlauf angelegt werden.

❺ Verantwortlicher

Dies ist der SAP-Benutzer, der für dieses SEGW-Projekt verantwortlich ist. Standardmäßig ist der Ersteller (sy-uname) vorausgefüllt.

Abbildung 8.4 Neues Projekt anlegen

Sobald Sie diesen Wizard durch Klicken auf das Icon ✓ (**Ausführen**) verlassen, werden Sie aufgefordert, einen entsprechenden Transportauftrag auszuwählen.

Wie Sie in Abbildung 8.5 sehen können, ist das leere SEGW-Projekt nun erstellt. Jetzt können Sie mit dem Aufbau des Datenmodells und der Definition der entsprechenden Entitäten und Entitätsmengen beginnen.

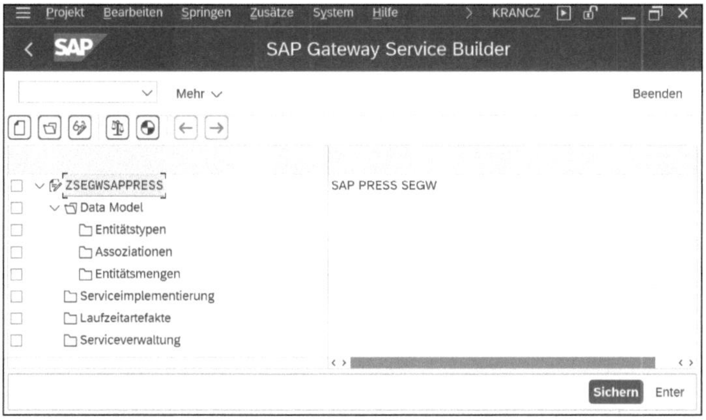

Abbildung 8.5 Neues leeres SEGW-Projekt erstellt

8.1.2 Datenmodellierung vornehmen

Nun ist es an der Zeit, unser erstes Datenmodell zu definieren. Unter *Datenmodell* verstehen wir die Entwicklung von Entitäten und Entitätsmengen mit all ihren Attributen und Navigationseigenschaften. Obwohl wir alles Schritt für Schritt manuell erstellen könnten, wollen wir Datenmodelle auf der Grundlage bereits vorhandener DDIC-Objekte erstellen, wie z. B. der Struktur, die wir bereits mit den entsprechenden Namen und Datenelementen vorbereitet haben (siehe Abbildung 8.2). Deshalb öffnen wir das Kontextmenü auf der Ebene des Datenmodells und wählen **Importieren • ABAP-Dictionary-Struktur** (siehe Abbildung 8.6).

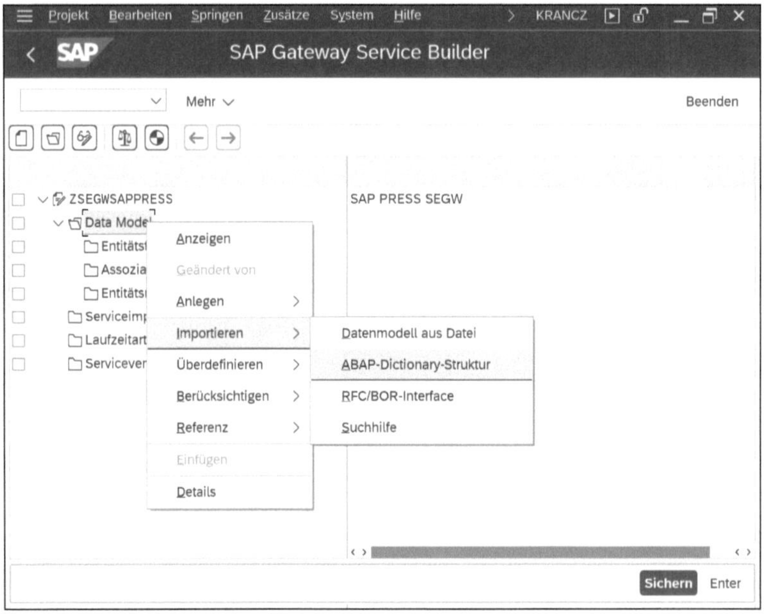

Abbildung 8.6 Datenmodell basierend auf einer DDIC-Struktur importieren

In dem sich öffnenden Dialogfeld geben Sie Folgendes ein (siehe Abbildung 8.7):

❶ **Name**

Name des Entitätstyps, der auf der Grundlage einer Struktur angelegt werden soll.

❷ **ABAP-Struktur**

Name der Struktur, die als Grundlage für die Anlage verwendet werden soll.

❸ **Standard-Entitätsmenge anlegen**

Geben Sie an, ob nur ein Entitätstyp oder auch eine zugehörige Entitätsmenge angelegt werden soll.

Klicken Sie auf **Weiter**, um mit dem nächsten Schritt fortzufahren.

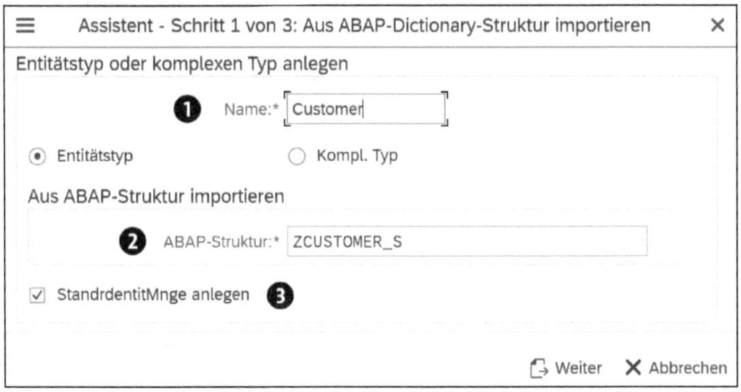

Abbildung 8.7 Schritt 1 von 3 aus ABAP-Dictionary-Struktur importieren

Im zweiten Schritt des Imports wählen Sie die Eigenschaften aus, die aus der Struktur importiert werden sollen. In der Regel wählen Sie alle Eigenschaften aus, die Sie im entsprechenden Entitätstyp haben möchten, jedoch ohne den Mandanten. Der Mandant wird implizit in der zugrunde liegenden Geschäftslogik hinzugefügt und nicht auf der Ebene des zu erstellenden OData-Service betrachtet. Dieser Schritt ist in Abbildung 8.8 dargestellt. Nachdem Sie die gewünschten Eigenschaften hinzugefügt haben, klicken Sie auf **Weiter**, um zum dritten und letzten Schritt zu gelangen.

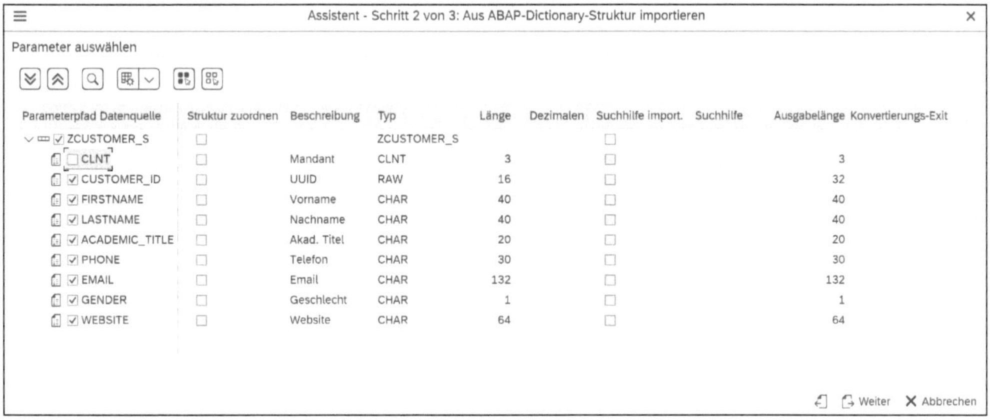

Abbildung 8.8 Schritt 2 von 3 aus ABAP-Dictionary-Struktur importieren

Im dritten und letzten Schritt wählen Sie die Felder aus, die als Schlüsselfelder im Entitätstyp dienen sollen. Abbildung 8.9 zeigt, dass in diesem Fall CUSTOMER_ID ausgewählt ist. Außerdem können Sie in der Spalte **Name** sehen, welche Namen die Felder des Entitätstyps erhalten sollen. Wie Sie sehen können, werden auch für die anderen Eigenschaften Vorschläge gemacht. Schließen Sie den Assistenten mit **Fertig stellen** ab.

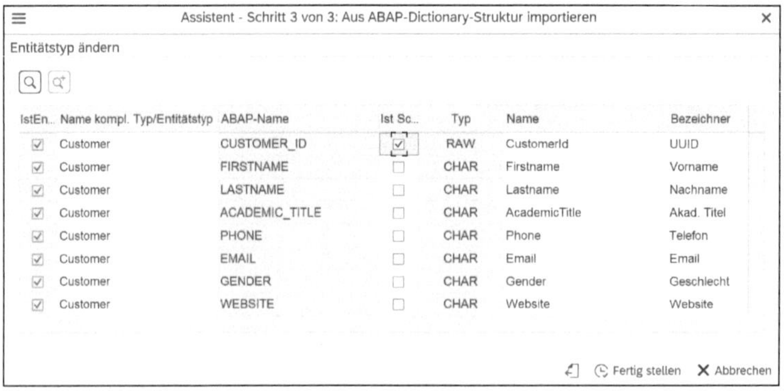

Abbildung 8.9 Schritt 3 von 3 aus ABAP-Dictionary-Struktur importieren

Durch diesen Import wurden sowohl ein Entitätstyp als auch eine Entitätsmenge erstellt. Außerdem können Sie in Abbildung 8.10 sehen, dass die CRUDQ-Methoden unter **Serviceimplementierung** für die Entitätsmenge aufgeführt sind.

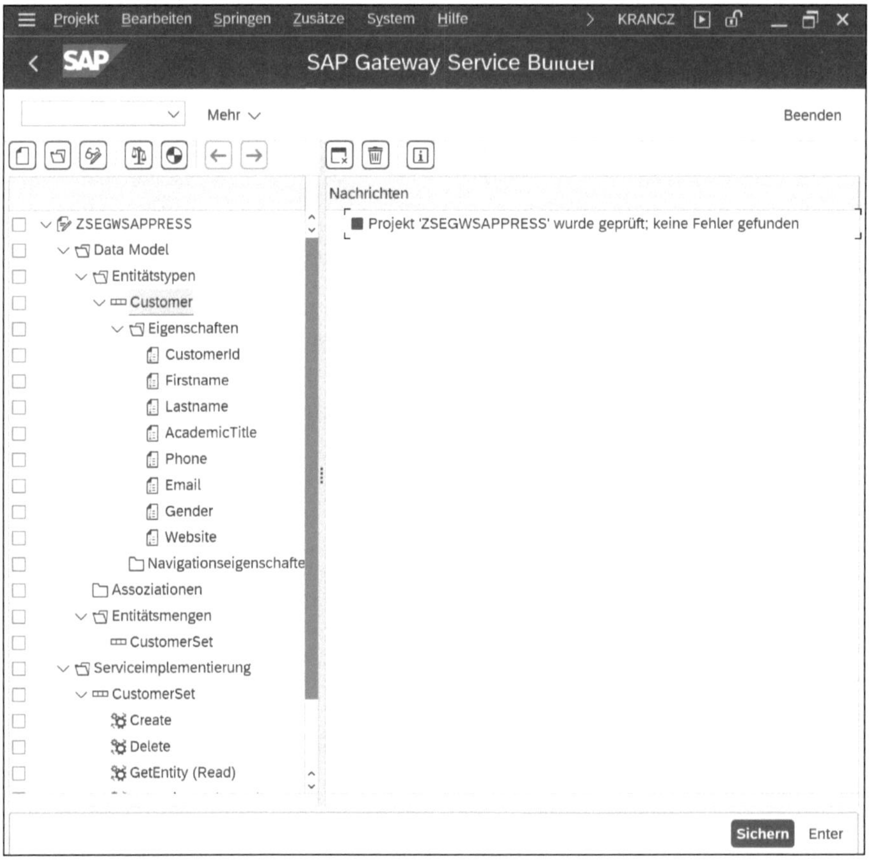

Abbildung 8.10 Entitätstyp, -menge und die Serviceimplementierungen wurden angelegt.

Was es mit diesen Serviceimplementierungen auf sich hat und welche Möglichkeiten Sie als Entwickler an dieser Stelle haben, werden wir am Ende von Abschnitt 8.3, »SADL-basierte OData-Services«, erläutern.

Wenn Sie die Attribute eines Entitätstyps überprüfen wollen, können Sie die einzelnen Einträge im Datenmodell aufklappen und auf den Ordnerpfad **Eigenschaften** klicken (siehe Abbildung 8.11). Hier werden nochmals alle Attribute aufgelistet, sodass Sie Ihre Änderungen vornehmen können. Sie können die Schlüsselbedingungen ändern, Namen und Bezeichnungen austauschen oder über die Kontrollkästchen Metadateninformationen einstellen. Die Metadateninformationen geben den Konsumenten Aufschluss darüber, welche Eigenschaften beim Anlegen mitgesendet werden sollten (**Anlegbar**), welche aktualisierbar sind (**Aktualisierbar**) oder ob auf die Eigenschaften Filter- oder Sortierkriterien angewendet werden dürfen (**Filterbar** und **Sortierbar**). Mit **Nullwerte möglich** definieren wir, ob ein Feld explizit null sein darf oder immer einen Wert gesetzt haben muss.

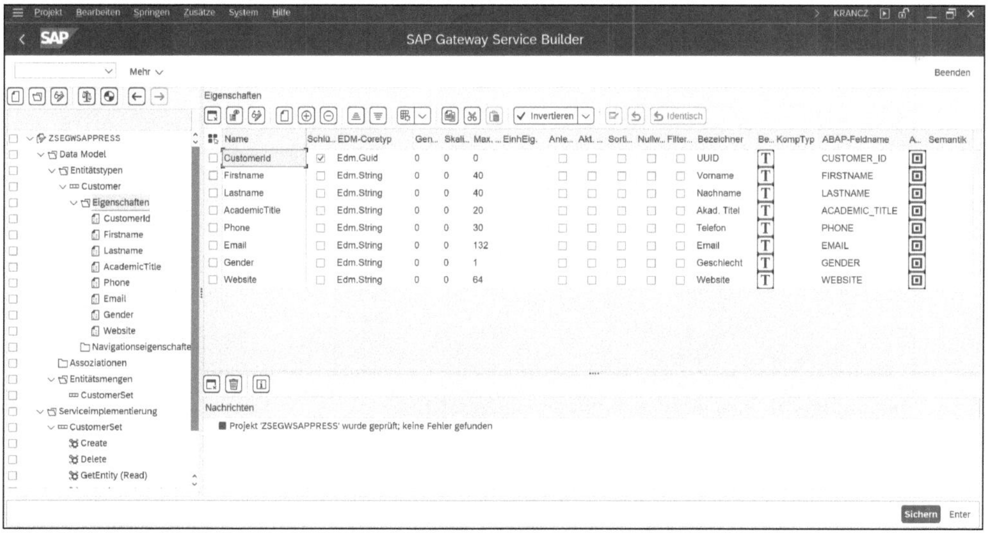

Abbildung 8.11 Eigenschaften vom angelegten Entitätstyp Customer

[+]

Bei Datumsfeldern und Uhrzeiten Nullwerte erlauben

Wir empfehlen Ihnen, wenn Sie Datumsfelder oder Uhrzeiten in Ihren Entitätstypen haben, bei diesen sicherheitshalber Nullwerte zu erlauben, sprich das Häkchen in der entsprechenden Spalte zu setzen. Das wäre eine Sicherheitsmaßnahme, wenn Sie nicht zweifelsfrei bestätigen können, dass die Felder immer einen Wert gesetzt haben. Setzen Sie das Häkchen nicht und die Daten sind beim Konsumieren doch null, so werden Sie beim Konsumieren des OData-Service auf einen Fehler laufen.

Auch wenn wir das Projekt bereits mehrmals gespeichert haben, kann es noch nicht produktiv genutzt werden. Klicken Sie auf das Icon (**Projektkonsistenz prüfen**), um das Projekt auf Warnungen und Fehler zu überprüfen. Daneben finden Sie das Icon (**Laufzeitobjekte generieren**). Klicken Sie auf dieses Icon, um die entsprechenden Laufzeitartefakte zu erzeugen. Diese Artefakte sind die Klassen, die die Implementierungen und Metadaten sowie die Serviceregistrierung enthalten. Diese Generierung, bei der Sie auch die Namen der einzelnen Artefakte anpassen können, ist in Abbildung 8.12 dargestellt.

Abbildung 8.12 Initiale Erstellung der Laufzeitartefakte

Dass die Laufzeitartefakte generiert wurden, sehen Sie auch in Abbildung 8.13 unter dem Eintrag **Laufzeitartefakte** in der Transaktion SEGW. Klicken Sie mit der rechten Maustaste auf eines dieser Objekte, um direkt zu den Artefakten in den ABAP Workbench zu springen. Natürlich können Sie auch den gewohnten Weg über die Paket- oder Entwicklungsobjektsuche in der ABAP Workbench vornehmen.

Nachträgliche Änderungen am Datenmodell resultiert in erneuter Generierung der Laufzeitartefakte

In diesem Fall wurden die Laufzeitobjekte erstmalig mit dem Stand erstellt, der gerade im SEGW-Projekt vorliegt. Sollten Sie nachträgliche Änderungen vornehmen, wie z. B. die Namen der Entitätstypen oder -mengen ändern oder die Anpassung der Eigenschaften und der Beziehungen zwischen den Entitäten, so müssen Sie die Laufzeitartefakte jedes Mal neu generieren lassen. Tun Sie dies nicht, werden die Änderungen zwar im SEGW-Projekt gemacht und gespeichert, jedoch werden diese nicht in die Servicedefinition übernommen, was zur Folge hat, dass der Konsument von diesen Änderungen ebenfalls nicht profitieren kann.

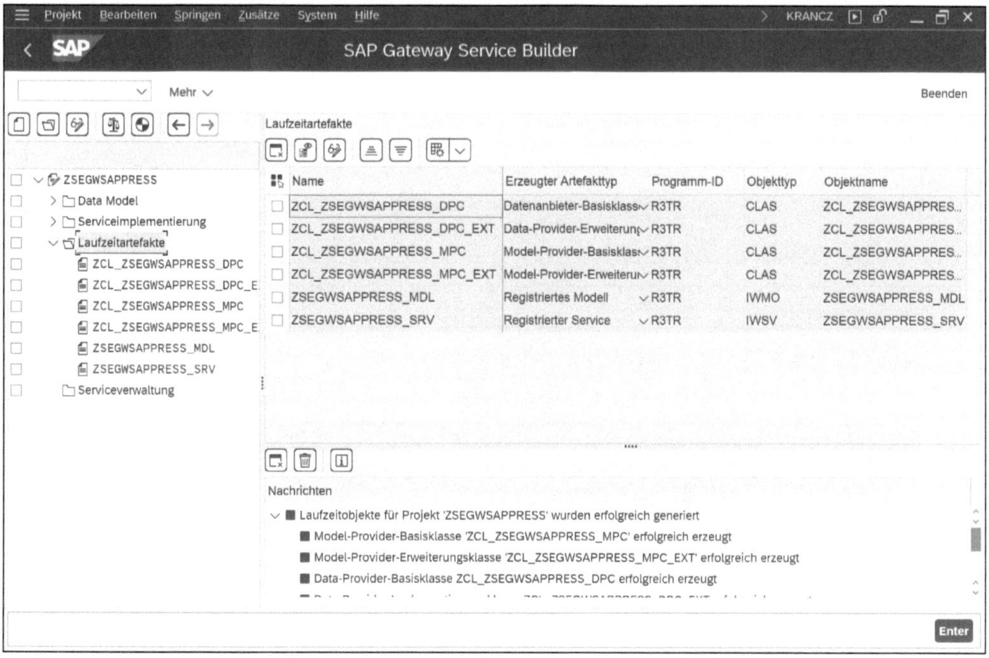

Abbildung 8.13 Laufzeitartefakte wurden generiert.

8.1.3 OData-Service registrieren

Die Erstellung des SEGW-Projekts und die Generierung der Laufzeitartefakte nützen dem Konsumenten noch nichts. Zunächst muss der erstellte OData-Service in der *Service Maintenance* (Transaktion /IWFND/MAINT_SERVICE) aktiviert werden. Diese Transaktion ist in Abbildung 8.14 zu sehen. Hier können Sie mit einem Klick auf **Service hinzufügen** in ein weiteres Fenster wechseln, in dem die noch nicht aktivierten OData-Services ausgewählt und explizit aktiviert werden können.

In diesem Fenster können Sie die Suche im oberen Bereich einschränken und nach dem erstellten Service suchen. Wie Sie bereits wissen, wurde dieser Service bei der Generierung der Laufzeitartefakte erstellt. Abbildung 8.15 zeigt, dass der Service gefunden wurde, und kann nun durch Klicken auf den Button **Ausgewählte Services hinzufügn** aktiviert werden kann.

Abbildung 8.14 Services aktivieren und verwalten

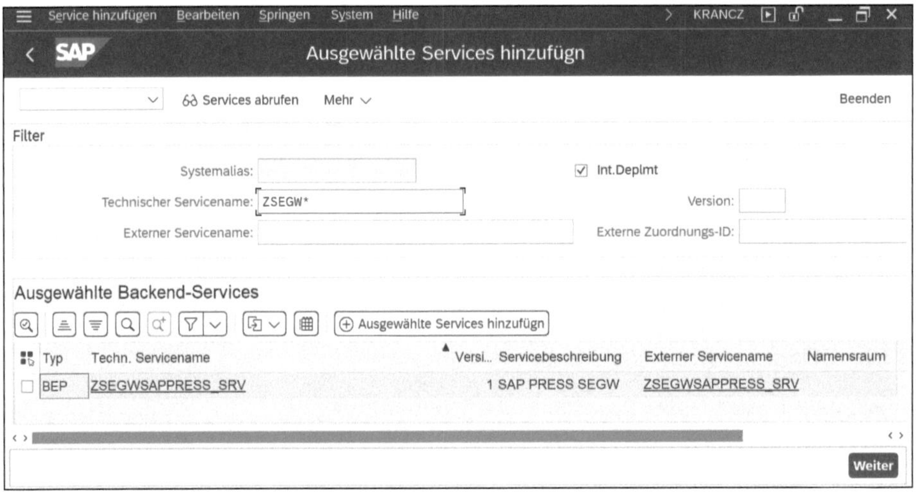

Abbildung 8.15 Service hinzufügen und publizieren

[»]

Systemalias gegenüber Int. Deployment bei der Bereitstellung

Wenn Sie noch ein *Hub Deployment* im Einsatz haben (d. h., Frontend- und Backend-Server sind zwei verschiedene Systeme), müssen Sie den **Systemalias** auswählen, der auf das Zielsystem zeigt, in dem Sie das SEGW-Projekt angelegt haben.

Wenn Sie bereits ein *Embedded Deployment* haben (d. h., Frontend und Backend befinden sich auf demselben System), können Sie anstelle des Systemalias LOCAL auch die Checkbox **Int. Deployment** wählen. Diese Checkbox besagt, dass der Service auf demselben System aufgelöst und nach der Geschäftslogik gesucht werden soll. Für ein Embedded Deployment, wie es standardmäßig bei SAP-S/4HANA-Systemen vorzufinden ist, empfiehlt SAP ebenfalls die Verwendung des integrierten Deployments.

Während der Aktivierung erscheint ein Dialog, in dem Sie gefragt werden, wie der technischer Servicename dieses OData-Service lauten soll (siehe Abbildung 8.16). Sie können auch einen anderen Namen verwenden, wenn Sie dies wünschen. Beim Speichern werden Sie ebenfalls nach einem Transportauftrag gefragt, um die Erstellung dieser Artefakte auf einen Folgesystem weitertransportieren zu können.

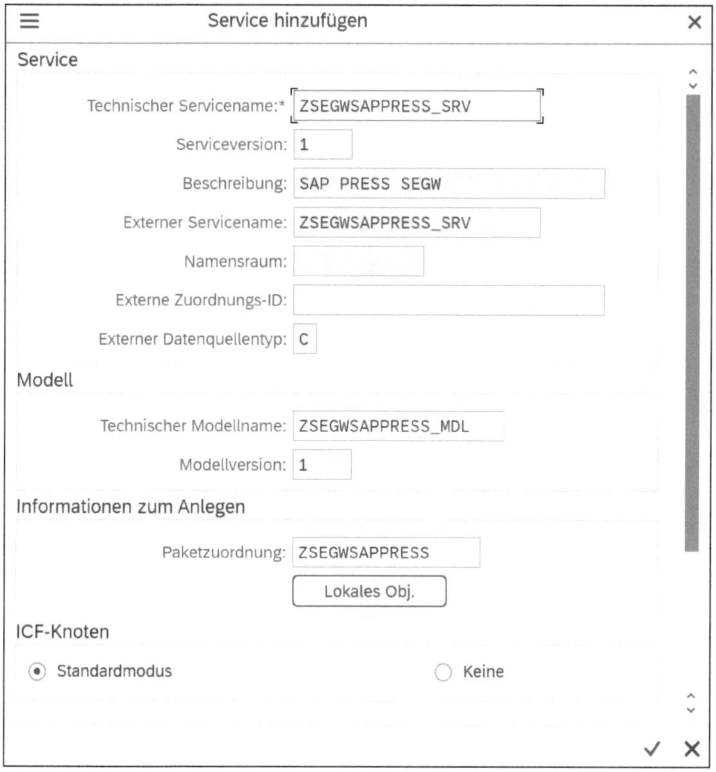

Abbildung 8.16 Details bei der Aktivierung des Service

Nun können wir zurück zur Liste wechseln und eine Aktualisierung durchführen. In Abbildung 8.17 sehen Sie den zuvor aktivierten OData-Service in der Liste. Sobald der Service ausgewählt ist, sehen Sie den Verweis auf den aktivierten ICF-Knoten am unteren Rand. Wenn Sie bei der Aktivierung nicht **Int. Deployment** ausgewählt haben, können Sie unten rechts einen oder mehrere Systemaliase einsehen und hinterlegen.

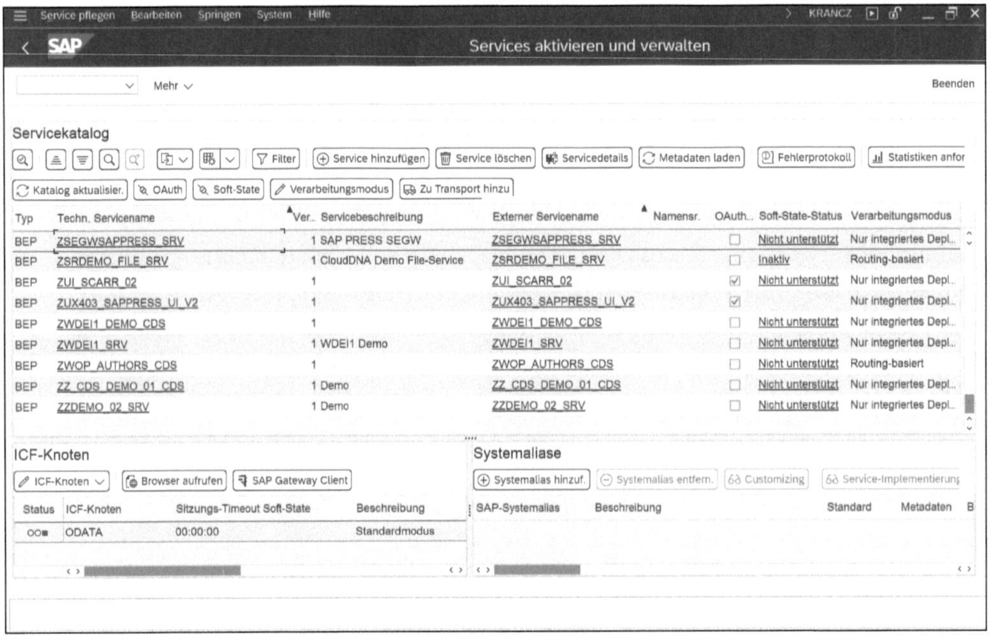

Abbildung 8.17 Service ist nun aktiviert und kann in der Service Maintenance eingesehen und bearbeitet werden.

[!]

Aktivierung des ICF-Knotens wird nicht transportiert.

Vergessen Sie nicht die Tatsache, dass zwar die Serviceregistrierung aus dem Service Maintenance transportiert wird, jedoch nicht die Aktivierung des entsprechenden ICF-Knotens. So müssen Sie, sobald Sie den OData-Service erstmalig zu einem anderen System transportiert haben, in die Transaktion SICF einsteigen, den Knoten des OData-Service suchen und diesen manuell aktivieren. Die OData-V2-Services finden Sie standardmäßig unter dem Knoten /sap/opu/odata und weiterführend /sap, wenn Sie keinen eigenen Namensraum verwendet haben. Haben Sie einen eigenen Namensraum im Einsatz, so wird unter dem Knoten /odata der entsprechende Name zu sehen sein.

Dieser OData-Service kann entweder mit einem *REST-Client* eines Drittanbieters oder mit dem *SAP Gateway Client* (Transaktion /IWFND/GW_CLIENT) getestet werden. Um diese Transaktion direkt mit der korrekten URI zum entsprechenden OData-Service zu öffnen, können Sie unten auf den Button **SAP Gateway Client** klicken.

Ein Klick auf diesen Button öffnet die entsprechende Transaktion mit der korrekten Request URI zu unserem neu erstellten und aktivierten OData-Service (siehe Abbildung 8.18). Wir werden im Laufe dieses Kapitels noch mehrmals auf diese Transaktion zurückkommen und den OData-Service Schritt für Schritt testen.

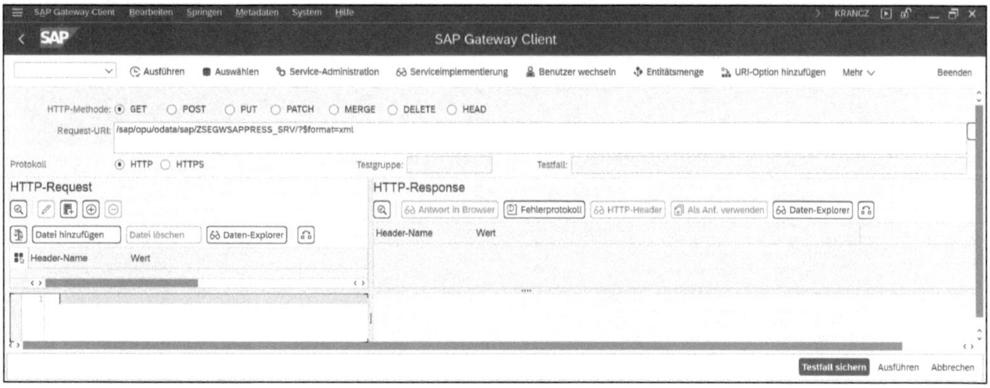

Abbildung 8.18 SAP Gateway Client zum Testen der OData-Services

8.2 Create, Read, Update, Delete und Query

Nachdem das Projekt angelegt, der OData-Service aktiviert und der SAP Gateway Client gestartet wurden, können wir nun Schritt für Schritt die CRUDQ-Methoden in SE80 oder in Eclipse mit den ADT implementieren. Die CRUDQ-Methoden – Create, Read, Update, Delete, Query – können über HTTP-Aufrufe, einschließlich der entsprechenden HTTP-Methode, aufgerufen werden. Diese fünf Methoden gibt es immer pro Entitätsmenge in einem OData-Service. Ob sie jedoch alle ausprogrammiert und somit verfügbar sind, liegt beim Backend-Entwickler. Sobald eine Anfrage eingeht, versucht der OData-Service, die entsprechende Geschäftslogik in der jeweiligen Methode aufzurufen. In den folgenden Abschnitten werden wir diese Logik in ABAP implementieren und festlegen, was bei den einzelnen Aufrufen unseres OData-Service geschehen soll. Wir werden auch die Implementierung von Assoziationen besprechen.

8.2.1 Read/Query

Sollen Daten gelesen werden, spricht man von *Read* und *Query*. In diesem Fall erfolgt ein Aufruf an den OData-Service mit der HTTP-Methode `GET`. Mit Read lesen Sie nur einen einzelnen Datensatz, wobei der Primärschlüssel der Entität angegeben werden muss. Mit Query wollen Konsumenten eine Liste von Daten erhalten, bei der Sortierung, Filterung und Paginierung eine große Rolle spielen können.

Beginnen wir damit, die richtige Methode für diese Abfragen zu finden. Wechseln wir dazu in das Entwicklungspaket in der ABAP Workbench (Transaktion SE80) oder öffnen wir das Paket mithilfe der ADT in Eclipse, in dem auch die Laufzeitartefakte angelegt wurden (siehe Abbildung 8.19). In diesem Paket sehen wir vier neue Klassen seit der Generierung. Die *Model-Provider-Klassen* (engl. Model Provider Classes, kurz MPCs) enthalten die Logik für den Modellaufbau und die Definition der Metadaten.

Die *Data-Provider-Klasse* (engl. Data Provider Class, kurz DPC) enthält die Geschäftslogik, wie z. B. die CRUDQ-Methoden.

Abbildung 8.19 Klassen, die bei der Generierung der Laufzeitartefakte angelegt wurden

[»]

Eigenentwicklungen kommen in die *_EXT-Klassen

Wenn Sie geerbte Methoden anpassen wollen, ist es wichtig, dass Sie dies nicht in der DPC und der MPC tun, sondern in DPC_EXT und MPC_EXT. Die DPC und MPC werden bei jeder Generierung der Laufzeitartefakte in der Transaktion SEGW überschrieben. Nur die *_EXT bleiben erhalten und somit auch Ihre Entwicklungen.

Um nun die Geschäftslogik zu implementieren, wechseln wir in die Klasse DPC_EXT und schauen uns die geerbten Methoden an (siehe Abbildung 8.20).

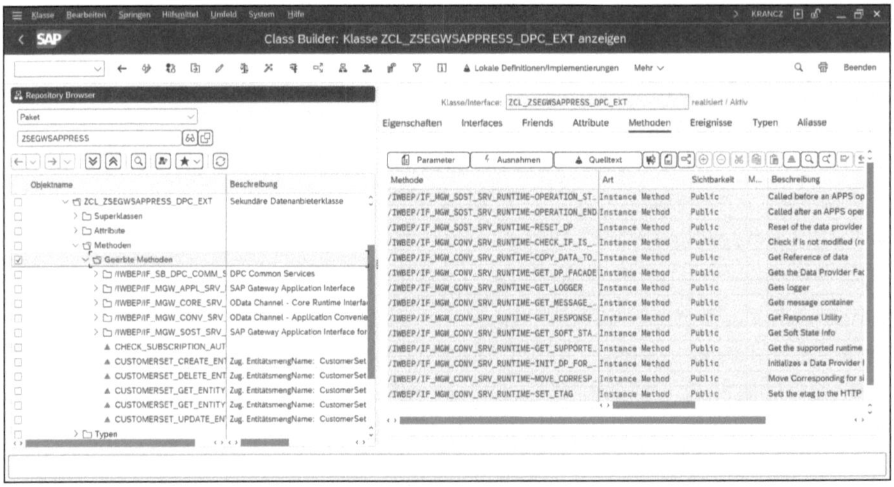

Abbildung 8.20 Geerbte Methoden je Entitätsmenge

Hier sehen wir, dass für jede Entitätsmenge fünf Methoden erstellt wurden. Diese fünf Methoden entsprechen den CRUDQ-Methoden, die von Konsumenten des OData-Service aufgerufen werden können.

Um die Query-Methode zu implementieren, definieren wir die Methode `GET_ENTITYSET` neu, indem wir sie mit der rechten Maustaste anklicken und im Kontextmenü **Redefinieren** wählen (siehe Abbildung 8.21).

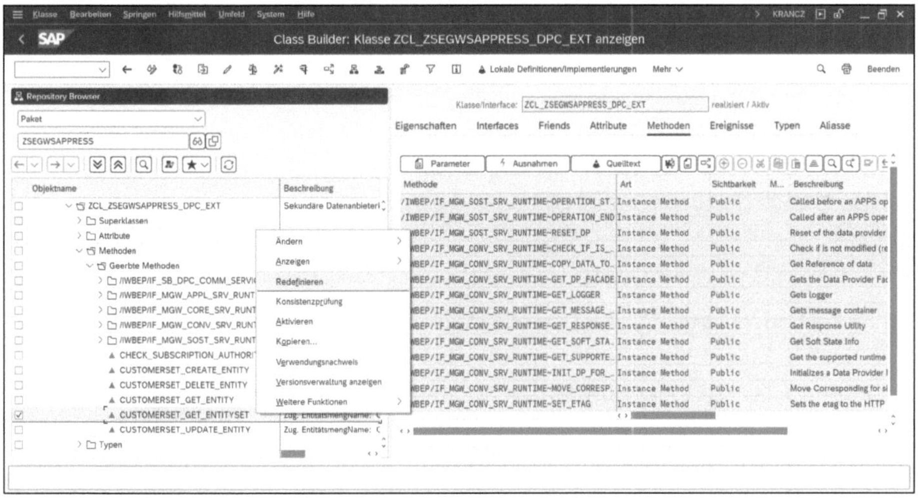

Abbildung 8.21 Redefinieren der geerbten Methoden

In der Redefinition können wir die Methode implementieren und die entsprechende Funktionalität mit unserer eigenen ABAP-Logik versehen. In der Methodensignatur, gezeigt in Abbildung 8.22, werden auch die verfügbaren Parameter angezeigt.

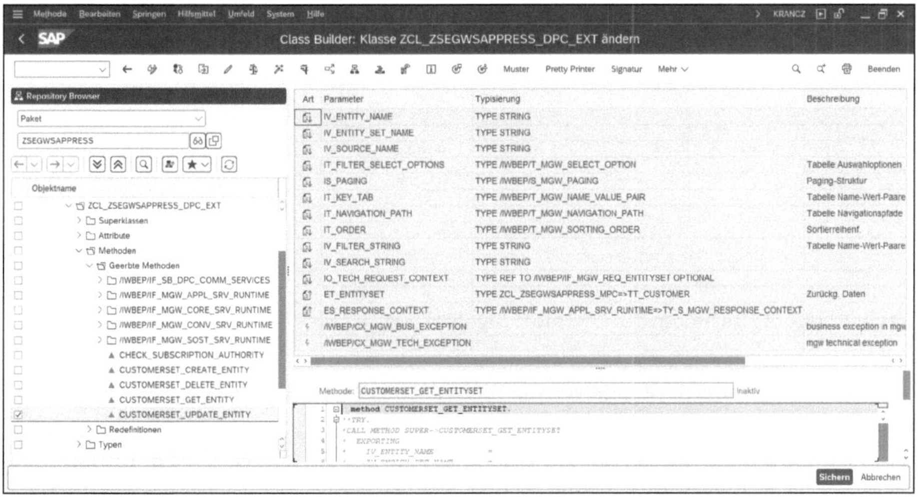

Abbildung 8.22 Anfrage- und Antwortparameter aus der Signatur entnehmen

Auf einige dieser Parameter werden wir später noch näher eingehen, aber wir beginnen mit dem Parameter ET_ENTITYSET. Über diesen Parameter geben wir die angeforderten Daten an den Konsumenten zurück. Alles, was wir in diesen Parameter schreiben, erhält der Konsument also als HTTP-Body in der Antwort auf seine GET-Anfrage zurück.

Beginnen wir mit einer kurzen, hartcodierten Logik. Wir erstellen eine dem Parameter ET_ENTITYSET entsprechende Zeile und füllen sie mit Beispieldaten, bevor wir sie wieder in den Parameter ET_ENTITYSET schreiben. Diese Logik ist in Listing 8.1 zu sehen.

```
METHOD customerdocument_get_entityset.
  DATA: ls_customerLIKE LINE OF et_entityset.
  ls_customer-firstname = 'Daniel'.
  APPEND ls_customer TO et_entityset.
ENDMETHOD customerdocument_get_entityset.
```

Listing 8.1 Hartcodierte Logik für Demonstrationszwecke

Abbildung 8.23 zeigt diese ABAP-Implementierung, die wir der Methode in der ABAP Workbench hinzugefügt haben.

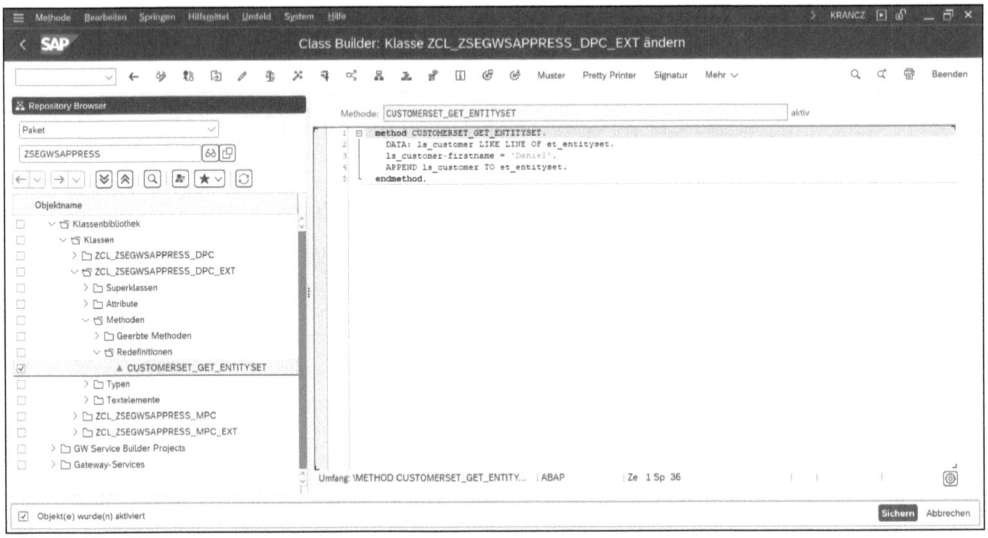

Abbildung 8.23 Statische Implementierung der Leseoperation

Nachdem wir einen hardcodierten Beispieldatensatz in diesen Parameter geschrieben haben, wechseln wir zurück zum SAP Gateway Client und senden einen Aufruf an den OData-Service. Im SAP Gateway Client können Sie den Button **Entitätsmenge** (siehe Abbildung 8.24) verwenden, um zwischen den möglichen Entitätsmengen (engl. Entity-Sets) in diesem OData-Service zu wählen. Sie können die Namen der Entity-Sets auch selbst in den **Request URI** schreiben, wenn Sie möchten. Nichts anderes passiert auch, wenn Sie die zuvor genannte Wertehilfe nutzen.

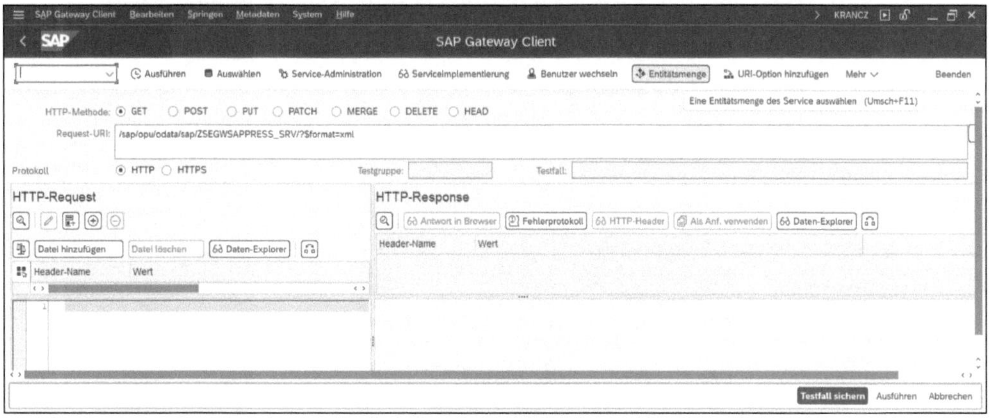

Abbildung 8.24 Wertehilfe, die die verfügbaren Entitätsmengen aus der Servicedefinition extrahiert und zur Verfügung stellt

Wie Sie in Abbildung 8.25 sehen können, ist in unserem Fall ein Entity-Set namens `CustomerSet` verfügbar.

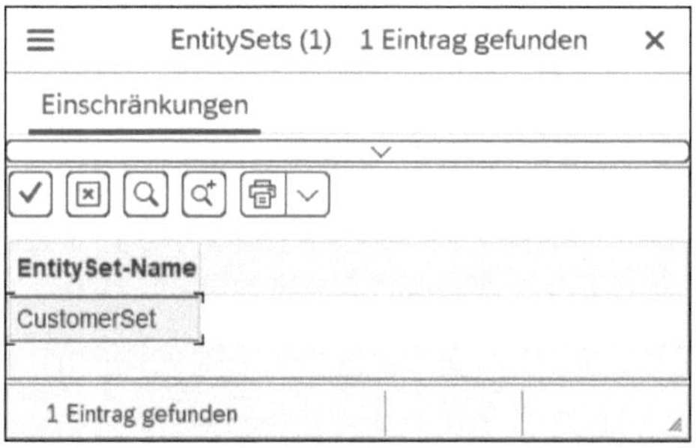

Abbildung 8.25 Zuvor angelegte Entität und das zugehörige Entity-Set

Durch die Auswahl des Entity-Sets wird uns die Arbeit der Zusammenstellung des Request-URIs abgenommen (siehe Abbildung 8.26). Als HTTP-Methode haben wir **GET** ausgewählt und können die Anfrage mit **Ausführen** auslösen. Sie sehen, dass wir eine XML-Antwort vom OData-Service als Body zurückerhalten. Diese Antwort enthält die von der Methode `GET_ENTITYSET` zurückgegebenen Daten im Parameter `ET_ENTITYSET`. Es gibt also einen Eintrag in dieser Liste für uns, nämlich den von uns zurückgegebenen hartcodierten Datensatz.

Passen wir nun die Methode `GET_ENTITYSET` erneut an und implementieren die Leseoperation. Diese Methode empfängt, sortiert und filtert Bedingungen und gibt einen entsprechenden ABAP-SQL-Befehl auf die Tabelle aus. Wir geben die vom Lesebefehl zurückgegebenen Daten zurück, genau wie in unserem hartcodierten Beispiel. In Listing 8.2 sehen Sie das entsprechende Coding dafür. Wir haben diesen Code mit Kommentaren versehen, damit Sie die einzelnen Passagen besser lesen können.

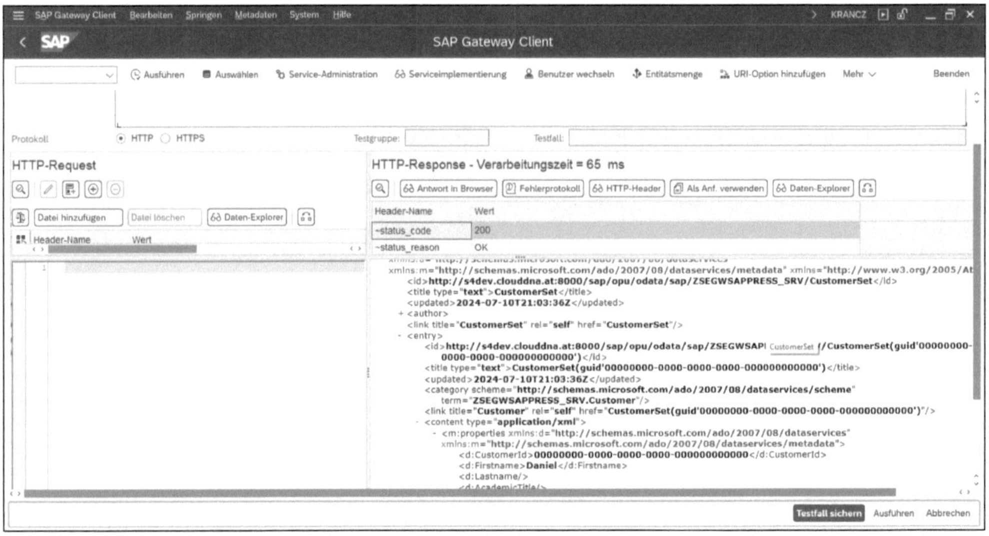

Abbildung 8.26 Auslösen des GET-Requests, um die Methode GET_ENTITYSET zu triggern

```
method CUSTOMERSET_GET_ENTITYSET.
"Ranges zum Sammeln aller Filter, die Teil des Requests sein könnten.
     DATA: lra_first   TYPE RANGE OF ad_namefir,  "range table
           wa_first    LIKE LINE OF lra_first,
           lra_last    TYPE RANGE OF ad_namelas,  "range table
           wa_last     LIKE LINE OF lra_last,
           lra_email   TYPE RANGE OF e_email,  "range table
           wa_email    LIKE LINE OF lra_email,
           lra_gender  TYPE RANGE OF bp_sex,  "range table
           wa_gender   LIKE LINE OF lra_gender,
           lv_order_by TYPE string.
"Zugriff auf Query-Parameter wie Sorter und Filter, die Teil der Anfrage sind.
     DATA(lr_filter) = io_tech_request_context->get_filter( ).
     DATA(lt_filter_select_options) = lr_filter->get_filter_select_options( ).
     DATA(lt_order_by) = io_tech_request_context->get_orderby( ).
"Wenn es Filter gibt, in einer Schleife über alle Filter iterieren und in die
Ranges schreiben.
    LOOP AT lt_filter_select_options INTO DATA(ls_filter_select_options).
"Wenn ein Filter für die Eigenschaft FIRSTNAME als Anfrage gesendet wurde,
behandeln wir diese Anfrage im folgenden IF.
```

```
      IF ls_filter_select_options-property EQ 'FIRSTNAME'.
        LOOP AT ls_filter_select_options-select_options
            INTO DATA(ls_select_option).
          wa_first-sign = ls_select_option-sign.
          wa_first-option = ls_select_option-option.
          wa_first-low = ls_select_option-low.
          wa_first-high = ls_select_option-high.
          APPEND wa_first TO lra_first.
        ENDLOOP.
      ELSEIF ls_filter_select_options-property EQ 'LASTNAME'.
        LOOP AT ls_filter_select_options-select_options
            INTO ls_select_option.
          wa_last-sign = ls_select_option-sign.
          wa_last-option = ls_select_option-option.
          wa_last-low = ls_select_option-low.
          wa_last-high = ls_select_option-high.
          APPEND wa_last TO lra_last.
        ENDLOOP.
      ELSEIF ls_filter_select_options-property EQ 'EMAIL'.
        LOOP AT ls_filter_select_options-select_options
            INTO ls_select_option.
          wa_email-sign = ls_select_option-sign.
          wa_email-option = ls_select_option-option.
          wa_email-low = ls_select_option-low.
          wa_email-high = ls_select_option-high.
          APPEND wa_email TO lra_email.
        ENDLOOP.
      ELSEIF ls_filter_select_options-property EQ 'GENDER'.
        LOOP AT ls_filter_select_options-select_options
            INTO ls_select_option.
          wa_gender-sign = ls_select_option-sign.
          wa_gender-option = ls_select_option-option.
          wa_gender-low = ls_select_option-low.
          wa_gender-high = ls_select_option-high.
          APPEND wa_gender TO lra_gender.
        ENDLOOP.
      ENDIF.
    ENDLOOP.
"Extrahieren Sie die Query-Parameter für die Sortierung.
    LOOP AT lt_order_by INTO DATA(ls_order_by).
       lv_order_by = |{ lv_order_by } { ls_order_by-property }|.
      IF ls_order_by-order = 'asc'.
         lv_order_by = |{ lv_order_by } ASCENDING|.
```

```
          ELSEIF ls_order_by-order = 'desc'.
            lv_order_by = |{ lv_order_by } DESCENDING|.
          ENDIF.
        ENDLOOP.
"Führen Sie den Select auf die Datenbanktabelle unter Verwendung der
extrahierten zusätzlichen Parameter durch.
      SELECT * FROM zcustomer INTO TABLE @DATA(lt_customers)
        WHERE lastname IN @lra_last
          AND firstname IN @lra_first
          AND gender IN @lra_gender
          AND email IN @lra_email
        ORDER BY (lv_order_by).
"Weisen Sie die interne Tabelle dem Parameter ET_ENTITYSET zu. Diese Daten
werden an den Consumer zurückgeschickt, der die Daten angefordert hat.
      et_entityset = lt_customers.
    endmethod.
```

Listing 8.2 ABAP-Coding für die GET_ENTITYSET-Methode

Wenn wir die `read`-Operation im SAP Gateway Client erneut ausführen, sehen wir, dass eine Liste von Daten zurückgegeben wird (siehe Abbildung 8.27). Das liegt daran, dass wir die Daten bereits über einen Maintenance-View direkt in die Tabelle geschrieben haben. Ohne diesen Schritt hätte unsere Anfrage natürlich keine Daten zurückgegeben. Viel wichtiger ist die Tatsache, dass Daten zurückgegeben werden, die tatsächlich in unserer Datenbanktabelle persistiert sind.

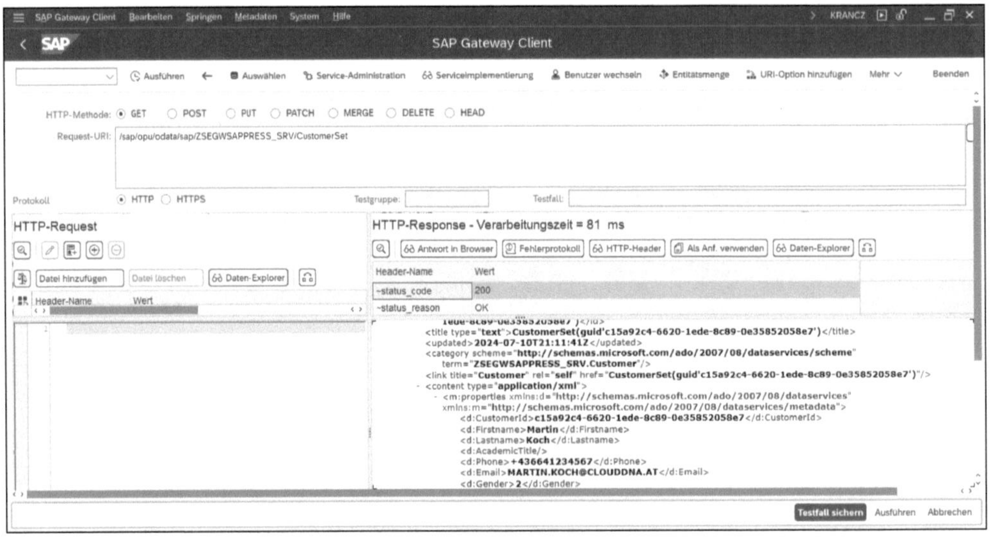

Abbildung 8.27 Der Aufruf liefert nun die tatsächlichen Daten aus unserer Datenbanktabelle zurück.

Aus Kapitel 3, »Einführung in OData«, wissen Sie bereits, dass Sie den Primärschlüssel oder die zusammengesetzten Primärschlüssel in den Klammern des Entity-Sets angeben können, um einen einzelnen Datensatz abzufragen. Wir können dies auch ausprobieren, indem wir den Primärschlüssel des Kunden zwischen die Klammern schreiben und erneut eine GET-Anfrage auslösen. In Abbildung 8.28 sehen Sie, dass dieser Aufruf trotz des vermeintlich richtigen Request URIs und der Implementierung der Methode GET_ENTITYSET nicht funktioniert. Wir erhalten die Fehlermeldung zurück, dass die entsprechende Methode im Backend nicht implementiert ist. Das ist auch richtig, denn die entsprechende Methode in der Klasse wäre die Methode GET_ENTITY, und diese Methode haben wir noch nicht redefiniert.

Abbildung 8.28 Fehlermeldung, dass die entsprechende Methode nicht redefiniert wurde

Wir fahren mit der Redefinition der Methode GET_ENTITY fort, wie wir es bei der Methode GET_ENTITYSET getan haben. Klicken Sie in der Liste der geerbten Methoden mit der rechten Maustaste auf die entsprechende Methode und klicken Sie im Kontextmenü auf **Redefinieren**. Abbildung 8.29 zeigt, dass eine Redefinition für die entsprechende Methode erstellt wurde.

In dieser Methode muss implementiert werden, dass die Schlüsselbedingungen empfangen und ausgewertet werden. Mit diesen Schlüsselbedingungen führen wir wieder einen SQL-Befehl auf der Datenbanktabelle aus, nehmen aber die entsprechenden Schlüsseldefinitionen in die WHERE-Klausel auf. Diese Implementierung sehen Sie, wiederum mit entsprechenden Kommentaren, in Listing 8.3.

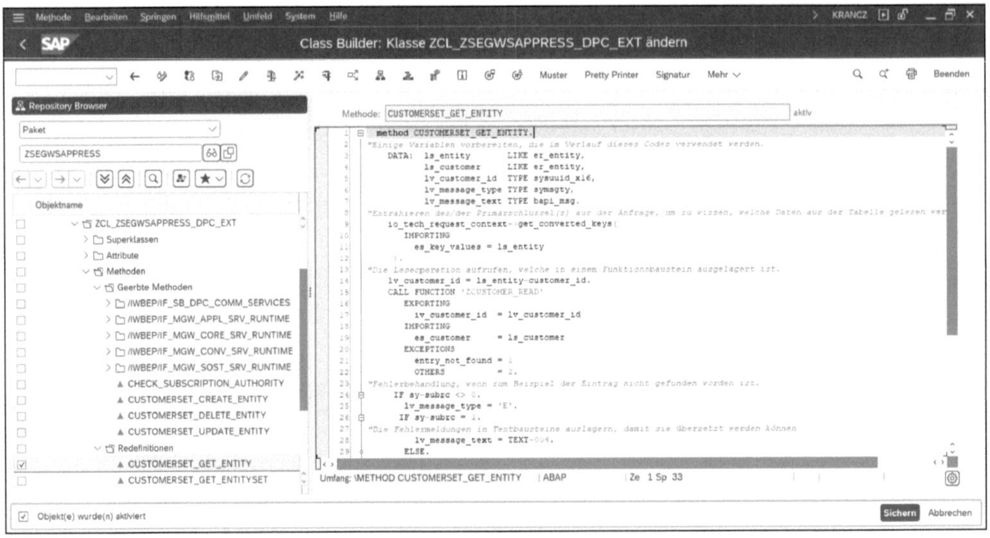

Abbildung 8.29 Redefinieren der Methode GET_ENTITY, um einen einzelnen Datensatz lesen zu können

```
method CUSTOMERSET_GET_ENTITY.
"Einige Variablen vorbereiten, die im Verlauf dieses Codes verwendet werden.
    DATA:  ls_entity       LIKE er_entity,
           ls_customer     LIKE er_entity,
           lv_customer_id  TYPE sysuuid_x16,
           lv_message_type TYPE symsgty,
           lv_message_text TYPE bapi_msg.
"Extrahieren des/der Primärschlüssel(s) aus der Anfrage, um zu wissen, welche
Daten aus der Tabelle gelesen werden sollen.
    io_tech_request_context->get_converted_keys(
      IMPORTING
        es_key_values = ls_entity
     ).
"Die Leseoperation aufrufen, die in einem Funktionsbaustein ausgelagert ist.
    lv_customer_id = ls_entity-customer_id.
    CALL FUNCTION 'ZCUSTOMER_READ'
      EXPORTING
        iv_customer_id  = lv_customer_id
      IMPORTING
        es_customer     = ls_customer
      EXCEPTIONS
        entry_not_found = 1
        OTHERS          = 2.
```

```
"Fehlerbehandlung, wenn zum Beispiel der Eintrag nicht gefunden worden ist.
     IF sy-subrc <> 0.
       lv_message_type = 'E'.
      IF sy-subrc = 1.
"Die Fehlermeldungen in Textbausteine auslagern, damit sie übersetzt werden
können
         lv_message_text = TEXT-004.
       ELSE.
         lv_message_text = TEXT-003.
       ENDIF.
      mo_context->get_message_container( )->add_message_text_only(
        iv_msg_type = lv_message_type
        iv_msg_text = lv_message_text
      ).
"Eine Business Exception auslösen, indem eine entsprechende Fehlermeldung an
den Consumer zurückgesendet wird.
      RAISE EXCEPTION TYPE /iwbep/cx_mgw_busi_exception
         EXPORTING
           textid            = /iwbep/cx_mgw_busi_exception=>business_error
           message_container = mo_context->get_message_container( ).
     ENDIF.
"Die Daten, die in ls_customer gespeichert wurden, dem Parameter er_entity
zuweisen.
"Diese Daten werden an den Consumer zurückgeschickt.
    er_entity = ls_customer.
endmethod.
```

Listing 8.3 Die Implementierung der GET_ENTITY-Methode

Wir haben das Lesen in einen Funktionsbaustein ausgelagert, um flexibler zu sein und den Funktionsbaustein an mehreren Stellen wiederverwenden zu können. Die Implementierung des Funktionsbausteins sehen Sie in Listing 8.4.

```
FUNCTION zcustomer_read.
 *"----------------------------------------------------------------------
 *"*"Local Interface:
 *"  IMPORTING
 *"     REFERENCE(IV_CUSTOMER_ID) TYPE  SYSUUID_X16
 *"  EXPORTING
 *"     REFERENCE(ES_CUSTOMER) TYPE  ZCUSTOMER_S
 *"  EXCEPTIONS
 *"      ENTRY_NOT_FOUND
 *"----------------------------------------------------------------------
```

```
  SELECT SINGLE * FROM zcustomer WHERE
        customer_id = @iv_customer_id
        INTO @es_customer.
   IF sy-subrc NE 0.
     "Fehlerbehandlung
     RAISE entry_not_found.
   ENDIF.
ENDFUNCTION.
```

Listing 8.4 Lesen des Datensatzes wurde in ein Funktionsbaustein ausgelagert.

Wechseln wir nun zurück zum SAP Gateway Client und versuchen erneut, einen einzelnen Datensatz mit einer GET-Anfrage zu lesen, so wird unsere Redefinition nun in der Methode GET_ENTITY aufgerufen. Die Anfrage wird empfangen, die Schlüssel aus der Anfrage werden ausgewertet und eine entsprechende Leseoperation auf der Tabelle durchgeführt. Die Antwort der SQL-Abfrage wird im entsprechenden ER_ENTITY-Parameter zurückgegeben und damit als Antwort auf die HTTP-Anfrage zurückgegeben. Dies ist in Abbildung 8.30 dargestellt.

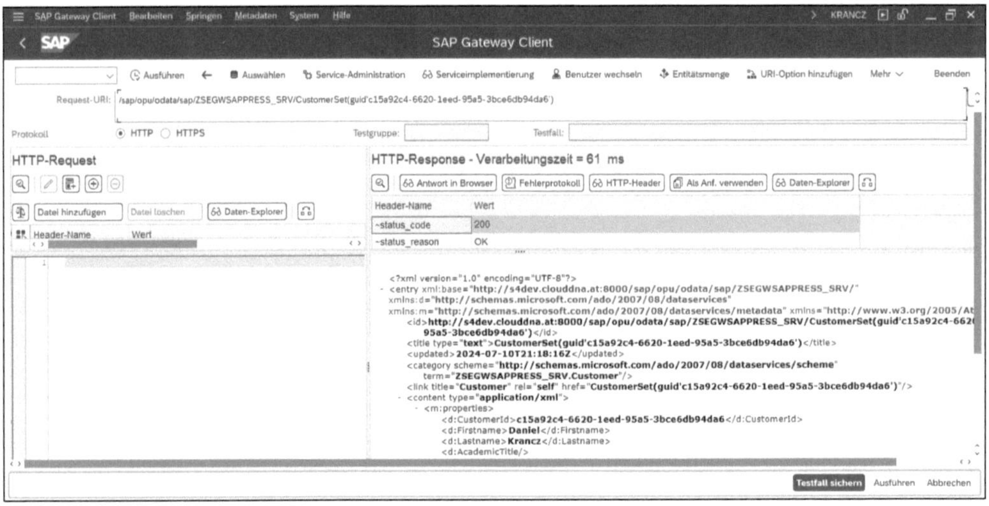

Abbildung 8.30 Aufruf eines einzelnen Datensatzes mittels Angabe des Primärschlüssels im Request URI funktioniert nun.

8.2.2 Create

Unser nächster Schritt wird darin bestehen, in unserem eigenen OData-Service eine API bereitzustellen, mit der Daten in die Datenbanktabelle eingefügt werden können. In diesem Fall sprechen wir von einem create und der entsprechenden POST-Methode, die dem Konsumenten zur Verfügung gestellt wird. In diesem Fall wird nicht nur ein Request URI aufgerufen, sondern es werden auch Daten im Body bereitgestellt. In den meisten Fällen, wenn Sie neue Einträge in der Datenbanktabelle haben wollen, wollen Sie natürlich auch die Daten übergeben.

Wenn ein `create` aufgerufen wird, wird die entsprechende `CREATE_ENTITY`-Methode in unserer Klasse aufgerufen. In dieser Methode müssen wir die Daten aus der entsprechenden Anfrage übernehmen und ein `INSERT` in die Tabelle selbst durchführen. In Listing 8.5 können Sie sehen, dass wir diese Methode redefiniert haben. Entsprechende Kommentare markieren, was in welcher Codepassage passiert.


```
method CUSTOMERSET_CREATE_ENTITY.
"Variablen vorbereiten, die im Verlauf dieses Codes verwendet werden.
    DATA: ls_headerdata   TYPE bapi_epm_product_header,
          ls_customer      LIKE er_entity,
          lv_message_type TYPE symsgty,
          lv_message_text TYPE bapi_msg.
"Daten aus dem Body der Anfrage auslesen.
     io_data_provider->read_entry_data( IMPORTING es_data = ls_customer ).
 "Den Funktionsbaustein aufrufen, mit dem die Daten in die Tabelle eingefügt
werden sollen.
    CALL FUNCTION 'ZCUSTOMER_CREATE'
       EXPORTING
         is_customer           = ls_customer
       EXCEPTIONS
         key_already_existing  = 1
         guid_generation_error = 2
         OTHERS                = 3.
"Fehlerbehandlung wie auch bei den anderen Methoden
     IF sy-subrc <> 0.
       lv_message_type = 'E'.
      IF sy-subrc = 1.
         lv_message_text = TEXT-001.
       ELSEIF sy-subrc = 2.
         lv_message_text = TEXT-002.
       ELSE.
         lv_message_text = TEXT-003.
       ENDIF.
      mo_context->get_message_container( )->add_message_text_only(
         iv_msg_type = lv_message_type
         iv_msg_text = lv_message_text
       ).
"Eine Business Exception auslösen, indem eine entsprechende Fehlermeldung an
den Consumer zurückgesendet wird.
      RAISE EXCEPTION TYPE /iwbep/cx_mgw_busi_exception
         EXPORTING
```

```
            textid            = /iwbep/cx_mgw_busi_exception=>business_error
            message_container = mo_context->get_message_container( ).
      ENDIF.
"Die Daten zurücksenden, die erfolgreich angelegt wurden.
     er_entity = ls_customer.
endmethod.
```

Listing 8.5 Die Methode für das Anlegen

Wir haben den `INSERT` wie üblich in einen eigenen Funktionsbaustein ausgelagert, sodass dieser an mehreren Stellen wiederverwendet werden kann. In diesem Fall ziehen wir, nicht wie es früher üblich gewesen wäre, die ID aus einem Nummernkreisobjekt, sondern erstellen eine UUID (Universally Unique Identifier) mittels einer statischen Methode, die SAP zur Verfügung stellt. So sparen wir uns das Verwalten der Nummernkreisobjekte und haben trotzdem sichergestellt, dass die Primärschlüssel eindeutig sind. Sie können diesen Funktionsbaustein in Listing 8.6 sehen.

```
FUNCTION zcustomer_create.
 *"----------------------------------------------------------------------
 *"*"Local Interface:
 *"  IMPORTING
 *"     REFERENCE(IS_CUSTOMER) TYPE  ZCUSTOMER_S
 *"  EXCEPTIONS
 *"      KEY_ALREADY_EXISTING
 *"      GUID_GENERATION_ERROR
 *"----------------------------------------------------------------------
   DATA: lv_customer_id TYPE sysuuid_x16.
   DATA: ls_customer TYPE zcustomer_s.
   DATA: oref TYPE REF TO cx_uuid_error.
  ls_customer = is_customer.
   TRY.
"UUID über die statische Methode erstellen, die im Standard ausgeliefert wird.
       lv_customer_id = cl_system_uuid=>create_uuid_x16_static( ).
       ls_customer-customer_id = lv_customer_id.
"Daten in die Datenbanktabellen einfügen.
       INSERT INTO zcustomer VALUES ls_customer.
      IF sy-subrc <> 0.
        RAISE key_already_existing.
       ENDIF.
    CATCH cx_uuid_error INTO oref. " catch error
       DATA: s1 TYPE string.
       s1 = oref->get_text( ).
```

```
      RAISE guid_generation_error.
  ENDTRY.
ENDFUNCTION.
```

Listing 8.6 Funktionsbaustein für das Anlegen eines Datensatzes

Die entsprechende Redefinition der Methode `CREATE_ENTITY` und die Logik in ABAP sehen Sie in Abbildung 8.31 dargestellt. Die Anfrage wird bearbeitet, indem die eingehenden Daten extrahiert und in der Datenbanktabelle angelegt werden.

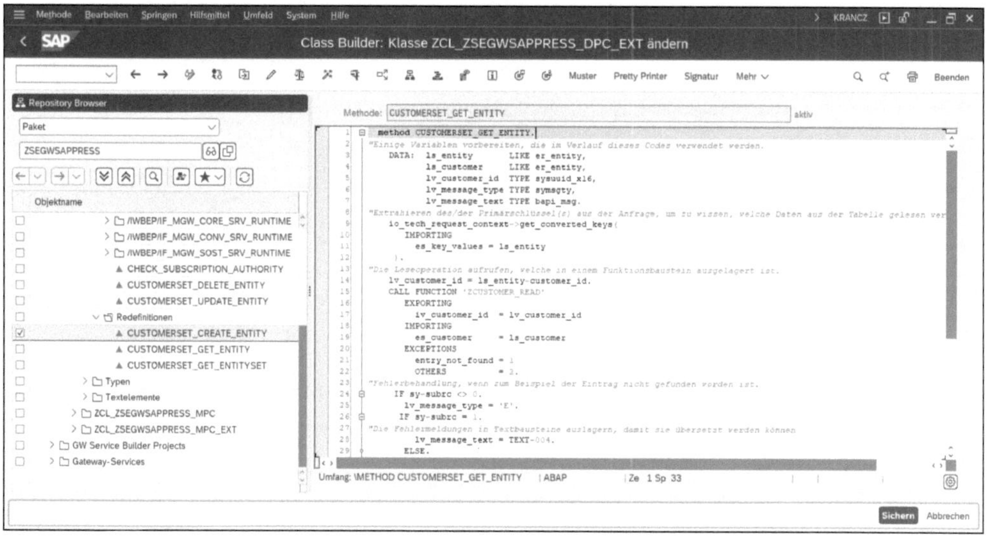

Abbildung 8.31 Create steht mittels der Redefinition der CREATE_ENTITY-Methode zur Verfügung.

Wechseln wir nun zurück zum SAP Gateway Client. Hier ändern wir zum ersten Mal die HTTP-Methode und wechseln von `GET` zu `POST` (siehe Abbildung 8.32). Mit dieser HTTP-Methode signalisieren wir dem OData-Service, dass wir Daten erzeugen wollen. Außerdem müssen wir die Daten, die erstellt werden sollen, mitsenden. Dies können wir im unteren linken Teil der Transaktion tun, indem wir den JSON-Body einfügen, der mitgesendet werden soll. In unserem Fall wollen wir die in Listing 8.7 gezeigten Daten erstellen.

```
{
"Firstname": "Rene",
"Lastname": "Glavanovits",
"Email": "rene.glavanovits@clouddna.at"
}
```

Listing 8.7 Daten, die als Body beim HTTP-Request mitgesendet werden sollen

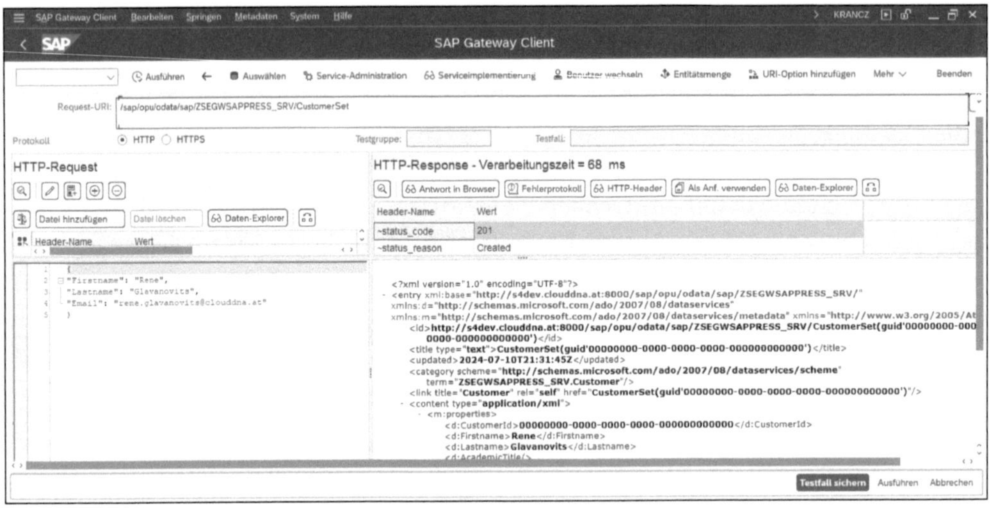

Abbildung 8.32 Create aus dem SAP Gateway Client testen und auch Daten für das Anlegen als Body mitsenden

8.2.3 Update

Wenn wir Daten manipulieren wollen, dann wollen wir nicht nur eine Erstellung, sondern auch eine Aktualisierung anbieten. Theoretisch werden wir sehen, dass die Aktualisierung der Ort ist, an dem Teile des Lesens und Erstellens zusammenkommen. Der Request URI muss auf die Entitätsmenge zeigen, in der wir etwas erstellen wollen. Da wir jedoch einen bestehenden Datensatz aktualisieren wollen, müssen wir den/die Primärschlüssel in die Klammern einschließen. Wie beim Create müssen wir JSON als Body mitsenden, was die Daten, die wir aktualisieren wollen, beinhaltet. Das bedeutet, dass unser ABAP-Coding auch eine Art Mix sein wird. Wie Sie in Listing 8.8 sehen können, müssen wir die Primärschlüssel aus dem Request-Header extrahieren. Außerdem müssen wir die Daten auslesen, die für unsere Aktualisierung verwendet werden sollen. In Abbildung 8.33 sehen Sie, dass wir die Methode `UPDATE_ENTITY` redefiniert haben, um die Aktualisierung zu behandeln.

```
method CUSTOMERSET_UPDATE_ENTITY.
"Variablen vorbereiten, die im Verlauf dieses Codes verwendet werden.
    DATA: ls_customer     LIKE er_entity,
          ls_entity        LIKE er_entity,
          ls_customer_id   TYPE sysuuid_x16,
          lv_message_type  TYPE symsgty,
          lv_message_text  TYPE bapi_msg.
"Daten aus dem Body der Anfrage extrahieren, die aktualisiert werden sollen.
    io_data_provider->read_entry_data(
      IMPORTING
```

```
        es_data = ls_customer
    ).
"Den bzw. die Primärschlüssel extrahieren, um zu wissen, welcher Eintrag
aktualisiert werden soll.
    io_tech_request_context->get_converted_keys(
      IMPORTING
        es_key_values = ls_entity
    ).
    ls_customer_id = ls_entity-customer_id.
    ls_customer-customer_id = ls_customer_id.
"Die Aktualisierung ist wiederum in einen Funktionsbaustein ausgelagert.
   CALL FUNCTION 'ZCUSTOMER_UPDATE'
     EXPORTING
       is_customer     = ls_customer
     EXCEPTIONS
       entry_not_found = 1
       OTHERS          = 2.
"Fehlerbehandlung
    IF sy-subrc <> 0.
      lv_message_type = 'E'.
     IF sy-subrc = 1.
        lv_message_text = TEXT-004.
      ELSE.
        lv_message_text = TEXT-003.
      ENDIF.
     mo_context->get_message_container( )->add_message_text_only(
       iv_msg_type = lv_message_type
       iv_msg_text = lv_message_text
     ).
"Eine Business Exception auslösen, indem eine entsprechende Fehlermeldung an
den Consumer zurückgesendet wird.
      RAISE EXCEPTION TYPE /iwbep/cx_mgw_busi_exception
        EXPORTING
          textid            = /iwbep/cx_mgw_busi_exception=>business_error
          message_container = mo_context->get_message_container( ).
    ENDIF.
"Die Daten, die aktualisiert wurden und in der Datenbank stehen, an den
Consumer zurücksenden.
   er_entity = ls_customer.
endmethod.
```

Listing 8.8 ABAP-Coding der Methode UPDATE_ENTITY

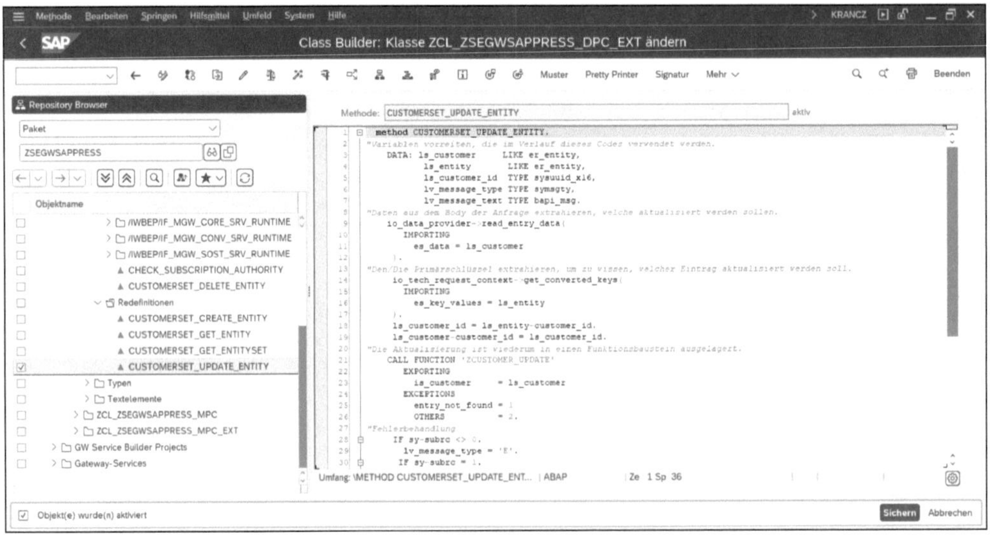

Abbildung 8.33 Die Methode UPDATE_ENTITY redefinieren, um die Aktualisierung entgegennehmen zu können

In Listing 8.9 sehen Sie, wie wir den Funktionsbaustein für die Aktualisierung der Daten vorbereitet haben. Hier prüfen wir auch, ob ein Eintrag mit den mitgegebenen Primärschlüsseln überhaupt existiert.

```
FUNCTION zcustomer_update.
*"----------------------------------------------------------------------
*"*"Local Interface:
*"  IMPORTING
*"     REFERENCE(IS_CUSTOMER) TYPE  ZCUSTOMER_S
*"  EXPORTING
*"     REFERENCE(ES_CUSTOMER) TYPE  ZCUSTOMER_S
*"  EXCEPTIONS
*"      ENTRY_NOT_FOUND
*"----------------------------------------------------------------------
"Prüfen, ob ein Eintrag mit diesem Primärschlüssel existiert
SELECT SINGLE * FROM zcustomer WHERE
       customer_id = @is_customer-customer_id
       INTO @DATA(ls_tmp_customer).
  IF sy-subrc = 0.
    UPDATE zcustomer FROM is_customer.
    "Optional:
    "MODIFY zcustomer FROM is_customer.
    SELECT SINGLE * FROM zcustomer WHERE
     customer_id = @is_customer-customer_id
```

```
    INTO @es_customer.
  ELSE.
    "Fehlerbehandlung
    RAISE entry_not_found.
  ENDIF.
ENDFUNCTION.
```

Listing 8.9 Funktionsbaustein für die Aktualisierung

Im Falle einer Aktualisierung im SAP Gateway Client gibt es nun zwei HTTP-Methoden, wie eine Aktualisierung angestoßen werden kann:

- HTTP-Methode PUT

  Wenn wir einen PUT-Request ausführen, können wir die Attribute im Body senden, die wir aktualisiert haben wollen, aber alle anderen Attribute werden implizit mit null gefüllt.
- HTTP-Methode MERGE

  Bei einem MERGE-Request können wir die Attribute senden, die wir aktualisieren wollen. Alle anderen Attribute werden implizit dazu gelesen und unserem Body ergänzt. So kann es nicht passieren, dass wir ungewollt bestehende Felder leeren.

Abbildung 8.34 zeigt, dass wir einen bestimmten Kunden aktualisieren und nur die Website in den Body aufnehmen. Da wir in diesem Fall MERGE als HTTP-Methode gewählt haben, werden die restlichen Attribute implizit mit ausgelesen, sodass bei dieser Art der Aktualisierung nichts verloren gehen kann. Hätten wir PUT gewählt, würden nach diesem Aufruf alle Daten außer der Website und dem Primärschlüssel aus der Datenbanktabelle gelöscht oder (genauer gesagt) mit Null gefüllt bzw. geleert werden.

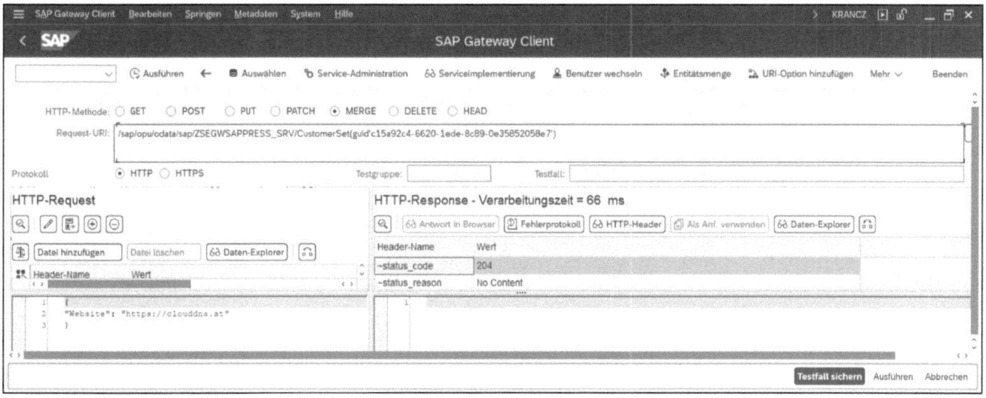

Abbildung 8.34 Update mittels eines MERGE-Requests testen

8.2.4 Delete

Die einzige noch verbliebene CRUDQ-Methode ist die DELETE-Methode. Sie wird aufgerufen, wenn Sie einen Datensatz löschen wollen. Beim Löschen wird die entsprechende Methode DELETE_ENTITY in der Serviceimplementierung aufgerufen (siehe Abbildung 8.35).

Abbildung 8.35 Methode DELETE_ENTITY redefinieren, um das Löschen von Datensätzen anzubieten

Listing 8.10 zeigt, dass wir auch in diesem Fall die Schlüsselbedingungen aus der Anfrage extrahieren müssen, aber danach wird bei ungültigen Schlüsselbedingungen neben der Fehlerbehandlung nur ein DELETE auf die Tabelle ausgeführt.

```
method CUSTOMERSET_DELETE_ENTITY.
"Variablen vorbereiten, die im Verlauf dieses Codes verwendet werden.
    DATA: ls_entity       TYPE zcl_zhoui5_customer_mpc=>ts_customer,
          lv_customer_id  TYPE sysuuid_x16,
          lv_message_type TYPE symsgty,
          lv_message_text TYPE bapi_msg.
"Den bzw. die Primärschlüssel aus der Anfrage extrahieren, um zu wissen,
welcher Eintrag gelöscht werden soll.
    io_tech_request_context->get_converted_keys(
      IMPORTING
        es_key_values = ls_entity
     ).
    lv_customer_id = ls_entity-customer_id.
"Das Löschen wurde in einen Funktionsbaustein ausgelagert.
    CALL FUNCTION 'ZCUSTOMER_DELETE'
```

```
        EXPORTING
          iv_customer_id   = lv_customer_id
        EXCEPTIONS
          no_entry_deleted = 1
          OTHERS           = 2.
"Fehlerbehandlung
    IF sy-subrc <> 0.
        lv_message_type = 'E'.
      IF sy-subrc = 1.
          lv_message_text = TEXT-004.
        ELSE.
          lv_message_text = TEXT-003.
        ENDIF.
      mo_context->get_message_container( )->add_message_text_only(
        iv_msg_type = lv_message_type
        iv_msg_text = lv_message_text
      ).
"Eine Business Exception auslösen, indem eine entsprechende Fehlermeldung an
den Consumer zurückgesendet wird.
      RAISE EXCEPTION TYPE /iwbep/cx_mgw_busi_exception
        EXPORTING
          textid            = /iwbep/cx_mgw_busi_exception=>business_error
          message_container = mo_context->get_message_container( ).
    ENDIF.
endmethod.
```

Listing 8.10 ABAP-Coding für die DELETE_ENTITY-Methode

In diesem Fall wird in dem entsprechenden Funktionsbaustein nichts weiter getan, als den Schlüssel zu prüfen und dann den Löschvorgang durchzuführen. Sie können diesen Funktionsbaustein in Listing 8.11 sehen.

```
FUNCTION zcustomer_delete.
 *"----------------------------------------------------------------------
 *"*"Local Interface:
 *"  IMPORTING
 *"     REFERENCE(IV_CUSTOMER_ID) TYPE  SYSUUID_X16
 *"  EXCEPTIONS
 *"      NO_ENTRY_DELETED
 *"----------------------------------------------------------------------
  DELETE FROM zcustomer WHERE
     customer_id = @iv_customer_id.
  IF sy-subrc <> 0.
     RAISE no_entry_deleted.
```

```
    ENDIF.
ENDFUNCTION.
```

Listing 8.11 Funktionsbaustein, der das Löschen vornimmt

Wechseln wir nun zurück zum SAP Gateway Client. In der Request URI muss wieder der explizite Pfad zu einer Entität angegeben werden. Diesen können wir, wie bei einem `Read` oder `Update`, über den Primärschlüssel in der Klammer angeben. Mit der HTTP-Methode `DELETE` wird eine Anfrage für das Löschen ausgelöst und somit die Methode `DELETE_ENTITY` gerufen (siehe Abbildung 8.36).

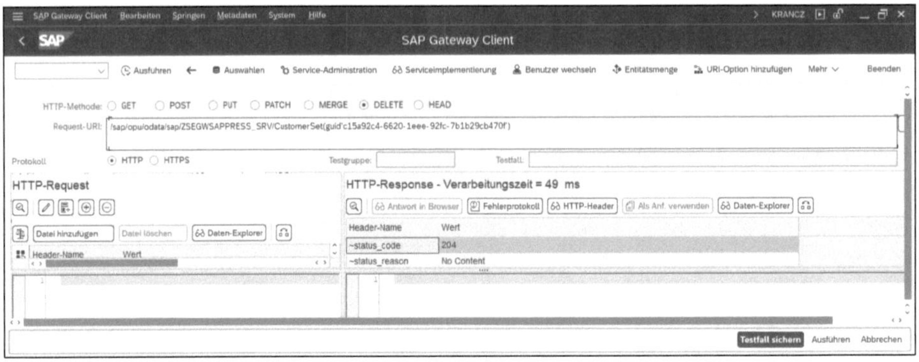

Abbildung 8.36 Löschen mittels der HTTP-Methode DELETE vornehmen

Die entsprechende ABAP-Methode wurde aufgerufen und die Löschung durchgeführt. Wenn wir nun versuchen, denselben Datensatz erneut zu lesen, sehen wir an unserer eigenen Fehlermeldung, dass der Eintrag nicht gefunden wurde und somit nicht gelöscht werden konnte (siehe Abbildung 8.37).

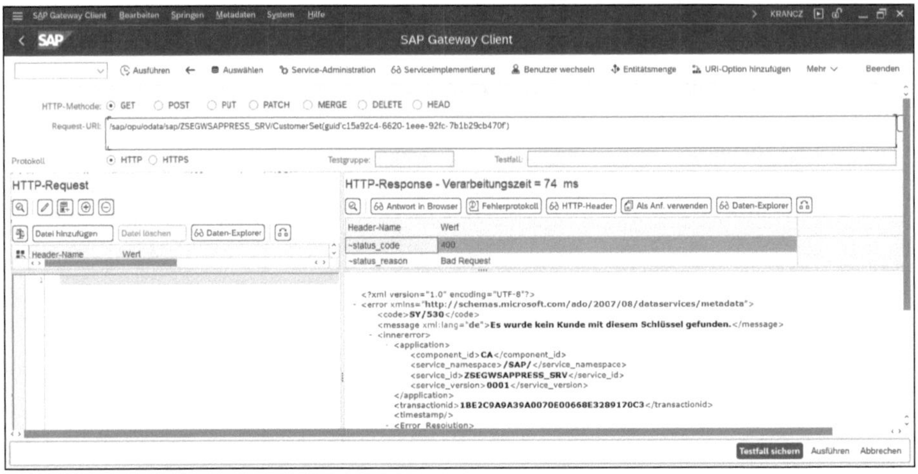

Abbildung 8.37 Fehler beim erneuten Lesen des zuvor gelöschten Datensatzes

Diese Fehlermeldung haben wir als Textbaustein gepflegt und über die Business Exception an den Konsumenten zurückgesendet.

8.2.5 Assoziation implementieren

Oft müssen Beziehungen zwischen Entitäten abgebildet werden. Diese Beziehungen werden *Assoziationen* genannt und sind meist Eltern-Kind-Beziehungen (engl. *Parent-Child Associations*). In diesem Abschnitt werden wir uns ansehen, wie wir diese Beziehungen in der SEGW-Transaktion pflegen und dann in der DPC_EXT-Klasse implementieren können, um eine angemessene Antwort auf die Navigationseigenschaften und die Abfrageoption $expand zurückgeben zu können.

Die Idee von Navigationseigenschaften ist es, dass der Konsument eine geeignete Schnittstelle im OData-Service hat, mit dem Kind-Elemente oder im allgemeinen Beziehungen zu anderen Entitäten mithilfe eines Links aufgelöst werden können. Sie wissen bereits, dass man als Query-Parameter auch Filter mitsenden kann. Wir möchten jedoch vermeiden, dass, wenn der Konsument zu einer Bestellung alle Bestellpositionen lesen möchte, er mittels ID der Bestellung die Bestellpositionen filtern muss. Vielmehr möchten wir dem Konsumenten die Möglichkeit bieten, von einer spezifischen Bestellung abzuspringen, damit die dazugehörigen Bestellpositionen mühelos dazu geladen werden können, wenn gewollt. Beim Einsatz von Navigationseigenschaften muss das Lesen der Bestellung und der dazugehörigen Bestellpositionen in zwei Schritten erfolgen. Möchte der Konsument sowohl die Bestellung(-en) und deren Positionen auf einmal, sprich in einem einzelnen Request haben, so kommt der Query-Parameter $expand ins Spiel.

In unserem Beispiel haben wir eine weitere Tabelle angelegt. Wir speichern Dokumente von unseren Kunden in der Tabelle ZCUSTOMER_DOC. In dieser Tabelle ist unter anderem auch die ID des Kunden als eine Art Fremdschlüssel gespeichert. Alle anderen Attribute sind dokumentenspezifisch. Diese Tabelle ist in Abbildung 8.38 dargestellt.

Wir haben bereits eine DDIC-Struktur (mit den gleichen Zeilen und Datentypen wie unsere Tabelle) als Entitätstyp aufgenommen. Die dafür notwendigen Schritte kennen Sie bereits aus Abschnitt 8.1.2, »Datenmodellierung vornehmen«. In Abbildung 8.39 können Sie die bereits importierte Struktur sehen.

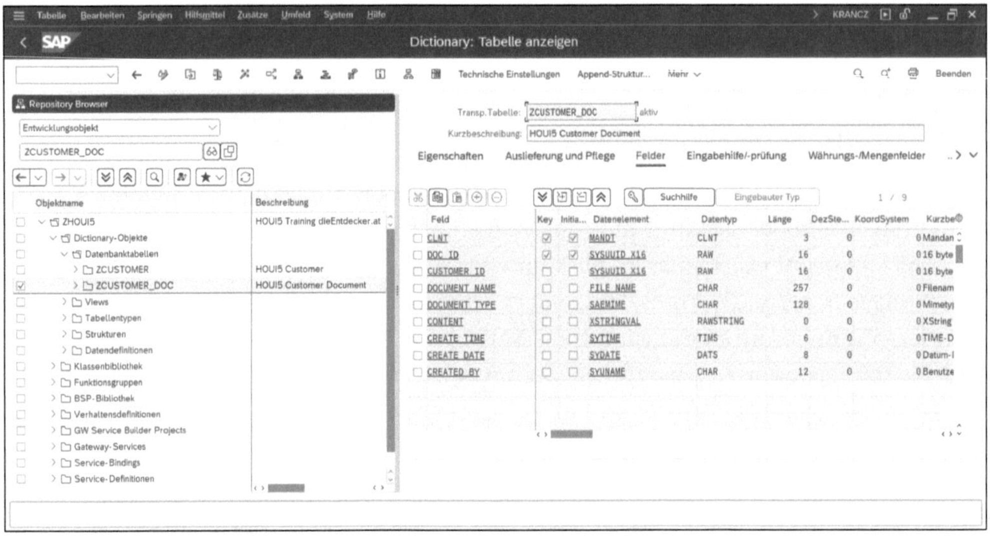

Abbildung 8.38 Tabelle, die die Dokumente (=Kind-Elemente) zu einem Kunden speichert

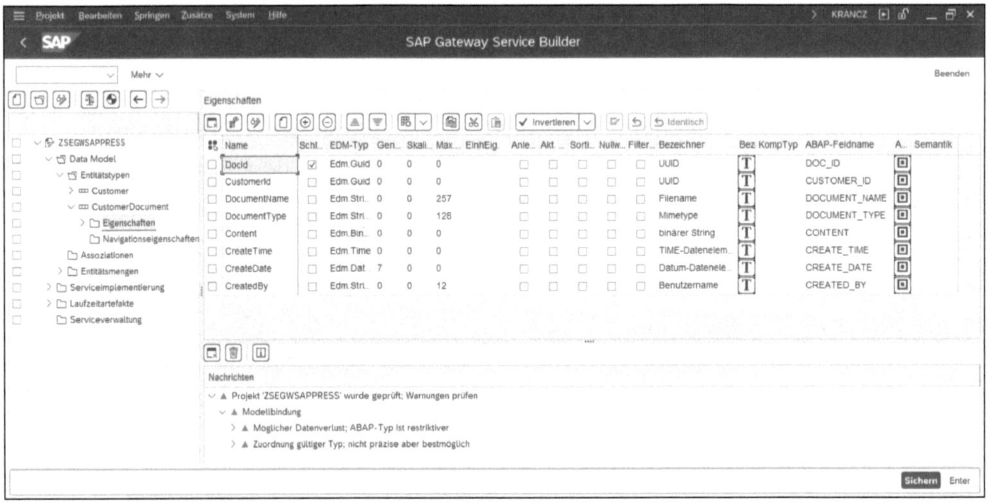

Abbildung 8.39 Struktur für die Dokumente im selben SEGW-Projekt als Entität importiert

Wir wollen nun die Beziehung (d. h. die Assoziation) zwischen unserer Entität `Customer` und unserer Entität `CustomerDocument` in unserem Datenmodell definieren. Klicken Sie dazu mit der rechten Maustaste auf den Eintrag **Assoziationen**, um das Kontextmenü zu öffnen, und wählen Sie **Anlegen** (siehe Abbildung 8.40).

Nachdem Sie auf **Anlegen** geklickt haben, wird ein Dialog geöffnet. In diesem Dialog müssen Sie angeben, was die erste Entität und die abhängige Entität ist und wie sie zueinander in Beziehung stehen (d. h., welche Kardinalität sie haben). Bei uns wird diese Beziehung zwischen dem Kunden und den Dokumenten angelegt, wobei ein Kunde (**1**) entweder keine, eine oder mehrere Dokumente hat (**0..n**). Außerdem können Sie über das Kontrollkästchen **Zugeh. Navigationseigenschaft anl.** festlegen, von welcher Seite aus die Beziehung aufgelöst werden kann. Letztendlich gibt dies den Konsumenten des OData-Service die Möglichkeit, die Navigationseigenschaft im Kontext der Abfrageoption `$expand` zu verwenden und die Verknüpfung der Navigationseigenschaft zu nutzen. Wir haben festgelegt, dass die Beziehung vom Kunden in Richtung der Dokumente über die **Navigationseigenschaft** `toDocuments` genutzt werden kann (siehe Abbildung 8.41).

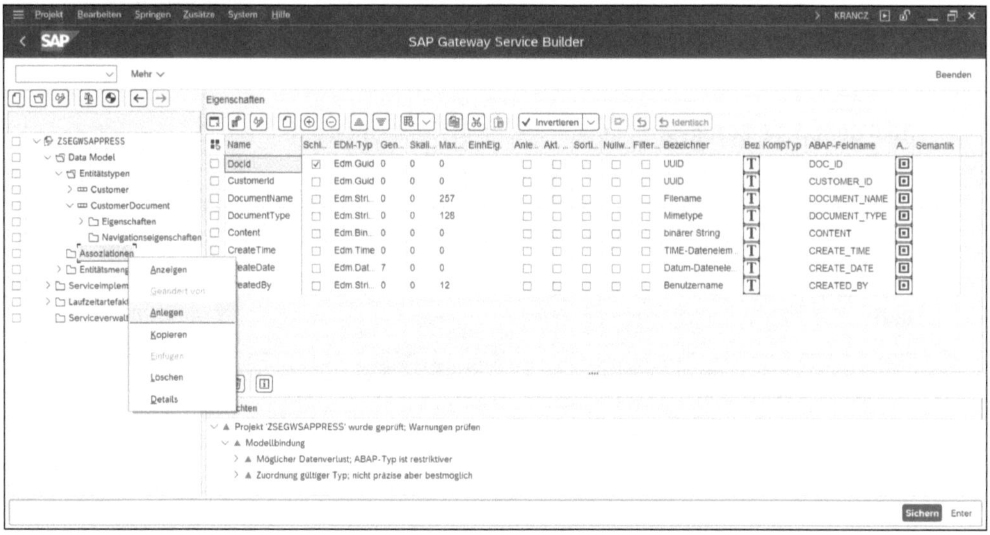

Abbildung 8.40 Neue Assoziation anlegen

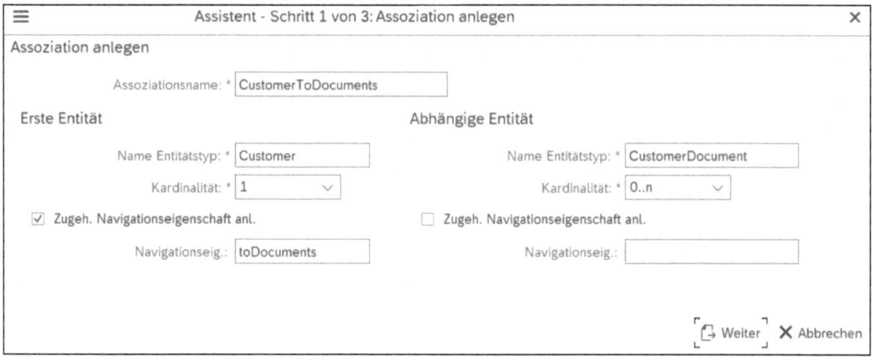

Abbildung 8.41 Assoziation anlegen

Der zweite Schritt besteht darin, die Bezugsbedingungen zu definieren. Dieses Verfahren ähnelt der Logik einer `on`-Bedingung bei einem `Join` aus dem klassischen SQL.

Wir definieren, wie wir Entitäten finden, die mit einem bestimmten Objekt auf der »anderen Seite« verbunden sind. In Abbildung 8.42 können Sie sehen, dass wir die Kundennummer sowohl als Primärobjekt (**Principal-Schlüssel**) als auch als Fremdschlüssel (**Abhängige Eigenschaft**) verwenden. Natürlich, denn die Dokumente werden zu einem Kunden nur dann gefunden, wenn wir bei den Dokumenten mit der Kundennummer suchen.

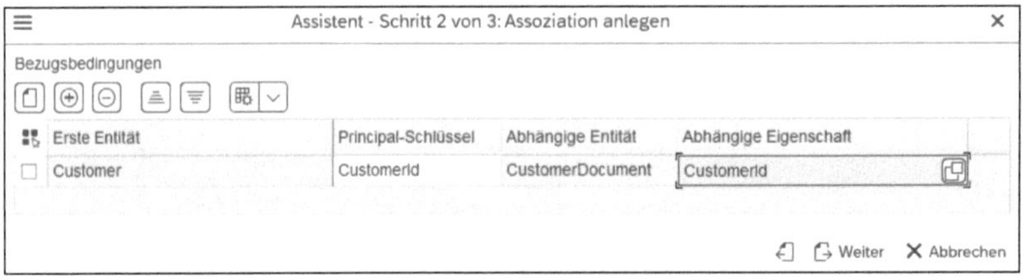

Abbildung 8.42 Bezugsbedingungen bei einer Assoziation definieren

Im letzten Schritt (siehe Abbildung 8.43) legen wir die Namen der zur Assoziation gehörenden Entitätsmengen fest. Hier bleiben wir in der Regel bei den standardmäßig vorgeschlagenen Namen, Sie könnten jedoch eigene Namen für diese Objekte vergeben.

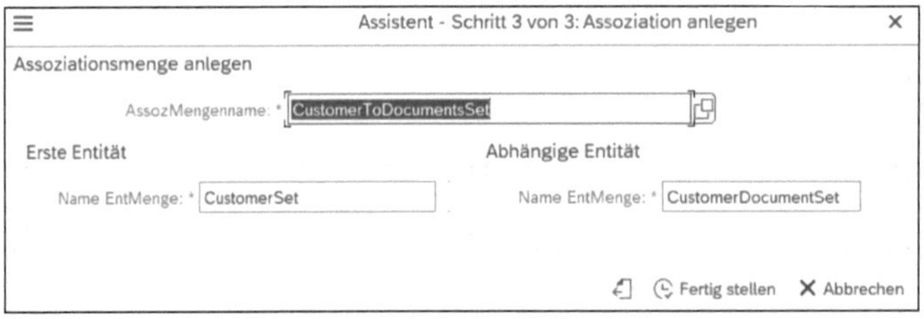

Abbildung 8.43 Namen für die zu der Assoziation gehörigen Entitätsmengen vergeben

Nachdem die Assoziation erstellt wurde, kann diese Navigationseigenschaft in den Metadaten des OData-Service gefunden werden, nachdem Sie eine neue Generierung der Laufzeitartefakte vorgenommen haben. In Abbildung 8.44 ist zu sehen, dass diese Navigationseigenschaft in der Transaktion SEGW eingesehen und bearbeitet werden kann.

Überlegen wir kurz, welche Methoden in den neu generierten Laufzeitartefakten redefiniert werden müssen, um das Lesen der Dokumente bereitzustellen. Unser primäres Ziel ist es, dass eine Liste an Dokumenten, nachdem die Kardinalität 0..n ist, an den Konsumenten zurückgeliefert werden kann. Der Implementierung ist es egal, ob die Dokumente direkt über die Entitätsmenge oder anhand der Navigationseigenschaft gelesen werden, in beiden Fällen wird, wenn wir eine Liste lesen wollen, die Methode `GET_ENTITYSET` aufgerufen. Der große Unterschied wird sein, dass wir über einen Parameter erkennen müssen, ob unsere Logik über eine Navigationseigenschaft aufgerufen wurde, und wenn dies der Fall ist, müssen wir an den bzw. die Primärschlüssel der Hauptentität kommen. In unserem konkreten Fall bedeutet das, dass wir die Kundennummer herausfinden müssen.

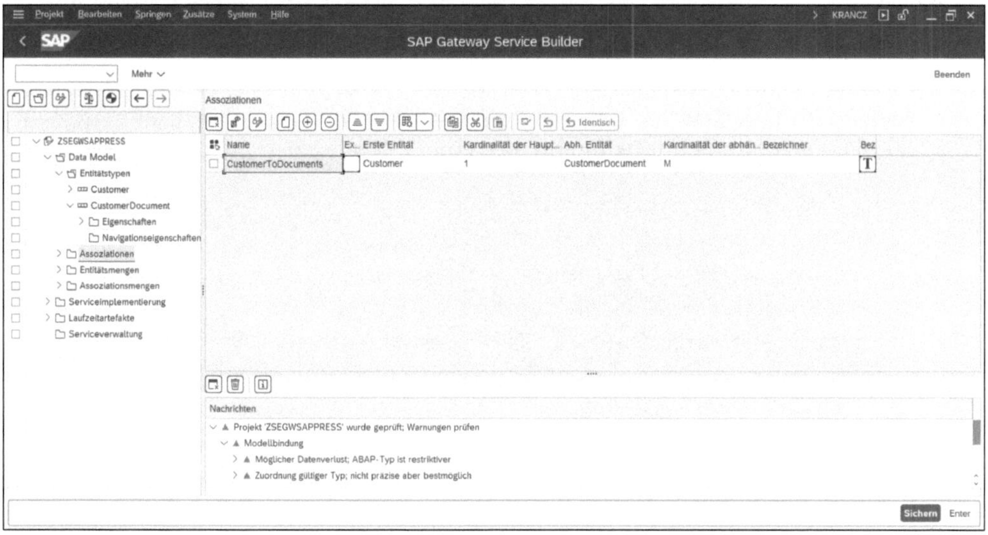

Abbildung 8.44 Assoziationen und deren Kardinalität können nachträglich in der SEGW eingesehen und geändert werden.

In Abbildung 8.45 sehen Sie, dass wir die Methode `GET_ENTITYSET` für den `CustomerDocument` redefiniert und einen kurzen Beispielcode bereitgestellt haben, der beide Fälle des Lesens abdeckt.

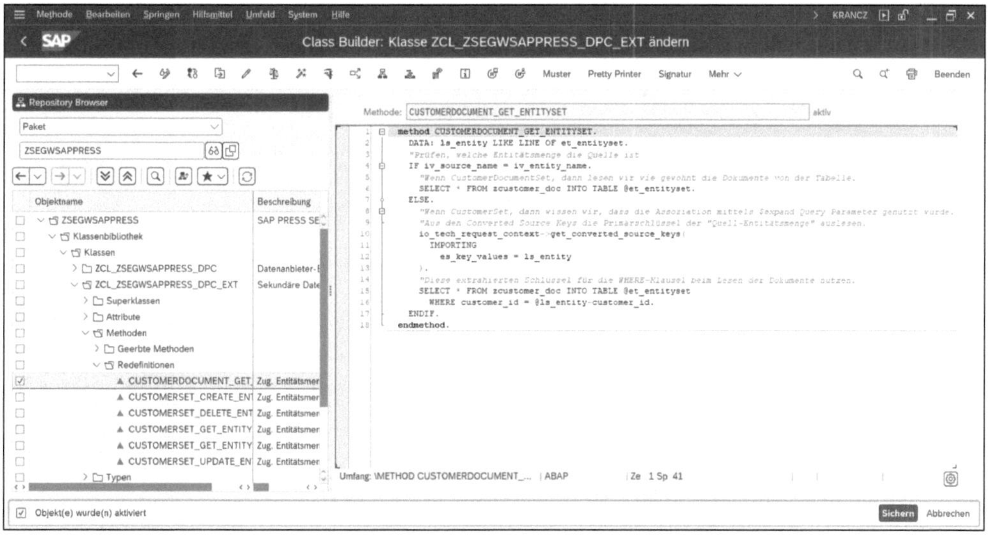

Abbildung 8.45 Die Methode GET_ENTITYSET für die Dokumente redefinieren

In Listing 8.12 prüfen wir, von welcher Entitätsmenge wir kommen. Wenn die Entitätsmenge CustomerDocumentSet ist, führen wir wie üblich ein SELECT auf die Dokumententabelle aus. Wenn die Anfrage jedoch aus dem CustomerSet kommt und somit nicht mit dem iv_source_name übereinstimmt, dann lesen wir die ID des Kunden mit der Methode get_converted_source_keys. Grundsätzlich gibt diese Methode alle Schlüssel zurück, die aus der Anfrage stammen, aber in unserem Fall wird hier nur die ID des Kunden zurückgegeben. Diese ID verwenden wir in einem SELECT, um die WHERE-Klausel zu füllen und so nur Dokumente von einem Kunden zu erhalten.

```
method CUSTOMERDOCUMENT_GET_ENTITYSET.
    DATA: ls_entity LIKE LINE OF et_entityset.
    "Prüfen, welche Entitätsmenge die Quelle ist
    IF iv_source_name = iv_entity_name.
      "Wenn CustomerDocumentSet, dann lesen wir wie gewohnt die Dokumente von
der Tabelle.
      SELECT * FROM zcustomer_doc INTO TABLE @et_entityset.
    ELSE.
      "Wenn CustomerSet, dann wissen wir, dass die Assoziation mittels
$expand-Query-Parameter genutzt wurde.
      "Aus den Converted Source Keys die Primärschlüssel der
"Quellentitätsmenge" auslesen.
      io_tech_request_context->get_converted_source_keys(
        IMPORTING
          es_key_values = ls_entity
      ).
      "Diese extrahierten Schlüssel für die WHERE-Klausel beim Lesen der
Dokumente nutzen.
      SELECT * FROM zcustomer_doc INTO TABLE @et_entityset
        WHERE customer_id = @ls_entity-customer_id.
    ENDIF.
endmethod.
```

Listing 8.12 ABAP-Coding, um sowohl das gewöhnliche Lesen und auch das Lesen über die Navigationseigenschaft bereitstellen zu können

Im SAP Gateway Client testen wir zunächst, ob wir mit der Entitätsmenge CustomerDocumentSet alle Dokumente lesen können, die in unserer Datenbank stehen. Dafür lösen wir, wie in Abbildung 8.46 dargestellt und schon mit dem Kunden gemacht, einen ganz normalen GET-Request aus.

In Abbildung 8.47 sehen Sie, dass wir ausgehend von einem bestimmten Kunden mit einer eindeutigen ID die Navigationseigenschaft /toDocuments aufrufen können (d. h. die Assoziation, die wir erstellt und implementiert haben). Somit hat die Antwort von unserem Request lediglich die Dokumente zurückgeliefert, die zu diesem einen Kunden gehören.

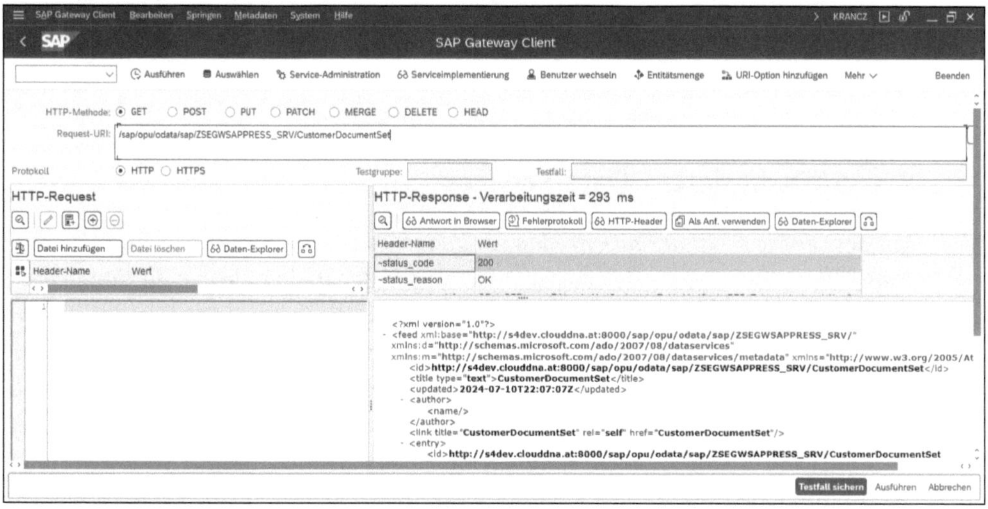

Abbildung 8.46 Lesen aller Dokumente, unabhängig von einem Kunden

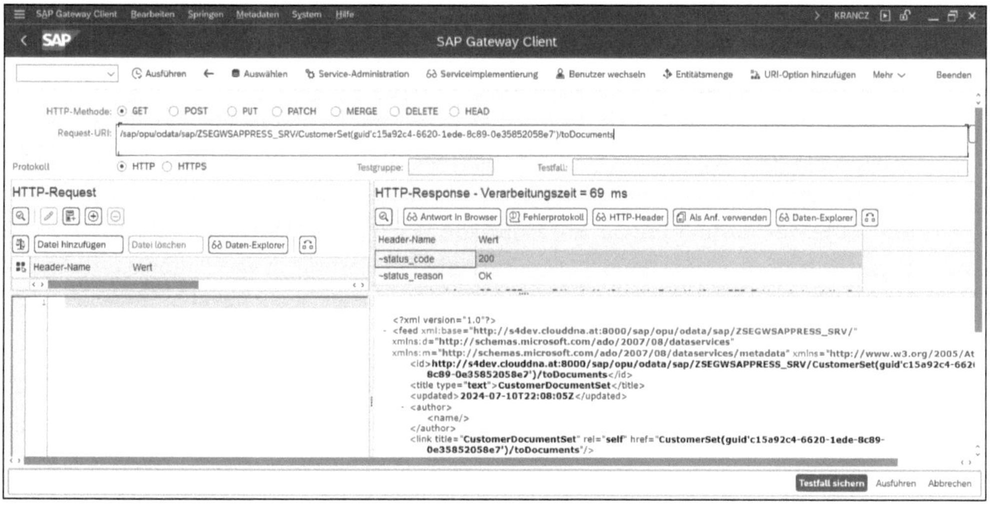

Abbildung 8.47 Lesen der kundenspezifischen Dokumente über die Navigationseigenschaft

Die nächsten Schritte

In unserem kurzen Ausflug in die Welt der Assoziationen haben wir uns auf ein sehr einfaches Beispiel beschränkt. Natürlich müssten wir nun weitere Implementierungen im Hinblick auf eine saubere Leseoperation mit Pagination, Sortierung oder Filterung vornehmen. Weiterhin könnten wir die anderen CRUDQ-Methoden aus unserem `CustomerDocumentSet` unterstützen. Dennoch würden sich die Schritte zu den anderen Abschnitten bezüglich der Anlege-, Lese-, Aktualisierungs- und Löschfunktionalitäten unseres `CustomerSet` wiederholen.

8.3 SADL-basierte OData-Services

Mit der *Service Adaptation Definition Language* (SADL) können Sie die Implementierung in generische Methoden auslagern, die die Geschäftslogik an bestimmte Objekte weiterleiten. Sie können diese Funktionalität auch in einem SEGW-Projekt verwenden, und es gibt mehrere Möglichkeiten, dies zu tun. Eine Möglichkeit wäre, eine *CDS-View-Entität* (mehr oder weniger wie bei der Struktur) als Datenmodell zu importieren. Bei der anderen Möglichkeit können Sie einzelne Teile Ihrer CRUDQ-Methoden über SADL an andere Objekte weitergeben. Sie können auch ganze Entitäten in der Serviceimplementierung an andere transaktionsfähige Business-Objekte auslagern.

8.3.1 Data Source Mapping

Sie können die Serviceimplementierungen über SADL an eine andere Datenquelle auslagern. Diese Datenquellen unterscheiden sich je nachdem, welche Implementierung wir auslagern wollen. Dies kann eine CDS-View-Entität (aber auch die alte Generation DDIC-basierter CDS-Views), ein Remote Function Call, ein Funktionsbaustein, eine Wertehilfe oder vieles mehr sein. Wir beschränken uns in diesem Abschnitt auf eine CDS-View-Entität und lagern somit die Leseoperationen an diese aus. Dazu öffnen wir zunächst den Bereich **Serviceimplementierung** in der Transaktion SEGW (siehe Abbildung 8.48).

Abbildung 8.48 Serviceimplementierungen der jeweiligen Entitäten

In dieser Serviceimplementierung sind die fünf CRUDQ-Methoden für eine Business Entity (d. h. unsere Entitätsmenge) hinterlegt.

Als Nächstes öffnen wir das Kontextmenü auf der Ebene einer Entitätsmenge und wählen die Option **Zu Datenquelle zuordnen** (siehe Abbildung 8.49). Mit dieser Option können wir in einem anderen Dialog die Business Entity auswählen, die mit unserer Entitätsmenge verknüpft werden soll.

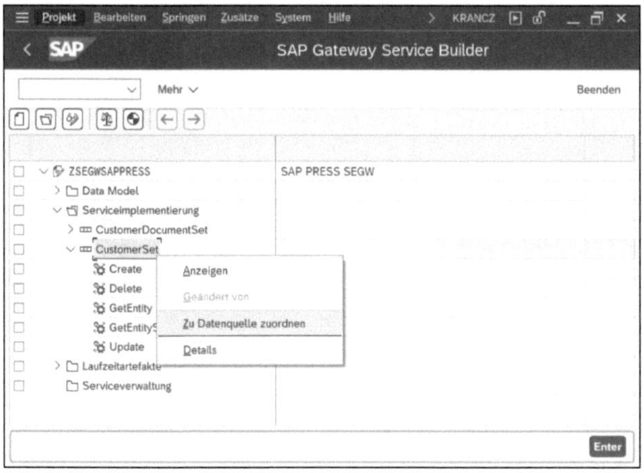

Abbildung 8.49 Zuordnung zu einer Datenquelle vornehmen

Nun können wir im Bereich **Datenquellattribute** nach einer Business Entity suchen. Wir können diesen Eintrag manuell eingeben, aber es ist besser, die Wertehilfe neben **Beschreibung** zu öffnen, um die möglichen Einträge zu sehen, wie in Abbildung 8.50 gezeigt.

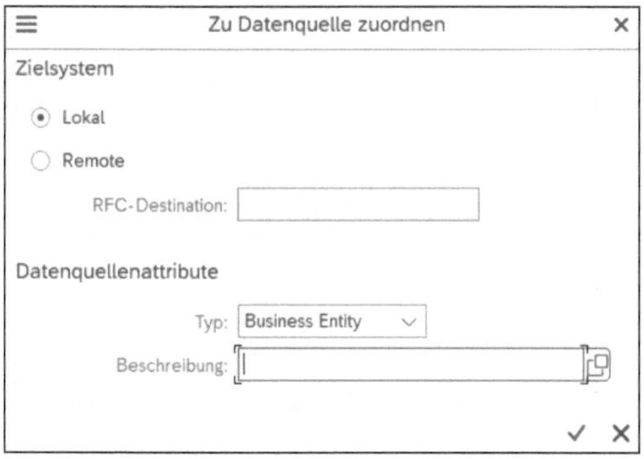

Abbildung 8.50 Datenquellattribut bei der Zuordnung angeben

Im nächsten Schritt des Assistenten können wir im Feld **SADL-Modelltyp** zwischen mehreren Modelltypen wählen (siehe Abbildung 8.51). Diese Typen beziehen sich darauf, welche Arten von Objekten ausgewählt werden können, um die Implementierung an andere Objekte auszulagern. In unserem Fall, und dies ist auch eine der einfachsten Varianten, wählen wir **CDS Core Data Services**, da wir bereits eine CDS-View-Entität erstellt haben, die die Kundendaten unserer Tabelle liest.

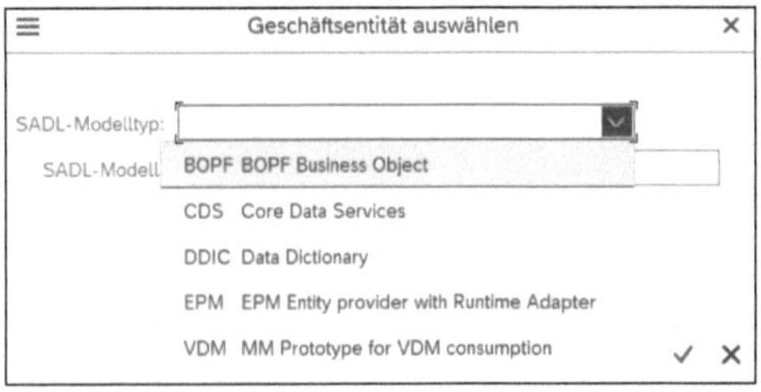

Abbildung 8.51 Auswahl des SADL-Modelltyps und SADL-Modells

Wie Sie in Abbildung 8.52 sehen können, geben wir im Feld **SADL-Modell** den Namen der Business Entity ein. In unserem Fall ist dies, wie bereits erwähnt, der Name einer CDS-View-Entität, die bereits erstellt wurde und Daten aus derselben Tabelle liest, die wir für die Entwicklung unseres OData-Service verwendet haben.

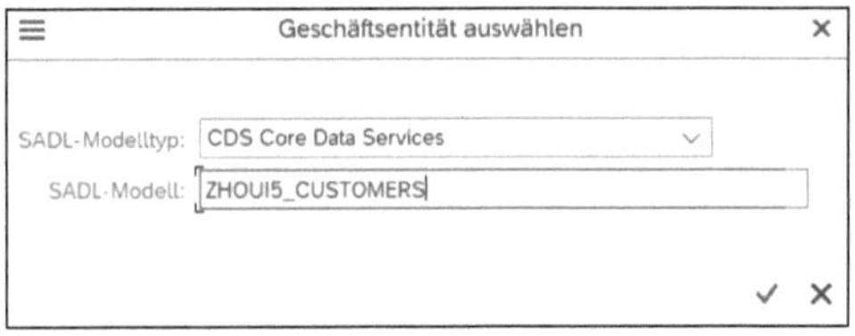

Abbildung 8.52 CDS-View als SADL-Modell angeben

Nach dem Schließen des Dialogs hat sich im vorherigen Dialog nicht viel geändert, außer dass der Name nach einer bestimmten Syntax ausgefüllt wurde, wie in Abbildung 8.53 gezeigt. Wir können nun auch diesen Dialog schließen und damit die Zuordnung bestätigen.

Abbildung 8.53 Zuordnung zur Datenquelle ausgefüllt

Nun wird in der Transaktion SEGW bei der Serviceimplementierung unseres Entity-Sets ein Eintrag namens **Mapping** hinzugefügt. Dieser Eintrag wird ebenfalls automatisch geöffnet und zeigt einen geteilten Bildschirm (siehe Abbildung 8.54). Auf der linken Seite werden die Eigenschaften des Entity-Sets angezeigt, auf der rechten Seite die Attribute, die von der jeweiligen Business Entity (in unserem Fall die CDS-View-Entität) stammen. Das Mapping kann nun sehr intuitiv erfolgen, indem Eigenschaften und Navigationseigenschaften von der rechten auf die linke Seite auf die entsprechenden Eigenschaften gezogen werden. In unserem Fall ist das Ganze sogar automatisch, denn durch Klicken auf **Zuordnung generieren** können wir die Felder auf Namensgleichheit prüfen und sie automatisch zuordnen lassen.

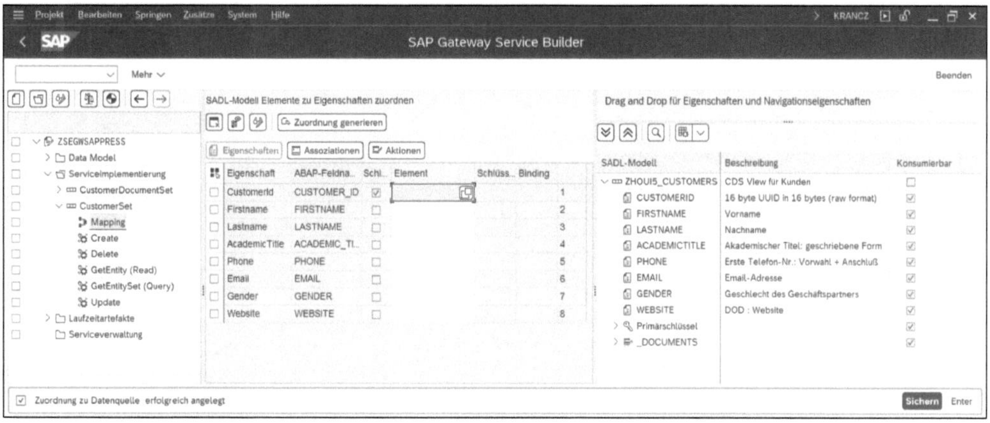

Abbildung 8.54 Mapping zwischen den Eigenschaften aus der Entitätsmenge und der Business Entity vornehmen

Nachdem wir auf **Zuordnung generieren** geklickt haben, war das System aufgrund der gleichen Namen in der Lage, die Mappings sofort zu erstellen (siehe Abbildung 8.55). Wir haben nun keine andere Aufgabe mehr, als das Projekt zu speichern und die Laufzeitartefakte neu zu generieren.

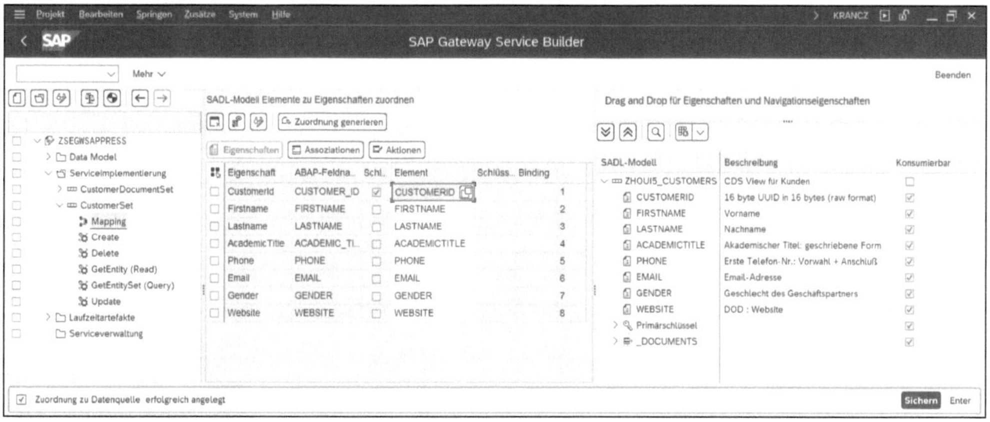

Abbildung 8.55 Mapping wurde vorgenommen.

Nun gehen wir zurück zum Entwicklungspaket und löschen die Redefinitionen der Methoden GET_ENTITY und GET_ENTITYSET beim Kunden, wie in Abbildung 8.56 gezeigt. Wir tun dies, weil wir nun die read-Operation an das SADL-Framework und damit an die zugehörige Business Entity, in unserem Fall die CDS-View-Entität, ausgelagert haben.

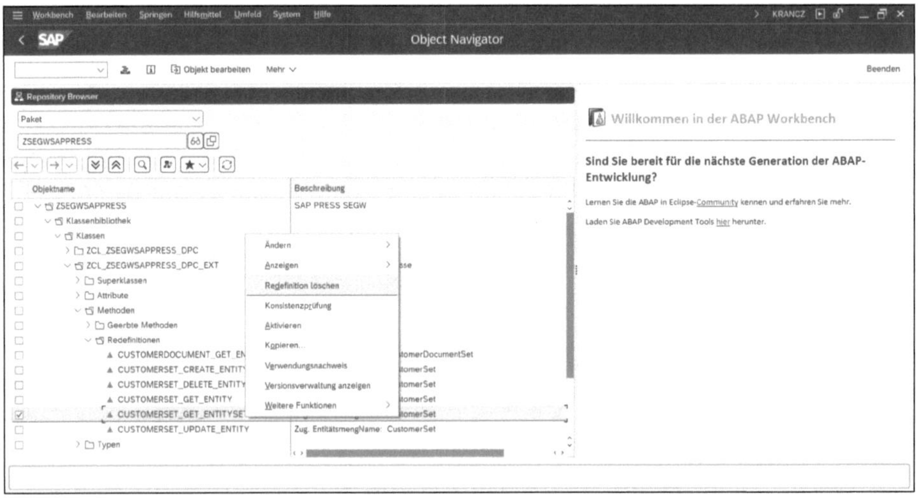

Abbildung 8.56 Redefinitionen löschen, damit diese Implementierung die Business Entity übernimmt

Wenn Sie die Redefinitionen löschen, werden Sie sehen, dass die Standardimplementierung dieser geerbten Methoden jetzt anders aussieht als zu Beginn dieses Kapitels.

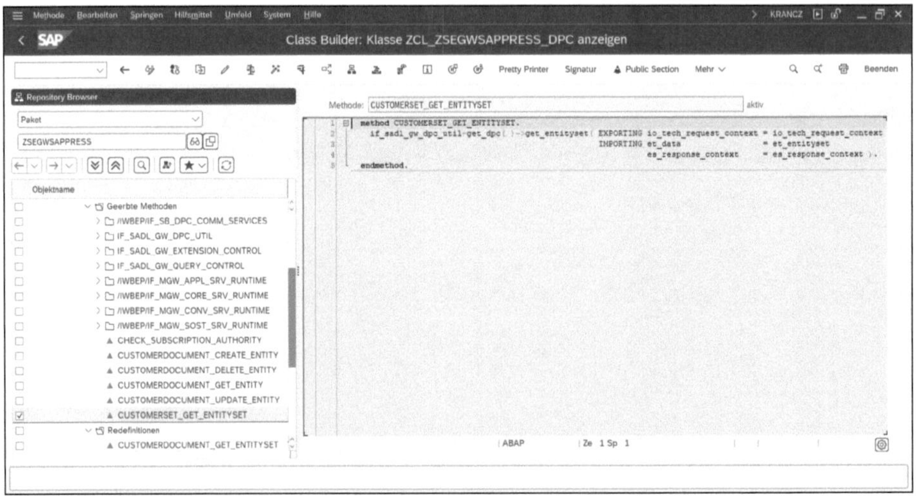

Abbildung 8.57 Die Standardimplementierung leitet die Anfragen nun durch SADL an die CDS-View-Entität weiter.

Abbildung 8.57 zeigt, dass die Standardimplementierung nun einen statischen Methodenaufruf enthält, der dazu dient, Anfragen durch das SADL-Framework an die entsprechende Business Entity weiterzuleiten. Wir geben also alles aus der Hand und lassen in unserem Fall die CDS-View-Entität die `read`-Operation durchführen.

Wenn wir nun die `read`-Operation vom SAP Gateway Client aus erneut testen und entweder einen einzelnen Eintrag oder das gesamte Entity-Set lesen, funktionieren die Anfragen immer noch. Der Konsument merkt nichts, aber der Lesevorgang wird nicht mehr von unserem ABAP-Coding durchgeführt, sondern von der CDS-View-Entität, die von SADL aufgerufen wird, übernommen. In Abbildung 8.58 können Sie sehen, dass das Lesen auch für uns weiterhin funktioniert. Der Vorteil ist nun auch, dass Sie sich als Backend-Entwickler nicht um die Implementierung aller möglichen Filter- oder Sortierkriterien kümmern müssen. Die CDS-View-Entität kümmert sich um die Handhabung aller Abfrageparameter, die als Request an den OData-Service gestellt werden.

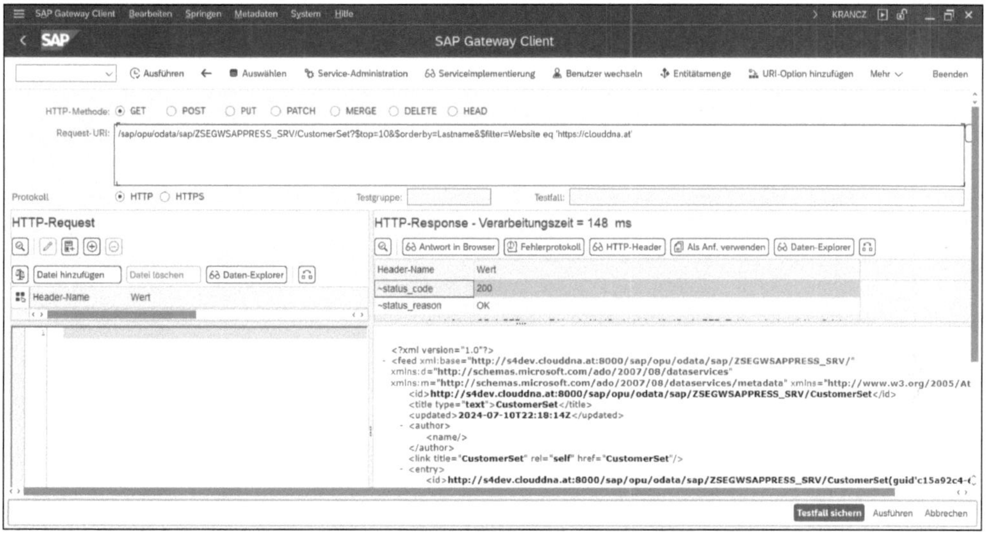

Abbildung 8.58 GET-Requests funktionieren weiterhin.

Es ist noch zu erwähnen, dass Sie auch einzelne CRUDQ-Methoden in der Serviceimplementierung auslagern können, anstatt diese auf die gesamte Entitätsmenge abzubilden. Zum Beispiel könnten Sie das Erstellen einem Funktionsaufruf überlassen. Außerdem könnte das Lesen von einer bestehenden Suchhilfe in Ihrem System erfolgen.

8.3.2 CDS-View-Entitäten als Datenquellen direkt referenzieren

Wir möchten Ihnen noch einen Tipp zu SADL geben. Sie können auch eine einzelne CDS-View-Entität als Referenz in ein SEGW-Projekt importieren. Das bedeutet, dass Sie die CDS-View-Entität mit all ihren Schlüsselbedingungen, Attributen, Joins und Assoziationen übernehmen können.

Dafür müssen Sie mit der rechten Maustaste auf **Data Model** klicken und **Referenz • Datenquelle** wählen, wie in Abbildung 8.59 gezeigt.

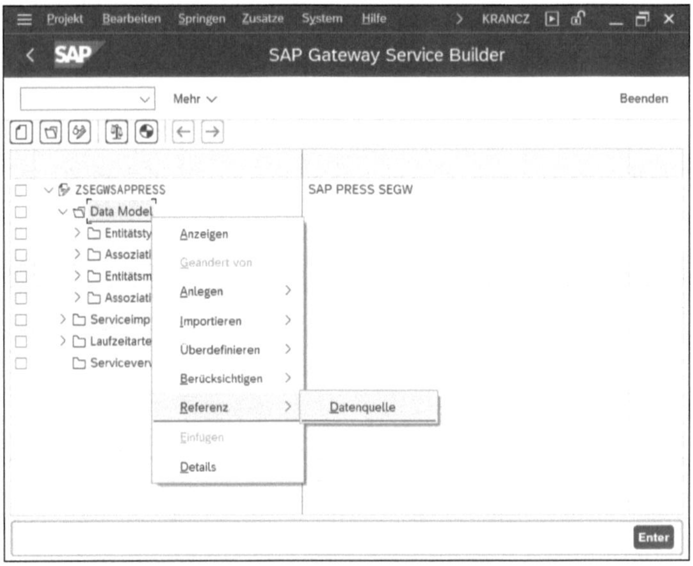

Abbildung 8.59 CDS-View-Entität als Datenquelle direkt referenzieren

In diesem Fall öffnet sich ein Dialog, wie in Abbildung 8.60 gezeigt, in dem Sie die **CDS-Entität** angeben können. Nutzen Sie die Wertehilfe ([F4]), um die entsprechende CDS-View-Entität zu finden.

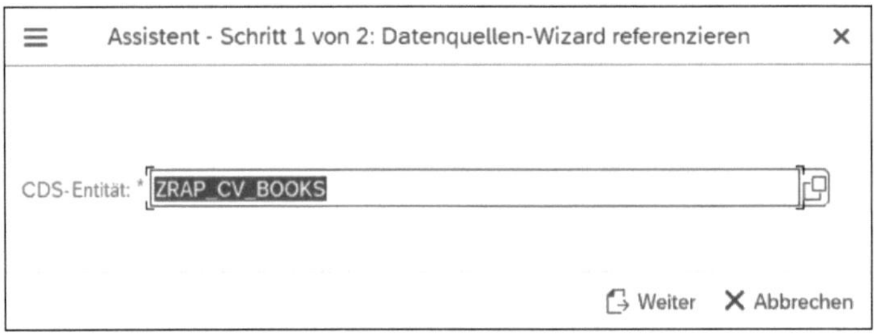

Abbildung 8.60 CDS-Entität angeben

Im nächsten Schritt können Sie die CDS-Entität(en) auswählen, auf die Sie verweisen möchten. In Abbildung 8.61 können Sie sehen, dass wir in unserem Fall nur die eine

CDS-View-Entität auswählen können, die wir im ersten Schritt angegeben haben, das bedeutet, dass diese CDS-View-Entität keine Assoziationen zu anderen CDS-View-Entitäten hat.

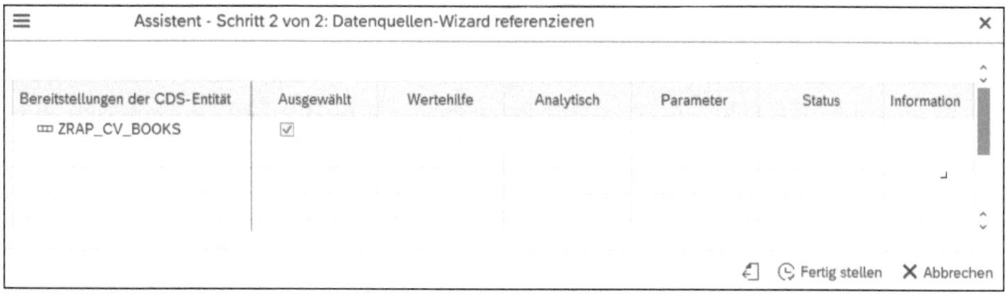

Abbildung 8.61 Auswahl der CDS-Entität und eventueller abhängiger CDS-Entitäten

Nach dem Speichern wurde die CDS-View-Entität, wie Sie in Abbildung 8.62 sehen können, zu unserem SEGW-Projekt hinzugefügt. Ein Nachteil in diesem Fall ist, dass wir der Struktur der CDS-View-Entität völlig ausgeliefert sind und wir ihre Schlüsselbedingungen, Attribute und Assoziationen erben. Der Vorteil ist jedoch, dass wir die CDS-View-Entität problemlos in unser SEGW-Projekt einbinden konnten, wobei alle CRUDQ-Methoden in der Datenanbieterklasse und die Annotationen im CDS enthalten sind.

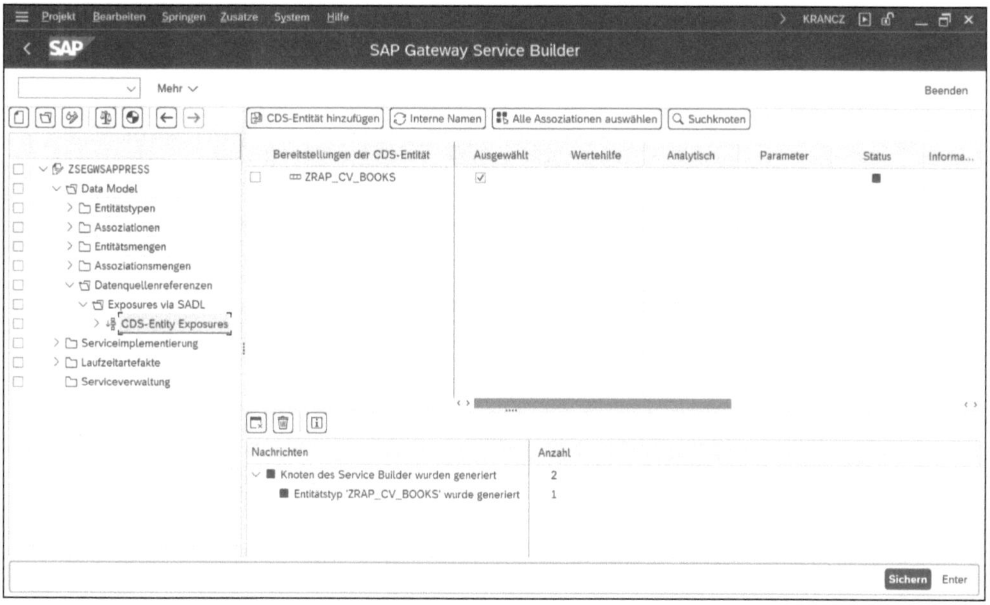

Abbildung 8.62 CDS-View-Entität direkt eingebunden und als Entitätsmenge zur Verfügung gestellt

8.4 Zusammenfassung

In diesem Kapitel haben Sie im Gegensatz zum ABAP RESTful Application Programming Model und SAP Cloud Application Programming Model gesehen, dass wir mit dem SAP Gateway Service Builder in der Lage sind, alle Funktionalitäten und Methoden eines OData-Services in ABAP zu implementieren. Mit dieser Freiheit geht der Nachteil einher, dass wir viel manuelle Programmierung durchführen müssen. Hier kann SADL (Service Adaption Definition Language) helfen und einige Operationen an bereits existierende Geschäftsobjekte auslagern.

Kapitel 9
Entwicklung von SAPUI5-Freestyle-Anwendungen

SAPUI5 ist das Framework, wenn wir von der Entwicklung moderner Webanwendungen im SAP-Umfeld sprechen. Die Entwicklung dieser Anwendungen unterscheidet sich grundlegend von der Entwicklung klassischer Anwendungen (ABAP, Web Dynpro usw.). SAPUI5-Apps, wie sie genannt werden, basieren auf den MVC Design Pattern. Um erfolgreiche Entwicklungsarbeit leisten zu können, muss jede Komponente dieses Architekturmusters bis ins kleinste Detail beherrscht werden.

Die Entwicklung von modernen Webanwendungen im SAP-Umfeld erfolgt mithilfe des SAPUI5-Frameworks. Das *SAP UI Development Toolkit for HTML5* oder kurz *SAPUI5* ist ein auf HTML5 basierendes UI-Framework. Dieses Framework nutzt JavaScript-Bibliotheken, die beim Start einer SAPUI5-Applikation zwingend erforderlich geladen werden müssen. Im Gegensatz zur Vorgängertechnologie *Web Dynpro* ist SAPUI5 ein clientseitiges Framework, d. h., es findet eine clientseitige Anwendungsgenerierung im Browser statt. Zwar laufen Web-Dynpro-Applikationen auch auf HTML5-Basis, jedoch wurde hierbei der Seitenaufbau auf der Serverseite generiert und an das Frontend geschickt. Dies führte bei komplexen Anwendungen zu erheblichen Ladezeiten. Zudem wurde bei der Konzeption von Web Dynpros nicht an die Vielschichtigkeit der Endgeräte gedacht, sodass diese Anwendungen nur schwer adaptiv aufgebaut werden konnten.

In diesem Kapitel möchten wir Ihnen die Grundlagen der SAPUI5-Entwicklung näherbringen. Zwar werden wir in diesem Kapitel nur mit einer lokalen Datenhaltung arbeiten und somit keinen OData-Service einbinden, nichtsdestotrotz schafft dieses Kapitel die Basis, auf die wir in den Übungen in Kapitel 10, »Entwicklung von SAPUI5-Freestyle-Anwendungen mit OData-V4-Services«, und in Kapitel 11, »Entwicklung von SAPUI5-Freestyle-Anwendungen mit OData-V2-Services«, zurückgreifen und aufbauen werden. Aus diesem Grund empfehlen wir Ihnen, sich mit den Grundlagen aus diesem Kapitel ausgiebig zu beschäftigen, um mit den Begrifflichkeiten und Entwicklungsschritten in den Übungskapiteln mithalten zu können. In Abschnitt 9.1, »SAPUI5 (Basic-)Projekt anlegen«, zeigen wir Ihnen, wie man SAPUI5-Anwendungen in den zwei unterstützten Entwicklungsumgebungen anlegen kann. In Abschnitt 9.2, »View aufbauen und UI-Komponenten verwenden«, geht es bereits um die Nutzung der standardmäßig ausgelieferten UI-Komponenten und wie man mit deren Hilfe die Benutzeroberfläche gestalten kann. Die Applikationslogik wird von der Benutzeroberfläche separiert, wie auch bei unserer Kapitelstruktur in Abschnitt 9.3, »Applikationslogik, Formatter und Event Handler implementieren«. Abschnitt 9.4 beschäftigt sich mit den Grundlagen der Datenbindung. Wir werden hierbei zwar mit einem JSON-Model arbeiten, jedoch sind die Grundlagen die gleichen wie bei einem OData-Model. Sie werden selten mit einer Single-Page-Applikation auskommen, weshalb wir im gleichnamigen Abschnitt 9.5, »Navigation und Routing«, die Möglichkeiten für Navigation und Routing vorstellen werden. Abschnitt 9.6, »Mehrsprachigkeit/Internationalization (i18n)«, behandelt die Möglichkeiten, eine SAPUI5-App mehrsprachig bereitstellen zu können. Anschließend werden wir in Abschnitt 9.7, »Deployment«, die Bereitstellungsoptionen besprechen und die Anwendung auf ein SAP-S/4HANA-System deployen.

Das SAPUI5-Framework selbst haben wir Ihnen bereits in Kapitel 2, »Einführung in SAPUI5 und SAP Fiori«, vorgestellt, dennoch möchten wir Ihnen noch einmal in Erinnerung rufen, wie die Architektur einer solchen Anwendung aussieht. Damit eine Software einerseits eine gute Wartbarkeit erreicht und andererseits leicht erweiterbar und wiederverwendbar ist, gibt es verschiedene Ansätze für die Architektur. Es existieren Entwurfsmuster, die logisch zusammengehörige Teile einer Software gruppieren und diese Gruppen voneinander isolieren. Diese Idee der Dreiteilung findet sich auch im sogenannten *MVC Design Pattern*. Bei SAPUI5 wurde auf dieses Pattern, also *Model-View-Controller-Pattern* gesetzt.

Abbildung 9.1 zeigt zum einen die Architektur des SAPUI5-Frameworks unter Verwendung des MVC Design Patterns und zum anderen die konkreten Ausführungen der einzelnen Komponenten. Die clientseitigen Modelle sind entweder XML- oder JSON-Modelle. Der Unterschied zwischen diesen Modellen ist das Format, in dem die Daten gespeichert werden. Das einzige serverseitige Modell, das von SAP im SAPUI5-Framework ausgeliefert wird, ist das sogenannte OData-Model. Für ein gewöhnliches REST-Model können Sie auch das JSON-Model verwenden, das jedoch in keiner Weise so mächtig ist wie das OData-Model. Das OData-Model erwartet zur Kommunikation auf der Gegenstelle einen OData-Service und übernimmt auch die Aufgabe, mit diesem OData-Service über HTTP-Aufrufe zu kommunizieren.

Der View kann auf vier verschiedene Arten aufgebaut werden. Zu diesen Arten zählen JavaScript, JSON, XML und HTML, wobei die gängigste Variante die Verwendung von XML-Views ist. Obwohl es sich bei SAPUI5 um ein HTML5-basiertes Framework handelt, mag es ungewöhnlich sein, dass man die Benutzeroberfläche mittels XML-Definitionen aufbaut. Dies liegt zum einen an den vergleichsweise kurzen Definitionen und der besseren Lesbarkeit im Vergleich zu HTML. Durch den hierarchischen Aufbau einer XML-Seite kann man sich schon während der Entwicklung leicht ein Bild vom endgültigen Layout machen. Außerdem kann eine mit XML aufgebaute Seite leichter vom System validiert werden.

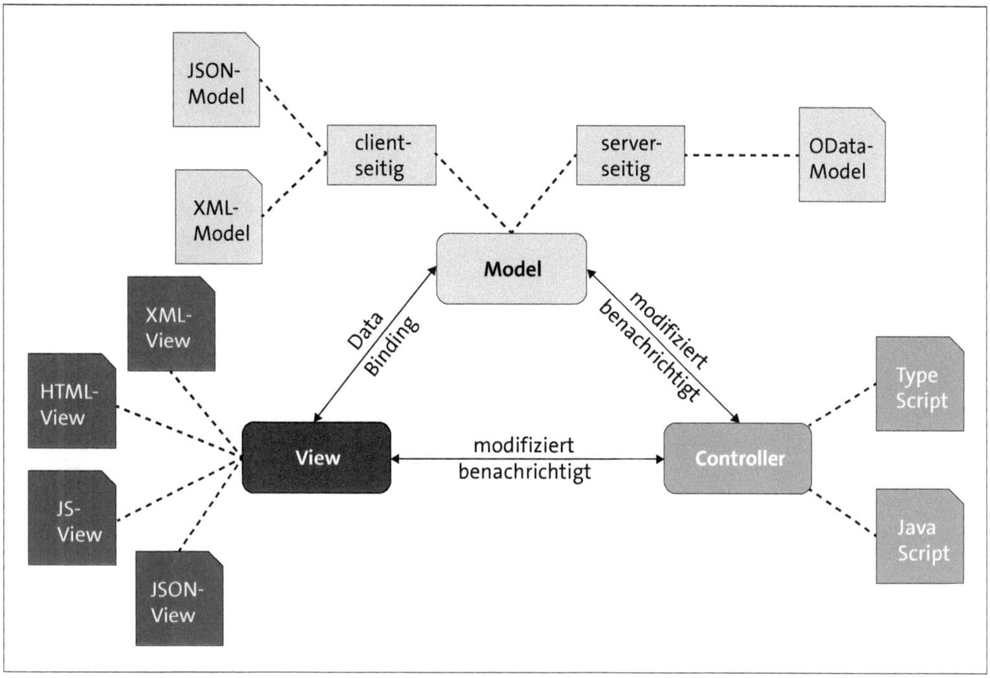

Abbildung 9.1 Model-View-Controller-Design-Pattern für SAPUI5-Anwendungen

9.1 SAPUI5 (Basic-)Projekt anlegen

Bevor wir uns näher mit dem Aufbau beschäftigen, müssen wir zunächst ein Projekt anlegen. Sie wissen bereits, dass es dafür mehrere Entwicklungsumgebungen (engl. Integrated Development Environment, IDE) gibt. Da das SAP Business Application Studio die von SAP empfohlene IDE ist, werden wir mit dieser starten. Wir zeigen Ihnen aber auch, wie Sie ein Projekt in Visual Studio Code anlegen.

9.1.1 Freestyle-Anwendung im SAP Business Application Studio anlegen

Wenn Sie das SAP Business Application Studio zum ersten Mal starten, werden Sie mit einem Begrüßungstext willkommen geheißen. Um mit der Entwicklung beginnen zu können, muss zunächst ein sogenannter Dev Space angelegt werden. Ein *Dev Space* ist eine Instanz der Entwicklungsumgebung. Für diese Instanz muss neben dem Namen ausgewählt werden, für welche Entwicklungen die IDE angepasst werden soll. Wir wählen für dieses Beispiel **SAP Fiori** aus und klicken anschließend auf den Button **Create Dev Space** (siehe Abbildung 9.2).

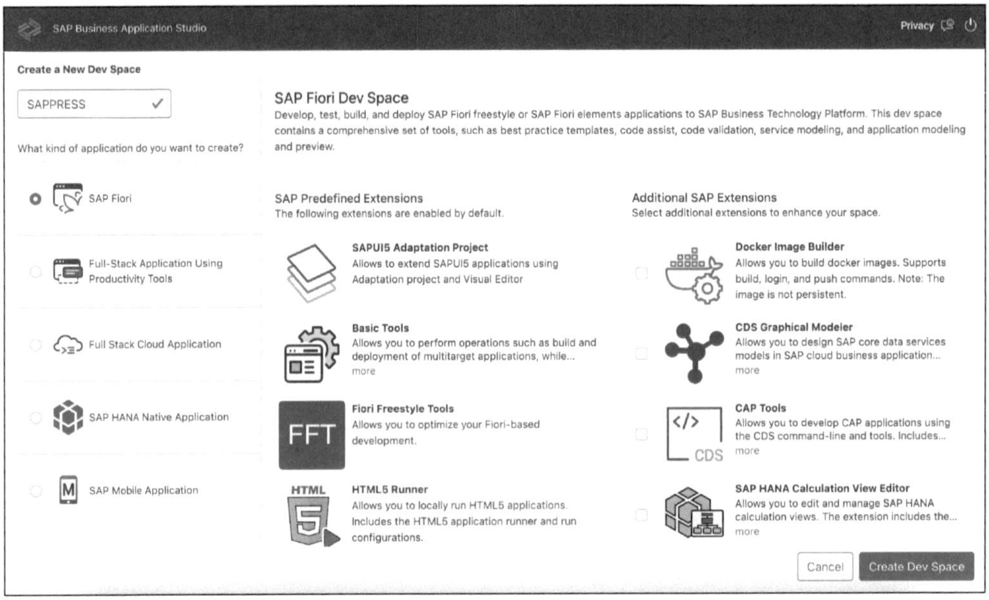

Abbildung 9.2 Dev Space anlegen

Das Anlegen allein reicht nicht aus. Sie müssen warten, bis die IDE hochgefahren und einsatzbereit ist. Sobald der Name des Dev Spaces als Link angezeigt wird, können Sie drauf klicken und zur Entwicklungsumgebung navigieren (siehe Abbildung 9.3).

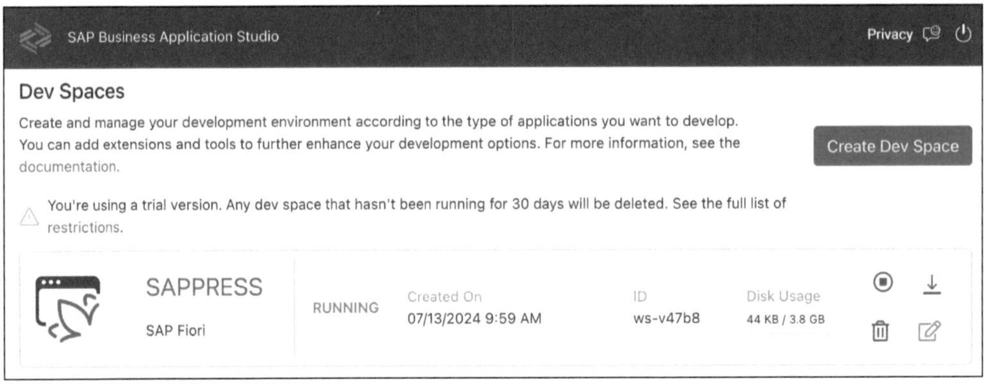

Abbildung 9.3 Dev Space starten

Nachdem Sie die Entwicklungsumgebung im Browser gestartet haben, können Sie den Link zu Ihrem Dev Space auch als Favorit speichern, um sich den Zugang über die Lobby der Dev Spaces zu ersparen. Zunächst müssen wir ein neues Projekt anlegen, dazu öffnen wir das Menü **File • New Project from Template** (siehe Abbildung 9.4).

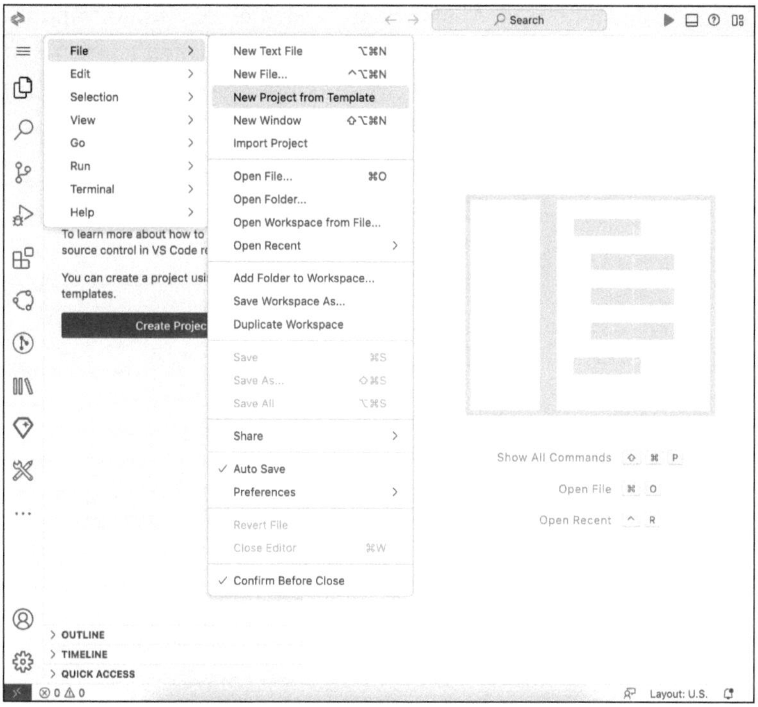

Abbildung 9.4 Neues Projekt anlegen

Sie können zwischen mehreren Projekttypen wählen, wobei für unsere Zwecke die Option **SAP Fiori application** von Interesse ist (siehe Abbildung 9.5).

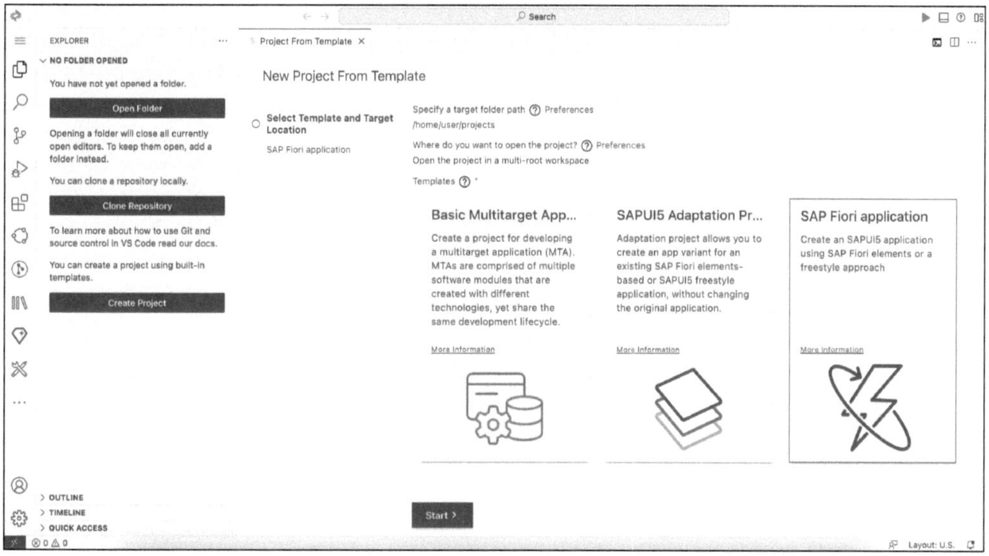

Abbildung 9.5 Projekttyp »SAP Fiori application« auswählen

Bei der ersten Option **Basic Multitarget Applications** handelt es sich um Anwendungen, die sowohl Frontend- als auch Backend-Komponenten beinhalten können und meist in SAP BTP bereitgestellt werden. Mit der zweiten Option **SAPUI5 Adaption Projects** hat SAP das Erweiterungskonzept von SAP-Fiori-Standard-Apps vorgestellt.

Die SAPUI5-Freestyle-Applikationen werden mit der Applikationsvorlage **Basic** angelegt (siehe Abbildung 9.6). Alle anderen Vorlagen betreffen Low-Code-/No-Code-Entwicklungen mit dem SAP-Fiori-Elements-Framework.

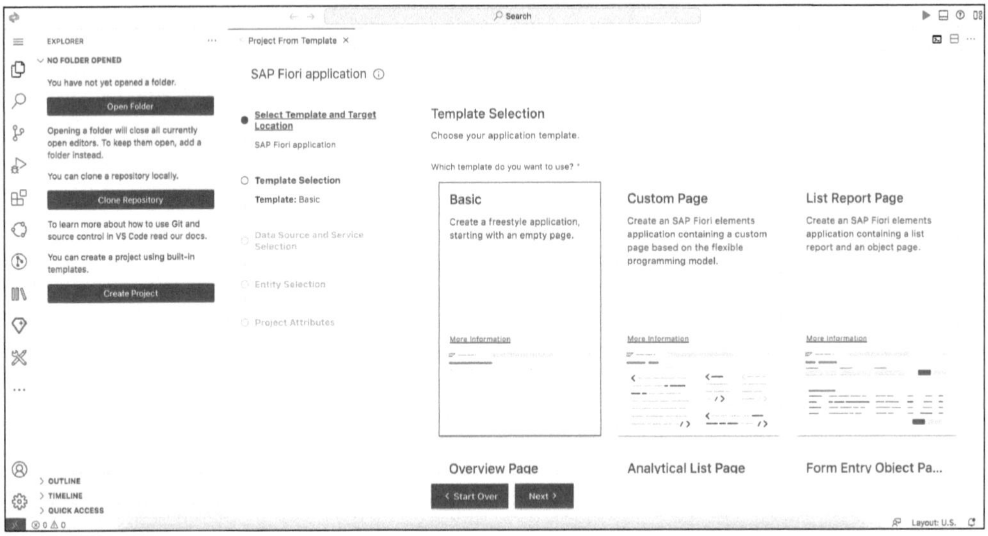

Abbildung 9.6 SAPUI5-Freestyle-Anwendungen werden Basic genannt.

Im nächsten Schritt werden wir gefragt, ob wir bereits einen OData-Service einbinden wollen. Wir wählen hier zunächst **None** aus (siehe Abbildung 9.7), da Sie die Einbindung von Remote-Datenquellen in den jeweiligen Übungen in Kapitel 10, »Entwicklung von SAPUI5-Freestyle-Anwendungen mit OData-V4-Services«, und Kapitel 11, »Entwicklung von SAPUI5-Freestyle-Anwendungen mit OData-V2-Services«, kennenlernen werden. Sie haben dennoch die Möglichkeit, Datenquellen zu einem späteren Zeitpunkt in das Projekt einzubinden.

Da wir ein SAPUI5-Projekt anlegen, vermutet der Wizard, dass wir auch einen View für die Darstellung der UI-Komponenten benötigen werden. Aus diesem Grund können wir diesem initialen View einen Namen geben. Wir haben »Main« als Namen gewählt und, wie in Abbildung 9.8 dargestellt, eingetragen.

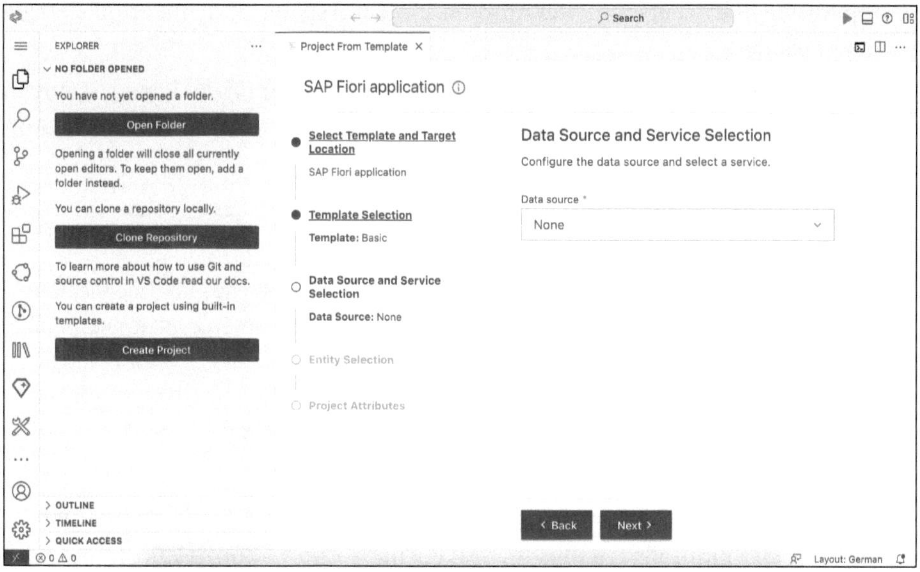

Abbildung 9.7 Datenquelle und Remote Datasource beim Erstellen des Projekts angeben

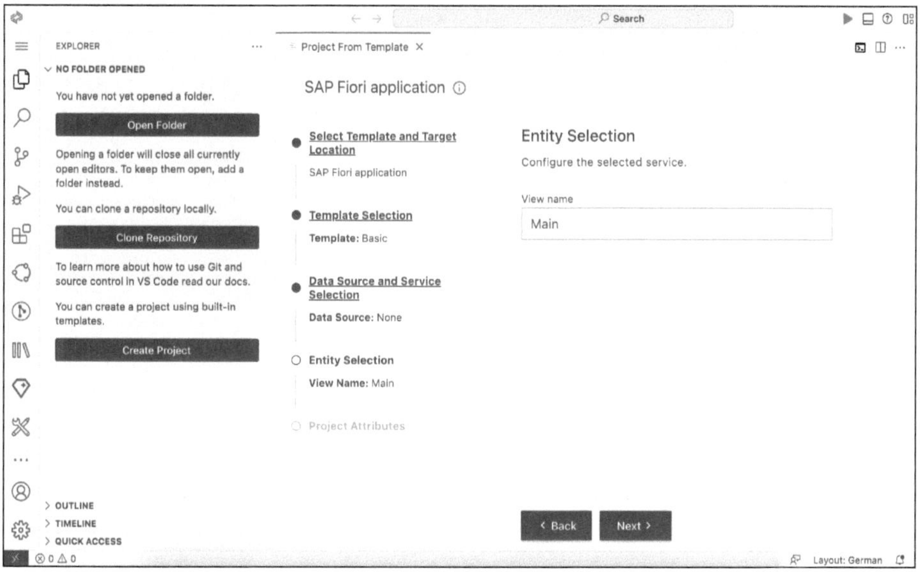

Abbildung 9.8 Namen für den initialen View vergeben

Im nächsten Schritt müssen Sie die projektspezifischen Angaben pflegen (siehe Abbildung 9.9):

1. **Module name**: Name des Projekts (kann später nur mit erheblichem Aufwand wieder geändert werden)

2. **Application title**: Überschrift der Anwendung (kann später noch unkompliziert geändert werden)
3. **Application namespace**: Namensraum der App, wobei hier oft der Reverse Domain Name des Unternehmens gewählt wird (kann später nur mit erheblichem Aufwand wieder geändert werden).

[»]

Technische ID der Anwendung

Sie müssen wissen, dass die technische ID der Anwendung sich aus dem Application Namespace und dem Module Name zusammensetzt. Diese werden konkateniert und durch einen Punkt getrennt. Wichtig ist, dass diese ID später im SAPUI5-ABAP-Repository eindeutig sein muss. Beim Anlegen der App kann diese Eindeutigkeit nicht überprüft werden, sondern erst beim erstmaligen Deployment auf das SAP-System.

4. **Description**: Beschreibung der Anwendung (ist nur für die Metadaten wichtig)
5. **Project folder path**: Verzeichnis im SAP Business Application Studio, in dem das Projekt angelegt wird. Meistens wird das standardmäßig angelegte Verzeichnis **projects** genommen, jedoch könnten Sie die Verzeichnisstruktur nach Belieben aufbauen.
6. **Minimum SAPUI5 version**: Version des SAPUI5-Frameworks, die für die Entwicklung verwendet wird. Später kommt diese Version nicht zum Einsatz, da die installierte Version der SAPUI5-Komponente des SAP-Systems entscheidend ist.

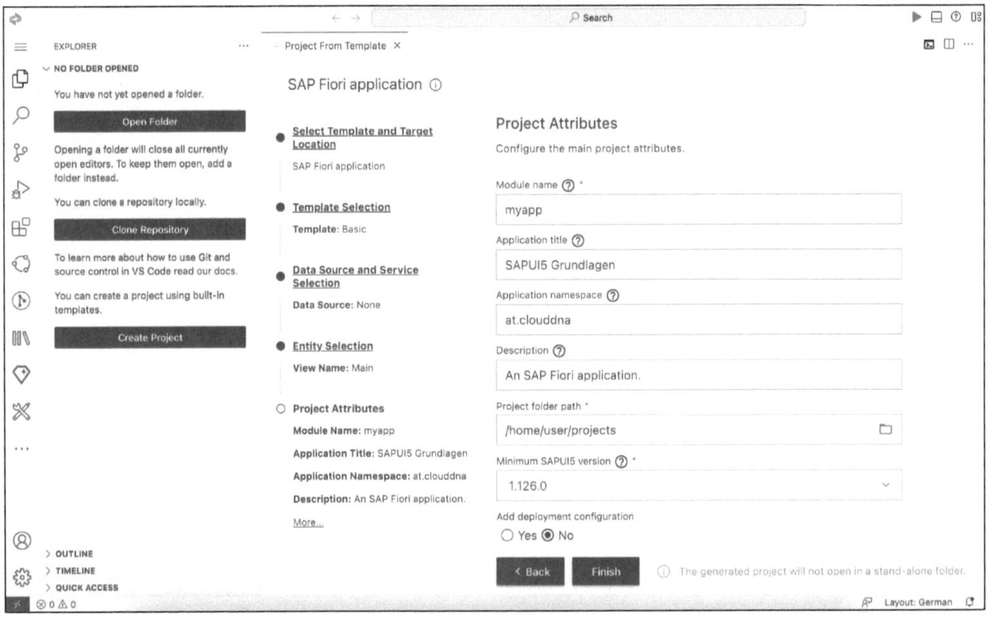

Abbildung 9.9 Projektspezifische Attribute vergeben

Wählen Sie die passende SAPUI5-Version

Das SAPUI5-Framework ist versioniert, d. h., mit höheren Versionen können Änderungen an bereits ausgelieferten Komponenten vorgenommen, aber auch neue Komponenten eingeführt worden sein. Wenn Sie mit einer anderen SAPUI5-Version entwickeln, als später tatsächlich auf dem deployten System verfügbar sein wird, kann es sein, dass Sie erst zum Zeitpunkt des Deployments feststellen, dass Sie Komponenten verwenden, die noch nicht auf dem SAP-System vorhanden sind.

Bevor Sie das Projekt anlegen, scrollen Sie noch weiter herunter und aktivieren bei **Configure advanced options** TypeScript, indem Sie bei **Enable TypeScript** den Radiobutton **Yes** anklicken (siehe Abbildung 9.10).

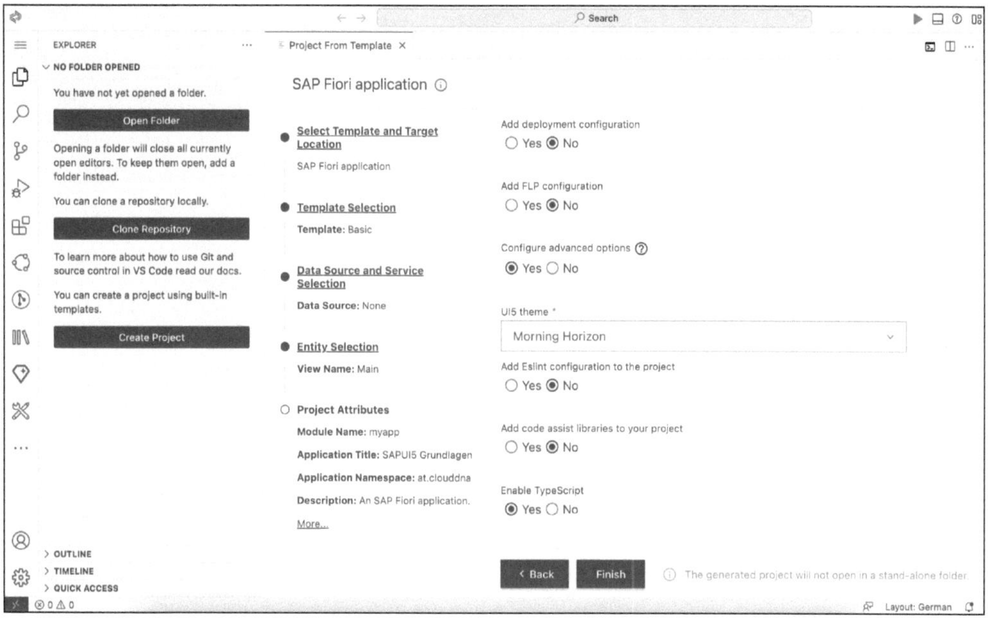

Abbildung 9.10 TypeScript aktivieren

Das Projekt ist nun zwar angelegt, aber noch nicht geöffnet. In jedem Fall können Sie wieder über das Menü **File • Open Folder ...** ein Verzeichnis öffnen (siehe Abbildung 9.11).

In Abbildung 9.12 sehen Sie, dass wir durch das Projektverzeichnis navigieren können, bis wir unser Projekt finden. Danach können wir unser Projekt auswählen und mit **OK** oder [↵] weitergehen.

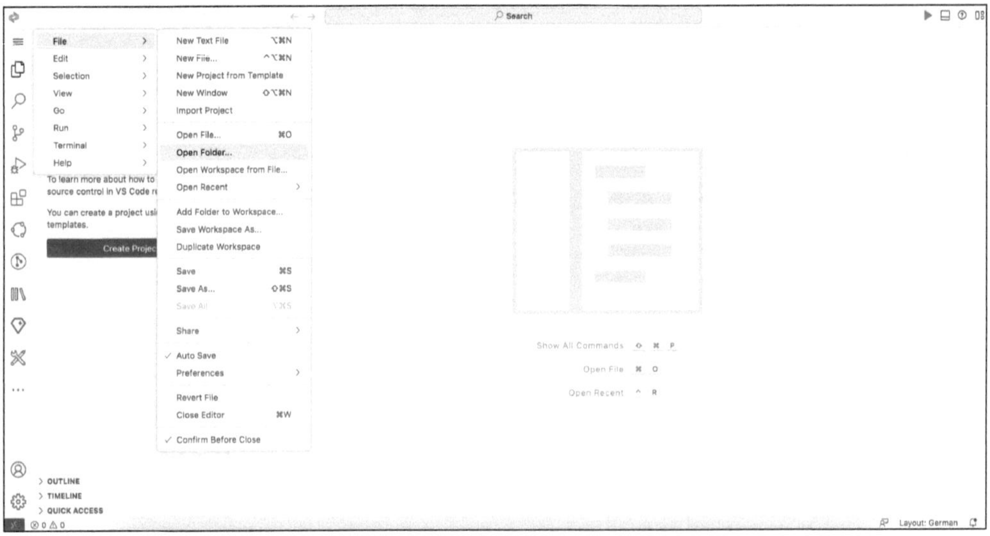

Abbildung 9.11 Verzeichnisse in der Entwicklungsumgebung öffnen

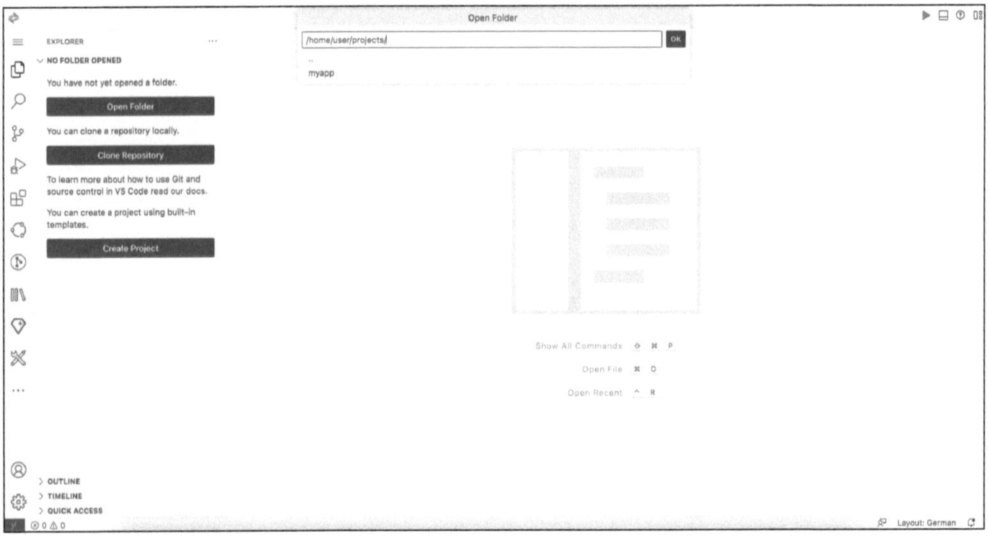

Abbildung 9.12 Das angelegte Projekt im Verzeichnis »projects« auswählen

Wenn Sie ein Projekt öffnen, dann werden Sie mit dem sogenannten *Storyboard* begrüßt. Hier werden ein paar projektspezifische Informationen dargestellt und auch sogenannte *Quick Actions*, wie z. B. das Hinzufügen eines OData-Service oder Ähnliches, angeboten (siehe Abbildung 9.13).

Abbildung 9.13 Storyboard der App öffnet sich automatisch.

> **Source-Code- und Versionsverwaltung**
>
> Die SAPUI5-Anwendung, die gerade angelegt wurde, existiert nur in Ihrer Entwicklungsumgebung. Es hat weder eine andere Person darauf Zugriff, noch wird der Source-Code, auch wenn die Anwendung später einmal auf das SAP-System deployt wurde, verteilt. Mit dieser neuen Technologie müssen Sie ein Source-Code- und Versionsverwaltungssystem selbst einführen. Die Empfehlung von SAP ist, auf Git zu setzen und so den Source-Code in einem Repository aufzubewahren. Der initiale Aufwand spricht zwar gegen diesen neuen Schritt, jedoch eröffnen sich dadurch neue Möglichkeiten im Hinblick auf die Kollaboration sowie die Software- und Feature-Entwicklung.
>
> Falls Sie mehr Informationen zu diesem Thema benötigen, empfehlen wir Ihnen das Buch »Git und SAP. Versionsverwaltung und Transporte« (SAP PRESS 2022).

9.1.2 SAP Fiori Application Generator in Visual Studio Code

In diesem Abschnitt möchten wir Ihnen zeigen, wie Sie eine SAPUI5-Freestyle-Applikation in *Visual Studio Code* anlegen können. Ab einem bestimmten Punkt wird der Anlageprozess dem im SAP Business Application Studio gleichen. Zunächst müssen Sie jedoch das SAP Fiori Tools – Extension Pack installieren. Wie Sie in Abbildung 9.14 sehen können, haben wir bei den Erweiterungen nach dem Schlagwort »SAP Fiori« gesucht und das entsprechende Extension Pack gefunden.

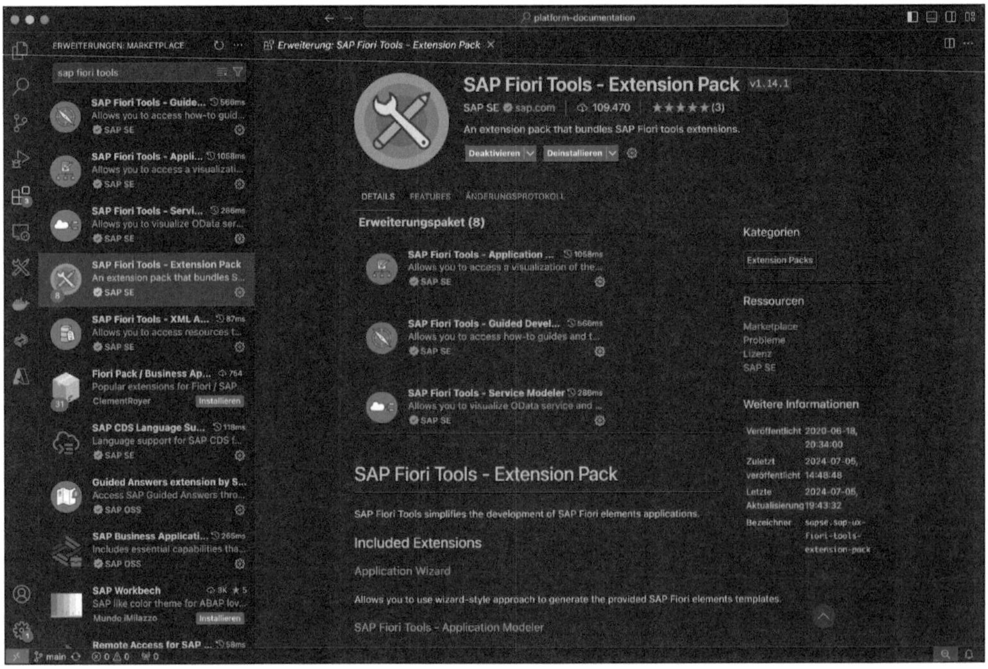

Abbildung 9.14 SAP Fiori Tools – Extension Pack installieren

Da Visual Studio Code als Entwicklungsumgebung nicht spezifisch für SAP-Entwicklungen gedacht ist, gliedern sich die installierten Funktionen in die *Command Palette* ein. Diese Command Palette kann, wie in Abbildung 9.15 dargestellt, geöffnet werden.

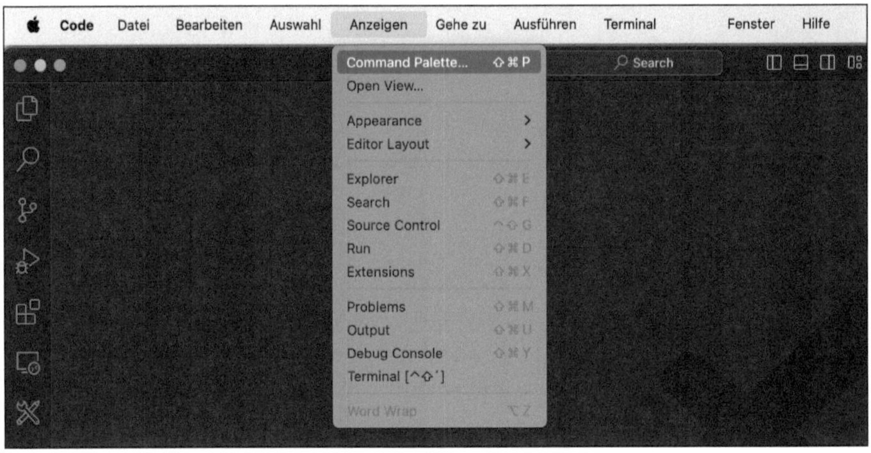

Abbildung 9.15 Command Palette öffnen, um SAP-Fiori-Funktionen zu nutzen

In der Command Palette können unter dem Stichwort »Fiori« die Funktionen abgerufen werden, die im SAP Business Application Studio über das Menü erreichbar sind.

Dazu gehört auch der Application Generator, der für die Erstellung einer neuen Anwendung verantwortlich ist. Wie in Abbildung 9.16 dargestellt ist, wählen Sie also die Option **Fiori: Open Application Generator** aus.

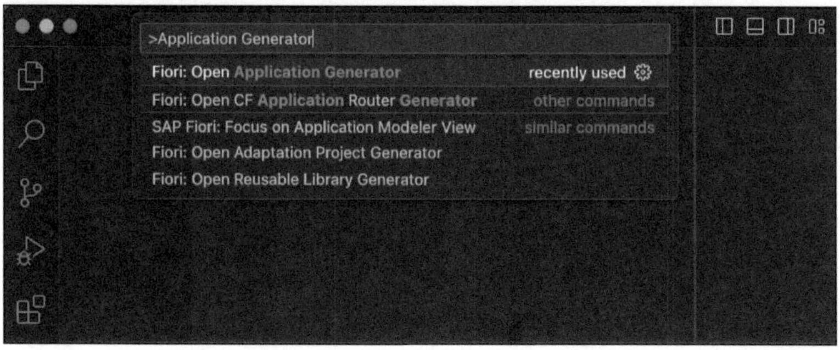

Abbildung 9.16 Application Generator über die Command Palette starten

Falls nicht automatisch geschehen, müssen Sie die entsprechende Komponente manuell installieren. In diesem Fall wird der *Generator* mit dem Namen **@sap/generator-fiori** installiert (siehe Abbildung 9.17).

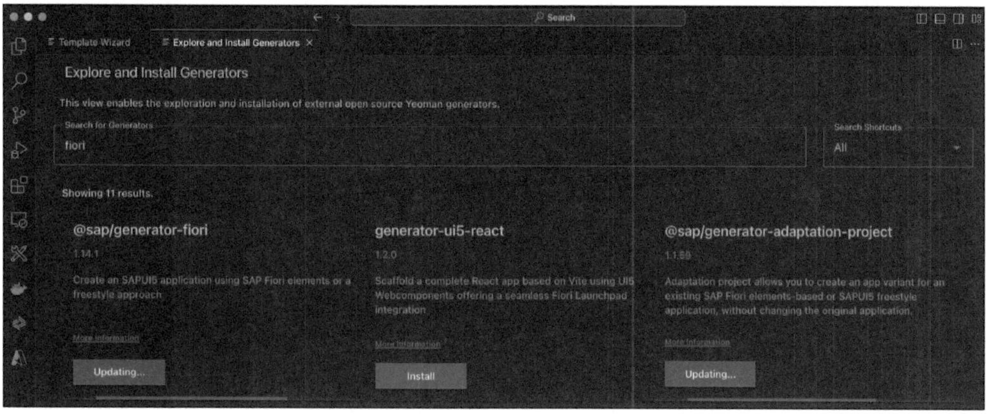

Abbildung 9.17 Generator installieren, falls noch nicht geschehen

Der Wizard, der sich hinter dem installierten Generator verbirgt, kommt Ihnen vielleicht bekannt vor. Das Design ähnelt dem des SAP Business Application Studio, nichtsdestotrotz können Überschriften der einzelnen Bereiche anders heißen. So wird auch das Templates für SAPUI5-Freestyle-Anwendungen lediglich **SAPUI5 Application** genannt. Wichtig ist auch, dass Sie bei **Application Type** als Wert im Auswahlmenü **SAPUI5 freestyle** auswählen (siehe Abbildung 9.18).

Die folgenden Schritte entsprechen denen zum Anlegen eines Projekts im SAP Business Application Studio aus Abschnitt 9.1.1.

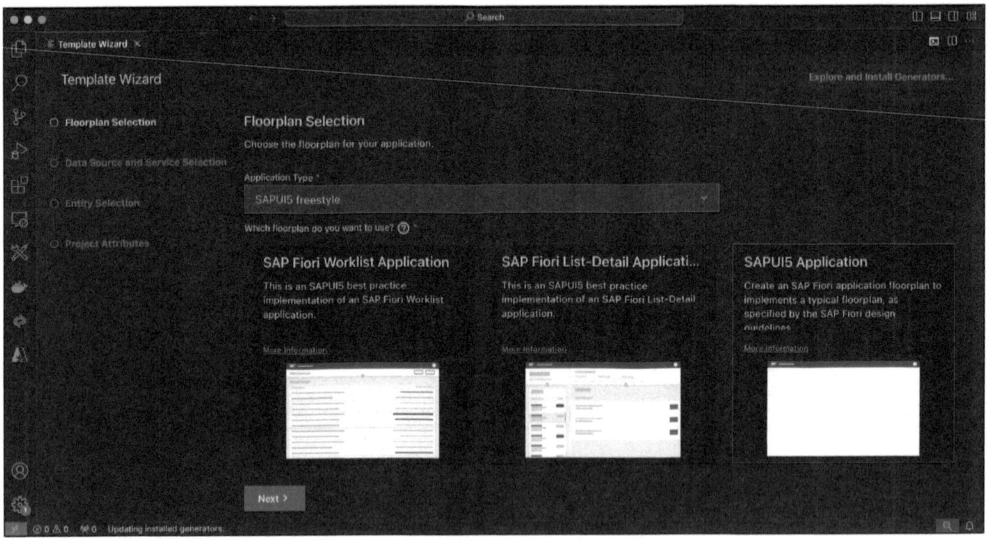

Abbildung 9.18 SAPUI5-Freestyle-Applikation anlegen

9.2 View aufbauen und UI-Komponenten verwenden

UI-Komponenten werden entweder von SAP im SAPUI5-Standard ausgeliefert oder von Entwicklern zusätzlich entwickelt. Neben den Komponenten, die auf der Benutzeroberfläche dargestellt werden sollen und somit einen Renderer haben, existieren auch sogenannte *Faceless Components*. Diese Komponenten haben keinen Renderer und sind auch nicht dafür gedacht, den Benutzern etwas zu präsentieren. Sie beinhalten meist Helper-Klassen, Formatter oder sind sonstige Bibliotheken, die die eigene Geschäftslogik unterstützen sollen.

Um UI-Komponenten überhaupt darstellen zu können, braucht es eine Oberfläche, auf der diese platziert werden können. Damit ist nicht das Layout gemeint, sondern eine technische Komponente im MVC-Pattern. Sie haben es vielleicht schon erraten, wir brauchen Views. Es gibt zwar verschiedene Arten von Views, wir beschränken uns jedoch auf den wichtigsten, nämlich den XML-View. Der Unterschied zu den anderen Views ist die Sprache, mit der sie erstellt werden. Sie dienen jedoch alle dem gleichen Zweck, nämlich der Darstellung von UI-Komponenten.

In unserem Fall wurde bei der Projekterstellung bereits ein View angelegt. Wenn Sie weitere Views anlegen möchten, können Sie dies ganz einfach tun, indem Sie eine neue Datei im Verzeichnis **view** anlegen. Wichtig ist, dass die XML-Views mit der Dateiendung **.view.xml** enden. Der bereits angelegte View `sap.ui.core.mvc.View` wird, wie Sie in Abbildung 9.19 sehen können, in Zeile 1 geöffnet und Zeile 7 geschlossen. Darin eingeschlossen befinden sich die UI-Komponenten, die auf der Seite dargestellt werden. Damit der Aufbau nicht willkürlich und mit viel Positionierungsarbeit erfolgen muss, gibt es Container, die uns beim Seitenaufbau helfen. So wurde in unserem Fall auch die UI-Komponente `sap.m.Page` bereits beim Anlegen des Projekts eingefügt (siehe Zeilen 2 bis 6). Diese UI-Komponente teilt die Seite in drei Teile, Header, Content und Footer (Kopfzeile, Inhalt und Fußzeile), und bietet uns die Möglichkeit, beliebige UI-Komponenten zu platzieren.

Abbildung 9.19 Der initial angelegte XML-View

Sie haben bereits in unserer Beschreibung gesehen, dass die UI-Komponenten immer aus einem bestimmten Namensraum bzw. einer bestimmten Bibliothek stammen. Diese Namensräume werden in der View-Definition mit `xmlns` eingebunden. Es gibt immer einen Default-Import (in unserem Fall `sap.m`), und somit müssen UI-Komponenten, die aus diesem Namensraum stammen, in der Datei nicht explizit gekennzeichnet werden. Da es nur einen Default-Import geben kann, müssen alle anderen Namensräume ein Kürzel erhalten und im XML immer mittels Kürzel auf die UI-Komponente aus dem Namensraum verwendet werden (siehe Unterschied zwischen `mvc:View` und `Page`).

Versuchen wir nun einen ersten Text im `content` der `Page` zu platzieren. Im Gegensatz zu HTML können wir den Text nicht einfach hinschreiben, sondern benötigen eine UI-Komponente, die diese Möglichkeit bietet. In der SAPUI5-Dokumentation (*www.ui5.sap.com)* haben wir durch Recherche herausgefunden, dass es eine UI-Komponente `sap.m.Text` gibt. Schauen wir uns die Eigenschaften dieser Komponente an, so finden wird heraus, dass eine Eigenschaft namens `text` gesetzt werden kann. Aus der Beschreibung lesen wir heraus, dass diese Eigenschaft den gesetzten Text auf der Benutzeroberfläche darstellt (siehe Abbildung 9.20).

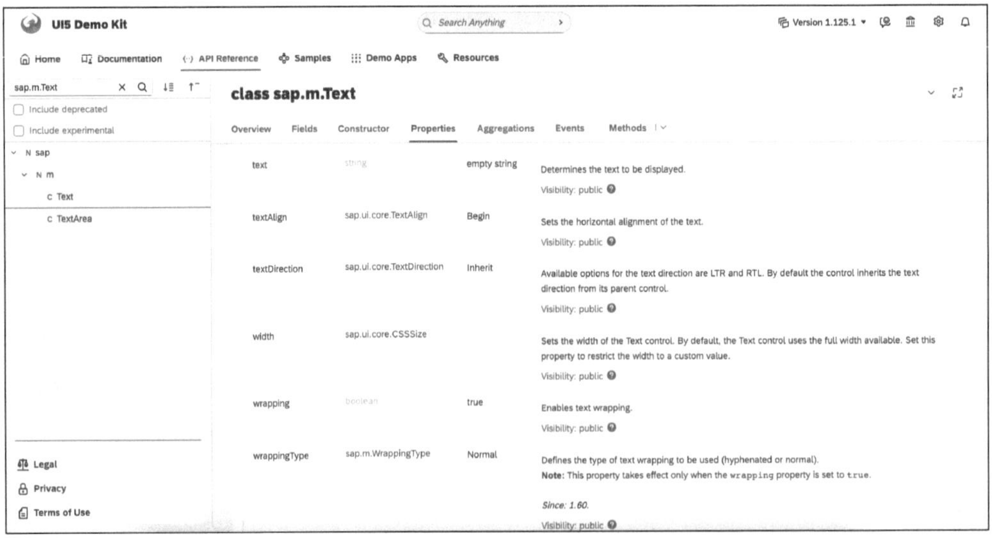

Abbildung 9.20 API-Referenz als erste Anlaufstelle für die Dokumentation ausgelieferter UI-Komponenten

Wir werden nun diese UI-Komponente im Bereich `content` unserer Seite platzieren, und da `sap.m` als Namensraum standardmäßig bereits importiert ist, müssen wir vor `sap.m.Text` nichts voranstellen. Wir haben recherchiert, dass unser Text, den wir als Wert der Eigenschaft `text` zuweisen, auf der Oberfläche dargestellt wird. Den Text haben wir, wie in Abbildung 9.21 dargestellt, eingefügt.

Abbildung 9.21 UI-Komponente Text für die Darstellung von Fließtext

Wir möchten nun auch sehen, wie die App aussehen könnte, und starten dafür die im Standard eingebaute Funktion zur Vorschau. Klicken Sie dafür auf irgendein Verzeichnis im Projekt und wählen Sie im Kontextmenü **Preview Application** aus (siehe Abbildung 9.22).

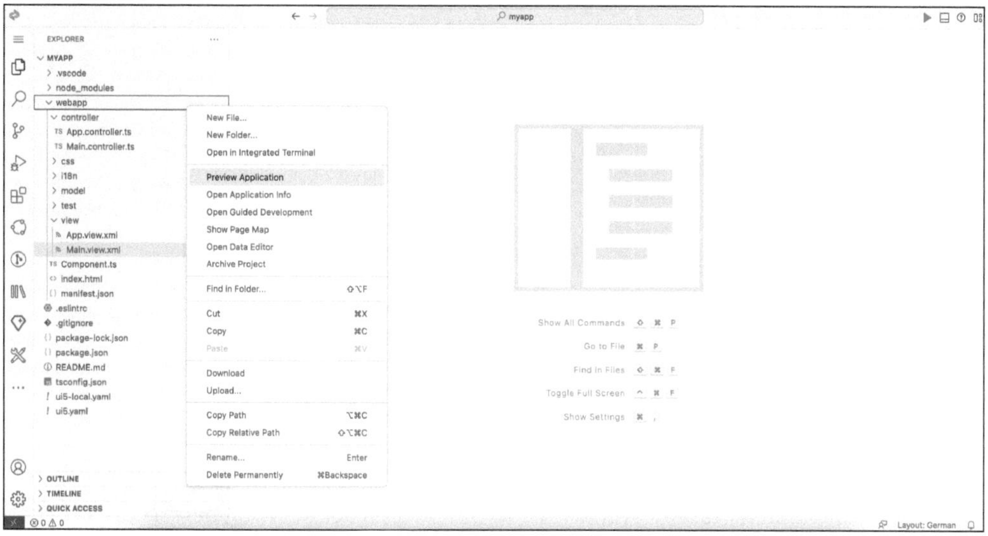

Abbildung 9.22 »Preview Application« für eine Vorschau der Anwendung nutzen

Uns werden mehrere Skripte aus dem **package.json** angeboten, mit denen wir eine Vorschau starten können (siehe Abbildung 9.23). Wir erklären Ihnen kurz die wichtigsten drei Skripte:

- **start**: Mit diesem Skript starten Sie eine SAP-Fiori-Launchpad-Sandbox-Instanz, in der die App dargestellt wird, als würde sie im Launchpad laufen. In diesem Fall startet die App nicht über die Datei **index.html**, sondern über die Datei **Component.js**, die wir später noch vorstellen werden. Die Konfiguration für die Middleware, die von dieser Vorschau verwendet wird, liegt in der Datei **ui5.yaml**.
- **start-noflp**: In diesem Fall wird die App nicht in eine SAP-Fiori-Launchpad-Sandbox eingebettet, sondern direkt über die Datei **index.html** gestartet, als würde sie auf einen beliebigen Nicht-SAP-Webserver zur Verfügung gestellt werden. Die Konfiguration für die Middleware, die von diesem Preview verwendet wird, liegt in der Datei **ui5.yaml**.
- **start-local**: Diese Option wird verwendet, wenn man einen OData-Service zwar angebunden hat, aber man mit Mock-Daten die App testen möchte. Dies kann sein, weil man keine Verbindung zum Backend hat, die App aber trotzdem weiterentwickeln und testen möchte. Die Konfiguration für die Middleware, die von dieser Vorschau verwendet wird, liegt ebenfalls in der Datei **ui5-local.yaml**.

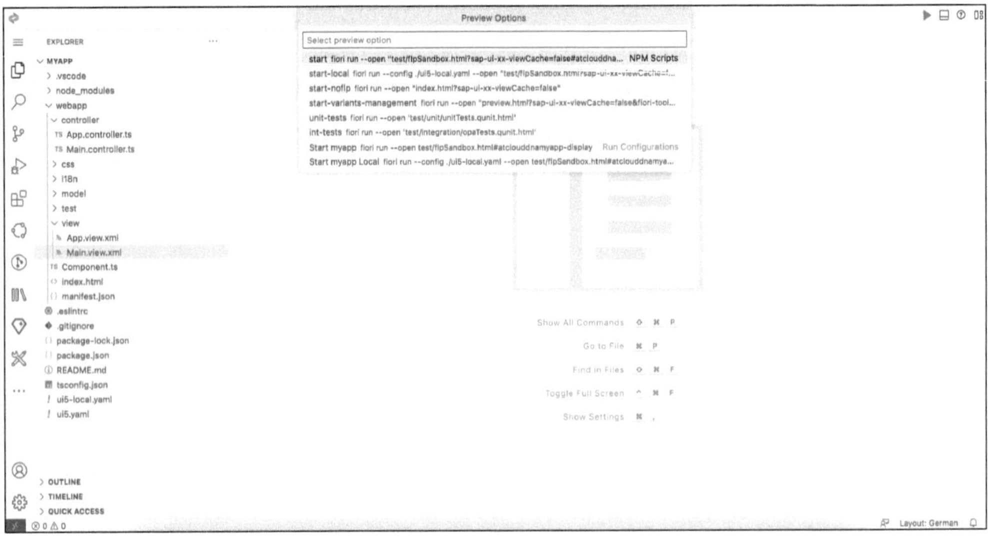

Abbildung 9.23 Mehrere Skripte für das Starten einer Vorschau

Wir haben uns für die Variante mit der SAP-Fiori-Launchpad-Sandbox entschieden. Beim allerersten Starten kann es vorkommen, dass der Preview, der in einem neuen Tab geöffnet werden sollte, durch den Pop-up-Blocker verhindert wird (siehe Abbildung 9.24). Erlauben Sie explizit, dass Pop-ups von dieser Seite geöffnet werden dürfen, und starten Sie den Preview erneut.

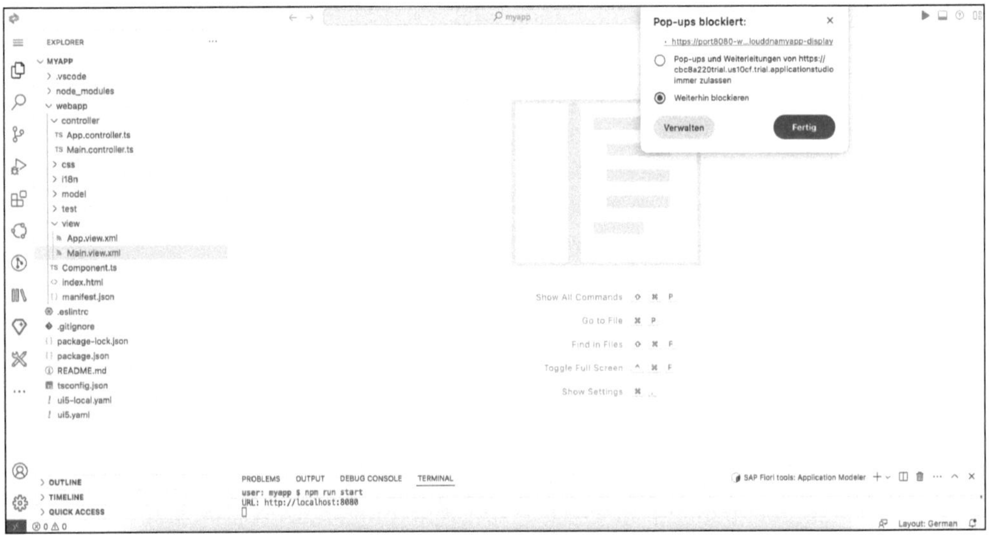

Abbildung 9.24 Preview durch den Pop-up-Blocker verhindert

Nach all diesen Schritten sehen wir in Abbildung 9.25, dass eine Vorschau der Anwendung direkt im Browser gestartet wird. Nun können Sie jede Änderung nach dem Speichern in diesem weiteren Tab verfolgen und direkt die Auswirkungen auf die Anwendung sehen.

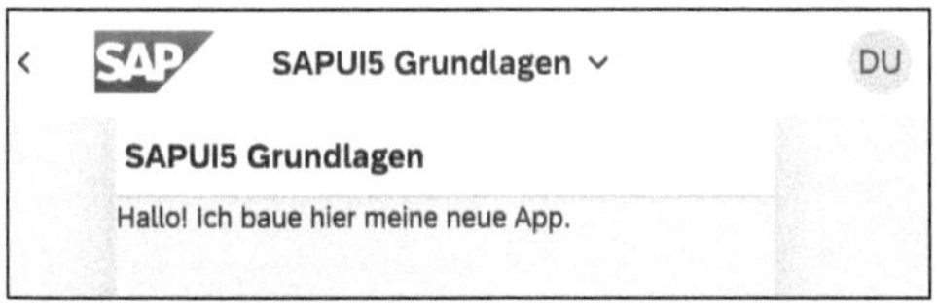

Abbildung 9.25 Vorschau der App in einem neuen Tab

9

[«]

Preview bedeutet wortwörtlich Vorschau

Bitte beachten Sie, dass es sich hierbei wirklich nur um eine Vorschau handelt, nicht die lauffähige App. Zwar befindet sich die Vorschau in einem Browser, und somit könnte man den Link kopieren und verteilen, jedoch wird die App nicht mehr laufen, sobald Sie das Terminal schließen.

Wie Sie in Abbildung 9.26 sehen können, ist die Seite dreigeteilt. In diesen drei Bereichen können Sie UI-Komponenten (fast) nach Belieben platzieren. Header und Footer sind jedoch in der Höhe begrenzt, weshalb hier nicht alle Komponenten sinnvoll sind.

Abbildung 9.26 Bereiche von einer Page-UI-Komponente

Wenn wir in der Dokumentation für `sap.m.Page` nachsehen, werden wir im Bereich **Aggregations** die entsprechenden Einträge **content**, **contentHeader** oder **customHeader** und **footer** finden (siehe Abbildung 9.27).

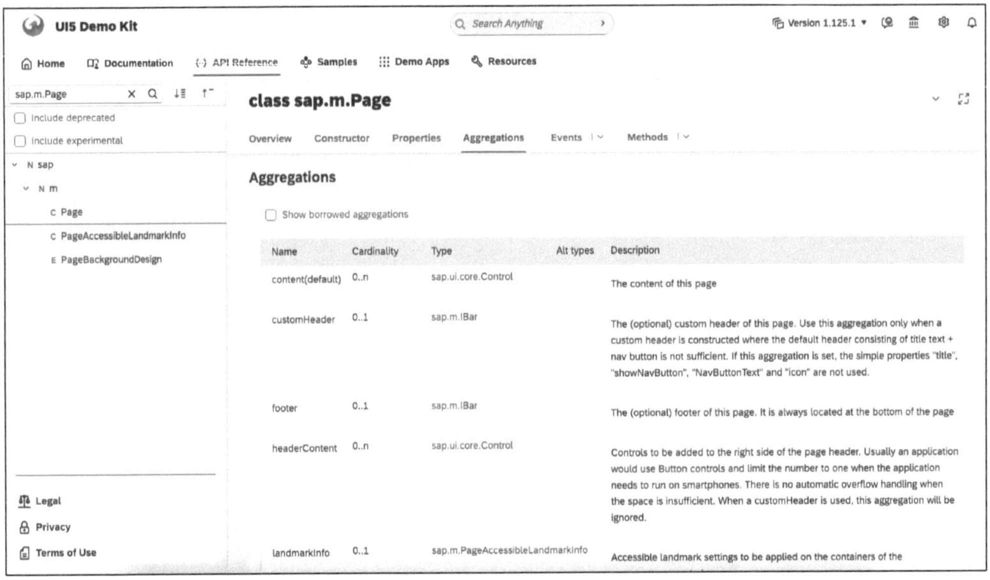

Abbildung 9.27 Aggregations der UI-Komponente »sap.m.Page«

Aggregationen werden im Gegensatz zu Properties zwischen die öffnenden und schließenden Tags der jeweiligen UI-Komponente geschrieben. In Abbildung 9.28 haben wir exemplarisch die drei Bereiche eingefügt und mit Kommentaren die Stellen markiert, an denen andere UI-Komponenten stehen könnten, um diese im Header, Content oder Footer zu platzieren.

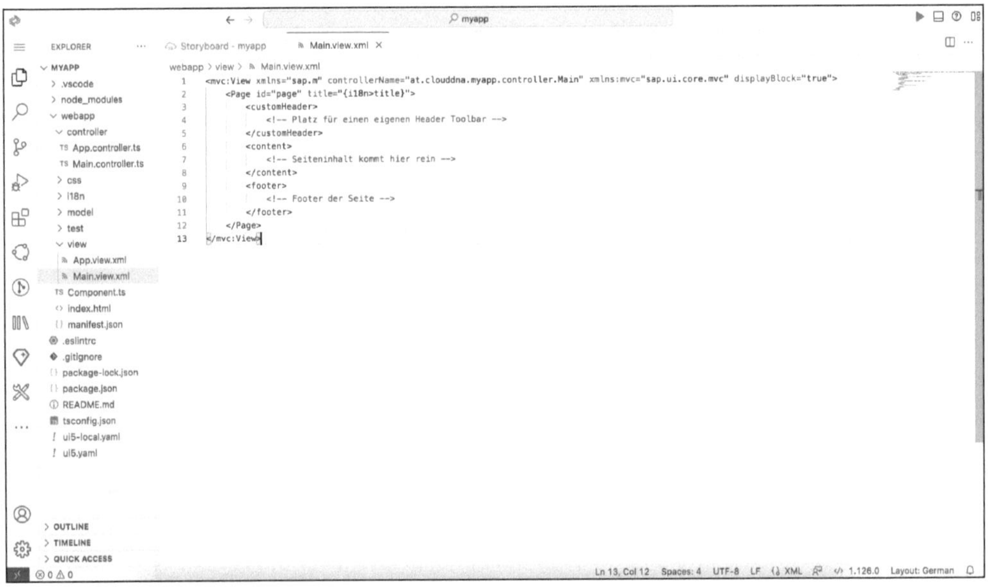

Abbildung 9.28 Diese Bereiche einer Page laut Dokumentation ermittelt

Doch was genau ist eine Aggregation. Aggregationen sind Parent-Child-Beziehungen zwischen UI-Komponenten. Die Aggregation `content` von `sap.m.Page` besagt, dass wir jegliche UI-Komponenten, die von `sap.ui.core.Control` erben, in die Aggregation platzieren können und diese so im Inhaltsbereich der Seite angezeigt werden. Nehmen wir ein anderes, eventuell greifbareres Beispiel. Es gibt die UI-Komponente `sap.m.List`. Diese stellt eine Liste dar und hat eine Aggregation namens `items`. In diese Aggregation dürfen Listenelemente platziert werden, die in der Benutzeroberfläche dargestellt werden sollten. Listing 9.1 zeigt eine Liste mit zwei Listeneinträgen.

```
<List headerText="Überschrift der Liste">
    <items>
        <StandardListItem title="Zeile 1"/>
        <StandardListItem title="Zeile 2"/>
    </items>
</List>
```

Listing 9.1 Beispiel für Aggregation

Die Syntax, wie die recherchierten Informationen aus der SAPUI5-Dokumentation nun angewendet werden können, haben wir in Listing 9.2 dargestellt.

```
<Component property="value" event="listener" association="value" >
    <aggregation>
        <ChildComponent property="value" />
    </aggregation>
</Component>
```

Listing 9.2 Syntax für UI-Komponenten in XML-Views

[«]

IDs für die UI-Komponenten sind essenziell

Der Syntaxcheck hat uns immer mit einer Warnung darauf hingewiesen, dass wir für jede UI-Komponente die Eigenschaft `id` mit einem Wert füllen sollten. Wenn Sie keine IDs zuweisen, wird dies vom SAPUI5-Framework übernommen. Der Nachteil wäre, dass Sie die Benennung und Vergabe der IDs nicht selbst in der Hand hätten und somit später auch nicht von anderen Stellen auf die UI-Komponenten zugreifen können.

Ein weiterer Nachteil wäre, dass Sie das Erweiterungskonzept für diese App nicht nutzen könnten. Sowohl die Anpassungsprojekte als auch die Key-User-Anpassungen leben davon, dass die einzelnen UI-Komponenten IDs haben.

Was passiert nun, wenn wir keine Liste anzeigen, sondern den Benutzern ein Formular anbieten wollen? Wir könnten, wie in Listing 9.3 gezeigt, eine `sap.m.VBox` verwenden, die die UI-Komponenten, die sich in der Aggregation `items` befinden, untereinander anordnet. Für jede Zeile, die wir darstellen wollen, könnten wir eine `sap.m.HBox` verwenden, dank der `sap.m.Label` und `sap.m.Input` nebeneinander angezeigt werden.

```
<VBox id="vbox1">
    <items>
        <HBox id="hbox1">
            <items>
                <Label id="labelFistname" labelFor="inputFirstname"
text="Vorname" />
                <Input id="inputFirstname" />
            </items>
        </HBox>
        <HBox id="hbox2">
            <items>
                <Label id="labelLastname" labelFor="inputLastname"
text="Nachname" />
                <Input id="inputLastname" />
            </items>
        </HBox>
    </items>
</VBox>
```

Listing 9.3 VBox und HBox als Container für den Aufbau der Seite nutzen

Doch wenn wir uns in Abbildung 9.29 das Ergebnis ansehen, dann werden wir erkennen, dass der Aufbau nicht sehr ansprechend ist.

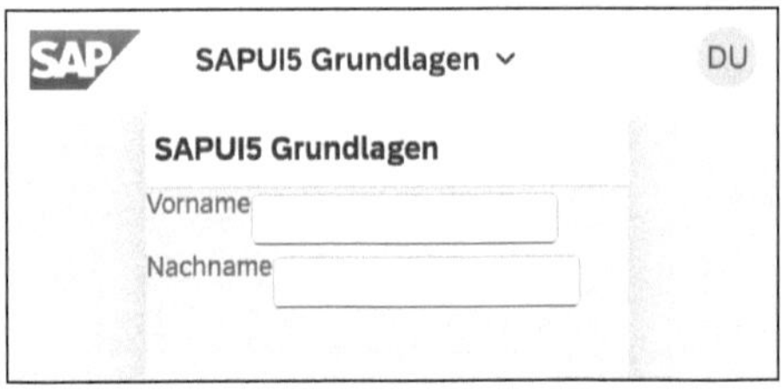

Abbildung 9.29 HBox und VBox eignen sich für einfache Darstellungen.

Wir werden nun eine `sap.ui.layout.form.SimpleForm` verwenden, um eine einfache Darstellung der Daten zur Verfügung zu stellen. Die `SimpleForm` kann über mehrere Definitionen sehr einfach für alle Gerätegrößen (S, M, L, XL usw.) benutzerfreundlich und responsiv dargestellt werden. Normalerweise basiert die `SimpleForm` auf dem `ResponsiveGridLayout`. Dieses Layout besagt, dass der Bildschirm, egal auf welchem Gerät und somit Bildschirmbreite die Benutzer unterwegs sind, auf 12 gleichmäßige Spalten unterteilt wird. Diese zwölf Spalten können mit den folgenden Properties, die jeweils in vierfacher Ausführung existieren, vergeben werden:

- labelSpan: Die Anzahl bei labelSpan besagt, wie viele Spalten ein Label in der SimpleForm einnehmen soll.
- emptySpan: Der emptySpan besagt, wie viele Spalten in jeder Zeile am Ende der Zeile frei und somit leergelassen werden.

Abbildung 9.30 zeigt beispielhaft, welche Auswirkungen eine Definition für die Gerätegröße L haben kann. Laut Definition belegen die Labels (also in unserem Fall Vorname und Nachname) die ersten vier Spalten. Weiterhin ist definiert, dass in jeder Zeile drei Spalten leergelassen werden sollen. Hätten wir in unserer XML-Definition nach einem Label ein Input, so würde dieses Input-Feld die restlichen Spalten zugewiesen bekommen und somit Platz beanspruchen.

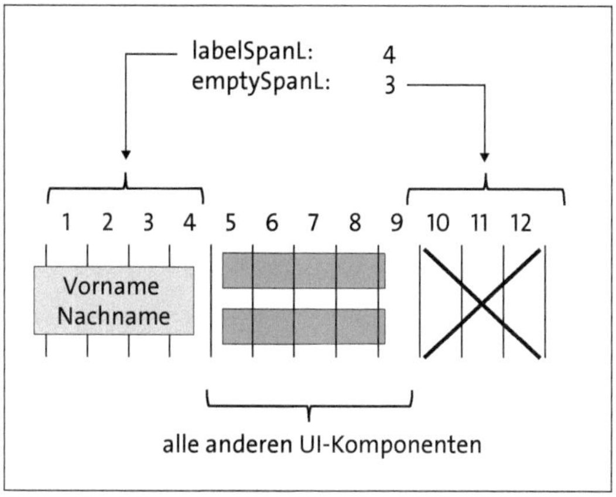

Abbildung 9.30 Theorie vom Aufbau der »SimpleForm« mit dem »ResponsiveGridLayout«

Bei der SimpleForm sind auch noch diese Regeln sehr wichtig:

- Ein sap.m.Label startet immer eine neue Zeile.
- Ein sap.ui.core.Title oder sap.m.Toolbar startet eine neue Gruppe.
- Alle UI-Elemente, die nach einem sap.m.Label kommen, verwenden den verfügbaren Platz (12 – labelSpan – emptySpan = verfügbare Spalten). Es wird versucht, diesen Platz gleichmäßig auf alle UI-Elemente im gleichen Verhältnis aufzuteilen. Bei einer ungeraden Zahl bekommt das erste UI-Element eine Spalte mehr gutgeschrieben.

Starten wir nun, indem wir in unserer Main-View in der Aggregation content eine SimpleForm einfügen. Die XML-Definition dazu sehen Sie in Listing 9.4 dargestellt.

```
<f:SimpleForm id="detail_simpleform" editable="true"
layout="ResponsiveGridLayout" labelSpanXL="3" labelSpanL="3"  labelSpanM="3"
labelSpanS="12" emptySpanXL="4" emptySpanL="4" emptySpanM="4" emptySpanS="0"
columnsXL="1" columnsL="1" columnsM="1">
```

```
    <f:content>
        <!-- Formularinhalt kommt hier rein -->
    </f:content>
</f:SimpleForm>
```

Listing 9.4 »SimpleForm« für die benutzerfreundliche und responsive Darstellung

Wenn wir einen `sap.m.Label` der `SimpleForm` hinzufügen, so starten wir eine neue Zeile. Probieren wir das aus, indem wir eine Zeile für den Vornamen und eine für den Nachnamen anzeigen (siehe Listing 9.5).

```
<Label id="labelFistname" labelFor="inputFirstname" text="Vorname" />
<Input id="inputFirstname" />
<Label id="labelLastname" labelFor="inputLastname" text="Nachname" />
<Input id="inputLastname" />
```

Listing 9.5 Inhalt in der »SimpleForm« baut sich nach bestimmten Regeln auf.

Wenn wir zur Vorschau zurückwechseln, sehen wir interessanterweise nur eine leere Seite, obwohl in unserer Entwicklungsumgebung keine Syntaxfehler und in der Konsole, in der unser Skript für die Vorschau gestartet wurde, auch keine Fehlermeldungen zu sehen sind. Das liegt daran, dass es sich bei der SAPUI5-Anwendung um eine clientseitige Anwendung handelt. Die Anwendung wird erst beim Client im Browser aufgebaut und kompiliert. Das bedeutet, dass wir die Laufzeitfehler erst bei Ausführung der Anwendung sehen. Werfen wir einen Blick in die Konsole der *Entwicklungswerkzeuge* des jeweiligen Browsers (normalerweise [F12] oder [Strg] + [⇧] + [I]). In Abbildung 9.31 ist die Konsole des Browsers dargestellt, und dort können wir erkennen, dass die `SimpleForm` nicht geladen werden konnte.

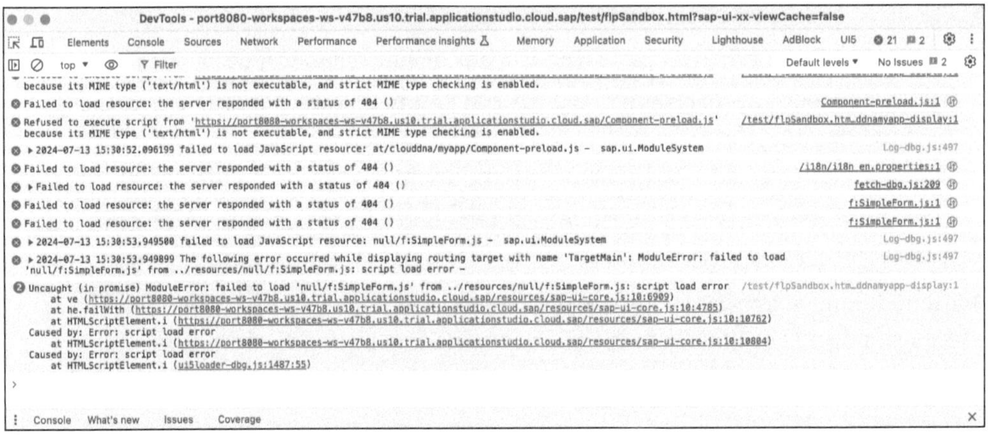

Abbildung 9.31 Laufzeitfehler können in der Konsole des Browsers eingesehen werden.

Das liegt daran, weil die `SimpleForm` aus dem Namensraum `sap.ui.layout.form` geladen wird, den wir nicht importiert haben bzw. wir beim öffnenden Tag der `SimpleForm` ein »f« als Kürzel vorangestellt haben, das nicht definiert ist. Passen wir die Definition des Views wie folgt an, um den Import vorzunehmen:

```
<mvc:View xmlns="sap.m" xmlns:f="sap.ui.layout.form"
controllerName="at.clouddna.myapp.controller.Main" xmlns:mvc="sap.ui.core.mvc"
displayBlock="true">
```

Schon erscheint unsere `SimpleForm` in ihrer vollen Pracht und zeigt die jeweiligen `Labels` und `Inputs` benutzerfreundlich angeordnet an (siehe Abbildung 9.32).

Abbildung 9.32 »SimpleForm« als Empfehlung für die Darstellung von Formularen

Bevor es zur Applikationslogik geht, fügen wir als letzten Schritt noch einen Footer auf der Seite hinzu. Hier werden wir zwei `sap.m.Button` in einer `sap.m.OverflowToolbar` als Container einfügen (siehe Listing 9.6). Dank dem `sap.m.ToolbarSpacer` sind die Buttons, wie mit einem Tabulator, ganz nach rechts gerückt. Diese Buttons haben zunächst keine Funktion, außer dass sie sichtbar und anklickbar sind. Wie wir die Wirkung des Buttons definieren können, werden wir im nächsten Abschnitt sehen, wenn es um die Geschäftslogik geht.

```
<footer>
    <OverflowToolbar id="footerToolbar">
        <ToolbarSpacer id="footerToolbarSpacer"/>
        <Button id="saveButton" text="Speichern" type="Accept"
icon="sap-icon://save" press="onSavePressed" />
        <Button id="cancelButton" text="Abbrechen" type="Reject"
icon="sap-icon://cancel" press="onCancelPressed" />
    </OverflowToolbar>
</footer>
```

Listing 9.6 Footer für die Darstellung von Buttons

Dank der Eigenschaften, die wir der Formatierung zugewiesen haben, werden unsere Buttons auf unserer Seite bereits farbig und mit Symbolen angezeigt (siehe Abbildung 9.33).

Abbildung 9.33 Buttons im Fußbereich der Seite

Icons werden im Standard ausgeliefert

Überall dort, wo Sie die Möglichkeit haben, Icons zu vergeben, können Sie diese Liste der verfügbaren und standardmäßig ausgelieferten Icons verwenden: *https://sapui5.hana.ondemand.com/sdk/test-resources/sap/m/demokit/iconExplorer/webapp/index.html#/overview.*

9.3 Applikationslogik, Formatter und Event Handler implementieren

In diesem Abschnitt werden wir uns mit der Applikationslogik beschäftigen. Bevor wir in die Entwicklung mit *TypeScript* starten können, ist es wichtig, zu klären, wo die Controller zu finden sind und was deren Aufgabe ist.

Die Controller befinden sich im Verzeichnis **controller**, und je nachdem, ob Sie mit JavaScript oder TypeScript entwickeln, enden die Dateien hier mit **.controller.js** oder **.controller.ts**. Damit der View nicht auch noch die ganze Logik abhandeln muss, werden für jeden View die Lebenszyklusmethoden, Formatter, Event Handler und vieles mehr in einen Controller ausgelagert. Somit ist (auch wenn es technisch mehrere Möglichkeiten gibt) ein Controller immer einem View zugeordnet. Diese Zuordnung wird seitens des Views initiiert, da der Verweis auf den Controller in der View-Definition mit der Property `controllerName` hinterlegt ist:

```
<mvc:View xmlns="sap.m" xmlns:f="sap.ui.layout.form"
controllerName="at.clouddna.myapp.controller.Main" xmlns:mvc="sap.ui.core.mvc"
displayBlock="true">
```

Der zugehörige Controller, wie in Abbildung 9.34 dargestellt, ist zunächst leer und beinhaltet lediglich die Lebenszyklusmethoden, die implizit aufgrund der Namensgleichheit aufgerufen werden. Wir haben den Zeitpunkt, wann diese vom Framework getriggert werden, mit entsprechenden Kommentaren versehen.

Abbildung 9.34 Controller beinhalten die Geschäftslogik pro View.

Wenn es nun darum geht, dass wir aus dem Controller heraus auf UI-Komponenten des Views zugreifen möchten, wird die Relevanz der IDs ersichtlich. Zunächst einmal können wir in jeder Methode mit folgendem Methodenaufruf, der Dank der 1:1-Verknüpfung zwischen Controller und View, an die Instanz des Views kommen:

```
this.getView()
```

Da wir nun eine Instanz von `sap.ui.core.mvc.View` zurückgeliefert bekommen, können wir in der SAPUI5-Dokumenation nachsehen, welche Methoden uns zur Verfügung stehen (siehe Abbildung 9.35).

In der Dokumentation werden wir fündig. Wir finden heraus, dass wir die Methode `.byId(sId)` verwenden können, um eine UI-Komponente mit der gewünschten ID zu erhalten. Wenn wir also auf die Eingabe für den Vornamen zugreifen wollen, würde das wie folgt aussehen:

```
this.getView().byId("inputFirstname")
```

Nun beginnt der Vorgang wieder von vorne. Wir wissen, dass wir hier unser `sap.m.Input` zurückgeliefert bekommen. Also schauen wir wieder in der Dokumentation nach, welche Methoden für diese UI-Komponente zur Verfügung stehen. In der Dokumentation sehen wir, dass wir mit der Methode `.setValue(sValue)` einen Wert in das Eingabefeld schreiben können. Setzen wir all diese Puzzleteile zusammen, um in der Methode .onInit() auf den Input des Vornamens zuzugreifen und vom Controller aus einen beliebigen Wert in die Eingabe zu schreiben (siehe Listing 9.7):

```
public onInit(): void {
    let oView = this.getView(),
        oInputFirstname = oView?.byId("inputFirstname") as Input;
    oInputFirstname.setValue("Daniel");
}
```

Listing 9.7 Beispielcode zum Zugriff auf UI-Komponenten und deren Methoden

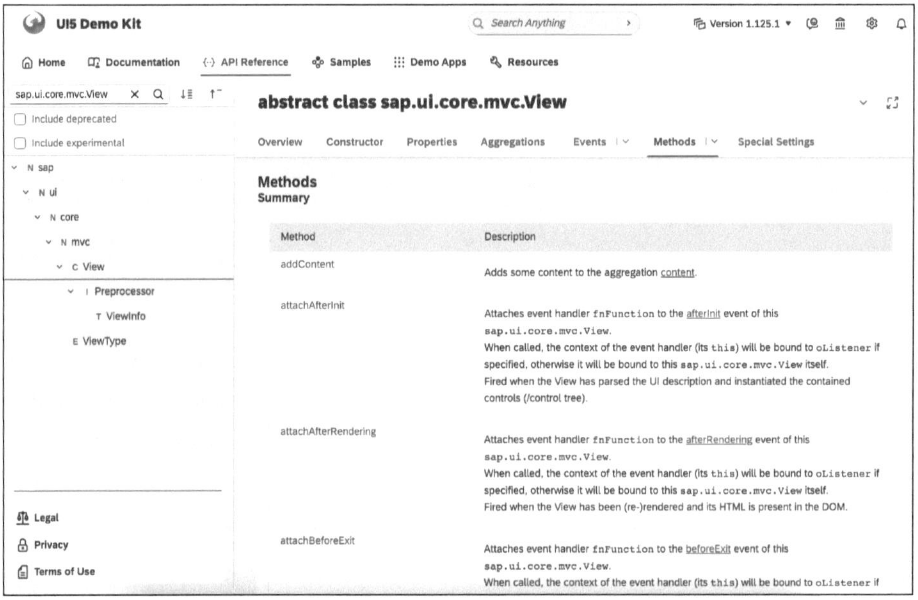

Abbildung 9.35 Zur Verfügung stehende Methoden je Komponente

Wie Sie in Abbildung 9.36 sehen können, wird nun das Eingabefeld mit dem von uns gesetzten Text befüllt.

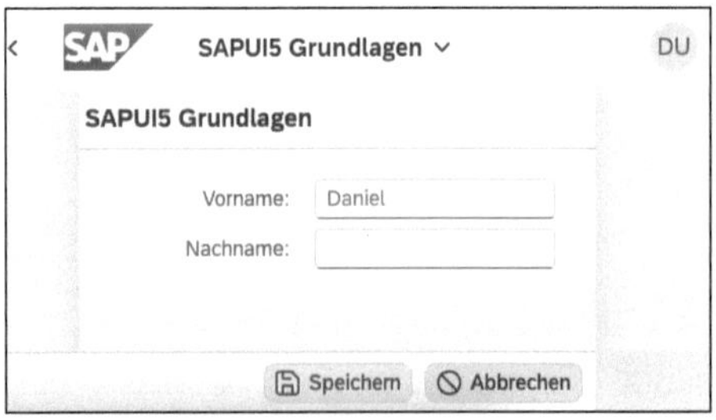

Abbildung 9.36 Mittels IDs kann aus dem Controller heraus auf UI-Komponenten zugegriffen werden.

Zugriff über IDs in den Lebenszyklusmethoden

Beim Zugriff auf die UI-Komponenten über die ID in den Lebenszyklusmethoden ist Vorsicht geboten. Je nach Szenario kann es passieren, dass zunächst der View aufgebaut wird und insbesondere in der Methode `onInit()` statt der UI-Komponente ein `undefined` zurückgegeben wird, weil die UI-Komponente technisch noch gar nicht zur Verfügung steht. Jede weitere Methodenverkettung an dieser Stelle würde zu einem Laufzeitfehler führen.

Bei den Lebenszyklusmethoden wäre die Methode `onAfterRendering()` am besten geeignet, aber auch sie ist nicht immer zu 100 % zuverlässig. Wenn wir über Routing und Navigation sprechen, werden wir Ihnen zeigen, was wir für den geeignetsten Ort halten.

Der Controller kann nicht nur verwendet werden, um von den Lebenszyklusmethoden auf die UI-Komponenten zuzugreifen, sondern steht auch dem Event Handler zur Verfügung. Wir haben bereits zwei Buttons definiert, die ein Ereignis namens `press` haben. Dieses Ereignis können wir auch genauer untersuchen, wenn wir uns die Definition von `sap.m.Button` ansehen (siehe Abbildung 9.37).

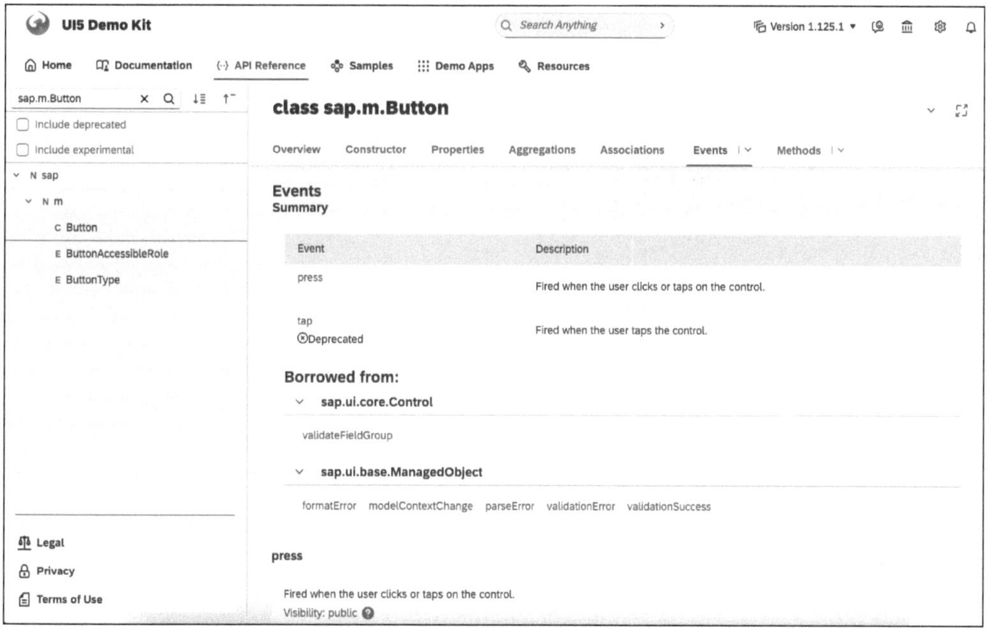

Abbildung 9.37 Details zu Ereignissen in der SAPUI5-Dokumenation

Dank der Dokumentation wissen wir nun, dass wir für unsere beiden Buttons in dem XML-View nichts weiter hinterlegt haben als die beiden Methodennamen, die aufgerufen werden, wenn das Ereignis `press` ausgelöst wird. Auslöser ist ein Klick des Benutzers auf der Benutzeroberfläche. Also implementieren wir diese beiden Methoden in unserem Controller und schreiben das Schlüsselwort debugger hinein, um zu überprüfen, ob sie auch wirklich aufgerufen werden und ob die Anwendung in diesen zwei Methoden stehen bleibt (siehe Listing 9.8).

```
private onSavePressed(oEvent: Event){
        debugger;
}
private onCancelPressed(oEvent: Event){
        debugger;
}
```

Listing 9.8 Leere Methodendefinitionen, die als Event Handler dienen

Wenn wir nun die App im Preview und gleichzeitig die Developer Tools geöffnet haben, können wir mit einem Klick auf einen der Buttons in der jeweiligen Methode stehen bleiben und könnten mit dem Debuggen beginnen. Beim *Debugging* geht es immer darum, Fehlern zu finden oder, wie in Abbildung 9.38 dargestellt, in der Konsole auf Variablen, Parameter oder andere Methoden zuzugreifen, um eine Funktionalität oder Entwicklung zu testen. In der Konsole kann auf alle Variablen zugegriffen werden, die dem Programm zu diesem Zeitpunkt zur Verfügung stehen.

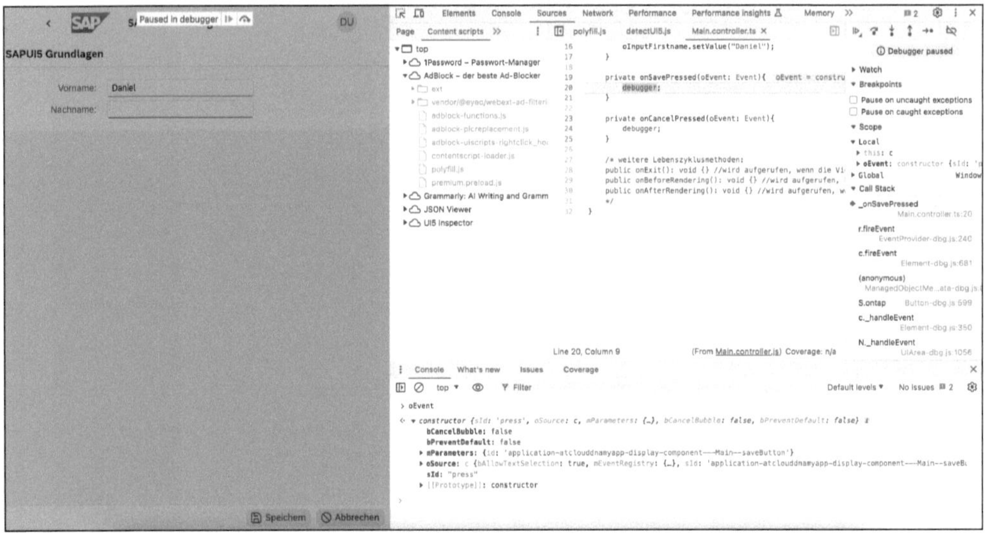

Abbildung 9.38 SAPUI5-Anwendungen mittels der Developer Tools debuggen

Im nächsten Schritt fügen wir dem Event Handler eine Logik hinzu. Wenn man auf **Speichern** klickt, soll in einem Toast die Meldung »Erfolgreich gespeichert« ausgegeben werden. Wenn der User auf **Abbrechen** klickt, soll eine Abfrage kommen, ob der User sicher abbrechen möchte, und ein Hinweis erscheinen, dass Daten verloren gehen könnten. Dies ist einfach zu bewerkstelligen, denn SAP liefert hier im Standard die zwei Komponenten sap.m.MessageToast und sap.m.MessageBox aus, die mit statischen Methoden versehen sind und uns genau diese Aufgaben abnehmen können. Passen wir unsere Methoden wie in Listing 9.9 dargestellt an.

```
private onSavePressed(oEvent: Event){
    MessageToast.show("Erfolgreich gespeichert");
}
private onCancelPressed(oEvent: Event){
    MessageBox.warning("Sind Sie sicher, dass Sie abbrechen wollen?", {
        actions: [MessageBox.Action.YES, MessageBox.Action.NO],
        emphasizedAction: MessageBox.Action.YES,
        onClose: (sSelectedAction: String) => {
            if(MessageBox.Action.YES === sSelectedAction){
                MessageBox.success("Erfolgreich abgebrochen.");
            }
        }
    })
}
```

Listing 9.9 Methoden geben nun entweder einen Toast aus oder zeigen einen Dialog an.

Wenn wir nun auf **Abbrechen** klicken, so erscheint die MessageBox mit der Definition, wie wir sie in der Methode onCancelPressed hinterlegt haben (siehe Abbildung 9.39).

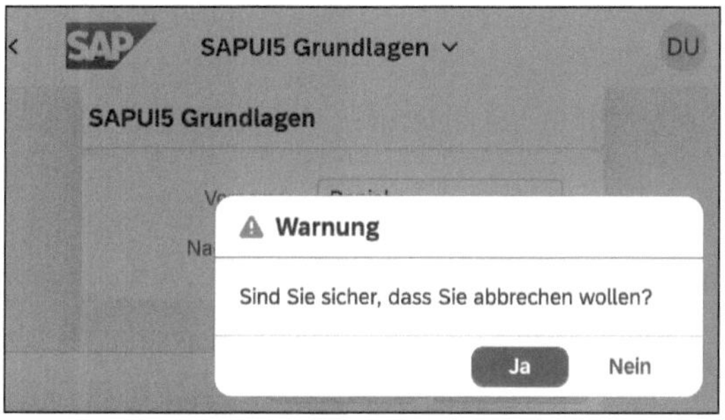

Abbildung 9.39 Message Box verwenden, um simple Dialoge darzustellen

9.4 Datenbindung

Wie Sie es bereits in Kapitel 2, »Einführung in SAPUI5 und SAP Fiori«, kennengelernt haben, ist im MVC-Konzept eine Verbindung zwischen dem Model und dem View vorgesehen. Diese Verbindung nennt sich *Datenbindung* und hilft uns dabei, direkt auf Daten zugreifen zu können. Mittels Datenbindung können Attribute in einem View an die Daten gebunden werden, die sich im Model befinden. Es gibt verschiedene Arten dieser Verbindung, die den Datenfluss beschreiben. Dieser kann entweder vom Model zum View existieren oder bidirektional sein, sodass der View auch in der Lage ist, durch Benutzereingaben und -interaktionen Daten wieder in das Model zurückzuschreiben. Bei einer Änderung der Daten im Model kann das Model den View benachrichtigen, sofern dieser an irgendeiner Stelle auf Attribute gebunden ist. Durch diese Benachrichtigung weiß der View, dass Teile der Benutzeroberfläche neu gerendert werden müssen. In diesem Abschnitt werden wir die einzelnen Möglichkeiten und Arten von Datenbindung anhand eines JSON-Models kennenlernen. Das hier erlangte Wissen rund um Datenbindung werden wir später auch bei OData anwenden können.

Ein `JSONModel` muss zunächst instanziiert werden, bevor darauf zugegriffen werden kann. Diese Instanziierung kann entweder im *Application Descriptor*, also konkret in der Datei **manifest.json**, erfolgen oder an beliebiger Stelle in der Applikationslogik, also von einem Controller heraus. Wenn Sie die Instanziierung aus einem Controller heraus vornehmen möchten, geschieht dies in JavaScript oder TypeScript. Die Instanziierung in TypeScript sieht laut offizieller Dokumentation wie folgt aus:

```
let oMyJsonModel = new sap.ui.model.json.JSONModel();
```

Nach der Instanziierung eines `JSONModel` müssen wir uns um dessen Sichtbarkeit kümmern. Es reicht nicht aus, ein JSON-Model erstellt zu haben, wenn wir es mit keiner Komponente bekanntmachen bzw. verknüpfen. Als Entscheidungshilfe kann folgende Frage dienen: »Möchte ich ein JSON-Model nur bei einer bestimmten Komponente (z. B. einem View) verwenden, oder soll es global in der Applikation erreichbar sein?«. Wenn wir ein JSON-Model global in der Applikation verwenden möchten, können wir es im **manifest.json** unter der Eigenschaft `models` definieren (siehe Listing 9.10):

```
{ //...
    "models": {
        "myGlobalModel": {
            "type": "sap.ui.model.json.JSONModel"
        }
    }, //...
}
```

Listing 9.10 Definition eines globalen »JSONModel« im Application Descriptor

Wie Sie in diesem Snippet sehen, wird im **manifest.json** ein Model vom Typ `sap.ui.model.json.JSONModel` mit dem Namen `myGlobalModel` definiert. Optional könnte man zusätzlich zum Typ auch die Eigenschaft `uri` definieren, die auf eine JSON-Datei in unserem Projekt verweisen könnte. Ist diese Eigenschaft definiert, wird das JSON-Model mit den Daten aus der Datei vorbefüllt.

Default und Named Models

Wie Sie im letzten Code Snippet gesehen haben, können Sie solchen Models Namen geben. Dieser Name erscheint dann auch in der Datenbindung. Wenn Sie den Namen leer lassen (obwohl das mit der klassischen JavaScript-Object-Notation nicht erlaubt ist), wird dieses Model zum Default Model und wird immer dann angesprochen, wenn in der Datenbindung kein Name angegeben ist. Achtung: Auch wenn bereits ein Default Model definiert ist (sei es im Application Descriptor oder irgendwo im Coding), kann dieser Modus überschrieben werden, indem Sie mit JavaScript die nun folgenden Methoden verwenden.

Wenn Sie ein globales Model mit der *Owner Component* definieren, dann geschieht dies in einem entsprechenden JavaScript- oder TypeScript-Code. Dieser kann sowohl in der Datei **Component.js** oder **Component.ts** (wo auch die Owner Component erstellt und instanziiert wird) als auch in einem beliebigen Controller geschehen. Die Methoden hierfür sind nahezu identisch, mit dem einzigen Unterschied, dass beim Zugriff auf die Owner Component in einem Controller die Instanz der Owner Components über die Methode `.getOwnerComponent()` zurückgegeben werden muss. In beiden Fällen wird jedoch über die Methodenverkettung die Methode `.setModel()` aufgerufen, die als Parameter das JSON-Model gesetzt bekommt. Optional kann als zweiter Parameter ein Name für das Model übergeben werden. Diese beiden Optionen sind in Tabelle 9.1 dargestellt.

Art der Zuweisung	Entsprechender Methodenaufruf
Zuweisung in der **Component.ts**	`this.setModel(oMyJsonModel);`
Zuweisung aus jeglichem Controller heraus	`this.getOwnerComponent().setModel(oMyJsonModel);`

Tabelle 9.1 Möglichkeiten, ein Model einer Komponente zuzuweisen

Erstellen eines globalen Models

Die beiden gezeigten Optionen stellen sicher, dass das angelegte OData-Model global in der Anwendung verfügbar ist. Wir empfehlen jedoch, die globalen Models in den Application Descriptor einzutragen. Dies hat zwei Vorteile:

- Clean Code: Mit dieser Methode haben Sie die OData-Models, die global verfügbar sein sollen, an einer zentralen Stelle definiert und können diese leichter überblicken.
- Instanziierung: Der Application Descriptor übernimmt nicht nur die Aufgabe des globalen Setzens, sondern auch die der Instanziierung. Somit müssen Sie sich

nicht in einem JavaScript- oder TypeScript-Coding darum kümmern, dass das Model erstellt wird.

Wenn ein JSON-Model nur eine bestimmte Komponente (z. B. einen View) mit Daten versorgen soll, dann weist man das Model in einem Controller der gewünschten Komponente zu. Im folgenden Code-Snippet sehen Sie, dass das Setzen des Models auf eine einzelne Komponente dem Setzen auf die Owner Component ähnelt. Dazu wird die Methode `.setModel()` aufgerufen und die Instanz des Models als Parameter übergeben (siehe Listing 9.11).

```
public onInit(): void {
    let oMyJsonModel = new sap.ui.model.json.JSONModel();
    this.getView().setModel(oMyJsonModel);
}
```

Listing 9.11 Beispiel für das Zuweisen eines »JSONModel« zum View

Zusammenfassend zeigt die Abbildung 9.40, dass das Zuweisen eines Models zu einer Komponente Auswirkungen auf die Sichtbarkeit hat. Wenn das Model über den Application Descriptor oder der Owner Component gesetzt wird, so wird dieses global sichtbar.

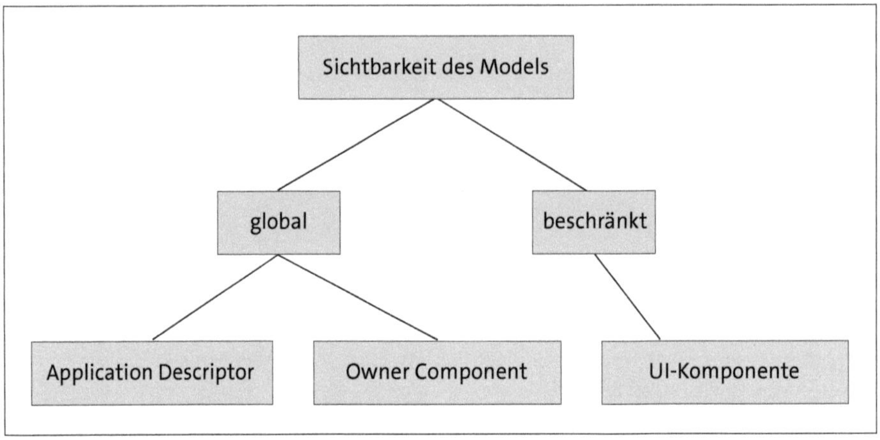

Abbildung 9.40 Sichtbarkeit des Models

9.4.1 Binding Mode bei Datenbindung

Der *Binding Mode* bestimmt, in welche Richtungen die Daten zwischen Model und View fließen dürfen und ob bei einer Änderung der Daten im Model der View über diese Änderung benachrichtigt wird oder nicht. Dabei sei gesagt, dass die Kommunikation vom Model in Richtung des Views immer möglich ist.

- *One-Time-Binding* kommt vor allem bei Daten vor, die sich in dem Model während der Laufzeit nicht mehr ändern. Ein klassischer Anwendungsfall sind Übersetzungen, die in der App selbst definiert sind und sich zur Laufzeit somit auch nicht mehr ändern werden.
- *One-Way-Binding* bedeutet, dass der Datenfluss nur vom Model in Richtung des Views gewährleistet ist. Wenn sich die Daten im View z. B. durch eine Benutzereingabe ändern, kann und wird diese Änderung nicht in das Model zurückgeschrieben werden.
- Beim *Two-Way-Binding* ist die Kommunikation in beide Richtungen möglich. Das bedeutet, dass der View über Datenbindung auf Daten zugreifen und diese in den View laden kann. Weiterhin ist es auch möglich, dass Änderungen, die im View vorgenommen werden, in das Model zurückgeschrieben werden.

Standardmäßig wird sowohl für das JSON- als auch für das OData-Model, die im Application Descriptor definiert sind, Two-Way-Binding verwendet. Speziell für das OData-Model werden wir in den weiteren Kapiteln die Vorteile dieses Binding Mode klären. Sie können den Binding Mode auch an beliebiger Stelle in Ihrem JavaScript- oder TypeScript-Code zuweisen. Dazu benötigen Sie eine Referenz auf das Model und können mit der Methode `setDefaultBindingMode()`den Binding Mode als ersten Parameter übergeben:

```
oMyModel.setDefaultBindingMode(sap.ui.model.BindingMode.TwoWay);
```

9.4.2 Syntax bei Datenbindung

Ein Model übernimmt für uns die Aufgabe, Daten in einer strukturierten Form zu speichern (siehe Listing 9.12).

```
{
    ID: "456",
    AirlineID: "AUA",
    Seats: 250
}
```

Listing 9.12 Exemplarische Darstellung, wie die Daten im Model gespeichert werden

Die Syntax für die Datenbindung beginnt immer gleich. In geschweiften Klammern wird der Pfad zu der Ressource angegeben, die wir ansprechen wollen. Tabelle 9.2 zeigt den Zugriff auf den Pfad im Model. Beide Arten (egal ob wir auf den Default Model oder einem Named Model zugreifen) zeigen, dass der Wert, der hinter der Property `AirlineID` für die Flugbuchung mit dem Pfad `/AirlineID` steht, als Wert in das Input-Feld gesetzt wird. Das bedeutet, dass das Eingabefeld den Wert enthält, den das Model als Wert enthält.

Data-Binding mit einem Default Model	<Input value="{/AirlineID}"/>
Data-Binding mit einem Named Model	<Input value="{modelName>/AirlineID}"/>

Tabelle 9.2 Datenbindung auf einen bestimmten, absoluten Pfad

Datenbindung ist nichts anderes als das Definieren von Platzhaltern

Wenn Sie eine Eselsbrücke für Datenbindung benötigen, können wir Ihnen auch hier mit Rat und Tat zur Seite stehen. Datenbindung ist eigentlich nichts anderes als ein Platzhalter. Dieser Platzhalter beinhaltet einen Pfad zu einer Ressource im Model, der erst befüllt werden kann, wenn unser Model instanziiert und mit Daten befüllt wurde. Sobald Daten im Model gefunden werden, wird der View die gefundenen Daten an der Stelle einsetzen, an der wir unseren Platzhalter definiert haben.

Sie haben nun gesehen, dass bei einer Datenbindung der Pfad angegeben wird, der bestimmt, welche Daten als Wert verwendet werden. Was wir Ihnen bisher verschwiegen haben, ist, dass das Eintragen des Pfads eigentlich nur eine Kurzschreibweise ist und im Fachjargon auch *Simple Binding* genannt wird. Nehmen wir als Beispiel wieder unser UI-Element `sap.m.Input` mit der Property `value`:

```
<Input value="{/AirlineID}"/>
```

Diese Kurzschreibweise impliziert, dass der Wert zwischen den geschweiften Klammern der Pfad in der Datenbindung ist. Jedoch könnten wir auch *Complex Binding* verwenden, und dann ergibt es sogar mehr Sinn, warum wir geschweifte Klammer verwenden. Beim Complex Binding nutzen wir nämlich nicht die Kurzschreibweise, sondern definieren Objekte in der Datenbindung. Diese könnte, für genau das gleiche UI-Element `sap.m.Input` wie folgt aussehen:

```
<Input value="{ path: '/AirlineID' }"/>
```

Jetzt wird vielleicht klarer, warum wir hier geschweifte Klammern haben. Tatsächlich definieren wir zwischen den geschweiften Klammern Objekte, die die Datenbindung darstellen. Neben `path` gibt es mehrere Attribute, die vergeben werden können. Auf einige dieser Attribute werden wir in diesem und auch anderen Kapiteln noch näher eingehen.

9.4.3 Arten von Datenbindung

Es gibt mehrere Arten von Datenbindung. Diese ergeben sich aus dem Fakt, dass Datenbindung auf verschiedene Attribute einer UI-Komponente angewendet werden kann. Es gibt folgende Arten:

- Property Binding
- Aggregation Binding
- Expression Binding
- Element Binding

Auf diese Arten gehen wir in diesem Abschnitt näher ein und zeigen auch einfache Beispiele für die Verwendung.

Property Binding

Property Binding haben wir in den vorherigen Beispielen bereits verwendet, ohne dies explizit zu erwähnen. Property Binding kommt immer dann zum Einsatz, wenn wir auf eine einzelne Property einer UI-Komponente Daten binden. Die Properties können der offiziellen Dokumentation entnommen werden und befinden sich dort immer in der Registerkarte **Properties**.

Die Notation ist bereits bekannt, da wir zwischen den geschweiften Klammern den Pfad hineinschreiben, der auf die Daten in unserem Modell zeigen soll. Nehmen wir an, dass wir den Text, der angezeigt werden soll, bei der UI-Komponente `sap.m.Text` per Datenbindung hinterlegen möchten. So würden wir in der Dokumentation beginnen und feststellen, dass die Property `text` dieser Komponente einen `String` erwartet und in dieser Property eingetragen wird, was als Text angezeigt werden soll. Hier ist ein Beispiel für den statischen Text `Hello world!`, den wir anzeigen lassen:

```
<Text text="Hello world!"/>
```

Dieses Beispiel zeigt natürlich, dass immer dieser statische Text als Text angezeigt wird. Wollen wir jedoch Daten per Datenbindung auf dieser Property ablegen, gehen wir nach der bereits gelernten Notation vor und schreiben den Pfad zwischen den geschweiften Klammern in die Property hinein:

```
<Text text="{/AirlineID}"/>
```

Dieses zweite Beispiel zeigt sehr schön, dass der Wert dieser Property zwar ein String ist, jedoch nicht statisch in der Property gesetzt worden ist. Der Wert steht hinter dem Pfad `/AirlineID` und wird vom Default Model an den View übergeben, sodass der Text dynamisch angezeigt werden kann, je nachdem welche Daten im Model stehen. Wenn man das Binding im View definiert, passiert im Hintergrund nichts anderes, als dass die entsprechende Methode `bindProperty()` aufgerufen wird. Diese Methode können Sie auch nutzen, um ein Binding aus einem Controller heraus zu setzen.

Achten Sie auf den Datentyp der Property

Eine Property einer UI-Komponente erwartet einen bestimmten Datentyp (String, Integer, Boolean usw.). Wenn der Wert nicht direkt in die Property eingetragen wird, sondern über Datenbindung kommt, muss der Datentyp hinter dem Pfad mit dem Datentyp der Property kompatibel sein.

Expression Binding

Beim *Expression Binding* möchte man einfache Kalkulationen mit den Daten aus dem Model direkt in dem View durchführen. So können Additionen, Subtraktionen, Divisionen und Multiplikationen im View durchgeführt werden. Weiterhin können einfache Bedingungen mit dem Conditional Operator überprüft werden, mathematische oder boolesche Funktionen und Regular Expressions verwendet werden.

Expression Binding wird zwar auch durch geschweifte Klammern signalisiert, jedoch beginnt man direkt mit einem Gleichheitszeichen, um auf die Berechnung zur Laufzeit mittels Expression Bindings hinzuweisen. Nach dem Gleichheitszeichen können Berechnungen durchgeführt werden, wobei im Expression Binding auf Daten mit einem Dollarzeichen zugegriffen werden kann. In Tabelle 9.3 finden Sie einige Beispiele für Expression Binding.

UI-Komponente Text	Ausgabe
<Text text="{= 1 + 1}"/>	»2«
<Text text="{= ${/Seats} + 10 }"/>	»260«
<Text text="Über 400 Sitze auf diesem Flug" visible="{= ${/Seats} > 400 }"/>	(Text nicht sichtbar)
<Text text="Über 400 Sitze auf diesem Flug: {= ${/Seats} > 400 ? 'Ja' : 'Nein' }"/>	»Über 400 Sitze auf diesem Flug: Nein«

Tabelle 9.3 Beispiele für Expression Binding

Element Binding

Sie haben in den bisherigen Beispielen immer gesehen, dass wir mit dem vollständigen Pfad im Model auf Daten zugegriffen haben. Mit *Element Binding* wollen wir das Binding auf eine UI-Komponente setzen (könnte auch ein Container wie ein View, eine Box, eine Form usw. sein), sodass die UI-Komponente selbst und alle Kindelemente in einer Aggregation das Binding gesetzt bekommen. Nachdem das Element Binding auf die UI-Komponente gesetzt wurde, können relative Pfade verwendet werden, um auf die Daten des jeweiligen Bindings zuzugreifen.

Angenommen, die Daten im Model verändern sich und anstatt eines einzelnen Objekts speichert das Model hinter der Property `Flights` ein Array (siehe Listing 9.13).

```
{
  Flights: [
    { ID: "111", AirlineID: "LH", Seats: 350, SeatsOcc: 100 },
    { ID: "456", AirlineID: "AUA", Seats: 250, SeatsOcc: 50 }
  ]
}
```

Listing 9.13 Exemplarische Darstellung, wie eine Liste an Daten im Model gespeichert werden könnte

Nehmen wir an, dass wir aus TypeScript heraus das Binding auf eine `sap.m.VBox` mit der ID `myVBox` gesetzt haben. Das Setzen erfolgt mit der Funktion `bindElement(sPath)`, wobei der Parameter den Pfad im Default Model darstellt. Mit dieser Definition haben wir das erste Objekt aus dem Array hinter `Flights` auf die `VBox` gebunden:

```
let oVBox = this.getView().byId("myVBox");
oVBox.bindElement("/Flights/0");
```

Ab diesem Zeitpunkt können wir in den Komponenten in der `VBox` mittels relativer Pfade (ohne einen führenden Slash) auf die Daten zugreifen, die über das Element Binding zur Verfügung stehen. Das könnte in unserem View aussehen, wie in Listing 9.14 dargestellt.

```
<VBox>
  <items>
    <Text text="Airline ID: {AirlineID}"/>
    <Text text="Max. Sitze: {Seats}"/>
    <Text text="Über 400 Sitze auf diesem Flug" visible="{= ${Seats} > 400 }"/>
  </items>
</VBox>
```

Listing 9.14 »VBox«, die über das Element Binding den Bindungskontext gesetzt bekommt

Das Element Binding kann mit der Funktion `unbindElement()` wieder entfernt werden.

Aggregation Binding

Eine Aggregation einer UI-Komponente enthält die Kindelemente. Das bedeutet, dass z. B. eine Liste eine Aggregation hat, in der sich die einzelnen Listenelemente befinden. Die Aggregationen unterscheiden sich auch in der Verwendung von Properties, denn diese müssen zwischen dem öffnenden und schließenden XML-Tag geschrieben werden. Aus der offiziellen SAPUI5-Dokumentation können Sie entnehmen, welche Aggregationen z. B. das UI-Element `sap.m.List` hat.

Aus der Dokumentation geht hervor, dass die Aggregation mit dem Namen `items` die Listenelemente beinhalten sollte. Wenn man nach dem Typ dieser Listenelemente sucht, so erfährt man, dass man alle UI-Elemente nehmen soll, die von `sap.m.ListBase` erben. Das UI-Element `sap.m.StandardListItem` ist z. B. ein solches Element und könnte daher in einer Liste wie folgt dargestellt werden:

```
<List headerText="Das ist eine Liste mit zwei statischen Einträge">
  <items>
    <StandardListItem title="Listenelement 1"/>
    <StandardListItem title="Listenelement 2"/>
  </items>
</List>
```

Listing 9.15 Eine Liste mit zwei statischen Listenelementen

[»]

Default-Aggregationen

Bei Default-Aggregationen, wie auch bei der Aggregation `items` einer `sap.m.List`, sollte man die öffnenden und schließenden Tags nicht in den View schreiben. Wenn man sie weglässt, weiß das Framework, dass man die Default-Aggregation meint. Für eine bessere Lesbarkeit (auch Ihren Kolleginnen und Kollegen gegenüber) empfehlen wir, diese dennoch hinzuzufügen.

Listing 9.15 würde zum Ergebnis führen, dass in unserem View eine Liste mit einer Überschrift und zwei statischen Listeneinträge angezeigt wird. An dem Wort statisch haben Sie wahrscheinlich schon erkannt, dass es auch eine dynamische Art geben sollte. Genau hier kommt *Aggregation Binding* ins Spiel. Mit Aggregation Binding können wir bestimmten, dass zum Beispiel die Listeneinträge in dieser Liste dynamisch, je nachdem wie viele Elemente in einem Model sind, eingefügt werden. Mit unserem bisherigen Wissen könnten wir eine Liste definieren, die wiederum zwei Listenelemente beinhaltet, jedoch in dem jeweiligen `sap.m.StandardListItem` die Property `title` mittels Datenbindung befüllt wird. Das hier könnte wie in Listing 9.16 aussehen:

```
<List headerText="Das ist eine Liste mit zwei Einträgen">
  <items>
    <StandardListItem title="{/Flights/0/AirlineID}"/>
    <StandardListItem title="{/Flights/1/AirlineID}"/>
  </items>
</List>
```

Listing 9.16 Eine Liste mit zwei statischen Einträgen

In diesem Fall zeigen wir in der Liste die zwei Flüge an, jedoch mit dem Unterschied, dass die Daten vom Array kommen. Diese Variante beinhaltet zwar Datenbindung, aber dynamisch ist sie deshalb noch lange nicht. Stellen Sie sich vor, die Daten im Model würden sich ändern und Einträge würden entfernt werden oder dazukommen. So müssten Sie jedes Mal den View anpassen und eine neue Version der Applikation ausliefern.

Wir möchten in unserem View eine Liste definieren, die sich dynamisch anhand der Daten in dem Array aufbaut und immer die richtige Anzahl an Listenelementen darstellt. Beim Aggregation Binding müssen wir dort, wo normalerweise die Properties stehen, den Aggregationsnamen schreiben und mit Datenbindung bestimmen, hinter welchem Pfad die Daten stecken (siehe Listing 9.17).


```
<List headerText="Das ist eine dynamische Liste" items="{/Flights}">
  <items>
    <!-- … -->
  </items>
</List>
```

Listing 9.17 Grundstruktur einer Liste (vorerst ohne Listenelement)

Zwischen dem öffnenden Tag `<items>` und dem schließenden `</items>` folgt nun eine Definition für ein Template, das für jedes dieser Elemente eingefügt werden soll. So verwenden wir in diesem Template relative Pfade, damit wir auf die einzelnen Daten beim Durchlaufen des Arrays zugreifen können (siehe Listing 9.18).

```
<List headerText="Das ist eine dynamische Liste" items="{/Flights}">
  <items>
    <StandardListItem title="{AirlineID}"/>
  </items>
</List>
```

Listing 9.18 Eine Liste mit einem »StandardListItem« als Template

Sie können sich diesen Prozess vorstellen, wie eine for-each-Schleife. Das Array wird durchlaufen, und für jedes dieser Einträge im Array wird anhand des Templates ein Listenelement eingefügt. Da wir uns in solch einer for-each-Schleife befinden, können wir beim Durchlaufen auf die Daten in einem Listenelement direkt zugreifen und brauchen somit nur den relativen Pfad, anstatt eines vollwertigen Pfads.

Aggregationen haben Kardinalitäten

Achten Sie auf die Kardinalität einer Aggregation, um zu erfahren, in welcher Form Daten vom Modell angeliefert werden müssen. Bei unserem letzten Beispiel mit der

Liste hat die Aggregation `items` mindestens 0 und maximal unendlich viele Elemente erwartet. Das bedeutet, dass die Daten, die mittels Aggregation Binding angebunden werden, in Form eines Arrays vorhanden sein müssen.

Nun versuchen wir, die gleiche Herangehensweise auf eine Tabelle umzumünzen und gleichzeitig auch über neue Themen zu sprechen. Wir müssen zwar die Tabelle manuell aufbauen, aber wir starten nicht bei null. SAP liefert in der *Component Library* eine Tabelle aus, nämlich die UI-Komponente `sap.m.Table` (siehe Abbildung 9.41). Diese Tabelle wird umgangssprachlich auch Responsive Table genannt, denn sie kann sehr leicht für verschiedenste Gerätegrößen benutzerfreundlich und bedienbar gemacht werden.

Abbildung 9.41 Responsive Table

Die XML-Definition in Listing 9.19 sorgt dafür, dass eine Tabelle in der `Main.view.xml` im Inhaltsbereich der Seite angezeigt wird. Diese Tabelle hat die ID `main_table_flights`, damit über diese ID auch aus dem Controller heraus auf die Tabelle zugegriffen werden kann. Weiterhin setzen wir über die Property `headerText` die Überschrift für die Tabelle. Eine der wichtigsten Properties, die auch ausschlaggebend dafür ist, welche Daten in der Tabelle angezeigt werden, ist die Property `items`. Diese Property verweist auf den Pfad `/Flights`. Das ist der Pfad auf unser Array im JSON-Model. Wie die Daten in der Tabelle dargestellt werden sollen, müssen wir erst definieren. Nichtsdestotrotz fügen wir das Rahmengerüst für die Tabelle in den View ein:

```
<Table id="main_table_flights" headerText="Meine erste Tabelle"
```

```
items="{/Flights}">
      <!-- table content -->
</Table>
```

Listing 9.19 Grundstruktur der Tabelle (vorerst ohne Spalten- oder Zeilendefinition)

Wir werden bei der Tabelle das erste Mal sehen, dass eine UI-Komponente mehr als nur eine Aggregation haben kann. Die Spaltendefinitionen kommen nämlich in die Aggregation `columns`. Diese Aggregation erwartet Definitionen der Klasse `sap.m.Column` (siehe die SAPUI5-Dokumentation unter *https://sapui5.hana.ondemand.com/sdk/#/api/sap.m.Column*). Diese UI-Komponente ist das technische Rahmengerüst für eine Spalte, wobei die Spaltenüberschrift nicht als Property gesetzt wird, sondern wiederum in einer Aggregation der Spaltendefinition geschieht. Diese Aggregation mit der Bezeichnung `'header'` kann als Kindelement jede UI-Komponente aufnehmen, die zur Textdarstellung dient. In unserem Fall haben wir uns für die UI-Komponente `sap.m.Text` (siehe SAPUI5-Dokumentation unter *https://sapui5.hana.ondemand.com/sdk/#/api/sap.m.Text*) entschieden.

```
<columns>
  <Column id="main_column_carrid">
    <header>
      <Text id="main_text_carrid" text="Flugges."/>
    </header>
  </Column>
</columns>
```

Listing 9.20 Beispiel für die erste Spalte in der Tabelle

In die Aggregation `items` der Tabelle kommt eine UI-Komponente `sap.m.ColumnListItem` (siehe SAPUI5-Dokumentation unter *https://sapui5.hana.ondemand.com/sdk/#/api/sap.m.ColumnListItem*), die als Template dient. Dieses Template definiert, wie die einzelnen Objekte vom jeweiligen Pfad (hinterlegt in der Property `items` der Tabelle) angezeigt werden sollen. Dabei könnte man sagen, dass die Aggregation `items` so wie eine for-each-Schleife agiert und für jeden zurückgelieferten Datensatz dieses Template einfügt. In unserem Fall zeigen wir eine Zelle in der Aggregation `cells` des `ColumnListItems` dar, die einen Text ausgibt, nämlich die Property `AirlineID` für jeden zurückgelieferten Datensatz. Die Implementierung für unser Beispiel können Sie in Listing 9.21 sehen:

```
<items>
  <ColumnListItem id="main_columnlistitem_template">
    <cells>
      <Text id="main_text_carridtemplate" text="{AirlineID}"/>
```

```
    </cells>
  </ColumnListItem>
</items>
```

Listing 9.21 Beispiel für die Zeilendefinition mit einer ersten Zelle

> **Absolute und relative Pfade**
>
> Bei Aggregation und Element Binding arbeiten wir mit relativen Pfaden. Das bedeutet, dass der Kontext für ein entsprechendes Objekt bereits gesetzt wurde und wir nur mehr auf die einzelnen Attribute von einem Objekt zugreifen müssen. Bei unserer Tabelle ist das der Fall, da unsere Tabelle (wie eine for-each-Schleife) nacheinander alle Objekte anzeigt, die im Model stehen. Für jedes dieser Objekte wird ein `ColumnListItem` angelegt. In jedem dieser `ColumnListItem` befinden wir uns bereit (wie mit einem Zeiger, der weitergesetzt wird) in einem Objekt und können Properties von diesem Objekt anzeigen.

In unserer Applikation erscheint die Tabelle mit einer ersten Spalte (siehe Abbildung 9.42).

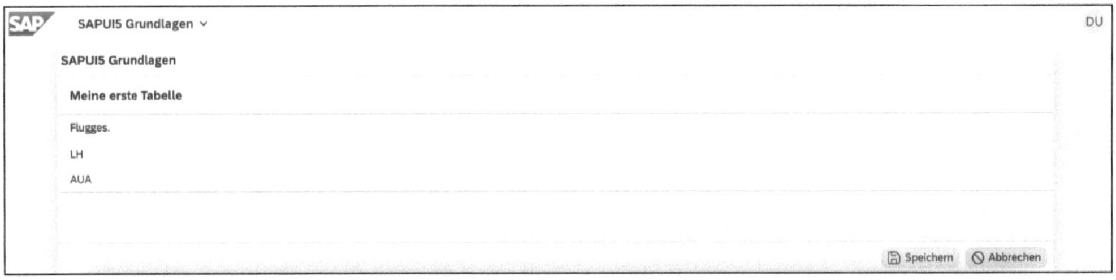

Abbildung 9.42 Tabelle mit einer ersten Spalte wird dargestellt

Fügen wir weitere Spalten hinzu, sodass auch alle anderen Felder von einer Flugbuchung angezeigt werden. Deshalb fügen wir, wie wir es schon für die Property `AirlineID` gemacht haben, zwei weitere Spalten der Tabelle hinzu und zeigen die Spalten für `Seats` und `SeatsOcc` an. Dieses Code-Snippet sehen Sie in Listing 9.22:

```
<Column id="main_column_seatsmax">
  <header>
    <Text id="main_text_seatsmax" text="Max. verfügbare Sitze"/>
  </header>
</Column>
<Column id="main_column_seatsocc">
  <header>
    <Text id="main_text_seatsocc" text="Gebuchte Sitze"/>
```

```
  </header>
</Column>
```

Listing 9.22 Weitere Spalten, die wir der Tabelle hinzufügen

Damit diese zwei Spalten auch eine entsprechende Zelle gesetzt bekommen, haben wir Ihnen hier auch ein Beispiel für die Aggregation Cells hinzugefügt:

```
<Text id="main_text_seatsmaxtemplate" text="{Seats}"/>
<Text id="main_text_seatsocctemplate" text="{SeatsOcc}"/>
```

Starten wir nun die Applikation erneut oder öffnen das bereits geöffnete Fenster, werden wir sehen, dass der Tabelle nun weitere zwei Spalten hinzugefügt worden sind. Die Breite aller drei Spalten ist im Standard gleichmäßig verteilt (siehe Abbildung 9.43).

Abbildung 9.43 Die Tabelle hat den Platz für drei Spalten gleichmäßig aufgeteilt.

Fügen wir noch eine letzte Spalte hinzu, die einen Indikator darstellt, der basierend auf den verfügbaren Sitzplätzen einen Hinweis zur Auslastung des Flugs geben soll. Fügen wir dafür die folgende Zeile bei der Aggregation `columns` hinzu:

```
<Column id="main_column_avseats">
    <Text id="main_text_avseats" text="Verfügbare Sitze" />
</Column>
```

Damit die neu hinzugefügte Spalte auch Daten dargestellt bekommt, fügen wir der Aggregation `cells` diese weitere UI-Komponente hinzu:

```
<Text id="main_text_seatsavtemplate" text="{parts: ['Seats','SeatsOcc'],
formatter: '.calcAvSeats'}" />
```

Interessant ist hier, dass der Text nicht mittels Simple Binding, sondern mittels Complex Binding verwendet wird. Hierbei nutzen wir nicht die Kurzschreibweise, sondern definieren ein Objekt mit einzelnen Attributen. Weiterhin nutzen wir statt des Attributs `path` nun `parts`. Der Grund dafür ist, dass wir im weiteren Verlauf ein Attribut mit dem Namen `formatter` haben. Dieser *Formatter* wird auf eine Funktion in unserem Controller verweisen, die dafür zuständig ist, dass die verfügbaren Flüge berechnet werden. Damit die Funktion diese berechnen kann, müssen ihr zwei Werte übergeben werden, nämlich die Anzahl der Sitzplätze im Flugzeug und die Zahl der gebuchten Sitzplätze. Aus diesem Grund verwenden wir `parts`. Bei dem Attribut `parts` können wir in einem Array mehrere Pfade mitgeben, die wiederum an den Formatter weitergereicht werden können. Diese beiden Pfade in unserem Array stellen genau die Möglichkeit dar, auf die Daten jeder Zeile zugreifen zu können.

[»]

Formatter bei Datenbindung

Mit dem Attribut `formatter` in einem Complex Binding haben wir die Möglichkeit, für jede Zeile, die durch die Datenbindung eingefügt wird, eine Funktion in JavaScript bzw. TypeScript aufzurufen. Vergessen Sie nicht, dass die einzelnen Zeilen dank Aggregation Binding eingefügt werden, als wären wir in einer for-each-Schleife. Beim Einfügen wird gleichzeitig auch noch für jede Zeile der Formatter aufgerufen, um die letzte Zelle jeder Zeile mit Daten zu befüllen.

Damit der Formatter auch gefunden werden kann, müssen wir im entsprechenden Controller die Funktion definieren, die Logik implementieren und darauf achten, dass ein *Return-Wert* zurückgeliefert wird. Der Return-Wert ist nichts anderes als der Wert, der bei der jeweiligen Datenbindung, die den Formatter gerufen hat, eingetragen wird. Übergabeparameter für diesen Formatter sind in diesem Fall zwei Parameter, nämlich die zwei Parameter, die mit den Daten kommend aus dem Attribut `parts` befüllt werden. So können Daten über Datenbindung von unserem Model an den Controller weitergegeben werden, damit dort in einer Funktion eine Berechnung mittels JavaScript bzw. TypeScript ausgeführt werden kann. In unserem Fall sieht diese einfache Berechnung der verfügbaren Sitzplätze wie folgt aus:

```
private calcAvSeats(seats: int, seatsocc: int): int {
      return seats - seatsocc;
}
```

Um noch mal auf die Eselsbrücke bezüglich Datenbindung zurückzukommen: Sie wissen, dass Datenbindung und alles, was zwischen den geschweiften Klammern steht, eigentlich ein Platzhalter ist. Ein Platzhalter, der erst befüllt werden kann, wenn Daten vom Model geliefert werden. Stellen Sie sich in diesem Fall vor, dass die Daten zwar vom Model kommen, aber was anstelle des Platzhalters angezeigt wird, vom Return-Wert des jeweiligen Formatters abhängt.

Übergabeparameter beim Formatter

Wie Sie es im letzten Beispiel gesehen haben, werden die Daten dem Formatter als Parameter übergeben. Diese Parameter werden befüllt, je nachdem welche Pfade in der Datenbindung bei den Attributen `path` oder `parts` vergeben wurden. Wichtig ist, dass die Parameter auch einen Typ vererbt bekommen. Sprich, wenn im Model hinter dem entsprechenden Pfad Strings gespeichert worden wären, hätten wir ohne einen Typecast keine Berechnung durchführen können. Achten Sie somit darauf, welche Daten von der Datenbindung Richtung Formatter übergeben werden, um eventuelle Inkompatibilitäten bei Typen zu vermeiden.

Abbildung 9.44 zeigt das bisherige Ergebnis der Tabelle. Nun sehen wir vier Spalten, wobei fast alle Spalten direkt aus einer Datenbindung stammen. Die letzte Spalte verwendet zwar Daten aus der Datenbindung, jedoch wird diese zur Laufzeit durch einen entsprechenden Formatter berechnet.

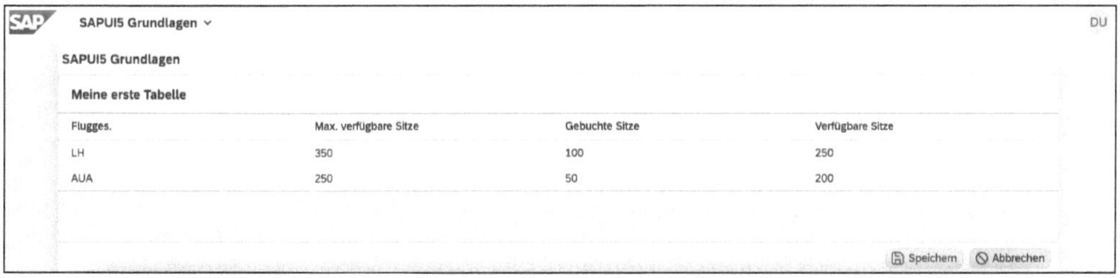

Abbildung 9.44 Formatter in der Tabelle

Fügen wir der Tabellendefinition weitere Properties hinzu, die einerseits die Lesbarkeit für die Anwender verbessern und andererseits ein Problem lösen, dessen wir uns noch gar nicht bewusst sind.

Beginnen wir mit der Property `alternateRowColors`. Diese sorgt dafür, dass jede zweite Zeile eine andere Hintergrundfarbe erhält. Durch eine graue Hintergrundfarbe kann der Anwender die Zeilen mit ihren Werten besser voneinander unterscheiden. Diese Property erwartet einen Boolean mit dem Indikator, ob diese Funktion eingeschaltet werden soll oder nicht.

Worüber wir noch nicht gesprochen haben, ist die *Pagination*. Pagination bedeutet, dass größere Datenmengen blockweise geladen werden. Sie kennen das sicher, dass Sie eine Seite mit vielen Daten vor sich haben. Wenn Sie das Ende der Seite erreicht haben, können Sie auf die nächste Seite umblättern, um die nächsten X Elemente zu sehen. Genau das ist Pagination. Anstatt die ganzen Daten auf einmal zu laden und darzustellen, wird nur ein kleinerer Teil (vom Server) geladen, und erst wenn die Anwender an einem bestimmten Punkt (z. B. am Ende der Liste) angekommen sind.

Aus diesem Grund wird die Property `growing` auf den Wert `true` gesetzt. Dies teilt der Tabelle mit, dass Daten nachgeladen werden sollen, wenn das Ende der Tabelle erreicht ist, d. h., dass die Tabelle wachsen soll. Mit der Property `growingThreshhold` können wir mit einem Integer hinterlegen, wie viele Elemente pro Block geladen werden sollen. Zusätzlich können wir mit der Eigenschaft `growingScrollToLoad` festlegen, ob bei Erreichen des Tabellenendes automatisch weitere Blöcke nachgeladen werden sollen oder ob der Benutzer über einen Button am Tabellenende entscheiden kann, ob Daten nachgeladen werden sollen.

Alles in allem ersetzen wir die bestehende Tabellenkopfdefinition durch die folgende XML-Definition, um die besprochenen Änderungen zu ermöglichen und zu aktivieren:

```
<Table id="main_table_flights" headerText="Meine erste Tabelle"
items="{/Flights}" alternateRowColors="true" growing="true"
growingThreshold="200">
```

Wir möchten die Applikation nochmals anpassen, indem wir Expression Binding einsetzen. Sie wissen bereits, dass Expression Binding dafür verwendet werden kann, um Berechnungen direkt im View durchzuführen. Denken Sie noch einmal an unsere letzte Spalte, in der wir die verfügbaren Sitzplätze in einer separaten Funktion in TypeScript berechnet haben. Diese Berechnung können wir auch mithilfe von Expression Binding einfach im View durchführen und somit unseren Controller verschlanken. Anstelle des bisherigen UI-Elements `sap.m.Text` verwenden wir nun folgende Definition für die Zelle in der letzten Spalte:

```
<Text id="main_text_seatsavtemplate" text="{= ${Seats} - ${SeatsOcc} }"/>
```

[»]

Vorsicht bei Expression Binding

Expression Binding kann sehr nützlich sein, und es können auch komplexe Berechnungen von mathematischen Funktionen bis hin zum Conditional Operator verwendet werden. Wir empfehlen, nur einfache Berechnungen im View darzustellen, um die Lesbarkeit und Wartbarkeit zu verbessern.

Ein weiterer Verbesserungsbedarf besteht noch. Bei der Visualisierung der verfügbaren Sitzplätze möchten wir auch auf semantische Farben setzen und über einen Indikator auch entsprechende Icons anzeigen. Dafür tauschen wir zunächst unseren `sap.m.Text` aus, der die verfügbaren Sitzplätze mittels Expression Binding berechnet hat. Wir verwenden von nun an die UI-Komponente `sap.m.ObjectStatus`. Diese UI-Komponente kann nicht nur einen Text anzeigen, sondern diesen auch einfärben und in Kombination mit einem Icon darstellen. Die Definition in XML würde aussehen wie in Listing 9.23:

```
<ObjectStatus id="main_objectstatus_seatsavtemplate"
text="{= ${Seats} - ${SeatsOcc} }"
state="{parts: ['Seats','SeatsOcc'], formatter: '.stateAvSeats'}"
icon="{parts: ['Seats','SeatsOcc'], formatter: '.iconAvSeats'}"/>
```

Listing 9.23 »ObjectStatus« anstatt der gewöhnlichen Text-UI-Komponente

Die Property `text` erfüllt den gleichen Zweck wie ein `sap.m.Text`, nämlich etwas auszugeben. Wir belassen diesen hier gleich und berechnen die verfügbaren Sitzplätze mittels Expression Binding. Die Properties `state` und `icon` beinhalten zwar Datenbindung, jedoch rufen wir dahinter die TypeScript-Methoden `stateAvSeats` und `iconAvSeats`. Diese beiden Formatter erhalten als Übergabeparameter die Anzahl an Sitzplätzen und die Anzahl an besetzten Sitzplätzen. Die Formatter sind dann dafür zuständig, dass die entsprechende Berechnung durchgeführt wird und auch die richtigen Daten zurückgegeben werden. Auf diese Implementierungen kommen wir gleich zu sprechen. Bei der Property `state` können wir von SAP vordefinierte Werte verwenden, die jeweils ausschlaggebend sind, welche Farben herangezogen werden. Die möglichen Werte finden Sie in der Dokumentation bei der Enumeration `sap.ui.core.ValueState` (`Success` = grün, `Warning` = orange, `Error` = rot, `Information` = blau).

Bei der Property `icon` kann auch aus einer Reihe von mitgelieferten Icons ausgewählt werden. Um ein passendes Icon zu finden, verwenden Sie den offiziellen *Icon Explorer*. Jedes Icon hat einen eindeutigen Identifier, der out of the box überall dort verwendet werden kann, wo ein Icon erwartet wird.

Sehen wir uns nun die Methoden an, die einerseits den richtigen Status, aber auch das Icon ermitteln. Diese zwei TypeScript-Methoden sehen Sie in Listing 9.24 dargestellt. In der Methode `stateAvSeats` werden die zwei Werte `seatsmax` und `seatsocc` entgegengenommen und die Differenz berechnet. Basierend auf der Differenz wird ein entsprechender If-Block aufgerufen und über die Enumerationen `Success`, `Warning` und `Error` eine Farbe zurückgegeben. In der Methode `iconAvSeats` machen wir fast dasselbe, außer dass wir Icons statt Farbindikatoren zurückgeben.

```
private stateAvSeats (seats: int, seatsocc: int) : string {
    let iDiff = seats - seatsocc;
    if (iDiff <= 15) {
        return "Error";
    } else if (iDiff <= 25) {
        return "Warning";
    } else {
        return "Success";
    }
}
```

```
private iconAvSeats (seats: int, seatsocc: int) : string {
    let iDiff = seats - seatsocc;
    if (iDiff <= 15) {
        return "sap-icon://message-error";
    } else if (iDiff <= 25) {
        return "sap-icon://message-warning";
    } else {
        return "sap-icon://message-success";
    }
}
```

Listing 9.24 Formatter zur Visualisierung der verfügbaren Sitzplätze

Es ist auch möglich, die Zeilen selbst einzufärben. Dass man die ganze Zeile einfärbt, ist im Standard zwar nicht vorgesehen, aber wir können beim ColumnListItem die Property highlight verwenden. Diese Property setzt am Anfang der Zeile einen farblichen Marker, und für die Farbgebung wird die gleiche Enumeration wie auch bei ObjectStatus verwendet. Deshalb können wir den bereits implementierten Formatter verwenden, den wir schon bei ObjectStatus verwendet haben:

```
<ColumnListItem id="main_columnlistitem_template"
highlight="{parts: ['Seats','SeatsOcc'], formatter: '.stateAvSeats'}">
```

In Abbildung 9.45 sehen Sie die fertige Tabelle, die nicht nur Daten darstellt, sondern diese auch zur Laufzeit berechnet und basierend auf diesen Berechnungen Formatierungen vornimmt.

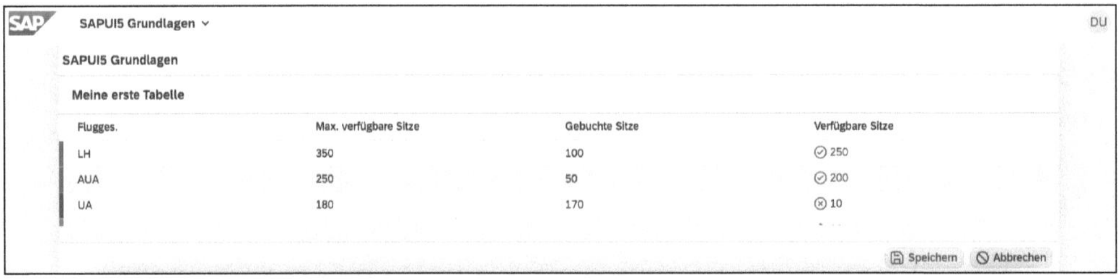

Abbildung 9.45 »ObjectStatus« anstelle vom Text auf der Benutzeroberfläche

9.5 Navigation und Routing

Die Navigation wird in diesem Abschnitt eine große Rolle spielen, denn nur selten werden Sie mit einer *Single-Page-Applikation* auskommen. Die Idee ist, dass wir zwischen mehreren Views navigieren können. Diese Navigation kann mit oder ohne Parameter stattfinden, sodass Daten während der Navigation zwischen den Views weitergereicht werden können.

Bevor wir die Navigation implementieren und umsetzen, müssen wir uns die Theorie dahinter ansehen. Wir versuchen, Sie Schritt für Schritt durch die Vorgänge, die in Abbildung 9.46 zu sehen sind, zu führen, um Ihnen so die Hintergründe der Navigation näherzubringen:

- *View*: Damit zu einem View navigiert werden kann, muss dieser natürlich existieren. Auch wir werden neue Views anlegen, jedoch gibt es dafür keinen automatisierten Prozess, daher werden wir einfach neue Dateien anlegen und uns an die Namenskonventionen halten, sodass diese Dateien als Views erkannt werden.
- *Target*: Ein Target verweist explizit auf einen View. Jedoch kann ein View wiederum von mehreren Targets verwendet werden. Diese Targets brauchen wir, weil wir bei der Navigation nicht direkt auf einen View verweisen werden, sondern Targets als Zwischenschritt benötigen.
- *Route*: Eine Route kann eine oder mehrere Targets ansprechen. Routen sind die Objekte, die nun für die eigentliche Navigation verwendet werden. Wie diese Routen angesprochen werden können, sehen Sie hier erklärt:
  - *Name*: Damit eine Route angesprochen werden kann, braucht sie einen Namen. Dieser Name wird innerhalb des Frameworks verwendet, um die Route laden und ansprechen zu können (z. B. in TypeScript aus dem Controller heraus).
  - *Pattern*: Da wir uns im Browser befinden und die Webapplikationen über URLs geöffnet werden, ist auch die Navigation ein Teil dieser URL. Wenn wir eine Route für die Navigation verwenden bzw. sich im Allgemeinen die URL verändert, kann das auch Auswirkungen auf die Navigation haben. Werden die Patterns in der URL erkannt und können diese einer Route zugeordnet werden, dann wird die entsprechende Route herangezogen.

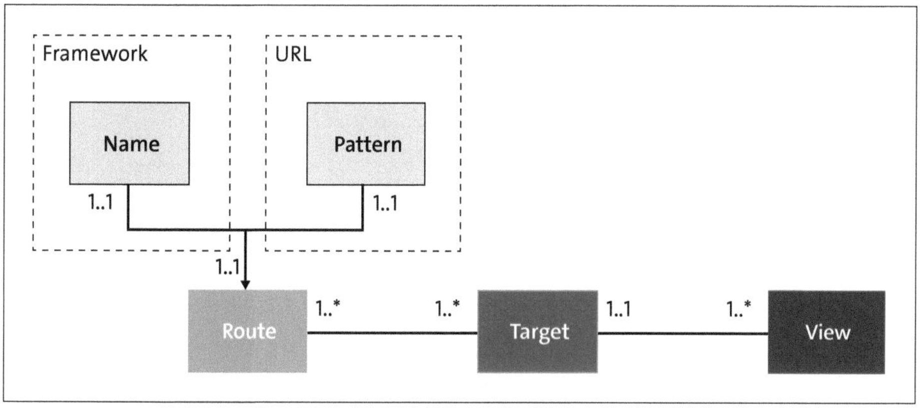

Abbildung 9.46 Navigation in der Theorie

Wir werden auf die *Full-Screen-Navigation* eingehen. Diese Navigation ist so konzipiert, dass dahinter nichts anderes passiert, als dass ein Container mit neuen XML-

Elementen befüllt und somit zur Anzeige gebracht wird. In Abbildung 9.47 sehen Sie, dass die Anwender immer die **App.view.xml** (da diese der *Root-View* ist) sehen, jedoch der Inhalt dieses Views, je nachdem welcher View durch eine Navigation gerufen wird, die Inhalte ersetzt.

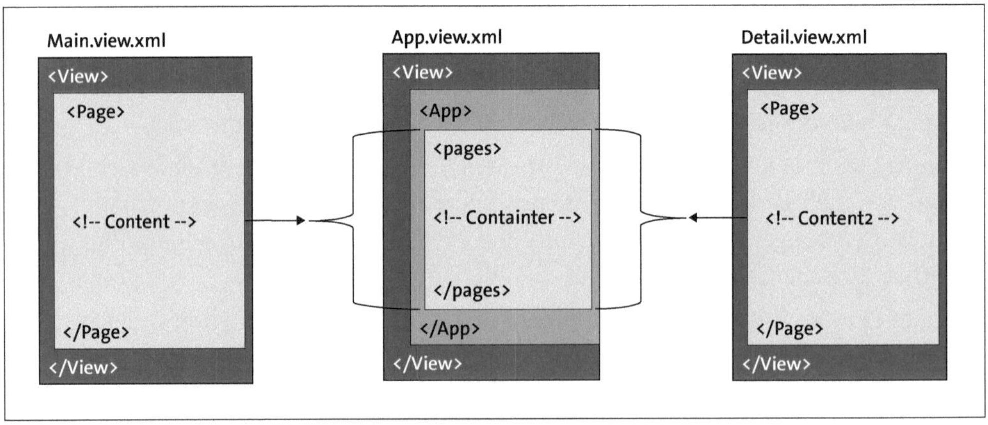

Abbildung 9.47 Full-Screen-Navigation in der Theorie

9.5.1 Hard-Coded Routing

Starten wir mit einer hardcodierten Navigation (d. h. Navigation ohne Parameter), um Ihnen ein Gefühl dafür zu geben, welche Schritte notwendig sind, um diese zu implementieren. Dafür müssen wir einen weiteren View anlegen. Öffnen Sie dafür das Kontextmenü **view** auf Ebene der Ordner und klicken Sie auf **New File...**. Vergeben Sie als Namen **Detail.view.xml** für diese neue Datei. Durch diese Namenskonvention wird die Datei als XML-View erkannt. Befüllen Sie diesen View mit einer Beispielimplementierung, wie sie in Listing 9.25 zu sehen ist.

```
<mvc:View xmlns="sap.m" xmlns:f="sap.ui.layout.form"
controllerName="at.clouddna.myapp.controller.Detail"
xmlns:mvc="sap.ui.core.mvc" displayBlock="true">
    <Page id="detailPage" title="Details">
        <content>
        </content>
    </Page>
</mvc:View>
```

Listing 9.25 Detail-View mit einer leeren Seite angelegt

Zu einem View gehört auch immer ein Controller. Aus diesem Grund legen wir auch im Verzeichnis **controller** eine neue Datei mit dem Namen **Detail.controller.ts** an. Diese Datei können Sie mit dem Code befüllen, der in Listing 9.26 gezeigt ist.

```
import Controller from "sap/ui/core/mvc/Controller";
/**
 * @namespace at.clouddna.myapp.controller
 */
export default class Detail extends Controller {
    /*eslint-disable @typescript-eslint/no-empty-function*/
    public onInit(): void {}
}
```

Listing 9.26 Leerer Controller für den Detail-View angelegt

Damit wir auf diesen View navigieren können, müssen wir weitere Einträge im *Application Descriptor*, also im **manifest.json** hinterlegen. Wenn Sie in dieser Datei ganz nach unten scrollen, finden Sie einen Eintrag mit dem Namen `targets`. Zu diesem Objekt müssen wir, neben dem bereits existierenden Eintrag für unseren Main-View, einen weiteren Eintrag hinzufügen und somit ein neues Target anlegen. Wie Sie in Listing 9.27 sehen können, verweist dieses neue Target auf unseren Detail-View.

```
"targets": {
    "TargetMain": {
        "viewType": "XML",
        "transition": "slide",
        "clearControlAggregation": false,
        "viewId": "Main",
        "viewName": "Main"
    },
    "Detail": {
        "viewType": "XML",
        "transition": "slide",
        "clearControlAggregation": false,
        "viewId": "Detail",
        "viewName": "Detail"
    }
}
```

Listing 9.27 Target für den Detail-View anlegen

Weiterhin gibt es gleich oberhalb der Targets einen Eintrag mit dem Namen `routes`, der die Routen verwaltet. Fügen wir zu diesem Array auch einen Eintrag hinzu und legen wir somit eine Route an, die auf unser neues Target verweist. Diesen Eintrag sehen Sie in Listing 9.28 dargestellt.

```
"routes": [
    {
        "name": "RouteMain",
        "pattern": ":?query:",
        "target": [
            "TargetMain"
        ]
    },
    {
        "name": "Detail",
        "pattern": "staticDetail",
        "target": [
            "Detail"
        ]
    }
],
```

Listing 9.28 Weitere Route im »manifest.json« anlegen, die auf das neue Target verweist

Diese Route kann nun auf zwei Arten angesprochen werden. Entweder vom Framework, wenn wir z. B. in TypeScript auf den Namen der Route zugreifen. Des Weiteren könnte auch, wenn das Pattern */staticDetail* in der URL erkannt wird, auf diese Route und somit auf den View navigiert werden.

Probieren wir die Navigation aus, indem wir erlauben, dass in der Tabelle die Listenelemente angeklickt werden können. Wenn ein Listenelement geklickt wird, möchten wir die Navigation auslösen, sprich mit einem Event Handler darauf reagieren. Machen Sie die folgende Anpassung in der `Main.view.xml` beim `ColumnListItem`:

```
<ColumnListItem id="main_columnlistitem_template"
highlight="{parts: ['Seats','SeatsOcc'], formatter: '.stateAvSeats'}"
press="onNavToDetail" type="Navigation">
```

Listing 9.29 »ColumnListItem« klickbar gemacht und einen Event Handler registriert

Durch diese Definition wird auch ein anderer Cursor dargestellt, damit die Benutzer wissen, dass das Listenelement klickbar ist (siehe Abbildung 9.48).

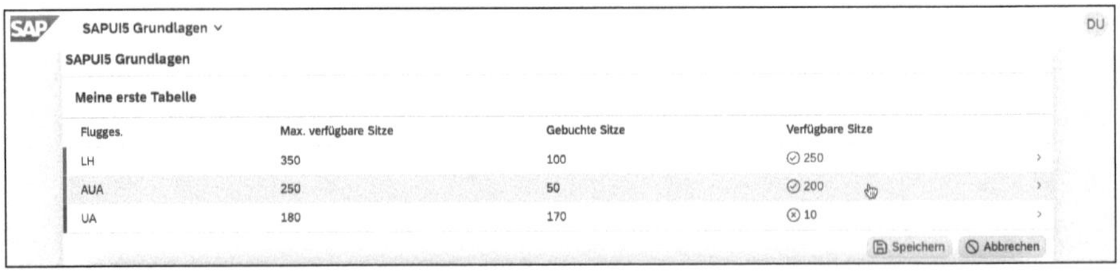

Abbildung 9.48 »ColumnListItem« ist nun klickbar

In einem entsprechenden Event Handler im Controller reagieren wir auf den Klick und lassen uns den standardmäßig angestellten `sap.m.routing.Router` liefern. Mit diesem Router haben wir mittels der Methode `navTo(sRouteName, oParameters?, oComponentInfo?, bSkipHistory?)` die Möglichkeit, eine Route aufzurufen. Wie Sie in Listing 9.30 sehen, navigieren wir mit dieser Methode zur Route `Detail`.

```
private onNavToDetail() :  void {
  let oRouter = (this.getOwnerComponent() as BaseComponent).getRouter();
  oRouter.navTo("Detail");
}
```

Listing 9.30 Event Handler, in dem auf den Detail-View navigiert wird

Nun können wir in der Tabelle auf einen Listeneintrag klicken und werden vermeintlich zu einer anderen Seite geleitet (siehe Abbildung 9.49).

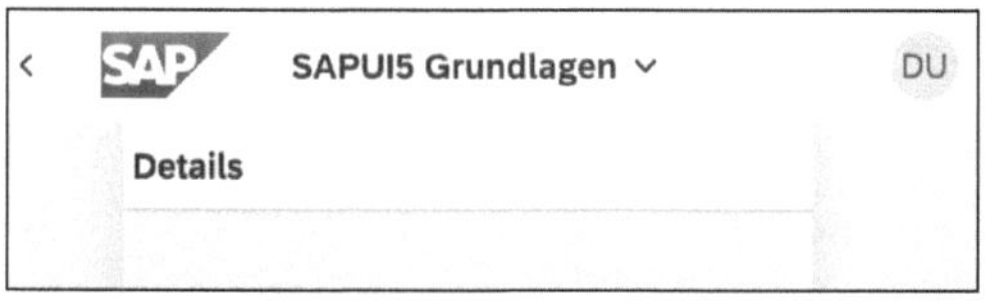

Abbildung 9.49 Der leere Detail-View wurde geöffnet.

Sie können nun sehen, dass sich die URL verändert hat. Das Pattern, das auch mit der Route `Detail` verknüpft ist, ist Teil der URL geworden:

https://port8080-workspaces-... &/staticDetail

Mit der standardmäßigen Browsernavigation bzw. mit dem Zurück-Button der SAP-Fiori-Launchpad-Sandbox können Sie wieder zur Liste navigieren. Das ist unter anderem auch ein Vorteil, da hier die Navigation in SAPUI5 ein Teil der Browsernavigation ist.

9.5.2 Routing mit optionalen und Pflichtparametern

Die Möglichkeit, zu einem anderen View zu navigieren, ist zwar schön, aber in der Praxis wenig hilfreich. In der Praxis werden Sie oft den Fall haben, dass Sie Details zu einem ausgewählten Objekt anzeigen möchten. In diesem Fall müssen Sie auch die Information weitergeben, von welchem Objekt die Details angezeigt werden sollen. Natürlich könnte man dafür auch Laufzeitvariablen verwenden, aber dann hätte man das Problem, dass die Information nach einem Refresh verloren geht. Sehen wir uns nun an, wie auch hier die Navigation mit einem Parameter Abhilfe schaffen kann.

Machen wir nun bei der Route zum Detail eine Anpassung im **manifest.json** und geben wir bei der Definition für den Pattern einen Parameter zwischen den geschweiften Klammern mit. Diese Anpassung sehen Sie in Listing 9.31.

```
{
    "name": "Detail",
    "pattern": "mandatoyParamDetail/{path}",
    "target": [
        "Detail"
    ]
}
```

Listing 9.31 Pattern verändern und einen Pflichtparameter einfügen

Diese Änderung wird dafür sorgen, dass unsere bisherige Navigation nicht mehr funktioniert. Den Hinweis dazu finden Sie auch in der Konsole. Abbildung 9.50 zeigt und gibt uns den Hinweis, dass wir eine Route aufrufen wollen, jedoch der Pflichtparameter mit dem Namen `path` bei dieser Navigation nicht befüllt ist.

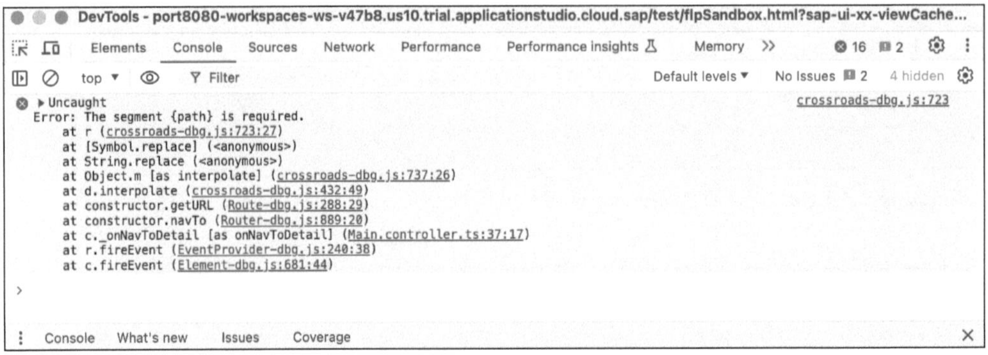

Abbildung 9.50 Der Parameter fehlt bei der Navigation.

Das können wir entweder händisch in der URL vornehmen, jedoch wird es uns nicht erspart bleiben, auch die Navigationslogik im `Main.controller.ts` anzupassen. Wie wir diesen Parameter befüllen können, sehen Sie in Listing 9.32 einsehen.

```
private onNavToDetail() :  void {
    let oRouter = (this.getOwnerComponent() as BaseComponent).getRouter();
    oRouter.navTo("Detail", {
        path: "1234"
    });
}
```

Listing 9.32 Event Handler angepasst, sodass der Pflichtparameter in der Methode »navTo« befüllt wird

Nun geben wir bei der Methode `navTo` als zweiten Parameter ein Objekt mit, das diesen Parameter befüllt. Der Parameter kann in der Detailansicht entgegengenommen, ausgelesen und verwendet werden. Die Lebenszyklusmethoden eignen sich leider nicht für das Auslesen der Parameter, denn diese werden nur einmalig aufgerufen. Jedoch können wir in einem dieser Lebenszyklusmethoden einen *Listener* registrieren, der jedes Mal, wenn auf den Detail-View navigiert wird, gerufen wird. Dieser Listener, nämlich der Listener für das *Pattern Matched Event*, wird nun jedes Mal aufgerufen, wenn wir auf die Detailseite navigieren und das Pattern gefunden wird (siehe Listing 9.33).

```
public onInit() : void {
    let oRouter = (this.getOwnerComponent() as BaseComponent).getRouter(),
        oRoute = oRouter.getRoute("Detail");
    oRoute?.attachPatternMatched(this.onPatternMatched, this);
}
private onPatternMatched(oEvent: Event) {
    let oArguments = (oEvent.getParameters() as any).arguments,
        sPath = oArguments.path;
    MessageBox.show("Pfad: " + sPath);
}
```

Listing 9.33 Listener für das Pattern Matched Event von der Route

Probieren wir nun, auf die Detailseite zu navigieren, dann wird aufgrund der Logik in unserer Methode `onPatternMatched` eine `sap.m.MessageBox` geöffnet und als String angezeigt, was als Parameter bei der Navigation übergeben worden ist (siehe Abbildung 9.51).

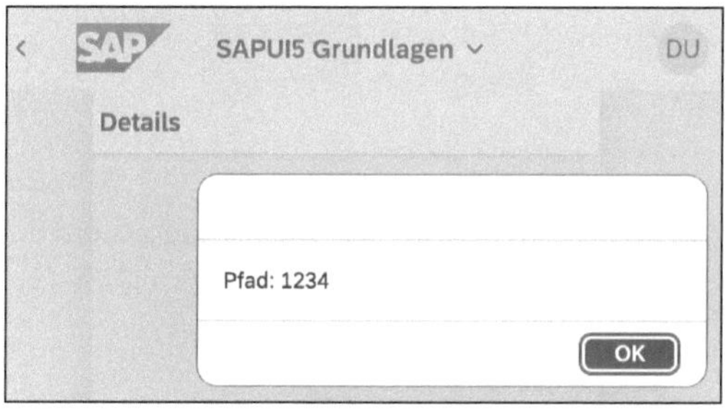

Abbildung 9.51 Der Parameter wird entgegengenommen, ausgelesen und mittels einer Message Box angezeigt.

Bevor wir im nächsten Abschnitt diese Navigation einsetzen, um Flugdaten in der Detailansicht anzeigen zu können, möchten wir Sie darauf hinweisen, dass es mehrere Arten von Parametern gibt. So könnten Sie nicht nur Pflichtparameter, sondern auch optionale Parameter definieren. Des Weiteren könnten Sie auch Query-Parameter zulassen und in der Detailansicht auslesen.

9.5.3 Navigation in Kombination mit Element Binding

Ob Full-Screen-Navigation, Flexible Column Layout oder Master-Detail-Page – in der Praxis kommt es immer wieder vor, dass bei der Auswahl eines Elements in der Tabelle/ Liste die Detailinformationen dazu auf der nächsten Seite angezeigt werden sollen. Aus diesem Grund möchten wir Ihnen eine Vorlage für diese Aufgabe zur Verfügung stellen. Alles, was wir dazu benötigen, haben wir bereits kennengelernt – Aggregation Binding, Event Handler, Navigation mit Parametern und Element Binding.

Wenn eine Zeile in der Tabelle geklickt wird, passen wir die Logik in dem Event Handler so an, dass der Pfad des ausgewählten Elements ausgelesen wird. An den Pfad kommen wir über das Event-Objekt ran, das in den Parameter `oEvent` geschrieben wird. Den Pfad übergeben wir bei der Navigation mit an die Detailansicht. Wir empfehlen, hier eine `encodeURIComponent` zu verwenden, damit wir uns keine Gedanken über Sonderzeichen machen müssen, die durch die parameterbasierte Navigation in der URL landen und diese somit verfälschen würden (siehe Listing 9.34).

```
private onNavToDetail(oEvent: Event) :  void {
  let oRouter = (this.getOwnerComponent() as BaseComponent).getRouter(),
    oBindingContext = (oEvent.getSource() as any).getBindingContext(),
    oObject = oBindingContext?.getObject(),
    sPath = oBindingContext?.getPath();
  oRouter.navTo("Detail", {
    path: encodeURIComponent(sPath)
  });
}
```

Listing 9.34 Beim Navigieren dynamisch den Pfad der Datenbindung auslesen und an den View als Parameter mitsenden

In der Detailansicht, im Listener des Pattern Matched Events, werden wir diesen Pfad entgegennehmen, mit `decodeURIComponent` in den Ursprungszustand zurückverwandeln und danach mit `bindElement` den Pfad auf den Detail-View binden (siehe Listing 9.35).

```
private onPatternMatched(oEvent: Event) {
  let oArguments = (oEvent.getParameters() as any).arguments,
    sPath = decodeURIComponent(oArguments.path);
  this.getView()?.bindElement(sPath);
}
```

Listing 9.35 Im Pattern Matched wird der Pfad extrahiert und über Element Binding and den View gebunden.

Nun greifen wir auf unser Wissen über `SimpleForm` zurück und bauen diesen mit Labels und Inputs basierend auf unseren Flugdaten in den Detail-View ein. Dort greifen wir über relative Pfade auf die einzelnen Eigenschaften zu (siehe Listing 9.36). Diese können aufgelöst werden, da über das Element Binding eine bestimmte Entität auf die Seite gebunden wurde.

```
<f:SimpleForm id="detail_simpleform" editable="true"
layout="ResponsiveGridLayout" labelSpanXL="3" labelSpanL="3" labelSpanM="3"
labelSpanS="12" emptySpanXL="4" emptySpanL="4" emptySpanM="4" emptySpanS="0"
columnsXL="1" columnsL="1" columnsM="1">
    <f:content>
        <Label id="labelID" labelFor="inputID" text="ID" />
        <Text id="inputID" text="{ID}" />
        <Label id="labelAirlineID" labelFor="inputAirlineID"
            text="Fluggesellschaft" />
        <Input id="inputAirlineID" value="{AirlineID}" />
        <Label id="labelSeats" labelFor="inputSeats"
            text="Max. verfügbare Sitze" />
        <Input id="inputSeats" value="{Seats}" />
        <Label id="labelSeatsOcc" labelFor="inputSeatsOcc"
            text="Gebuchte Sitze" />
        <Input id="inputSeatsOcc" value="{SeatsOcc}" />
        <Label id="labelSeatsAv" labelFor="statusSeatsAv"
            text="Verfügbare Sitze" />
        <ObjectStatus id="statusSeatsAv" text="{= ${Seats} - ${SeatsOcc} }"
            state="{parts: ['Seats','SeatsOcc'], formatter: '.stateAvSeats'}"
            icon="{parts: ['Seats','SeatsOcc'], formatter: '.iconAvSeats'}" />
    </f:content>
</f:SimpleForm>
```

Listing 9.36 »SimpleForm« in der Detailansicht, die über relativen Pfade später die Daten anzeigen wird

Das Ergebnis nach der Navigation sehen Sie in Abbildung 9.52 dargestellt.

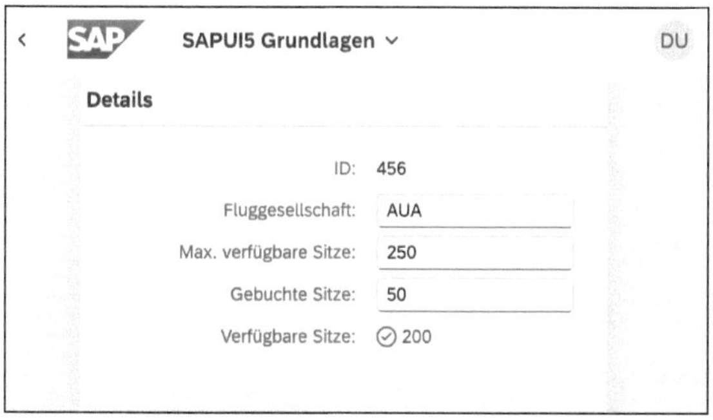

Abbildung 9.52 »SimpleForm« in der Detailansicht, die Daten über Element Binding darstellt

9.6 Mehrsprachigkeit/Internationalization (i18n)

Nicht nur für global agierende Unternehmen ist es wichtig, dass deren Anwendungen mehrsprachig angeboten werden. Im Zuge der Globalisierung kommt es schnell vor, dass Mitarbeiter unterschiedliche Muttersprache haben. Natürlich können Sie Ihre Anwendungen auch an eine bestimmte Unternehmenssprache anpassen, aber warum nutzen Sie nicht die Möglichkeiten, die das SAPUI5-Framework für solche Fälle bietet?

Im SAPUI5-Framework wird ein *Resource Model* für die Übersetzungen schon im Standard mit angelegt. Den entsprechenden Eintrag dazu findet man bei den `models` im **manifest.json** (siehe Listing 9.37):

```
"models": {
    "i18n": {
        "type": "sap.ui.model.resource.ResourceModel",
        "settings": {
            "bundleName": "at.clouddna.myapp.i18n.i18n"
        }
    }
},
```

Listing 9.37 Standardmäßige Definition des i18n-Models

Auf dieses globale Resource Model kann von allen Views und Controllern heraus mit dem Namen `i18n` zugegriffen werden. Doch welche Werte speichert dieses Model? Beim Anlegen des Projekts wurde auch ein Verzeichnis mit dem Namen **i18n** angelegt. Darin befinden sich *Java-Properties-Dateien*, die über *Schlüssel-Wert-Paare* die Texte speichern. Die Namen der Dateien geben Auskunft über die Sprache, für die diese zuständig sind. In Tabelle 9.4 sehen Sie ein paar Beispiele, wie die Namensgebung ausschlaggebend für die Zielsprache ist. Es gibt einen Fallback, wenn für die ermittelte Sprache des Benutzers kein i18n gepflegt wurde.

i18n-Dateiname	Auswirkung/Zielsprache
i18n.properties	Default/Fallback i18n
i18n_en.properties	Englisch
i18n_de.properties	Deutsch
i18n_de_DE.properties	Deutsch (Deutschland)
i18n_de_AT.properties	Deutsch (Österreich)

Tabelle 9.4 i18n-Dateinamen je nach Zielsprache

Wie die Sprache des Benutzers ermittelt wird, ist festgelegt und wird anhand einer Checkliste abgearbeitet. Wenn für eine Frage keine Antwort gefunden wurde, dann wird mit dem nächsten Punkt fortgefahren, bis eine Sprache ermittelt werden konnte.

1. Wurde die Sprache in der Applikation mit `sap/base/i18n/Localization.setLanguage` programmatisch gesetzt?
2. Wurde der Parameter `sap-locale` gesetzt?
3. Wurde der Parameter `sap-language` gesetzt?
4. Wurde der Parameter `sap-ui-language` gesetzt?
5. Welche Sprache ist beim Browser eingestellt?
6. SAPUI5-Fallback ist Englisch, wenn auf all die anderen Fragen keine Antwort gefunden wurde.

Wie wir schon erwähnt haben, speichern diese Dateien Schlüssel-Wert-Paare, die mit einem Gleichheitszeichen getrennt sind. So würde man mit dem gleichen *Schlüssel* in allen anderen i18n-Dateien in den verschiedenen Sprachen den jeweiligen *Wert* definieren. In Tabelle 9.5 sehen Sie ein paar einfache Beispiele dafür.

Schlüssel	Wert(e)	Wert (de_DE)	Wert (de_AT)
appTitle=	Manage Bookings	Buchungen verwalten	Buchungen verwalten
saveBtn=	Save	Speichern	Speichern
cancelQuestion=	Do you really want to cancel?	Wollen Sie wirklich abbrechen?	Wollen Sie wirklich abbrechen?
deleteQuestion=	Are you sure, that you want do delete object {0}?	Sind Sie sicher, dass Sie Objekt {0} löschen wollen?	Sind Sie sicher, dass Sie Objekt {0} löschen wollen?
semicolon=	Semicolon	Semikolon	Strichpunkt
curlyBracket=	Curly brackets	Geschweifte Klammer	Geschwungene Klammer

Tabelle 9.5 Beispiele für i18n-Übersetzungen

Da dieses i18n-Model global zur Verfügung steht, können wir auf die Texte mittels Datenbindung in den Views zugreifen und so die Ermittlung des richtigen Texts in der richtigen Sprache dem Resource Bundle überlassen. Dafür können Sie mit dem Namen i18n, da wir ein Named Model vor uns haben, auf die Texte zugreifen:

```
<Title text="{i18n>appTitle}"/>
<Button text="{i18n>saveBtn}"/>
```

Auch aus dem Controller heraus können Sie auf die Texte zugreifen, indem Sie über die Instanz des i18n Resource Models den `sap.base.i18n.ResourceBundle` über die Methode `getResourceBundle()` liefern lassen und dort die Methode `getText(sKey, aArgs?, bIgnoreKeyFallback?)` verwenden (siehe Listing 9.38).

```
let oI18nModel = this.getView().getModel("i18n"),
    oResourceBundle = oI18nModel.getResourceBundle(),
sText = oResourceBundle.getText("cancelQuestion");
MessageBox.confirm(sText);
```

Listing 9.38 Beispiel, um auf die Texte im i18n-Model zugreifen zu können

Diese Texte können auch Platzhalter enthalten, damit man bei den statischen Übersetzungen auch dynamische Elemente einbringen kann. So könnte man beim Löschen nicht nur die Abfrage machen, sondern dem User auch signalisieren, welches Objekt (z. B. Kundennummer, Bestellnummer, Positionsnummer usw.) er gerade versucht zu löschen:

```
sText = oResourceBundle.getText("cancelQuestion", [oCustomer.ID]);
```

9.7 Deployment

Die SAPUI5-Anwendungen, die sich bei uns im SAP Business Application Studio befinden, helfen unseren Kollegen und Anwendern noch immer nicht, wenn wir sie nicht bereitstellen. Für das *Deployment* im SAP-Umfeld gibt es zwei Möglichkeiten. Entweder wir stellen die App auf einem SAP-System oder auf der SAP Business Technology Platform (SAP BTP) bereit. In unserem Fall werden wir die App auf einem On-Premise-SAP-S/4HANA-System bereitstellen und die App in einem Entwicklungspaket ablegen. In einer Nicht-SAP-Umgebung hätten Sie auch die Möglichkeit, die erstellte App nach einem *Build* als statische HTML-Seite auf einem normalen Webserver zur Verfügung zu stellen.

Da wir die Deployment-Konfiguration nicht beim Erstellen des Projekts definiert haben, gibt es keine grafische Benutzeroberfläche für das Deployment im Nachhinein, weshalb wir mit Befehlen im Terminal arbeiten müssen. Zu diesem Zweck öffnen wir ein neues Terminal, wie in Abbildung 9.53 dargestellt

Mit folgendem Befehl können wir eine neue Konfiguration anlegen lassen (siehe Abbildung 9.54): `npm run deploy-config`

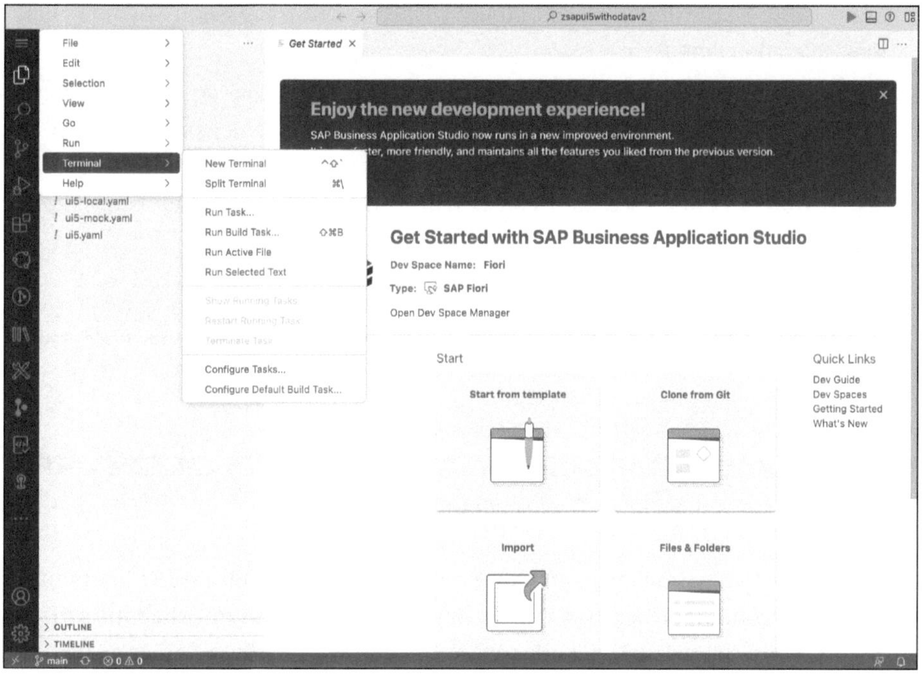

Abbildung 9.53 Neues Terminal öffnen

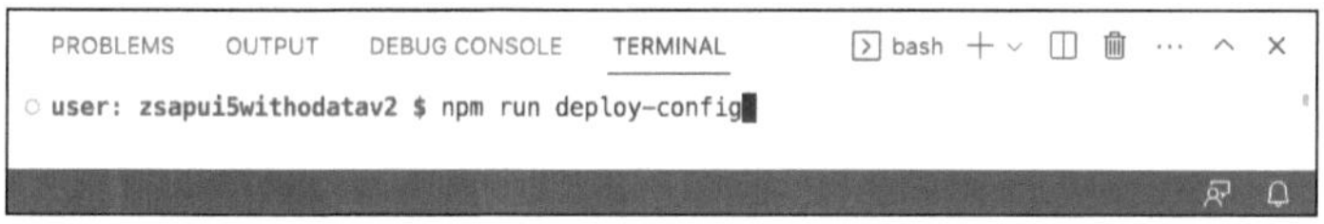

Abbildung 9.54 Neue Deployment-Konfiguration anlegen

In Abbildung 9.55 sehen Sie, dass Ihnen viele Fragen zum Deployment gestellt werden. Hier müssen Sie angeben, auf welchem System Sie die Anwendung bereitstellen wollen, wie der Anwendungs-/BSP-Name lautet und in welchem Paket die Anwendung landen soll. Es folgen ein paar wichtige Hinweise, die wir Ihnen gerne mitgeben möchten:

- **Destination**: Die Destination wurde im Voraus vom SAP-BTP-Administrator erstellt. Eine Destination ist eine Verbindung bzw. ein Zeiger auf ein entferntes System. In unserem Fall verbirgt sich hinter der Verbindung ein virtueller Host und Port, der im Cloud Connector auf einen physischen Host und Port umgeschlüsselt und somit an unser internes SAP-System weitergeleitet werden kann.
- **SAPUI5 ABAP Repository**: Hier müssen Sie den Namen der Anwendung angeben. Da eine SAPUI5-Applikation letztlich als BSP-Applikation im SAP-System abgelegt wird, muss sie sich auch an die vorgegebenen Namenskonventionen halten. So

muss dieser Name entweder mit einem Z oder einem Y beginnen und darf maximal 15 Zeichen lang sein.

- **Package und Transport Request**: Bei der Zuordnung von Paketen und Transporten können Sie entweder manuelle Eingaben machen, neue anlegen lassen oder aus einem bestehenden Auftrag auswählen. Wenn Ihr Transportauftrag bereits freigegeben wurde, können Sie die Deployment-Konfiguration jederzeit wiederholen, um den Eintrag über die Eingabehilfe zu aktualisieren.

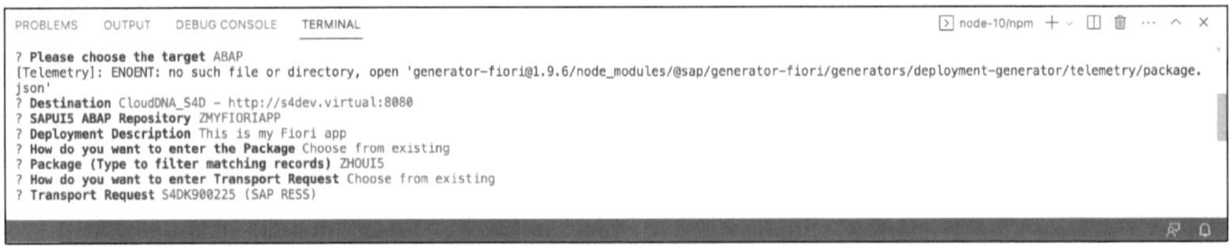

Abbildung 9.55 Angaben für die Deployment-Konfiguration

Mit diesem Befehl wurde lediglich eine Konfigurationsdatei für das Deployment erstellt. Die Anwendung wurde noch nicht deployt, sondern nur mit allen Informationen dafür vorbereitet. Die Datei **ui5-deploy.yaml** ist in Abbildung 9.56 dargestellt. In dieser Datei können Sie auch manuelle Anpassungen vornehmen, z. B. um den Transportauftrag zu ändern.

Abbildung 9.56 Deployment-Konfiguration in der Datei »ui5-deploy.yaml«

Das eigentliche Deployment kann mit folgendem Befehl im Terminal gestartet werden (siehe auch Abbildung 9.57): `npm run deploy`

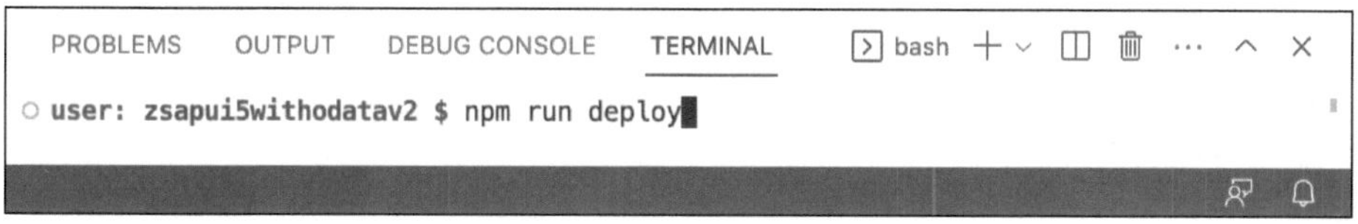

Abbildung 9.57 Deployment starten

Vor dem Start des Deployments werden wir erneut aufgefordert, die Einträge in der Konfigurationsdatei für das Deployment zu überprüfen und dann das Deployment zu bestätigen und zu starten (siehe Abbildung 9.58).

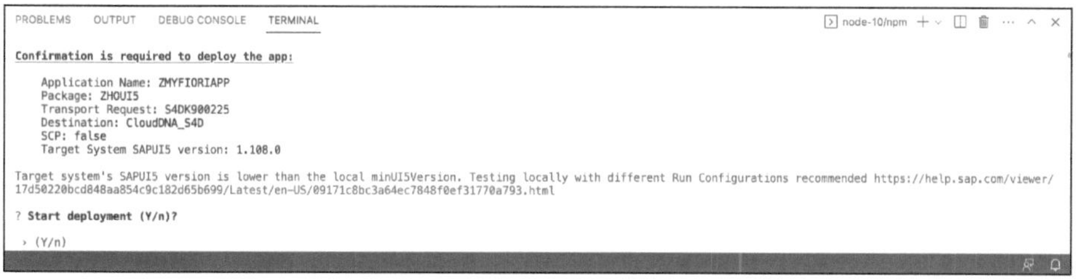

Abbildung 9.58 Deployment bestätigen

Wenn das Deployment erfolgreich war, wird dies im Terminal angezeigt (siehe Abbildung 9.59).

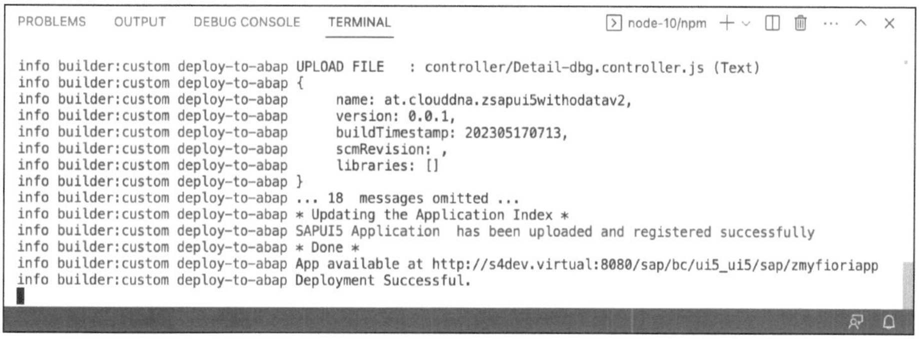

Abbildung 9.59 Deployment erfolgreich durchgeführt

Beim Deployment wurde das Verzeichnis **dist** erstellt. Dieses Verzeichnis enthält die sogenannte *Minified Version* der Anwendung. Dies ist das Verzeichnis, das Sie in einem Nicht-SAP-Szenario auf einen Webserver kopieren müssten. In unserem Fall wurde diese erstellte Anwendung vom Deployment verwendet und auf dem SAP-System abgelegt. In Abbildung 9.60 sehen Sie einen Auszug aus dem **dist**-Ordner.

Nach erfolgreichem Deployment ist die Anwendung im SAP-System im jeweiligen Entwicklungspaket zu finden. In Abbildung 9.61 sehen Sie, dass die Anwendung auch als BSP-Applikation erkannt und gespeichert wurde.

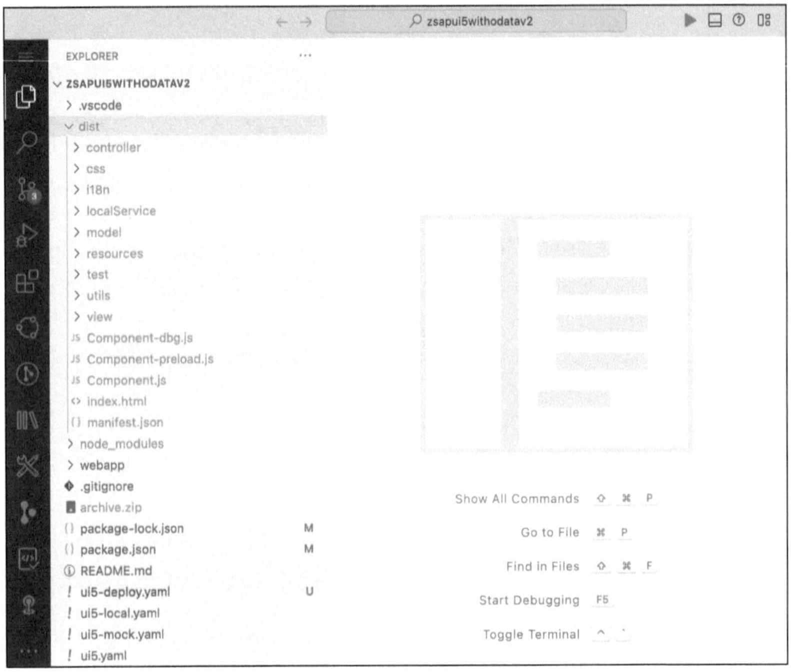

Abbildung 9.60 Verzeichnis »dist« wird für das Deployment herangezogen.

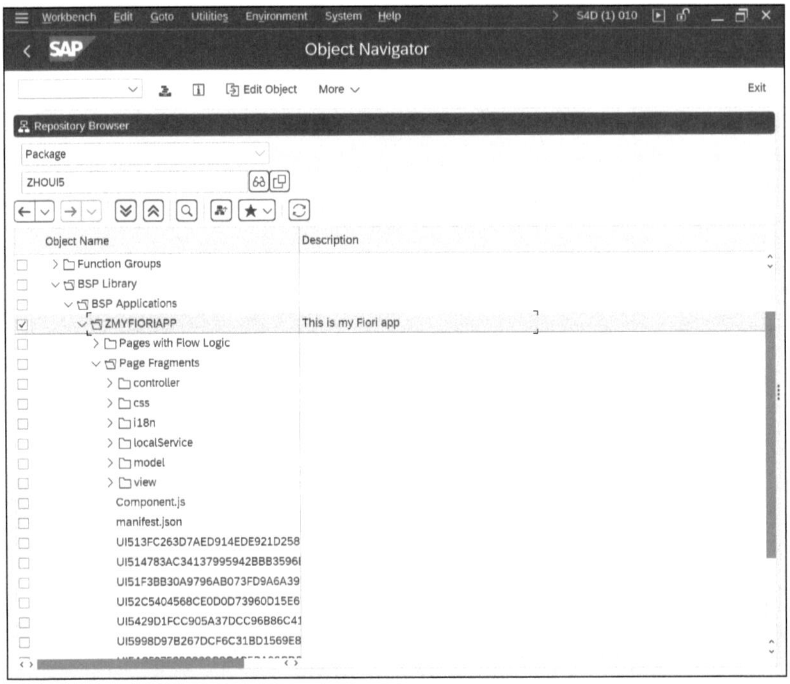

Abbildung 9.61 SAPUI5-Anwendungen werden als BSP-Applikationen erkannt

9.8 Zusammenfassung

In diesem Kapitel haben wir die Grundlagen des SAPUI5-Frameworks behandelt. Wir haben die einzelnen Komponenten des MVC Design Patterns untersucht und die leistungsfähige Verbindung zwischen View und Model, bekannt als Datenbindung, kennengelernt. Darüber hinaus haben wir sowohl UI-Komponenten als auch Faceless Components eingesetzt, Routen mit Parametern konfiguriert und Ansätze zur Entwicklung mehrsprachiger Geschäftsanwendungen erkundet. Abschließend haben wir uns dem Deployment gewidmet, dem essentiellen letzten Schritt nach der Entwicklungsphase.

Kapitel 10

Entwicklung von SAPUI5-Freestyle-Anwendungen mit OData-V4-Services

Die Entwicklung von SAPUI5-Freestyle-Anwendungen erfordert ein hohes Maß an Fähigkeiten in der clientseitigen Anwendungsgenerierung, JavaScript bzw. TypeScript, XML oder Datenbindung. Die OData-Services der Version 4 finden zunehmend Akzeptanz im SAP-Umfeld, weshalb die Beherrschung der OData-Model-V4-Komponente unerlässlich ist.

Moderne Webanwendungen im SAP-Umfeld werden mit dem Framework *SAP UI Development Toolkit for HTML5* (SAPUI5) entwickelt. SAPUI5 ist eine User-Interface-Technologie (UI) auf Basis von HTML5. Dieses Framework basiert auf JavaScript-Bibliotheken, die u. a. beim Start einer SAPUI5-Anwendung zwingend geladen werden müssen. Im Gegensatz zur Vorgängertechnologie Web Dynpro ist SAPUI5 ein clientseitiges Framework, d. h., die clientseitige Anwendungsgenerierung findet im Browser statt. Obwohl Web-Dynpro-Anwendungen auch auf HTML5 laufen, wurde der Seitenaufbau serverseitig generiert und an das Frontend gesendet. Dies führte bei komplexen Anwendungen zu erheblichen Ladezeiten. Außerdem berücksichtigte das Design von Web Dynpro nicht die Komplexität der Benutzergeräte, was die Erstellung adaptiver Anwendungen erschwerte.

Wie Sie bereits wissen, benötigt das Design OData-Services, um mit dem SAP-System kommunizieren zu können. Lange Zeit gab es nur OData-Services der Version 2 im SAP-Umfeld. Zu dieser Zeit wurde auch SAPUI5 ins Leben gerufen, weshalb das SAPUI5-Framework mit der Komponente `sap.ui.model.odata.v2.ODataModel` (umgangssprachlich auch »OData-Model-V2« genannt) bestens dieses Protokoll unterstützt. Nun existiert bereits der Nachfolger unter der Version 4, und neue OData-Services werden meist auch unter dieser Version ausgeliefert. Aus diesem Grund widmen wir uns auch dem Nachfolger vom OData-Model-V2, nämlich der Komponente `sap.ui.model.odata.v4.ODataModel`. Weder im Backend noch im Frontend wird es einfach möglich sein, von V2 auf V4 zu wechseln, außer man verwendet bestimmte Frameworks. Ein Beispiel für solche Frameworks wären das *ABAP RESTful Application Programming Model* im Backend und *SAP Fiori Elements* im Frontend. Da wir nun aber über die SAPUI5-Freestyle-Entwicklung sprechen, helfen uns diese Frameworks an dieser Stelle nicht.

[»]

Die Inhalte aus Kapitel 9, »Entwicklung von SAPUI5-Freestyle-Anwendungen«, bilden die Grundlage für dieses Kapitel

Es ist wichtig, dass Sie sich zunächst mit den Grundlagen der SAPUI5-Entwicklung, dem Model-View-Controller-Pattern, Datenbindung, Navigation und Routing, Mehrsprachigkeit oder Responsive Design beschäftigen. Auf diese Grundlagen greifen wir in diesem Kapitel zurück und setzen sie für die Entwicklung voraus. Egal ob Sie das OData-Model der Version 2 oder 4 verwenden, die Grundlagen bleiben immer dieselben.

In diesem Kapitel wollen wir eine SAPUI5-Freestyle-Applikation für die Bücherverwaltung implementieren, die auf dem OData-Service basiert, den wir in Kapitel 6, »Entwicklung von OData-V4-Services mit dem ABAP RESTful Application Programming Model (Managed Scenario)«, mit dem ABAP RESTful Application Programming Model entwickelt haben. In Abschnitt 10.1 werden wir zunächst ein neues Projekt anlegen. Abschnitt 10.2 beschäftigt sich mit dem OData-Model-V4 und zeigt, wie Sie dieses Model in SAPUI5-Apps instanziieren, die CRUDQ-Methoden auslösen oder es bei der Datenbindung verwenden können. In Abschnitt 10.3 beginnen wir mit der Startseite für die Bücher, für die wir eine *Responsive Table* verwenden. In Abschnitt 10.4 implementieren wir die Navigation zwischen der Startseite und einer Detailansicht ein. In Abschnitt 10.5 werden wir die angesprochene Detailseite aufbauen und eine *Simple Form* verwenden. Abschnitt 10.6 behandelt, wie wir die einzelnen Bereiche für den Anzeige- und den Bearbeitungsmodus in Fragmente auslagern und diese dynamisch in die den einbetten können. Außerdem werden in diesem Abschnitt die restlichen CRUDQ-Methoden mit den Komfortfunktionen des OData-Model-V4 behandelt. Abschnitt 10.7 zeigt, wie man unser Beispiel (aber auch jedes andere Projekt) aus einem Git Repository klonen und zum Laufen bringen kann.

[»]

Ähnlichkeiten zwischen den Kapiteln 10 und 11

Die Entwicklungen in diesem Kapitel sind denen in Kapitel 11 sehr ähnlich. Um zu vermeiden, dass Sie zwischen den beiden Kapiteln hin- und herspringen müssen, haben wir uns entschieden, eine Reihe von Implementierungsschritten und Erklärungen hier zu wiederholen. Da es jedoch auch einige wichtige Unterschiede zwischen der UI-Entwicklung mit dem OData-Model-V2 und dem OData-Model-V4 gibt, ist es notwendig, die Anweisungen aus dem jeweiligen Kapitel zu befolgen, die Ihrer speziellen Version entsprechen.

10.1 Projekt anlegen

Wir müssen zunächst eine App erstellen und einen OData-Service anbinden, mit dem wir über ein OData-Model kommunizieren können. Beginnen wir dazu im SAP Business Application Studio und legen wir ein neues Projekt an. Wählen Sie, wie in Abbildung 10.1 dargestellt, **SAP Fiori application** als Applikationstyp.

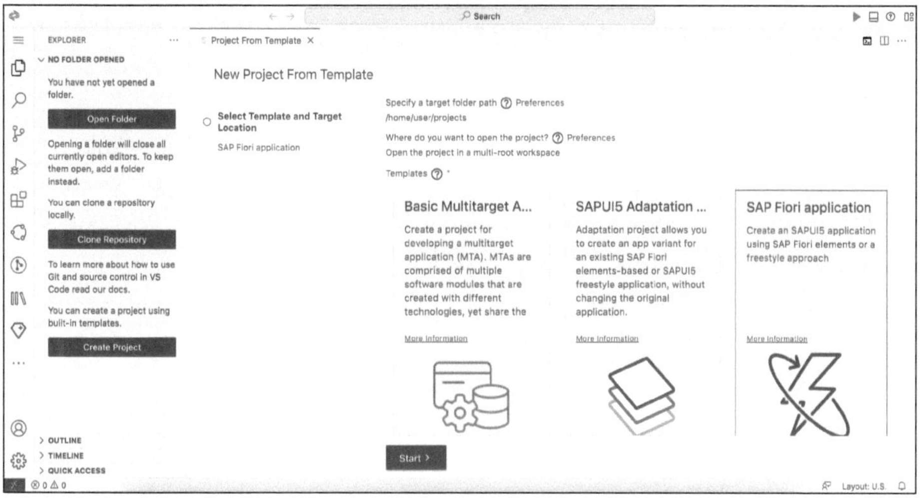

Abbildung 10.1 Applikationstyp »SAP Fiori application« auswählen

Im nächsten Schritt wählen Sie als Vorlage **Basic** (= SAPUI5 Freestyle). Diese Auswahl ist in Abbildung 10.2 dargestellt.

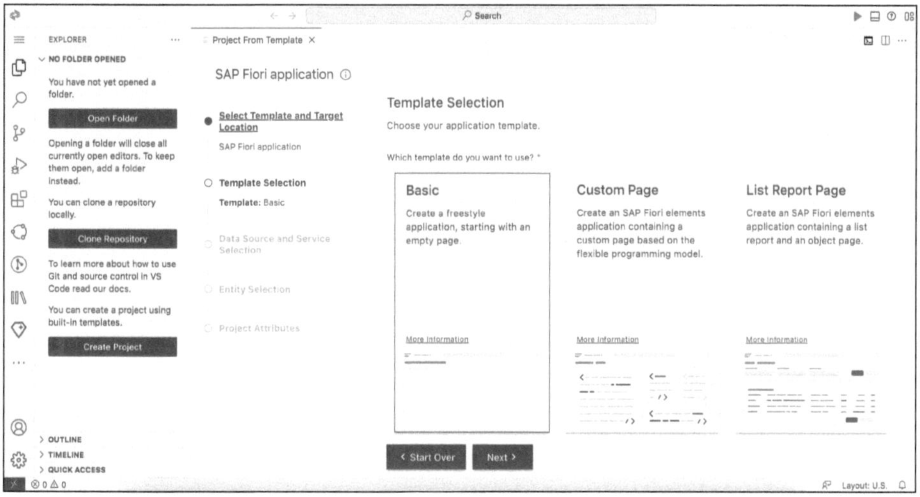

Abbildung 10.2 »Basic« als Vorlage auswählen, um eine SAPUI5-Freestyle-Anwendung anzulegen

Als Nächstes geben Sie an, ob Sie eine Verbindung zu einem OData-Service herstellen wollen. Wenn ja, wählen Sie die Art der Verbindung und den genauen OData-Service aus, den Sie verwenden möchten, indem Sie die folgenden Felder ausfüllen (siehe Abbildung 10.3):

- **Data source**: Die Auswahl der Option **Connect to a System** signalisiert, dass wir uns mit einem System verbinden wollen (in unserem Fall ein SAP-S/4HANA-System).
- **System**: Wir verbinden uns nicht direkt mit dem System, sondern über eine in SAP Business Technology Platform (SAP BTP) angelegte Destination – in diesem Fall **S4D**.
- **Service**: Wählen Sie den gewünschten OData-Service aus dem ausgewählten System aus. In unserem Fall ist dies der OData-Service **ZRAP_BOOKS_UI_V4** mit den bekannten Buchdaten aus Kapitel 6, »Entwicklung von OData-V4-Services mit dem ABAP RESTful Application Programming Model (Managed Scenario)«.

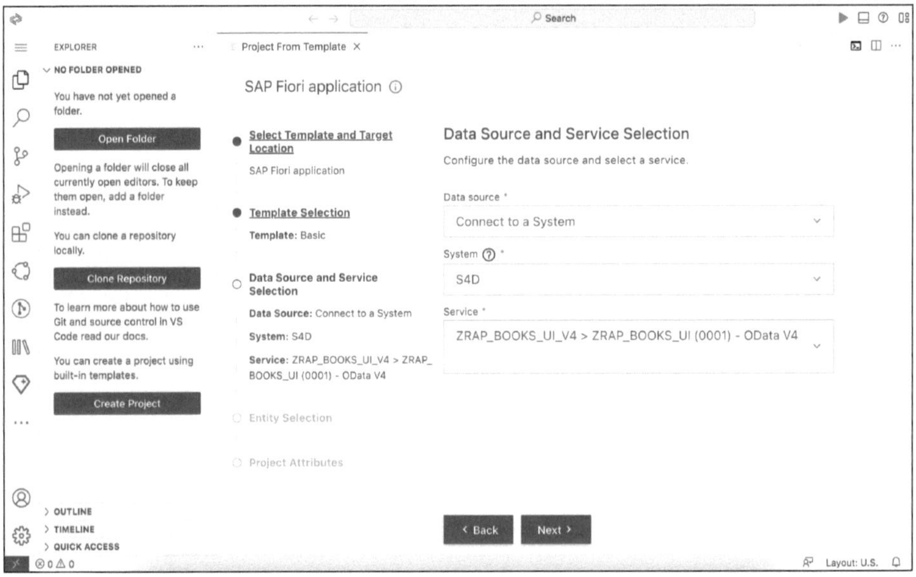

Abbildung 10.3 Verbindung zu einem System aufbauen und den gewünschten OData-Service auswählen

In einer SAPUI5-Anwendung, in der wir Daten anzeigen wollen, kommen wir nicht ohne Benutzeroberfläche aus. Benutzeroberflächen werden technisch gesehen mithilfe von Views erstellt, daher fragt der Wizard, wie der erste View, der für uns erstellt wird, heißen soll. Wir haben den Namen **Main** vergeben, wie in Abbildung 10.4 gezeigt.

Im nächsten Schritt müssen wir die projektspezifischen Informationen vergeben. Diesen Schritt kennen Sie bereits aus Kapitel 9, »Entwicklung von SAPUI5-Freestyle-

Anwendungen«, in dem wir auch die Bedeutung der einzelnen Eingabefelder erklärt haben. Wie in Abbildung 10.5 zu sehen, haben wir unsere Applikation **zsapui5withodatav4** genannt, die im Namensraum **at.clouddna** liegen soll.

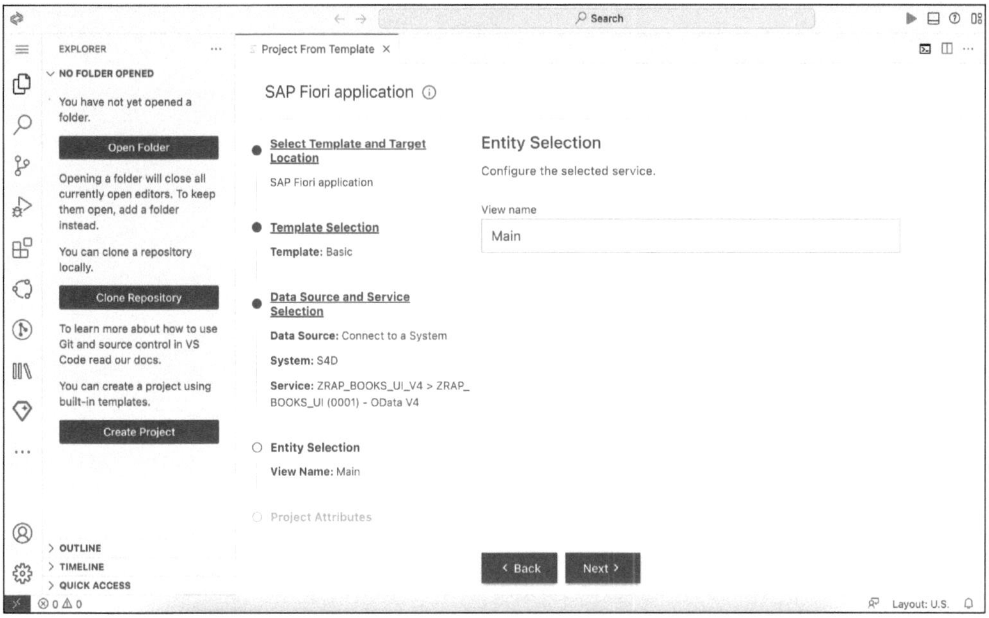

Abbildung 10.4 Initialen View anlegen

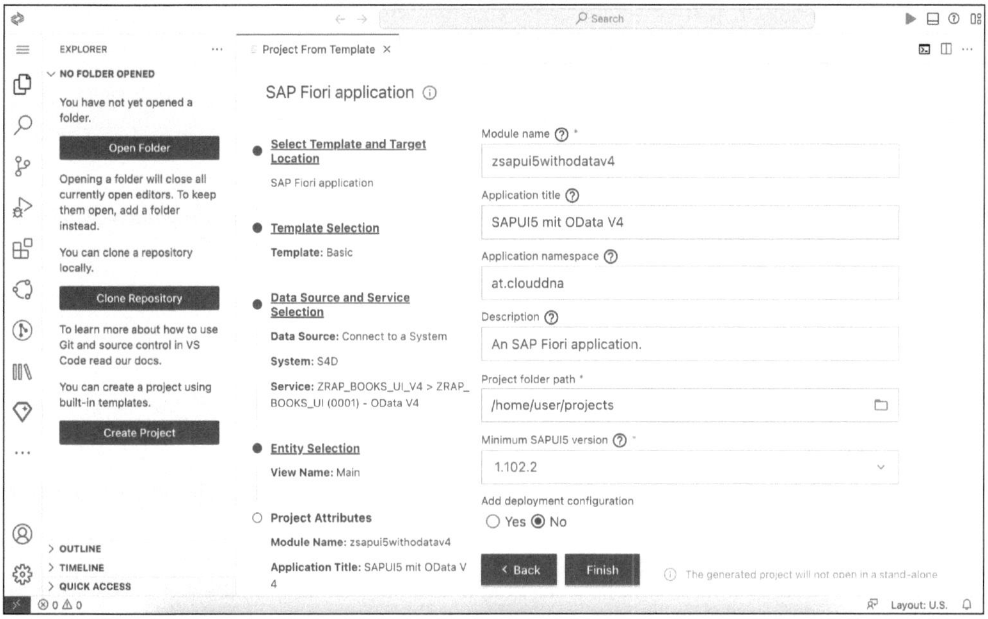

Abbildung 10.5 Projektspezifische Attribute vergeben

Bevor wir das Projekt anlegen, aktivieren wir bei den **Advanced Options**, dass wir statt JavaScript TypeScript verwenden wollen, indem wir bei **Enable TypeScript** die Option **Yes** anklicken (siehe Abbildung 10.6).

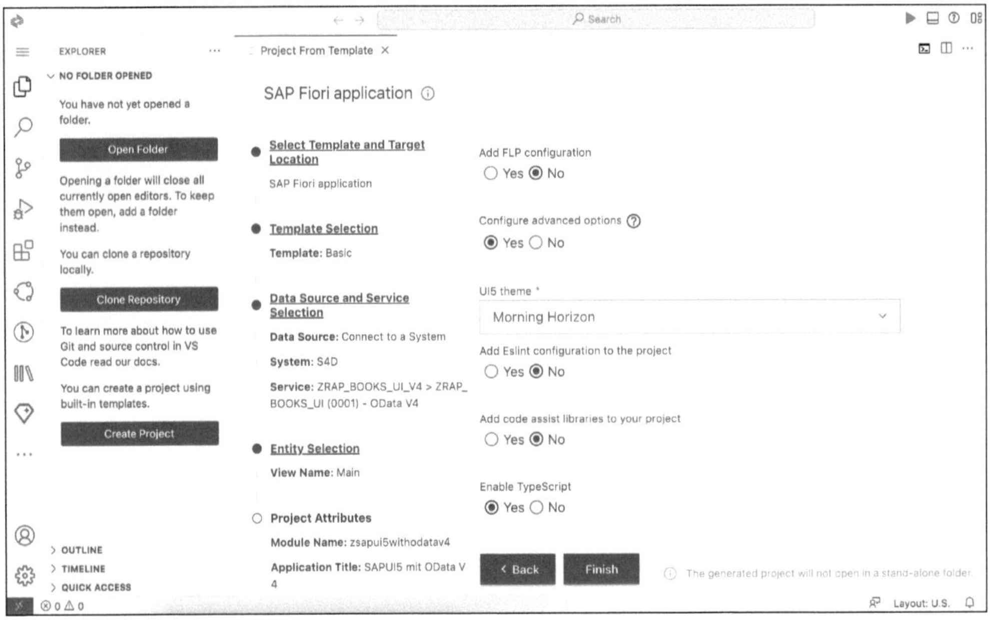

Abbildung 10.6 TypeScript explizit aktivieren

Nachdem das Projekt erstellt wurde, können wir einen Blick auf die erstellten Verzeichnisse und Dateien werfen, wie in Abbildung 10.7 dargestellt:

- Neben dem Anwendungsdeskriptor (**manifest.json**) wurden im **webapp**-Ordner auch zwei Dateien zum Starten der Anwendung angelegt: **index.html** und **Component.js**.
- Das Verzeichnis **webapp** enthält weitere wichtige Verzeichnisse wie **view** (hier sollten alle Views gespeichert werden) und **controller** (enthält die zugehörigen Controller).
- Im **localService**-Verzeichnis wurde eine Kopie der Metadaten-Datei des ausgewählten OData-Diensts angelegt.
- Im Verzeichnis **i18n** (kurz für Internationalization) befinden sich die lokalen Übersetzungen.
- Im **css**-Verzeichnis befindet sich bereits eine Datei namens **styles.css**, die anwendungsspezifische CSS-Klassen enthalten kann.

Kopie der Metadaten in der App

Eine Datei mit den Metadaten des OData-Service wurde im Verzeichnis **localService** gespeichert, sie wird aber für die Ausführung der Anwendung nicht benötigt. Diese Datei wird nur verwendet, wenn Sie die Anwendung mit Mock-Daten testen möchten. Sie könnte auch für Syntaxprüfungen durch das SAP Business Application Studio verwendet werden. Bei der Ausführung der Anwendung werden immer die aktuellen Metadaten aus dem System geladen, mit denen die Anwendung auch weiterarbeitet. Somit verfügt die ausgeführte Anwendung immer über die aktuell gültigen Metadaten aus dem OData-Service.

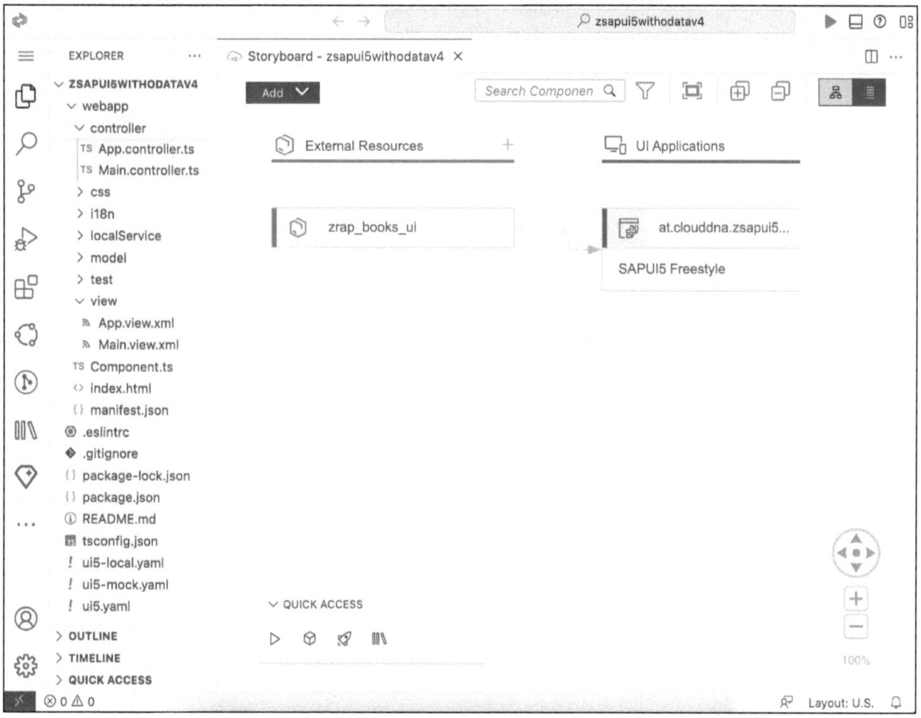

Abbildung 10.7 Verzeichnisstruktur einer SAPUI5-Anwendung

Wir möchten Ihnen einen Tipp geben, der Ihnen hilft, wenn Sie die verfügbaren OData-Services, die auf einem bestimmten System zur Verfügung stehen, durchstöbern wollen. In der linken Laufleiste können Sie die Erweiterung *Service Center* verwenden, bei dem Sie einen Service aus den verfügbaren Systemen auswählen können (siehe Abbildung 10.8). Pro System können Sie die OData-Services nicht nur abfragen, sondern auch deren Status sowie deren Metadaten einsehen. Ein Live-Preview der Daten, der die ersten 20 Zeilen zurückliefert, ist ebenfalls möglich.

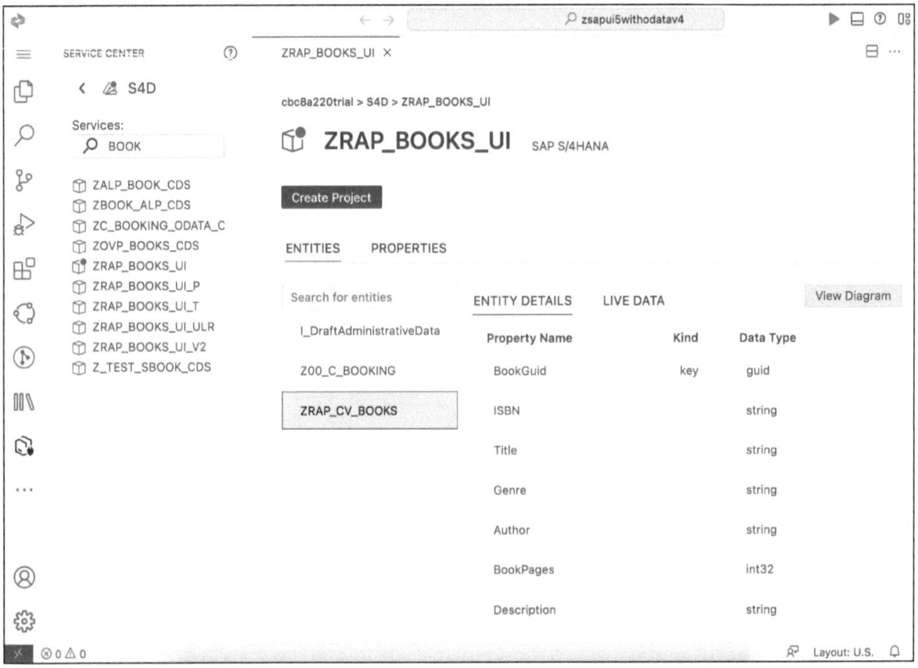

Abbildung 10.8 Service Center zum Durchstöbern der verfügbaren OData-Services

10.2 OData-Model-V4

Das *OData-Model* übernimmt für uns die Kommunikation mit einem OData-Service. Da der OData-Service in mehreren Versionen vorliegen kann, gibt es auch mehrere OData-Model-Komponenten. In der Komponente, die SAP im Standard ausliefert, sind die Operationen wie Create, Read, Update und Delete über Methoden gekapselt. Darüber hinaus kann, wie wir es schon in Kapitel 9, »Entwicklung von SAPUI5-Freestyle-Anwendungen«, mit einem JSON-Model gesehen haben, das OData-Model bei der Datenbindung verwendet werden. Im Gegensatz zum JSON-Model sendet das OData-Model, sofern die Daten noch nicht geladen wurden, automatisch einen Request an den OData-Service und fordert die Daten mit einem `GET`-Request an. Das OData-Model hat auch etliche Komfortfunktionen, wie z. B. das Verfolgen von Datenänderungen zur Laufzeit, die auf einmal an das Backend gesendet werden können. Auf all diese Punkte werden wir in diesem Kapitel eingehen und das OData-Model kennenlernen.

10.2.1 OData-Model instanziieren

In der Anwendung selbst greifen wir nicht direkt auf die von einem OData-Service gelieferten Daten zu. Ein OData-Model ist nichts anderes als eine Komponente, die SAP in der *Component Library* von SAPUI5 ausliefert. In Abbildung 10.9 sehen Sie einen Auszug aus der API-Referenz dieser Klasse (siehe *http://s-prs.de/v1033401*).

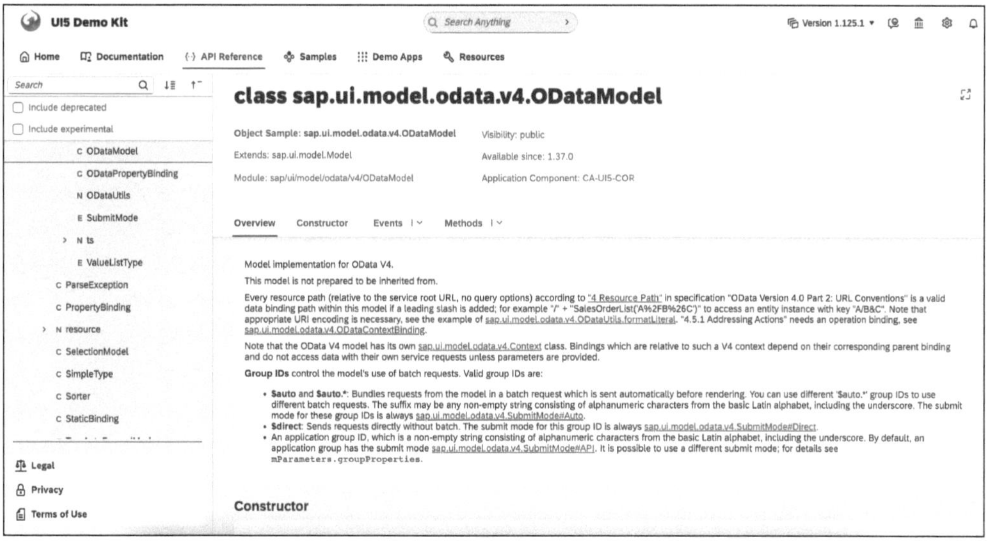

Abbildung 10.9 OData-Model für OData-V4-Services

Ein solches OData-Model muss zunächst instanziiert werden, bevor wir überhaupt darauf zugreifen können. Diese Instanziierung kann entweder im *Application Descriptor*, d. h. in der Datei **manifest.json**, oder an einer beliebigen Stelle in der Anwendungslogik, also in einem Controller, vorgenommen werden. Wenn Sie diese Instanziierung von einem Controller aus vornehmen wollen, findet sie in JavaScript bzw. TypeScript statt. Wie die Instanziierung aussieht, können Sie auch in der offiziellen Dokumentation nachlesen und hier im Code sehen:

```
let oMyODataModel = new sap.ui.model.odata.v4.ODataModel(mParameters)
```

Der Parameter `mParameters` muss hier ein JavaScript-Objekt abbilden und weitere Einstellungen für dieses OData-Model definieren. Ein wichtiges Attribut in diesem Objekt ist z. B. `serviceUrl`, bei dem sich um die URL zum OData-Service handelt. In jedem Fall möchten wir auf die Dokumentation verweisen, in der alle möglichen Parameter mit ihren jeweiligen Standardwerten, Datentypen und Beschreibungen aufgeführt sind.

Das OData-Model hat die Aufgabe, alle Daten, auf die bei der Kommunikation mit einem OData-Service zugegriffen wird, für die Laufzeit zu speichern. Es ist sozusagen ein Zwischenspeicher, auf den wir zugreifen können. Das OData-Model legt diese Daten nicht irgendwie ab, sondern strukturiert sie nach Datenbindung und Pfaden, auf die zur Laufzeit in einer Datenbindung zugegriffen werden kann. Listing 10.1 zeigt ein einfaches Beispiel zum Verständnis und zur Veranschaulichung, wie die Daten abgelegt werden könnten.

```
data: [
    "binding1": [
        "/Customer(1)": {
            Name: "Maria Musterfrau"
        },
        "/Customer(2)": {
            Name: "Max Mustermann"
        }
    ],
    "binding2": [
        "/Product('123')": {
                Title: "Flatscreen Monitor",
                Price: 199.99
        }
    ]
]
```

Listing 10.1 Exemplarische Darstellung wie das OData-Model die Daten in der Theorie speichert

Wenn die Laufzeit beendet ist, weil die Anwendung geschlossen und wieder geöffnet oder im Browser aktualisiert wurde, dann beginnt unser OData-Model bei der nächsten Instanziierung wieder leer.

[»]

Das OData-Model ist wie ein Cache

Bevor wir näher auf die Theorie und Funktionsweise vom OData-Model eingehen, möchten wir Ihnen einen Vergleich anstellen, den wir auch gerne in SAPUI5-Workshops heranziehen.

Das OData-Model löst bei der Verwendung von Datenbindung die Leseoperationen automatisch aus. Mit anderen Worten, wenn wir das erste Mal zur Laufzeit Element Binding verwenden und auf »/Customer(1)« binden, dann sendet diese Datenbindung eine `GET`-Anforderung auf »/Customer(1)«, holt die Entität zurück und speichert sie im »Cache« des OData-Models für dieses spezifische Binding. Wenn wir nun in der gleichen Laufzeit, im gleichen Binding ein zweites Mal auf den Namen dieses Kunden mit der ID 1 zugreifen, dann merkt das OData-Model, dass diese Daten bereits geladen wurden, und greift direkt darauf zu, anstatt sie erneut vom OData-Service zu lesen bzw. anzufordern.

Das bedeutet aber auch, dass wenn sich der Name des Kunden mit der ID 1 in der Zwischenzeit im Backend geändert hat, unsere Anwendung das so lange nicht mitbekommt, bis eine Aktualisierung der Daten im »Cache« des OData-Models erfolgt ist. Wie Sie diese Aktualisierung selbst vornehmen können bzw. wann diese automatisch durch das Model geschieht, werden wir Ihnen in Abschnitt 10.2, »OData-Model-V4«, vorstellen.

Es reicht immer noch nicht aus, ein OData-Model erstellt zu haben, wenn wir es keiner Komponente bekannt machen, oder besser gesagt zuweisen bzw. setzen. Als eine Art Entscheidungshilfe kann die folgende Frage fungieren: Möchte ich ein OData-Model nur in einer bestimmten Komponente (z. B. in einem View) verwenden, oder soll es in der Anwendung global zugänglich sein? Wenn Sie ein OData-Model global in der Anwendung verwenden wollen, können Sie es in der Datei **manifest.json** bei der Eigenschaft `models` definieren (siehe Listing 10.2).


```
{ //...
    "models": {
      "myODataModel ": {
        "dataSource": "mainService",
        "preload": true,
        "settings": {
          "synchronizationMode": "None",
          "operationMode": "Server",
          "autoExpandSelect": true,
          "earlyRequests": true
        }
      }
    }, //...
}
```

Listing 10.2 Definition eines OData-Models im Application Descriptor

Wie Sie in diesem Codeschnipsel sehen können, ist ein OData-Model mit dem Namen `myODataModel` im Anwendungsdeskriptor **manifest.json** definiert. Wenn Sie diesem Eintrag keinen Namen zugewiesen hätten, wäre das OData-Model das *Default Model*.

[«]

Default und Named Models

Wie in Listing 10.2 gezeigt, können Sie solchen Models Namen zuweisen. Dieser Name wird dann auch in der Datenbindung erscheinen. Wenn Sie den Namen leer lassen (obwohl dies bei klassischem JSON nicht erlaubt wäre), wird dies zum Default Model und wird immer angesprochen, wenn in einer Datenbindung kein Name angegeben ist.

Der OData-Service wird nicht direkt unter `models` definiert, sondern über eine Datenquelle. Die *Datenquelle* wird weiter oben in der Datei unter `dataSources` definiert und könnte wie in Listing 10.3 aussehen.

```
{ //...
    "dataSources": {
        "mainService": {
            "uri": "/sap/opu/odata4/sap/zrap_books_ui_v4/srvd/sap/zrap_books_
ui/0001/",
            "type": "OData",
            "settings": {
           "annotations": [],
            "localUri": "localService/metadata.xml",
             "odataVersion": "4.0"
            }
        }
    }, //...
}
```

Listing 10.3 Definierte Verbindungen im Application Descriptor

Diese Datenquelle hat den Namen `mainService` und speichert einen relativen Pfad in der Eigenschaft `uri`, der auf den OData-Service verweist. Die Eigenschaft `type` definiert, dass es sich um einen OData-Service handelt. In anderen Einstellungen, d. h. bei `settings`, gibt es einen Verweis auf eine lokale Kopie der Metadaten-Datei und auf die Version des OData-Service.

Standardmäßig verfügt ein OData-Model-V4 über Two-Way-Binding, was viele Vorteile hat, wie wir sowohl in Abschnitt 10.2.4, »Komfortfunktionen«, als auch bei der Entwicklung der Detailseite in Abschnitt 10.5 sehen werden. Dennoch können Sie den Binding Mode in einem JavaScript- bzw. TypeScript-Coding ändern. Dafür müssen Sie eine Referenz auf das OData-Model vorliegen haben und können dann die Methode `setDefaultBindingMode()` verwenden, bei der als Parameter der neue Binding Mode angegeben wird:

```
oMyModel.setDefaultBindingMode(sap.ui.model.BindingMode.TwoWay);
```

Wenn Sie ein globales Model über die *Owner Component* setzen wollen, tun Sie dies in einem entsprechenden Controller. Dies kann an zwei Stellen geschehen. Entweder in der Datei **Component.js** bzw. **Component.ts** (in der die Owner Component erstellt und instanziiert wird) oder in einem beliebigen Controller. Die Methoden für die beiden Varianten sehen fast identisch aus, mit dem einzigen Unterschied, dass wir uns beim Zugriff auf die Owner Component in einem Controller die Instanz der Owner Component mit der Methode `getOwnerComponent()` liefern lassen müssen. In beiden

Fällen wird jedoch die Methode `setModel()` über eine Methodenverkettung aufgerufen, die als ersten Parameter ein OData-Model entgegennimmt. Als zweiten Parameter können Sie optional einen Namen für das OData-Model übergeben. Diese beiden Optionen sind in Tabelle 10.1 dargestellt.

Option	Methode
Setzen in der Datei **Component.js**	`this.setModel(oMyODataModel);`
Setzen im Controller	`this.getOwnerComponent().setModel(oMyODataModel);`

Tabelle 10.1 Default Models in JavaScript bzw. TypeScript setzen

Wenn ein OData-Model erstellt werden muss, um Daten für eine bestimmte Komponente (z. B. einen View) bereitzustellen, dann weisen Sie das Model der gewünschten Komponente in einem Controller direkt zu. Im folgenden Codeschnipsel sehen Sie, dass das Setzen des Models auf eine einzelne Komponente ähnlich ist wie das Zuweisen an die Owner Component. Dazu wird die Methode `setModel()` aufgerufen und die Instanz des OData-Models als Parameter übergeben:

```
this.getView().setModel(oMyODataModel);
```

[!]

Default Model aus dem Controller setzen

Hier ist Vorsicht geboten, denn selbst, wenn bereits ein Default Model definiert ist (sei es im Application Descriptor oder irgendwo im Code), kann dieses durch die Verwendung der gerade gezeigten Methode überschrieben werden.

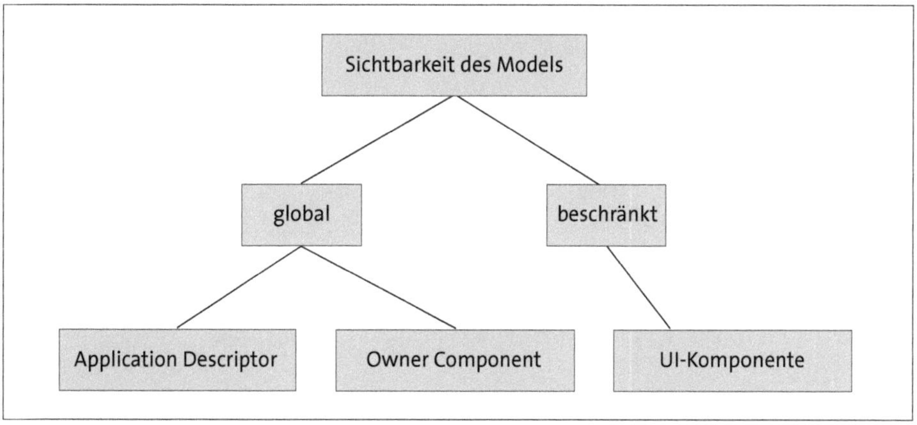

Abbildung 10.10 Sichtbarkeit des OData-Models

Zusammenfassend zeigt Abbildung 10.10, dass die Zuweisung eines OData-Models zu einer Komponente Auswirkungen auf die Sichtbarkeit hat. Wenn das OData-Model über den Application Descriptor oder die Owner Component festgelegt wird, wird es global sichtbar.

Die gute Nachricht ist, dass, wenn wir beim Anlegen des Projekts bereits eine Datenquelle angegeben haben, dieser OData-Service unter `dataSource` und ein dazugehöriges globales Default-OData-Model unter `models` im **manifest.json** eingetragen wird (siehe Abbildung 10.11).

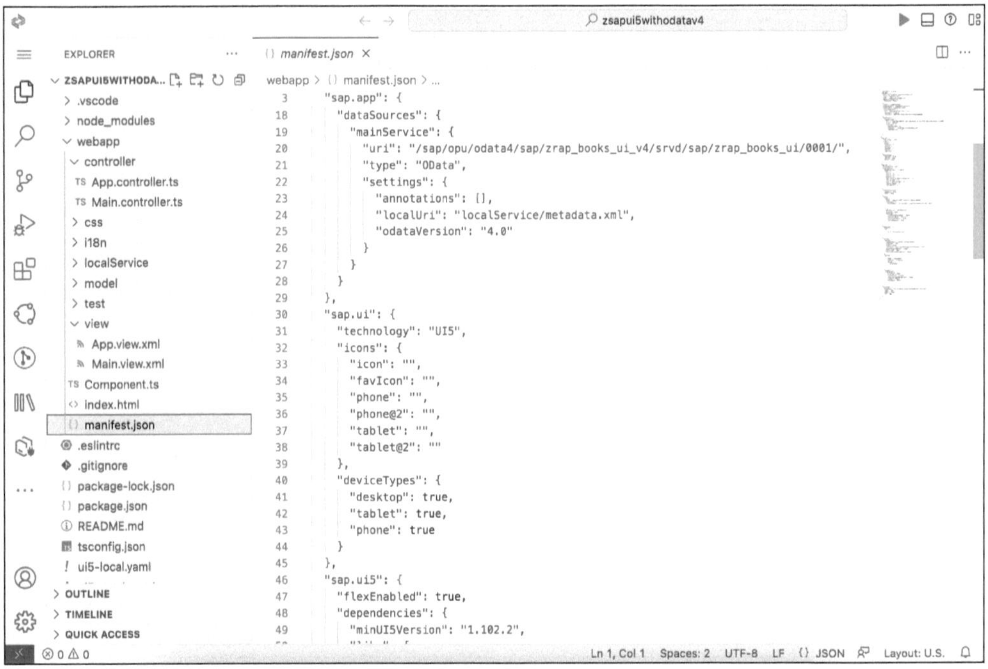

Abbildung 10.11 OData-Service und OData-Model bei Projektgenerierung bereits eingefügt

Sie können einen OData-Service ebenso nachträglich hinzufügen. Dafür gibt es wiederum mehrere Möglichkeiten. Im Endeffekt wird jede Möglichkeit darauf hinauslaufen, dass genau diese Einträge unter `dataSources` und `models` in der Datei **manifest.json** eingetragen werden. Das bedeutet, dass Sie diese Einträge auch manuell pflegen könnten. Wenn Sie das nicht wollen, können Sie über **View • Command Palette... • Open Service Manager** den *Service Manager* aufrufen und dort weitere OData-Services dem Projekt manuell hinzufügen (siehe Abbildung 10.12).

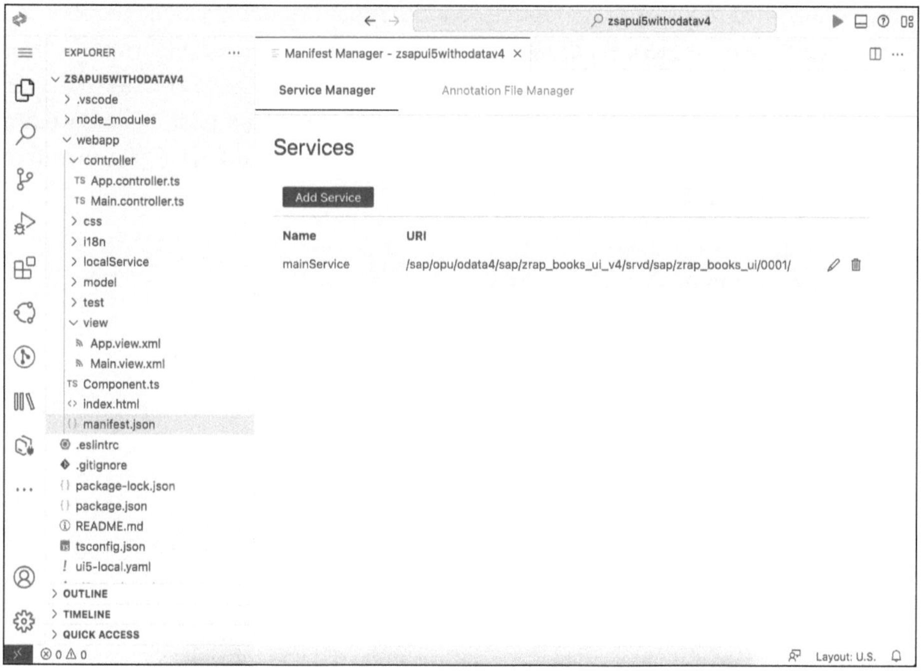

Abbildung 10.12 Service und Annotation File Manager in SAP Business Application Studio

10.2.2 CRUDQ-Methoden

Es kann und wird nicht immer alles über Datenbindung abgehandelt werden. Meistens werden wir aus der Geschäftslogik heraus auch mit dem OData-Service kommunizieren müssen. Aus diesem Grund zeigen wir Ihnen, wie Sie die einzelnen CRUDQ-Methoden mit dem OData-Model auslösen und auf die Antworten warten können, damit Sie die Antwort zur Ausführung Ihrer Logik in JavaScript bzw. TypeScript verwenden können.

Gehen wir davon aus, dass wir uns in einem Controller befinden und bereits eine Instanz des OData-Models namens `oModel` haben. Wenn wir lesend auf die Daten zugreifen wollen, müssen wir zunächst eine Instanz von ODataListBinding (`sap.ui.model.odata.v4.ODataListBinding`) anlegen, da mit V4 alles über Bindings ausgelöst wird. Als ersten Parameter müssen wir den Pfad angeben, an den eine `GET`-Anfrage gesendet werden soll. Mit Pfad ist hier eine API im OData-Service gemeint oder noch genauer, die entsprechende Entitätsmenge (engl. Entity-Set). Im Folgenden sehen Sie ein Beispiel, mit dem wir eine Leseoperation vorbereiten können, um die Bücher aus unserer Datenbanktabelle zu lesen:

```
let oListBinding = oModel.bindList("/ZRAP_CV_BOOKS");
```

Der Request wird nicht sofort gesendet, sondern muss mit der Methode `requestContexts()` getriggert werden. Da dieser Aufruf einen Promise zurückliefert und somit asynchron ist, warten wir mit `then()` auf die Antwort. Die Funktion im ersten Parameter wird aufgerufen, wenn der Request erfolgreich durchgelaufen ist. In der zweiten Funktion landen wir, wenn unser Request auf einen Fehler gelaufen ist. Diesen Aufruf sehen Sie in Listing 10.4.

```
oListBinding.requestContexts().then(
    (aContexts: any) => { /* ... */ },
    (oError: any) => { /* ... */ }
);
```

Listing 10.4 Methode für das Lesen

[»]

Arrow Functions bei Callbacks verwenden

Aufgrund der Skriptsprache JavaScript würde unser Zeiger `this` sowohl im Success- als auch im Error-Callback verloren gehen. In diesen Callbacks würden wir uns in einem anderen Kontext befinden und hätten daher keinen Zugriff mehr auf `this` und damit auf den View, den zugehörigen Controller und die Variablen aus der Methode, in der wir uns befinden. Man könnte den `this`-Zeiger explizit an die Callbacks binden, aber wir finden, dass Arrow Functions zum einen einfacher zu lesen sind, zum anderen genau dieses Problem mit dem Kontext out of the box lösen.

Beim List Binding könnten wir neben dem Pfad noch weitere Parameter definieren. Wenn z. B. kein absoluter, sondern ein relativer Pfad ausgelesen wird, könnte als zweiter Parameter der Parent Context mit `oContext` übergeben werden, damit der relative Pfad aufgelöst werden kann. Der dritte und vierte Pfad sind die Sortier- und Filterkriterien mit `vSorters` und `vFilters`. Als letzter Parameter kann ein Objekt namens `mParameters` übergeben werden, in dem weitere Query-Parameter definiert werden können:

```
oModel.bindList(sPath, oContext?, vSorters?, vFilters?, mParameters?);
```

Beim Lesen von bestimmten Entitäten braucht es kein List Binding, sondern ein `sap.ui.model.odata.v4.ODataContextBinding`. Wenn Sie nur eine bestimmte Entität lesen wollen, dann müssen Sie auch den expliziten Pfad zu dem Objekt verwenden. In diesem Fall würde das Objekt des Success Handlers kein Array enthalten, sondern nur ein Objekt mit einer flachen Hierarchie:

```
let oContextBinding = oModel.bindContext("/ZRAP_CV_BOOKS(1234)");
oContextBinding.requestObject().then(
    (oObject: any) => { /* ... */ },
```

```
    (oError: any) => {/* ... */ }
);
```

Mit dem OData-Model-V4 müssen wir bei einem Create auch mit einem Binding Context arbeiten. So muss für ein Create entweder ein bestehendes Binding von einer Komponente verwendet oder ein neues, wie beim Lesen mit dem List Binding, erstellt werden. In Listing 10.5 sehen Sie, dass wir eine Instanz vom ODataListBinding (`sap.ui.model.odata.v4.ODataListBinding`) über die Tabelle verwenden, um ein Binding Context vom Typ `sap.ui.model.odata.v4.Context` zu erhalten und eine neue Entität zu erstellen. Die Methode `created()` erlaubt es uns, in einem Promise auf die Antwort der Anfrage zuzugreifen.

```
let oBinding = this.getView().byId("main_table_books ").getBinding("items");
let oContext = oBinding.create({
    Author: "Daniel Krancz"
});
oContext.created().then(
    (oObject: any) => { /* ... */ },
    (oError: any) => {/* ... */ }
);
```

Listing 10.5 Anlegen von neuen Entitäten

Ein Update hingegen funktioniert einfach dadurch, dass wir die Methode `setProperty()` für die einzelnen Pfade nutzen. Hierfür muss ein `sap.ui.model.odata.v4.Context` für die Methodenverkettung vorhanden sein. In Listing 10.6 sehen Sie ein Update der Property `Author` für das Objekt, das mit Element Binding an den Detail-View gebunden wurde. Herrscht kein vorhandenes Binding vor, das Sie nutzen können, dann können Sie wie gewohnt mit `bindContext()` eines erstellen.

```
let oBinding = this.getView().getElementBinding();
oBinding.getBoundContext().setProperty("Author", "Rene Glavanovits, Martin
Koch, Daniel Krancz, Maximilian Olzinger");
```

Listing 10.6 Update mittels Binding Context durchgeführt

Daten, die bei einem Create und Update gesendet werden

In unseren Beispielen haben Sie gesehen, dass wir die Daten, die entweder erstellt oder aktualisiert werden sollen, als Objekte direkt im Methodenaufruf erstellt und definiert haben. An dieser Stelle wäre es schöner, wenn die Objekte bereits vorher definiert und in einer Variablen gespeichert wären und nur die Variable im Methodenaufruf angegeben würde.

Wenn Sie eine Entität löschen wollen, gibt es die Methode `delete()`, die mittels `sap.ui.model.odata.v4.Context` ausgelöst werden kann. Wie beim Lesen expliziter Entitäten müssen Sie hier im Pfad beim `bindContext()` natürlich die Primärschlüssel angeben (siehe Listing 10.7):

```
let oContextBinding = oModel.bindContext("/ZRAP_CV_BOOKS(1234)");
oContextBinding.getBoundContext().delete().then(
    () => { /* ... */ },
    (oError: any) => {/* ... */ }
);
```

Listing 10.7 Löschen manuell im Controller auslösen

Im ABAP RESTful Application Programming Model können Sie *Aktionen* definieren. Diese Aktionen können vom Controller aus genauso aufgerufen werden wie die klassischen CRUDQ-Methoden, wobei dafür mehr Coding notwendig ist als mit dem OData-Model-V2. Zunächst müssen wir prüfen, ob es sich um eine instanzgebundene oder statische Aktion handelt. Wenn die Instanz der jeweiligen Quellentität gebraucht wird, muss in der Methode `bindContext()` der Binding Context der Instanz als zweiten Parameter mitgegeben werden. Als erster Parameter wird immer der Namensraum des OData-Service und mit einem Punkt getrennt dahinter der Aktionsname (in unserem Fall `finishBook`) mitgeben. Die drei Punkte in der Klammer hinter dem Aktionsnamen sind statisch und werden immer angehängt. Unter Umständen müssen Sie weitere Parameter mitgeben, die als Header-Parameter beim Aufruf mitgesendet werden. Diese Parameter müssen Sie beim Context der Aktion, den Sie mit `bindContext()` zurückgeliefert bekommen haben, anhängen. Das Anhängen erfolgt mit der Methode `setParameter(sParamName,sValue)`. Damit die Aktion ausgelöst wird, muss die Methode `execute()` auf den Context ausgeführt werden. Dieser Methodenaufruf liefert einen `Promise` zurück. In diesem Promise kann man mit `then()` wie gewohnt auf den Erfolg oder Fehler reagieren. Diese Schritte sehen Sie mit Kommentaren versehen in Listing 10.8 dargestellt.

```
let oSourceContext = this.getView().getElementBinding().getBoundContext();
//wenn es keine statische Methode ist, dann muss der Source Context
//mitgegeben werden
let oActionContext = oModel.bindContext("com.sap.gateway.srvd.zrap_books_
ui.v0001. finishBook(...)", oSourceContext);
//weitere Parameter mit setParameter() hinzufügen
oActionContext.setParameter("ParamName", newValue);
//Action auslösen
oActionContext.execute().then(
(oRetVal: any) => { /* ... */ },
```

```
(oError: any) => {/* ... */ }
);
```

Listing 10.8 Actions mit dem OData-Model-V4 aufrufen

10.2.3 Datenbindung

In Kapitel 9, »Entwicklung von SAPUI5-Freestyle-Anwendungen«, haben Sie bereits die Theorie der Datenbindung kennengelernt. Dieses Wissen kann auf das OData-Model übertragen werden, da hier die gleichen Grundlagen zum Einsatz kommen. Der große Unterschied zwischen dem JSON-Model und dem OData-Model besteht darin, dass das OData-Model ein serverseitiges Model ist und die Datenbeschaffung, -verarbeitung und -aufbereitung auf der Serverseite stattfinden (falls nicht bei der Instanziierung übersteuert).

In der Datenbindung kann trotzdem auf die einzelnen Pfade zugegriffen werden, so als würden wir auf Pfade im JSON-Model zugreifen wollen. Zuerst wird versucht, diese Pfade mit den Daten aufzulösen, die bereits zur Laufzeit geladen wurden. Wenn das OData-Model keine Daten für den Pfad findet, sendet es einen GET-Request an den OData-Service.

Angenommen, wir haben eine Tabelle und möchten, dass die Elemente in der Tabelle die Daten von einer Entitätsmenge darstellen, dann können wir im Aggregation Binding auf die Entitätsmenge verweisen:

```
<Table id="myTable" items="{/ZRAP_CV_BOOKS}">
...
</Table>
```

Möchten wir eine bestimmte Entität über Element Binding, direkt im View, auf eine UI-Komponente binden, so könnten wir die Eigenschaft binding verwenden:

```
<SimpleForm id="myForm" binding="{/ZRAP_CV_BOOKS(1234)}">
...
</SimpleForm>
```

Wie bereits in Kapitel 9 beschrieben, können Sie jedoch für das Binden von Elementen die Methode bindElement() verwenden:

```
this.getView().byId("myForm").bindElement("/ZRAP_CV_BOOKS(1234");
```

10.2.4 Komfortfunktionen

Das OData-Model bietet auch sehr viele Komfortfunktionen, die bei der Kommunikation mit dem OData-Service sehr hilfreich sein können. Wir haben bereits mehrfach erwähnt, dass das OData-Model die Daten zur Laufzeit sammelt und wie ein Cache, zumindest für die Dauer der Laufzeit, vorhält. Nun stellt sich natürlich die Frage, wie und wann diese Daten aktualisiert und mit dem Backend abgeglichen werden können. Wenn Sie das OData-Model selbst aktualisieren möchten, dann können Sie die folgende Methode auf die Instanz eines OData-Models ausführen:

```
this.getView().getModel().refresh()
```

Diese Methode sorgt dafür, dass alle Pfade in sämtlichen Datenbindungen, auf die zur Laufzeit zugegriffen wurde und die somit auch Daten im OData-Model zwischengespeichert haben, erneut durchlaufen und auf Deltas geprüft werden. Wenn Sie jedoch nur einzelne Bereiche (z. B. das Binding auf einer einzelnen Komponente) aktualisieren möchten, dann können Sie das jeweilige Binding von der Komponente abrufen und auf dem Aggregation Binding eine Aktualisierung durchführen:

```
this.getView().byId("myTable").getBinding("items").refresh()
```

Ein Refresh kann aber auch auf einem Binding Context durchgeführt werden:

```
oContext.requestRefresh().then();
```

Da Entitäten über mehrere Hierarchieebenen miteinander verstrickt sein können, erspart Ihnen die Methode `requestSideEffects()` das Suchen aller Bindings, die aktualisiert werden müssen. Ausgehend von einer Referenz auf dem Parent Context kann die Aktualisierung von Navigation Properties aber auch von Eigenschaften des Parent Contexts vorgenommen werden:

```
oParentContext.requestSideEffects(["_NavPropertyName"]).then();
```

Das OData-Model-V4 hat standardmäßig bei der Eigenschaft `updateGroupId` den Wert `$auto` gesetzt. Dies bedeutet, dass das OData-Model selbst entscheidet, wann ein Create oder Update an das Backend gesendet wird. In den meisten Fällen führt dies dazu, dass jegliche Änderung dank Two-Way-Binding in das Model geschrieben und unmittelbar als Request ans Backend gesendet wird. Wenn Sie die Änderungen sammeln möchten, müssen Sie für die Eigenschaft `updateGroupId` einen Wert vergeben. Unter dieser Group ID werden die Änderungen gesammelt. Diese `updateGroupId` kann global im Application Descriptor vergeben werden (siehe Listing 10.9).

```
"": {
        "dataSource": "mainService",
        "preload": true,
        "settings": {
          "updateGroupId": "myGroupId",
          "synchronizationMode": "None",
          "operationMode": "Server",
```

```
        "autoExpandSelect": true,
        "earlyRequests": true
    }
}
```

Listing 10.9 Globale Vergabe der "updateGroupId" im Application Descriptor

Sie können diese Property jedoch auch pro Binding (egal ob Aggregation oder Element Binding) vergeben, z. B. beim Element Binding wie in Listing 10.10 zu sehen.

```
this.getView().bindElement({
  path: "/ZRAP_CV_BOOKS(1234)",
  parameters: {
    "$$updateGroupId": "myGroupId"
  }
});
```

Listing 10.10 Vergabe der »updateGroupId« für ein spezielles Binding

Wenn Sie die gesammelten Änderungen zu einer Group ID ans Backend senden wollen, dann gibt es die Methode `submitBatch()`:

```
this.getView().getModel().submitBatch("myGroupId")
```

Dies bedeutet, dass unser OData-Model anhand der bereits vorliegenden Informationen selbstständig entscheidet, ob ein `POST`-Request oder ein `PATCH`-Request gesendet werden muss. Diese Änderungen müssen jedoch nicht immer an das Backend übermittelt werden. Sie können mit der folgenden Methode alle Änderungen, die vom Modell gesammelt wurden, verwerfen:

```
this.getView().getModel().resetChanges("myGroupId")
```

10.3 Startseite implementieren

In diesem Abschnitt starten wir mit der Implementierung unserer Anwendung zur Verwaltung von Büchern. Damit die Benutzer später eine tabellarische Ansicht von Büchern vorfinden, wenn sie in die Anwendung einsteigen, werden wir in Abschnitt 11.3.1, »Tabelle manuell aufbauen«, im Main-View eine *Responsive Table* (`sap.m.Table`) einbauen.

Starten wir mit einer simplen Definition der Tabelle im Main-View. Diese Tabelle hat als Überschrift den Titel »Bücher« (ausgelagert als i18n-Text). Die Listenelemente stammen aus der Entitätsmenge `ZRAP_CV_BOOKS`, also wird diese Entitätsmenge für das Aggregation Binding bei der Aggregation `items` verwendet:

```
<Table id="booksTable" headerText="{i18n>main.table.title}"
items="{/ZRAP_CV_BOOKS}">
    <!-- ... -->
</Table>
```

Listing 10.11 Definition der Tabelle (noch ohne Spalten oder Zeilen)

In der Tabelle möchten wir die vier wichtigsten Spalten aus der Entitätsmenge zur Anzeige bringen. Dafür definieren wir in der Aggregation `columns` vier Spalten mittels `sap.m.Column`. Diese Spaltendefinition hat eine Default-Aggregation namens `header`, in die die Spaltenüberschriften in Form von `sap.m.Text`-UI-Komponenten hineinkommen. Diese Texte speichern wiederum i18n-Definitionen (siehe Listing 10.12).

```
<columns>
    <Column id="isbnColumn">
        <Text id="isbnTitle" text="{i18n>main.column.isbn}" />
    </Column>
    <Column id="titleColumn">
        <Text id="titleTitle" text="{i18n>main.column.title}" />
    </Column>
    <Column id="authorColumn">
        <Text id="authorTitle" text="{i18n>main.column.author}" />
    </Column>
    <Column id="ratingColumn">
        <Text id="ratingTitle" text="{i18n>main.column.rating}" />
    </Column>
</columns>
```

Listing 10.12 Spaltendefinitionen unserer Tabelle

In die Aggregation `items` kommt nur ein `sap.m.ColumnListItem`, das als Template agiert. Diese Definition wird für jede Zeile, die vom OData-Service zurückkommt, eingefügt. Ein `ColumnListItem` hat eine Aggregation namens `cells`, in der die einzelnen Zellen definiert werden. Hier können wir so gut wie alle UI-Komponenten platzieren, um über relative Pfade auf die Daten pro Listenelement zugreifen zu können (siehe Listing 10.13).

```
<items>
    <ColumnListItem id="templateItem">
        <cells>
            <Text id="isbnCell" text="{ISBN}" />
            <Text id="titleCell" text="{Title}" />
            <Text id="authorCell" text="{Author}" />
            <Text id="ratingCell" text="{Rating}" />
```

```
        </cells>
    </ColumnListItem>
</items>
```

Listing 10.13 »ColumnListItem« als Vorlage für die Zeilendefinition

In Abbildung 10.13 sehen Sie unser Zwischenergebnis der Tabelle und wie sie für die Endbenutzer dargestellt werden würde.

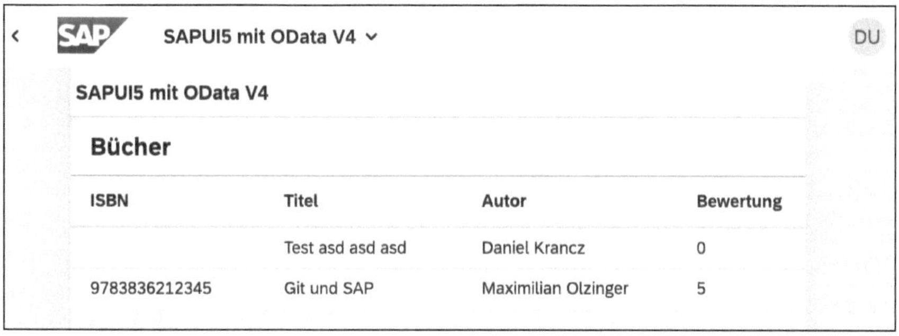

Abbildung 10.13 Erste Version unserer Tabelle, die in vier Spalten Daten vom OData-Model darstellt

Nun möchten wir der Tabellendefinition weitere Eigenschaften hinzufügen, die sowohl die Lesbarkeit für den Benutzer verbessern als auch ein Problem lösen, das wir noch nicht besprochen haben.

Beginnen wir mit der Eigenschaft `alternateRowColors`, die dafür sorgt, dass jede zweite Zeile eine andere Hintergrundfarbe erhält. Mit einer grauen Hintergrundfarbe kann der Benutzer die Zeilen und ihre Werte besser unterscheiden. Diese Eigenschaft erwartet ein Boolean mit dem Kennzeichen, ob diese Funktion eingeschaltet sein soll oder nicht.

Pagination bedeutet, dass größere Datenmengen schrittweise in Blöcken geladen werden. Stellen Sie sich vor, Sie lesen eine Seite, sei es digital oder auf Papier. Sie haben eine bestimmte Menge an Informationen vor sich. Sobald Sie das Ende dieser Seite erreichen, können Sie zur nächsten Seite wechseln (oder die Papierseite umblättern), um die nächsten Datensätze zu sehen. Genau das ist das Prinzip der Pagination. Anstatt alle Daten auf einmal zu laden und anzuzeigen, wird zunächst nur ein kleinerer Teil vom Server abgerufen. Erst wenn der Benutzer einen bestimmten Punkt erreicht (beispielsweise das Ende der aktuell angezeigten Liste), werden weitere Elemente ins Frontend nachgeladen.

Die Responsive Table lädt nur die ersten 100 Elemente!

Lassen Sie uns kurz wiederholen, was wir bereits gelernt haben:

- Die Listenelemente der Tabelle werden mittels Aggregation Binding dargestellt.
- Die Aggregationselemente sind an einen Pfad in unserem OData-Model gebunden.
- In diesem Fall führt das OData-Model nur eine Leseoperation auf den dahinterliegenden OData-Service aus.

Was uns das Aggregation Binding – oder in unserem Fall die Tabelle – jedoch nicht sagt, ist, dass nur die ersten 100 Elemente vom OData-Service geladen werden. Zudem lädt das Modell, selbst wenn das Ende der Tabelle erreicht wird, nicht automatisch die nächsten Elemente nach. Wenn Sie sich dessen nicht bewusst sind, könnte es für Sie unklar sein, warum nicht alle Elemente vom OData-Service angezeigt werden, wenn Sie mit der Entwicklung beginnen.

Aus diesem Grund sollten Sie die Eigenschaft `growing` auf den Wert `true` setzen. Damit wird der Tabelle mitgeteilt, dass die Daten neu geladen werden sollen, wenn das Ende der Tabelle erreicht ist, d. h., die Tabelle soll wachsen. Mit der Eigenschaft `growingThreshhold` können wir mit einer ganzen Zahl festlegen, wie viele Elemente pro Block geladen werden sollen. Außerdem können wir mit der Eigenschaft `growingScrollToLoad` festlegen, ob automatisch weitere Blöcke geladen werden sollen, wenn das Ende der Tabelle erreicht ist, oder ob der Benutzer über einen Button am Ende der Tabelle entscheiden kann, ob Daten geladen werden sollen.

Alles in allem ersetzen wir die bestehende Tabellenkopf-Definition durch die folgende XML-Definition, um die besprochenen Änderungen zu ermöglichen und zu erlauben:

```
<Table id="booksTable" headerText="{i18n>main.table.title}"
items="{/ZRAP_CV_BOOKS}" alternateRowColors="true" growing="true"
growingThreshold="200" growingScrollToLoad="true">
```

Damit die Tabelle auf allen Geräten benutzerfreundlich und gut lesbar bleibt, fügen wir der Spaltendefinitionen weitere Eigenschaften hinzu. Mit der Eigenschaft `minScreenWidth` können wir bestimmen, ab welcher Bildschirmgröße die Spalte ausgeblendet werden soll. Wenn wir jedoch zusätzlich die Eigenschaft `demandPopin` definieren, dann wird die Tabelle nicht ausgeblendet, sondern eingerückt (siehe Listing 10.14).

```
<Column id="titleColumn" demandPopin="true" minScreenWidth="Tablet">
    <Text id="titleTitle" text="{i18n>main.column.title}"/>
</Column>
<Column id="authorColumn" demandPopin="true" minScreenWidth="Tablet">
    <Text id="authorTitle" text="{i18n>main.column.author}"/>
</Column>
```

```
<Column id="ratingColumn" minScreenWidth="Desktop">
    <Text id="ratingTitle" text="{i18n>main.column.rating}"/>
</Column>
```

Listing 10.14 Anpassung der Spalten, damit verschiedene Bildschirmgrößen bestmöglich unterstützt werden können

Abbildung 10.14 und Abbildung 10.15 zeigen, wie die Spaltendarstellung auf einem Tablet und auf einem mobilen Endgerät aussehen wird.

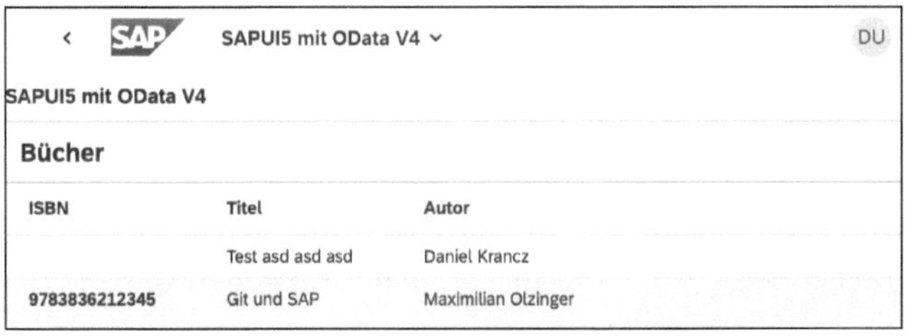

Abbildung 10.14 Auf einem Tablet wird die Spalte Rating ausgeblendet.

Abbildung 10.15 Zeilenumbruch über »demandPopin« auf einem mobilen Endgerät

Damit die einzelnen Zeilen durch die Eigenschaft `highlight` eingefärbt werden, je nachdem ob ein Buch bereits gelesen wurde oder nicht, verwenden wir Expression Binding:

```
<ColumnListItem id="templateItem" highlight="{= %{ReadingFinished} ? 'Success'
: 'None' }">
```

Außerdem verändern wir die einzelnen Zellen, sodass wir die beste Darstellungsform für alle Eigenschaften eines Buchs herausholen können (siehe Listing 10.15).

```
<ObjectIdentifier id="isbnCell" title="{ISBN}" />
<Text id="titleCell" text="{Title}" />
```

```
<Text id="authorCell" text="{Author}" />
<RatingIndicator id="ratingCell" value="{Rating}" editable="false" />
```

Listing 10.15 Änderung der vier Zellen im »ColumnListItem«

Das Endergebnis der Tabelle ist in Abbildung 10.16 dargestellt.

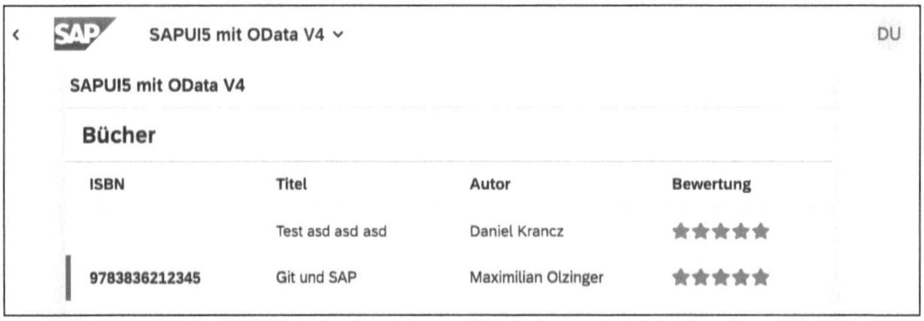

Abbildung 10.16 Responsive Table mit vielen weiteren Definitionen für Benutzerfreundlichkeit, Lesbarkeit und Responsive Design

Anstelle der im i18n-Modell übersetzten Texte können wir auch die Texte und deren Übersetzungen direkt vom Backend verwenden. Diese Texte werden, sofern sie in SAP S/4HANA mittels der Transaktion SE63 übersetzt wurden, durch die Metadaten-Datei des OData-Service mitgesendet. Sie sind explizit als `'sap:label'` in den Metadaten enthalten:

```
<Text id="main_text_carrid" text="{/#ZRAP_CV_BOOKSType/ISBN/@sap:label}"/>
```

[»]

(Übersetzte) Texte aus den Metadaten und somit aus dem SAP-S/4HANA-System beziehen

Im SAP-Umfeld werden sowohl Überschriften als auch Kurzbeschreibungen eines Datenelements in der Originalsprache gespeichert, in der sie gepflegt wurden. Die Metadaten werden immer sprachspezifisch vom OData-Service abgerufen und an das SAP Gateway und das SAP-S/4HANA-Backend weitergeleitet. Auch diese Überschriften und Kurzbeschreibungen werden in der Regel sprachspezifisch ermittelt und auf Basis dieser Übersetzungen in Richtung SAPUI5-App ausgeliefert. Um auf diese übersetzten Texte der jeweiligen Eigenschaften zuzugreifen, wurde auch für unser Textfeld eine Syntax verwendet. Diese Syntax enthält den Namen des entsprechenden Entitätstyps, den Namen der Eigenschaft und den Zusatz, dass wir auf den Namen der entsprechenden Eigenschaft zugreifen wollen. Die generische Syntax sieht wie folgt aus: `{/#EntityType/Property/@sap:label}`.

Wenn Sie eine Filterung oder Sortierung der Daten erreichen wollen, dann gilt es das Aggregation Binding mit entsprechenden Kriterien zu versorgen. Dank des OData-

Models werden die GET-Requests automatisch mit diesen zusätzlichen Query-Parametern ergänzt, ohne dass wir die HTTP-Requests selbst zusammenbauen oder auslösen müssen.

Diese Kriterien können Sie auch direkt in das Aggregation Binding schreiben, wobei in diesem Fall die Filter- und Sortierkriterien statisch gesetzt wären. Dafür braucht es ein Complex Binding, da diese Attribute beim Objekt des entsprechenden Aggregation Bindings ergänzt werden müssen:

```
<Table id="booksTable" headerText="{i18n>main.table.title}"
items="{
  path: '/ZRAP_CV_BOOKS',
  filters: [ { path: 'Rating', operator: 'EQ', value1: 5 } ],
  sorter: [{ path: 'ISBN', descending: true } ]
}">
```

Listing 10.16 Beispiel für die Filterung und Sortierung im Aggregation Binding

Es kommt eher selten vor, dass man solche Filter- und Sortierkriterien statisch in den View setzt. Vielmehr möchte man diese dynamisch aus dem Controller heraus setzen, wann immer die Endbenutzer diese, z. B. in einer `sap.ui.comp.filterbar.FilterBar` oder einem `sap.m.ViewSettingsDialog`, festlegen. In diesen Fällen wird man die Filterkriterien in einem Event Handler aus den Parametern der Methode oder aus einem JSON-Model auslesen. Sobald diese in einem Array vorbereitet sind, kann man sie dynamisch an das Aggregation Binding aus dem Controller heraus übergeben. Hierzu muss das Array Instanzen von `sap.ui.model.Filter` speichern. Dasselbe muss mit dem `sap.ui.model.Sorter` geschehen, bevor man die jeweiligen Methoden `filter(aFilter)` und `sort(aSorter)` nutzt (siehe Listing 10.17).

```
let oTable = this.getView().byId("booksTable") as Table,
  oBinding = oTable.getBinding("items") as ListBinding,
  aFilter : Array<Filter> = [],
  aSorter : Array<Sorter> = [];
//Werte dynamisch ermitteln und in das Filter-Array einfügen:
let sRatingValue = 5;
aFilter.push(new Filter("Rating", FilterOperator.EQ, sRatingValue));
//Werte dynamisch ermitteln und in das Sorter-Array einfügen:
aSorter.push(new Sorter("ISBN", true));
//Auf das Aggregation Binding anwenden
oBinding.filter(aFilter);
oBinding.sort(aSorter);
```

Listing 10.17 Beispielimplementierung für Sortier- und Filterkriterien in einem Event Handler im Controller

10.4 Navigation einbauen

Bevor wir uns mit der eigentlichen Anzeige der Daten befassen, sollten wir zunächst eine saubere Navigation implementieren. Um mit der Navigation starten zu können, müssen wir einen neuen View (**Detail.view.xml**) und einen neuen Controller (**Detail.controller.ts**) im Projekt manuell anlegen. Diese beiden Dateien befüllen wir mit einer Kopie aus dem standardmäßig angelegten Main-View und Main-Controller und passen die Pfade entsprechend an.

Unser Ziel ist es, dass beim Klicken auf ein Listenelement der eindeutige Pfad zu der ausgewählten Entität ausgelesen und an die Detailansicht weitergegeben wird. Die Umsetzung im **Main.controller.ts** ist in Listing 10.18 zu sehen.

```
private onNavToDetail(oEvent: Event) {
  let oRouter = (this.getOwnerComponent() as UIComponent).getRouter(),
      oListItem = oEvent.getSource() as ColumnListItem,
      oSourceBinding = oListItem.getBindingContext() as Context,
      sPath = oSourceBinding.getPath();
  oRouter.navTo("Detail", {
      path: encodeURIComponent(sPath)
  });
}
```

Listing 10.18 Event Handler für die Navigation

Damit dieser Event Handler auch aufgerufen wird, müssen wir ein geeignetes Ereignis dafür finden. Dafür eignet sich das `press`-Event vom `ColumnListItem`:

```
<ColumnListItem id="templateItem" highlight="{= %{ReadingFinished} ? 'Success'
: 'None' }" type="Navigation" press="onNavToDetail">
```

Nun wollen wir diesen Pfad in der Detailansicht erhalten und ihn mittels Element Binding korrekt an den View binden. Sie haben bereits gelernt, wie man Elemente bindet, und können dies nun nutzen, um den eindeutigen Pfad, der von der Tabelle gesendet wurde, zu binden. Siehe unsere Anpassungen in der Methode `onPatternMatched()` im **Detail.controller.ts** in Listing 10.19.

```
public onInit(): void {
  let oOwnerComponent = this.getOwnerComponent() as UIComponent;
oOwnerComponent.getRouter().getRoute("Detail").attachPatternMatched(this.onPat
ternMatched, this);
}
private onPatternMatched(oEvent: any) {
    let oArguments = oEvent.getParameters().arguments,
        sPath = decodeURIComponent(oArguments.path);
```

```
    this.getView().bindElement({
        path: sPath,
        parameters: {
            "$$updateGroupId": "updateBook"
        }
    });
}
```

Listing 10.19 Pattern Matched Event, um an die Parameter der Navigation zu gelangen

Um zu testen, ob das Element Binding funktioniert, fügen wir ein Textelement in unserer Detailansicht ein. Anstatt einen statischen Text anzuzeigen, binden wir die Eigenschaft text an das Attribut ISBN:

```
<Text id="detail_text_isbn" text="{ISBN}"/>
```


Damit die Navigation überhaupt funktionieren kann, wird im Application Descriptor eine Route benötigt. Im routes-Array legen wir eine neue Definition mit dem Namen Detail an. Diese zeigt auf das Target Detail, das wir erst anlegen müssen. Die Definition hat im pattern definiert, dass ein Pflichtparameter bei der Navigation mitgegeben werden muss:

```
{
  "name": "Detail",
  "pattern": "detail/{path}",
  "target": ["Detail"]
}
```

Listing 10.20 Neue Route im Application Descriptor

Das Pattern, das im Endeffekt bestimmt, welcher View aufgerufen werden soll, kommt in das Objekt mit dem Namen targets im Application Descriptor (siehe Listing 10.21).

```
"Detail": {
  "viewType": "XML",
  "transition": "slide",
  "clearControlAggregation": false,
  "viewId": "Detail",
  "viewName": "Detail"
}
```

Listing 10.21 Neuer Target im Application Descriptor

Wenn wir nun zur Detailansicht navigieren, sehen wir in der UI-Komponente `sap.m.Text`, dass die jeweilige ISBN des ausgewählten Objekts angezeigt wird (siehe Abbildung 10.17). Probieren Sie dies mit ein paar Einträgen in Ihrer Tabelle aus.

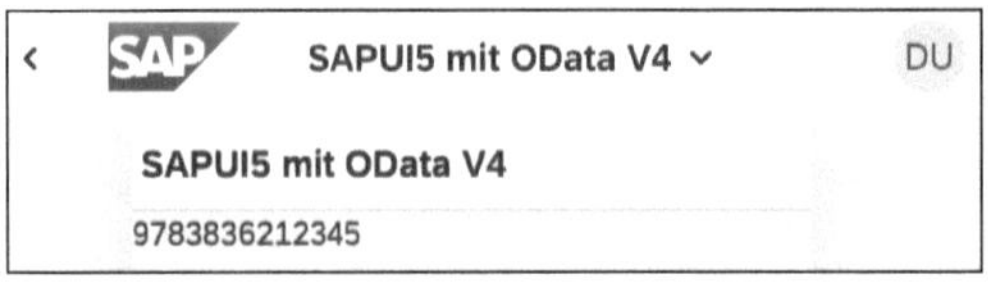

Abbildung 10.17 Funktionierende Navigation

10.5 Detailseite implementieren

Beginnen wir nun mit dem Einfügen von `sap.ui.layout.form.SimpleForm` in unserer Detailansicht. Die XML-Definition hierfür ist in Listing 10.22 dargestellt.

```
<f:SimpleForm id="detail_simpleform" editable="true"
layout="ResponsiveGridLayout" labelSpanXL="3" labelSpanL="3"
    labelSpanM="3" labelSpanS="12" emptySpanXL="4" emptySpanL="4"
    emptySpanM="4" emptySpanS="0" columnsXL="1"
    columnsL="1" columnsM="1">
    <f:content>
        <!-- form content belongs here -->
    </f:content>
</f:SimpleForm>
```

Listing 10.22 Einfügen von »SimpleForm« in den Detail-View

Wenn wir `sap.m.Label` in die `SimpleForm` einfügen, beginnen wir eine neue Zeile. Versuchen wir dies, indem wir eine Zeile für die ISBN anzeigen:

```
<Label id="detail_label_isbn" text="{i18n>main.column.isbn}" />
<Text id="detail_text_isbn" text="{ISBN}" />
```

Fügen wir nun weitere Zeilen zur `SimpleForm` hinzu und probieren wir auch andere UI-Komponenten für die Anzeige der Daten aus (siehe Listing 10.23).

```
<Label id="detail_label_title" text="{i18n>main.column.title}" />
<Text id="detail_text_title" text="{Title}" />
<Label id="detail_label_desc" text="{i18n>detail.desc}" />
<Text id="detail_text_desc" text="{Description}" />
<Label id="detail_label_genre" text="{i18n>detail.genre}" />
<Text id="detail_text_genre" text="{Genre}" />
<Label id="detail_label_author" text="{i18n>main.column.author}" />
```

```
<Text id="detail_text_author" text="{Author}" />
<Label id="detail_label_pages" text="{i18n>detail.pages}" />
<Text id="detail_text_pages" text="{BookPages}" />
<Label id="detail_label_rating" text="{i18n>detail.rating}" />
<RatingIndicator id="detail_text_rating" value="{Rating}" editable="false" />
<Label id="detail_label_finished" text="{i18n>detail.finished}" />
<CheckBox id="detail_text_finished" selected="{ReadingFinished}"
editable="false" />
```

Listing 10.23 Weitere UI-Komponenten in die »SimpleForm« einfügen

Vergessen Sie nicht, den entsprechenden Import für `SimpleForm` in der View-Definition hinzuzufügen. Wenn Sie den folgenden Import nicht hinzufügen, werden Sie in der Anwendung nichts sehen, weil das Framework nicht weiß, aus welcher Bibliothek Sie die `SimpleForm` laden wollen:

```
xmlns:f="sap.ui.layout.form"
```

Abbildung 10.18 zeigt die Detailansicht mit unserer `SimpleForm` und die Anzeige der Buchdaten.

Abbildung 10.18 Detailansicht mit einer »SimpleForm«

10.6 Fragmente

In diesem Abschnitt werden wir uns mit den übrigen CRUDQ-Methoden befassen. In Abschnitt 10.6.1, »Detailseite vorbereiten«, werden wir vorbereitende Maßnahmen ergreifen, um später die Eingabebereitschaft zu kontrollieren. Für Create und Update werden wir separate Fragmente erstellen und diese leichtgewichtigen UI-Komponenten in Abschnitt 10.6.2, »Fragmente direkt einbetten«, direkt in den View einbetten. Danach werden wir die Anzeige der jeweiligen Fragmente davon abhängig machen, welche Aktionen vom Benutzer ausgelöst werden. Dies geschieht in Abschnitt 10.6.3, »Fragmente aus dem Controller laden«. In diesen Abschnitten zeigen wir Ihnen den effizientesten Weg zur Implementierung aller CRUDQ-Methoden. Das bedeutet, dass wir dank Two-Way-Binding die Eingaben sammeln und mit `submitBatch()` und `resetChanges()` die Änderungen entweder ans Backend senden oder verwerfen.

10.6.1 Detailseite vorbereiten

Bevor wir Ihnen mehr über Fragmente erklären, bereiten wir die Ansicht so vor, dass eine spätere Bearbeitung möglich ist. Für die Bearbeitung benötigen wir entsprechende Buttons `sap.m.Buttons` in der Kopf- und Fußzeile der Seite. Um die Sichtbarkeit dieses Buttons zu steuern, erstellen wir in der `onPatternMatched()`-Methode ein `sap.ui.model.json.JSONModel`, das in der `onInit()`-Methode im Detail-Controller registriert wird, und speichern darin eine einzelne Eigenschaft, die angibt, ob wir uns im `editMode` befinden oder nicht und ob wir im `createMode` sind oder nicht (siehe Listing 10.24):

```
private aFragments: any = { };
private oEditModel: JSONModel;
public onInit(): void {
  let oOwnerComponent = this.getOwnerComponent() as UIComponent;
  oOwnerComponent.getRouter().getRoute("Detail").attachPatternMatched(this.
onPatternMatched, this);
}
```

Listing 10.24 Definition zweier Klassenvariablen und der »onInit«-Methode

Die Methode `onPatternMatched()` sorgt zum einen dafür, dass ein JSON-Model erstellt wird, das die Informationen zur Steuerung des Views enthält. Zum anderen wird die übergebene Entität bzw. der entsprechende Pfad per Element Binding an die View gebunden (siehe Listing 10.25).

```
private onPatternMatched(oEvent: any){
    let oArguments = oEvent.getParameters().arguments,
        sPath = decodeURIComponent(oArguments.path);
    this.getView().bindElement({
        path: sPath,
        parameters: {
            "$$updateGroupId": "updateBook"
        }
    });
```

```
    this.oEditModel = new JSONModel({
        editMode: false,
        create: false
    });
    this.getView().setModel(this.oEditModel, "editModel");
}
```

Listing 10.25 Definition der Methode »onPatternMatched«

In der Detailansicht fügen wir außerdem einen `customHeader` als Aggregation in die Seite ein, in dem wir den Titel und einen Button zum Bearbeiten anzeigen:

```
<customHeader>
    <OverflowToolbar id="detail_toolbar_header">
        <Title id="detail_title_header" text="Details" />
        <ToolbarSpacer id="detail_spacer_header" />
        <Button id="detail_button_edit" text="Bearbeiten" type="Emphasized"
press="onEditPressed" />
    </OverflowToolbar>
</customHeader>
```

Listing 10.26 Eigener Header in der Aggregation »customHeader«

In der Fußzeile der Seite fügen wir auch eine `sap.m.OverfloowToolbar` hinzu, die jedoch zwei Buttons enthält. Mit diesen Buttons können die Benutzer später speichern oder abbrechen:

```
<footer>
    <OverflowToolbar id="detail_toolbar_footer">
        <ToolbarSpacer id="detail_spacer_footer" />
       <Button id="detail_button_save" text="Speichern" press="onSavePressed"
type="Accept" />
        <Button id="detail_button_cancel" text="Abbrechen"
press="onCancelPressed" type="Reject" />
    </OverflowToolbar>
</footer>
```

Listing 10.27 Eigener Footer in der Aggregation »footer«

Nun sehen wir auch in der Detailansicht, dass die Buttons in der Kopf- und Fußzeile dargestellt werden (siehe Abbildung 10.19).

Abbildung 10.19 Die Buttons sind in Kopf- und Fußzeile nun immer sichtbar.

Als letzten Schritt passen wir die Sichtbarkeit der Buttons so an, dass sie nur im entsprechenden Modus angezeigt werden. Je nachdem, ob wir uns im Bearbeitungs- oder im Anzeigemodus befinden, wird die entsprechende Eigenschaft später in unserem JSON-Model gesetzt. Das bedeutet, dass wir auch in der Ansicht an diese Eigenschaft binden und die Sichtbarkeit der Buttons steuern können (siehe Listing 10.28).

```
<Button id="detail_button_edit" text="Bearbeiten" type="Emphasized"
press="onEditPressed" visible="{= !${editModel>/editMode} }"/>
<!-- ... -->
<Button id="detail_button_save" text="Speichern" press="onSavePressed"
type="Accept" visible="{editModel>/editMode}"/>
<Button id="detail_button_cancel" text="Abbrechen" press="onCancelPressed"
type="Reject" visible="{editModel>/editMode}"/>
```

Listing 10.28 Sichtbarkeit mittels Expression Binding steuern

10.6.2 Fragmente direkt einbetten

Um XML-Definitionen an mehreren Stellen wiederzuverwenden, müssen wir sie in XML-Fragmente auslagern. Dies sind normale Dateien, die wir erstellen können, die aber mit **.fragment.xml** enden müssen, damit sie als Fragmente erkannt werden. Legen wir ein Verzeichnis mit dem Namen **fragment** im Verzeichnis **view** an. In diesem Verzeichnis legen wir eine neue Datei mit dem Namen **Display.fragment.xml** an. Der Inhalt dieses Fragments wird die `SimpleForm` sein, die wir in diesem Kapitel entwickelt haben:

```
<core:FragmentDefinition xmlns:f="sap.ui.layout.form" xmlns="sap.m"
xmlns:core="sap.ui.core">
          <!-- hier die SimpleForm einfügen -->
</core:FragmentDefinition>
```

Listing 10.29 Definition des Fragments

Fragmente können direkt in den View eingebettet werden, indem die `sap.ui.core.Fragment`-Definition verwendet und auf die Datei verwiesen wird. Diese Definition sollte in einen View geschrieben werden, in dem der Inhalt des Fragments platziert werden soll. In unserem Fall ist dies die Detail-Ansicht im Aggregationsinhalt der Seite:

```
<core:Fragment id="detail_fragment_display" type="XML"
fragmentName="at.clouddna.zsapui5withodatav4.view.fragment.Display"/>
```

Vergessen Sie nicht den entsprechenden Import in den View, damit Sie das Fragment aus der `sap.ui.core`-Bibliothek verwenden können.

Legen wir nun ein zweites Fragment an, damit wir eine zweite Version der `SimpleForm` speichern können. Diese Version wird das eingabebereite Formular darstellen, und anstelle von `sap.m.Text`-UI-Komponenten verwenden wir `sap.m.Input`, `sap.m.ComboBox`, `sap.m.RatingIndicator` und `sap.m.Checkbox`. Nennen wir dieses Fragment **Edit.fragment.xml** und setzen wir Listing 10.30 als Inhalt ein.

```
<core:FragmentDefinition xmlns:f="sap.ui.layout.form" xmlns="sap.m"
xmlns:core="sap.ui.core">
    <f:SimpleForm id="detail_simpleform" editable="true"
layout="ResponsiveGridLayout"
        labelSpanXL="3" labelSpanL="3" labelSpanM="3" labelSpanS="12"
emptySpanXL="4" emptySpanL="4"
        emptySpanM="4" emptySpanS="0" columnsXL="1" columnsL="1" columnsM="1">
        <f:content>
            <Label id="detail_label_isbn" text="{i18n>main.column.isbn}" />
            <Input id="detail_input_isbn" value="{ISBN}" />
            <Label id="detail_label_title" text="{i18n>main.column.title}" />
            <Input id="detail_input_title" value="{Title}" />
            <Label id="detail_label_desc" text="{i18n>detail.desc}" />
            <Input id="detail_input_desc" value="{Description}" />
            <Label id="detail_label_genre" text="{i18n>detail.genre}" />
            <ComboBox id="detail_input_genre" selectedKey="{Genre}">
                <core:Item id="detail_genre1" key="Information"
text="Information" />
                <core:Item id="detail_genre2" key="Action" text="Action" />
                <core:Item id="detail_genre3" key="Comic" text="Comic" />
```

```
                </ComboBox>
                <Label id="detail_label_author" text="{i18n>main.column.author}" />
                <Input id="detail_input_author" value="{Author}" />
                <Label id="detail_label_pages" text="{i18n>detail.pages}" />
                <Input id="detail_input_pages"
                    value="{ path: 'BookPages', type: 'sap.ui.model.type.Integer'}" />
                <Label id="detail_label_rating" text="{i18n>detail.rating}" />
                <RatingIndicator id="detail_input_rating" value="{Rating}" />
                <Label id="detail_label_finished" text="{i18n>detail.finished}" />
                <CheckBox id="detail_input_finished" selected="{ReadingFinished}" />
            </f:content>
        </f:SimpleForm>
</core:FragmentDefinition>
```

Listing 10.30 Inhalt des Fragments für den Bearbeitungsmodus

Sehen Sie sich an, wie dieses Fragment in der Detailansicht aussieht, und platzieren Sie es (wie unser Fragment für den Anzeigemodus) im `content` der Seite:

```
<core:Fragment id="detail_fragment_edit" type="XML"
fragmentName="at.clouddna.zsapui5withodatav4.view.fragment.Edit"/>
```

10.6.3 Fragmente aus dem Controller laden

Was wir anstreben, ist eine dynamische Einbettung der Fragmente in Abhängigkeit vom Modus, in dem sich die Anwendung befindet. Wir wollen z. B., dass nur das entsprechende Fragment in den View eingebettet wird, wenn einer der Buttons angeklickt wird. Wir werden dies programmatisch vom Controller aus tun, indem wir die Fragmente in den Controller laden, sie zwischenspeichern und in den View einfügen.

Die interne Methode `_loadFragment()` sorgt dafür, dass das Fragment, dessen Name als Parameter übergeben wird, programmatisch geladen und in den View eingefügt wird. Wenn das Fragment bereits geladen und in unserer Klassenvariablen gespeichert wurde, holen wir die Instanz aus der Variablen, anstatt das Fragment erneut zu initialisieren. Diese kompakte Methode ist in Listing 10.31 dargestellt.

```
private _loadFragment(sFragmentName: string) {
  let oPage = (this.getView().byId("page") as Page);
  oPage.removeAllContent();
  if (this.aFragments[sFragmentName]) {
      oPage.addContent(this.aFragments[sFragmentName]);
  } else {
      Fragment.load({
          id: Fragment.createId(this.getView().getId(), sFragmentName),
```

```
            name: "at.clouddna.zsapui5withodatav4.view.fragment." +
sFragmentName,
            type: "XML",
            controller: this
        }).then((oFragment: any) => {
            this.aFragments[sFragmentName] = oFragment;
            oPage.addContent(oFragment);
        });
    }
}
```

Listing 10.31 Methode zum Laden und Einfügen der Fragmente in den View

Die entsprechende Methode onEditPressed() ruft die Hilfsfunktion _onSwitchEdit() auf, damit wir zwischen Anzeige- und Bearbeitungsmodus wechseln können. Sie können diese beiden Methoden in Listing 10.32 sehen.

```
private onEditPressed() {
  this._onSwitchEdit();
}
private _onSwitchEdit() {
  let bNewMode = !this.oEditModel.getProperty("/editMode");
  this.oEditModel.setProperty("/editMode", bNewMode);
  this._loadFragment(bNewMode ? "Edit" : "Display");
}
```

Listing 10.32 Umschalten zwischen Display- und Edit-Mode

Wir lösen die Aktualisierung in der Methode onSavePressed() aus. In unserem Fall funktioniert dies sehr einfach, da das OData-Model dank des Two-Way-Bindings alle Änderungen sammelt, die zur Laufzeit erfolgt sind. Wir können diese Änderungen mit der Methode submitChanges() an unser Backend senden. Wenn Create oder Update erfolgreich durchlaufen wurde, reagieren wir in einem entsprechenden Handler darauf und schalten zurück in den Anzeigemodus (siehe Listing 10.33).

```
private onSavePressed() {
    (this.getView().getModel() as ODataModel).submitBatch("updateBook").then(
        () => {
            MessageToast.show("Erfolgreich gespeichert!");
            this._onSwitchEdit();
        },
        (oError: any) => {
            MessageBox.error("Ein unerwarteter Fehler ist aufgetreten!");
```

```
        }
    );
}
```

Listing 10.33 Speichern der Änderungen mit der Komfortfunktion des OData-Models

Die Methode onCancelPressed() sorgt dafür, dass diese gesammelten Änderungen im OData-Model verworfen werden und in den Anzeigemodus zurückgeschaltet wird (siehe Listing 10.34).

```
private onCancelPressed() {
    (this.getView().getModel() as ODataModel).resetChanges("updateBook");
    this._onSwitchEdit();
}
```

Listing 10.34 Methode zum Abbrechen und Verwerfen der Änderungen

Löschen Sie nun den gesamten Aggregationsinhalt content aus der Detailansicht, da wir das initiale Laden der Ansicht mit diesem Methodenaufruf in der Methode onPatternMatched() vornehmen:

```
this._loadFragment("Display");
```

In Abbildung 10.20 sehen Sie nun, dass die Detailansicht wieder wie gewohnt geladen wird und zunächst zur Anzeige bereit ist. Mit dem Button in der oberen rechten Ecke können Sie in den Bearbeitungsmodus wechseln.

Abbildung 10.20 Im Anzeigemodus wird unser Fragment mit der nicht eingabebereiten »SimpleForm« geladen.

Im Bearbeitungsmodus wird das entsprechende Fragment geladen und in den View eingefügt. Außerdem werden die Buttons zum Speichern und Abbrechen zur Verfügung gestellt, mit denen die Änderungen an unserem SAP-Backend gesendet oder verworfen werden können (siehe Abbildung 10.21).

Abbildung 10.21 Im Bearbeitungsmodus kann der Benutzer bearbeiten, speichern oder abbrechen.

Um einzelne Entitäten zu löschen, implementieren wir die Methode `onDeletePressed()` in der Datei **Detail.controller.ts**. In dieser Funktion öffnen wir eine `sap.m.MessageBox` und lassen den Benutzer nochmals bestätigen, ob er den entsprechenden Eintrag wirklich löschen möchte. Wurde unsere `MessageBox` im Callback `onClose()` mit der Aktion `sap.m.MessageBox.Action.YES` geschlossen, so führen wir die Methode `remove()` auf unserem OData-Model aus und geben den Pfad des zu löschenden Eintrags an. Alle diese Schritte sind in Listing 10.35 dargestellt.

```
private onDeletePressed() {
   let oElementBinding = this.getView().getElementBinding().getBoundContext()
as any,
      i18nModel = this.getView().getModel("i18n"),
      oResourceBundle = (i18nModel as any).getResourceBundle(),
      sText = oResourceBundle.getText("deleteQuestion");
   MessageBox.confirm(sText, {
      actions: [Action.YES, Action.NO],
      emphasizedAction: Action.YES,
      onClose: (sAction: string) => {
         if (Action.YES === sAction) {
            oElementBinding.delete("updateBook").then(
               () => {
                  this.onNavBack();
               },
```

```
                    (oError: any) => {
                        MessageBox.error("Ein unerwarteter Fehler ist
aufgetreten!");
                    }
                );
            }
        }
    });
}
```

Listing 10.35 Methode zum Löschen einer Entität

Wenn der Benutzer zurücknavigieren möchte und auf den entsprechenden navButton unserer sap.m.Page klickt, wollen wir den Browserverlauf verwenden und den Benutzer zurücknavigieren lassen. Der entsprechende Event Handler ist in Listing 10.36 zu sehen. Diese Methode kann auch intern für eine Rücknavigation verwendet werden.

```
private onNavBack () {
  let oHistory = History.getInstance(),
      sPreviousHash = oHistory.getPreviousHash();
  if (sPreviousHash !== undefined) {
      window.history.go(-1);
  } else {
      let oRouter = (this.getOwnerComponent() as UIComponent).getRouter();
      oRouter.navTo("Main", {}, undefined, true);
  }
}
```

Listing 10.36 Funktion zum Zurücknavigieren mittels der Browserhistorie

Vergessen Sie nicht, einen entsprechenden Button für das Darstellen der Löschfunktion anzuzeigen. Zu diesem Löschen-Button wird der Event Handler press unsere vorbereitete Methode onDelete aufrufen.

Nachdem ein Update bereits funktioniert, werden wir unser Coding so anpassen, dass auch ein Create mit möglichst wenig manuellem Coding funktionieren sollte. Dazu registrieren wir in der Methode onInit() der Create-Route einen Event Handler, der die notwendigen Vorbereitungen für die Erstellung eines neuen Eintrags trifft:

```
oOwnerComponent.getRouter().getRoute("Create")
   .attachPatternMatched(this.onCreatePatternMatched, this);
```

Für das Erstellen verwenden wir die gleiche Datei **Detail.view.xml**, unterscheiden aber zwischen Display/Edit und Create durch eine neue Route. Dazu fügen wir eine neue Route in die Datei **manifest.json** ein:

```
{
          "name": "Create",
          "pattern": "create",
          "target": [
            "Detail"
          ]
},
```

Listing 10.37 Route für das Erstellen im Application Descriptor

In der Methode `onCreatePatternMatched()` reagieren wir darauf, ob der Button **Create** in der Liste angeklickt und damit die entsprechende Create-Route aufgerufen wurde. In diesem Fall verwenden wir die Methode `onCreateEntry()` aus dem OData-Model, um eine lokale Kopie einer Entität zu erstellen. Diese Methode löst keine Anfrage an das Backend aus, sondern erstellt ein lokales Objekt, das wir bereits für die Datenbindung verwenden können (siehe Listing 10.38).


```
private onCreatePatternMatched(oEvent: any) {
    let oModel = this.getView().getModel(),
        oListBinding = oModel.bindList("/ZRAP_CV_BOOKS") as ODataListBinding,
        oCreateContext = oListBinding.create();
    oCreateContext.created().then(() => {
        debugger;
        this.getView().bindElement({
            path: oCreateContext.getPath(),
            parameters: {
                "$$updateGroupId": "updateBook"
            }
        });
    });
    this.oEditModel = new JSONModel({
        editMode: true,
        create: true
    });
    this.getView().setModel(this.oEditModel, "editModel");
    this._loadFragment("Edit");
}
```

Listing 10.38 Ein weiterer Pattern Matched Event Handler, um auf das Create zu reagieren

Damit auch ein Create aufgerufen werden kann, fügen wir in der Datei **Main.view.xml** in der Tabelle `Table` in der Aggregation `headerToolbar` einen Button ein, der mit einem Event Handler dafür sorgt, dass wir in die Detailansicht navigieren können (siehe Listing 10.39).

```
<headerToolbar>
    <OverflowToolbar id="main_table_toolbar">
        <Title text="{i18n>main.table.title}"/>
        <ToolbarSpacer/>
        <Button id="main_table_createbutton" text="Hinzufügen"
press="onCreatePressed" />
    </OverflowToolbar>
</headerToolbar>
```

Listing 10.39 Custom Toolbar in der SmartTable, damit ein Button für das Hinzufügen dargestellt wird

Die Methode onCreatePressed() reagiert auf den Button-Klick als Event Handler und führt über die Route Create auf die Detailansicht weiter. Unseren Event Handler sehen Sie in Listing 10.40.

```
private onCreatePressed() {
        let oRouter = (this.getOwnerComponent() as UIComponent).getRouter()
        oRouter.navTo("Create");
    }
```

Listing 10.40 Event Handler, damit auf die Detailansicht navigiert wird

Zusammenfassend lässt sich sagen, dass es in der Methode onSavePressed() keinen Unterschied macht, ob wir eine Entität bearbeiten oder erstellen. Unser OData-Model sammelt die Änderungen in beiden Fällen (da wir Two-Way als Binding Mode eingestellt haben), und mit der Methode submitBatch() können wir diese Änderungen an den OData-Service senden. Das OData-Model weiß, ob in diesem Fall ein POST oder ein PUT bzw. PATCH als HTTP-Methode mitgesendet werden muss. Die Implementierung dieses Event Handlers ist in Listing 10.41 zu sehen.

```
private onSavePressed() {
    (this.getView().getModel() as ODataModel).submitBatch("updateBook").then(
        () => {
            MessageToast.show("Erfolgreich gespeichert!");
            this._onSwitchEdit();
        },
        (oError: any) => {
            MessageBox.error("Ein unerwarteter Fehler ist aufgetreten!");
        }
    );
}
```

Listing 10.41 Die Methode für das Speichern bleibt für Create und Update nahezu identisch.

Auch bei der Methode für das Abbrechen sollten Sie, wie beim Speichern, eine Abfrage einfügen, ob der View im Rahmen eines Create aufgerufen wurde. Wenn ja, dann sollte auch hier nach dem `restChanges()` zurücknavigiert werden (siehe Listing 10.42).

```
private onCancelPressed() {
    (this.getView().getModel() as ODataModel).resetChanges("updateBook");
    this._onSwitchEdit();
    if (this.oEditModel.getProperty("/create")) {
        this.onNavBack();
    }
}
```

Listing 10.42 Anpassung der Methode für das Abbrechen

10.7 SAPUI5-Projekte von einem Git Repository klonen

Git wird von vielen Unternehmen als Werkzeug für die Verwaltung, Verteilung und Versionierung von Quellcode verwendet. Wir haben auch die Anwendung, die wir in diesem Kapitel entwickelt haben, in einem öffentlichen Git Repository hinterlegt. Sie können auf diese Anwendung über einen Link, den wir Ihnen im Laufe dieses Abschnitts mitteilen, zugreifen und so die App klonen und testen.

[«]

Source-Code- und Versionsverwaltung mit Git im SAP-Umfeld

Im SAP-Umfeld müssen Sie für SAPUI5-Anwendungen ein Source-Code- und Versionsverwaltungssystem selbst einführen. Die Empfehlung ist, auf Git zu setzen und so den Source-Code in einem Repository aufzubewahren. Der initiale Aufwand spricht zwar gegen diesen neuen Schritt, jedoch eröffnen sich neue Möglichkeiten, was die Collaboration und Software- und Feature-Entwicklung betrifft.

An dieser Stelle empfehlen wir Ihnen das Buch »Git und SAP. Versionsverwaltung und Transporte« (SAP PRESS 2022).

Für Git-Befehle, wie z. B. *Clone*, steht im SAP Business Application Studio bereits ein grafisches Werkzeug namens *Source Control* zur Verfügung. Wenn Sie noch kein Projekt geklont haben, steht Ihnen hier der Button **Clone Repository** zur Verfügung (wie auch in Abbildung 10.22 dargestellt). Sie können in jedem Fall auf die Einstellungen klicken und dort **Clone** auswählen.

Oben wird ein Dialogfeld geöffnet (siehe Abbildung 10.23), in dem Sie die URL des Git Repositorys eingeben können, das Sie klonen möchten. Für unsere Anwendung würde der Link wie folgt lauten: *https://github.com/clouddnagmbh/zsapui5withodatav4de.git*.

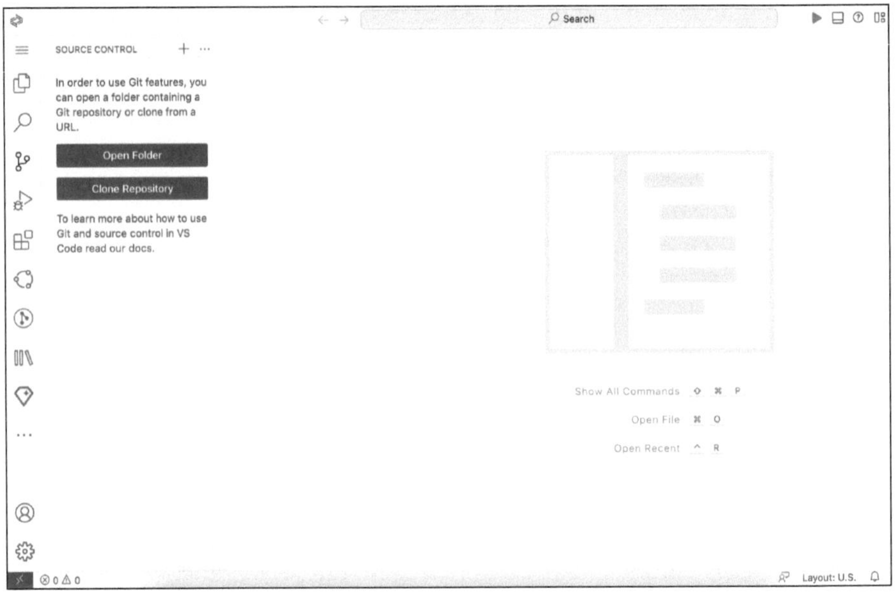

Abbildung 10.22 Klonen über Source Control grafisch starten

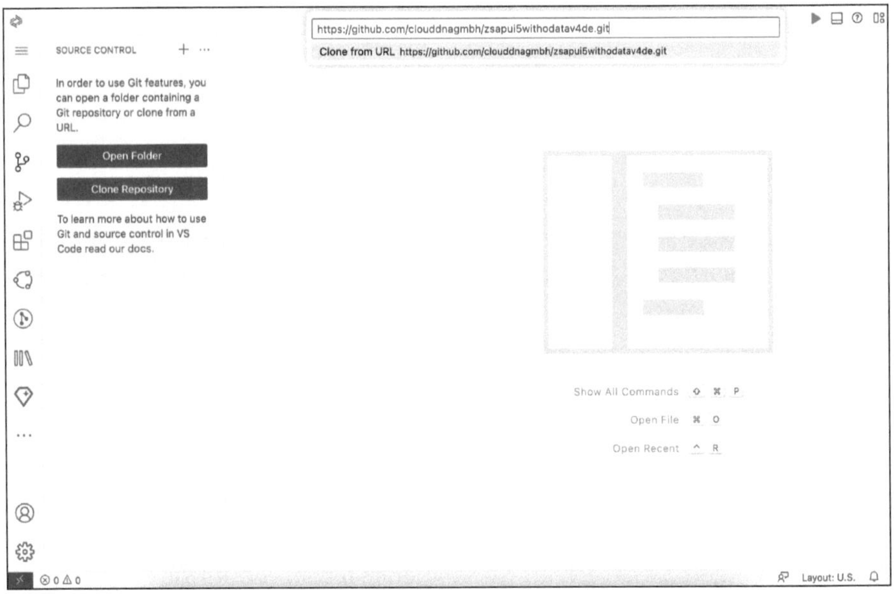

Abbildung 10.23 URL zum Git Repository angeben, das geklont werden soll

Im nächsten Schritt, nachdem Sie sich erfolgreich authentifiziert haben, müssen Sie auswählen, in welchem Ordner der Klon abgelegt werden soll. Wie Sie in Abbildung 10.24 sehen können, speichern wir alle unsere Projekte in SAP Business Application Studio im Verzeichnis **/home/user/projects**.

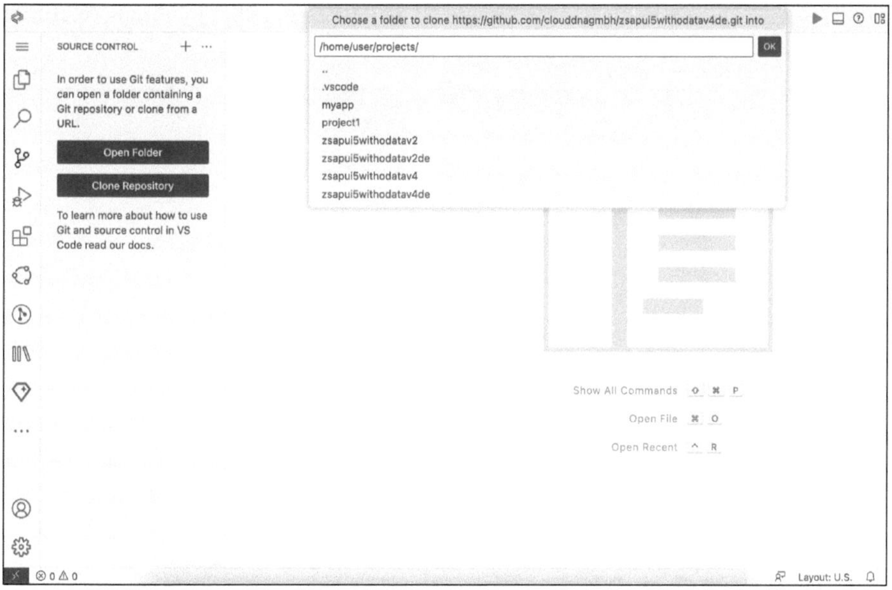

Abbildung 10.24 Zielverzeichnis für das Klonen auswählen

Wenn das Klonen erfolgreich war, können Sie das Projekt öffnen und die Quellen anzeigen, aber Sie können die Anwendung noch nicht wie gewohnt testen oder starten. Das liegt daran, dass die Node Packages nicht in das Git Repository eingefügt werden, sondern die Entwickler sie immer selbst installieren müssen (siehe Abbildung 10.25).

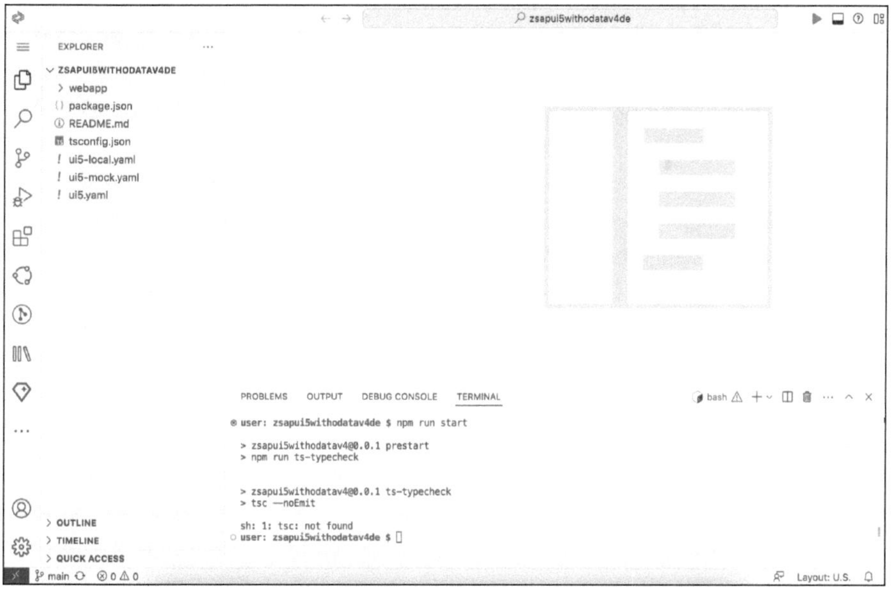

Abbildung 10.25 Preview und viele weitere Funktionalitäten funktionieren nicht nach dem Klonen.

In Abbildung 10.26 sehen Sie, dass wir diese Node Packages selbst in einem Terminal mit dem Befehl `npm install` installieren können:

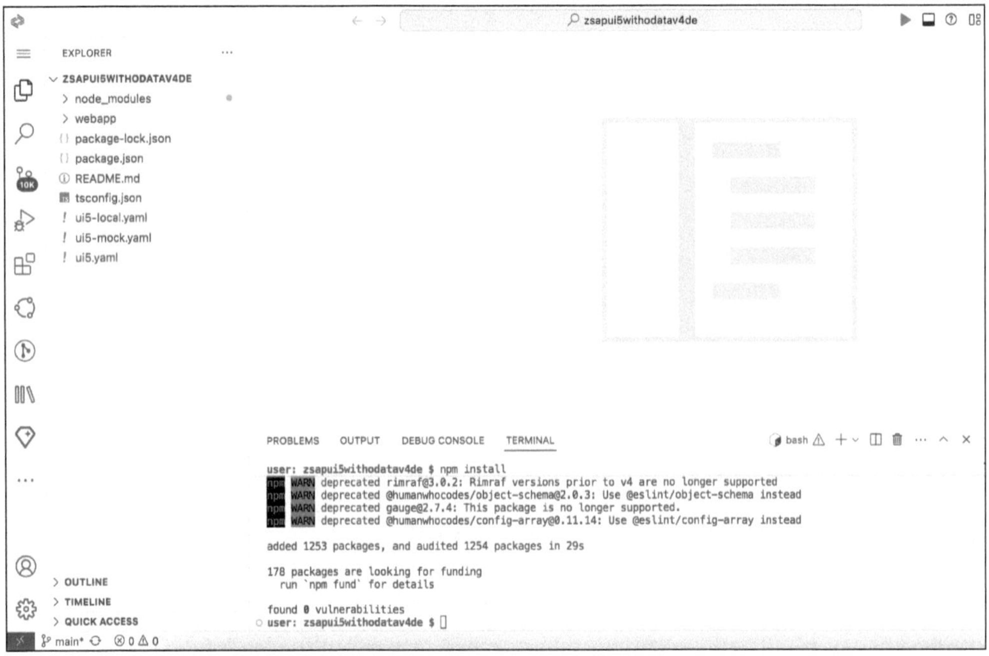

Abbildung 10.26 Node Packages installieren

[+]

Probleme mit (anderen) Befehlen und Funktionen im SAP Business Application Studio

Sollten Sie in Zukunft mit Problemen beim Ausführen von Befehlen konfrontiert sein, dann empfehlen wir Ihnen, den Befehl `npm clean install` im Terminal auszuführen. Hilft dies immer noch nicht, dann empfehlen wird, das Verzeichnis **node_modules** und die Datei **package-lock.json** zu löschen und danach den Befehl `npm install` durchzuführen. Es empfiehlt sich auch, vor allem wenn man eine Zeitlang inaktiv war, den Tab, in dem das SAP Business Application Studio läuft, zu aktualisieren oder gar den Dev Space zu stoppen und erneut zu starten.

10.8 Zusammenfassung

In diesem Kapitel haben wir Sie mit den Grundlagen der UI-Entwicklung in SAPUI5 unter Verwendung von OData V4 vertraut gemacht. Wir haben über Data Binding gesprochen, das sicherstellt, dass Sie Daten aus einem Modell ohne Umwege im View anzeigen können. In einer responsiven Tabelle haben wir Daten präsentiert und somit Daten aus einem OData-Service konsumiert. Auf einer weiteren Detailseite konnten wir Details anzeigen und verschiedene UI-Elemente zur Darstellung in einem Simple Form verwenden. Die Navigation war zunächst hartcodiert, bevor wir mit einem realen Szenario gearbeitet haben. Mithilfe von Fragmenten haben wir die Methoden Create und Update behandelt. Natürlich hätten wir hier mehr Views verwenden können, aber wir wollten lediglich neue Konzepte einführen und Sie mit diesen leichtgewichtigen UI-Elementen vertraut machen. Insgesamt haben wir eine Anwendung entwickelt, die die Stammdaten von Büchern anzeigen und bearbeiten kann.

Kapitel 11

Entwicklung von SAPUI5-Freestyle-Anwendungen mit OData-V2-Services

Die Entwicklung von SAPUI5-Freestyle-Anwendungen erfordert ein hohes Maß an Fähigkeiten in der clientseitigen Anwendungsgenerierung, JavaScript bzw. TypeScript, XML oder Datenbindung. OData-Services der Version 2 treten auch hier immer noch häufig auf, weshalb Wissen rund um das OData-Model-V2 aufgebaut werden muss, bevor es in die Entwicklung oder Wartung von Anwendungen gehen kann.

Moderne Webanwendungen im SAP-Umfeld werden mit dem Framework *SAP UI Development Toolkit for HTML5* (SAPUI5) entwickelt. SAPUI5 ist eine User-Interface-Technologie auf Basis von HTML5. Dieses Framework basiert auf JavaScript-Bibliotheken, die u. a. beim Start einer SAPUI5-Anwendung zwingend geladen werden müssen. Im Gegensatz zur Vorgängertechnologie Web Dynpro ist SAPUI5 ein clientseitiges Framework, d. h., die clientseitige Anwendungsgenerierung findet im Browser statt. Obwohl Web-Dynpro-Anwendungen auch auf HTML5 laufen, wurde der Seitenaufbau serverseitig generiert und an das Frontend gesendet. Dies führte bei komplexen Anwendungen zu erheblichen Ladezeiten. Außerdem berücksichtigte das Design von Web Dynpro nicht die Komplexität der Benutzergeräte, was die Erstellung adaptiver Anwendungen erschwerte.

Wie Sie bereits wissen, benötigt es OData-Services, um mit dem SAP-System kommunizieren zu können. Lange Zeit gab es nur OData-Services der Version 2 im SAP-Umfeld. Zu dieser Zeit wurde auch SAPUI5 ins Leben gerufen, weshalb das SAPUI5-Framework mit der Komponente `sap.ui.model.odata.v2.ODataModel` (umgangssprachlich auch »OData-Model-V2« genannt) bestens dieses Protokoll unterstützt. Es existiert bereits ein Nachfolger unter der Version 4, jedoch ist die Migration bereits bestehender OData-Services nicht out of the box möglich, vor allem wenn man dieses noch mit SEGW-Projekten entwickelt hat. Aus diesem Grund wird es für die Entwicklung und vor allem Wartung weiterhin nötig sein, das OData-Model-V2 zu kennen und mit diesem Anwendungen entwickeln zu können.

[»]

Die Inhalte aus Kapitel 9, »Entwicklung von SAPUI5-Freestyle-Anwendungen«, bilden die Grundlage für dieses Kapitel

Es ist wichtig, dass Sie sich zunächst mit den Grundlagen der SAPUI5-Entwicklung, dem MVC-Pattern, Datenbindung, Navigation und Routing, Mehrsprachigkeit oder Responsive Design beschäftigen. Auf diese Grundlagen greifen wir in diesem Kapitel zurück und setzen sie für die Entwicklung voraus. Egal ob Sie das OData-Model der Version 2 oder 4 verwenden, die Grundlagen bleiben immer dieselben.

In diesem Kapitel wollen wir eine SAPUI5-Freestyle-Applikation für die Bücherverwaltung implementieren, die auf dem OData-Service basiert, den wir in Kapitel 6, »Entwicklung von OData-V4-Services mit dem ABAP RESTful Application Programming Model (Managed Scenario)«, mit dem ABAP RESTful Application Programming Model entwickelt haben. Mit dem ABAP RESTful Application Programming Model war es einfach, die Backend-Entwicklung sowohl als OData-V2- als auch als OData-V4-Service zur Verfügung zu stellen. Wie Sie bereits wissen, hat es dafür ein weiteres Service Binding gebraucht. In Abschnitt 10.1 werden wir ein neues Projekt anlegen. Abschnitt 10.2 beschäftigt sich mit dem OData-Model-V2 und zeigt, wie Sie dieses instanziieren und für die CRUDQ-Methoden oder für Datenbindung verwenden können. In Abschnitt 10.3 beginnen wir mit der Startseite für die Bücher, für die wir eine *Responsive Table* verwenden. In Abschnitt 10.4 implementieren wir die Navigation zwischen der Startseite und einer Detailansicht ein. In Abschnitt 10.5 werden wir die angesprochene Detailseite aufbauen und eine *Simple Form* verwenden. Abschnitt 10.6 behandelt, wie wir die einzelnen Bereiche für den Anzeige- und den Bearbeitungsmodus in Fragmente auslagern und diese dynamisch einbetten können. Außerdem werden in diesem Abschnitt die restlichen CRUDQ-Methoden mit den Komfortfunktionen des OData-Model-V2 behandelt. Abschnitt 10.7 zeigt, wie man unser Beispiel (aber auch jedes andere Projekt) aus einem Git Repository klonen und zum Laufen bringen kann.

[»]

Ähnlichkeiten zwischen den Kapiteln 10 und 11

Die Entwicklungen in Data-Model-V2 sind denen aus Kapitel 10, »Entwicklung von SAPUI5-Freestyle-Anwendungen mit OData-V4-Services«, sehr ähnlich. Um zu vermeiden, dass Sie zwischen den beiden Kapiteln hin- und herspringen müssen, haben wir uns entschieden, eine Reihe von Implementierungsschritten und Erklärungen hier zu wiederholen. Da es jedoch auch eine Reihe wichtiger Unterschiede zwischen der UI-Entwicklung mit dem OData-Model-V2 und -V4 gibt, ist es notwendig, die Anweisungen aus dem jeweiligen Kapitel zu befolgen, die Ihrer speziellen Version entsprechen.

11.1 Projekt anlegen

Wir müssen zunächst eine App erstellen und einen OData-Service anbinden, mit dem wir über ein OData-Model kommunizieren können. Beginnen wir dazu im SAP Business Application Studio und legen wir ein neues Projekt an. Wählen Sie, wie in Abbildung 11.1 dargestellt, **SAP Fiori application** als Applikationstyp.

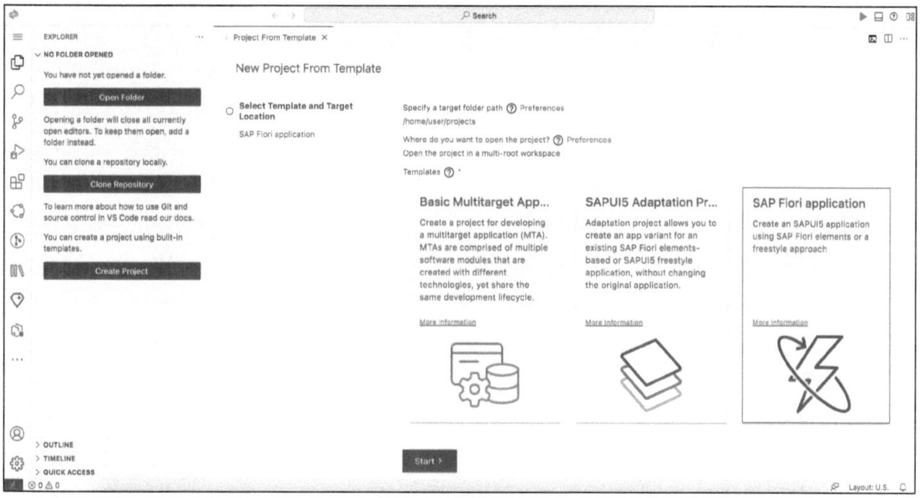

Abbildung 11.1 Applikationstyp »SAP Fiori application« auswählen

Im nächsten Schritt wählen Sie als Vorlage **Basic** (=SAPUI5 Freestyle). Diese Auswahl ist in Abbildung 11.2 dargestellt.

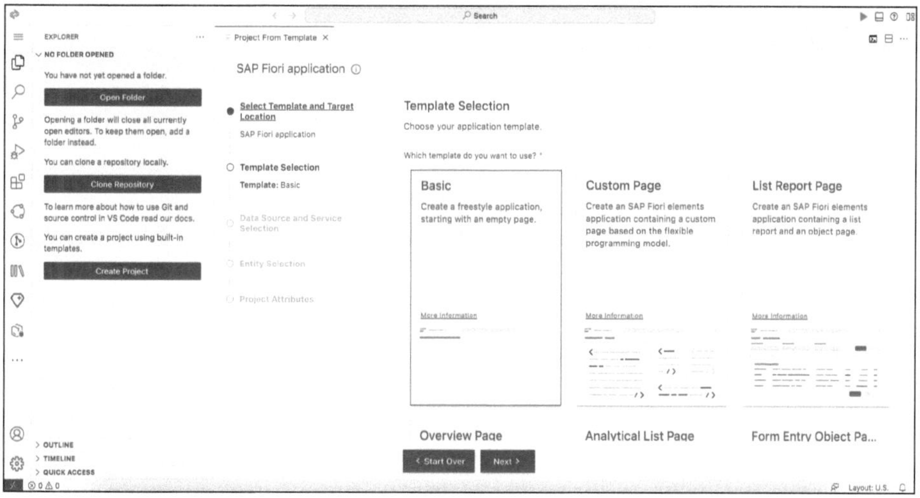

Abbildung 11.2 »Basic« als Vorlage auswählen, um eine SAPUI5-Freestyle-Anwendung anzulegen

Als Nächstes geben Sie an, ob Sie eine Verbindung zu einem OData-Service herstellen wollen. Wenn ja, wählen Sie die Art der Verbindung und den genauen OData-Service aus, den Sie verwenden möchten, indem Sie die folgenden Felder ausfüllen (siehe Abbildung 11.3):

- **Data source**: Die Auswahl der Option **Connect to a System** signalisiert, dass wir uns mit einem System verbinden wollen (in unserem Fall ein SAP-S/4HANA-System).
- **System**: Wir verbinden uns nicht direkt mit dem System, sondern über eine in SAP Business Technology Platform (SAP BTP) angelegte Destination – in diesem Fall S4D.
- **Service**: Wählen Sie den gewünschten OData-Service aus dem ausgewählten System aus. In unserem Fall ist dies der OData-Service **ZRAP_BOOKS_UI_V2** mit den bekannten Buchdaten aus Kapitel 6, »Entwicklung von OData-V4-Services mit dem ABAP RESTful Application Programming Model (Managed Scenario)«.

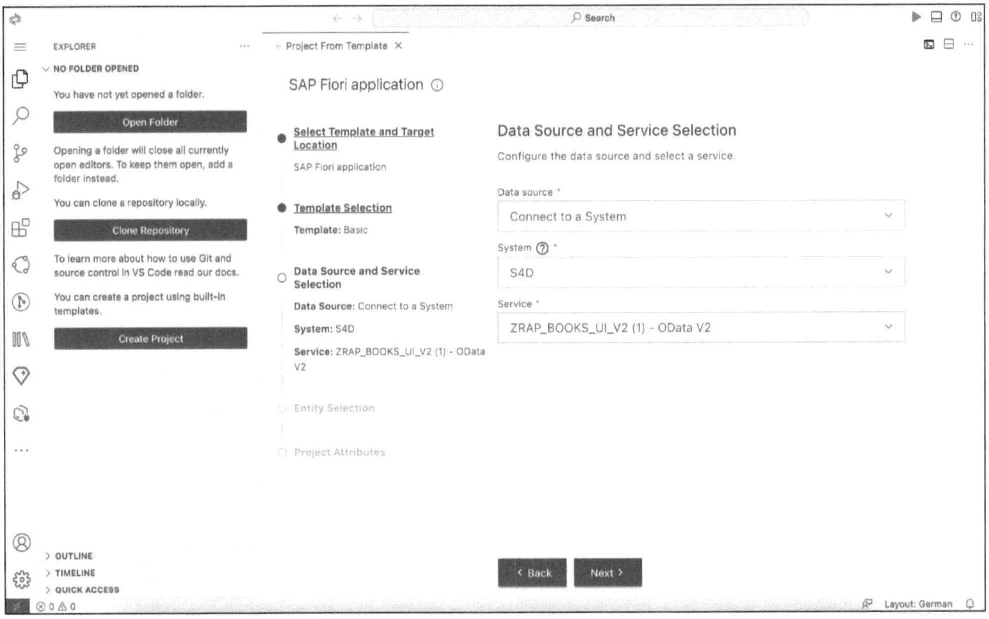

Abbildung 11.3 Verbindung zu einem System aufbauen und den gewünschten OData-Service auswählen

In einer SAPUI5-Anwendung, in der wir Daten anzeigen wollen, kommen wir nicht ohne Benutzeroberfläche aus. Benutzeroberflächen werden technisch gesehen mithilfe von Views erstellt, daher fragt der Wizard, wie der erste View, der für uns erstellt wird, heißen soll. Wir haben den Namen **Main** vergeben, wie in Abbildung 11.4 gezeigt.

Im nächsten Schritt müssen wir die projektspezifischen Informationen vergeben. Diesen Schritt kennen Sie bereits aus Kapitel 9, »Entwicklung von SAPUI5-Freestyle-

Anwendungen«, in dem wir auch die Bedeutung der einzelnen Eingabefelder erklärt haben. Wie in Abbildung 11.5 zu sehen, haben wir unsere Applikation **zsapui5withodatav2** genannt, die im Namensraum **at.clouddna** liegen soll.

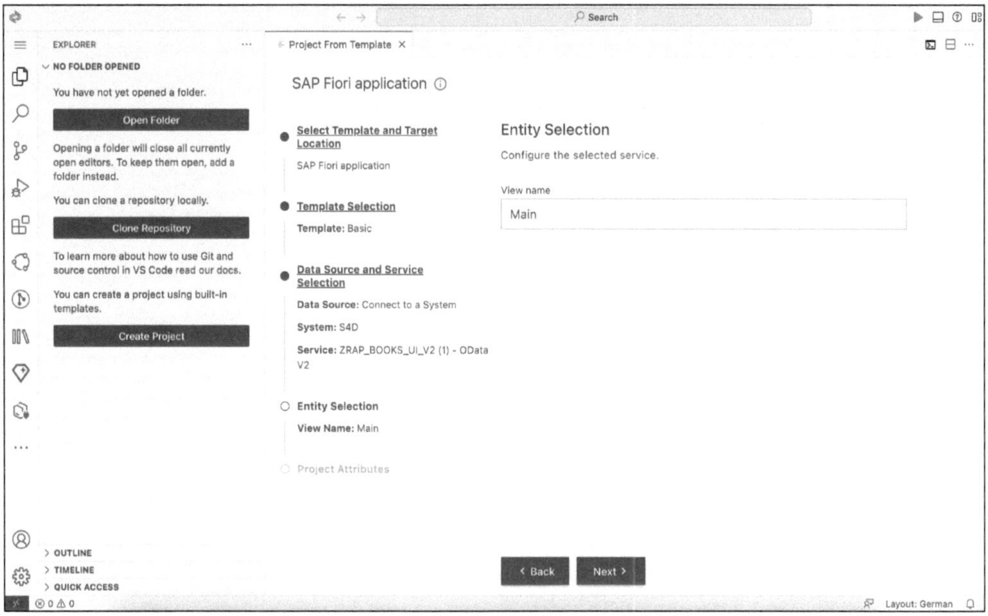

Abbildung 11.4 Initialen View anlegen

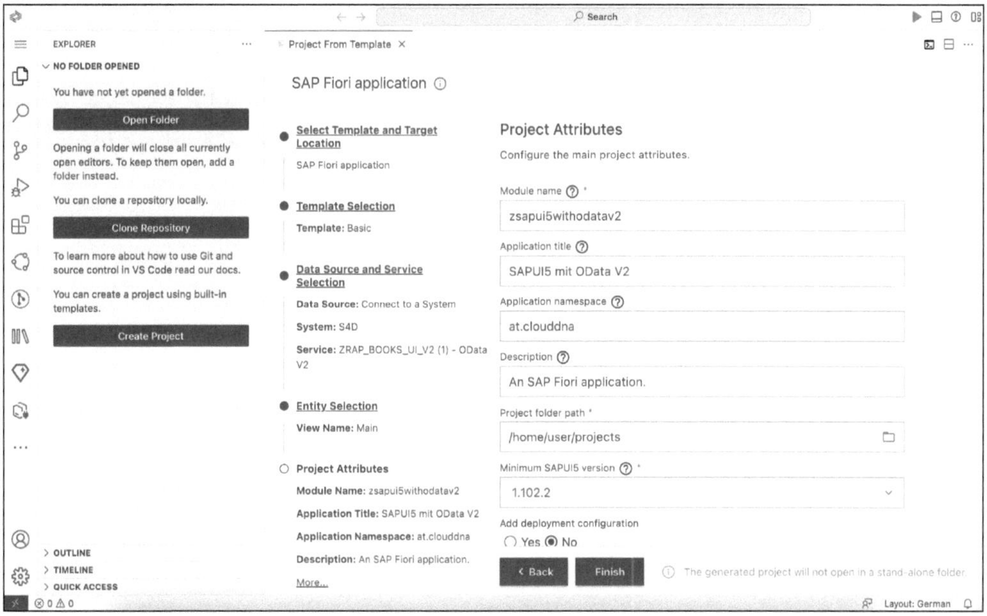

Abbildung 11.5 Projektspezifische Attribute vergeben

Bevor wir das Projekt anlegen, aktivieren wir bei den **Advanced Options**, dass wir statt JavaScript TypeScript verwenden wollen, indem wir bei **Enable TypeScript** die Option **Yes** anklicken (siehe Abbildung 11.6).

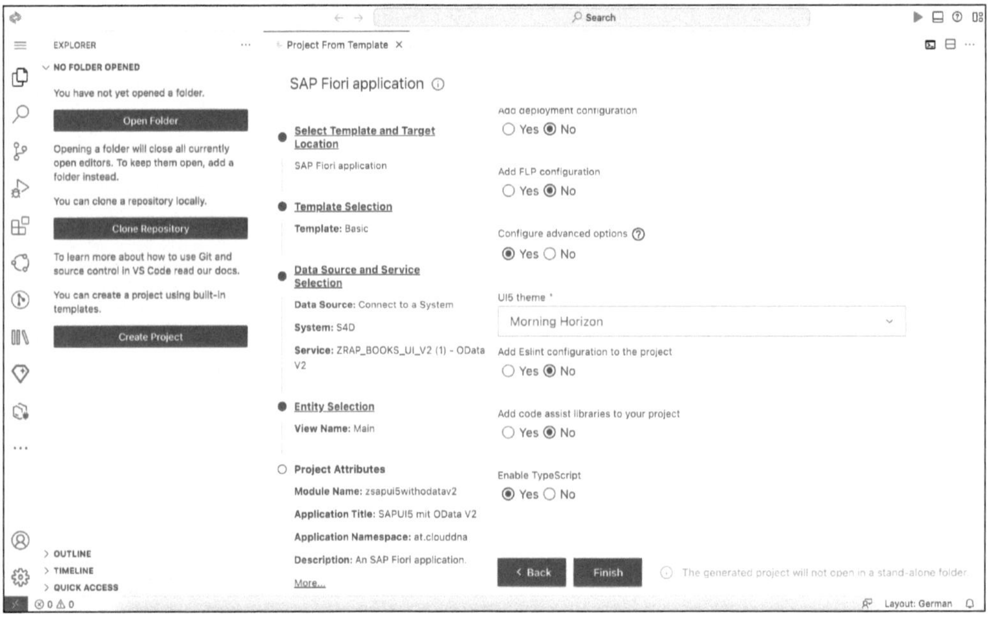

Abbildung 11.6 TypeScript explizit aktivieren

Nachdem das Projekt erstellt wurde, können wir einen Blick auf die erstellten Verzeichnisse und Dateien werfen, wie in Abbildung 11.7 dargestellt:

- Neben dem Anwendungsdeskriptor (**manifest.json**) wurden im **webapp**-Ordner auch zwei Dateien zum Starten der Anwendung angelegt (**index.html** und **Component.js**).
- Das Verzeichnis **webapp** enthält weitere wichtige Verzeichnisse wie **view** (hier sollten alle Views gespeichert werden) und **controller** (enthält die zugehörigen Controller).
- Im **localService**-Verzeichnis wurde eine Kopie der Metadaten-Datei des ausgewählten OData-Diensts angelegt.
- Im Verzeichnis **i18n** (kurz für Internationalization) befinden sich die lokalen Übersetzungen.
- Im **css**-Verzeichnis befindet sich bereits eine Datei namens **styles.css**, die anwendungsspezifische CSS-Klassen enthalten kann.

Abbildung 11.7 Verzeichnisstruktur einer SAPUI5-Anwendung

Kopie der Metadaten in der App

Eine Datei mit den Metadaten des OData-Service wurde im Verzeichnis **localService** gespeichert, sie wird aber für die Ausführung der Anwendung nicht benötigt. Diese Datei wird nur verwendet, wenn Sie die Anwendung mit Mock-Daten testen möchten. Sie könnte auch für Syntaxprüfungen durch das SAP Business Application Studio verwendet werden. Bei der Ausführung der Anwendung werden immer die aktuellen Metadaten aus dem System geladen, mit denen die Anwendung auch weiterarbeitet. Somit verfügt die ausgeführte Anwendung immer über die aktuell gültigen Metadaten aus dem OData-Service.

Wir möchten Ihnen einen Tipp geben, der Ihnen hilft, wenn Sie die verfügbaren OData-Services, die auf einem bestimmten System zur Verfügung stehen, durchstöbern wollen. In der linken Laufleiste können Sie die Erweiterung *Service Center* verwenden, bei dem Sie einen Service aus den verfügbaren Systemen auswählen können (siehe Abbildung 11.8). Pro System können Sie die OData-Services nicht nur abfragen, sondern auch deren Status sowie deren Metadaten einsehen. Ein Live-Preview der Daten, der die ersten 20 Zeilen zurückliefert, ist ebenfalls möglich.

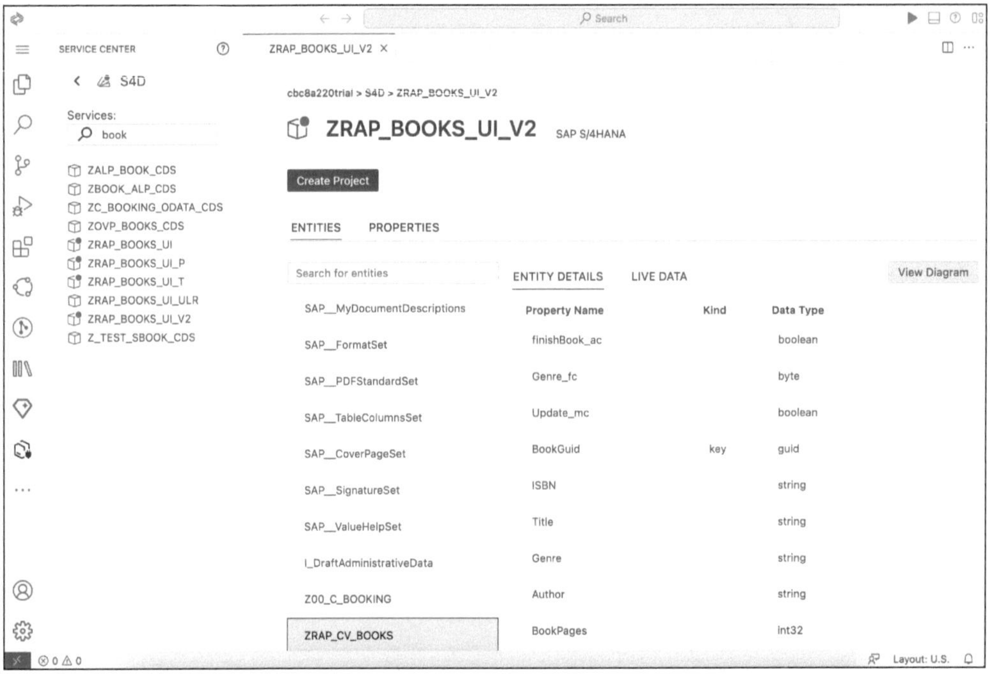

Abbildung 11.8 Service Center zum Durchstöbern der verfügbaren OData-Services

11.2 OData-Model-V2

Das *OData-Model* übernimmt für uns die Kommunikation mit einem OData-Service. Da der OData-Service in mehreren Versionen vorliegen kann, gibt es auch mehrere OData-Model-Komponenten. In der Komponente, die SAP im Standard ausliefert, sind Operationen wie Create, Read, Update und Delete über Methoden gekapselt. Darüber hinaus kann, wie wir es schon in Kapitel 9, »Entwicklung von SAPUI5-Freestyle-Anwendungen«, mit einem JSON-Model gesehen haben, das OData-Model bei der Datenbindung verwendet werden. Im Gegensatz zum JSON-Model sendet das OData-Model, sofern die Daten noch nicht geladen wurden, automatisch einen Request an den OData-Service und fordert die Daten mit einem `GET`-Request an. Das OData-Model hat auch etliche Komfortfunktionen, wie z. B. das Verfolgen von Datenänderungen zur Laufzeit, die auf einmal an das Backend gesendet werden können. Auf all diese Punkte werden wir in diesem Kapitel eingehen und das OData-Model kennenlernen.

11.2.1 OData-Model instanziieren

In der Anwendung selbst greifen wir nicht direkt auf die von einem OData-Service gelieferten Daten zu. Ein OData-Model ist nichts anderes als eine Komponente, die SAP in der *Component Library* von SAPUI5 ausliefert. In Abbildung 11.9 sehen Sie einen Auszug aus der API-Referenz dieser Klasse (siehe *https://ui5.sap.com/#/api/sap.ui.model.odata.v2.ODataModel*).

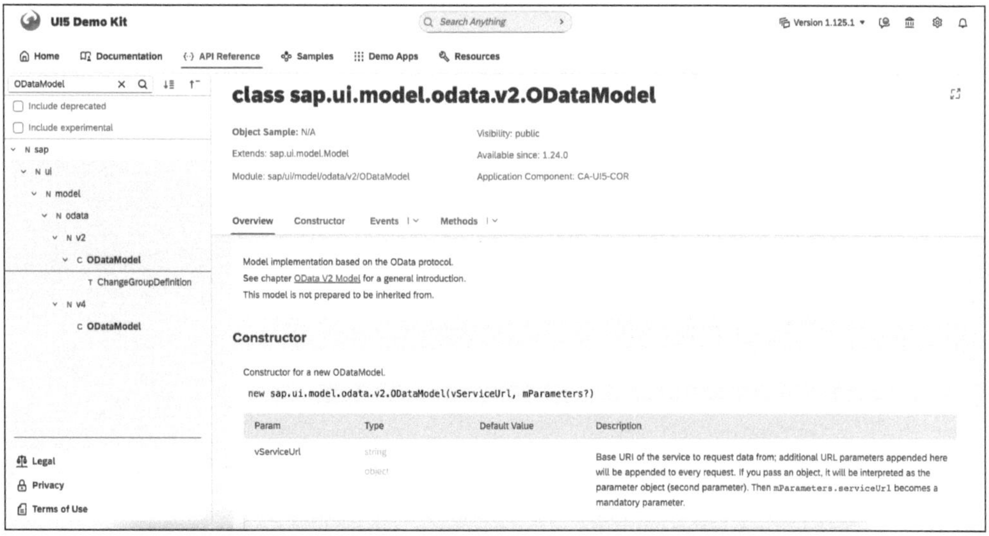

Abbildung 11.9 OData-Model für OData-V2-Services

Ein solches OData-Model muss zunächst instanziiert werden, bevor wir überhaupt darauf zugreifen können. Diese Instanziierung kann entweder im *Application Descriptor*, d. h. in der Datei **manifest.json**, oder an einer beliebigen Stelle in der Anwendungslogik, also in einem Controller, vorgenommen werden. Wenn Sie diese Instanziierung von einem Controller aus vornehmen wollen, findet sie in JavaScript bzw. TypeScript statt. Wie die Instanziierung aussieht, können Sie auch in der offiziellen Dokumentation nachlesen und hier im Code sehen:

```
let oMyODataModel = new sap.ui.model.odata.v2.ODataModel(vServiceUrl,
mParameters?)
```

Der Parameter `vServiceUrl` muss hier durch den Pfad ersetzt werden, der auf den OData-Service zeigt. Im zweiten optionalen Parameter `mParameters` können wir ein JavaScript-Objekt definieren und weitere Einstellungen für dieses OData-Model zuweisen. Auf einige dieser Parameter werden wir später in diesem Abschnitt eingehen. In jedem Fall möchten wir aber auf die Dokumentation verweisen, in der alle möglichen Parameter mit ihren jeweiligen Standardwerten, Datentypen und Beschreibungen aufgeführt sind.

Das OData-Model hat die Aufgabe, alle Daten, auf die bei der Kommunikation mit einem OData-Service zugegriffen wird, für die Laufzeit zu speichern. Es ist sozusagen ein Zwischenspeicher, auf den wir zugreifen können. Das OData-Model legt diese

Daten nicht irgendwie ab, sondern strukturiert sie nach den Pfaden, auf die zur Laufzeit zugegriffen worden ist. Listing 11.1 zeigt ein einfaches Beispiel zum Verständnis und zur Veranschaulichung, wie die Daten abgelegt werden könnten.

```
data: [
    "/Customer(1)": {
        Name: "Maria Musterfrau"
    },
    "/Customer(2)": {
        Name: "Max Mustermann"
    },
    "/Product('123')": {
        Title: "Flatscreen Monitor",
        Price: 199.99
    }
]
```

Listing 11.1 Exemplarische Darstellung, wie das OData-Model die Daten in der Theorie speichert

Wenn die Laufzeit beendet ist, weil die Anwendung geschlossen und wieder geöffnet oder im Browser aktualisiert wurde, dann beginnt unser OData-Model bei der nächsten Instanziierung wieder leer.

[»]

Das OData-Model ist wie ein Cache

Bevor wir näher auf die Theorie und Funktionsweise vom OData-Model eingehen, möchten wir Ihnen einen Vergleich anstellen, den wir auch gerne in SAPUI5-Workshops heranziehen.

Das OData-Model löst bei der Verwendung von Datenbindung die Leseoperationen automatisch aus. Mit anderen Worten, wenn wir das erste Mal zur Laufzeit Element Binding verwenden und auf »/Customer(1)« binden, dann sendet diese Datenbindung eine `GET`-Anforderung auf »/Customer(1)«, holt die Entität zurück und speichert sie im »Cache« des OData-Models für dieses spezifische Binding. Wenn wir nun in der gleichen Laufzeit, im gleichen Binding ein zweites Mal auf den Namen dieses Kunden mit der ID 1 zugreifen, dann merkt das OData-Model, dass diese Daten bereits geladen wurden, und greift direkt darauf zu, anstatt sie erneut vom OData-Service zu lesen bzw. anzufordern.

Das bedeutet aber auch, dass, wenn sich der Name des Kunden mit der ID 1 in der Zwischenzeit im Backend geändert hat, unsere Anwendung das so lange nicht mitbekommt, bis eine Aktualisierung der Daten im »Cache« des OData-Models erfolgt ist. Wie Sie diese Aktualisierung selbst vornehmen können bzw. wann diese automatisch durch das Model geschieht, werden wir Ihnen in Abschnitt 10.2, »OData-Model-V4«, vorstellen.

Es reicht immer noch nicht aus, ein OData-Model erstellt zu haben, wenn wir es keiner Komponente bekannt machen. Als eine Art Entscheidungshilfe kann die folgende Frage fungieren: Möchte ich ein OData-Model nur in einer bestimmten Komponente (z. B. in einem View) verwenden, oder soll es in der Anwendung global zugänglich sein? Wenn Sie ein OData-Model global in der Anwendung verwenden wollen, können Sie es in der Datei **manifest.json** bei der Eigenschaft `models` definieren (siehe Listing 11.2).

```
{ //...
    "models": {
        "myODataModel": {
            "dataSource": "mainService",
            "preload": true,
            "settings": { /* ... */}
        }
    }, //...
}
```

Listing 11.2 Definition eines OData-Models im Application Descriptor

Wie Sie in diesem Codeschnipsel sehen können, ist ein OData-Model mit dem Namen `myODataModel` im Anwendungsdeskriptor **manifest.json** definiert. Wenn Sie diesem Eintrag keinen Namen zugewiesen hätten, wäre das OData-Model das *Default Model*.

[«]

Default und Named Models

Wie in Listing 10.2 gezeigt, können Sie solchen Models Namen zuweisen. Dieser Name wird dann auch in der Datenbindung erscheinen. Wenn Sie den Namen leer lassen (obwohl dies bei klassischem JSON nicht erlaubt wäre), wird dies zum Default Model und wird immer angesprochen, wenn in einer Datenbindung kein Name angegeben ist.

Der OData-Service wird nicht direkt unter `models` definiert, sondern über eine Datenquelle. Die *Datenquelle* wird weiter oben in der Datei unter `dataSources` definiert und könnte wie in Listing 10.3 aussehen.

```
{ //...
    "dataSources": {
        "mainService": {
            "uri": "/sap/opu/odata/IWFND/RMTSAMPLEFLIGHT",
```

```
            "type": "OData",
            "settings": {
                "localUri": "localService/metadata.xml",
                "odataVersion": "2.0"
            }
        }
    }, //...
}
```

Listing 11.3 Definierte Verbindungen im Application Descriptor

Diese Datenquelle hat den Namen `mainService` und speichert einen relativen Pfad in der Eigenschaft `uri`, der auf den OData-Service verweist. Die Eigenschaft `type` definiert, dass es sich um einen OData-Service handelt. In anderen Einstellungen, d. h. bei `settings`, gibt es einen Verweis auf eine lokale Kopie der Metadaten-Datei und auf die Version des OData-Service.

Standardmäßig verfügt ein im Application Descriptor definiertes OData-Model über ein Two-Way-Binding, was viele Vorteile hat, wie wir später in diesem Kapitel sehen werden. Dieser Binding Mode kann auch im Application Descriptor zugewiesen/geändert werden (siehe Listing 11.4).

```
{ //...
    "models": {
        "myODataModel": {
            "dataSource": "mainService",
            "preload": true,
            "settings": {
                "defaultBindingMode": "TwoWay" // or "OneWay" or "OneTime"
            }
        }
    }, //...
}
```

Listing 11.4 OData-Model mit Settings im Application Descriptor

Sie können den Binding Mode auch von jeder beliebigen Stelle in Ihrem Controller zuweisen/ändern. Dazu müssen Sie eine Referenz auf das OData-Model haben, und dann können Sie die Methode `setDefaultBindingMode()`verwenden:

```
oMyModel.setDefaultBindingMode(sap.ui.model.BindingMode.TwoWay);
```

Wenn Sie ein globales Model über die *Owner Component* setzen wollen, tun Sie dies in einem entsprechenden Controller. Dies kann in der Datei **Component.js** bzw. **Component.ts** (in der die Owner Component erstellt und instanziiert wird) oder in einem

Controller geschehen. Die Methoden dafür sehen fast identisch aus, mit dem einzigen Unterschied, dass wir uns beim Zugriff auf die Owner Component in einem Controller die Instanz der Owner Components mit der Methode `getOwnerComponent()` liefern lassen müssen. In beiden Fällen wird jedoch die Methode `setModel()` über eine Methodenverkettung aufgerufen, die als ersten Parameter ein OData-Model entgegennimmt. Als zweiten Parameter können Sie optional einen Namen für das OData-Model übergeben. Diese beiden Optionen sind in Tabelle 11.1 dargestellt.

Option	Methode
Setzen in der Datei **Component.js**	`this.setModel(oMyODataModel);`
Setzen im Controller	`this.getOwnerComponent().setModel(oMyOData-Model);`

Tabelle 11.1 Default Models in JavaScript bzw. TypeScript setzen

Wenn ein OData-Model erstellt werden muss, um Daten für eine bestimmte Komponente (z. B. einen View) bereitzustellen, dann weisen Sie das Model der gewünschten Komponente in einem Controller direkt zu. Im folgenden Codeschnipsel sehen Sie, dass das Setzen des Models auf eine einzelne Komponente ähnlich ist wie das Zuweisen an die Owner Component. Dazu wird die Methode `setModel()` aufgerufen und die Instanz des OData-Models als Parameter übergeben:

```
this.getView().setModel(oMyODataModel);
```

[!]

Default Model aus dem Controller setzen

Hier ist Vorsicht geboten, denn selbst, wenn bereits ein Default Model definiert ist (sei es im Application Descriptor oder irgendwo im Code), kann dieses durch die Verwendung der gerade gezeigten Methode überschrieben werden.

Zusammenfassend zeigt Abbildung 11.10, dass die Zuweisung eines OData-Models zu einer Komponente Auswirkungen auf die Sichtbarkeit hat. Wenn das OData-Model über den Application Descriptor oder die Owner Component festgelegt wird, wird es global sichtbar.

[«]

Default Binding Mode je nach Instanziierung

Je nachdem, ob das OData-Model in JavaScript bzw. in TypeScript instanziiert oder im Application Descriptor definiert ist, werden standardmäßig unterschiedliche Binding Modes zugewiesen. Wenn das OData-Model in einem Controller instanziiert wird, ist standardmäßig ein One-Way-Binding eingestellt (Sie können dies auch in der Dokumentation nachlesen). Wenn das OData-Model jedoch im Application Descriptor definiert wurde, erhält es standardmäßig ein Two-Way-Binding. Leider müssen wir mit dieser Inkonsistenz leben.

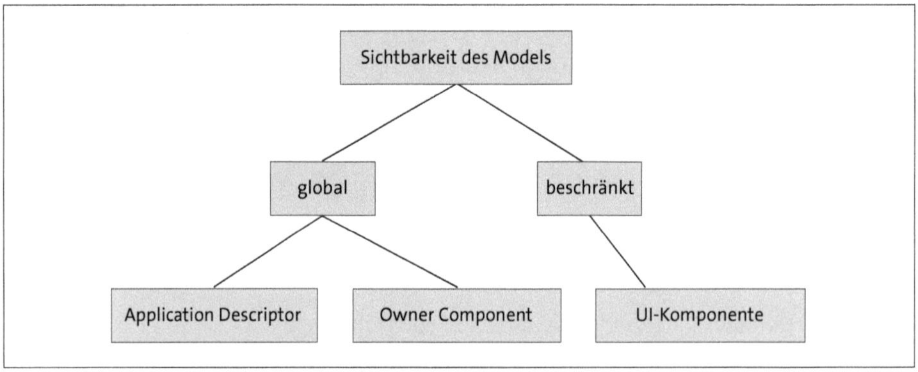

Abbildung 11.10 Sichtbarkeit des OData-Models

Die gute Nachricht ist, dass, wenn wir beim Anlegen des Projekts bereits eine Datenquelle angegeben haben, dieser OData-Service unter `dataSources` und ein dazugehöriges globales Default-OData-Model unter `models` im **manifest.json** eingetragen wird (siehe Abbildung 11.11).

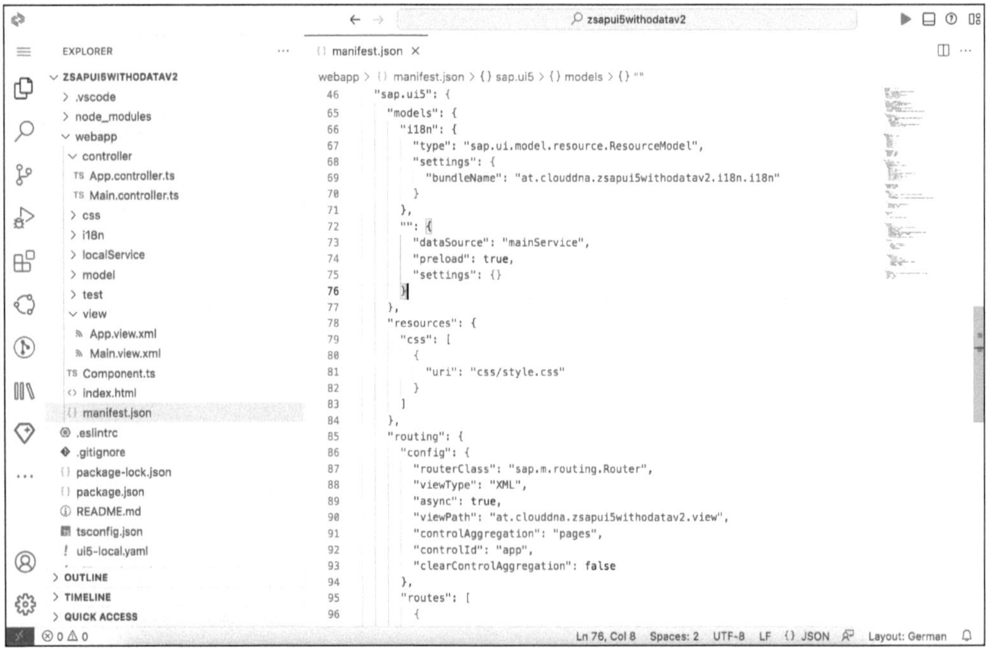

Abbildung 11.11 OData-Service und OData-Model bei Projektgenerierung bereits eingefügt

Sie können einen OData-Service ebenso nachträglich hinzufügen. Dafür gibt es wiederum mehrere Möglichkeiten. Im Endeffekt wird jede Möglichkeit darauf hinauslaufen, dass genau diese Einträge unter `dataSources` und `models` im **manifest.json** eingetragen werden. Das bedeutet, dass Sie diese Einträge auch manuell pflegen könnten. Wenn Sie das nicht wollen, können Sie über **View • Command Palette... • Open Service Manager** den *Service Manager* aufrufen und dort weitere OData-Services dem Projekt manuell hinzufügen (siehe Abbildung 11.12).

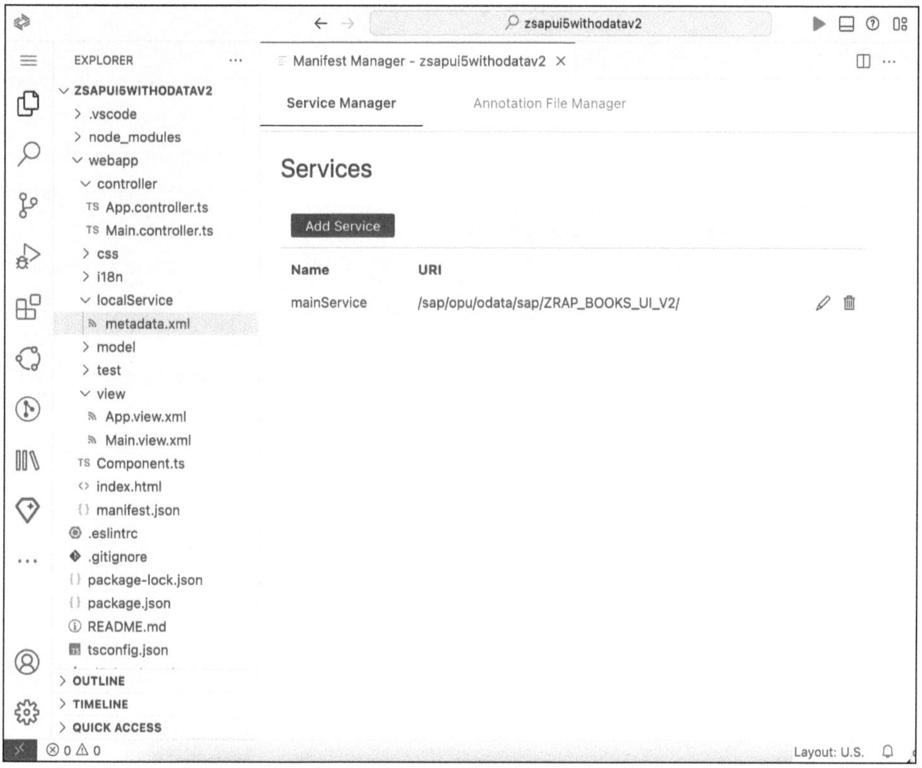

Abbildung 11.12 Service und Annotation File Manager in SAP Business Application Studio

11.2.2 CRUDQ-Methoden

Es kann und wird nicht immer alles über Datenbindung abgehandelt werden. Meistens werden wir aus der Geschäftslogik heraus auch mit dem OData-Service kommunizieren müssen. Aus diesem Grund zeigen wir Ihnen, wie Sie die einzelnen CRUDQ-Methoden mit dem OData-Model auslösen und auf die Antworten warten können, damit Sie die Antwort zur Ausführung Ihrer Logik in JavaScript bzw. TypeScript verwenden können.

Gehen wir davon aus, dass wir uns in einem Controller befinden und bereits eine Instanz des OData-Models namens `oModel` haben. Wenn wir lesend auf die Daten zugreifen wollen, gibt es bereits eine im Standard vorgesehene Methode namens `read()`. Als ersten Parameter müssen wir den Pfad angeben, an den eine `GET`-Anfrage gesendet werden soll. Mit Pfad ist hier eine API im OData-Service gemeint oder noch genauer, die entsprechende Entitätsmenge (engl. Entity-Set). Hier hätten Sie ein Beispiel, mit dem wir eine Leseoperation auslösen, um die Bücher aus unserer Datenbanktabelle zu lesen.

```
oModel.read("/ZRAP_CV_BOOKS");
```

Dieser Aufruf ist asynchron, d. h., wir müssen auf die Antwort warten, bis sie zurückkommt. In einem zweiten Parameter können wir ein Objekt mitgeben, das eine Menge zusätzlicher Informationen enthalten kann, darunter die beiden Callbacks, die aufgerufen werden, wenn das Backend eine Antwort auf unsere Leseoperation sendet. Im Success-Callback erhalten wir im ersten Parameter die angeforderten Daten zurück oder, wenn keine Daten vorhanden sind, ein leeres Objekt. In unserem Beispiel hat dieser Parameter den Namen `oRetVal`. Im Error-Callback ist der erste Parameter der Fehler oder, wenn es mehrere gibt, alle vom Backend zurückgegebenen Fehlermeldungen. In unserem Beispiel erhielt dieser Parameter den Namen `oError`. Wenn wir Filter- oder Sortierkriterien mitschicken wollten, befänden sich diese ebenfalls im zweiten Parameter (siehe Listing 11.5).

```
oModel.read("/ZRAP_CV_BOOKS", {
   filters: [], //Array von sap.ui.model.Filter
   sorters: [], //Array von sap.ui.model.Sorter
   urlParameters: {}, //Query Parameter wie z. B. $expand
   success: (oRetVal: any) => { },
   error: (oError: any) => { }
});
```

Listing 11.5 Leseoperation mit den wichtigsten Parametern

[»]

Arrow Functions bei Callbacks verwenden

Aufgrund der Skriptsprache JavaScript würde unser Zeiger sowohl im Success- als auch im Error-Callback verloren gehen. In diesen Callbacks würden wir uns in einem anderen Kontext befinden und hätten daher keinen Zugriff mehr auf `this` und damit auf den View, den zugehörigen Controller und die Variablen aus der Methode, in der wir uns befinden. Man könnte den `this`-Zeiger explizit an die Callbacks binden, aber wir finden, dass Arrow Functions zum einen einfacher zu lesen sind, zum anderen genau dieses Problem mit dem Kontext out of the box lösen.

Wenn Sie nur eine bestimmte Entität lesen wollen, dann müssen Sie auch den expliziten Pfad zu dem Objekt im ersten Parameter angeben. In diesem Fall würde das Objekt des Success Handlers kein Array enthalten, sondern nur ein Objekt mit einer flachen Hierarchie.

```
oModel.read("/ZRAP_CV_BOOKS(1234)", {
  success: (oRetVal: any) => { },
  error: (oError: any) => { }
} );
```

Listing 11.6 Lesen von einzelnen Entitäten

Bei einem `create` muss man ähnlich vorgehen. Die entsprechende Methode heißt hier `create()` und erwartet von uns mindestens zwei Parameter. Der erste Parameter ist wieder der Pfad des Entity-Sets, auf dem wir eine `POST`-Anfrage auslösen wollen. Der zweite Parameter ist ein Objekt mit den Daten, die wir im Body mitschicken und erstellt haben wollen. Als dritten optionalen Parameter können wir wieder zusätzliche Eigenschaften definieren und z. B. im Success- und Error-Callback auf die Antwort vom Backend warten und reagieren (siehe Listing 11.7).


```
oModel.create("/ZRAP_CV_BOOKS", {
  Author: "Daniel Krancz",
  Title: "Fullstack Development with SAP"
}, {
  success: (oCreatedData: any) => { },
  error: (oError: any) => { }
});
```

Listing 11.7 Create mit der entsprechenden Methode vom OData-Model

Im Falle eines Updates sieht die Sache wieder ähnlich aus wie beim Read. In diesem Fall verwenden wir die Methode `update()` und müssen im ersten Parameter einen Pfad zu einer expliziten Entität angeben. Als zweiten Parameter senden wir die zu aktualisierenden Daten mit. Wie üblich können wir in einem dritten Parameter zusätzliche Informationen definieren und so auch in Callbacks auf die Antwort des Backends warten (siehe Listing 11.8). Es wird automatisch die HTTP-Methode `MERGE` verwendet, wodurch keine Daten beim Updaten verloren gehen können.

```
oModel.update("/ZRAP_CV_BOOKS(1111)", {
  Author: "Rene Glavanovits, Martin Koch, Daniel Krancz, Maximilian Olzinger"
}, {
  success: (oUpdatedData: any) => { /* ... your JS coding belongs here ... */
},
  error: (oError: any) => { /* ... your JS coding belongs here ... */ }
});
```

Listing 11.8 Datensätze aktualisieren lassen

[»]

Daten, die bei einem Create und Update gesendet werden

In unseren Beispielen haben Sie gesehen, dass wir die Daten, die entweder erstellt oder aktualisiert werden sollen, als Objekte direkt im Methodenaufruf erstellt und definiert haben. An dieser Stelle wäre es schöner, wenn die Objekte bereits vorher definiert und in einer Variablen gespeichert wären und nur die Variable im Methodenaufruf angegeben würde.

Wenn Sie eine Entität löschen wollen, gibt es die Methode `remove()`. Wie beim Lesen einer expliziten Entität müssen Sie hier im Pfad natürlich die Primärschlüssel angeben. Als zweiten Parameter könnten wir in den Callbacks darauf reagieren, ob das Löschen funktioniert hat oder nicht:

```
oModel.remove("/ZRAP_CV_BOOKS(1234)", {
 success: () => {},
error: () => {}
} );
```

Listing 11.9 Löschen von Entitäten

Im ABAP RESTful Application Programming Model können Sie *Aktionen* definieren. Diese Actions heißen im OData-Umfeld *Function Imports* und können vom Controller aus genauso aufgerufen werden wie die klassischen CRUDQ-Methoden. Mittels folgender Methode können Sie diese Aktionen triggern und im Parameter `urlParameters` die Import-Parameter mitsenden, die von der Action benötigt werden:

```
oModel.callFunction("/sActionName", {
    method: "GET", //oder "POST"
    urlParameters: {}, //hier die Import-Parameter mitsenden
    success: () => {},
    error: () => {}
});
```

Listing 11.10 Function Import bzw. Action triggern

11.2.3 Datenbindung

In Abschnitt 9.4, »Datenbindung«, haben Sie bereits die Theorie rund um Datenbindung kennengelernt. Dieses Wissen kann auf das OData-Model übertragen werden, da hier die gleichen Grundlagen zum Einsatz kommen. Der große Unterschied zwischen dem JSON-Model und dem OData-Model besteht darin, dass das OData-Model ein serverseitiges Model ist und dass die Datenbeschaffung, -verarbeitung und -aufbereitung auf der Serverseite stattfinden (falls nicht bei der Instanziierung übersteuert).

In der Datenbindung kann trotzdem auf die einzelnen Pfade zugegriffen werden, so als würden wir auf Pfade im JSON-Model zugreifen wollen. Zuerst wird versucht, diese Pfade mit den Daten aufzulösen, die bereits zur Laufzeit geladen wurden. Wenn das OData-Model keine Daten für den Pfad findet, sendet es einen GET-Request an den OData-Service.

Angenommen, wir haben eine Tabelle und möchten, dass die Elemente in der Tabelle die Daten von einer Entitätsmenge darstellen, dann können wir im Aggregation Binding auf die Entitätsmenge verweisen:

```
<Table id="myTable" items="{/ZRAP_CV_BOOKS}">
    ...
</Table>
```


Möchten wir eine bestimmte Entität, direkt im View, über Element Binding auf eine UI-Komponente binden, so könnten wir die Eigenschaft binding verwenden:

```
<SimpleForm id="myForm" binding="{/ZRAP_CV_BOOKS(1234)}">
    ...
</SimpleForm>
```

Wie bereits in Kapitel 9 beschrieben, können Sie jedoch für das Binden von Elementen die Methode bindElement() verwenden:

```
this.getView().byId("myForm").bindElement("/ZRAP_CV_BOOKS(1234");
```

11.2.4 Komfortfunktionen

Das OData-Model bietet auch sehr viele Komfortfunktionen, die bei der Kommunikation mit dem OData-Service sehr hilfreich sein können. Wir haben bereits mehrfach erwähnt, dass das OData-Model die Daten zur Laufzeit sammelt und wie ein Cache, zumindest für die Dauer der Laufzeit, vorhält. Nun stellt sich natürlich die Frage, wie und wann diese Daten aktualisiert und mit dem Backend abgeglichen werden können. Automatisch geupdatet werden die Daten, wann immer in einem Response neue Daten zurückgeliefert werden können (z. B. bei einem manuellen read(), create() oder update()). Wenn Sie das OData-Model jedoch selbst aktualisieren möchten, dann können Sie die folgende Methode auf die Instanz eines OData-Models ausführen:

```
this.getView().getModel().refresh()
```

Diese Methode sorgt dafür, dass alle Pfade, die zur Laufzeit zugegriffen wurden und somit auch Daten im OData-Model zwischengespeichert wurden, noch mal durchlaufen und auf Deltas geprüft werden. Wenn Sie jedoch nur einzelne Bereiche (z. B. das Binding auf einer einzelnen Komponente) aktualisieren möchten, dann können Sie das jeweilige Binding von der Komponente liefern und auf das Binding Context eine Aktualisierung durchführen:

```
this.getView().byId("myTable").getBinding("items").refresh()
```

Das OData-Model hat für das Anlegen neuer Entitäten auch eine praktische Funktion. Mit der Methode `createEntry(sEntitySetName)` kann basierend auf den Metadaten eine leere Entität angelegt werden, die jedoch nicht sofort mit einem `POST`-Request ans Backend gesendet wird:

```
this.getView().getModel().createEntry("ZRAP_CV_BOOKS");
```

Warum ist diese Methode so hilfreich? Kombinieren wir alles, was wir bisher gelernt haben. Das OData-Model kann mittels Datenbindung an eine UI-Komponente gebunden werden. Dank Two-Way-Binding werden alle Änderungen, die in dem View (z. B. durch Benutzereingaben) gesammelt werden, in das Model zurückgeschrieben. Diese Funktionalität des Sammelns, ob es die Anlage durch `createEntry` oder die Änderungen auf eine im Backend bereits existierende Entität ist, kann mittels der folgenden Methode gesammelt Richtung Backend gesendet werden:

```
this.getView().getModel().submitChanges()
```

Das bedeutet, unser OData-Model weiß, ob ein `POST`-Request oder `MERGE`-Request gesendet werden muss, anhand der bereits vorliegenden Informationen im OData-Model. Somit müssen wir uns nicht mehr darum kümmern, dass wir die Änderungen selbst sammeln und mit einem `create()` oder `update()` Richtung Backend schicken, solange wir Two-Way-Binding aktiviert haben.

Diese Änderungen müssen jedoch nicht ans Backend gesendet werden. Sie können mit der folgenden Methode alle Änderungen, die vom Model gesammelt worden sind, verwerfen:

```
this.getView().getModel().resetChanges()
```

Sicherlich werden Sie nicht immer die Herangehensweise nutzen können, dass ein Create oder Update einfach über `createEntry()`, Two-Way-Binding und die Methode `submitChanges()` abgewickelt werden kann. In diesen Fällen hilft e,s Daten in einem JSON-Model selbst zu sammeln und die einzelnen CRUDQ-Methoden direkt aufzurufen, damit die entsprechenden Anfragen an den OData-Service ausgelöst werden.

11.3 Startseite implementieren

In diesem Abschnitt starten wir mit der Implementierung unserer Anwendung zur Verwaltung von Büchern. Damit die Benutzer später eine tabellarische Ansicht von Büchern vorfinden, wenn sie in die Anwendung einsteigen, werden wir in Abschnitt

11.3.1 im Main-View eine *Responsive Table* (sap.m.Table) einbauen. Abschnitt 11.3.2 wird die Sortierung und Filterung der Tabelle behandeln. In Abschnitt 11.3.3 bauen wir die Tabelle auf eine sogenannte *Smart Table* um, die sich anhand bestimmter Annotationen selbst aufbaut.

11.3.1 Tabelle manuell aufbauen

Starten wir mit einer simplen Definition der Tabelle im Main-View. Diese Tabelle hat als Überschrift den Titel »Bücher« (ausgelagert als i18n-Text), die Listenelemente stammen aus der Entitätsmenge ZRAP_CV_BOOKS, also wird diese Entitätsmenge für das Aggregation Binding bei der Aggregation items verwendet:

```
<Table id="booksTable" headerText="{i18n>main.table.title}"
items="{/ZRAP_CV_BOOKS}">
    <!-- ... -->
</Table>
```

Listing 11.11 Definition der Tabelle (noch ohne Spalten oder Zeilen)

In der Tabelle möchten wir die vier wichtigsten Spalten aus der Entitätsmenge zur Anzeige bringen. Dafür definieren wir in der Aggregation columns vier Spalten mittels sap.m.Column. Diese Spaltendefinition hat eine Default-Aggregation namens header, in die die Spaltenüberschriften in Form von sap.m.Text UI-Komponenten hineinkommen. Diese Texte speichern wiederum i18n-Definitionen (siehe Listing 11.12).

```
<columns>
    <Column id="isbnColumn">
        <Text id="isbnTitle" text="{i18n>main.column.isbn}" />
    </Column>
    <Column id="titleColumn">
        <Text id="titleTitle" text="{i18n>main.column.title}" />
    </Column>
    <Column id="authorColumn">
        <Text id="authorTitle" text="{i18n>main.column.author}" />
    </Column>
    <Column id="ratingColumn">
        <Text id="ratingTitle" text="{i18n>main.column.rating}" />
    </Column>
</columns>
```

Listing 11.12 Spaltendefinitionen unserer Tabelle

In die Aggregation items kommt nur ein sap.m.ColumnListItem, das als Template agiert. Diese Definition wird für jede Zeile, die vom OData-Service zurückkommt, eingefügt. Ein `ColumnListItem` hat eine Aggregation namens `cells`, in der die einzelnen Zellen definiert werden. Hier können wir so gut wie alle UI-Komponenten platzieren, um über relative Pfade auf die Daten pro Listenelement zugreifen zu können (siehe Listing 11.13).

```
<items>
    <ColumnListItem id="templateItem">
        <cells>
            <Text id="isbnCell" text="{ISBN}" />
            <Text id="titleCell" text="{Title}" />
            <Text id="authorCell" text="{Author}" />
            <Text id="ratingCell" text="{Rating}" />
        </cells>
    </ColumnListItem>
</items>
```

Listing 11.13 »ColumnListItem« als Template als Zeilendefinition

In Abbildung 11.13 sehen Sie unser Zwischenergebnis der Tabelle und wie sie für die Endbenutzer dargestellt werden würde.

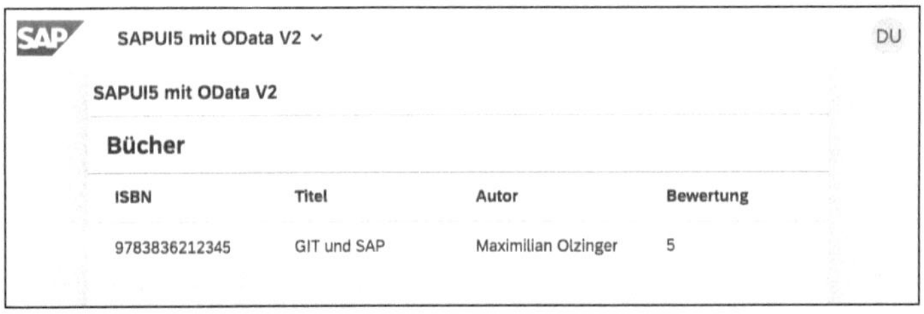

Abbildung 11.13 Erste Version unserer Tabelle, die in vier Spalten Daten vom OData-Model darstellt

Fügen wir der Tabellendefinition weitere Eigenschaften hinzu, die sowohl die Lesbarkeit für den Benutzer verbessern als auch ein Problem lösen, das wir noch nicht besprochen haben.

Beginnen wir mit der Eigenschaft `alternateRowColors`, die dafür sorgt, dass jede zweite Zeile eine andere Hintergrundfarbe erhält. Mit einer grauen Hintergrundfarbe kann der Benutzer die Zeilen mit ihren Werten besser unterscheiden. Diese Eigenschaft erwartet ein Boolean mit dem Kennzeichen, ob diese Funktion eingeschaltet sein soll oder nicht.

Pagination bedeutet, dass größere Datenmengen schrittweise in Blöcken geladen werden. Stellen Sie sich vor, Sie lesen eine Seite, sei es digital oder auf Papier. Sie haben eine bestimmte Menge an Informationen vor sich. Sobald Sie das Ende dieser Seite erreichen, können Sie zur nächsten Seite wechseln (oder die Papierseite umblättern), um die nächsten Datensätze zu sehen. Genau das ist das Prinzip der Pagination. Anstatt alle Daten auf einmal zu laden und anzuzeigen, wird zunächst nur ein kleinerer Teil vom Server abgerufen. Erst wenn der Benutzer einen bestimmten Punkt erreicht (beispielsweise das Ende der aktuell angezeigten Liste), werden weitere Elemente ins Frontend nachgeladen.

[!]

Die Responsive Table lädt nur die ersten 200 Elemente!

Lassen Sie uns kurz wiederholen, was wir bereits gelernt haben:

- Die Listenelemente der Tabelle werden mittels Aggregation Binding dargestellt.
- Die Aggregationselemente sind an einen Pfad in unserem OData-Model gebunden.
- In diesem Fall führt das OData-Model nur eine Leseoperation auf den dahinterliegenden OData-Service aus.

Was uns das Aggregation Binding oder – in unserem Fall – die Tabelle jedoch nicht sagt, ist, dass nur die ersten 200 Elemente vom OData-Service geladen werden. Ein weiteres Problem ist, dass, obwohl nur 200 Elemente geladen werden, das Model, wenn das Ende der Tabelle erreicht wird, nicht automatisch die nächsten Elemente nachlädt. Wenn Sie sich dessen nicht bewusst sind, wissen Sie vielleicht nicht, warum nicht alle Elemente vom OData-Service angezeigt werden, wenn Sie mit der Entwicklung beginnen.

Aus diesem Grund sollten Sie die Eigenschaft `growing` auf den Wert `true` setzen. Damit wird der Tabelle mitgeteilt, dass die Daten neu geladen werden sollen, wenn das Ende der Tabelle erreicht ist, d. h., die Tabelle soll wachsen. Mit der Eigenschaft `growingThreshhold` können wir mit einer ganzen Zahl festlegen, wie viele Elemente pro Block geladen werden sollen. Außerdem können wir mit der Eigenschaft `growingScrollToLoad` festlegen, ob automatisch weitere Blöcke geladen werden sollen, wenn das Ende der Tabelle erreicht ist, oder ob der Benutzer über einen Button am Ende der Tabelle entscheiden kann, ob Daten geladen werden sollen.

Alles in allem ersetzen wir die bestehende Tabellenkopf-Definition durch die folgende XML-Definition, um die besprochenen Änderungen zu ermöglichen und zu erlauben:

```
<Table id="booksTable" headerText="{i18n>main.table.title}"
items="{/ZRAP_CV_BOOKS}" alternateRowColors="true" growing="true"
growingThreshold="200" growingScrollToLoad="true">
```

Damit die Tabelle auf allen Geräten benutzerfreundlich und gut lesbar bleibt, fügen wir der Spaltendefinitionen weitere Eigenschaften hinzu. Mit der Eigenschaft `minScreenWidth` können wir bestimmen, ab welcher Bildschirmgröße die Spalte ausgeblendet werden soll. Wenn wir jedoch zusätzlich die Eigenschaft demandPopin definieren, dann wird die Tabelle nicht ausgeblendet, sondern eingerückt (siehe Listing 11.14).

```
<Column id="titleColumn" demandPopin="true" minScreenWidth="Tablet">
    <Text id="titleTitle" text="{i18n>main.column.title}"/>
</Column>
<Column id="authorColumn" demandPopin="true" minScreenWidth="Tablet">
    <Text id="authorTitle" text="{i18n>main.column.author}"/>
</Column>
<Column id="ratingColumn" minScreenWidth="Desktop">
    <Text id="ratingTitle" text="{i18n>main.column.rating}"/>
</Column>
```

Listing 11.14 Anpassung der Spalten, damit verschiedene Bildschirmgrößen bestmöglich unterstützt werden können

Abbildung 11.14 und Abbildung 11.15 zeigen, wie die Spaltendarstellung auf einem Tablet und auf einem mobilen Endgerät aussehen wird.

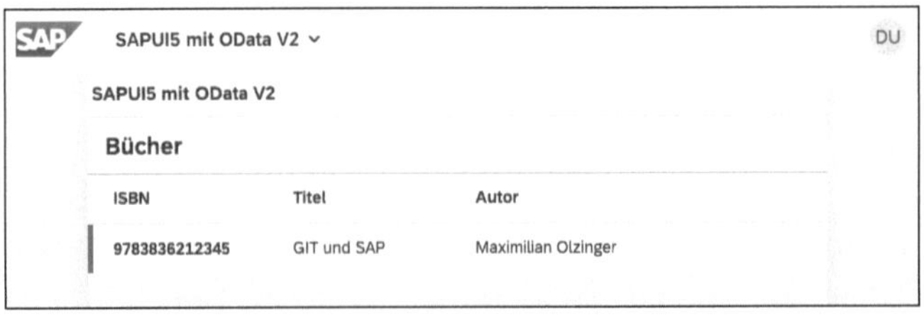

Abbildung 11.14 Auf einem Tablet wird die Spalte Rating ausgeblendet.

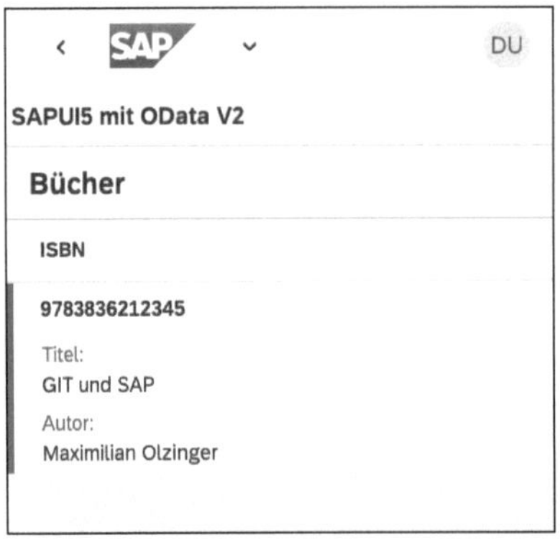

Abbildung 11.15 Zeilenumbruch über »demandPopin« auf einem mobilen Endgerät

Damit die einzelnen Zeilen durch die Eigenschaft highlight eingefärbt werden, je nachdem ob ein Buch bereits gelesen wurde oder nicht, verwenden wir Expression Binding (siehe Listing 11.15):

```
<ColumnListItem id="templateItem" highlight="{= ${ReadingFinished} ? 'Success'
: 'None' }">
```

Außerdem verändern wir die einzelnen Zellen, sodass wir die beste Darstellungsform für alle Eigenschaften eines Buchs herausholen können :

```
<ObjectIdentifier id="isbnCell" title="{ISBN}" />
<Text id="titleCell" text="{Title}" />
<Text id="authorCell" text="{Author}" />
<RatingIndicator id="ratingCell" value="{Rating}" editable="false" />
```

Listing 11.15 Änderung der vier Zellen im »ColumnListItem«

Das Endergebnis der Tabelle ist in Abbildung 11.16 dargestellt.

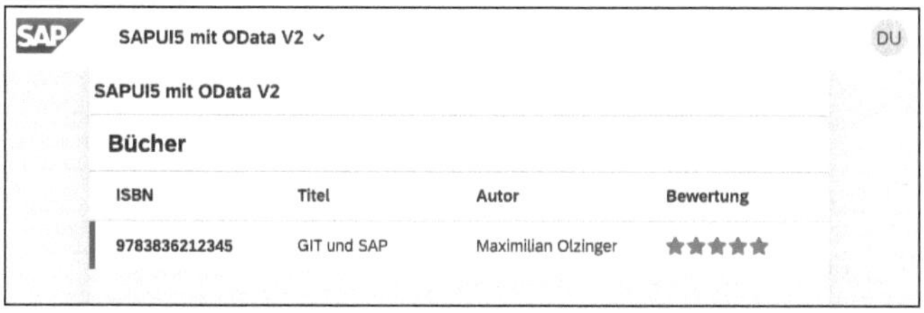

Abbildung 11.16 Responsive Table mit vielen weiteren Definitionen für Benutzerfreundlichkeit, Lesbarkeit und Responsive Design

Anstelle der im i18n-Modell übersetzten Texte können wir auch die Texte und deren Übersetzungen direkt vom Backend verwenden. Diese Texte werden, sofern sie in SAP S/4HANA mittels der Transaktion SE63 übersetzt wurden, durch die Metadaten-Datei des OData-Service mitgesendet. Sie sind explizit als `'sap:label'` in den Metadaten enthalten:

```
<Text id="main_text_carrid" text="{/#ZRAP_CV_BOOKSType/ISBN/@sap:label}"/>
```

(Übersetzte) Texte aus den Metadaten und somit aus dem SAP-S/4HANA-System beziehen

Im SAP-Umfeld werden sowohl Überschriften als auch Kurzbeschreibungen eines Datenelements in der Originalsprache gespeichert, in der sie gepflegt wurden. Die Metadaten werden immer sprachspezifisch vom OData-Service abgerufen und an das SAP Gateway und das SAP-S/4HANA-Backend weitergeleitet. Auch diese Überschriften und Kurzbeschreibungen werden in der Regel sprachspezifisch ermittelt und auf Basis dieser Übersetzungen in Richtung SAPUI5-App ausgeliefert. Um auf diese übersetzten Texte der jeweiligen Eigenschaften zuzugreifen, wurde auch für unser Textfeld eine Syntax verwendet. Diese Syntax enthält den Namen des entsprechenden Entitätstyps, den Namen der Eigenschaft und den Zusatz, dass wir auf den Namen der entsprechenden Eigenschaft zugreifen wollen. Die generische Syntax sieht wie folgt aus: `{/#EntityType/Property/@sap:label}`.

11.3.2 Filterung und Sortierung

Bei der Filterung und Sortierung geht es darum, das Aggregation Binding mit entsprechenden Kriterien zu versorgen. Dank des OData-Models werden die GET-Requests automatisch mit diesen zusätzlichen Query-Parametern ergänzt, ohne dass wir die HTTP-Requests selbst zusammenbauen oder auslösen müssen.

Diese Kriterien können Sie auch direkt in das Aggregation Binding schreiben, wobei in diesem Fall die Filter- und Sortierkriterien statisch gesetzt wären. Dafür braucht es ein Complex Binding, da diese Attribute beim Objekt des entsprechenden Aggregation Bindings ergänzt werden müssen:

```
<Table id="booksTable" headerText="{i18n>main.table.title}" items="{
  path: '/ZRAP_CV_BOOKS',
  filters: [ { path: 'Rating', operator: 'EQ', value1: 5 } ],
  sorter: [{ path: 'ISBN', descending: true } ]
}">
```

Listing 11.16 Beispiel für die Filterung und Sortierung im Aggregation Binding

Es kommt eher selten vor, dass man solche Filter- und Sortierkriterien statisch in den View setzt. Vielmehr möchte man diese dynamisch aus dem Controller heraus setzen, wann immer die Endbenutzer diese, z. B. in einer `sap.ui.comp.filterbar.FilterBar` oder in einem `sap.m.ViewSettingsDialog`, festlegen. In diesen Fällen wird man die Filterkriterien in einem Event Handler aus den Parametern der Methode oder aus einem JSON-Model auslesen. Sobald diese in einem Array vorbereitet sind, kann man sie dynamisch an das Aggregation Binding aus dem Controller heraus übergeben. Hierzu muss das Array Instanzen von `sap.ui.model.Filter` speichern. Dasselbe muss mit dem `sap.ui.model.Sorter` geschehen, bevor man die jeweiligen Methoden `filter(aFilter)` und `sort(aSorter)` nutzt (siehe Listing 11.17).

```
let oTable = this.getView().byId("booksTable") as Table,
  oBinding = oTable.getBinding("items") as ListBinding,
  aFilter : Array<Filter> = [],
  aSorter : Array<Sorter> = [];
//Werte dynamisch ermitteln und in das Filter-Array einfügen:
let sRatingValue = 5;
aFilter.push(new Filter("Rating", FilterOperator.EQ, sRatingValue));
//Werte dynamisch ermitteln und in das Sorter-Array einfügen:
aSorter.push(new Sorter("ISBN", true));
```

```
//Auf das Aggregation Binding anwenden
oBinding.filter(aFilter);
oBinding.sort(aSorter);
```

Listing 11.17 Beispielimplementierung für Sortier- und Filterkriterien in einem Event Handler im Controller

11.3.3 Smart Table verwenden

Mit *Smart Controls* wollen wir uns etwas Arbeit abnehmen und die Logik den bereits vordefinierten und im Standard ausgelieferten UI-Komponenten überlassen. Diese Smart Controls leben von Definitionen, die im Backend getroffen worden sind. Diese Definitionen nennen sich *Annotationen* und werden bei den CDS-Views definiert. Diese bestimmten, ob und welche Texte, Spalten, Felder, Filter- und Sortierkriterien und vieles mehr angezeigt werden.

Damit die Annotationen aus dem Backend geladen werden können, müssen auch in der Datei **manifest.json** Änderungen vorgenommen werden. Zum einen müssen die Annotationen mit dem richtigen Pfad als Datenquelle eingebunden werden. Zum anderen müssen diese Annotationen in den Datenquellen des OData-Service referenziert werden. Diese beiden Änderungen müssen in der Datei **manifest.json** unter `dataSources` vorgenommen werden (siehe Listing 11.18).

```
"ZRAP_BOOKS_UI_V2": {
    "uri": "/sap/opu/odata/sap/ZRAP_BOOKS_UI_V2/",
    "type": "OData",
    "settings": {
        "annotations": [
            "ZRAP_BOOKS_UI_V2_VAN"
        ],
        "odataVersion": "2.0",
        "localUri": "localService/metadata.xml"
    }
},
"ZRAP_BOOKS_UI_V2_VAN": {
    "uri": "/sap/opu/odata/IWFND/CATALOGSERVICE;v=2/Annotations(TechnicalName=
'ZRAP_BOOKS_UI_V2_VAN',Version='0001')/$value/",
    "type": "ODataAnnotation",
    "settings": {
        "localUri": "localService/ZRAP_BOOKS_UI_V2_VAN.xml"
    }
}
```

Listing 11.18 Einträge im Application Descriptor bezüglich des Remote Annotation Files

Passen Sie die URL-Definition entsprechend Ihrem OData-Service und Ihrer Annotationsdatei an. Wenn Sie eine SAP-Fiori-Elements-App anlegen, dann wird dieser Eintrag im Application Descriptor automatisch vorgenommen. Im Falle einer SAPUI5-App wird diese Definition beim Anlegen der App nicht automatisch eingefügt. Sie können jedoch, mittels des *Annotation File Managers* (siehe Abbildung 11.17) Abhilfe verschaffen.

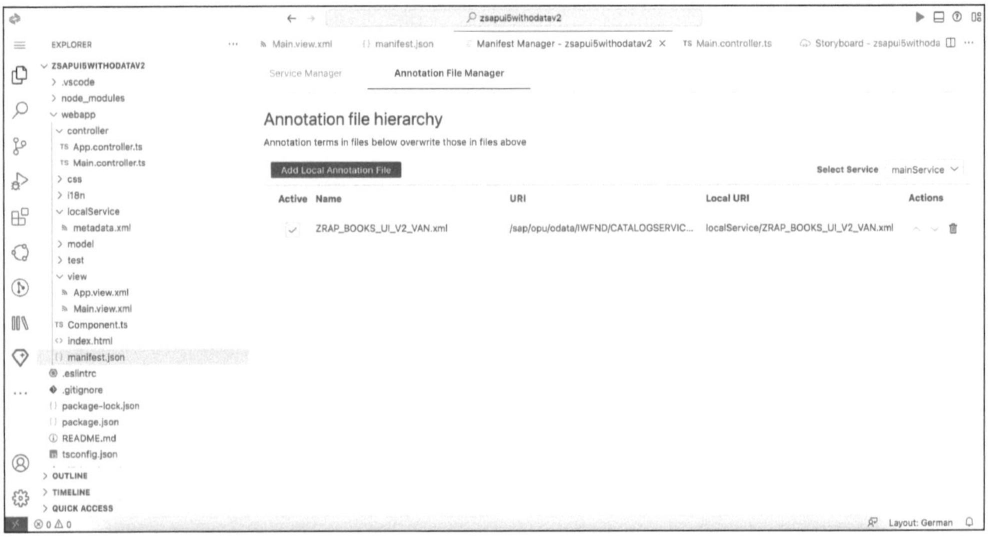

Abbildung 11.17 Annotation File Manager

Jetzt können wir die vorherige Tabelle im View durch die Definition in Listing 11.19 ersetzen. Diese beiden UI-Komponenten stellen sicher, dass die `sap.ui.comp.smarttable.SmartTable` und die `sap.ui.comp.smarttable.SmartFilterBar` verwendet werden. Diese werden mithilfe der Annotationen erstellt, die Sie in der Metadata Extension zu dem OData-Service bzw. dem zugrunde liegenden CDS-View hinzugefügt haben.

```
<smartFilterBar:SmartFilterBar id="main_smartfilterbar"
entitySet="ZRAP_CV_BOOKS" persistencyKey="SmartFilter_Explored">
    <smartFilterBar:layoutData>
        <FlexItemData shrinkFactor="0" />
    </smartFilterBar:layoutData>
</smartFilterBar:SmartFilterBar>
<smartTable:SmartTable id="main_smarttable"
smartFilterId=" main_smartfilterbar " entitySet="ZRAP_CV_BOOKS"
    tableType="ResponsiveTable" useVariantManagement="true"
useTablePersonalisation="true" header="Books"
    showRowCount="true" persistencyKey="SmartTableAnalytical_Explored"
enableAutoBinding="true"
```

```
    class="sapUiResponsiveContentPadding" enableAutoColumnWidth="false"
app:useSmartToggle="true">
    <smartTable:layoutData>
        <FlexItemData growFactor="1" baseSize="0%" />
    </smartTable:layoutData>
</smartTable:SmartTable>
```

Listing 11.19 Smart Controls in dem XML-View eingefügt

Vergessen Sie in dem View nicht die Importe aus Listing 11.20, damit die Smart Controls auch aus der entsprechenden Bibliothek geladen werden können.

```
xmlns:smartTable="sap.ui.comp.smarttable"
xmlns:html="http://www.w3.org/1999/xhtml"
xmlns:smartFilterBar="sap.ui.comp.smartfilterbar"
xmlns:app="http://schemas.sap.com/sapui5/extension/sap.ui.core.CustomData/1"
```


Listing 11.20 Import in dem XML-View, damit die Smart Controls geladen werden können

In Abbildung 11.18 können Sie sehen, dass das entsprechende Smart Control die Tabelle und die Filterleiste in der Anwendung anzeigt. Die SmartTable und die SmartFilterBar extrahieren die aus dem Backend stammenden Annotationen. In diesem Fall verwenden wir das gleiche Verfahren wie das SAP-Fiori-Elements-Framework, allerdings in einem SAPUI5-Freestyle-Szenario.

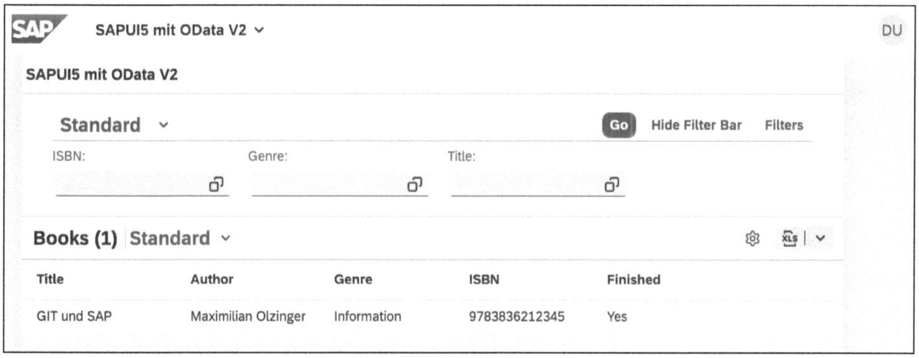

Abbildung 11.18 Smart Controls in einer SAPUI5-Freestyle-App

11.4 Navigation einbauen

Bevor wir uns mit der eigentlichen Anzeige der Daten befassen, sollten wir zunächst eine saubere Navigation implementieren. Um mit der Navigation starten zu können, müssen wir einen neuen View (**Detail.view.xml**) und einen neuen Controller (**Detail.controller.ts**) im Projekt manuell anlegen. Diese beiden Dateien befüllen wir mit einer Kopie aus dem standardmäßigen angelegten Main-View und Main-Controller und passen die Pfade entsprechend an.

Unser Ziel ist es, dass beim Klicken auf ein Listenelement der eindeutige Pfad zu der ausgewählten Entität ausgelesen und an die Detailansicht weitergegeben wird. Die Umsetzung in der Datei **Main.controller.ts** ist in Listing 11.21 zu sehen.

```
private onNavToDetail(oEvent: Event) {
  let oRouter = (this.getOwnerComponent() as UIComponent).getRouter(),
      oListItem = oEvent.getSource() as ColumnListItem,
      oSourceBinding = oListItem.getBindingContext() as Context,
      sPath = oSourceBinding.getPath();
  oRouter.navTo("Detail", {
      path: encodeURIComponent(sPath)
  });
}
```

Listing 11.21 Event Handler für die Navigation

Damit dieser Event Handler auch aufgerufen wird, müssen wir ein geeignetes Ereignis dafür finden. Dafür eignet sich das `press`-Event vom `ColumnListItem`. Jedoch kann dies mit einer `SmartTable` nur dann erreicht werden, wenn zwischen die Definition der `SmartTable` eine `sap.m.Table` eingebettet wird. Das haben wir Ihnen in Listing 11.22 zur Verfügung gestellt.

```
<smartTable:SmartTable ... >
  <Table>
    <items>
      <ColumnListItem type="Navigation" press="onNavToDetail" />
    </items>
  </Table>
</smartTable:SmartTable>
```

Listing 11.22 Responsive Table eingebettet in der SmartTable

Nun wollen wir diesen Pfad in der Detailansicht erhalten und ihn mittels Element Binding korrekt an den View binden. Sie haben bereits gelernt, wie man Elemente bindet, und können dies nun nutzen, um den eindeutigen Pfad, der von der Tabelle gesendet wurde, zu binden. Siehe unsere Anpassungen in der Methode `onPatternMatched()` in der Datei **Detail.controller.ts** in Listing 11.23.

```
public onInit(): void {
  let oOwnerComponent = this.getOwnerComponent() as UIComponent;
  oOwnerComponent.getRouter().getRoute("Detail").attachPatternMatched(this.
onPatternMatched, this);
```

```
}
onPatternMatched: function(oEvent) {
  let oArguments = oEvent.getParameters().arguments,
    sPath = decodeURIComponent(oArguments.path);
  this.getView().bindElement(sPath);
}
```

Listing 11.23 Pattern Matched Event, um an die Parameter der Navigation zu gelangen

Um zu testen, ob das Element Binding funktioniert, fügen wir ein Textelement in unserer Detailansicht ein. Anstatt einen statischen Text anzuzeigen, binden wir die Eigenschaft `text` an das Attribut `ISBN`:

```
<Text id="detail_text_isbn" text="{ISBN}"/>
```


Damit die Navigation überhaupt funktionieren kann, wird im Application Descriptor eine Route benötigt. Im `routes`-Array legen wir eine neue Definition mit dem Namen `Detail` an. Diese zeigt auf das Target `Detail`, das wir erst anlegen müssen, und hat im `pattern` definiert, dass ein Pflichtparameter bei der Navigation mitgegeben werden muss (siehe Listing 11.24).

```
{
  "name": "Detail",
  "pattern": "detail/{path}",
  "target": ["Detail"]
}
```

Listing 11.24 Neue Route im Application Descriptor

Das Pattern, das im Endeffekt bestimmt, welcher View aufgerufen werden soll, kommt in das Objekt mit dem Namen `targets` im Application Descriptor (siehe Listing 11.25):

```
"Detail": {
  "viewType": "XML",
  "transition": "slide",
  "clearControlAggregation": false,
  "viewId": "Detail",
  "viewName": "Detail"
}
```

Listing 11.25 Neues Target im Application Descriptor

Wenn wir nun zur Detailansicht navigieren, sehen wir in der UI-Komponente `sap.m.Text`, dass die jeweilige ISBN des ausgewählten Objekts angezeigt wird (siehe Abbildung 11.19). Probieren Sie dies mit ein paar Einträgen in Ihrer Tabelle aus.

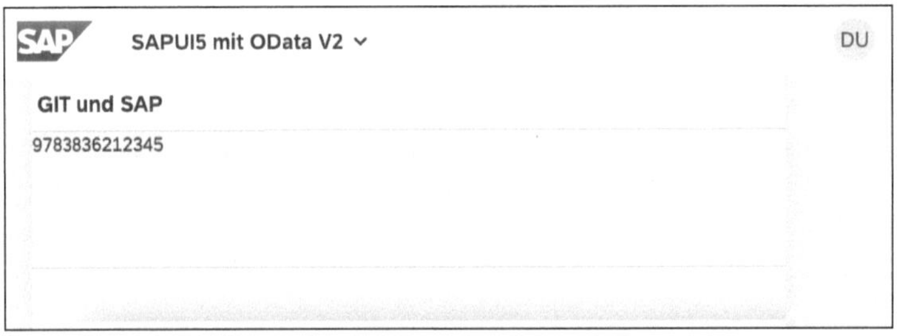

Abbildung 11.19 Navigation funktioniert

11.5 Detailseite implementieren

In diesem Abschnitt widmen wir uns dem Aufbau und der Entwicklung der Detailseite. Diese Detailseite braucht es, da wir nicht alle Informationen in der Übersicht in einer Tabelle darstellen wollen. Vielmehr sollen die Benutzer aus der Tabelle heraus auf diese Detailansicht navigieren, alle Informationen einsehen und im späteren Verlauf auch bearbeiten können. In Abschnitt 11.5.1, »Formular manuell aufbauen«, zeigen wir Ihnen, wie Sie in dieser Detailansicht eine *SimpleForm* nutzen können. Mit OData-Services der Version 2 ist es auch möglich, sogenannte Smart Controls zu nutzen, wie zum Beispiel eine *SmartForm*. Genau diese UI-Komponente werden wir in Abschnitt 11.5.2 einbauen.

11.5.1 Formular manuell aufbauen

Beginnen wir nun mit dem Einfügen von `sap.ui.layout.form.SimpleForm` in unserer Detailansicht. Die XML-Definition hierfür ist in Listing 11.26 dargestellt.

```
<f:SimpleForm id="detail_simpleform" editable="true"
    layout="ResponsiveGridLayout" labelSpanXL="3" labelSpanL="3"
    labelSpanM="3" labelSpanS="12" emptySpanXL="4" emptySpanL="4"
    emptySpanM="4" emptySpanS="0" columnsXL="1"
    columnsL="1" columnsM="1">
    <f:content>
        <!-- form content belongs here -->
    </f:content>
</f:SimpleForm>
```

Listing 11.26 Einfügen der »SimpleForm« in den Detail-View

Wenn wir `sap.m.Label` in die `SimpleForm` einfügen, beginnen wir eine neue Zeile. Versuchen wir dies, indem wir eine Zeile für die ISBN anzeigen:

```
<Label id="detail_label_isbn" text="{/#ZRAP_CV_BOOKSType/ISBN/@sap:label}" />
<Text id="detail_text_isbn" text="{ISBN}" />
```

Fügen wir nun weitere Zeilen zur `SimpleForm` hinzu und probieren wir auch andere UI-Komponenten für die Anzeige der Daten aus (siehe Listing 11.27).

```
<Label id="detail_label_title" text="{/#ZRAP_CV_BOOKSType/Title/@sap:label}" />
<Text id="detail_text_title" text="{Title}" />
<Label id="detail_label_desc"
  text="{/#ZRAP_CV_BOOKSType/Description/@sap:label}" />
<Text id="detail_text_desc" text="{Description}" />
<Label id="detail_label_genre" text="{/#ZRAP_CV_BOOKSType/Genre/@sap:label}" />
<Text id="detail_text_genre" text="{Genre}" />
<Label id="detail_label_author" text="{/#ZRAP_CV_BOOKSType/Author/@sap:label}" />
<Text id="detail_text_author" text="{Author}" />
<Label id="detail_label_pages"
  text="{/#ZRAP_CV_BOOKSType/BookPages/@sap:label}" />
<Text id="detail_text_pages" text="{BookPages}" />
<Label id="detail_label_rating" text="{i18n>detail.rating}" />
<RatingIndicator id="detail_text_rating" value="{Rating}" editable="false" />
<Label id="detail_label_finished"
  text="{/#ZRAP_CV_BOOKSType/ReadingFinished/@sap:label}" />
<CheckBox id="detail_text_finished" selected="{ReadingFinished}" editable="false"
/>
```

Listing 11.27 Weitere UI-Komponenten in die »SimpleForm« einfügen

Vergessen Sie nicht, den entsprechenden Import für die `SimpleForm` in der View-Definition hinzuzufügen. Wenn Sie den folgenden Import nicht hinzufügen, werden Sie in der Anwendung nichts sehen, weil das Framework nicht weiß, aus welcher Bibliothek Sie die `SimpleForm` laden wollen:

```
xmlns:f="sap.ui.layout.form"
```

Abbildung 11.20 zeigt die Detailansicht mit unserer `SimpleForm` und die Anzeige der Buchdaten.

Abbildung 11.20 Detailansicht mit einer »SimpleForm«

11.5.2 Smart Form verwenden

Wir können uns auch auf das Smart Control `sap.ui.comp.smartform.SmartForm` in der Detailansicht verlassen, um uns einige Logik im Frontend zu ersparen. Darüber hinaus können wir für jedes der Elemente, die im Formular angezeigt werden müssen, auf `sap.ui.comp.smartfield.SmartField` zurückgreifen. Auf diese Weise werden Annotationen und Metadateninformationen wieder verwendet und die richtigen Eingabefelder, Typen und Beschriftungen angezeigt (siehe Listing 11.28).

```
<smartForm:SmartForm id="detail_smartform">
    <smartForm:Group id="detail_group">
        <smartForm:GroupElement id="detail_element_isbn"
label="{/#ZRAP_CV_BOOKSType/ISBN/@sap:label}">
            <smartField:SmartField id="detail_field_isbn" value="{ISBN}" />
        </smartForm:GroupElement>
        <smartForm:GroupElement id="detail_element_title"
label="{/#ZRAP_CV_BOOKSType/Title/@sap:label}">
            <smartField:SmartField id="detail_field_title" value="{Title}" />
        </smartForm:GroupElement>
        <smartForm:GroupElement id="detail_element_desc"
label="{/#ZRAP_CV_BOOKSType/Description/@sap:label}">
            <smartField:SmartField id="detail_field_desc"
value="{Description}" />
        </smartForm:GroupElement>
        <smartForm:GroupElement id="detail_element_genre"
label="{/#ZRAP_CV_BOOKSType/Genre/@sap:label}">
            <smartField:SmartField id="detail_field_genre"
value="{Genre}" />
        </smartForm:GroupElement>
        <smartForm:GroupElement id="detail_element_author"
label="{/#ZRAP_CV_BOOKSType/Author/@sap:label}">
            <smartField:SmartField id="detail_field_author" value="{Author}" />
```

```
        </smartForm:GroupElement>
        <smartForm:GroupElement id="detail_element_pages"
label="{/#ZRAP_CV_BOOKSType/BookPages/@sap:label}">
            <smartField:SmartField id="detail_field_pages"
value="{BookPages}" />
        </smartForm:GroupElement>
        <smartForm:GroupElement id="detail_element_rating"
label="{i18n>detail.rating}">
            <smartField:SmartField id="detail_field_rating"
value="{Rating}" />
        </smartForm:GroupElement>
        <smartForm:GroupElement id="detail_element_finished"
label="{/#ZRAP_CV_BOOKSType/ReadingFinished/@sap:label}">
            <smartField:SmartField id="detail_field_finished"
value="{ReadingFinished}" />
        </smartForm:GroupElement>
    </smartForm:Group>
</smartForm:SmartForm>
```

Listing 11.28 Smart Form mit Smart Fields in der Detailansicht

Vergessen Sie auch nicht die entsprechenden Importe für diese UI-Komponenten. Fügen Sie diese beiden zu Ihrem XML-View hinzu, und Sie haben ein Formular:

```
xmlns:smartForm="sap.ui.comp.smartform"
xmlns:smartField="sap.ui.comp.smartfield"
```

Abbildung 11.21 zeigt, dass die Detailansicht mithilfe eines Smart Controls aufgebaut wird. In diesem Fall ist mehr XML-Definition erforderlich als bei der `SmartTable`, aber die richtigen Datentypen und Formatierungen werden für die einzelnen `SmartFields` automatisch gezogen.

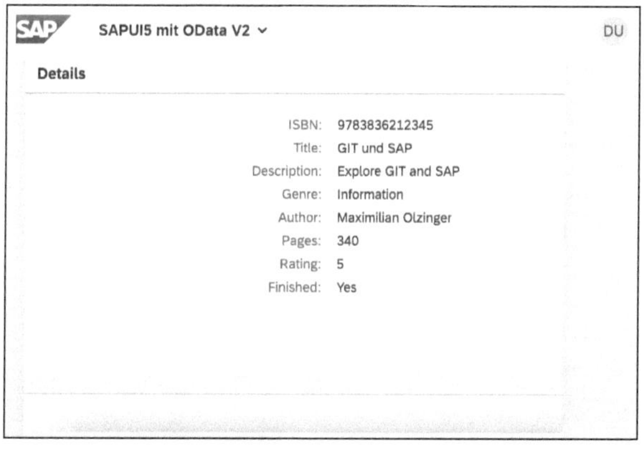

Abbildung 11.21 Smart Form in der Detailansicht

11.6 Fragmente

In diesem Abschnitt des Kapitels werden wir uns mit den übrigen CRUDQ-Methoden befassen. In Abschnitt 10.6.1, »Detailseite vorbereiten«, werden wir vorbereitende Maßnahmen ergreifen, um später die Eingabebereitschaft zu kontrollieren. Für Create und Update werden wir separate Fragmente erstellen und diese leichtgewichtigen UI-Komponenten in Abschnitt 10.6.2 direkt in den View einbetten. Danach werden wir die Anzeige der jeweiligen Fragmente davon abhängig machen, welche Aktionen vom Benutzer ausgelöst werden. Dies geschieht in Abschnitt 10.6.3, »Fragmente aus dem Controller laden«. In diesen Abschnitten zeigen wir Ihnen den effizientesten Weg zur Implementierung aller CRUDQ-Methoden. Das bedeutet, dass wir dank Two-Way-Binding die Eingaben sammeln und mit `submitChanges()` und `resetChanges()` die Änderungen entweder ans Backend senden oder verwerfen.

11.6.1 Detailseite vorbereiten

Bevor wir Ihnen mehr über Fragmente erklären, bereiten wir den View so vor, dass eine spätere Bearbeitung möglich ist. Für die Bearbeitung benötigen wir entsprechende `sap.m.Buttons` in der Kopf- und Fußzeile der Seite. Um die Sichtbarkeit dieser Buttons zu steuern, erstellen wir in der `onPatternMatched()`-Methode ein `sap.ui.model.json.JSONModel`, das in der `onInit()`-Methode im Detail-Controller registriert wird, und speichern darin eine einzelne Eigenschaft, die angibt, ob wir uns im `editMode` befinden oder nicht und ob wir im `createMode` sind oder nicht (siehe Listing 11.29):

```
private aFragments: any = { };
private oEditModel: JSONModel;
public onInit(): void {
  let oOwnerComponent = this.getOwnerComponent() as UIComponent;
  oOwnerComponent.getRouter().getRoute("Detail").attachPatternMatched(this.
onPatternMatched, this);
}
```

Listing 11.29 Definition zweier Klassenvariablen und der »onInit«-Methode

Die Methode `onPatternMatched()` sorgt zum einen dafür, dass ein JSON-Model erstellt wird, das die Informationen zur Steuerung des Views enthält. Zum anderen wird die übergebene Entität bzw. der entsprechende Pfad per Element Binding an den View gebunden (siehe Listing 11.30):

```
private onPatternMatched(oEvent: Event){
  let oArguments = (oEvent.getParameters() as any).arguments,
      sPath = decodeURIComponent(oArguments.path);
```

```
    this.getView().bindElement(sPath);
    this.oEditModel = new JSONModel({
        editMode: false,
        create: false
    });
    this.getView().setModel(this.oEditModel, "editModel");
}
```

Listing 11.30 Definition der Methode »onPatternMatched«

Im Detail-View fügen wir außerdem einen customHeader als Aggregation in die Seite ein, in dem wir den Titel und einen Button zum Bearbeiten anzeigen (siehe Listing 11.31):

```
<customHeader>
    <OverflowToolbar id="detail_toolbar_header">
        <Title id="detail_title_header" text="Details" />
        <ToolbarSpacer id="detail_spacer_header" />
        <Button id="detail_button_edit" text="Bearbeiten" type="Emphasized"
press="onEditPressed" />
    </OverflowToolbar>
</customHeader>
```

Listing 11.31 Eigener Header in der Aggregation »customHeader«

In der Fußzeile der Seite fügen wir auch eine sap.m.OverflowToolbar hinzu, die jedoch zwei Buttons enthält (siehe Listing 11.32). Mit diesen Buttons können die Benutzer später speichern oder abbrechen:

```
<footer>
    <OverflowToolbar id="detail_toolbar_footer">
        <ToolbarSpacer id="detail_spacer_footer" />
        <Button id="detail_button_save" text="Speichern" press="onSavePressed"
type="Accept" />
        <Button id="detail_button_cancel" text="Abbrechen"
press="onCancelPressed" type="Reject" />
    </OverflowToolbar>
</footer>
```

Listing 11.32 Eigener Footer in der Aggregation »footer«

Nun sehen wir auch im Detail-View, dass die Buttons in der Kopf- und Fußzeile dargestellt werden (siehe Abbildung 11.22).

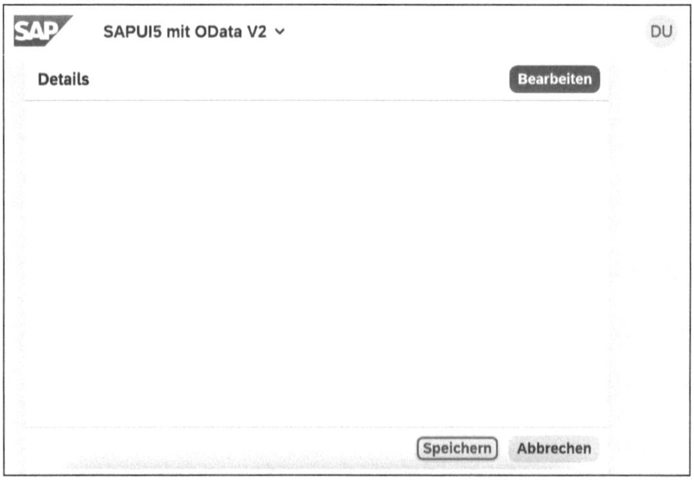

Abbildung 11.22 Die Buttons sind in Kopf- und Fußzeile nun immer sichtbar.

Als letzten Schritt passen wir die Sichtbarkeit der Buttons so an, dass sie nur im entsprechenden Modus angezeigt werden. Je nachdem, ob wir uns im Bearbeitungs- oder im Anzeigemodus befinden, wird die entsprechende Eigenschaft später in unserem JSON-Model gesetzt. Das bedeutet, dass wir auch in der Ansicht an diese Eigenschaft binden und die Sichtbarkeit der Buttons steuern können (siehe Listing 11.33).

```
<Button id="detail_button_edit" text="Bearbeiten" type="Emphasized"
press="onEditPressed" visible="{= ${Update_mc} &amp;&amp; !${editModel>/
editMode}}"/>
<!-- ... -->
<Button id="detail_button_save" text="Speichern" press="onSavePressed"
type="Accept" visible="{editModel>/editMode}"/>
<Button id="detail_button_cancel" text="Abbrechen" press="onCancelPressed"
type="Reject" visible="{editModel>/editMode}"/>
```

Listing 11.33 Steuern der Sichtbarkeit mittels Expression Binding

11.6.2 Fragmente direkt einbetten

Um XML-Definitionen an mehreren Stellen wiederzuverwenden, müssen wir sie in XML-Fragmente auslagern. Dies sind normale Dateien, die wir erstellen können, die aber mit **.fragment.xml** enden müssen, damit sie als Fragmente erkannt werden. Legen wir ein Verzeichnis mit dem Namen **fragment** im Verzeichnis **view** an. In diesem Verzeichnis legen wir eine neue Datei mit dem Namen **Display.fragment.xml** an. Der Inhalt dieses Fragments wird die `SimpleForm` sein, die wir in diesem Kapitel entwickelt haben:

```
<core:FragmentDefinition xmlns:f="sap.ui.layout.form" xmlns="sap.m"
xmlns:core="sap.ui.core">
        <!-- hier die SimpleForm einfügen -->
</core:FragmentDefinition>
```

Listing 11.34 Definition des Fragments

Fragmente können direkt in den View eingebettet werden, indem die `sap.ui.core.Fragment`-Definition verwendet und auf die Datei verwiesen wird. Diese Definition sollte in einen View geschrieben werden, in dem der Inhalt des Fragments platziert werden soll. In unserem Fall ist dies die Detail-Ansicht im Aggregationsinhalt der Seite:

```
<core:Fragment id="detail_fragment_display" type="XML"
fragmentName="at.clouddna.zsapui5withodatav2.view.fragment.Display"/>
```

11

Vergessen Sie nicht den entsprechenden Import in den View, damit Sie das Fragment aus der `sap.ui.core`-Bibliothek verwenden können.

Legen wir nun ein zweites Fragment an, damit wir eine zweite Version der `SimpleForm` speichern können. Diese Version wird das eingabebereite Formular darstellen, und anstelle von `sap.m.Text`-UI-Komponenten verwenden wir `sap.m.Input`, `sap.m.ComboBox`, `sap.m.RatingIndicator` und `sap.m.Checkbox`. Nennen wir dieses Fragment **Edit.fragment.xml** und setzen wir Listing 11.35 als Inhalt ein.

```
<core:FragmentDefinition  xmlns:f="sap.ui.layout.form" xmlns="sap.m"
xmlns:core="sap.ui.core">
    <f:SimpleForm id="detail_simpleform" editable="true"
layout="ResponsiveGridLayout"
                labelSpanXL="3" labelSpanL="3" labelSpanM="3" labelSpanS="12"
emptySpanXL="4" emptySpanL="4"
                emptySpanM="4" emptySpanS="0" columnsXL="1" columnsL="1"
columnsM="1" >
                <f:content>
                    <Label id="detail_label_isbn"
text="{/#ZRAP_CV_BOOKSType/ISBN/@sap:label}" />
                    <Input id="detail_input_isbn" value="{ISBN}"/>
                    <Label id="detail_label_title"
text="{/#ZRAP_CV_BOOKSType/Title/@sap:label}" />
                    <Input id="detail_input_title" value="{Title}"/>
                    <Label id="detail_label_desc"
text="{/#ZRAP_CV_BOOKSType/Description/@sap:label}" />
                    <Input id="detail_input_desc" value="{Description}"/>
                    <Label id="detail_label_genre"
text="{/#ZRAP_CV_BOOKSType/Genre/@sap:label}" />
```

```
                    <ComboBox id="detail_input_genre" selectedKey="{Genre}">
                        <core:Item id="detail_genre1" key="Information"
text="Information"/>
                        <core:Item id="detail_genre2" key="Action"
text="Action"/>
                        <core:Item id="detail_genre3" key="Comic"
text="Comic"/>
                    </ComboBox>
                    <Label id="detail_label_author"
text="{/#ZRAP_CV_BOOKSType/Author/@sap:label}" />
                    <Input id="detail_input_author" value="{Author}"/>
                    <Label id="detail_label_pages"
text="{/#ZRAP_CV_BOOKSType/BookPages/@sap:label}" />
                    <Input id="detail_input_pages"
value="{ path: 'BookPages', type: 'sap.ui.model.type.Integer'}"/>
                    <Label id="detail_label_rating"
text="{i18n>detail.rating}" />
                    <RatingIndicator id="detail_input_rating"
value="{Rating}"/>
                    <Label id="detail_label_finished"
text="{/#ZRAP_CV_BOOKSType/ReadingFinished/@sap:label}" />
                    <CheckBox id="detail_input_finished"
selected="{ReadingFinished}"/>
                </f:content>
            </f:SimpleForm>
</core:FragmentDefinition>
```

Listing 11.35 Inhalt des Fragments für den Bearbeitungsmodus

Sehen Sie sich an, wie dieses Fragment in der Detailansicht aussieht, und platzieren Sie es (wie unser Fragment für den Anzeigemodus) im `content` der Seite:

```
<core:Fragment id="detail_fragment_edit" type="XML"
fragmentName="at.clouddna.zsapui5withodatav2.view.fragment.Edit"/>
```

11.6.3 Fragmente aus dem Controller laden

Was wir anstreben, ist eine dynamische Einbettung der Fragmente in Abhängigkeit vom Modus, in dem sich die Anwendung befindet. Wir wollen z. B., dass nur das entsprechende Fragment in den View eingebettet wird, wenn einer der Buttons angeklickt wird. Wir werden dies programmatisch vom Controller aus tun, indem wir die Fragmente in den Controller laden, sie zwischenspeichern und in den View einfügen.

Die interne Methode _loadFragment() sorgt dafür, dass das Fragment, dessen Name als Parameter übergeben wird, programmatisch geladen und in den View eingefügt wird. Wenn das Fragment bereits geladen und in unserer Klassenvariablen gespeichert wurde, holen wir die Instanz aus der Variablen, anstatt das Fragment erneut zu initialisieren. Diese kompakte Methode ist in Listing 11.36 dargestellt.

```
private _loadFragment(sFragmentName: string) {
  let oPage = (this.getView().byId("page") as Page);
  oPage.removeAllContent();
  if (this.aFragments[sFragmentName]) {
      oPage.addContent(this.aFragments[sFragmentName]);
  } else {
      Fragment.load({
          id: Fragment.createId(this.getView().getId(), sFragmentName),
          name: "at.clouddna.zsapui5withodatav2.view.fragment." +
sFragmentName,
          type: "XML",
          controller: this
      }).then((oFragment: any) => {
          this.aFragments[sFragmentName] = oFragment;
          oPage.addContent(oFragment);
      });
  }
}
```

Listing 11.36 Methode zum Laden und Einfügen der Fragmente in den View

Die entsprechende Methode onEditPressed() ruft die Hilfsfunktion _onSwitchEdit() auf, damit wir zwischen Anzeige- und Bearbeitungsmodus wechseln können. Sie können diese beiden Methoden in Listing 11.37 sehen.

```
private onEditPressed() {
  this._onSwitchEdit();
}
private _onSwitchEdit() {
  let bNewMode = !this.oEditModel.getProperty("/editMode");
  this.oEditModel.setProperty("/editMode", bNewMode);
  this._loadFragment(bNewMode ? "Edit" : "Display");
}
```

Listing 11.37 Umschalten zwischen Anzeige- und Bearbeitungsmodus

Wir lösen die Aktualisierung in der Methode onSavePressed() aus. In unserem Fall funktioniert dies sehr einfach, da das OData-Model dank des Two-Way-Bindings alle

Änderungen sammelt, die zur Laufzeit erfolgt sind. Wir können diese Änderungen mit der Methode submitChanges() an unser Backend senden. Wenn Create oder Update erfolgreich durchlaufen wurde, reagieren wir in einem entsprechenden Handler darauf und schalten zurück in den Anzeigemodus (siehe Listing 11.38).

```
private onSavePressed() {
  (this.getView().getModel() as ODataModel).submitChanges({
      success: () => {
          MessageToast.show("Erfolgreich gespeichert!");
          this._onSwitchEdit();
      },
      error: () => {
          MessageBox.error("Ein unerwarteter Fehler ist aufgetreten!");
      }
  });
}
```

Listing 11.38 Speichern der Änderungen mit der Komfortfunktion des OData-Models

Die Methode onCancelPressed() sorgt dafür, dass diese gesammelten Änderungen im OData-Model verworfen werden und in den Anzeigemodus zurückgeschaltet wird (siehe Listing 11.39).

```
private onCancelPressed() {
  (this.getView().getModel() as ODataModel).resetChanges().then(() => {
      this._onSwitchEdit();
  });
}
```

Listing 11.39 Methode zum Abbrechen und Verwerfen der Änderungen

Löschen Sie nun den gesamten Aggregationsinhalt content aus der Detailansicht, da wir das initiale Laden der Ansicht mit diesem Methodenaufruf in der Methode onPatternMatched() vornehmen:

```
this._loadFragment("Display");
```

In Abbildung 11.23 sehen Sie nun, dass der Detail-View wieder wie gewohnt geladen wird und zunächst zur Anzeige bereit ist. Mit dem Button in der oberen rechten Ecke können Sie in den Bearbeitungsmodus wechseln.

Im Bearbeitungsmodus wird das entsprechende Fragment geladen und in den View eingefügt. Außerdem werden die Buttons zum Speichern und Abbrechen zur Verfügung gestellt, mit denen die Änderungen an unser SAP-Backend gesendet oder verworfen werden können (siehe Abbildung 11.24).

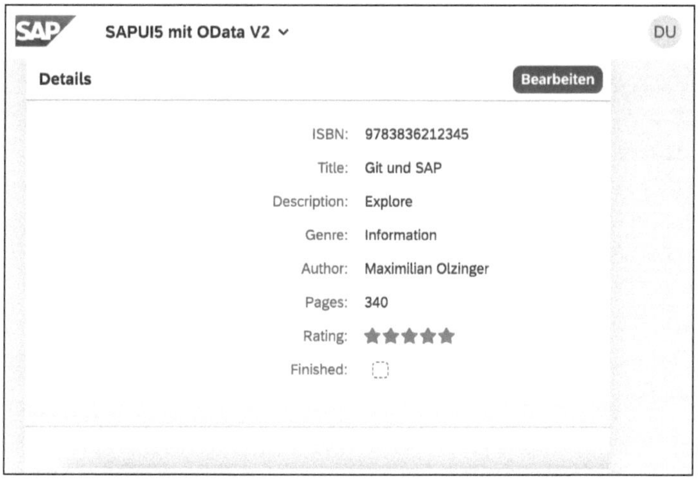

Abbildung 11.23 Im Anzeigemodus wird unser Fragment mit der nicht eingabebereiten »SimpleForm« geladen.

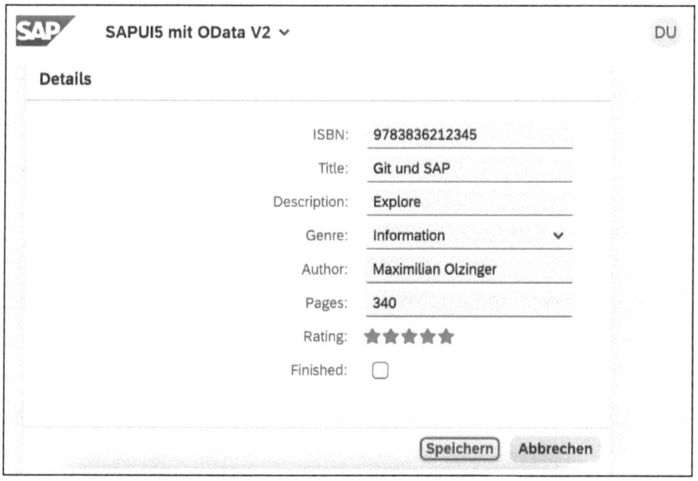

Abbildung 11.24 Im Bearbeitungsmodus kann der Benutzer bearbeiten, speichern oder abbrechen.

Um einzelne Entitäten zu löschen, implementieren wir die Methode `onDeletePressed()` in der **Detail.controller.ts**. In dieser Funktion öffnen wir eine `sap.m.MessageBox` und lassen den Benutzer nochmals bestätigen, ob er den entsprechenden Eintrag wirklich löschen möchte. Wurde unsere `MessageBox` im Callback `onClose()` mit der Aktion `sap.m.MessageBox.Action.YES` geschlossen, führen wir die Methode `remove()` auf unserem OData-Model aus und geben den Pfad des zu löschenden Eintrags an. Alle diese Schritte sind in Listing 11.40 dargestellt.

```
private onDeletePressed() {
  let sPath = this.getView().getElementBinding().getPath(),
      i18nModel = this.getView().getModel("i18n"),
      oResourceBundle = (i18nModel as any).getResourceBundle(),
      sText = oResourceBundle.getText("deleteQuestion");
  MessageBox.confirm(sText, {
      actions: [Action.YES, Action.NO],
      emphasizedAction: Action.YES,
      onClose: (sAction: string) => {
          if (Action.YES === sAction) {
              (this.getView().getModel() as ODataModel).remove(sPath, {
                  success: () => {
                      this.onNavBack();
                  },
                  error: (oError: any) => {
                      MessageBox.error("Ein unerwarteter Fehler ist
aufgetreten!");
                  }
              });
          }
      }
  });
}
```

Listing 11.40 Methode zum Löschen einer Entität

Wenn der Benutzer zurücknavigieren möchte und auf den entsprechenden `navButton` unserer `sap.m.Page` klickt, wollen wir den Browserverlauf verwenden und den Benutzer zurücknavigieren lassen. Der entsprechende Event Handler ist in Listing 11.41 zu sehen. Diese Methode kann auch intern für eine Rücknavigation verwendet werden.

```
private onNavBack () {
  let oHistory = History.getInstance(),
      sPreviousHash = oHistory.getPreviousHash();
  if (sPreviousHash !== undefined) {
      window.history.go(-1);
  } else {
      let oRouter = (this.getOwnerComponent() as UIComponent).getRouter();
      oRouter.navTo("Main", {}, undefined, true);
  }
}
```

Listing 11.41 Funktion zum Zurücknavigieren mithilfe des Browserverlaufs

Vergessen Sie nicht, einen entsprechenden Button für das Darstellen der Löschfunktion anzuzeigen. Zu diesem Löschen-Button wird der Event Handler `press` unsere vorbereitete Methode `onDelete` aufrufen.

Nachdem ein Update bereits funktioniert, werden wir unser Coding so anpassen, dass auch ein Create mit möglichst wenig manuellem Coding funktionieren sollte. Dazu registrieren wir in der Methode `onInit()` der Create-Route einen Event Handler, der die notwendigen Vorbereitungen für die Erstellung eines neuen Eintrags trifft:

```
oOwnerComponent.getRouter().getRoute("Create")
   .attachPatternMatched(this.onCreatePatternMatched, this);
```

Für das Erstellen verwenden wir die gleiche Datei **Detail.view.xml**, unterscheiden aber zwischen Display/Edit und Create durch eine neue Route. Dazu fügen wir eine neue Route ins **manifest.json** ein:


```
{
          "name": "Create",
          "pattern": "create/{path}",
          "target": [
            "Detail"
          ]
},
```

Listing 11.42 Route für das Erstellen im Application Descriptor

In der Methode `onCreatePatternMatched()` reagieren wir darauf, ob der Button **Create** in der Liste angeklickt und damit die entsprechende Create-Route aufgerufen wurde. In diesem Fall verwenden wir die Methode `onCreateEntry()` aus dem OData-Model, um eine lokale Kopie einer Entität zu erstellen. Diese Methode löst keine Anfrage an das Backend aus, sondern erstellt ein lokales Objekt, das wir bereits für die Datenbindung verwenden können (siehe Listing 11.43).

```
private onCreatePatternMatched(oEvent: Event){
  let oArguments = (oEvent.getParameters() as any).arguments,
      sPath = decodeURIComponent(oArguments.path);
  this.getView().bindElement(sPath);
  this.oEditModel = new JSONModel({
      editMode: true,
      create: true
  });
```

```
  this.getView().setModel(this.oEditModel, "editModel");
  this._loadFragment("Edit");
}
```

Listing 11.43 Ein weiterer Pattern Matched Event Handler, um auf das Create zu reagieren

Damit auch ein Create aufgerufen werden kann, fügen wir im **Main.view.xml** in der SmartTable in der Aggregation customToolbar einen Button ein, der mit einem Event Handler dafür sorgt, dass wir in den Detail-View navigieren können (siehe Listing 11.44).

```
<smartTable:customToolbar>
  <Toolbar id="main_table_toolbar">
    <ToolbarSpacer/>
      <Button id="main_table_createbutton" text="Hinzufügen"
press="onCreatePressed" />
  </Toolbar>
</smartTable:customToolbar>
```

Listing 11.44 Custom Toolbar in der SmartTable, damit ein Button zum Hinzufügen dargestellt wird

Die Methode onCreatePressed() reagiert auf den Button-Klick als Event Handler und erstellt mit der Methode createEntry() eine temporäre Entität ZRAP_CV_BOOKS. Es wird noch keine Anfrage an das Backend ausgelöst. Der Vorteil von createEntry() ist jedoch, dass wir dieses Objekt bereits an den View binden, die Eingaben über Two-Way-Binding sammeln und entweder zu einem späteren Zeitpunkt mit der Methode submitChanges() an das Backend senden oder die gesammelten Änderungen mit der Methode resetChanges() verwerfen können. Unseren Event Handler sehen Sie in Listing 11.45.

```
private onCreatePressed() {
  let oRouter = (this.getOwnerComponent() as UIComponent).getRouter(),
      oNewContext = (this.getView().getModel() as ODataModel).createEntry("/
ZRAP_CV_BOOKS", {}) as any;
  oRouter.navTo("Create", {
      path: encodeURIComponent(oNewContext.getPath())
  });
}
```

Listing 11.45 Event Handler, damit ein lokales Objekt erstellt und auf die Detailansicht navigiert wird

Zusammenfassend lässt sich sagen, dass es in der Methode onSavePressed() keinen Unterschied macht, ob wir eine Entität bearbeiten oder erstellen. Unser OData-Model sammelt die Änderungen in beiden Fällen (da wir Two-Way als Binding Mode eingestellt haben), und mit der Methode `submitChanges()` können wir diese Änderungen an den OData-Service senden. Das OData-Model weiß, ob in diesem Fall ein `POST` oder ein `PUT` bzw. `MERGE` als HTTP-Methode mitgesendet werden muss. Wenn es um die Erstellung geht, dann möchten wir, dass der Benutzer nach erfolgreicher Erstellung zurück zur Liste navigiert wird. Die Implementierung dieses Event Handlers ist in Listing 11.46 zu sehen.

```
private onSavePressed(){
  let oEditModel = (this.getView().getModel("editModel") as
JSONModel).getData();
  (this.getView().getModel() as ODataModel).submitChanges({
      success: (oCreatedData: any) => {
          MessageToast.show("Erfolgreich gespeichert!");
          this._onSwitchEdit();
          if(oEditModel.create){
              this.onNavBack();
          }
      },
      error: (oError: any) => {
          MessageBox.error("Ein unerwarteter Fehler ist aufgetreten!");
      }
  });
}
```

Listing 11.46 Die Methode für das Speichern bleibt für Create und Update nahezu identisch.

Auch bei der Methode für das Abbrechen sollten Sie, wie beim Speichern, eine Abfrage einfügen, ob der View im Rahmen eines Create aufgerufen wurde. Wenn ja, dann sollte auch hier nach dem `restChanges()` zurücknavigiert werden (siehe Listing 11.47).

```
private onCancelPressed() {
  let oEditModel = (this.getView().getModel("editModel") as
JSONModel).getData();
  (this.getView().getModel() as ODataModel).resetChanges().then(() => {
      this._onSwitchEdit();
      if(oEditModel.create){
          this.onNavBack();
      }
  });
}
```

Listing 11.47 Anpassung der Methode für das Abbrechen

11.7 SAPUI5-Projekte von einem Git Repository klonen

Git wird von vielen Unternehmen als Werkzeug für die Verwaltung, Verteilung und Versionierung von Quellcode verwendet. Wir haben auch die Anwendung, die wir in diesem Kapitel entwickelt haben, in einem öffentlichen Git Repository hinterlegt. Sie können auf diese Anwendung über einen Link, den wir Ihnen im Laufe dieses Abschnitts mitteilen, zugreifen und so die App klonen und testen.

Source-Code- und Versionsverwaltung mit Git im SAP-Umfeld

Im SAP-Umfeld müssen Sie für SAPUI5-Anwendungen ein Source-Code- und Versionsverwaltungssystem selbst einführen. Die Empfehlung ist, auf Git zu setzen und so den Source-Code in einem Repository aufzubewahren. Der initiale Aufwand spricht zwar gegen diesen neuen Schritt, jedoch eröffnen sich neue Möglichkeiten, was die Collaboration und Software- und Feature-Entwicklung betrifft.

An dieser Stelle empfehlen wir Ihnen das Buch »Git und SAP. Versionsverwaltung und Transporte« (SAP PRESS 2022).

Für Git-Befehle, wie z. B. *Clone*, steht im SAP Business Application Studio bereits ein grafisches Werkzeug namens *Source Control* zur Verfügung. Wenn Sie noch kein Projekt geklont haben, steht Ihnen hier den Button **Clone Repository** zur Verfügung (wie auch in Abbildung 11.25 dargestellt). Sie können in jedem Fall auf die Einstellungen klicken und dort **Clone** auswählen.

Abbildung 11.25 Klonen über Source Control grafisch starten

Oben wird ein Dialogfeld geöffnet (siehe Abbildung 11.26), in dem Sie die URL des Git Repositorys eingeben können, das Sie klonen möchten. Für unsere Anwendung würde der Link wie folgt lauten: *https://github.com/clouddnagmbh/zsapui5withodatav2de.git*.

Abbildung 11.26 URL zum Git Repository angeben, das geklont werden soll

Im nächsten Schritt, nachdem Sie sich erfolgreich authentifiziert haben, müssen Sie auswählen, in welchem Ordner der Klon abgelegt werden soll. Wie Sie in Abbildung 11.27 sehen können, speichern wir alle unsere Projekte in SAP Business Application Studio im Verzeichnis **/home/user/projects**.

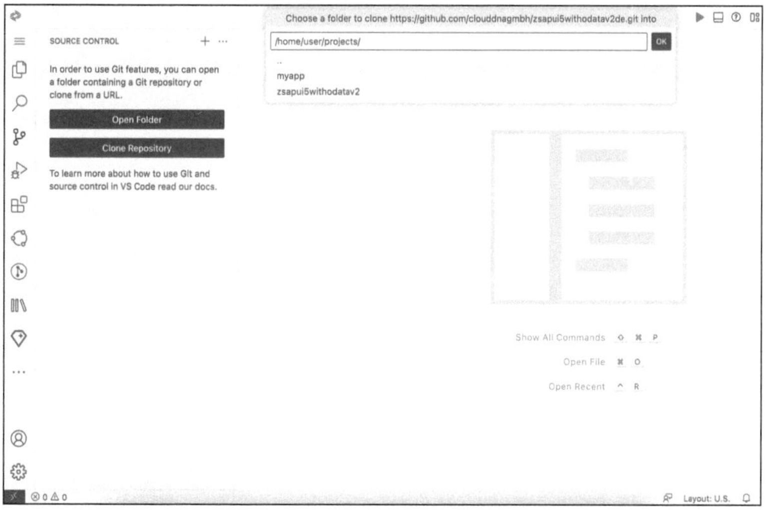

Abbildung 11.27 Zielverzeichnis für das Klonen auswählen

Wenn das Klonen erfolgreich war, können Sie das Projekt öffnen und die Quellen anzeigen, aber Sie können die Anwendung noch nicht wie gewohnt testen oder starten.

Das liegt daran, dass die Node Packages nicht in das Git Repository eingefügt werden, sondern die Entwickler sie immer selbst installieren müssen (siehe Abbildung 11.28).

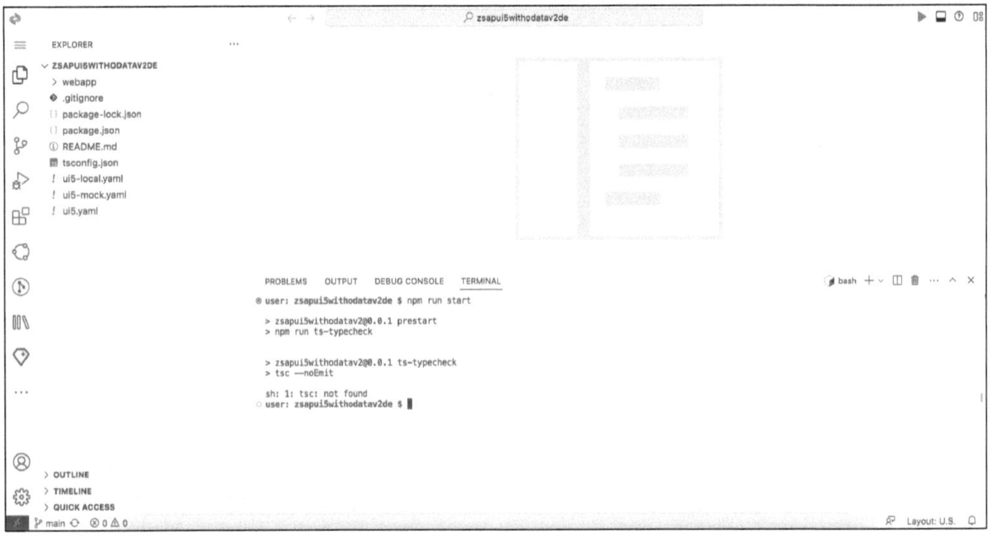

Abbildung 11.28 Preview und viele weitere Funktionalitäten funktionieren nicht nach dem Klonen

In Abbildung 11.29 sehen Sie, dass wir diese Node Packages selbst in einem Terminal mit dem Befehl `npm install` installieren können:

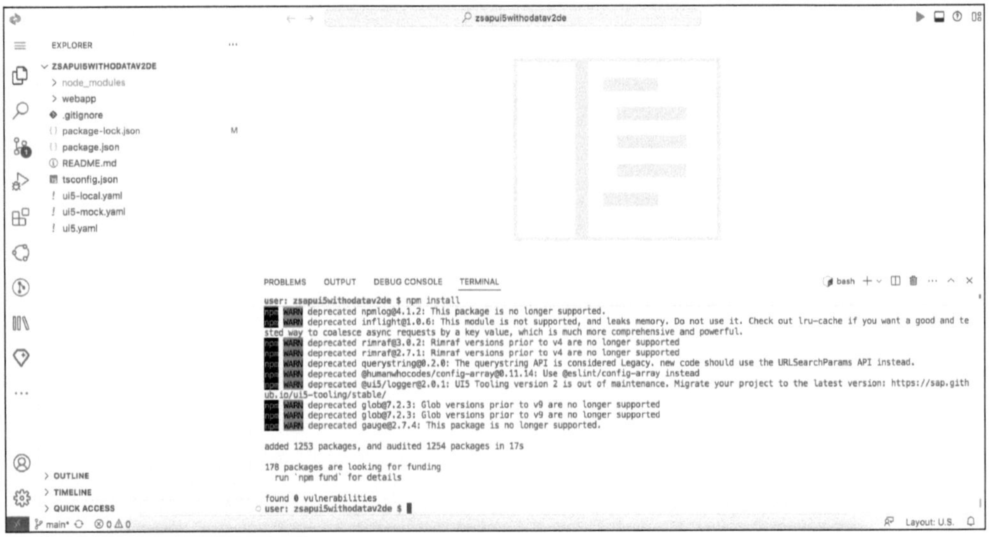

Abbildung 11.29 Node Packages installieren

[+]

Probleme mit (anderen) Befehlen und Funktionen im SAP Business Application Studio

Sollten Sie in Zukunft mit Problemen beim Ausführen von Befehlen konfrontiert sein, dann empfehlen wir Ihnen, den Befehl `npm clean install` im Terminal auszuführen. Hilft dies immer noch nicht, dann empfehlen wird, das Verzeichnis **node_modules** und die Datei **package-lock.json** zu löschen und danach den Befehl `npm install` durchzuführen. Es empfiehlt sich auch, vor allem wenn man eine Zeitlang inaktiv war, den Tab, in dem das SAP Business Application Studio läuft, zu aktualisieren oder gar den Dev Space zu stoppen und erneut zu starten.

11.8 Zusammenfassung

In diesem Kapitel haben wir eine SAPUI5-Anwendung entwickelt, die auf einem OData-V2-Service basiert. Sie haben gesehen, wie man mit einem OData-V2-Service unter Verwendung des OData-Modells kommuniziert. Schritt für Schritt haben wir die Anwendung so entwickelt, dass zunächst die Daten in einer Tabelle angezeigt werden konnten. Mithilfe eines Standard-Routers konnten wir zu einem anderen View navigieren. In einem Parameter haben wir die Information übergeben, welches Element in der Tabelle ausgewählt wurde. In der Detailansicht haben wir die Details eines ausgewählten Elements angezeigt. Sowohl in der Übersicht als auch in der Detailansicht haben wir zunächst die Ansicht manuell erstellt und dann ein Smart Control verwendet, um auszuprobieren, wie wir uns mit diesen UI-Elementen helfen können. Schließlich haben wir die Funktionen zum Erstellen und Aktualisieren implementiert und im Rahmen dieser Implementierung das Konzept der Fragmente kennengelernt.

Kapitel 12

Entwicklung von Benutzeroberflächen mit SAP Fiori Elements

Bei der Entwicklung von Geschäftsanwendungen gibt es immer wieder Anwendungsfälle, die die Darstellung von Daten in ähnlichen Formaten erfordern. Ob Listen, Tabellen, Formulare oder Grafiken, mit SAP Fiori Elements stehen für alle diese Anwendungsfälle passende Floorplans zur Verfügung.

Aus unterschiedlichsten Anforderungen an Geschäftsanwendungen kristallisieren sich immer wieder vergleichbare Anwendungsfälle heraus, in denen Daten auf eine bestimmte Art und Weise dargestellt werden müssen. Um diese Anwendungsfälle möglichst einfach und mit relativ geringem Entwicklungsaufwand umsetzen zu können, können Sie auf Floorplans zurückgreifen. Sie sind zwar flexibler, wenn Sie eigene Freestyle-SAPUI5-Anwendungen entwickeln, allerdings ist die Freestyle-Entwicklung komplexer und erfordert vertiefte Kenntnisse der SAPUI5-Entwicklung. Wenn Sie stattdessen auf SAP Fiori Elements zurückgreifen, können Sie auch mit geringen SAPUI5-Kenntnissen Anwendungen erstellen. Gleichzeitig erreichen Sie automatisch ein konsistentes Design der Benutzeroberfläche (User Interface, UI), und Ihre Anwendungen entsprechen den SAP-Fiori-Designrichtlinien.

SAP Fiori Elements bietet Ihnen eine Reihe von Floorplans. Ob Sie eine Übersichtsseite (engl. Overview Page) mit Kennzahlen erstellen oder einfach nur eine große Menge an Daten in Listenform darstellen wollen, für jeden gängigen Anwendungsfall gibt es einen Floorplan. Neben einer Listendarstellung können Sie auch eine Detailansicht für die einzelnen Objekte innerhalb dieser Liste erstellen, in die Sie bei der Auswahl eines Objekts springen können. Diese Detailansicht können Sie nutzen, um neue Objekte anzulegen oder bestehende Objekte zu bearbeiten. Auch mit einem Floorplan lassen sich statistische Daten auf verschiedene Weise darstellen.

In den folgenden Abschnitten stellen wir Ihnen die verfügbaren Floorplans und ihre Funktionen kurz vor und zeigen dann für jeden Floorplan-Typ ein detailliertes Entwicklungsbeispiel.

[»]

OData-Version

Die einzelnen Floorplans unterscheiden sich manchmal, je nachdem, welche OData-Version Sie verwenden. Da es OData V2 und OData V4 gibt, kann es sein, dass bestimmte Funktionen oder Anmerkungen nur in einer der beiden Versionen verfügbar sind oder in den beiden Versionen unterschiedlich funktionieren. In den folgenden Beispielen verwenden wir OData V2.

SAP Fiori Elements bietet mehrere vordefinierte Floorplans, die Sie verwenden können, um ansprechende und konsistente Benutzeroberflächen für Ihre SAP-Fiori-Anwendungen zu erstellen. Diese Floorplans wurden entwickelt, um die App-Entwicklung zu vereinfachen, indem sie einen standardisierten Satz von UI-Elementen und Verhaltensweisen bereitstellen.

Die wahrscheinlich am häufigsten verwendeten Floorplans sind die folgenden:

- Overview Page
- List Report
- Object Page

Im Folgenden werden wir uns diese im Detail ansehen. Nachdem wir die einzelnen Floorplans besprochen haben, lernen Sie die allgemeinen Annotationen kennen, die in jedem Floorplan vorhanden sind.

12.1 List Report

Der *List Report* wird vor allem dann verwendet, wenn große Datenmengen dargestellt und die einzelnen Einträge bearbeitet werden sollen. Die Darstellung muss nicht unbedingt in Tabellen- oder Listenform erfolgen, sondern es ist auch ein Diagramm möglich. Darüber hinaus bietet dieser Floorplan die Möglichkeit, die Ergebnismenge durch Filtern, Sortieren und Gruppieren entsprechend aufzubereiten. Auf diese Weise können große Datenmengen auf die relevanten Datensätze reduziert werden.

Sie sollten den List Report jedoch nicht verwenden, wenn Sie die Details eines Datensatzes sehen wollen. In diesem Fall bietet sich die Object Page an (siehe Abschnitt 12.2). Der List Report ist wie folgt aufgebaut:

- eine dynamische Kopfzeile: der Dynamic Page Header
- ein Inhaltsbereich: die Content Area
- eine Fußzeilensymbolleiste: die Footer Toolbar

Am oberen Rand der Seite finden Sie den Dynamic Page Header (siehe ❶ in Abbildung 12.1). Diese Kopfzeile enthält den Titel des Berichts und gibt an, welche Informationen mit der Anwendung angezeigt werden. Außerdem finden Sie im Dynamic Page Header die Filterzeile und Buttons für allgemeine Aktionen. Mit diesen Aktionen können Sie die Kopfzeile erweitern oder komprimieren. Sie können die Kopfzeile auch anheften oder lösen, sodass sie beim Scrollen in der Liste immer oder nur oben angezeigt wird.

Die Content Area ❷ zeigt den eigentlichen Inhalt in Form von Tabellen, Listen oder Diagrammen an. Sie können die Daten in diesem Bereich auf unterschiedliche Weise anzeigen. Zusätzlich werden oberhalb der Liste ein Titel und eine Icon-Tab-Leiste angezeigt. Letztere kann Textbuttons und/oder Icons enthalten.

In der Fußzeile bietet die Footer Toolbar übergreifende Aktionen, die sich auf die gesamte Datenübersicht beziehen, z. B. Speichern oder Starten einer Simulation, sowie gegebenenfalls ein Benachrichtigungssymbol. Dieses Symbol ermöglicht es Ihnen, Benachrichtigungen über aufgetretene Fehler in einem schwebenden Menü (Popover) anzuzeigen. Die Fußleiste ist optional, Sie müssen sie also nicht verwenden.

Abbildung 12.1 zeigt, wie ein List Report aussehen könnte. In diesem Beispiel wird jedoch keine Footer Toolbar verwendet, sondern nur der Dynamic Page Header mit den Filterfunktionen und die Content Area.

Abbildung 12.1 SAP Fiori Elements: List Report

Im Folgenden erfahren Sie, wann der List Report verwendet werden sollte und welche Anmerkungen für diesen Floorplan relevant sind. Zum Schluss sehen Sie, wie ein List Report implementiert werden kann.

12.1.1 Anwendungsfälle

Im Folgenden sind einige Anwendungsfälle aufgeführt, in denen der List Report eine gute Wahl wäre:

- Die Benutzer müssen relevante Elemente in einer großen Datensammlung effizient finden und verwalten. Dies wird erreicht, indem man ihnen Such-, Filter-, Sortier- und Gruppierungsfunktionen zur Verfügung stellt.
- Ihr Ziel ist es, den Benutzern die Möglichkeit zu geben, den gesamten Datensatz mit einer Reihe von visuellen Darstellungen wie Tabellen oder Diagrammen zu betrachten, ohne dass eine Interaktion zwischen diesen erforderlich ist. Ein Beispiel für einen solchen Anwendungsfall ist die Erstellung von Berichten.
- Die Benutzer müssen mit mehreren Ansichten desselben Inhalts interagieren, z. B. mit offenen, in Bearbeitung befindlichen oder abgeschlossenen Vorgängen. Um dies zu erreichen, möchten Sie den Benutzern eine Möglichkeit bieten, zwischen verschiedenen Ansichten zu wechseln, indem Sie Funktionen wie Registerkarten, segmentierte Buttons oder Auswahlsteuerungen verwenden.
- Im Allgemeinen wird der Drilldown nur selten verwendet oder ist nicht als freie oder flexible Option innerhalb derselben Seite verfügbar. Stattdessen ist sie normalerweise über die Navigation zu einer anderen Seite zugänglich.
- Die Benutzer müssen mit verschiedenen Arten von Elementen umgehen.

12.1.2 Annotationen des List Reports

Im Folgenden finden Sie die am häufigsten verwendeten Anmerkungen für die Implementierung eines List Reports:

- `UI.HeaderInfo`
  - Datentyp: String(60)
  - Beispiel: `UI.HeaderInfo.typeName: 'Default'`

  Diese Annotation bezieht sich im Wesentlichen auf den Inhalt einer Kopfzeile. Verschiedene Eigenschaften wie der Titel (z. B. der Name des angezeigten Objekts in Singular und Plural), eine Beschreibung oder eine Bild-URL können mit dieser Anmerkung definiert werden. Der Titel kann maximal 60 Zeichen lang sein.
- `UI.LineItem`
  - Beispiel: `UI.LineItem: {label: 'Name', position: 10}`

  Mit dieser Annotation können Sie festlegen, wie die einzelnen Tabellenzeilen aussehen sollen. Sie können Eigenschaften wie Spaltentitel, Spaltenpositionen, Werte, Datentyp des jeweiligen Listenelements usw. festlegen.

- `UI.SelectionFields`
  - Beispiel: `UI.SelectionFields: [{qualifier: 'Name', position: 10}]`

  Mit dieser Anmerkung können Sie festlegen, welche Filtereigenschaften Sie bereitstellen möchten.

12.1.3 Implementierung eines List Reports

Für die Implementierung des List Reports verwenden wir den OData-Service, den wir in Kapitel 7, »Entwicklung von OData-V4-Services mit dem SAP Cloud Application Programming Model«, entwickelt haben. Folgen Sie diesen Schritten:

1. Zunächst muss ein neues Projekt erstellt werden, wofür der SAP Fiori Application Generator erforderlich ist. Um darauf zuzugreifen, öffnen Sie die Befehlspalette im SAP Business Application Studio, indem Sie in der Menüleiste **View • Command Palette** wählen. Wenn sich das Pop-up öffnet, geben Sie »Application Generator« ein.

2. Wählen Sie im Feld **Application Type** die Option **SAP Fiori Elements**, wählen Sie den Floorplan **List Report Object Page** und bestätigen Sie mit **Next** (siehe Abbildung 12.2). Da ein List Report häufig in Verbindung mit einer Objektseite verwendet wird, werden die beiden Floorplans an dieser Stelle zu einer Vorlage zusammengefasst.

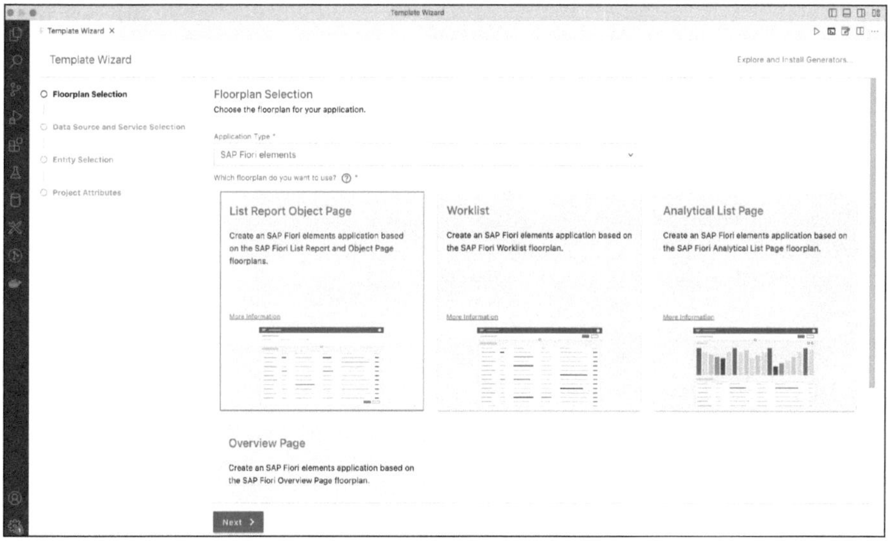

Abbildung 12.2 Auswahl des List Report Floorplans

3. Wählen Sie die Datenquelle (d. h. unseren OData-Service). Hier können Sie zwischen verschiedenen Datenquellentypen wählen. Für diesen Anwendungsfall wählen Sie **Connect to an OData Service** und geben die entsprechende Adresse an, unter der sich der Dienst befindet: »http://localhost:4004/bookservice« (siehe Abbildung 12.3). Bestätigen Sie mit **Next**.

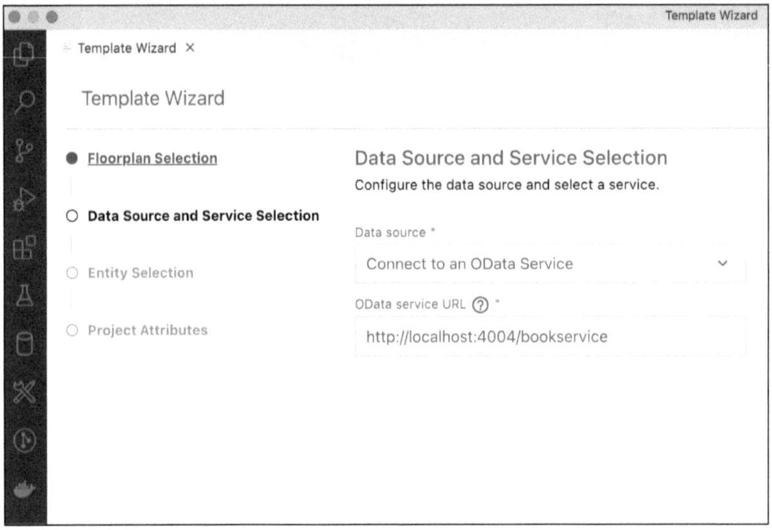

Abbildung 12.3 Auswahl des OData-Service

4. Geben Sie das Entity-Set an, für das der List Report erstellt werden soll. Die zur Auswahl stehenden Entity-Sets werden automatisch über die Metadaten des ausgewählten Service ermittelt. In unserem Beispiel ist **Book** die Hauptentität (siehe Abbildung 12.4). Aufgrund dieser Konfiguration »weiß« das Framework bereits, dass die Liste der Bücher auf der ersten Ebene dargestellt wird.

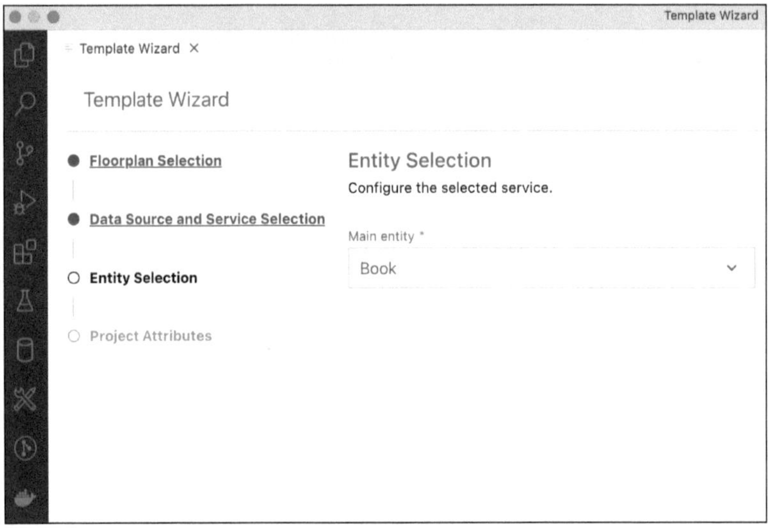

Abbildung 12.4 Auswahl des Entity-Sets

5. In diesem Schritt müssen einige allgemeine Informationen über das Projekt eingegeben werden. Für unser Beispiel gehen Sie wie folgt vor (siehe Abbildung 12.5):

- **Module name**: »zbookapp«
- **Application title**: »Books«
- **Application namespace**: Ihre Unternehmensdomäne, z. B., »at.clouddna«
- **Description**: »List Report: Books«
- **Project folder path**: »/Users/rene/projects«
- **Add deployment configuration**: **No**
- **Add FLP configuration**: **No**
- **Configure advanced options**: **No**

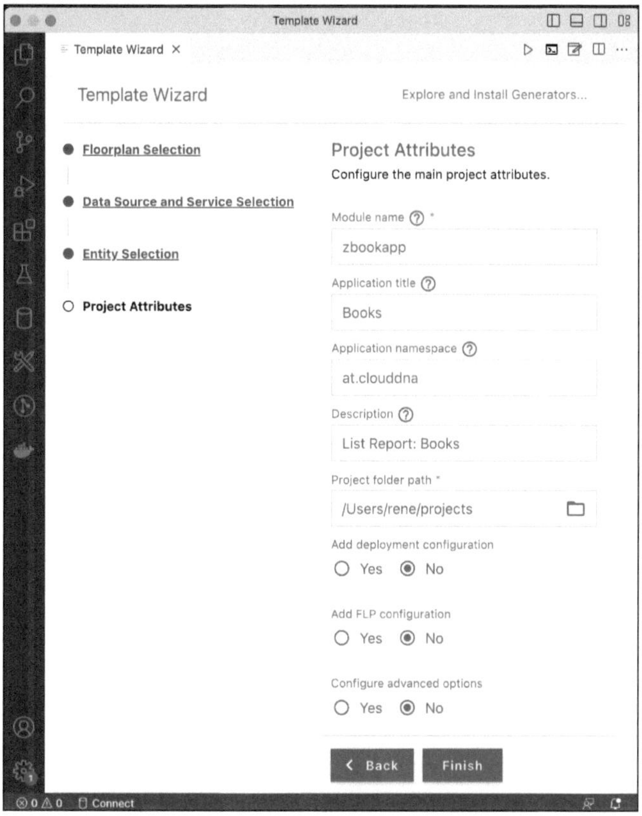

Abbildung 12.5 Attribute des Projekts

Wenn Sie für das Optionsfeld **Add deployment configuration** die Option **Yes** wählen, können Sie in einem weiteren Schritt die Konfigurationen für die Bereitstellung festlegen. Hier können Sie auswählen, ob die Anwendung in einem ABAP- oder Cloud-Repository bereitgestellt werden soll. Für unser Beispiel brauchen wir das noch nicht. In der SAP-Fiori-Launchpad-Konfiguration können Sie eine Aktion und ein semantisches Objekt für die Anwendung zuweisen. Wir lassen auch das Optionsfeld **Add FLP configuration** auf **No** gesetzt.

Wenn Sie für das Optionsfeld **Configure advanced options** die Option **Yes** wählen, können Sie die SAPUI5-Version und das SAPUI5-Theme auswählen. Standardmäßig werden hier die neueste Version und das Theme SAP Quartz Light verwendet, was für unsere Zwecke ausreichend ist.

6. Nachdem Sie alle Pflichtfelder ausgefüllt haben, können Sie die Erstellung des List Reports mit **Finish** abschließen.

Die folgende Übersichtsseite fasst die Informationen über die Anwendung zusammen (siehe Abbildung 12.6). Darüber hinaus finden Sie Buttons zum Starten und Bereitstellen der Anwendung. Auf dieser Übersichtsseite können Sie auch die verwendeten Annotation-Dateien und Node Packages überprüfen.

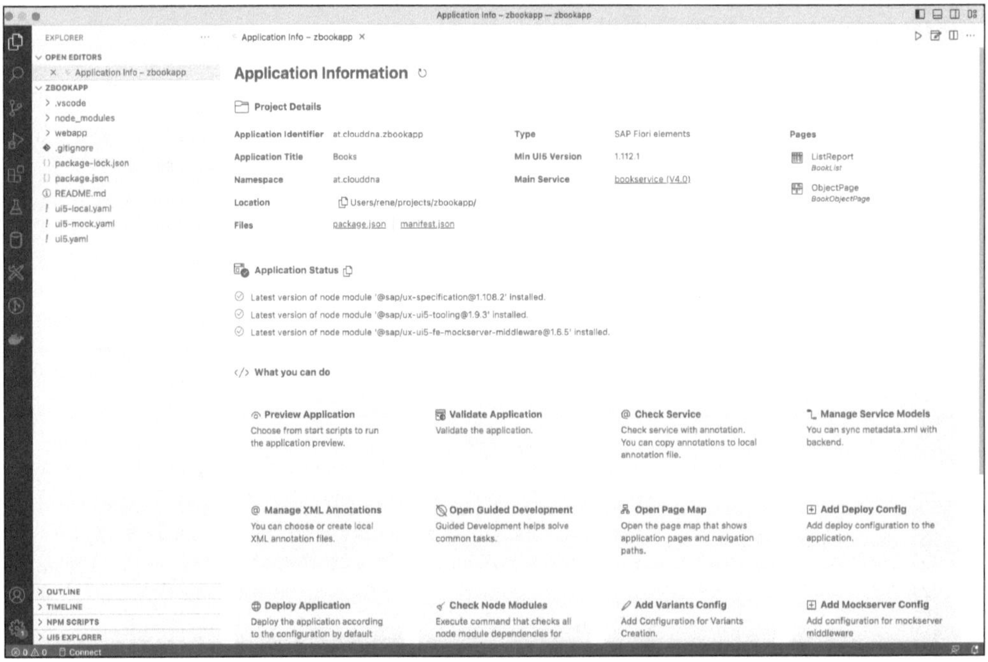

Abbildung 12.6 Applikationsinformationen des List Reports

Um die Anwendung zu starten, klicken Sie auf den Button **Preview Application**. Wie in Abbildung 12.7 dargestellt, können Sie zwischen verschiedenen Konfigurationen zum Starten der Anwendung wählen. Wählen Sie **start**, um direkt auf den OData-Service zuzugreifen. Mit **start-local** kann die Anwendung über einen Mock-Server gestartet werden.

Wenn die Anwendung zum ersten Mal gestartet wird, können bestimmte Pakete fehlen. Diese werden automatisch durch den Node Package Manager (npm) installiert, bevor die Anwendung geöffnet wird, normalerweise in einem neuen Tab.

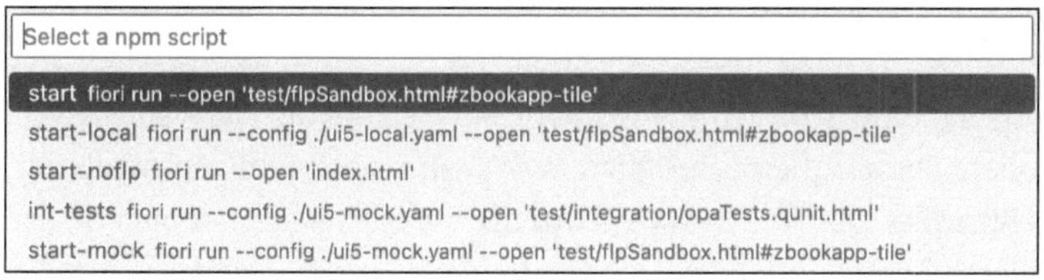

Abbildung 12.7 Auswahl der Start-Konfiguration beim Starten der Anwendung

Damit beim Start der Anwendung bestimmte Spalten standardmäßig angezeigt werden und auch entsprechende Spaltenbeschriftungen vorhanden sind, müssen dem OData-Service noch einige Annotationen hinzugefügt werden. Daher fügen wir Annotationen für die Eigenschaften ID, ISBN, Title und Description hinzu, wie in Abbildung 12.8 zu sehen ist.

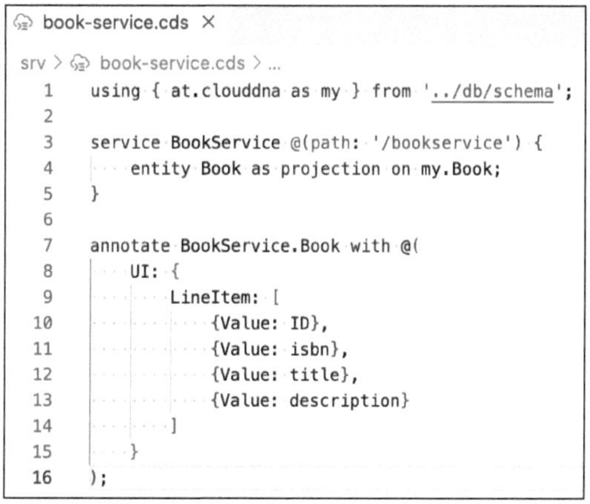

Abbildung 12.8 Hinzufügen von Annotationen für den List Report

Nachdem Sie dem OData-Service entsprechende Anmerkungen hinzugefügt haben, wird der List Report wie in Abbildung 12.9 dargestellt ausgegeben.

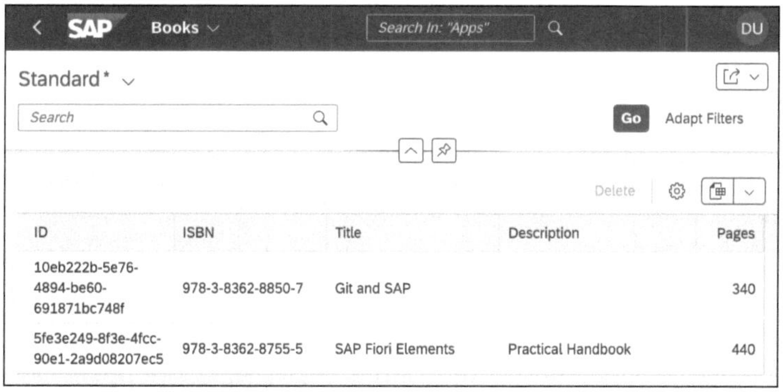

Abbildung 12.9 List Report

12.2 Object Page

Im vorigen Abschnitt haben wir uns mit Floorplans befasst, die die Darstellung von Daten in Tabellen oder Diagrammen ermöglichen. Was uns noch fehlt, ist die detaillierte Ansicht eines Business-Objekts. Dies wird durch die *Object Page* ermöglicht. Die Funktionen der Object Page gehen jedoch über die einer Detailansicht hinaus. Sie können mit ihr auch neue Objekte anlegen, bestehende Objekte bearbeiten oder Objekte löschen. Je nachdem, wie komplex Ihre Objekte sind, können Sie die Daten in einfachen Formularen oder in Tabellen darstellen. Die Object Page besteht aus den folgenden Komponenten, wobei die Navigationsleiste und die Fußleiste optional sind:

- Dynamic Page Header
- Navigation Bar
- Content Area
- Footer Toolbar

Der Dynamic Page Header (❶ in Abbildung 12.10) enthält wichtige Informationen über das angezeigte Objekt. Hier finden Sie auch einen Button **Edit** und einen Button **Delete**. Neben dem Titel enthält die Kopfzeile auch einen Untertitel oder Breadcrumbs. Mit der Navigationsleiste ❷ können Sie steuern, welche Inhalte in der Content Area angezeigt werden. Dies kann auf zwei verschiedene Arten geschehen:

- **als Anchor Bar**

  Eine Anchor Bar besteht aus einer Reihe von Links, die auf verschiedene Unterabschnitte verweisen. Wenn Sie auf einen solchen Link klicken, gelangen Sie zu dem entsprechenden Unterabschnitt. Die Anchor Bar wird vor allem dann verwendet, wenn die Inhalte der einzelnen Abschnitte zusammengehören.

- **als Tab Bar**

  Die Tab Bar enthält ebenfalls Links. Diese verweisen jedoch auf andere Seiten innerhalb der Anwendung. Diese Form der Navigation wird verwendet, wenn auf den einzelnen Seiten unterschiedliche Inhalte angezeigt werden. Die verfügbaren Registerkarten werden in Form von horizontal angeordneten Links dargestellt. Mit jedem dieser Links können Sie zu einem Abschnitt oder Unterabschnitt springen.

In der Content Area werden die Detail-Daten eines Objekts dargestellt. Diese Darstellung erfolgt mithilfe von Abschnitten ❸ und Unterabschnitten ❹. Ein *Abschnitt* kann als eine Art Container betrachtet werden, der mehrere *Unterabschnitte* enthält. Jeder Abschnitt hat einen Titel. In den Unterabschnitten finden Sie den eigentlichen Inhalt. Jeder Unterabschnitt hat ebenfalls einen Titel und eine Symbolleiste. Ob Sie in den Unterabschnitten Tabellen, Formulare oder Diagramme anzeigen, bleibt Ihnen überlassen. Unterhalb der Content Area befindet sich die *Footer Toolbar*. Sie enthält, falls vorhanden, abschließende Aktionen wie Speichern, Abbrechen oder Übernehmen von Änderungen.

Abbildung 12.10 zeigt, wie eine Object Page aussehen könnte. In der Kopfzeile werden hier einige wichtige Key-Performance-Indikatoren (KPIs) angezeigt. Außerdem finden Sie hier Aktionen wie das Bearbeiten oder Löschen eines Objekts sowie weitere spezifische Funktionen. Im Inhaltsbereich werden die Details des ausgewählten Objekts in Formularen und Tabellen angezeigt.

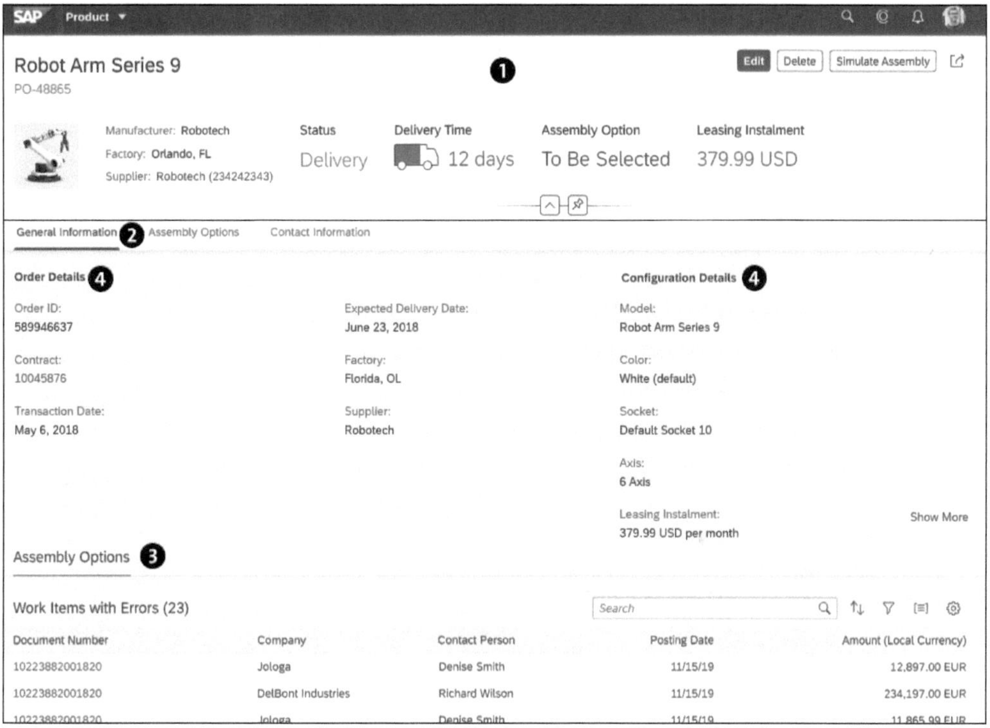

Abbildung 12.10 SAP Fiori Elements: Object Page

Die Objektseite sollte verwendet werden, wenn Sie Benutzern die Möglichkeit geben wollen, Business-Objekte anzuzeigen, zu erstellen und zu bearbeiten. Sie ist auch sehr praktisch, um sich einen Überblick über ein Objekt zu verschaffen und um einige Interaktionsmöglichkeiten zu nutzen.

In den folgenden Abschnitten werden Sie sehen, wann eine Object Page verwendet werden sollte. Wir werden uns auch die Anmerkungen ansehen, die für eine Object Page relevant sind. Schließlich werden wir sehen, wie dieser Floorplan implementiert werden kann.

12.2.1 Anwendungsfälle

Im Folgenden sind einige Anwendungsfälle aufgeführt, in denen die Object Page eine gute Wahl wäre:

- Benutzer müssen ein Objekt anzeigen, anlegen oder ändern.
- Die Benutzer müssen ein umfassendes Verständnis eines Objekts erlangen und mit seinen verschiedenen Komponenten interagieren.

12.2.2 Annotationen der Object Page

Die folgenden Annotationen sind für den Object Page Floorplan relevant:

- **`UI.headerInfo.typeName`**
  - Typ: STRING(60)
  - Beispiel: `UI.headerInfo.typeName: 'Order'`

  Gibt den Namen des Objekttyps an und wird in der Kopfzeile des SAP Fiori Launchpads als Titel der Anwendung angezeigt. Diese Annotation muss zugewiesen werden, wenn die Annotation `EndUserText.label` nicht zugewiesen wurde.
- **`UI.headerInfo.typeNamePlural`**
  - Typ: STRING(60)
  - Beispiel: `UI.headerInfo.typeNamePlural: 'Orders'`

  Stellt den Titel eines Objekttyps oberhalb einer Liste dar und muss obligatorisch sein. Der Wert entspricht dem Plural des Werts aus der Annotation `UI.headerInfo.typeName`.
- **`UI.headerInfo.typeImageUrl`**
  - Typ: STRING
  - Beispiel: `UI.headerInfo.typeImageUrl: 'https://myurl/myimage.png'`

  Verweist per URL auf ein Bild, das als Darstellung eines Objekttyps dient. Die Angabe eines solchen Bilds ist optional.
- **`UI.headerInfo.title.label`**
  - Type: STRING(60)
  - Beispiel: `UI.headerInfo.title.label: 'Order Nr.'`

  Dient als Beschreibung des Elements, durch das das Objekt identifiziert wird. (Der beschriebene Wert wird aus der Anmerkung `UI.headerInfo.title.value` übernommen.)
- **`UI.headerInfo.title.value`**
  - Typ: elementRef
  - Beispiel: `UI.headerInfo.title.value: 'OrderNr'`

Zeigt den Wert eines Entitätsattributs als Titel der Seite an. Dieser Wert ist in der Regel das Schlüsselattribut, sollte aber für die Benutzer verständlich und lesbar sein. Dieser muss obligatorisch sein.

- **`UI.headerInfo.title.type`**
  - Typ: Enum
  - Beispiel: `UI.headerInfo.title.type: #STANDARD`

  Optional können Sie den Typ der Kopfzeile festlegen. Die folgenden Werte sind zulässig:

  - `STANDARD`: Der Seitentitel wird als normales Datenfeld angezeigt, und die Anmerkungen für die Attribute Label, Value und Criticality können verwendet werden.
  - `WITH_NAVIGATION_PATH`: Der Seitentitel dient als Navigationselement, das über die Annotationen für die Attribute Label, Value und `targetElement` auf ein OData-Navigationsattribut verweist.
  - `WITH_URL`: Der Seitentitel dient als Navigationselement, das über die Anmerkungen für die Attribute Label, Value und URL auf eine URL verweist.
  - `WITH_INTENT_BASED_NAVIGATION`: Wird dieser Typ verwendet, kann über die Annotationen für die Attribute `Value` und `semanticObjectAction` eine Intent-basierte Navigation implementiert werden.
- **`UI.headerInfo.title.criticality`**
  - Typ: elementRef
  - Beispiel: `UI.headerInfo.title.criticality: 'CriticalValue'`

  Sofern die Typ-Annotation den Wert `STANDARD` hat, kann die Ampelfarbe des Titels (Standard, Rot, Gelb, Grün) optional über die Kritikalitätsannotationen gesteuert werden. Das referenzierte Element muss eine Zahl enthalten (0, 1, 2, 3).
- **`UI.headerInfo.title.iconURL`**
  - Typ: STRING
  - Beispiel: `UI.headerInfo.title.iconUrl: '/img/cust.png'`

  Diese optionale Annotation verweist per URL auf ein Bild, das ein Kopfzeilensymbol anzeigt.
- **`UI.headerInfo.title.targetElement`**
  - Typ: elementRef
  - Beispiel: `UI.headerInfo.title.targetElement: 'toSupplier'`

  Diese optionale Annotation verweist auf das Navigationsattribut, das beim Anklicken der Kopfzeile ausgelöst wird (der Typ muss `STANDARD` sein).
- **`UI.headerInfo.title.url`**
  - Typ: elementRef
  - Beispiel: `UI.headerInfo.title.url: 'CustomUrl'`

Diese optionale Annotation verweist auf die URL, die ausgelöst wird, wenn die Kopfzeile angeklickt wird (der Typ muss `WITH_URL` sein).

- **`UI.headerInfo.description.label`**
  - Typ: STRING(60)
  - Beispiel: `UI.headerInfo.description.label: 'OrderDescLabel'`

  Dient optional als Bezeichnung für die angezeigte Objektbeschreibung. (Der beschriebene Wert stammt aus der Annotation `UI.headerInfo.description.value`.)
- **`UI.headerInfo.description.value`**
  - Typ: elementRef
  - Beispiel: `UI.headerInfo.description.value: 'OrderDesc'`

  Zeigt optional den Wert eines Entitätsattributs als Untertitel der Seite an. Dieser Wert ist in der Regel eine zusätzliche Beschreibung und sollte für die Benutzer verständlich und lesbar sein.
- **`UI.headerInfo.description.type`**
  - Typ: Enum
  - Beispiel: `UI.headerInfo.description.type: #STANDARD`

  Legt den Typ des Untertitelfelds fest. Die folgenden Werte sind zulässig:
  - `STANDARD`: Die Seitenbeschreibung wird als normales Datenfeld angezeigt, und die Anmerkungen für die Attribute Label, Value und Criticality können verwendet werden.
  - `WITH_NAVIGATION_PATH`: Die Seitenbeschreibung dient als Navigationselement, das über die Annotationen für die Attribute Label, Value und `targetElement` auf ein OData-Navigationsattribut verweist.
  - `WITH_URL`: Die Seitenbeschreibung dient als Navigationselement, das über die Annotationen für die Attribute Label, Value und URL auf eine URL verweist.
  - `WITH_INTENT_BUSINESS APPLICATION STUDIOED_NAVIGATION`: Wenn dieser Typ verwendet wird, kann eine Intent-basierte Navigation über die Annotationen für die Attribute `value` und `semanticObjectAction` implementiert werden.
- **`UI.headerInfo.description.criticality`**
  - Typ: elementRef
  - Beispiel: `UI.headerInfo.description.criticality: 'CriticalValue'`

  Wenn die Typ-Annotation den Wert `STANDARD` hat, können die Kritikalitätsannotationen verwendet werden, um die Farbe der Beschreibung zu steuern (Standard, Rot, Gelb, Grün). Das referenzierte Element muss eine Zahl enthalten (0, 1, 2, 3).
- **`UI.headerInfo.description.iconURL`**
  - Typ: STRING
  - Beispiel: `UI.headerInfo.description.iconUrl: '/img/cust.png'`

Diese optionale Annotation verweist per URL auf ein Bild, das ein Symbol neben der Beschreibung anzeigt.

- `UI.headerInfo.description.targetElement`
  - Typ: elementRef
  - Beispiel: `UI.headerInfo.description.targetElement: 'toSupplier'`

  Dieses Element bietet die Möglichkeit, eine Verbindung zwischen dem Kopfbereich eines Floorplans in der Objektansicht und einem bestimmten Zielelement herzustellen. Mit dieser Funktionalität können Sie eine Verknüpfung erstellen, die es Benutzern ermöglicht, vom Kopfbereich zu einem bestimmten Element innerhalb des Floorplans zu navigieren oder ihre Aufmerksamkeit darauf zu lenken.

12.2.3 Implementierung einer Object Page

Für die Implementierung der Object Page werden wir den OData-Service verwenden, den wir in einem früheren Kapitel entwickelt haben. Folgen Sie diesen Schritten:

1. Zunächst muss ein neues Projekt erstellt werden, wofür der SAP Fiori Application Generator erforderlich ist. Um darauf zuzugreifen, öffnen Sie die Befehlspalette im SAP Business Application Studio, indem Sie in der Menüleiste **View • Command Palette** wählen. Wenn sich das Pop-up öffnet, geben Sie »Application Generator« ein.
2. Wählen Sie **SAP Fiori Elements** als **Application Type**.
3. Um eine Object Page zu erstellen, wählen Sie die Kachel **List Report Object Page** und bestätigen mit **Next**.
4. Um die Datenquelle zu definieren, wählen Sie **Connect to an OData Service**. Da der OData-Service unter *http://localhost:4004/bookservice* erreichbar ist, geben Sie dies als **OData service-URL** ein (siehe Abbildung 12.11). Bestätigen Sie diesen Schritt mit **Next**.

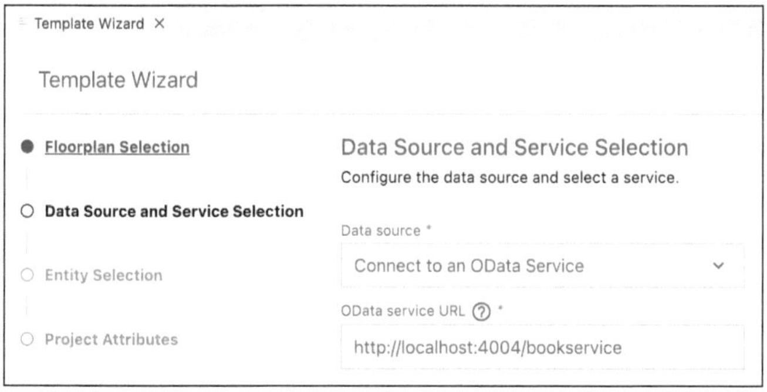

Abbildung 12.11 Hinzufügen des OData-Service zur Object Page

5. Wählen Sie in der Drop-down-Liste **Main entity** die Option **Book** (siehe Abbildung 12.12) und bestätigen Sie mit **Next**.

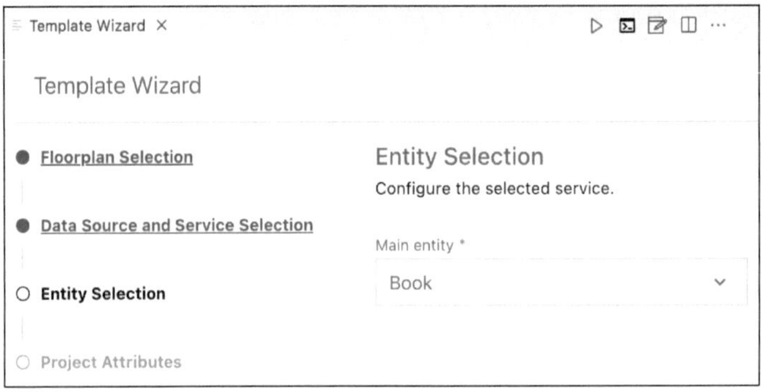

Abbildung 12.12 Auswahl der Main Entity der Object Page

6. Um einige allgemeine Informationen für das Projekt hinzuzufügen, wie z. B. den Modulnamen, den Applikationstitel usw., gehen Sie wie folgt vor (siehe Abbildung 12.13):

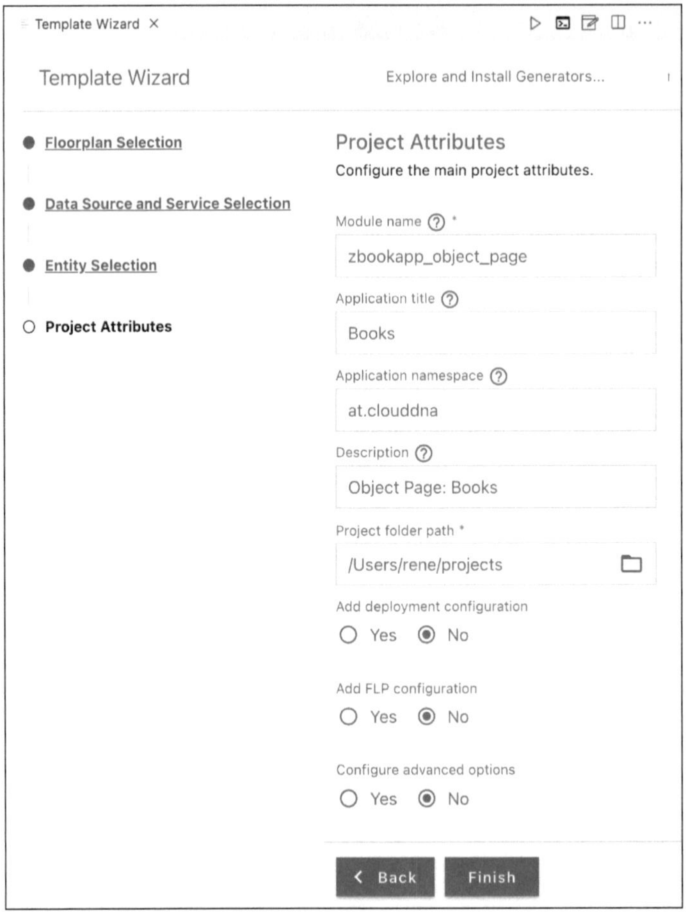

Abbildung 12.13 Allgemeine Projektinformationen der Object Page

- **Module name:** »zbookapp_object_page«
- **Application title:** »Books«
- **Application namespace:** Ihre Unternehmensdomäne, z. B., »at.clouddna«
- **Description:** »Object Page: Books«
- **Project folder path:** »/Users/rene/projects«
- **Add deployment configuration: No**
- **Add FLP configuration: No**
- **Configure advanced options: No**

7. Klicken Sie auf **Finish**, um den Erstellungsprozess abzuschließen.

Nachdem Sie die Anwendung erstellt haben, sollten Sie die Übersicht der Anwendung sehen. Wie in Abbildung 12.14 dargestellt, enthält sie Informationen über unsere Anwendung, bietet aber auch Aktionen an, die durchgeführt werden können, z. B. das Starten oder Deployen der Anwendung.

Abbildung 12.14 Anwendungsinformation der Object Page

Mit einem Klick auf den Button **Preview Application** kann die Anwendung gestartet werden. Zudem kann im Pop-over zwischen verschiedenen Ausführungskonfigurationen gewählt werden. Um die Anwendung gegen unseren OData-Service laufen zu lassen, wählen Sie hier **Start** (siehe Abbildung 12.15). Alternativ können Sie dies auch erreichen, indem Sie einfach `npm run start fiori run -open 'test/flpSandbox.html#zbookappobjectpage-tile'` in der Befehlszeile ausführen.

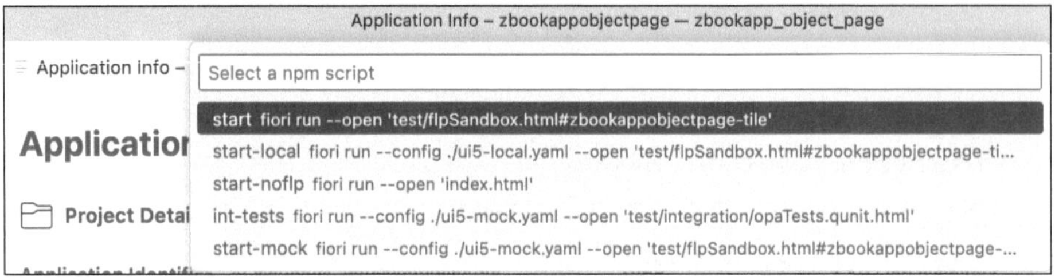

Abbildung 12.15 Starten der Object-Page-Anwendung

Nach dem Start und Zugriff auf die Anwendung erhalten wir eine Liste aller verfügbaren Bücher (siehe Abbildung 12.16). Durch Anklicken eines Eintrags wird die Navigation in die Object Page ausgelöst.

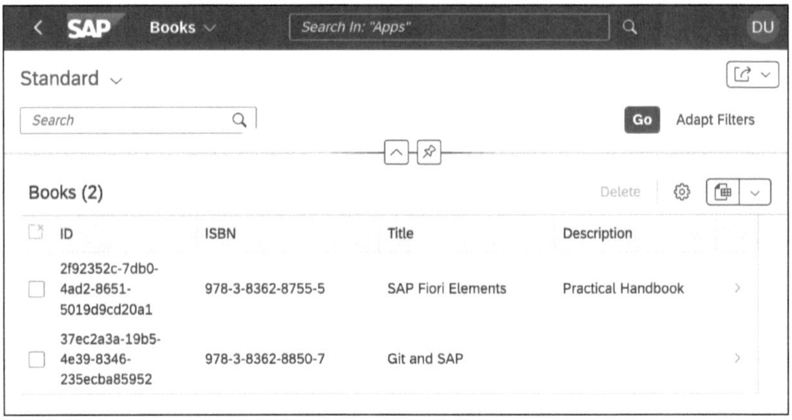

Abbildung 12.16 Liste der verfügbaren Einträge

Wie in Abbildung 12.17 dargestellt, wird auf der Object Page nichts angezeigt. Das liegt daran, dass keine Annotationen für die Seite hinzugefügt wurden. Um nun Inhalte auf der Object Page anzuzeigen, fügen wir in den nächsten Schritten die erforderliche Annotation zum OData-Service hinzu.

Abbildung 12.17 Leere Object Page

Im Folgenden werden wir den OData-Service mit der entsprechenden Annotation erweitern. Zunächst verwenden wir die Annotation `HeaderInfo`, um Daten wie Titel und ISBN im Kopfbereich anzuzeigen. In dieser Annotation können ein Typenname im Singular und Plural, ein Titel und eine Beschreibung angegeben werden. Der Typenname wird in der Kopfzeile angezeigt, während Titel und Beschreibung im oberen Bereich der Objektseite angezeigt werden. Außerdem ist es wichtig, dass `UI.DataField` als Typ für `Title` und `Description` angegeben wird.

Diese Annotation muss zu diesem Zweck dem CDS-Service hinzugefügt werden. Listing 12.1 zeigt, wie dies in unserem Fall aussehen würde. Es ist wichtig, dass diese als Kind der UI-Annotation erstellt wird.

```
HeaderInfo: {
        TypeName: 'Book',
        TypeNamePlural: 'Books',
        Title : {
              $Type : 'UI.DataField',
              Value : title
        },
        Description : {
              $Type : 'UI.DataField',
              Value : isbn
        }
}
```

Listing 12.1 »HeaderInfo«-Annotation für die Object Page

Nachdem die Annotation hinzugefügt wurde, sollte die Definition des Service wie in Abbildung 12.18 aussehen.

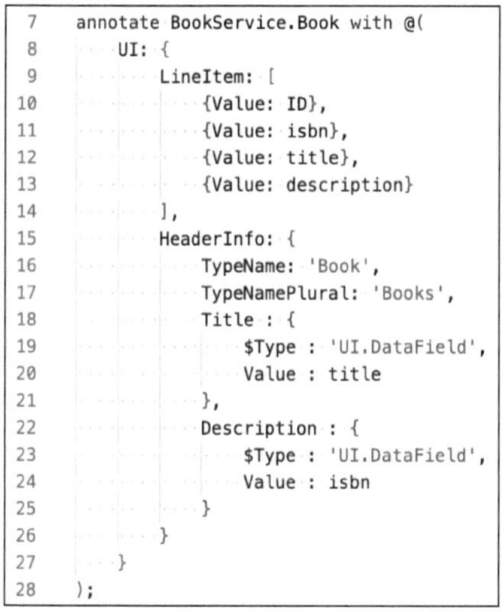

Abbildung 12.18 Annotierter Service nach Hinzufügen der »HeaderInfo«-Annotation

Wenn die Object Page nun neu geladen wird, sollten die entsprechenden Informationen korrekt angezeigt werden (siehe Abbildung 12.19).

Abbildung 12.19 Header-Informationen der Object Page nach Pflegen der »HeaderInfo«-Annotation

Um weitere detaillierte Daten in Form eines Formulars anzuzeigen, muss der Service durch weitere Annotationen ergänzt werden. Die folgenden Annotationen sind erforderlich:

- `FieldGroup`
- `Facets`

Die `FieldGroup`-Annotation definiert, welche Eigenschaft in der jeweiligen `FieldGroup` angezeigt werden soll. Dies allein reicht jedoch nicht aus. Zusätzlich müssen die verschiedenen Field Groups über die Annotation `Facets` eingebunden werden. In der `Facets`-Annotation wird ein Verweis auf die jeweilige `FieldGroup` angegeben.

In unserem Fall definieren wir zwei `FieldGroups`. Die eine enthält detaillierte Informationen über die Entität `Books`, die andere enthält Metadaten über den Ersteller, das Erstellungsdatum, den Bearbeiter und das Bearbeitungsdatum. Für beide `FieldGroups` erstellen wir jeweils eine eigene Facette.

Zunächst fügen wir eine `Fieldgroup` für die Detailinformationen hinzu, wie in Listing 12.2 gezeigt.

```
FieldGroup #Details: {
        $Type : 'UI.FieldGroupType',
        Label: 'Details',
        Data: [
                {
                        $Type: 'UI.DataField',
                        Value: ID
                },
                {
                        $Type: 'UI.DataField',
                        Value: isbn
                },
                {
                        $Type: 'UI.DataField',
                        Value: title
                },
                {
```

```
                $Type: 'UI.DataField',
                Value: description
            }
        ]
}
```

Listing 12.2 »FieldGroup« für Detailinformationen

Dann fügen wir zusätzlich eine `FieldGroup` für die Metadaten ein (siehe Listing 12.3).

```
FieldGroup #Metadata: {
        $Type : 'UI.FieldGroupType',
        Label: 'Metadata',
        Data: [
            {
                $Type: 'UI.DataField',
                Value: createdBy
            },
            {
                $Type: 'UI.DataField',
                Value: createdAt
            },
            {
                $Type: 'UI.DataField',
                Value: modifiedBy
            },
            {
                $Type: 'UI.DataField',
                Value: modifiedAt
            }
            ]
}
```

Listing 12.3 »FieldGroup« für die Metadaten

Um die beiden Field Groups auf der Object Page anzuzeigen, muss die zuvor erwähnte Facette eingebunden werden. In unserem Fall ist diese wie in Listing 12.4 dargestellt definiert.

```
Facets: [
        {
            $Type: 'UI.ReferenceFacet',
            Label: 'Details',
            Target: '@UI.FieldGroup#Details'
        },
```

```
        {
                $Type: 'UI.ReferenceFacet',
                Label: 'Metadata',
                Target: '@UI.FieldGroup#Metadata'
        }
]
```

Listing 12.4 Facette für zuvor hinzugefügte FieldGroups

In unserem Service würde dies letztendlich wie in Abbildung 12.20 aussehen.

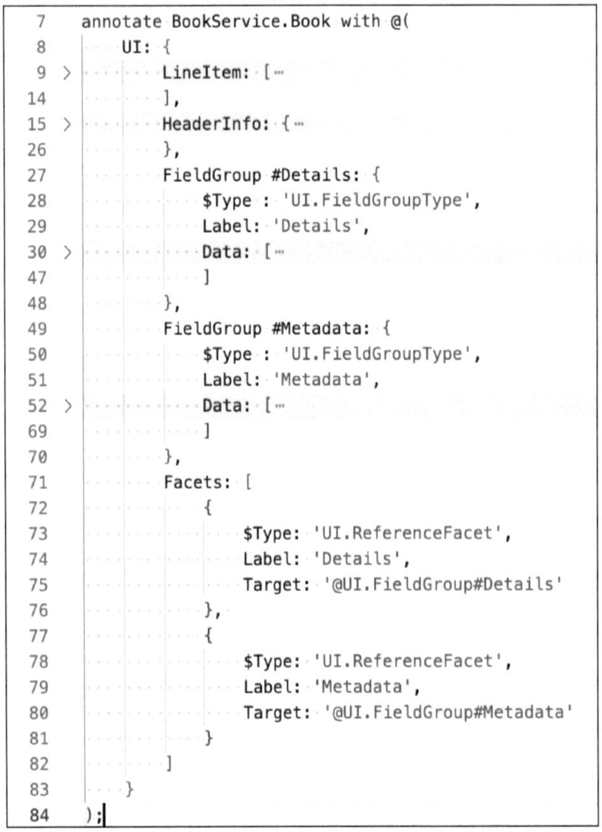

```
annotate BookService.Book with @(
    UI: {
        LineItem: [⋯
        ],
        HeaderInfo: {⋯
        },
        FieldGroup #Details: {
            $Type : 'UI.FieldGroupType',
            Label: 'Details',
            Data: [⋯
            ]
        },
        FieldGroup #Metadata: {
            $Type : 'UI.FieldGroupType',
            Label: 'Metadata',
            Data: [⋯
            ]
        },
        Facets: [
            {
                $Type: 'UI.ReferenceFacet',
                Label: 'Details',
                Target: '@UI.FieldGroup#Details'
            },
            {
                $Type: 'UI.ReferenceFacet',
                Label: 'Metadata',
                Target: '@UI.FieldGroup#Metadata'
            }
        ]
    }
);
```

Abbildung 12.20 Annotierter Service nach Hinzufügen der Annotationen »FieldGroup« und »Facets«

Wenn wir nun unsere Object Page erneut öffnen, sollten wir alle Informationen sehen, die wir mithilfe der Annotationen eingefügt haben (siehe Abbildung 12.21).

Die Object Page kann natürlich erweitert werden, indem weitere Annotationen zu verschiedenen Feldern hinzugefügt werden. Dies funktioniert im Grunde genauso wie bisher.

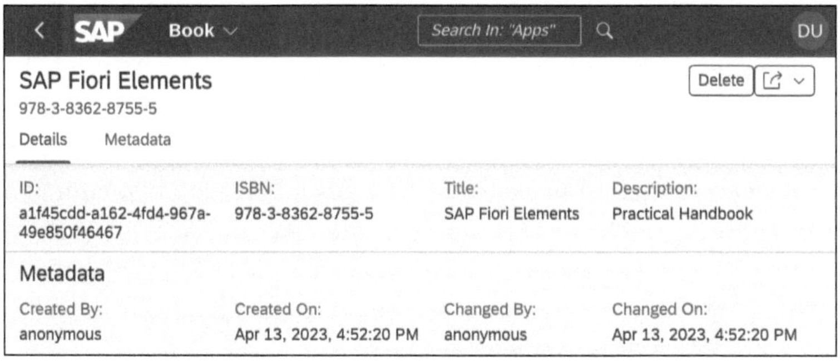

Abbildung 12.21 Object Page mit Detailinformationen

12.3 Overview Page

Die SAP Fiori Design Guidelines definieren genau, wie eine Overview Page für SAP Fiori Elements aussehen soll. Dieser Floorplan dient im Grunde als zentraler Einstiegspunkt. Von hier aus können Sie zu anderen Floorplans und Views springen. Sie könnten die Overview Page z. B. nutzen, um einen Überblick über die Informationen zu einer Abteilung aus verschiedenen Anwendungen zu geben. Anschließend können Sie einen List Report oder eine Object Page verwenden, um detailliertere Informationen zu präsentieren.

Wenn Sie eine Übersicht oder ein Dashboard für einen bestimmten Geschäftsbereich oder ein bestimmtes Thema anzeigen möchten, verwenden Sie zu diesem Zweck am besten den Overview Page Floorplan. Die *Overview Page* eignet sich besonders für die Darstellung der folgenden Informationen:

- zu erledigende Schlüsselaufgaben
- verschiedene Notizen zu einem Aufgabenbereich
- verschiedene KPIs

Darüber hinaus können Sie auf einer Overview Page auch Diagramme und Grafiken anzeigen. Die auf der Overview Page angezeigten Daten werden in der Regel aus einer Vielzahl von Quellen zusammengestellt und sollen dem Benutzer einen Gesamtüberblick verschaffen. Auf einer Overview Page können Sie z. B. Daten zu allen Ihren Produkten, Kunden, Lieferanten oder Ähnlichem anzeigen.

Da Cards ein grundlegendes Gestaltungselement bei der Implementierung einer Overview Page sind, müssen wir uns im folgenden Abschnitt zunächst mit ihnen befassen. Danach erfahren Sie etwas über Anwendungsfälle und Best Practices für die Implementierung dieses Floorplans. Zu guter Letzt werden Sie sehen, welche Annotationen für diesen Floorplan relevant sind und wie dieser Floorplan implementiert werden kann.

12.3.1 Cards

Abbildung 12.22 zeigt, wie eine Overview Page aussehen kann. Cards sind Designelemente, die dazu dienen, die wichtigsten Informationen zu einem Objekt übersichtlich darzustellen. Ähnlich wie Kacheln ermöglichen es Cards, eine Benutzeroberfläche, die Informationen zu mehreren Objekten oder aus mehreren Anwendungen zusammenführt, dynamisch und übersichtlich zu gestalten. Auch dieser Floorplan ist durch dieses Gestaltungselement geprägt. Welchen Inhalt Sie auf den einzelnen Cards platzieren, bleibt Ihnen überlassen. Sie können Tabellen, Listen, Diagramme oder Kacheln jeglicher Art innerhalb der einzelnen Cards darstellen.

Eine Übersichtsseite besteht im Wesentlichen aus zwei Bereichen:

- Dynamic Page Header
- Dynamic Page Content

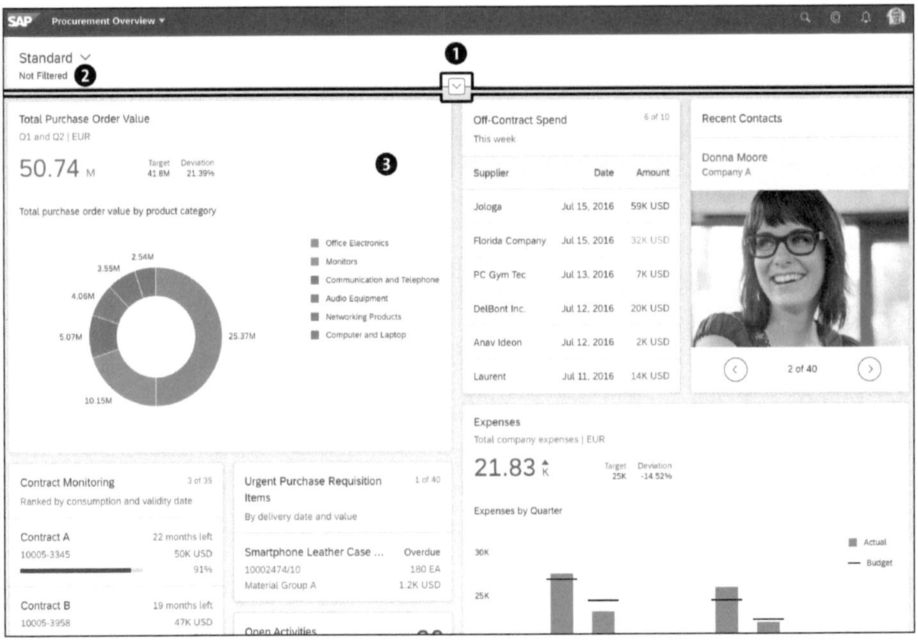

Abbildung 12.22 SAP Fiori Elements: Overview Page

Im oberen Bereich der Anwendung befindet sich die Kopfzeile, der Dynamic Page Header (siehe ❶ in Abbildung 12.22). Dieser enthält allgemeine Informationen über die Anwendung. Der Titel beschreibt z. B. den Bereich, für den die Anwendung Daten bereitstellt, wie Einkauf oder Instandhaltung. Im Kopfbereich finden Sie auch einige benutzerspezifische Einstellungen. So können Sie hier beispielsweise Ihr Benutzerprofil aufrufen und verwalten. Auch die Verwaltung der angezeigten Cards ist hier möglich.

Wenn Sie die angezeigten Daten weiter einschränken wollen, können Sie dies über einen Smart-Filter ❷ tun, der sich unterhalb des Titels im Dynamic Page Header befindet. So können Sie beispielsweise die angezeigten Daten so filtern, dass nur Einträge angezeigt werden, die Ihren Filterkriterien entsprechen (nur bestimmte Datumswerte, Summen usw.).

Der eigentliche Inhalt wird durch den Bereich mit den Cards dargestellt, auch Dynamic Page Content genannt ❸. Cards gehören zu den Komponenten der Benutzeroberfläche, die über Annotationen konfiguriert werden können. Das macht sie sehr vielseitig, da Daten auf viele verschiedene Arten dargestellt werden können. Alle Arten von Diagrammen, Tabellen oder Listen können innerhalb einer Karte angezeigt werden. Die Cards werden in fünf dynamischen Spalten dargestellt, wobei sich eine Card auch über mehrere Spalten erstrecken kann. Sie lassen sich per Drag-and-drop beliebig anordnen.

Beachten Sie, dass eine Card immer an genau ein Entity-Set gebunden ist. Möchte man beispielsweise eine Produktliste auf einer Card anzeigen, so kann diese in einem JSON-Objekt definiert werden, wie in Listing 12.5 gezeigt. Dieses Objekt finden Sie in der Datei **manifest.json** Ihrer SAP-Fiori-Elements-Anwendung. Wenn Sie eine Karte über eine der Entwicklungsumgebungen hinzufügen, wird die entsprechende Definition auf der Codeebene hinzugefügt.

```
"sap.ovp": {
    "cards": {
        "card01": {
            "model": "ZCP_PRODUCTS_SRV",
            "template": "sap.ovp.cards.list",
            "settings": {
                "sortBy": "Price",
                "sortOrder": "descending",
                "listFlavor": "bar",
                "annotationPath": "com.sap.vocabularies.UI.v1.LineItem#bar",
                "category": "{{card01_category}}",
                "entitySet": "ProductSet"
            }
        }
    }
}
```

Listing 12.5 Definition einer Card in der Datei »manifest.json«

12.3.2 Anwendungsfälle

Sie können eine Overview Page in den folgenden Situationen verwenden:

- Sie möchten den Endbenutzern einen zentralen Einstiegspunkt bieten, dessen Inhalt sich auf eine bestimmte Rolle bezieht.
- Die Benutzer möchten die Möglichkeit haben, die für ihre Rolle relevanten Informationen zu filtern und darauf zu reagieren.
- Die Benutzer möchten Informationen präsentieren, die aus zwei oder mehr verschiedenen Anwendungen stammen.
- Sie möchten Daten in verschiedenen Formaten wie Listen, Tabellen oder Diagrammen darstellen.

12.3.3 Best Practices für das Design der Pages

Bevor Sie mit der Implementierung einer Overview Page beginnen, sollten Sie sich überlegen, was Sie mit der Seite erreichen wollen und welches Aussehen Sie anstreben. Die folgenden Best Practices haben sich bewährt, um das bestmögliche Nutzererlebnis zu erreichen:

- **Legen Sie im Voraus fest, wie viele Cards Sie anzeigen wollen.**

  Achten Sie darauf, dass nur Cards angezeigt werden, die einen Mehrwert für die Benutzer darstellen. Zum Beispiel sollten die verfügbaren Cards immer für die Rolle oder Aufgabe des Benutzers relevant sein.
- **Heben Sie die wesentlichen Informationen hervor.**

  Wählen Sie aussagekräftige Farben, um wichtige Informationen hervorzuheben. Dies gilt insbesondere für Texte und Diagramme, aber auch für einzelne Informationen auf großen Cards.
- **Versuchen Sie, möglichst geeignete Card-Typen zu mischen.**

  Um Informationen übersichtlicher darzustellen und einen hohen Wiedererkennungswert zu erreichen, sollten Sie auf eine geeignete Mischung der verschiedenen Card-Typen setzen.
- **Entscheiden Sie sich für eine bewusste Reihenfolge.**

  Große Cards, die oben auf der Seite stehen, werden von den Nutzern in der Regel als wichtiger empfunden als andere Cards. Behalten Sie dies bei der Anordnung Ihrer Cards im Hinterkopf.
- **Gruppieren Sie verwandte Themen.**

  Neben der Reihenfolge der einzelnen Cards ist es auch wichtig, dass verwandte Informationen nahe beieinander angezeigt werden. Auch das trägt zu einer besseren Übersicht bei.
- **Wählen Sie aussagekräftige Wörter.**

  Besonders wenn Sie Cards mit Aktionen verwenden, sollten Sie auf Text setzen, der eine Handlungsaufforderung enthält.

- **Achten Sie auf Kontinuität.**

  Endbenutzer sind daran gewöhnt, dass bestimmte Zustände farblich gekennzeichnet sind; so sollten beispielsweise Erfolgsmeldungen in Grün, Warnungen in Orange und Fehler in Rot angezeigt werden. Es ist wichtig, in der gesamten Anwendung dieselbe Beschriftung zu verwenden.

12.3.4 Annotationen der Overview Page

In diesem Abschnitt stellen wir Ihnen Annotationen vor, die für die Erstellung einer Overview Page unerlässlich sind. Die folgenden Annotationen können direkt in dem CDS-View oder lokal in der SAPUI5-Anwendung hinzugefügt werden. Im Hinblick auf die Wiederverwendbarkeit der Annotationen spricht vieles dafür, sie direkt in dem CDS-View hinzuzufügen.

- **`UI.SelectionVariant`**
  - Beispiel: `UI.SelectionVariant: {qualifier: 'Default'}`

  Diese Annotation ermöglicht die Vorauswahl der Daten durch Filter. Auf diese Weise können für bestimmte Cards definierte Filter angewendet werden, um sowohl die Ladezeit zu verkürzen als auch die Daten für die jeweiligen Cards zu aggregieren. Ein eindeutiger Bezeichner für die zu verwendende Variante kann über eine Zeichenkette mit bis zu 120 Zeichen angegeben werden.

- **`UI.HeaderInfo`**
  - Beispiel: `UI.headerInfo: {typeName: 'Demo', typeNamePlural: 'Demos', typeImageUrl: '/img/demo.png'}`

  Diese Annotation wird grundsätzlich verwendet, um die Eigenschaften eines Titels zu definieren. Für eine Overview Page definiert diese Annotation den Titelbereich einer Card, in dem Sie festlegen können, ob Sie einen Titel (für Singular und Plural), eine Beschreibung und/oder optional ein Bild anzeigen möchten. Die Titel können bis zu 60 Zeichen lang sein.

- **`UI.FieldGroup`**
  - Beispiel: `UI.FieldGroup.label: 'Demo'`

  Mit dieser Annotation wird eine Gruppe von Datenfeldern definiert, wobei jedes Datenfeld eine Beschriftung (d. h. einen Anzeigetext) und einen Wert enthält, um ein Formular zu erstellen. Dieser Anzeigetext hat eine maximale Länge von 60 Zeichen.

- **`UI.Facets`**
  - Beispiel: `UI.Facet: [{Label: 'Demo', targetElement: 'demoElement'}]`

  Diese Annotation wird verwendet, um einen Kontext zwischen einer Card und einer anderen Annotation herzustellen. So reicht es beispielsweise nicht aus, nur die Annotation `UI.FieldGroup` hinzuzufügen, sondern sie muss auch über eine Annotation `UI.Facets` einer Card zugewiesen werden. Diese Zuordnung wird über die Eigenschaft `Qualifier` vorgenommen.

- **`UI.Chart`**
  - Beispiel: `UI.Chart: [{dimensions: ['DAY_OF_YEAR'], measures: ['REVENUE']}]`

  Mit dieser Annotation kann definiert werden, welche Dimensionen und Kennzahlen für die Darstellung eines Diagramms verwendet werden sollen. Zu diesem Zweck wird `UI.Chart.DimensionAttributes.Dimension` zur Definition der Dimension und `UI.Chart.MeasureAttributes.Measure` zur Definition der Kennzahl verwendet.

12.3.5 Implementierung einer Overview Page

Basierend auf dem OData-Service, den wir in Kapitel 7, »Entwicklung von OData-V4-Services mit dem SAP Cloud Application Programming Model«, entwickelt haben, werden wir nun eine Overview Page für SAP Fiori Elements implementieren. Folgen Sie diesen Schritten:

1. Zunächst muss ein neues Projekt erstellt werden, wofür der SAP Fiori Application Generator erforderlich ist. Um darauf zuzugreifen, öffnen Sie die Command Palette in SAP Business Application Studio, indem Sie in der Menüleiste **View • Command Palette** wählen. Wenn sich das Pop-up öffnet, geben Sie »Application Generator« ein.
2. Wählen Sie **SAP Fiori Elements** als **Application Type**. Wählen Sie den Floorplan **Overview Page** (siehe Abbildung 12.23) und klicken Sie auf **Next**.

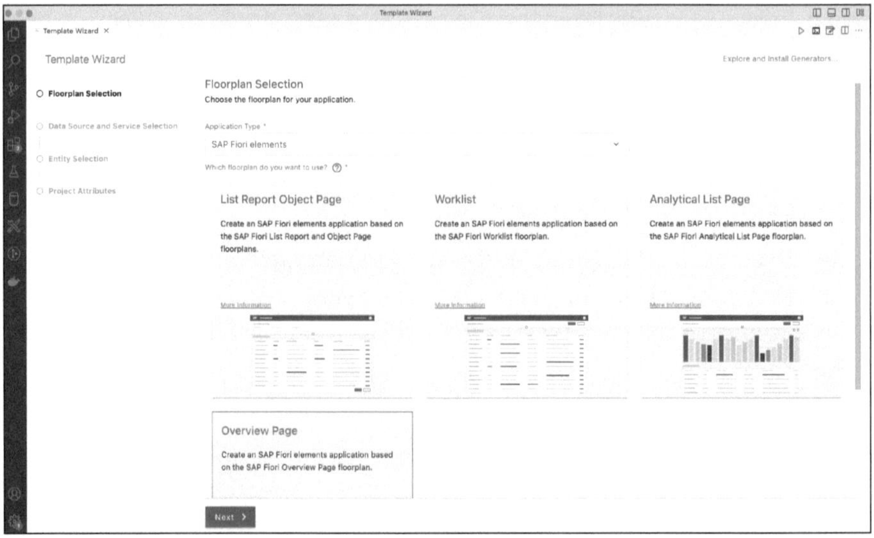

Abbildung 12.23 Auswahl des Overview Page Floorplans

3. Da SAP-Fiori-Elements-Anwendungen einen OData-Service benötigen, müssen Sie diesen im nächsten Schritt als Datenquelle definieren. Wählen Sie **Connect to an OData Service** und geben Sie die entsprechende URL für den OData-Service ein. In unserem Fall ist dies »http://localhost:4004/v2/bookservice«. Klicken Sie auf **Next** (siehe Abbildung 12.24).

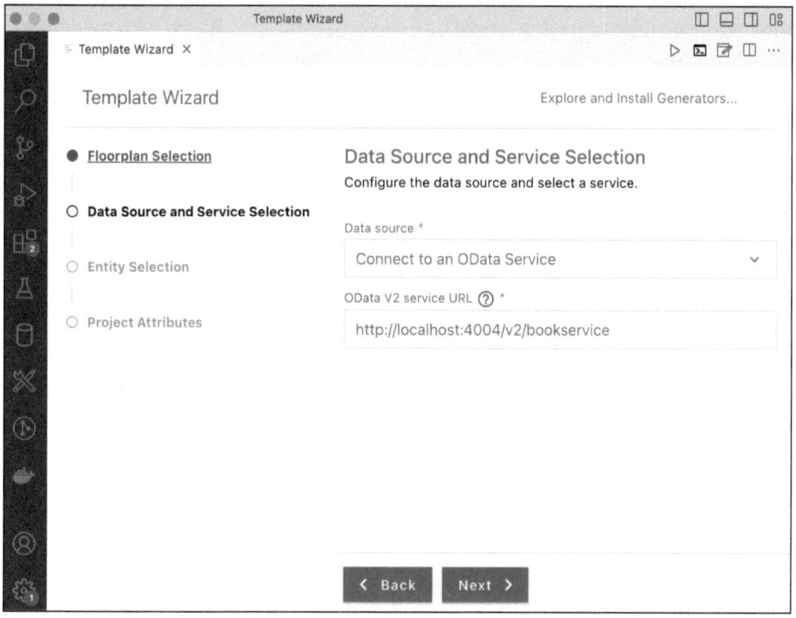

Abbildung 12.24 Hinzufügen des OData-Service

4. Da Filterbedingungen auf einen bestimmten Entitätstyp in einer Overview Page angewendet werden können, müssen Sie im nächsten Schritt die **Filter entity** definieren. Wählen Sie **Book** und klicken Sie auf **Next** (siehe Abbildung 12.25).

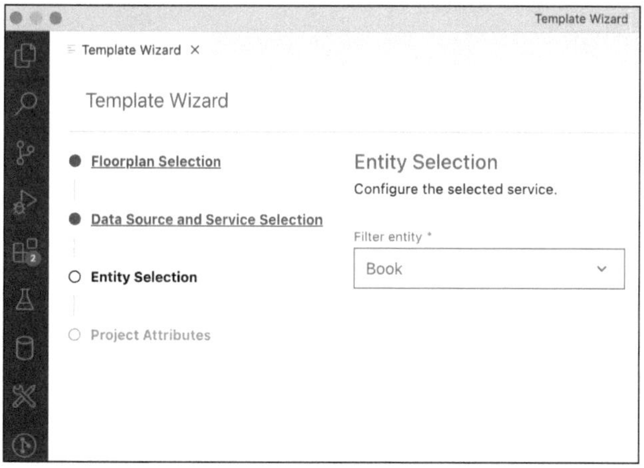

Abbildung 12.25 Auswahl der Filter Entity für die Overview Page

5. Im letzten Schritt des Erstellungsprozesses müssen Sie die Projektdetails wie den Modulnamen, den Anwendungstitel oder den Speicherort über die folgenden Eigenschaften angeben (siehe auch Abbildung 12.26):
   - **Module name**: »zbookapp_overview_page«
   - **Application title**: »Books«
   - **Application namespace**: Ihre Unternehmensdomäne, z. B., »at.clouddna«
   - **Description**: »Overview Page: Books«
   - **Project folder path**: »/Users/rene/projects«
   - **Add deployment configuration**: **No**
   - **Add FLP configuration**: **No**
   - **Configure advanced options**: **No**

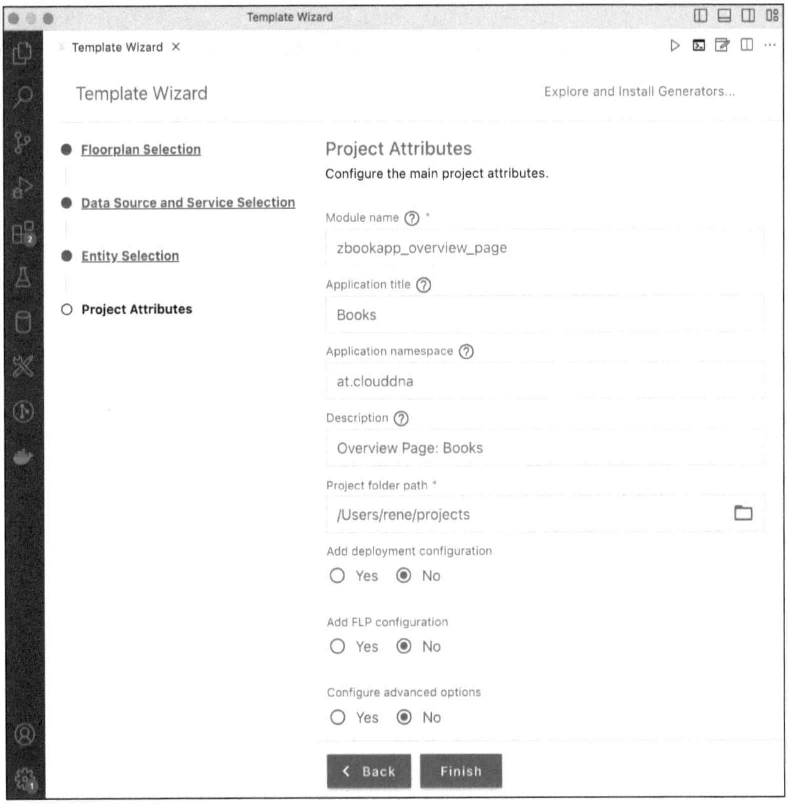

Abbildung 12.26 Projektdetails der Overview Page

Wenn Sie **Add deployment configuration** aktivieren, können Sie in einem weiteren Schritt die Konfigurationen für das Deployment festlegen. Hier können Sie auswählen, ob die Anwendung in ein ABAP- oder Cloud-Repository deployt werden soll. Für unser Beispiel brauchen wir das noch nicht. Die SAP-Fiori-Launchpad-Konfiguration ermöglicht es Ihnen, eine Aktion und ein semantisches Objekt für die Anwendung zuzuweisen. Sie sollten auch das Optionsfeld **Add FLP configuration** auf **No** setzen, da wir keine Integration mit dem SAP Fiori Launchpad benötigen.

6. Klicken Sie auf **Finish**, um die Erstellung der Overview Page abzuschließen.
7. Sobald die Erstellung des Projekts abgeschlossen ist, wird eine Seite mit Informationen über die Anwendung geöffnet. Neben den Daten, die während des Erstellungsprozesses der Anwendung eingegeben wurden, bietet diese Seite auch einige Funktionalitäten, wie z. B. das Starten, Deployen oder Konfigurieren der Anwendung (siehe Abbildung 12.27).

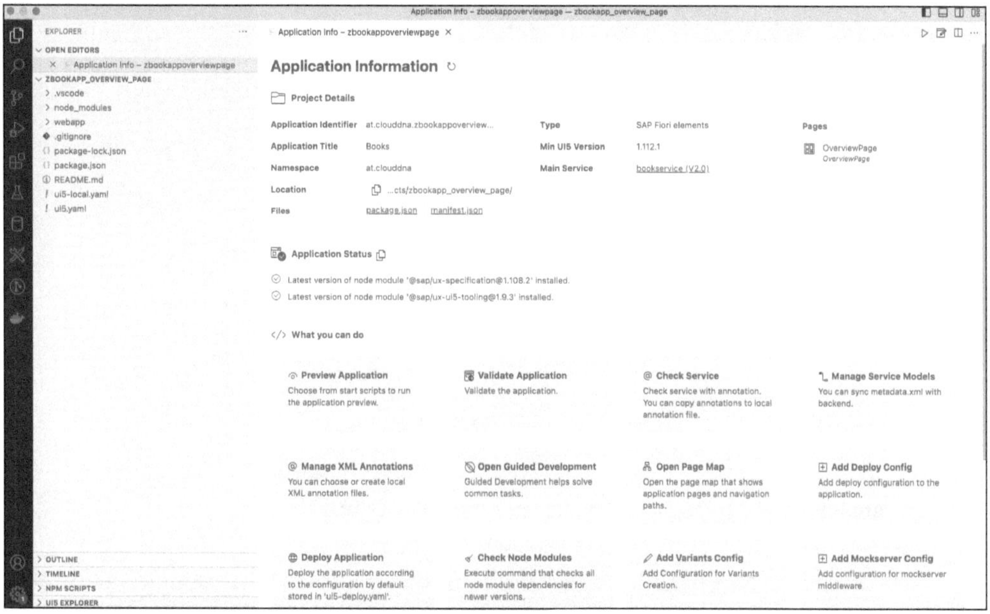

Abbildung 12.27 Anwendungsinformation der Overview Page

Wenn Sie die Anwendung zu diesem Zeitpunkt ausführen, werden Sie feststellen, dass die Overview Page noch leer ist, wie in Abbildung 12.28 dargestellt.

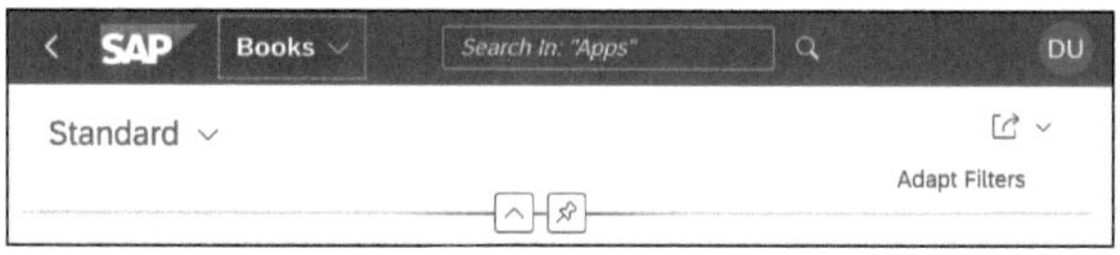

Abbildung 12.28 Leere Overview Page

Um die gewünschten Informationen anzuzeigen, sind einige Vorbereitungen über Guided Development erforderlich. Dies ermöglicht es Ihnen, Änderungen an der Anwendung in einem geführten Dialog vorzunehmen. Da es sich bei solchen Änderungen an SAP-Fiori-Elements-Anwendungen oft um spezifische Definitionen in den Metadaten handelt, die Ihnen nicht unbedingt bekannt sind, erhalten Sie an dieser Stelle eine entsprechende Anleitung durch einen Wizard, dem Sie dann Schritt für Schritt folgen können.

Folgen Sie diesen Schritten, um den Assistenten für dieses Beispiel zu starten:

1. Öffnen Sie das Befehlsfenster über den Menüpfad **View • Find Command** und suchen Sie nach »Fiori: Guided Development«.
2. Es erscheint eine Liste mit den möglichen geführten Entwicklungen (siehe Abbildung 12.29). Wählen Sie aus dieser Liste die Anweisung **Add a table card to an overview page**.

Abbildung 12.29 Mögliche Anleitungen zur Entwicklung

3. Sie erhalten eine detaillierte Beschreibung dieser lokalen Entwicklung (siehe Abbildung 12.30).
4. Die Anleitung geht davon aus, dass noch keine externen Annotationen gepflegt wurden, und führt Sie daher sowohl durch die Erstellung der notwendigen Annotationen als auch durch die Metadatendefinitionen. Da die notwendigen Annotationen für die Table Card bereits im CDS-View definiert sind, müssen Sie nur die Schritte 5 und 6 ausführen. In diesen Schritten registrieren Sie die Card der Overview Page in der Datei **manifest.json**. Hier müssen Sie die folgenden Einträge vornehmen (siehe Abbildung 12.31):
   - **Model**: Wählen Sie hier das OData-Modell als Datenquelle aus. Das OData-Modell `mainService` wurde während des Erstellungsprozesses hinzugefügt, als Sie den entsprechenden OData-Service ausgewählt haben.
   - **Entity Set**: Wählen Sie das Entity-Set aus dieser Datenquelle aus, das in der Karte angezeigt werden soll; in unserem Beispiel ist es die Entität `Book`.
   - **Card ID**: Weisen Sie hier eine eindeutige Identifikation für die Table Card zu.

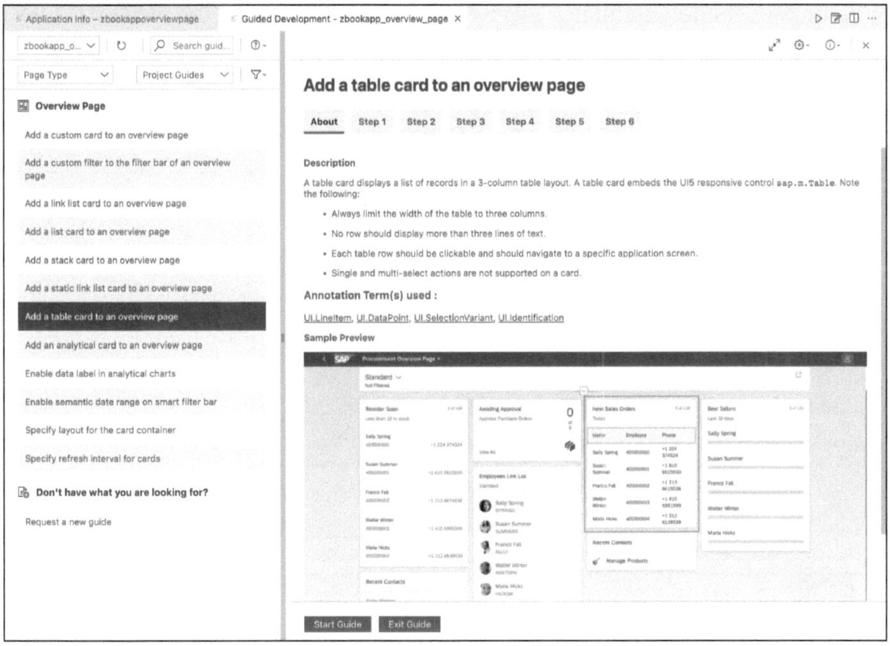

Abbildung 12.30 Details für die Erweiterung der lokalen Table Card

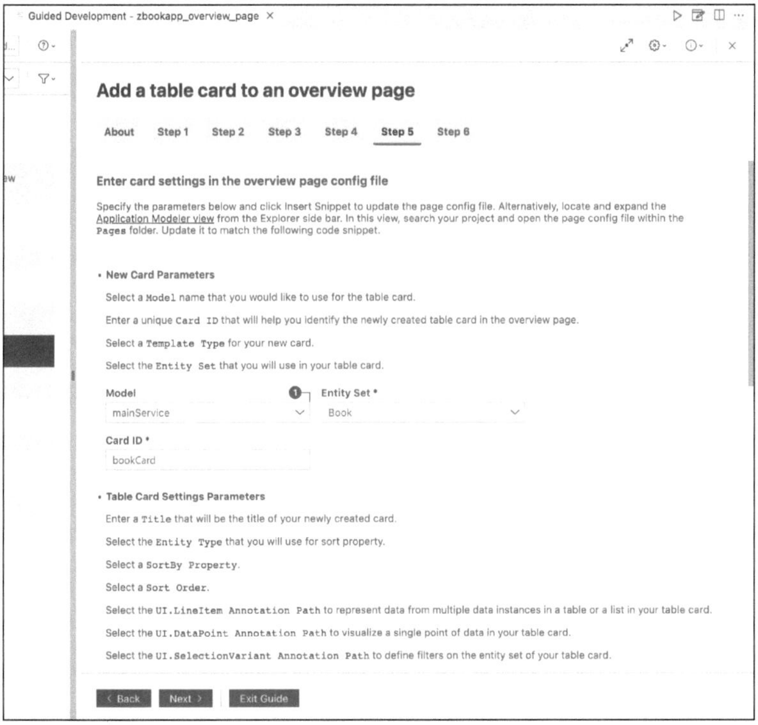

Abbildung 12.31 Erster Teil von Schritt 5

5. Ist dies geschehen, scrollen Sie weiter nach unten. Geben Sie die Werte wie folgt ein (siehe Abbildung 12.32):
   - **Title**: Geben Sie die Überschrift ein, die auf der Card angezeigt werden soll.
   - **Entity Type**: Wählen Sie den Entitätstypen aus. In unserem Fall ist dies **Book**.

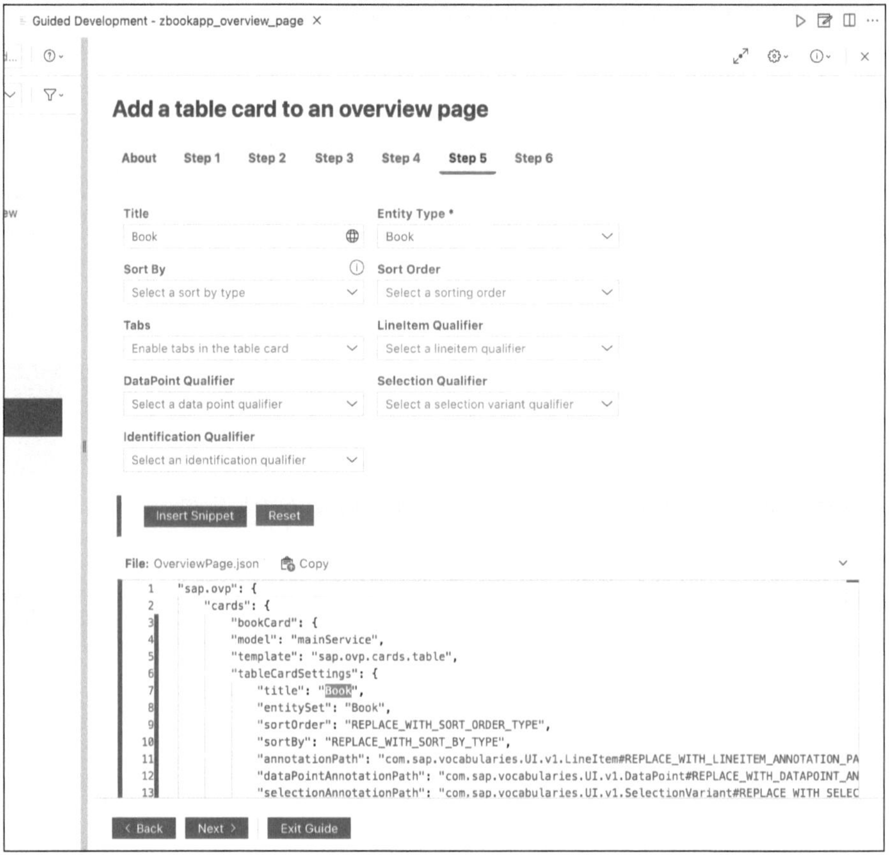

Abbildung 12.32 Zweiter Teil von Schritt 5

6. Klicken Sie auf **Insert Snippet**, und der Metadaten-Definitionscode wird automatisch generiert. Fahren Sie mit dem nächsten Schritt fort, indem Sie auf **Next** klicken.
7. Im letzten Schritt dieser Anleitung müssen Sie die folgenden Eingaben machen (siehe Abbildung 12.33):
   - **Model**: Wählen Sie hier das OData-Modell **mainService** aus, das von unserem OData-Service stammt, der bei der Projekterstellung hinzugefügt wurde.
   - **Card ID**: Fügen Sie hier denselben eindeutigen Bezeichner für die Table Card hinzu, den Sie in Schritt 5 definiert haben.

– **Entity**: Wählen Sie das Entity-Set aus dieser Datenquelle, das auf der Card angezeigt werden soll. In unserem Beispiel ist dies **Book**.

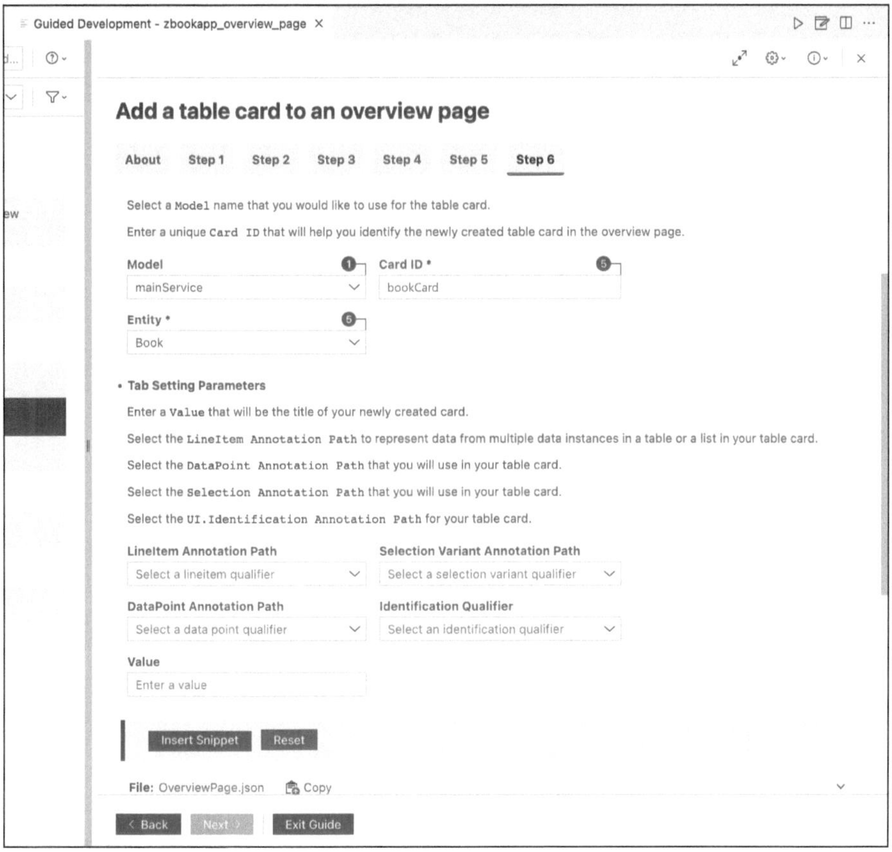

Abbildung 12.33 Schritt 6

8. Klicken Sie anschließend auf **Insert Snippet**, und die Metadatendefinition wird automatisch erstellt.
9. Nachdem Sie das Guided Development durch Klicken auf **Exit Guide** verlassen haben, wird als Ergebnis dieser Schritte die in Listing 12.6 gezeigte Definition der Table Card in die Datei **manifest.json** eingefügt. Dank des Guided Developments brauchen Sie diese Definition nicht auswendig zu kennen.

```
"sap.ovp": {
    "globalFilterModel": "mainService",
    "globalFilterEntityType": "Book",
    "containerLayout": "resizable",
    "enableLiveFilter": true,
    "considerAnalyticalParameters": false,
```

```
    "cards": {
        "bookCard": {
            "model": "mainService",
            "template": "sap.ovp.cards.table",
            "settings": {
                "title": "Book",
                "entitySet": "Book",
                "tabs": [
                    {}
                ]
            }
        }
    }
}
```

Listing 12.6 Definition einer Card in der Datei »manifest.json«

Sie haben nun alles, was Sie brauchen, um eine Card auf der Overview Page anzuzeigen. Über die Aktion **Preview Application** können Sie eine Vorschau aufrufen. Die Vorschau sollte in etwa wie in Abbildung 12.34 aussehen.

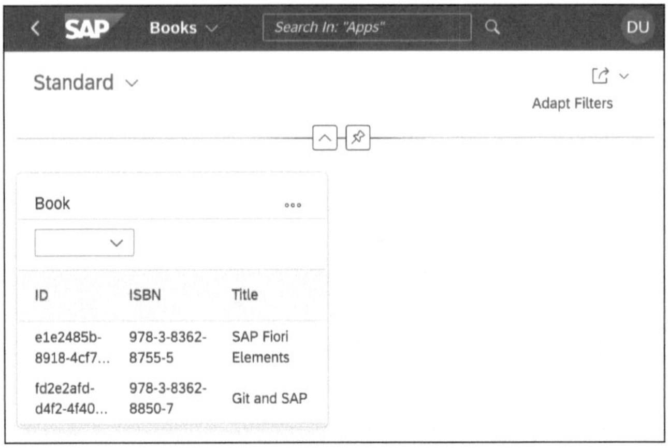

Abbildung 12.34 Preview der Overview Page

Wenn Sie der Overview Page weitere Cards hinzufügen möchten, ist das Verfahren dasselbe wie im vorherigen Beispiel beschrieben.

12.4 Generische Annotationen

Wenn Sie Anwendungen mit SAP Fiori Elements erstellen, werden Sie feststellen, dass vieles in diesen Anwendungen durch Annotationen gesteuert wird. Sie können bestimmen, welche Inhalte angezeigt werden und wie sie angezeigt werden, aber auch Funktionen wie Filter können über Annotationen gesteuert werden.

Die Annotationen können aus dem OData-Service im Backend-System stammen oder lokal in der SAPUI5-Anwendung in einer separaten Datei gespeichert werden. Um die Pflege dieser Datei für SAP-Fiori-Elements-Anwendungen zu vereinfachen, wird der *Annotation Modeler* in SAP Web IDE bereitgestellt.

In den folgenden Abschnitten stellen wir Ihnen für jeden der vorgestellten Floorplans spezifische UI-Annotationen vor, mit denen Sie die Darstellung auf der Oberfläche beeinflussen können. Die in diesem Abschnitt aufgeführten Annotationen sind generisch und können daher für jeden SAP Fiori Elements Floorplan angewendet werden.

12.4.1 UI.HeaderInfo

Die folgende Anmerkung wird verwendet, um die Anzeige der jeweiligen Kopfzeilen zu steuern:

- **`UI.HeaderInfo.typeName`**
  - Datentyp: String(60)
  - Beispiel: `UI.HeaderInfo.typeName: 'Order'`

  Dieser String, der bis zu 60 Zeichen enthalten kann, wird in der Kopfzeile der aufgerufenen Anwendung angezeigt und gibt den Namen eines Objekttyps an. Diese Annotation muss obligatorisch sein, wenn nicht stattdessen die Annotation `EndUserText.label` verwendet wird. Diese Annotation wird typischerweise in einem CDS-View definiert und enthält einen möglichst aussagekräftigen Titel für den CDS-View.
- **`UI.HeaderInfo.typeNamePlural`**
  - Datentyp: String(60)
  - Beispiel: `UI.HeaderInfo.typeNamePlural: 'Orders'`

  Stellt den Titel einer Liste dar und ist obligatorisch.
- **`UI.HeaderInfo.typeImageUrl`**
  - Datentyp: String
  - Beispiel: `UI.HeaderInfo.typeName: '/img/order'`

  Enthält die URL eines Bilds, das zur Darstellung des Objekttyps verwendet wird. Dies kann optional angegeben werden.

12.4.2 UI.selectionField

Mit diesen Annotationen können Sie festlegen, welche Filterkriterien Sie bereitstellen möchten. Die folgenden Varianten sind verfügbar:

- **`UI.selectionField.qualifier`**
  - Datentyp: String(120)
  - Beispiel: `UI.selectionField.qualifier: 'Ordernumber'`

  Mit dieser Zeichenkette von bis zu 120 Zeichen kann ein eindeutiger Name für ein Auswahlfeld angegeben werden.
- **`UI.selectionField.position`**
  - Datentyp: Decimal
  - Beispiel: `UI.selectionField.position: 16`

  Diese Eigenschaft steuert die Reihenfolge der einzelnen Filterkriterien. Die einzelnen Kriterien werden in aufsteigender Reihenfolge sortiert.

12.4.3 UI.lineItem

Mit dieser Anmerkung können Sie die Darstellung von Datenfeldern in Tabellen und Listen steuern. Sie können z. B. angeben, welche Spalten vorhanden sein sollen, wie sie angeordnet werden sollen und wie die Spaltenüberschrift aussehen soll. Die folgenden Angaben sind hier möglich:

- **`UI.lineItem.position`**
  - Datentyp: Decimal
  - Beispiel: `UI.lineItem.position: 16`

  Die Position einer Spalte kann durch den Wert dieser Annotation bestimmt werden. Diese Annotation ist obligatorisch.
- **`UI.lineItem.importance`**
  - Datentyp: String
  - Mögliche Werte: `HIGH`, `MEDIUM`, `LOW`
  - Beispiel: `UI.lineItem.importance: HIGH`

  Gibt die Priorität einer Spalte an. Diese Angabe spielt eine Rolle, wenn aufgrund der Darstellungsgröße nicht alle Spalten angezeigt werden können.
- **`UI.lineItem.label`**
  - Datentyp: String(60)
  - Beispiel: `UI.lineItem.label: 'Ordernumber'`

  Gibt den Titel der jeweiligen Spalte in der Tabelle an.

12.4.4 UI.hidden

Mit dieser Annotation können Sie die Sichtbarkeit von UI-Elementen steuern. Mögliche Werte hierfür sind `true` oder `false`. Eine entsprechende Angabe könnte also wie folgt aussehen: `UI.hidden: false`.

12.5 Zusammenfassung

In diesem Kapitel haben wir Ihnen eine kurze Einführung in die SAP Fiori Elements Floorplans gegeben: List Report, Object Page und Overview Page. Darüber hinaus haben Sie einige Anwendungsfälle kennengelernt und erfahren, wie Sie sie einsetzen können. Wir haben auch die häufigsten Annotationen behandelt, die in Kombination mit diesen Floorplans verwendet werden können.

Im nächsten Kapiteln schauen wir uns die Entwicklung von Benutzeroberflächen mit dem Flexible Programming Model an.

Kapitel 13
Entwicklung von Benutzeroberflächen mit dem Flexible Programming Model

Wenn Sie die Flexibilität von SAPUI5 und die Low-Code-Vorteile von SAP Fiori Elements in einer Anwendung nutzen möchten, bietet Ihnen das Flexible Programming Model von SAP Fiori Elements das Beste aus beiden Welten.

Das *Flexible Programming Model* kombiniert die Flexibilität von Freestyle-SAPUI5-Anwendungen mit dem Low-Code-Prinzip von SAP Fiori Elements (siehe Abschnitt 13.1). SAP stellt eine Onlineressource namens Flexible Programming Model Explorer (siehe Abschnitt 13.2) zur Verfügung, die einen einfachen Überblick über die verschiedenen Möglichkeiten des Flexible Programming Model bietet. Hier werden alle verschiedenen Building Blocks (siehe Abschnitt 13.3) des Flexible Programming Model in einer Beispielimplementierung gezeigt.

Die Implementierung einer solchen Anwendung des Flexible Programming Model (siehe Abschnitt 13.4) erzeugt eine SAP-Fiori-Elements-Anwendung, die entweder Views als SAPUI5-Freestyle-Views oder SAP-Fiori-Elements-Seiten definiert. Diese Freestyle-Views können Standard-SAPUI5-Controls und die mitgelieferten Building Blocks kombinieren, während die SAP-Fiori-Elements-Views eingebunden und erweitert werden können.

13.1 Einleitung

Das Flexible Programming Model ist die neueste Iteration des SAP-Fiori-Elements-Frameworks und bietet eine Kombination aus SAPUI5-Freestyle- und SAP-Fiori-Elements-Anwendungsentwicklungsansätzen für OData V4. Es kann entweder als eigene SAP-Fiori-Elements-Anwendungsvorlage genutzt oder in bereits bestehende SAPUI5-Freestyle-Anwendungen integriert werden.

Das Flexible Programming Model bietet den individuellen Entwicklungsfluss von SAPUI5. Alle SAPUI5-Controls können in der gewohnten Weise verwendet werden. Es können Views erstellt, eigene Routen konfiguriert und eigene Module (z. B. Formatter) definiert werden. Alle Technologien, die Freestyle-Applikationen bieten, können genutzt werden.

Zusätzlich sind Flexible-Programming-Model-Projekte SAP-Fiori-Elements-Anwendungskomponenten auf Core-Ebene. Das bedeutet, dass die Page Map und Flow-Logik von SAP Fiori Elements einen Low-Code-Entwicklungsansatz bieten, der normalerweise nicht anpassbar ist, mit Ausnahme von Anpassungsprojekten und Erweiterungen auf Basis der Guided Development. Hier integriert das Flexible Programming Model den Freestyle-Ansatz von SAPUI5, um die generischen Funktionen von SAP Fiori Elements innerhalb einer Anwendung zu erhalten.

Dies hat den Vorteil, dass generische Blöcke wie Tabellen, Formulare, Filterleisten usw. in der Art von SAP Fiori Elements verwendet werden können und alles andere frei entwickelt werden kann. Eine Anwendung mit dem Flexible Programming Model enthält drei grundlegende Funktionen von SAP Fiori Elements:

- **Erweiterungspunkte**

  Erweiterungspunkte können verwendet werden, um SAP-Fiori-Elements-Floorplans und ihre verschiedenen Vorlagen zu erweitern. Sie werden in der **manifest.json** (Anwendungsdeskriptor) Ihrer Anwendung definiert, um benutzerdefinierte Entwicklungssteuerungen zu Ihren SAP-Fiori-Elements-Seiten und -Sektionen hinzuzufügen, wie z. B. benutzerdefinierte Spalten in einer Tabelle, benutzerdefinierte Abschnitte in einer Object Page oder benutzerdefinierte Seiten. Erweiterungspunkte sind die Standardmethode zur Erweiterung von SAP-Fiori-Elements-Anwendungen und sind auch in anderen Floorplans verfügbar.

- **Building Blocks**

  Building Blocks (siehe Abschnitt 13.3) bieten SAP-Fiori-Elements-Blöcke, die in einen SAPUI5-Freestyle-View eingebunden werden können, um die Low-Code-Funktionen von SAP Fiori Elements wie Tabellen, Formulare, Felder usw. zu erhalten. Sie wurden mit dem Flexible Programming Mode neu eingeführt und können auch in bereits existierende SAPUI5-Freestyle-Anwendungen integriert werden.

- **Controller-Erweiterungen**

  Controller-Erweiterungen funktionieren wie normale Controller-Erweiterungen für SAP Fiori Elements und erweitern den generischen View-Controller um eigene JavaScript-Funktionalitäten.

13.2 Programming Model Explorer

Um herauszufinden, was das Flexible Programming Model kann, hat SAP eine Alternative zur normalen SAPUI5-Dokumentation in der Application-Programming-Interface-(API-)Referenz namens *SAP Fiori Elements: Flexible Programming Model Explorer* bereitgestellt (siehe Abbildung 13.1).

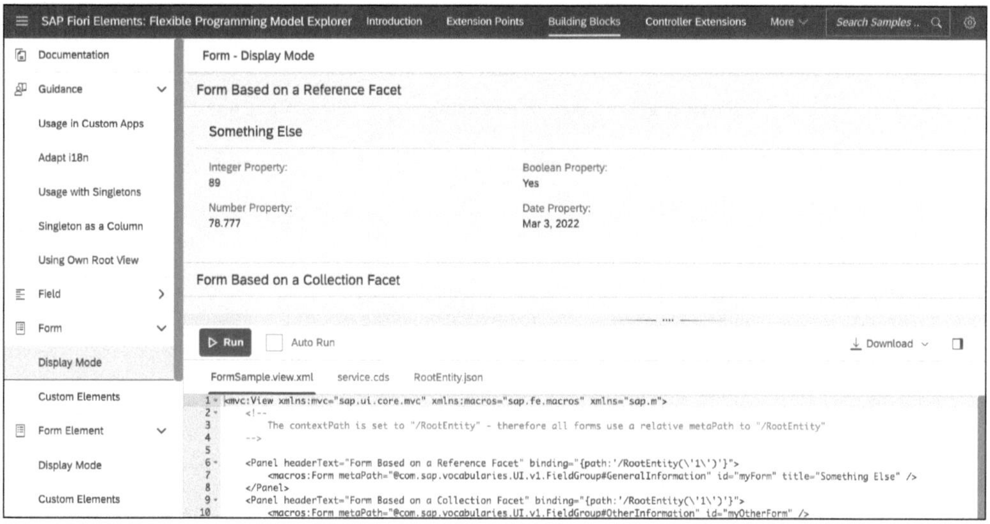

Abbildung 13.1 Der Flexible Programming Model Explorer

Der Explorer enthält Beispiele und Verweise auf Erweiterungspunkte (siehe Abschnitt 13.2.1), wie und welche Building Blocks funktionieren (siehe Abschnitt 13.2.2), wie Controller-Erweiterungen (siehe Abschnitt 13.2.3) erstellt werden können, und Verweise auf erweiterte Funktionen (siehe Abschnitt 13.2.4) von SAP Fiori Elements. Wir gehen hier nur auf die grundlegenden Funktionen ein, da die detaillierte Implementierung dieser Funktionen im Flexible Programming Model Explorer zu finden ist.

13.2.1 Erweiterungspunkte

Die Datei **manifest.json** (Anwendungsdeskriptor) einer Anwendung, die auf SAP Fiori Elements basiert, kann verwendet werden, um eine Anwendung mithilfe von Erweiterungspunkten (engl. Extension Points) zu erweitern. Diese Erweiterungspunkte funktionieren, indem neue Eigenschaften entweder einem Routing-Ziel (View-Erweiterungen) oder neue Controller-Erweiterungen zur Manifest-Eigenschaft `sap.ui5` hinzugefügt werden. Erweiterungen bauen auf bestehendem User-Interface-Coding auf, wie z. B. einer bestehenden SAP-Fiori-Elements-List-Report-Seite, und erweitern diese an bestimmten Stellen mit neuem, benutzerdefiniertem Coding.

Der Flexible Programming Model Explorer zeigt Beispiele, wie diese Erweiterungen erreicht werden können, wie in Abbildung 13.2 dargestellt. Für die technische Dokumentation müssen Sie zu **Extension Points • Documentation** navigieren und dann einen der angebotenen Erweiterungspunkte auswählen. Dies führt Sie zur SAPUI5-Dokumentationsreferenz.

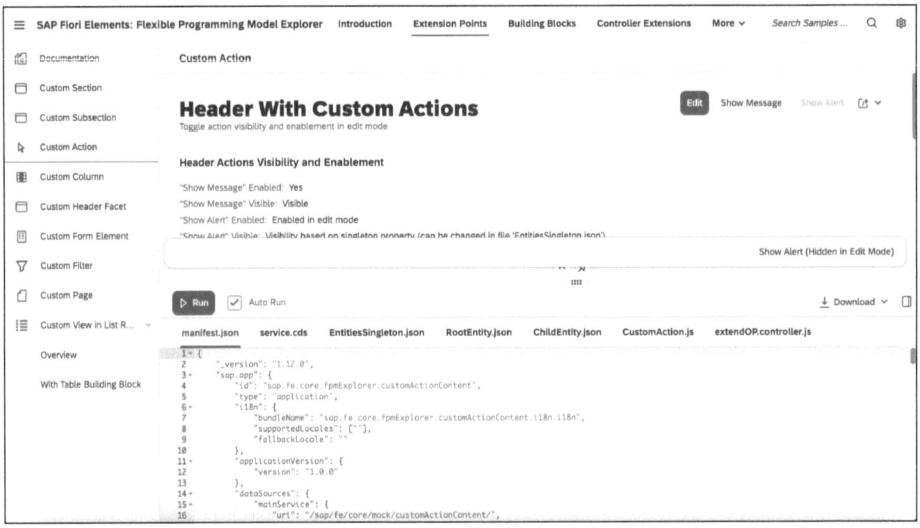

Abbildung 13.2 Erweiterungspunkte

Das Flexible Programming Model bietet die folgenden manifestbasierten Erweiterungspunkte:

- **SAP-Fiori-Elements-List-Report-Vorlage**
  - **Benutzerdefinierte Spalte**
    SAP-Fiori-Elements-List-Report-Vorlagen verwenden Smart Tables, um Daten innerhalb einer Tabelle anzuzeigen. Diese intelligenten Steuerelemente sind metadaten- oder annotationsgesteuert, d. h., sie werden entweder durch Hinzufügen lokaler oder entfernter Annotationen unter Verwendung von Extensible Markup Language (XML), Core Data Services (CDS) oder ABAP-basierten Annotationen definiert. Das Problem dabei ist, dass es sich hierbei meist um statische Spaltendefinitionen handelt, die nicht die größte Auswahl an UI-Funktionen wie benutzerdefinierte Formatierer oder benutzerdefinierte UI-Elemente innerhalb von Spalten bieten. Um dies zu erreichen, müssen Sie ein `sap.ui.core.Fragment` erstellen, das eine benutzerdefinierte Spaltendefinition mit Ihren eigenen UI-Elementen als Spaltenvorlage enthält. Dieses Fragment kann dann als List-Report-Erweiterung in das Manifest aufgenommen werden.
  - **Benutzerdefinierter Filter**
    Die SAP-Fiori-Elements-List-Report-Smart-Filter-Leiste kann durch Hinzufügen von Auswahlfeld-Annotationen eingerichtet werden, und anwendungsspezifische Filterfelder können durch Erstellen von Fragmenten mit UI-Steuerelementen, die als Filterfelder verwendet werden sollen, hinzugefügt werden. Die Filterlogik kann dann in Controller-Erweiterungen mit Override-Methoden der Standard-Filterfunktionalitäten hinzugefügt werden.

- **Benutzerdefinierte Views im List Report**
  Bei der Verwendung von Tabs innerhalb einer SAP-Fiori-Elements-List-Report-Anwendung können benutzerdefinierte Tabs über View- und Controller-Erweiterungen im Manifest hinzugefügt werden. Der Inhalt Ihrer benutzerdefinierten Registerkarten wird mithilfe von Fragmenten eingefügt, und deren JavaScript-Logik kann mithilfe von Controller-Erweiterungen hinzugefügt werden. Außerdem können Sie Controller-Hooks hinzufügen, um Ihre Registerkarten zu aktualisieren, wenn sich z. B. die Filter in der Filterleiste geändert haben und sie auf den Inhalt Ihrer benutzerdefinierten Registerkarten angewendet werden müssen.

- **SAP-Fiori-Elements-Object-Page-Vorlage**
  - **Benutzerdefinierter Abschnitt**
    Wenn Sie benutzerdefinierte Abschnitte zu einer SAP-Fiori-Elements-Seite hinzufügen, können Sie diese durch das Erstellen von View-Erweiterungen im Manifest hinzufügen. Hier definieren Sie neue fragmentbasierte Facetten, die keinen eigenen Controller haben, sondern von einer optionalen Controller-Erweiterung Ihres Object-Page-Controllers verwaltet werden können. Beachten Sie, dass bei der Verwendung von benutzerdefinierten Abschnitten mit UI-Steuerelementen, die nicht allgemein verfügbar sind, die Seite vom normalen Look and Feel von SAP Fiori Elements abweichen kann.
  - **Benutzerdefinierter Unterabschnitt**
    Benutzerdefinierte Unterabschnitte funktionieren fast genauso wie benutzerdefinierte Abschnitte, der einzige Unterschied ist die Platzierung innerhalb eines bestehenden Abschnitts. Sie sind ebenfalls fragmentbasiert und können einer Anwendung UI-Steuerelemente hinzufügen, die in SAP Fiori Elements nicht allgemein verfügbar sind oder deren Logik zu komplex ist, um von OData und Annotationen verarbeitet zu werden.
  - **Benutzerdefinierte Aktion**
    Die Kopfzeile der Object Page kann angepasst werden, um neue Aktionsbuttons hinzuzufügen. Aktionsbuttons können auch zu einem List Report (Tabelle, Symbolleiste, Fußzeile) hinzugefügt werden. Um eine neue Aktion hinzuzufügen, müssen Sie eine Controller-Erweiterung erstellen und die Logik der Aktion und ihre UI-relevanten Daten definieren.
  - **Benutzerdefinierte Kopfzeilenfacette**
    Eine Header-Facette ist ein Abschnitt in der Kopfzeile der Object Page, der durch Erstellen von Fragmenten, die die Facettendefinition enthalten, hinzugefügt werden kann. Diese können dann im Manifest als neue Facetten oder als Ersetzungen hinzugefügt werden, die die bestehenden Facetten ersetzen. Sie können auch nur Felder zu einer bestehenden Facette hinzufügen, wenn Sie dies wünschen.

- **Benutzerdefiniertes Formularelement**
  Benutzerdefinierte UI-Elemente wie Smart-Felder oder Textsteuerelemente können mithilfe von benutzerdefinierten Formularelementen hinzugefügt werden. Dabei handelt es sich um Fragmente, die in bereits vorhandene Field-Group-Abschnitte innerhalb einer Object Page eingefügt werden.
- **Allgemeine Erweiterungskonzepte**
  - **Benutzerdefinierte Seite**
    Benutzerdefinierte Seiten, d. h. neue SAPUI5-Views, können eingefügt werden, um die gesamten Fähigkeiten der SAPUI5-Freestyle-Entwicklung zu bieten. Ein neuer SAPUI5-View und der dazugehörige Controller müssen hinzugefügt werden, wobei der View in einem Routing-Ziel referenziert wird. Dies ist der übliche Weg, um Fullstack-Views einzubinden, da z. B. Einstiegsseiten, die mit einem SAPUI5-Freestyle-Ansatz erstellt wurden, dann eine Navigation zu einer SAP-Fiori-Elements-Object-Page anbieten können.

13.2.2 Building Blocks

Mit *Building Blocks* können Sie jetzt nicht nur auf bestehenden Benutzeroberflächen aufbauen, sondern auch Blöcke (siehe Abbildung 13.3) bei der Erstellung neuer Seiten verwenden. Diese Building Blocks sind die zentralen Low-Code-Komponenten von SAP Fiori Elements und stellen eine einfache Möglichkeit dar, metadatengesteuerte UI-Steuerelemente innerhalb einer benutzerdefinierten Seite bzw. eines SAPUI5-Views zu erhalten. Sie funktionieren ähnlich wie Smart Controls, sind jedoch nur für OData V4 verfügbar, bieten mehr Funktionen (z. B. Draft Handling) und müssen das SAP-Fiori-Elements-Framework laden.

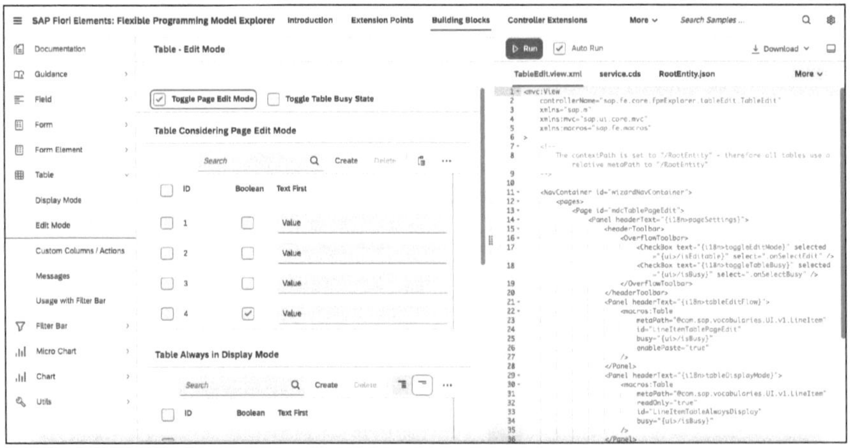

Abbildung 13.3 Building Blocks

Wir werden in Abschnitt 13.3 noch einmal ausführlich über Building Blocks sprechen.

13.2.3 Controller-Erweiterung

Controller-Erweiterungen werden verwendet, um die JavaScript-Funktionalität einer bestehenden SAP-Fiori-Elements-Seite innerhalb Ihrer Anwendung des Flexible Programming Model zu erweitern. Hier können Sie JavaScript neu definieren und wiederverwenden, um zu ändern, wie sich der Workflow und die Handhabung Ihrer Anwendungsseite verhalten (siehe Abbildung 13.4). Dazu müssen Sie einen Erweiterungs-Controller erstellen, der entweder bestehende Methoden außer Kraft setzt oder neue Implementierungen hinzufügt.

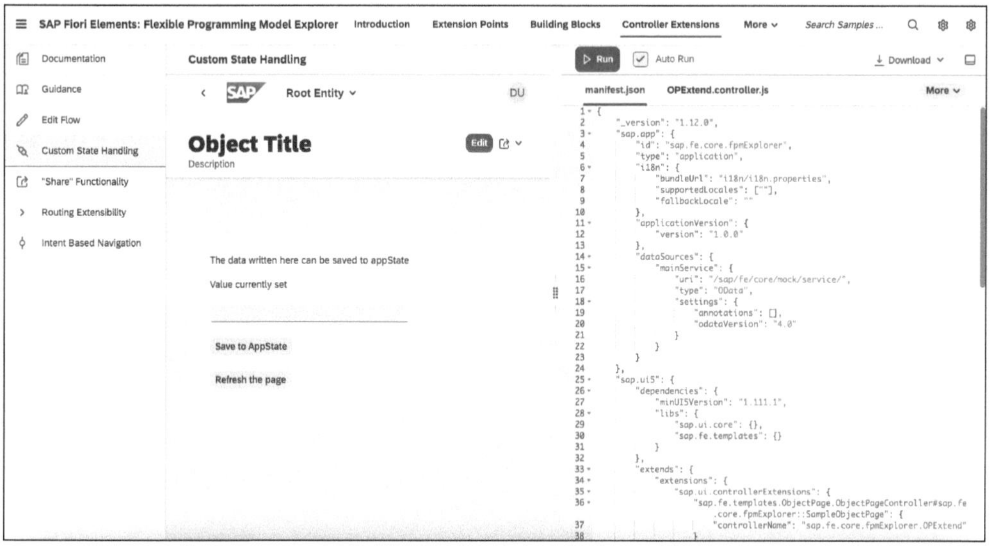

Abbildung 13.4 Controller-Erweiterung

Die folgenden Controller-basierten Erweiterungen sind derzeit im flexiblen Programmiermodell verfügbar:

- **Edit Flow**

  Die Edit-Flow-Erweiterungen bieten Hooks für die Handhabung von SAP-Fiori-Elements-Object-Pages und deren Edit Flow. Hooks für das Draft Handling (Absenden, Verwerfen, Erstellen), Aktionslebenszyklen, Bearbeitungslebenszyklen und Rückwärtsnavigation können hinzugefügt werden, um das Verhalten einer Object Page weiter anzupassen.

- **Custom State Handling**

  Custom State Handling, d. h. der Übergang zwischen verschiedenen Zuständen einer Anwendung, wie z. B. ungespeicherte Änderungen, kann durch die Verwendung von Hooks hinzugefügt werden. Dies hilft dabei, Daten zu einem bestimmten Zeitpunkt zu aktualisieren und die verschiedenen Zustände Ihrer Anwendung zu verwalten.

- **Share-Funktion**

  Die Object Pages von SAP Fiori Elements bieten einen **Share**-Button auf der oberen linken Seite, über den Ihre Inhalte per E-Mail versendet, als neue Kachel hinzugefügt oder in SAP Jam geteilt werden können. Um dies weiter zu verbessern, kann die Share-Funktion angepasst werden.

- **Routing**

  Die Routing-Erweiterungen bieten Methoden, um intern zu einer bestimmten Route zu gelangen, zu einem Ziel zu navigieren und Lifecycle-Methoden zu Ihren Routen hinzuzufügen.

- **Intent-basierte Navigation**

  Die App-to-App-Navigation innerhalb des SAP Fiori Launchpad kann entweder durch die Implementierung eines Hooks zur Änderung der bestehenden Navigation oder durch die Navigation zu einem Outbound-Ziel realisiert werden.

- **Message Handling**

  Benutzerdefinierte Meldungen können innerhalb eines Meldungsdialogs mithilfe von Übergangsmeldungen angezeigt werden.

13.2.4 SAP Fiori Elements: erweiterte Funktionen

Der Flexible Programming Model Explorer dient als Referenz für mehrere fortgeschrittene Funktionen (siehe Abbildung 13.5) der SAP-Fiori-Erweiterbarkeit, wie folgt:

- **Side Effects**

  Side Effects sind, wie der Name schon sagt, Änderungen, die sich auf andere Felder auswirken können. Diese Änderungen finden im Backend statt, sodass das Frontend darüber informiert werden muss, dass die Benutzeroberfläche zu aktualisieren ist, um die neuen Werte zu erhalten.

- **Verwendung der UI.hidden-Annotation**

  Mit der Annotation `UI.hidden` können Sie festlegen, dass Funktionen der Object Page unsichtbar sind.

- **Wertehilfen**

  Werthilfen für Eingabe- und Auswahlfelder sind ein wichtiger Bestandteil, wenn es darum geht, inkonsistente Daten zu vermeiden und eine gute Benutzererfahrung zu bieten (siehe Abschnitt 6.3.1, »Wertehilfen«).

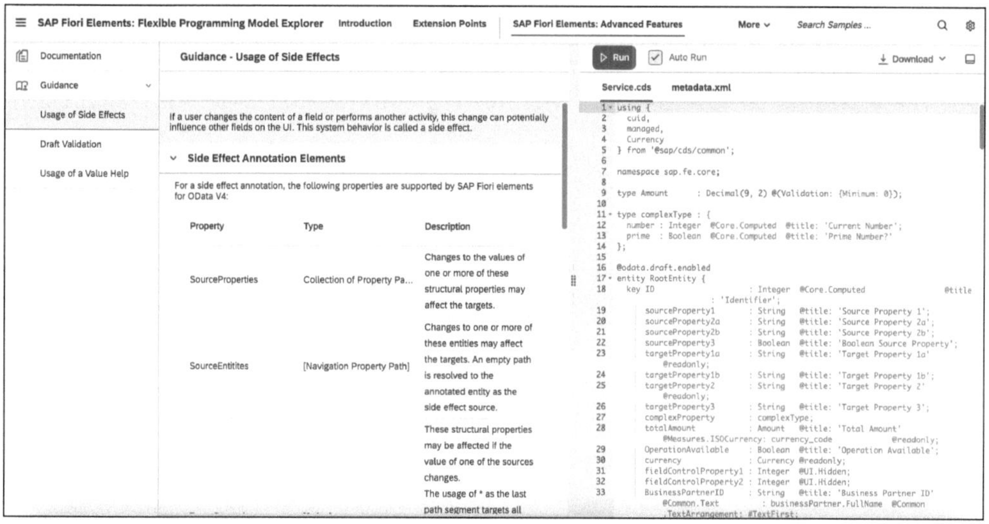

Abbildung 13.5 SAP Fiori Elements: fortgeschrittene Funktionen

13.3 Building Blocks

Building Blocks definieren Template-Anweisungen, wie Controls in Abhängigkeit von der gebundenen Entität und ihren Annotationen erstellt werden sollen. Sie funktionieren wie Smart Controls, stellen aber keine einzelne SAPUI5-Control dar und bieten eher metadatengesteuerte Ansätze. Die Building Blocks sind im Namensraum `sap.fe.macros` gebündelt. Das Flexible Programming Model bietet die folgenden Building Blocks, die in den nächsten Unterabschnitten erläutert werden:

- `Field`
- `Form`
- `FormElement`
- `Table`
- `FilterBar`
- `FilterField`
- `MicroChart`
- `Chart`
- `FlexibleColumnLayoutActions`
- `Share`
- `Paginator`

13.3.1 Field

Der Building Block `Field` kann verwendet werden, um einzelne Eigenschaften einer OData-Entität anzuzeigen, und wird durch die Annotationen der folgenden Eigenschaft gesteuert:

```
<macros:Field xmlns:macro="sap.fe.macros" metaPath="AuthorName"/>
```

Bausteine sollten eine stabile ID haben, und ihr Aussehen kann zusätzlich zu den Annotationen über die Field-Building-Block-API bestimmt werden, die Formatierungsoptionen, Anzeigemodi usw. bietet. So können Eigenschaften nicht nur als Textfelder, sondern auch als Statusobjekte, Bewertungsindikatoren usw. angezeigt werden.

Der Building Block `Field` kann verwendet werden, wenn die Benutzeroberfläche eines Felds und dessen Verhalten durch OData bestimmt werden sollen. Die bekanntesten Eigenschaften sind die folgenden:

- `metaPath`
  Dient als Property-Binding-Pfad der verwendeten OData-Entitätseigenschaft.
- `busy`
  Definiert den Busy-Zustand des Felds.
- `readonly`
  Legt fest, ob ein Feld schreibgeschützt ist oder nicht.
- `formatOptions`
  Legt fest, wie der Wert des Felds formatiert werden soll.

Das bekannteste Ereignis ist das folgende:

- `change`
  Wird ausgelöst, wenn der Wert durch eine Benutzereingabe geändert wird.

13.3.2 Form

Der Building Block `Form` definiert ein Formular, das an die `FieldGroup`-Annotation gebunden ist und wie folgt um zusätzliche Formularelemente erweitert werden kann:

```
<macros:Form id="myCustomForm"
    metaPath="@com.sap.vocabularies.UI.v1.FieldGroup#BookInformation"
    title="Buchinformationen"></macros:Form>
```

Wenn ein OData-Service bereits `FieldGroup`-Facetten definiert, können Sie den `form`-Building-Block verwenden, um diese Facette an einer bestimmten Stelle in der Benutzeroberfläche anzuzeigen und nicht nur auf einer Object Page.

Die wichtigsten Eigenschaften sind die folgenden:

- `metaPath`

  Kontextgebundener Pfad der verwendeten OData-Entität.

- `title`

  Titel, der oberhalb des Formulars angezeigt wird.

- `fieldGroupIds`

  Stabile ID für Validierungszwecke.

Das bekannteste Ereignis ist das folgende:

- `validateFieldGroup`

  Wird ausgelöst, wenn die Validierung eines Formulars ausgelöst werden soll.

13.3.3 FormElement

Das `FormElement` fügt einem `sap.ui.layout.form.Form`-Steuerelement innerhalb der `formElements`-Aggregation eine neue Kombination aus Beschriftung und Eingabe-/Anzeige-Steuerelement einer OData-Eigenschaft hinzu, wie folgt:

```
<f:formElements>
   <macros:FormElement xmlns:macro="sap.fe.macros" metaPath="Name" id="name" />
 </f:formElements>
```

Wenn Sie ein benutzerdefiniertes Formular als Fragment in eine SAP-Fiori-Elements-Object-Page oder in einen SAPUI5-Freestyle-View eingebunden haben und eine automatische Feldsteuerung für eine OData-Eigenschaft erhalten möchten, sollten Sie den FormElement-Baustein verwenden.

Die wichtigsten Eigenschaften sind die folgenden:

- `metaPath`

  Property-Binding-Pfad der verwendeten OData-Entität.

- `Bezeichnung`

  Definiert ein benutzerdefiniertes Label für das FormElement. Wenn es nicht verwendet wird, wird das Label aus den OData-Metadaten verwendet.

Das bekannteste Ereignis ist das folgende:

- `validateFieldGroup`

  Wird ausgelöst, wenn die Validierung eines Formularelements ausgelöst werden soll.

13.3.4 Table

Der Building Block `Table` (siehe Abbildung 13.6) stellt eine Tabelle dar, die an ein OData-Entity-Set gebunden ist. Er wird über die `LineItem`-Annotationen konfiguriert und kann mit einem `FilterBar`-Building-Block kombiniert werden. Darüber hinaus können der Tabelle selbst benutzerdefinierte Aktionen und Menüs hinzugefügt werden, wie folgt:

```
<macros:Table xmlns:macro="sap.fe.macros" metaPath="MyNavProperty/
@com.sap.vocabularies.UI.v1.LineItem"/>
```

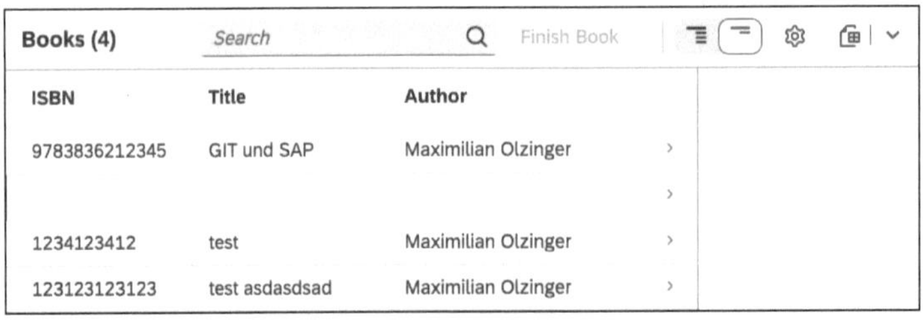

Abbildung 13.6 Der Table-Building-Block

Wenn Sie Daten in einer metadatengesteuerten Tabelle anzeigen möchten, sollten Sie den Building Block `table` verwenden, um die UI-Codierung zu minimieren.

Die wichtigsten Eigenschaften sind die folgenden:

- `metaPath`

  Annotationspfad der verwendeten OData-Entität oder ein Verweis auf die LineItem-Annotation.

- `enableExport`

  Aktiviert die Exportfunktionalitäten der Tabelle.

- `filterBar`

  Erwartet die ID eines `FilterBar`-Building-Blocks.

- `personalization`

  Konfiguriert die verfügbaren Personalisierungsoptionen der Tabelle.

- `selectionMode`

  Legt den Auswahlmodus fest.

- `type`

  Legt fest, ob die Tabelle ein Grid oder eine responsive Tabelle sein soll.

Die wichtigsten Ereignisse sind die folgenden:

- `rowPress`

  Wird ausgelöst, wenn eine Zeile angeklickt wird.

- `selectionChange`

  Wird ausgelöst, wenn eine Zeile ausgewählt wurde.

13.3.5 FilterBar

Der Building Block `FilterBar` (siehe Abbildung 13.7) fügt der Benutzeroberfläche eine Filterleiste für ein Entity-Set hinzu. Die `FilterBar` würde per `SelectionFields`-Annotation wie folgt konfiguriert:

```
<macros:FilterBar metaPath="@com.sap.vocabularies.UI.v1.SelectionFields#
MySelectionFields" id="myFilterBar" search=".onSearchPress"
filtersChanged=".onFiltersChanged"/>
```

Abbildung 13.7 Der FilterBar-Building-Block

Wenn Sie einer Seite, die eine Tabelle enthält, Filterfunktionen hinzufügen möchten, sollten Sie den Building Block `FilterBar` verwenden. Die wichtigsten Eigenschaften sind die folgenden:

- `metaPath`

  Annotationspfad der verwendeten OData-Entität oder ein Verweis auf die `SelectionFields`-Annotation.

- `LiveModus`

  Aktiviert die Filterung nach jeder Änderung in der Filterleiste.

- `showClearButton`

  Zeigt einen Button zum Zurücksetzen von Filtern an.

- `showMessages`

  Zeigt Fehler in einem Meldungsfeld an, die während der Filterung auftreten.

Die wichtigsten Ereignisse sind folgende:

- `afterClear`

  Wird ausgelöst, wenn der Button **Clear** angeklickt wird.

- `filterChanged`

  Wird ausgelöst, wenn sich die Filter ändern.

- `search`

  Wird ausgelöst, wenn auf den Button **Go** geklickt wird oder die Live-Filteränderungen gelten.

13.3.6 FilterField

Der Building Block `FilterField` kann zu einer `FilterBar` hinzugefügt werden, um ihn mit fragmentbasierten benutzerdefinierten Filterfeldern zu erweitern, wie folgt:

```
<macros:FilterBar … >
    <macros:filterFields>
        <macros:FilterField key="BookDescription" label="Description">
            <core:Fragment fragmentName="custom.fragments.MyFilter "
type="XML" />
```

Die Control, die als Filter verwendet werden soll, wird in einem Fragment definiert. Wenn die Filterung ausgelöst wird, muss der Wert des Filters an die Filteranforderung angehängt werden.

Wenn die normalen `SelectionFields` weniger Funktionen als gewünscht bieten oder zusätzliche Filter benötigt werden, sollten Sie den Building Block `FilterField` verwenden.

Die wichtigsten Eigenschaften sind die folgenden:

- `key`

  Schlüssel des `FilterField`.
- `label`

  Angezeigte Beschriftung des `FilterField`.
- `placement`

  Platzierung des benutzerdefinierten Filters.

13.3.7 MicroChart

`MicroChart` kann verwendet werden, um kleine Diagramme (siehe Abbildung 13.8) zu Ihrer Benutzeroberfläche hinzuzufügen.

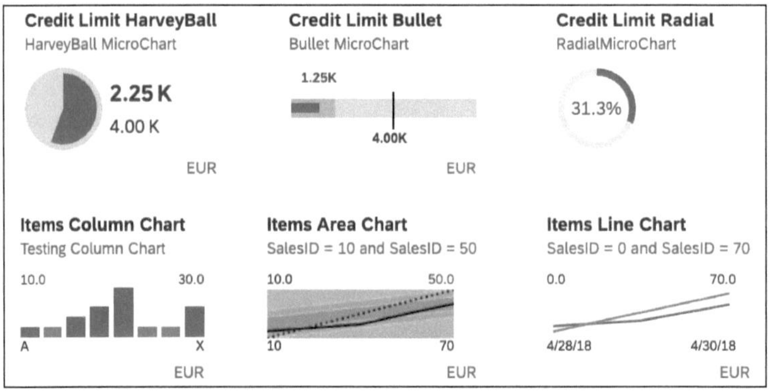

Abbildung 13.8 Der MicroChart-Building-Block

In SAP Fiori Elements konnten sie bisher nur in einer Tabellenzeile oder als Kopffacette auf einer Object Page angezeigt werden. Mit diesem Baustein können Sie eine vorhandene Chart-Annotation verwenden, um ein Micro-Chart an einer beliebigen Stelle anzuzeigen:

```
<macros:MicroChart id="soldBooks" metaPath="@com.sap.vocabularies.UI.v1.Chart#
SoldBooks" contextPath="/Books/_SoldBooks" batchGroupId="$auto.abc"/>
```

Wie bereits erwähnt, werden sie vollständig mit der `UI.charts`-Annotation konfiguriert, die mehrere Chart-Optionen bietet. Sie werden auch in Kombination mit analytischen CDS-Views verwendet, um Daten zu aggregieren.

Wenn Sie bereits über ein annotationsbasiertes Chart verfügen, können Sie den `MicroChart`-Building-Block verwenden, um es anzuzeigen. Die wichtigsten Eigenschaften sind die folgenden:

- **`metaPath`**

  Annotationspfad der verwendeten `UI.chart`-Annotation.

- **`contextPath`**

  List-Binding-Pfad der OData-Entität, die die Diagrammdaten bereitstellt.

13

13.3.8 Chart

Der `Chart`-Building-Block (siehe Abbildung 13.9) funktioniert fast genauso wie `MicroChart`, bietet aber mehr analytische Funktionen und stellt ein größeres Diagramm dar, wie folgt:

```
<macros:Chart id="totalBookSales" contextPath="/Books"
metaPath="@com.sap.vocabularies.UI.v1.Chart"
dataPointsSelected=".onChartSelectionChanged" personalization="Sort,Type,Item"
selectionMode="Multiple"></macros:Chart>
```

Wenn Sie Daten in einem Diagramm anzeigen möchten, das analytische Funktionalitäten bietet, sollten Sie den Chart-Building-Block verwenden. Die wichtigsten Eigenschaften sind die folgenden:

- `metaPath`

  Annotationspfad der verwendeten `UI.chart`-Annotation.

- `contextPfad`

  List-Binding-Pfad der OData-Entität, die die Diagrammdaten bereitstellt.

- `filterBar`

  ID eines `FilterBar`-Building-Blocks zum Hinzufügen von Filtern zum Diagramm.

- `header`

  Definiert die Beschriftung der Kopfzeile.
- `personalization`

  Fügt dem Diagramm eine Personalisierung hinzu.
- `selectionMode`

  Legt den Auswahlmodus des Diagramms fest.

Das wichtigste Ereignis ist das folgende:

- `selectionChange`

  Wird ausgelöst, wenn Diagrammdaten ausgewählt wurden.

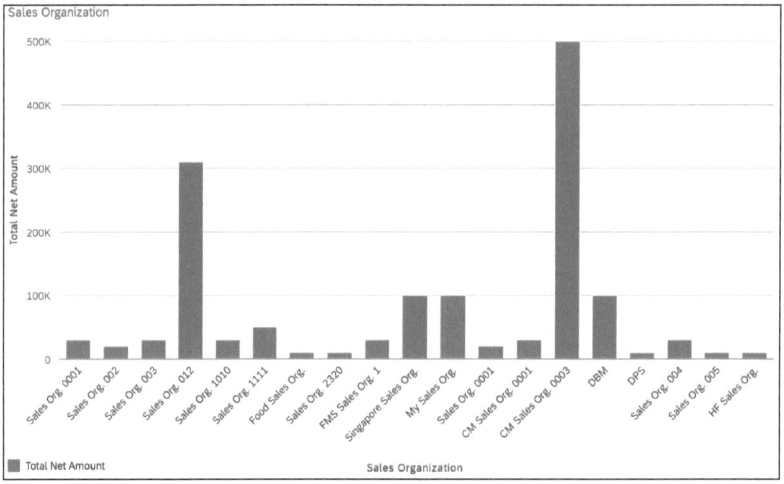

Abbildung 13.9 Der Chart-Building-Block

13.3.9 FlexibleColumnLayoutActions

Wenn Sie die `FlexibleColumnLayoutActions` als Root-Container Ihrer Anwendung verwenden, können Sie die Aktionen zum Schließen (**Close**), zum Öffnen des Vollbildschirms (**Enter Full Screen**) und zum Verlassen des Vollbildschirms (**Exit Fullscreen**) zu Ihren Seiten hinzufügen:

```
<macros:FlexibleColumnLayoutActions/>
```

13.3.10 Share

Sie können den Button **Share** einer Object Page zu Ihren benutzerdefinierten Seiten in Kombination hinzufügen. Damit können Sie entweder die Seite als Kachel speichern oder Informationen als Mail versenden (in Kombination mit den Semantik-Annotationen):

```
<macros:Share id="share" visible="true" />
```

13.3.11 Paginator

Wenn Sie viele Daten in einer Liste oder Tabelle anzeigen müssen, können Sie die `Paginator`-Control verwenden, um die Paginierung für Sie zu übernehmen. Dieser Building Block rendert die `Paginator`-Control (**Up** und **Down**) in einer Detailseite, um entweder die nächsten oder die vorherigen Daten zu laden:

```
<macros:Paginator id="paginator" />
```

Dies muss in Kombination mit der `Paginator`-API in einem Controller verwendet werden, um zu definieren, wie der `Paginator` funktionieren soll. Wenn Sie sich innerhalb einer Detailseite bewegen wollen, können Sie den `Paginator`-Building-Block verwenden.

13.4 Implementieren des Flexible Programming Model

Eine Flexible-Programming-Model-Anwendung kann entweder als eigene SAP-Fiori-Elements-Anwendung implementiert werden (siehe Abschnitt 13.4.2), oder ihre Funktionalität kann in eine bereits bestehende SAPUI5-Anwendung eingefügt werden (siehe Abschnitt 13.4.1). In diesem Abschnitt werden wir in eine neue Flexible-Programming-Model-Anwendung eintauchen, indem wir unsere eigene SAPUI5-Logik in Kombination mit den bereitgestellten Building Blocks implementieren. Außerdem fügen wir Standardvorlagen für SAP Fiori Elements mithilfe der Page Map hinzu (siehe Abschnitt 13.4.3), die wir mit benutzerdefinierter TypeScript-Logik erweitern (siehe Abschnitt 13.4.4).

13.4.1 Das Flexible Programming Model in Freestyle-Applikationen

Wenn Sie Building Blocks in einer bereits bestehenden SAPUI5-Freestyle-Anwendung verwenden möchten, die OData V4 nutzt, müssen Sie nur die Dateien **Component.js** und **manifest.json** Ihrer Anwendung ändern. Zunächst müssen Sie die Datei **Component.js** so ändern, dass sie nicht `sap.ui.core.UIComponent`, sondern `sap.fe.core.AppComponent` erweitert. Dadurch wird das SAP-Fiori-Elements-Framework in Ihre Freestyle-Anwendung geladen (siehe Listing 13.1).

```
sap.ui.define(["sap/fe/core/AppComponent"],
 function (UIComponent) {
  return UIComponent.extend("clouddna.myfreestyleapp.Component", {
   metadata: {
    manifest: "json"
```

```
    },
    ...
  });
 }
);
```

Listing 13.1 Angepasste Datei »Component.js«

Im zweiten Schritt müssen alle Views, die Building Blocks verwenden sollen, in ihrem Routing-Targets geändert werden, damit SAP Fiori Elements weiß, für welche Entität dieser View steht (siehe Listing 13.2).

```
"targets": {
 "MainView": {
  "type": "Component",
  "id": "MainView",
  "name": "sap.fe.core.fpm",
  "options": {
   "settings": {
    "viewName": "clouddna.myfreestyleapp.view.MainView",
    "contextPath": "/Books"
   }
  }
 }
}
```

Listing 13.2 Geänderte Targets in der Datei »manifest.json«

In diesem Beispiel wird der bestehende View `MainView` in ein neues Target verpackt. Dieses Target definiert den View als eine Komponente aus dem Flexible-Programming-Model-Baum. Der Verweis auf den ursprünglichen View ist immer noch vorhanden, wobei der `viewName` und der `contextPath` festlegen, zu welchem OData-Entity-Set dieser View gehört.

13.4.2 Neue Flexible-Programming-Model-Applikationen

Wenn Sie neue Anwendungen auf der Grundlage des Flexible Programming Model erstellen möchten, können Sie dies im SAP Business Application Studio tun. Öffnen Sie einen SAP-Fiori-Dev-Space, gehen Sie zu **File • New Project from Template**, wählen Sie die Karte **SAP Fiori application** und wählen Sie die Vorlage **Custom Page**, wie in Abbildung 13.10 gezeigt.

Klicken Sie auf **Next** und folgen Sie den verschiedenen Schritten des Assistenten, um die Anwendung des Flexible Programming Model zu erstellen. Der erste Schritt ist die Seite **Data Source and Service Selection**, auf der Sie die folgenden Werte eingeben:

- **Data source: Connect to a System**
- **System**: Wählen Sie eine Verbindung.
- **Service**: Verwenden Sie »ZRAP_BOOKS_UI_V4« (angelegt in Kapitel 6, »Entwicklung von OData-V4-Services mit dem ABAP RESTful Application Programming Model (Managed Scenario)«).

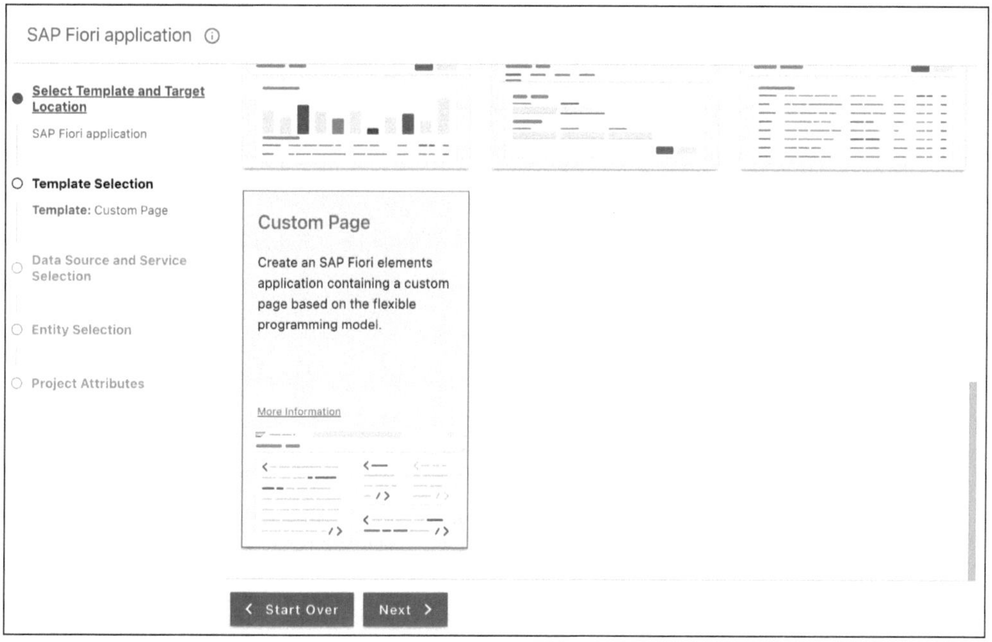

Abbildung 13.10 Wählen des Custom-Page-Templates

Nun müssen Sie die Hauptentität der Anwendung im Schritt **Entity Selection** als **Main entity** die Option ZRAP_CV_BOOKS auswählen.

Danach müssen die Projektattribute festgelegt werden:

- **Module name**: »books«
- **Application title**: »Books«
- **Application namespace**: »at.clouddna«
- **Description**: »Book Application«
- **Minimum SAPUI5 Version**: »Latest«
- **Add deployment configuration: No**
- **Add FLP configuration: No**

- **Configure Advanced Options: Yes**
- **Enable TypeScript: Yes**

In diesem Beispiel verwenden wir TypeScript anstelle von JavaScript, um eine bessere Syntaxprüfung während der Anwendungsprogrammierung zu erhalten.

Klicken Sie auf **Finish**, um die Anwendung zu erstellen, und warten Sie, bis das Dialogfeld **Application Information** angezeigt wird (siehe Abbildung 13.11).

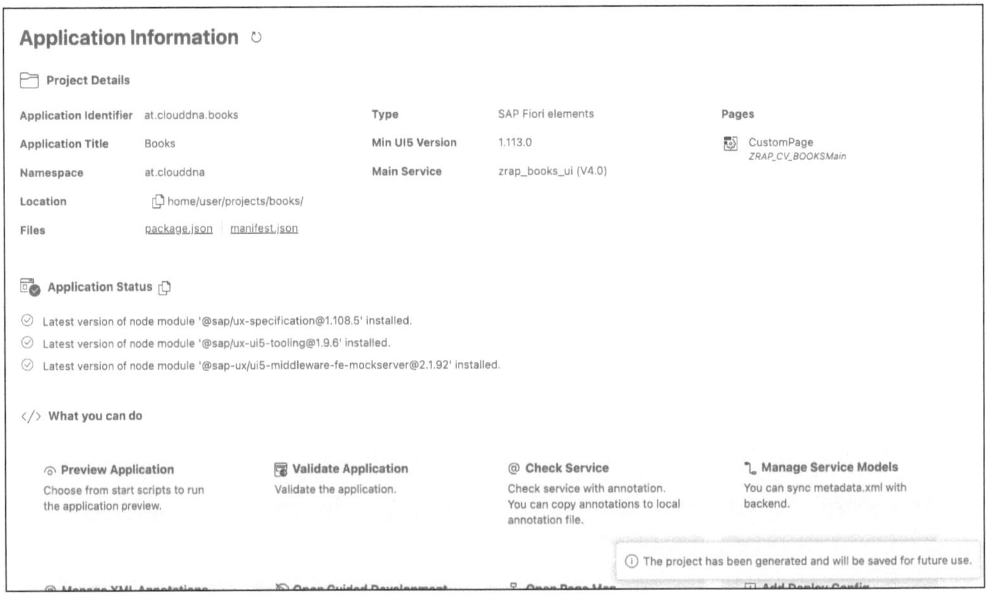

Abbildung 13.11 Applikationsinformationen

Die generierte Anwendung ist nun eine SAP-Fiori-Elements-Anwendung, die die Flexible-Programming-Model-Vorlage verwendet. Um zu sehen, ob alles entsprechend erstellt wurde, können Sie das Routing in der Datei **manifest.json** überprüfen (siehe Listing 13.3).

```
"routing": {
      "config": {},
      "routes": [
        {
          "name": "ZRAP_CV_BOOKSMain",
          "pattern": ":?query:",
          "target": "ZRAP_CV_BOOKSMain"
        }
      ],
      "targets": {
        "ZRAP_CV_BOOKSMain": {
```

```
        "type": "Component",
        "id": "ZRAP_CV_BOOKSMain",
        "name": "sap.fe.core.fpm",
        "options": {
          "settings": {
            "viewName": "at.clouddna.books.ext.main.Main",
            "entitySet": "ZRAP_CV_BOOKS",
            "navigation": {}
          }
        }
      }
    }
  }
```

Listing 13.3 Das Routing der Applikation

Sie werden feststellen, dass die Anwendung eine Standardroute hat, die auf das Hauptziel verweist. Bei diesem Ziel handelt es sich um einen SAPUI5-Freestyle-View, der mit den Informationen zur Verwendung der Building Blocks durch Laden der Bibliothek `sap.fe.core.fpm` verpackt wurde. Das Entity-Set `ZRAP_CV_BOOKS` ist ebenfalls an diesen View gebunden. Wenn Sie Ihrer Anwendung neue Freestyle-Views hinzufügen möchten, müssen Sie diese ebenfalls in ein Ziel mit dem Typ `Component` und dem Verweis auf das Flexible Programming Model verpacken. Andernfalls können die Building Blocks nicht in diesen Views verwendet werden.

In unserer Beispielanwendung werden wir die folgenden Views implementieren:

- **Main-View**

  Beim Main-View handelt es sich um einen SAPUI5-Freestyle-View, der eine semantische Seite als Layout-Steuerelement mit den Building Blocks `FilterBar` und `Table` enthält. Zusätzlich werden wir die Tabelle erweitern, um eine benutzerdefinierte Aktion anzubieten.
- **Detail-View**

  Der Detail-View wird eine SAP-Fiori-Elements-Object-Page sein, die wir ebenfalls mit View-Erweiterungen und Controller-Erweiterungen erweitern werden.

Um den Main-View zu implementieren, benötigen wir eine Layout-Control, um unsere Seite innerhalb des Main-Views zu strukturieren (zu finden unter **webapp/ext/main/Main.view.xml**). Wir verwenden hier die `sap.f.semantic.SemanticPage`, da sie einen erweiterbaren Header und einen Content-Bereich bietet (siehe Listing 13.4).

```
<mvc:View xmlns:core="sap.ui.core" xmlns:mvc="sap.ui.core.mvc"
    xmlns="sap.m" xmlns:macros="sap.fe.macros" xmlns:layout="sap.ui.layout"
    xmlns:html="http://www.w3.org/1999/xhtml"
```

```
    controllerName="at.clouddna.books.ext.main.Main"
    xmlns:semantic="sap.f.semantic">
        <semantic:SemanticPage
            id="main_page"
            headerPinnable="true"
            toggleHeaderOnTitleClick="true"
            preserveHeaderStateOnScroll="false">

        <semantic:titleHeading>
            <Title id="main_title" text="{i18n>appDescription}" />
        </semantic:titleHeading>

        <semantic:titleSnappedContent>
            <Title id="main_title_snapped" text="{i18n>appTitle}" />
        </semantic:titleSnappedContent>
        <semantic:headerContent>
            <layout:HorizontalLayout id="main_header_layout"
                allowWrapping="true">

            </layout:HorizontalLayout>
        </semantic:headerContent>

        <semantic:content>

        </semantic:content>
    </semantic:SemanticPage>
</mvc:View>
```

Listing 13.4 Das Semantic-Page-Layout zur Applikation hinzufügen

Die Semantic Page besteht aus einem Titel, der auf den Anwendungstitel aus dem `i18n`-Modell verweist. Außerdem erstellen wir einen leeren Kopfbereich, der später den `FilterBar`-Building-Block enthalten wird. Wir erstellen auch einen leeren Inhaltsbereich, in den wir später den Building Block `Table` einfügen werden.

Klicken Sie mit der rechten Maustaste auf den **webapp**-Ordner und wählen Sie im Kontextmenü **Preview Application**, um eine Vorschau unserer Anwendung in einem neuen Browserfenster anzuzeigen (siehe Abbildung 13.12).

Abbildung 13.12 Preview der leeren Applikation

Die Anwendung ist derzeit leer und zeigt nur den Titel der Semantic Page an. Um das zu ändern, fügen wir unserer Semantic Page die Building Blocks `FilterBar` und `table` hinzu (siehe Listing 13.5).

```
<semantic:headerContent>
            <layout:HorizontalLayout id="main_header_layout"
               allowWrapping="true">
                <macros:FilterBar
                   metaPath="@com.sap.vocabularies.UI.v1.SelectionFields#
BookFilters"
                id="main_filterbar"
            />
            </layout:HorizontalLayout>
        </semantic:headerContent>

        <semantic:content>
            <macros:Table
                id="main_table"
                selectionMode="Single"
                filterBar="main_filterbar"
                type="ResponsiveTable"
                metaPath="@com.sap.vocabularies.UI.v1.LineItem"
            />
        </semantic:content>
```

Listing 13.5 Hinzufügen von »table« und »FilterBar«

Da das Target Mapping in der Datei **manifest.json** das OData-Entity-Set `ZRAP_CV_BOOKS` an unseren View bindet, zeigt der `FilterBar`-Building-Block automatisch die Filter an, die wir in den entfernten CDS-Annotationen definiert haben. Zusätzlich werden auch das Suchfeld und die Auswahl des Entwurfsmodus angezeigt. Dies ist eine Erweiterung des `SmartFilterBar`-Steuerelements und wird in unserem Fall vollständig von den Remote-Annotationen verwaltet.

Der `Table`-Building-Block funktioniert ähnlich und erkennt das Entity-Set des Ziels, um unsere Bücher anzuzeigen. Wie beim `FilterBar`-Baustein wird auch die Tabelle vollständig von den Remote-Annotationen eingerichtet. Wir müssen lediglich den Auswahlmodus auf einzelne Einträge festlegen und die ID der `FilterBar` referenzieren.

Wechseln Sie zu der geöffneten Browser-Registerkarte, auf der die Anwendung läuft, um die von uns vorgenommenen Änderungen zu sehen (siehe Abbildung 13.13).

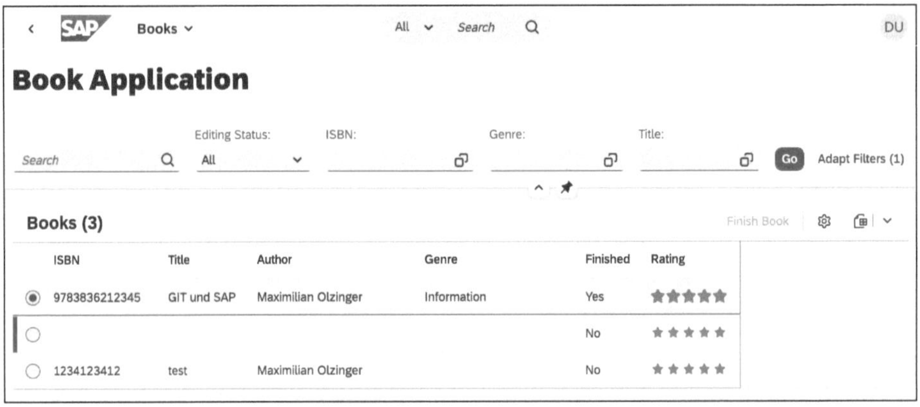

Abbildung 13.13 »table« und »FilterBar« werden verwendet

Nun wollen wir eine benutzerdefinierte Spalte zu unserer Tabelle hinzufügen. Dazu fügen wir den Building Block `Column` zur Aggregation der Spalten des Building Blocks `Table` hinzu (siehe Listing 13.6).

```
<macros:Table
                id="main_table"
                selectionMode="Single"
                filterBar="main_filterbar"
                type="ResponsiveTable"
                metaPath="@com.sap.vocabularies.UI.v1.LineItem"
            >
                <macros:columns>
                    <macros:Column id="main_column_search" header="Search"
importance="Low" key="search_column">
                        <Button id="main_button_search" press=".onSearchPress"
text="Google me"/>
                    </macros:Column>
                </macros:columns>
            </macros:Table>
```

Listing 13.6 Eine benutzerdefinierte Spalte zu »table« hinzufügen

Die neue Spalte erhält einen Spaltentitel und definiert einen `Button`, über den die ISBN eines Buchs in Google gesucht werden kann. Der Event Handler für das `press`-Ereignis wird in Kürze in unserem Controller hinzugefügt.

Wenn Sie zurück zur laufenden Anwendung wechseln, sollte eine neue Spalte mit unserem Button erscheinen, wie in Abbildung 13.14 dargestellt.

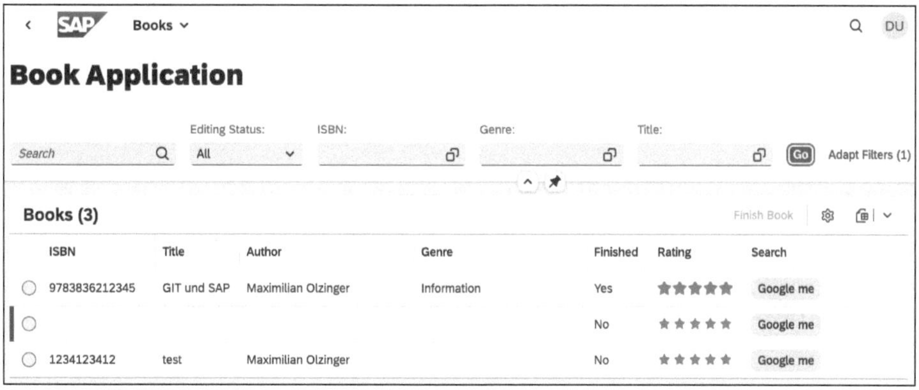

Abbildung 13.14 Die neue Spalte in der Tabelle

Nun müssen wir die Logik unseres Press Event Handlers implementieren. Dazu öffnen Sie den entsprechenden View-Controller und fügen die Event-Handler-Methode hinzu (siehe Listing 13.7). Der Controller befindet sich im Ordner **webapp/ext/main**.

```
import Controller from 'sap/fe/core/PageController';
import { URLHelper } from 'sap/m/library';
import MessageBox, { Action } from 'sap/m/MessageBox';

/**
 * @namespace at.clouddna.books.ext.main.Main.controller
 */
export default class Main extends Controller {

    public onInit(): void {
      Controller.prototype.onInit.apply(this);
    }

   public onSearchPress(event: any){
      let isbn: string =
event.getSource().getBindingContext().getObject().ISBN;

      MessageBox.confirm("This will open another window. Do you want to
continue?", {
         onClose: (action: Action)=>{
            if (action === Action.OK){
               URLHelper.redirect('https://www.google.com/search?q=ISBN
${isbn}', true);
            }
```

```
            }
        });

    }

}
```

Listing 13.7 Den Press Event Handler im Controller hinzufügen

Sie können den gesamten auskommentierten Code in der Controller-Klasse selbst entfernen. Fügen Sie einfach die `onInit`-Methode zur weiteren Verwendung hinzu. Damit die `onInit`-Methode mit dem Flexible Programming Model korrekt funktioniert, muss die Basis-`onInit`-Methode unseres geerbten Controllers ausgeführt werden.

Dann fügen wir die `onSearchPress`-Methode hinzu, in der wir die Eigenschaft ISBN aus der Tabellenzeile lesen, in der wir den Button angeklickt haben. Wir öffnen ein Bestätigungsfeld, in dem bestätigt wird, dass der Klick auf den Button zu einer neuen Registerkarte führt. Wenn der Benutzer dies bestätigt, wird er zu *google.com* weitergeleitet, wo nach der ISBN gesucht wird.

Nun können Sie den neuen Button in der laufenden Anwendung selbst ausprobieren.

13.4.3 Page Map

Als Nächstes werden wir es möglich machen, von unserem Main-View zu einem Detail-View zu navigieren, der die Informationen des Buchs zeigt, das wir im Main-View ausgewählt haben. Dazu können wir eine neue SAP-Fiori-Elements-Object-Page zu unserer Anwendung hinzufügen, die mit unserem Main-View gekoppelt ist. Für SAP-Fiori-Elements-Anwendungen wird die Page Map angeboten, die alle Anwendungserweiterungsszenarien von SAP Fiori Elements auf Seitenebene bündelt. Diese Page Map kann geöffnet werden, indem man im Datei-Explorer mit der rechten Maustaste auf den Ordner **webapp** klickt und im Kontextmenü **Show Page Map** wählt (siehe Abbildung 13.15).

Derzeit haben wir nur eine Seite bzw. einen View in unserer Anwendung, nämlich den Main-View. Um eine neue SAP-Fiori-Elements-Object-Page hinzuzufügen, können Sie auf das Plus-Symbol neben dem Titel **Custom Page** klicken. Daraufhin öffnet sich ein Dialog zum Hinzufügen einer neuen Seite, die mit unserem Main-View gekoppelt ist (siehe Abbildung 13.16).

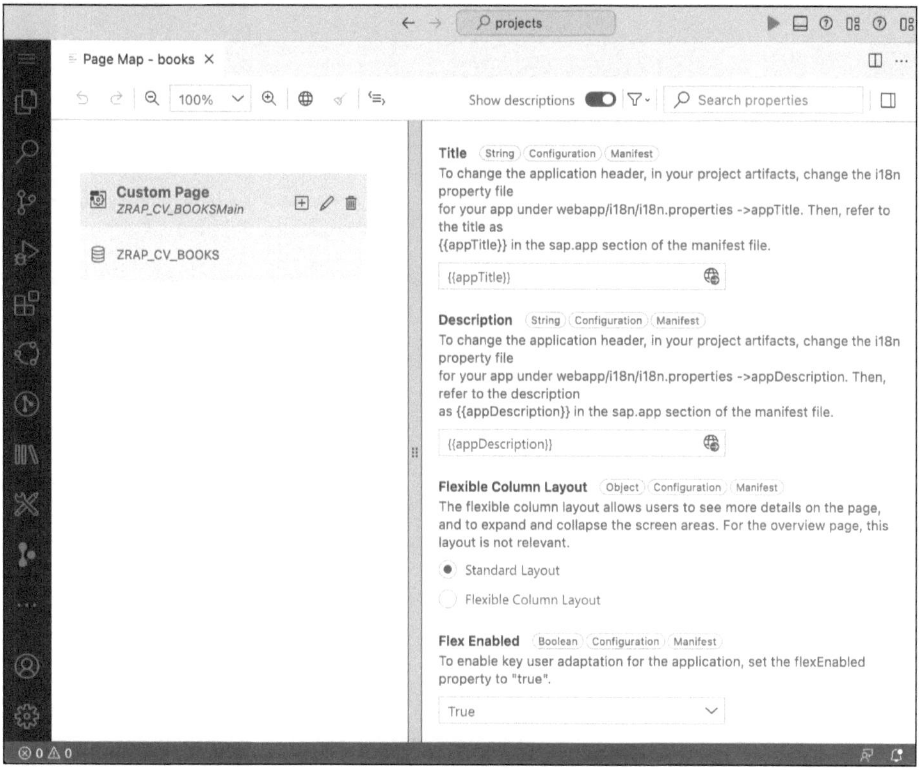

Abbildung 13.15 Page Map

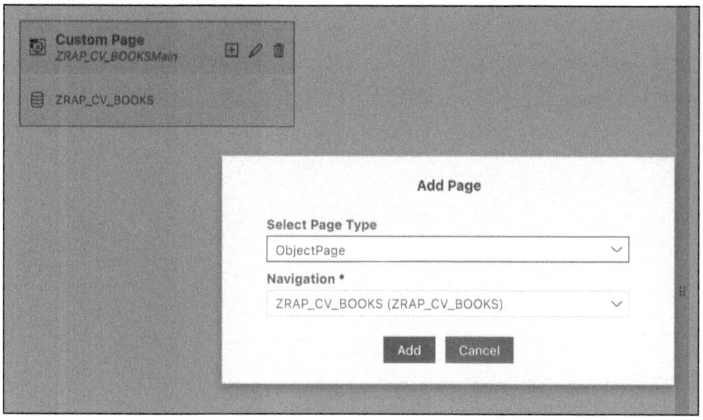

Abbildung 13.16 Eine neue Object Page hinzufügen

Wählen Sie hier den Seitentyp **ObjectPage** und legen Sie fest, für welches OData-Entity-Set diese Seite erstellt werden soll: **ZRAP_CV_BOOKS**. Klicken Sie auf **Add**, und die neue Seite sollte in der Page Map erscheinen (siehe Abbildung 13.17).

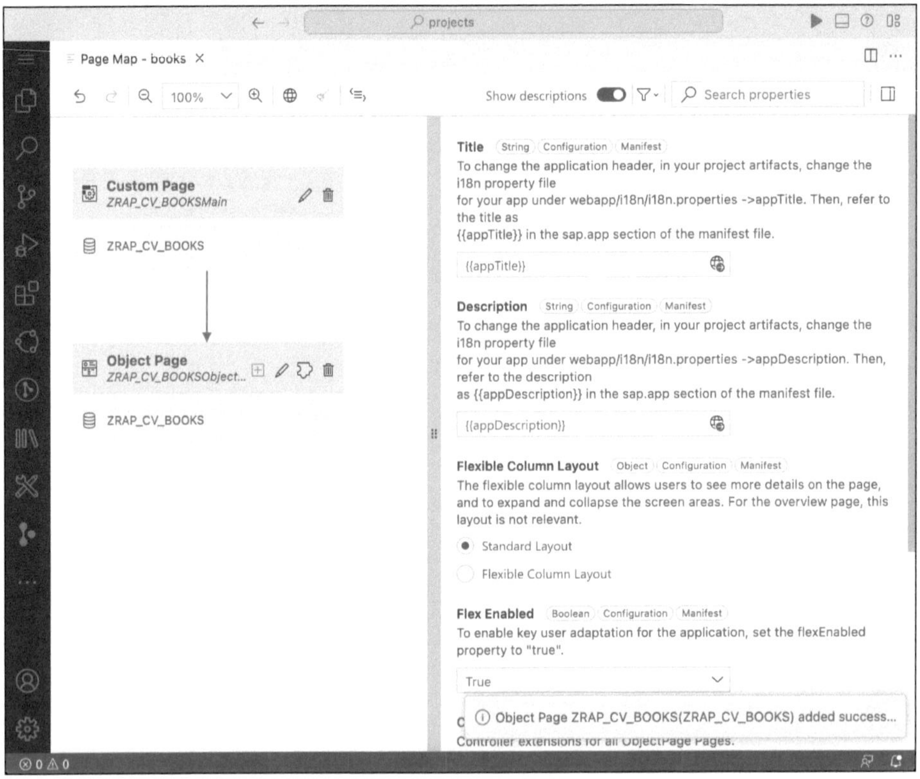

Abbildung 13.17 Die neu hinzugefügte Object Page

Wie der Pfeil zwischen unseren beiden Seiten anzeigt, kann die Object Page durch Navigation vom Main-View aus erreicht werden. Wechseln Sie zurück zur Anwendung im Browser, und die Zeilen haben sich geändert und zeigen auf der rechten Seite einen Navigationsindikator (siehe Abbildung 13.18).

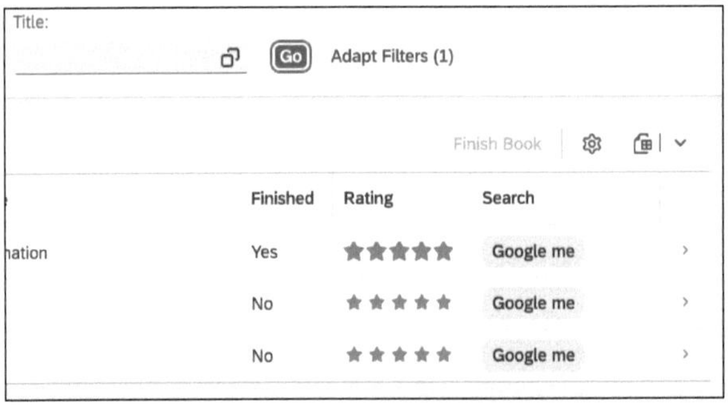

Abbildung 13.18 Der Zeilentyp wurde auf Navigation gesetzt

Wenn Sie jetzt auf eine der Zeilen klicken, navigieren Sie zu der Object Page, die an den Kontext der ausgewählten Zeile gebunden ist (siehe Abbildung 13.19).

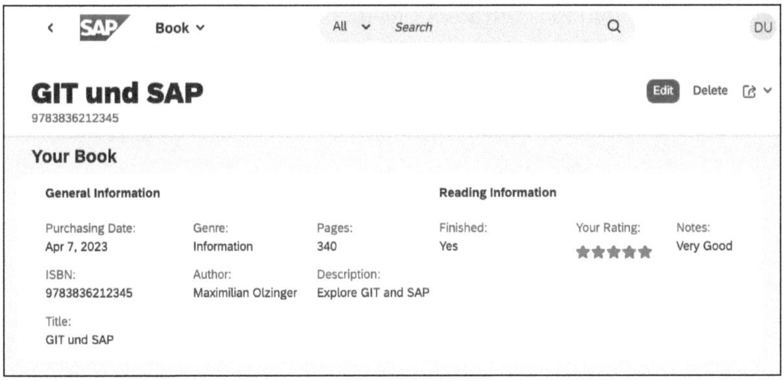

Abbildung 13.19 Die Detailansicht eines Buchs

Alle Informationen für ein Buch werden so angezeigt, wie sie in den Remote-CDS-Annotationen definiert sind, genau wie in einer normalen SAP-Fiori-Elements-Object-Page. Nur die benutzerdefinierte Aktion aus der Tabelle, die wir definiert haben, fehlt, also fügen wir die Aktion zur Object Page hinzu, indem wir die Page Map in Kombination mit Erweiterungsdateien verwenden.

Öffnen Sie die Page Map wie zuvor gezeigt, und klicken Sie auf das Bleistiftsymbol in der Object-Page-Karte. Dadurch wird der Seiteneditor der Object Page geöffnet (siehe Abbildung 13.20).

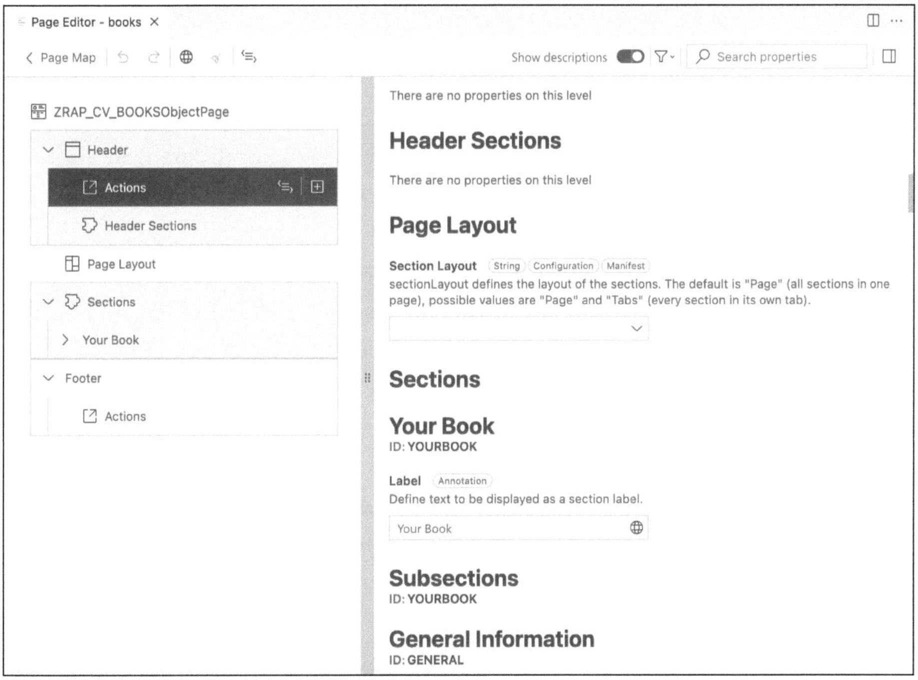

Abbildung 13.20 Eine neue Aktion hinzufügen

Wählen Sie im Seiteneditor den Abschnitt **Actions** im Bereich **Header** und klicken Sie auf das Plus-Symbol auf der rechten Seite, um eine neue benutzerdefinierte Aktion zur Kopfzeile der Object Page hinzuzufügen (siehe Abbildung 13.21).

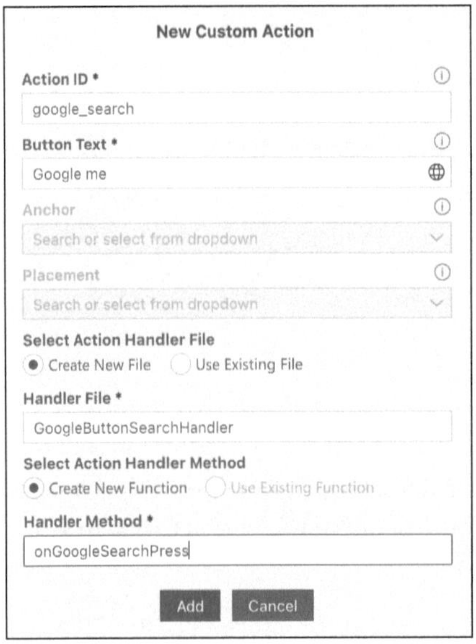

Abbildung 13.21 Definieren der Aktion

Die Aktion, die wir hinzufügen, erhält eine stabile ID und einen Text (dieser kann auch mit dem Globus-Symbol im Feld **Button Text** übersetzt werden). Wählen Sie **Create New File** im Abschnitt **Select Action Handler File**, um eine neue TypeScript-Erweiterungsdatei zur Object Page hinzuzufügen und den Namen unserer Controller-Erweiterung zu definieren. Erstellen Sie schließlich eine neue Funktion, indem Sie »onGoogleSearchPress« in das Feld **Handler Method** eingeben, und schließen Sie die Erstellung der Aktion ab, indem Sie auf **Add** klicken.

Sie können überprüfen, ob die Aktion zu unserer Object Page hinzugefügt wurde, indem Sie sich das Target in der `manifest.json` ansehen. Dieses Target sollte die Aktion `google_search` in die Header-Aktionen einfügen und dabei den Controller und die Methode der Erweiterung als Press-Handler referenzieren (siehe Listing 13.8).

```
"ZRAP_CV_BOOKSObjectPage": {
                    "type": "Component",
                    "id": "ZRAP_CV_BOOKSObjectPage",
                    "name": "sap.fe.templates.ObjectPage",
                    "options": {
                        "settings": {
                            "entitySet": "ZRAP_CV_BOOKS",
                            "navigation": {},
```

```
                    "content": {
                        "header": {
                            "actions": {
                                "google_search": {
                                    "press":
"at.clouddna.books.ext.controller.GoogleButtonSearchHandler.onGoogleSearchPress",
                                    "visible": true,
                                    "enabled": true,
                                    "text": "Google me"
                                }
                            }
                        }
                    }
                }
            }
        }
```

Listing 13.8 Custom Action zum Target hinzufügen

Jetzt können wir den Event Handler in unserer TypeScript-Erweiterungsdatei implementieren, die sich in **webapp/ext/controller** befindet (siehe Listing 13.9).

```
import ExtensionAPI from 'sap/fe/core/ExtensionAPI';
import Context from 'sap/ui/model/odata/v4/Context';
import MessageBox, { Action } from 'sap/m/MessageBox';
import { URLHelper } from 'sap/m/library';

/**
 * Generated event handler.
 *
 * @param this reference to the 'this' that the event handler is bound to.
 * @param pageContext the context of the page on which the event was fired
 */
export function onGoogleSearchPress(this: ExtensionAPI, pageContext: Context)
{
    let isbn: string = pageContext.getObject().ISBN

      MessageBox.confirm("This will open another window. Do you want to
continue?", {
         onClose: (action: Action)=>{
            if (action === Action.OK){
               URLHelper.redirect('https://www.google.com/search?q=ISBN
${isbn}', true);
```

```
            }
        }
    });
}
```

Listing 13.9 Erweiterungsdatei für den Event Handler

Hier implementieren wir fast die gleiche Logik wie im Press Event Handler des Hauptcontrollers, mit der Ausnahme, dass wir diesmal die ISBN aus dem `pageContext` abrufen.

Jetzt können wir unsere Aktion auf der Object Page ausführen (siehe Abbildung 13.22).

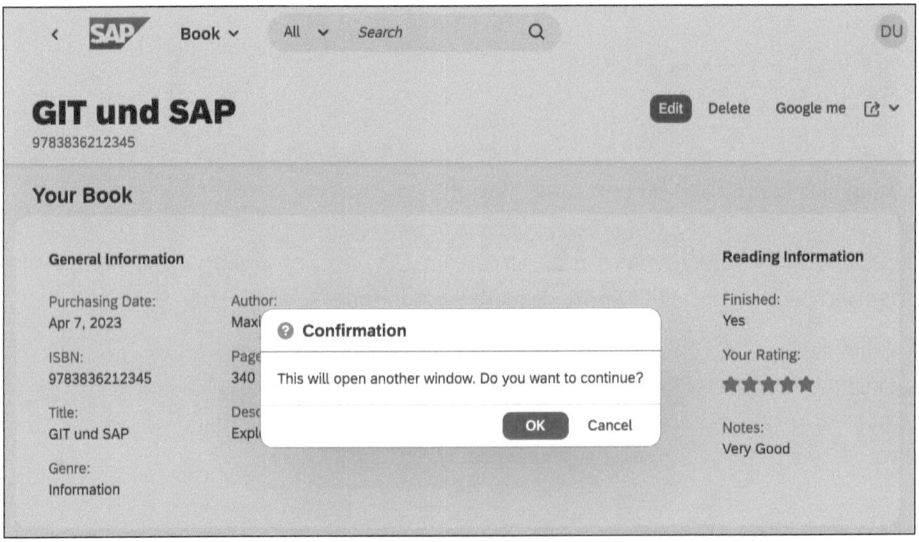

Abbildung 13.22 Eine Message Box wird angezeigt

13.4.4 Controller-Erweiterung

Als Letztes fügen wir eine Controller-Erweiterung hinzu, die einen Warndialog anzeigt, wenn die Bearbeitungsfunktion unserer Bücher deaktiviert ist, weil `readingFinished` auf `true` gesetzt wurde. Um eine neue Controller-Erweiterung hinzuzufügen, öffnen Sie die Page Map und wählen die Object Page aus (siehe Abbildung 13.23).

Die Details der Seite werden auf der rechten Seite des Bildschirms angezeigt. Scrollen Sie nach unten, bis Sie zum Bereich der Controller-Erweiterung für die **ZRAP_CV_BOOKSObjectPage** gelangen. Klicken Sie auf **Add Controller Extension**, um eine neue Controller-Erweiterung für unsere Seite hinzuzufügen. Nun öffnet sich ein Pop-up, in dem Sie einen Namen für die Erweiterung angeben müssen (siehe Abbildung 13.24).

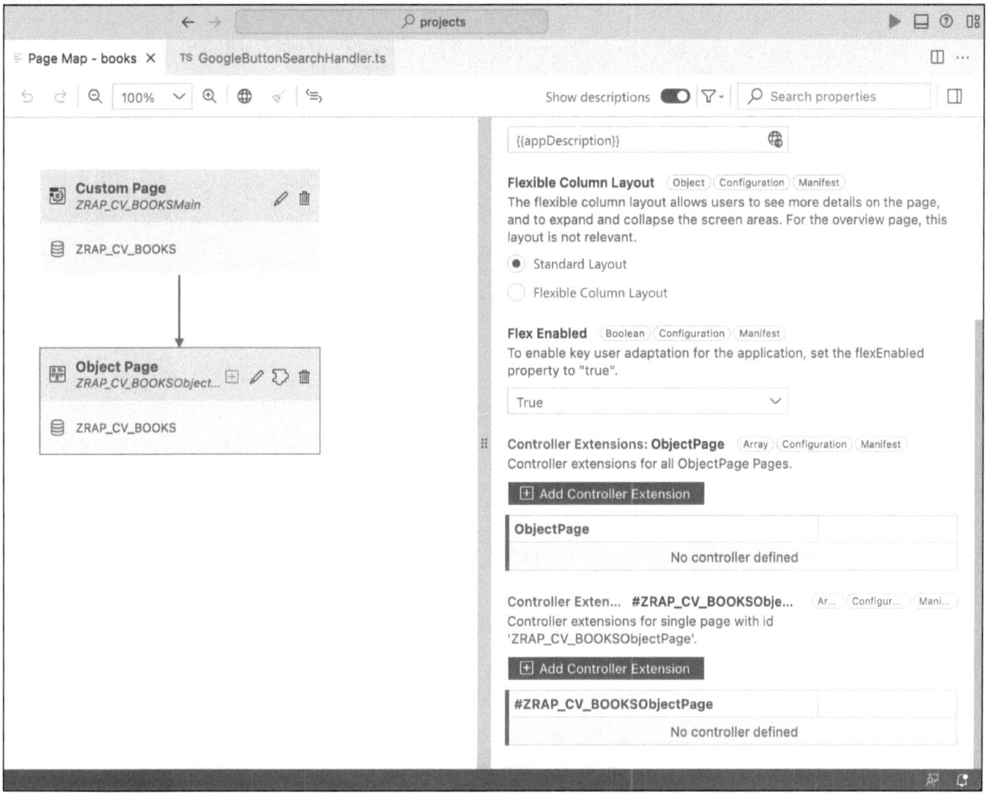

Abbildung 13.23 Eine neue Controller-Erweiterung hinzufügen

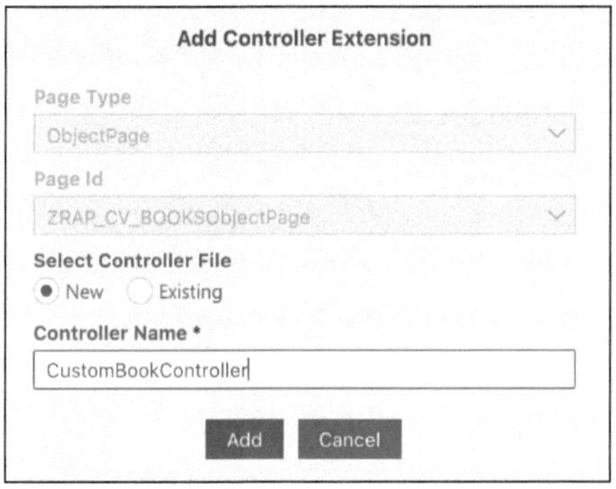

Abbildung 13.24 Einen Namen für die Controller-Erweiterung vergeben

Geben Sie in das Feld **Controller Name** den Namen »CustomBookController« für die neue Controller-Datei ein. Klicken Sie auf den Button **Add**, und die neue Controller-Erweiterung wird dem Ordner **webapp/ext** hinzugefügt.

Öffnen Sie den neuen Erweiterungs-Controller. Hier verwenden wir `sap.fe.templates.ObjectPage.ExtensionAPI` und die `override`-Eigenschaft des Extension-Controllers, um die `onBeforeEdit`-Methode des Edit Flows zu überschreiben (siehe Listing 13.10).

```
import ExtensionAPI from 'sap/fe/templates/ObjectPage/ExtensionAPI';
import MessageBox from 'sap/m/MessageBox';
import ControllerExtension from 'sap/ui/core/mvc/ControllerExtension';

/**
 * @namespace at.clouddna.books.ext.controller.CustomBookController
 * @controller
 */
export default class CustomBookController extends
ControllerExtension<ExtensionAPI> {
    static override = {
        /**
         * Called when a controller is instantiated and its View controls (if
available) are already created.
         * Can be used to modify the View before it is displayed, to bind
event handlers and do other one-time initialization.
         * @memberOf at.clouddna.books.ext.controller.CustomBookController
         */
        onInit(this: CustomBookController) {
            // you can access the SAP Fiori elements extensionAPI via
this.base.getExtensionAPI
            //const model = this.base.getExtensionAPI().getModel();
        },
        editFlow: {
            onBeforeEdit: function(mParameters: any): any {
                (<any>this).getView().getBindingContext().
requestProperty("ReadingFinished").then((readingFinished: boolean) => {
                    if(readingFinished){
                        MessageBox.warning("Editing will not be possible as
this book was already read.")
                    }
                });
            }
        }
    }
}
```

Listing 13.10 Überscheiben des Edit Flows

Wenn wir diese Methode überschreiben, können wir einen Event Handler namens `onBeforeEdit` hinzufügen, wenn der Benutzer in die Bearbeitung eines Objekts wechselt. Hier fragen wir die Eigenschaft `ReadingFinished` unseres gebundenen Kontexts ab, und wenn diese wahr ist, zeigen wir eine Warnmeldung in Form einer `MessageBox` an.

Sie können nun die Bearbeitung eines bereits fertiggestellten Buchs testen (siehe Abbildung 13.25).

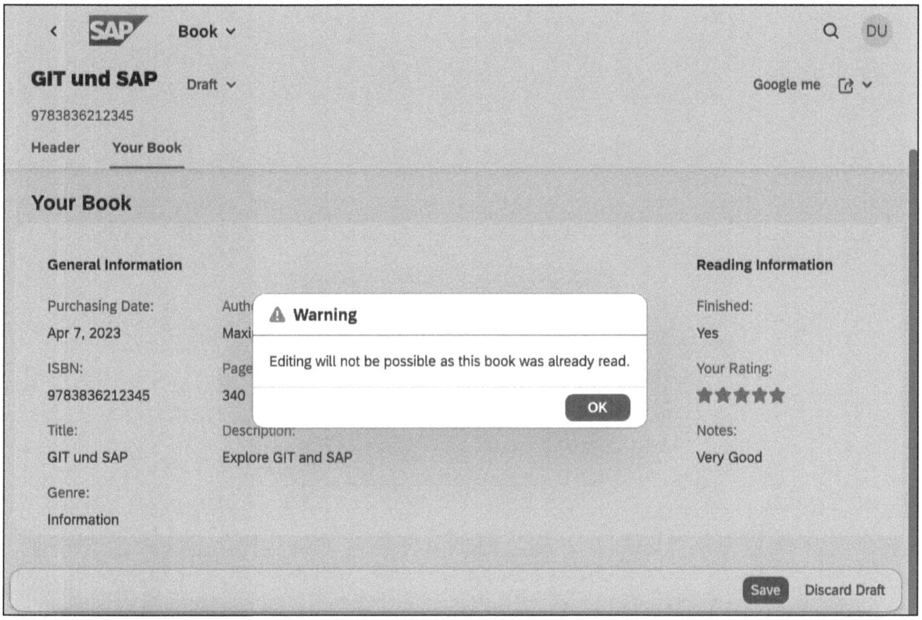

Abbildung 13.25 Eine Warnmeldung

13.5 Zusammenfassung

Das Flexible Programming Model ist eine Kombination aus der Flexibilität von Freestyle-SAPUI5-Anwendungen und dem Low-Code-Ansatz des SAP-Fiori-Elements-Frameworks. Es bietet Erweiterungen des SAP-Fiori-Frameworks in Form von Controller-Erweiterungen und Erweiterungspunkten zum Hinzufügen von benutzerdefinierter Logik und UIs zu den SAP-Fiori-Elements-Vorlagen. Zusätzlich können mit Freestyle-Views die Building Block des Flexible Programming Model verwendet werden, um Templates für bestimmte UI-Elemente anzubieten, die durch Annotationen eingerichtet werden, sowie Low-Code innerhalb von Freestyle-Anwendungen zu bieten.

TEIL III

Fortgeschrittene Themen

Kapitel 14
Datei-Upload

Media Entitys und Streams sind die übliche Methode, um Dateien in einem OData-Service zu behandeln. Diese Handhabung ist entweder für OData-V2- oder OData-V4-Services verfügbar und kann zu den wichtigsten Frameworks für die Erstellung von OData-Services für SAP-bezogene Services hinzugefügt werden.

SAPUI5 bietet spezielle Steuerelemente für die Handhabung von Datei-Uploads und -Downloads. Diese Dateien werden als Datenströme unter Verwendung von OData-Media-Entitys (siehe Abschnitt 14.1) transportiert. Diese Media Entitys sind spezielle Typen von OData-Entitäten, die Stream-Methoden für den Upload und den Download von Dateien bereitstellen.

Die Implementierung von Media Entitys in einem OData-V2-Service, der auf Transaktion SEGW basiert, wird in Abschnitt 14.2 behandelt. Hier bieten die Data- und Model-Provider-Klassen Methoden, die die OData-Media-Entitys verarbeiten.

Zusätzlich bietet das ABAP RESTful Application Programming Model für OData V4 (siehe Abschnitt 14.3) eine einfache Möglichkeit, persistente Felder zu annotieren, die für diese Medienströme verwendet werden können.

14.1 Media Entitys

Eine OData-Media-Entity ist eine spezielle Entität im Datenmodell eines OData-Service, die Stream-Methoden anbietet. Diese Methoden müssen entweder manuell implementiert werden (bei OData-Services, die auf Transaktion SEGW basieren) oder werden generisch von einem Framework bereitgestellt (bei ABAP-RESTful-Application-Programming-basierten Services).

Eine solche Entität wird im Metadatendokument eines OData-Service als »streamable« gekennzeichnet (das Attribut `hasStream` ist gesetzt) und muss mindestens die folgenden Eigenschaften bieten (die Namensgebung ist nicht wichtig):

- `Content`

  Der Inhalt der Datei wird gesendet und oft als Raw String in einer Datenbank gespeichert.

- `MimeType`
  Mithilfe des MIME-Typs wird der Content-Typ der Datei beibehalten.
- `FileName`
  Der Dateiname muss ebenfalls persistiert werden.

[»]

MIME-Typen

Der Internet-Medientyp, d. h. der MIME-Typ, identifiziert den Content-Typ von Daten im Internet. Bei der Verwendung von Media Entitys wird diese Information bei allen Anfragen mitgesendet und muss auf Datenbankebene persistent sein. Ein MIME-Typ besteht aus einem Typ und einem Subtyp. Ein Typ kann eine Anwendung (für binäre Daten), ein Text (für Texte) oder ein Bild (für Bilder) sein. Zu jedem Typ gibt es weitere Untertypen, die weitere Informationen liefern, z. B. application/pdf oder text/xml.

14.2 OData V2

In diesem Abschnitt sehen wir uns an, wie ein Datei-Upload mit Media Entitys in OData V2 implementiert werden kann. Dazu erstellen wir einen OData-Service der Version in einem SAP-Gateway-Service-Builder-Projekt über die folgenden vier Schritte, auf die wir im weiteren Verlauf des Kapitels noch genauer eingehen:

- Führen Sie die notwendigen Vorarbeiten on-premise durch.
- Legen Sie ein SAP-Gateway-Service-Builder-Projekt an und implementieren Sie die notwendigen Funktionen im OData-Service.
- Laden Sie eine oder mehrere Dateien hoch.
- Laden Sie eine oder mehrere Dateien herunter.

14.2.1 On-Premise-Grundlagen

In diesem Schritt schauen wir uns an, welche Voraussetzungen für die spätere Implementierung des OData-Service notwendig sind. Zunächst müssen die entsprechenden Strukturen und Datenbanktabellen angelegt werden, sofern sie noch nicht vorhanden sind.

Wir werden dazu eine Datenbanktabelle mit zwei wichtigen Feldern anlegen: `content` und `mime_type`. In diesen Feldern wird der MIME-Typ der hochgeladenen Datei sowie deren Inhalt gespeichert. Zusätzlich zu diesen Feldern kann die Tabelle auch andere Felder enthalten.

Um die Tabelle zu erstellen, gehen Sie folgendermaßen vor:

1. Öffnen Sie ein Entwicklungspakets in der Transaktion SE80.
2. Um ein Paket (in unserem Fall **$TMP**) auszuwählen, klicken Sie mit der rechten Maustaste und wählen Sie **Create • Dictionary Object • Database Table**.
3. Geben Sie den Namen der Datenbanktabelle in dem erscheinenden Dialog ein und bestätigen Sie die Eingabe (siehe Abbildung 14.1 und Abbildung 14.2).

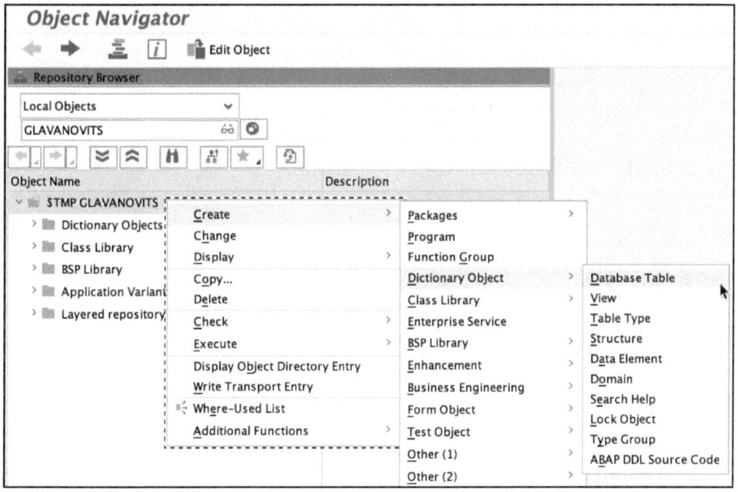

Abbildung 14.1 Wizards zur Erstellung einer Datenbanktabelle öffnen

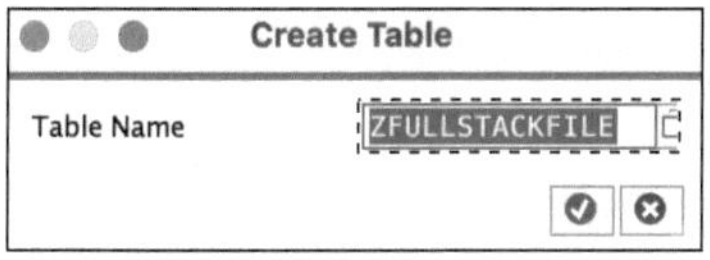

Abbildung 14.2 Eingabe des Tabellennamens

4. Geben Sie eine Kurzbeschreibung ein, wählen Sie »A« als **Delivery Class** und stellen Sie den Bearbeitungsmodus über das Drop-down-Menü **Databrowser/Table View Editing** auf **Display/Maintenance Allowed** ein (siehe Abbildung 14.3). Speichern Sie die Datenbanktabelle.

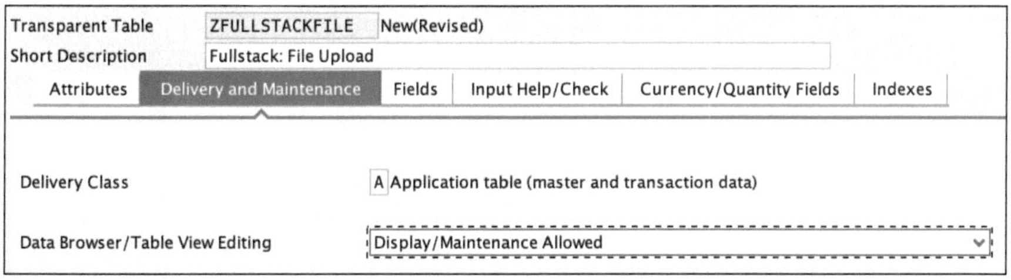

Abbildung 14.3 Definition der Delivery Class und des Table-View-Editing-Modus

5. Nun können die Felder in die Datenbanktabelle eingefügt werden, wie in Abbildung 14.4 dargestellt.

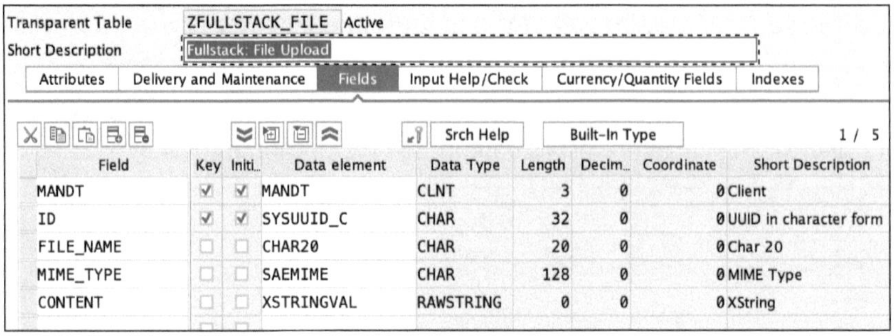

Abbildung 14.4 Erstellen der Datenbanktabelle in SAP

Sobald dies geschehen ist, muss eine Struktur erstellt werden. Diese ist im Grunde eine Eins-zu-eins-Kopie der Datenbanktabelle. Das Vorgehen zum Anlegen einer Struktur ist ähnlich wie beim Anlegen einer Datenbanktabelle. Gehen Sie folgendermaßen vor:

1. Öffnen Sie erneut die Transaktion SE80 und navigieren Sie zu dem Paket, in dem die Struktur angelegt werden soll.
2. Klicken Sie mit der rechten Maustaste auf das Paket und wählen Sie **Create • Dictionary Object • Structure** (siehe Abbildung 14.5).

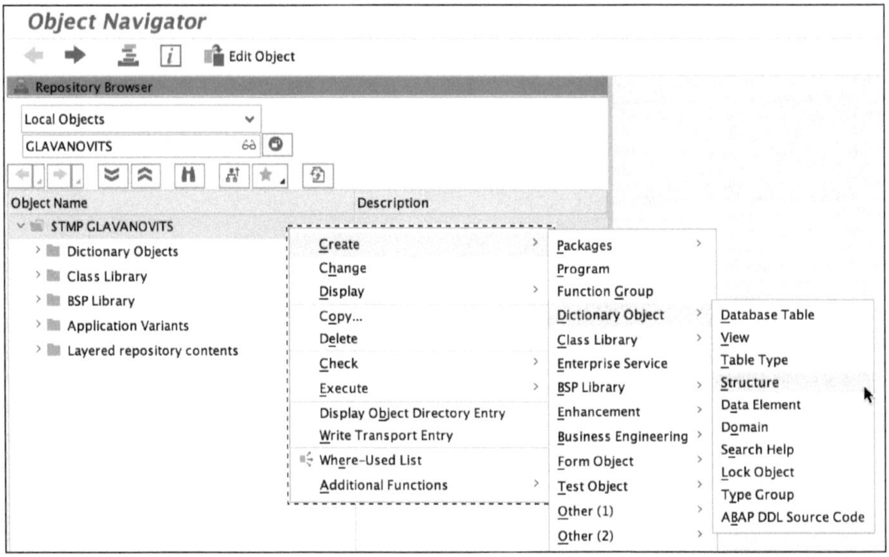

Abbildung 14.5 Dialogs zur Erstellung einer Struktur öffnen

3. Wenn sich der Dialog **Create Structure** öffnet, geben Sie den Namen der Struktur ein (siehe Abbildung 14.6).

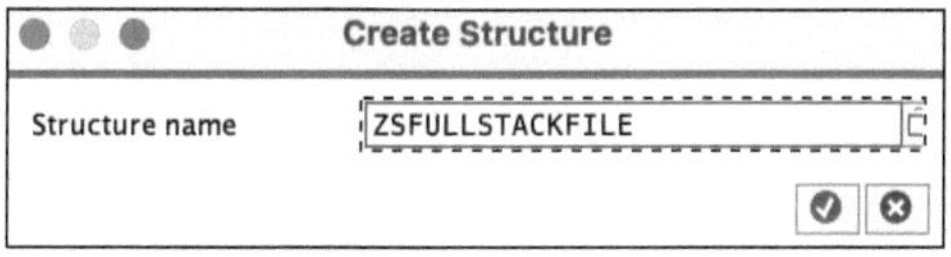

Abbildung 14.6 Namen der Struktur definieren

4. Geben Sie eine Kurzbeschreibung ein und definieren Sie die Felder dieser Struktur, wie in Abbildung 14.7 dargestellt.

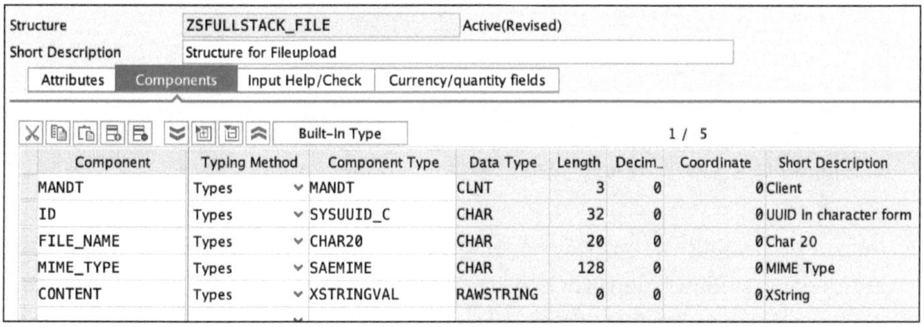

Abbildung 14.7 Erstellen der Struktur in SAP

Sobald die Struktur erstellt ist, wurden alle notwendigen Vorbereitungen erledigt. Der nächste Schritt ist die Erstellung und Implementierung des OData-Service.

14.2.2 OData-Service

Nachdem in den vorangegangenen Schritten die notwendige Struktur und Datenbanktabelle angelegt wurden, geht es nun darum, ein SAP-Gateway-Service-Builder-Projekt zu erstellen und die notwendigen Funktionen im OData-Service zu implementieren. Führen Sie dazu die folgenden Schritte aus:

1. Gehen Sie zur Transaktion SEGW und wählen Sie **Create Project**, um ein neues Projekt anzulegen.
2. Geben Sie die folgenden Informationen über das Projekt in das Dialogfeld ein (siehe Abbildung 14.8). Wenn Sie fertig sind, klicken Sie auf ✓ (**Continue**).
   - **Project:** »Z_FULLSTACK_UPLOAD«
   - **Description:** »Fullstack: File Upload«
   - **Project Type: Service with SAP Annotations**
   - **Generation Strategy: Standard**
   - **Package:** »$TMP«

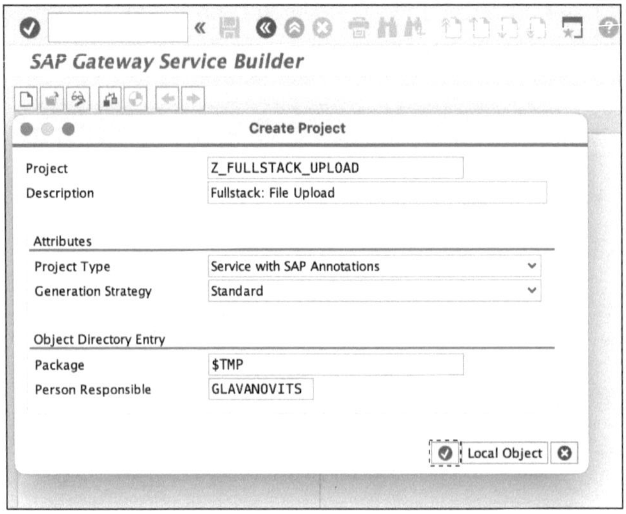

Abbildung 14.8 SAP-Gateway-Service-Builder-Projekt erstellen

3. Nachdem das SAP-Gateway-Service-Builder-Projekt angelegt wurde, muss nun ein Entity-Set erstellt werden. Klicken Sie dazu mit der rechten Maustaste auf **Data Model** und wählen Sie im Kontextmenü **Import • DDIC Structure** (siehe Abbildung 14.9).

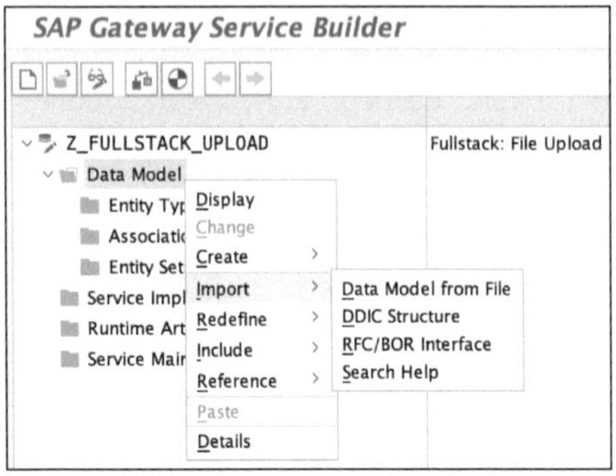

Abbildung 14.9 Hinzufügen eines neuen Entitätstyps

4. Geben Sie im folgenden Dialog einen Namen für den Entitätstyp ein (»File«) und wählen Sie im Feld **ABAP Structure** eine Struktur aus (in diesem Fall »ZSFULLSTACK_FILE«), wie in Abbildung 14.10 gezeigt. Fahren Sie mit **Next** fort.
5. Geben Sie an, welche Eigenschaften der Struktur in die Entitätstypen aufgenommen werden sollen. Wählen Sie in diesem Fall alle verfügbaren Eigenschaften aus, wie in Abbildung 14.11 gezeigt, und klicken Sie auf **Next**.

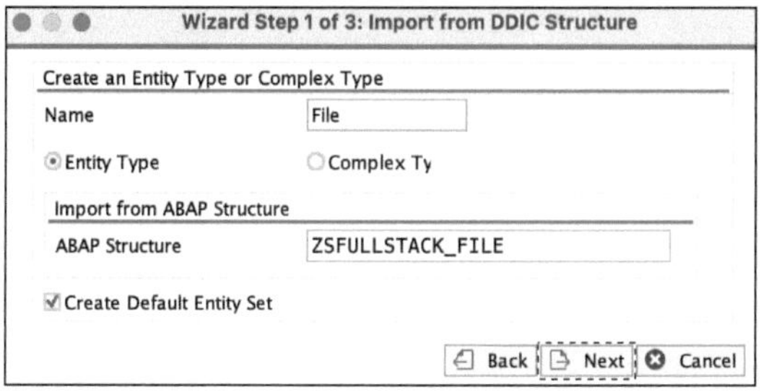

Abbildung 14.10 Struktur für den Entitätstyp importieren

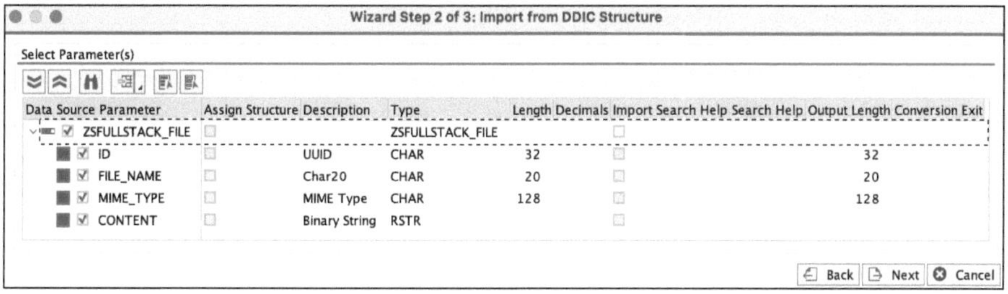

Abbildung 14.11 Hinzufügen der Felder zum Entitätstyp

6. Bestimmen Sie, welche Felder Teil des Primärschlüssels sind. In unserem Fall ist dies nur das Feld **ID** (siehe Abbildung 14.12). Klicken Sie auf **Finish**, um den Import abzuschließen.

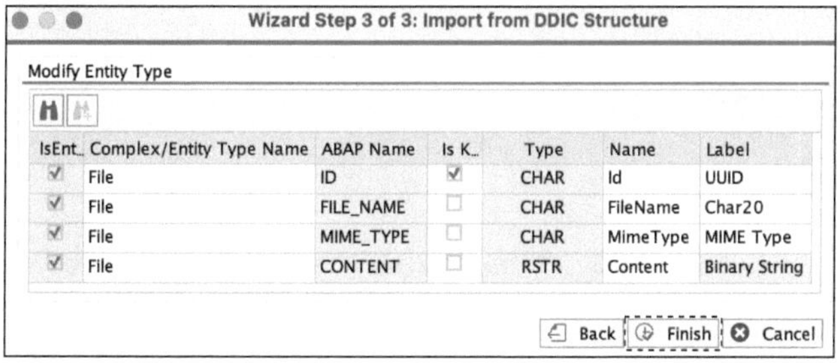

Abbildung 14.12 Setzen des Primärschlüssel des Entitätstyps

Nun werden sowohl der Entitätstyp als auch das Entity-Set erstellt. Standardmäßig werden Entitätstypen nicht als Media Entitys angelegt, aber da dies für unser Beispiel notwendig ist, muss es nachträglich eingestellt werden. Klicken Sie dazu auf den Entitätstyp und aktivieren Sie das Kontrollkästchen **Media** (siehe Abbildung 14.13). Klicken Sie dann auf **Save** und **Generate**.

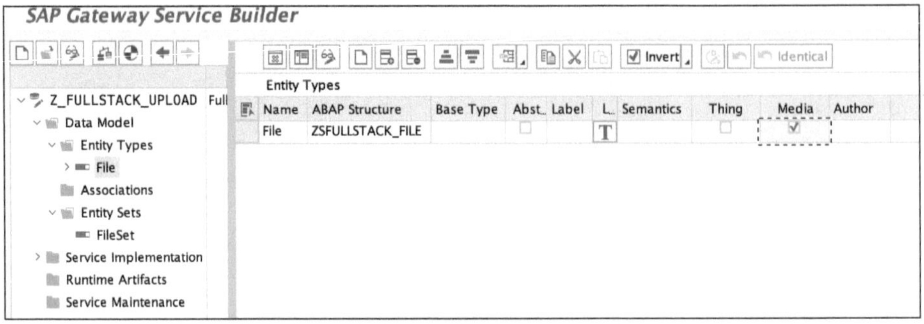

Abbildung 14.13 Entität als Media Entity kennzeichnen

Nachdem Sie auf **Generate** geklickt haben, erscheint ein Dialogfeld wie in Abbildung 14.14 dargestellt. Lassen Sie hier die vorausgefüllten Werte unverändert und klicken Sie auf den Speichern-Button (**Continue**). Als Nächstes nehmen Sie wieder eine Paketzuweisung mit **$TMP** vor.

Nun wechseln wir zurück zur Transaktion SE80, um die generierte Klasse entsprechend zu implementieren.

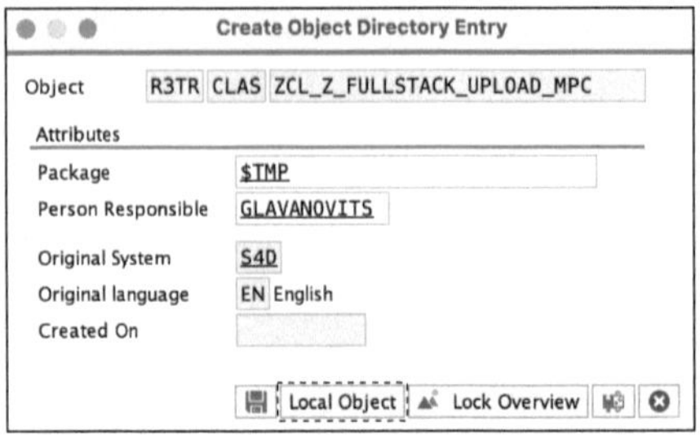

Abbildung 14.14 Objekt zu Paket zuweisen

Zunächst müssen Sie die `DEFINE`-Methode in der *Model-Provider-Klasse* (engl. Model Provider Class, MPC), die `MPC_EXT` ist, für Media Entity neu definieren. Hier definieren Sie, welche Entität eine Media Entity ist. Hierfür sind zwei Methoden erforderlich:

- **`set_as_content_type`**
  Definiert das Feld, das den MIME-Typ enthält.
- **`set_as_content_source`**
  Definiert das Feld, das den Inhalt der Datei enthält.

In unserem Fall würde diese Implementierung wie in Listing 14.1 aussehen.

```
METHOD define.
  DATA: lo_entity   TYPE REF TO /iwbep/if_mgw_odata_entity_typ.
  DATA: lo_property TYPE REF TO /iwbep/if_mgw_odata_property.
```

```
    super->define( ).

    lo_entity = model->get_entity_type( iv_entity_name = 'File' ).

    IF lo_entity IS BOUND.
      lo_property = lo_entity->get_property( iv_property_name = 'MimeType' ).
      lo_property->set_as_content_type( ).
      lo_property = lo_entity->get_property( iv_property_name = 'Content' ).
      lo_property->set_as_content_source( ).
    ENDIF.
ENDMETHOD.
```

Listing 14.1 Define-Methode »MPC_EXT«

Sobald dies geschehen ist, kann mit der eigentlichen Implementierung der Up- und Download-Funktionalität begonnen werden. Auch hierfür sind zwei Methoden erforderlich, und zwar wie folgt:

- **GET_STREAM**

  Diese Methode wird für das Herunterladen von Dateien verwendet.
- **CREATE_STREAM**

  Dies wird für das Hochladen von Dateien verwendet.

Die Implementierung der GET_STREAM-Methode läuft folgendermaßen ab: Es wird ein Schlüssel übergeben, über den der entsprechende Datensatz aus der Tabelle gelesen wird. Nachdem der Datensatz aus der Tabelle gelesen wurde, wird der Inhalt der Datei in einem Stream zurückgegeben. Zusätzlich kann über den Header auch ein Dateiname zurückgegeben werden. Listing 14.2 zeigt, wie dies in unserem Fall aussehen könnte.

```
METHOD /iwbep/if_mgw_appl_srv_runtime~get_stream.
   DATA: ls_key       TYPE /iwbep/s_mgw_name_value_pair,
   lv_id        TYPE sysuuid_c,
   ls_stream    TYPE ty_s_media_resource,
   ls_header    TYPE ihttpnvp,
   lv_filename TYPE string,
   ls_file      TYPE zsfullstack_file.
*   Read Key
   READ TABLE it_key_tab WITH KEY name = 'Id' INTO ls_key.
   lv_id = ls_key-value.
*   Read file from database
   SELECT SINGLE * FROM zfullstack_file INTO @ls_file WHERE id = @lv_id.
*   Assign values
   ls_stream-value = ls_file-content.
```

```
    ls_stream-mime_type = ls_file-mime_type.
*    Add Headers
    "ls_header-name = |content-disposition|.
    "ls_header-value = |inline; filename={ ls_file-file_name }|.
    "set_header( is_header = ls_header ).
    copy_data_to_ref( EXPORTING is_data = ls_stream CHANGING cr_data =
er_stream ).
ENDMETHOD.
```

Listing 14.2 Implementierung der »GET_STREAM«-Methode

Nachdem wir nun die Methode für den Download implementiert haben, fehlt noch die CREATE_STREAM-Methode für den Upload. Diese Implementierung sieht wie folgt aus: Neben der eigentlichen Datei erhalten wir auch den MIME-Typ und den Dateinamen. Der Dateiname wird im *Slug Header* gesendet. Bei Bedarf könnten hier auch andere oder zusätzliche Informationen übermittelt werden.

In unserem Fall legen wir mit den übertragenen Daten einen neuen Eintrag in unserer Datenbanktabelle an. Listing 14.3 zeigt, wie diese Implementierung aussehen könnte. In unserem Fall ist sie sehr minimalistisch gehalten und könnte noch um Validierungen oder Fehlerbehandlung erweitert werden.

```
METHOD /iwbep/if_mgw_appl_srv_runtime~create_stream.
   DATA: ls_file TYPE zsfullstack_file.

   ls_file-id = cl_system_uuid=>create_uuid_c32_static( ).
   ls_file-file_name = iv_slug.
   ls_file-content = is_media_resource-value.
   ls_file-mime_type = is_media_resource-mime_type.

   INSERT INTO zfullstack_file VALUES ls_file.

   copy_data_to_ref(
      EXPORTING
         is_data = ls_file
      CHANGING
         cr_data = er_entity ).
ENDMETHOD.
```

Listing 14.3 Implemetierung der »CREATE_STREAM«-Methode

Nachdem diese Schritte abgeschlossen sind, kann nun mit der Implementierung des Frontends begonnen werden.

14.2.3 Datei-Upload

Nachdem nun alle Vorkehrungen im Backend getroffen wurden, werden wir uns in diesem Abschnitt mit der Implementierung des Datei-Uploads in einer einfachen SAPUI5-Anwendung namens `UploadSet` beschäftigen.

Hierfür muss zunächst eine SAPUI5-Anwendung erstellt werden. Dies kann nach Belieben in verschiedenen integrierten Entwicklungsumgebungen (engl. Integrated Development Environment, IDE) erfolgen. In unserem Fall verwenden wir das SAP Business Application Studio. Bei der Erstellung der Anwendung müssen Sie nur den Assistenten durchlaufen, hier sind keine besonderen Einstellungen erforderlich.

Falls nicht direkt bei der Erstellung des Projekts angegeben, muss der OData-Service in die Anwendung integriert werden. Dazu müssen eine Datenquelle und ein Modell (siehe Listing 14.4 und Listing 14.5) in der Datei **manifest.json** definiert werden.

```
"dataSources": {
   "mainService": {
      "uri": "/sap/opu/odata/sap/Z_FULLSTACK_UPLOAD_SRV/",
      "type": "OData",
      "settings": {
         "annotations": [],
         "localUri": "localService/metadata.xml",
         "odataVersion": "2.0"
      }
   }
}
```

Listing 14.4 Definition »manifest.json«-Datenquelle

```
"models": {
   "": {
      "dataSource": "mainService",
      "preload": true,
      "settings": {}
   }
}
```

Listing 14.5 Definition »manifest.json«-Modell

Im View braucht es dazu nicht viel. Im Grunde reicht es aus, ein `UploadSet` einzubinden. Es gibt ein paar Attribute, die gesetzt werden müssen:

- **`items`**

  Dies ist die Aggregation, an die wir das `FileSet` binden müssen, damit die Dateien später auch im `UploadSet` sichtbar sind.

- `uploadUrl`

  Hier müssen wir angeben, welches Entity-Set beim Upload aufgerufen werden soll.

- `beforeUploadStarts`

  Für dieses Ereignis müssen wir eine Funktion hinterlegen, die sowohl den Slug Header als auch das Cross-Site-Request-Forgery-Token (CSRF-Token) in der Anfrage setzt. Letzteres ist ein Sicherheitsmerkmal.

Darüber hinaus muss in der Aggregation für die Elemente eine Vorlage angegeben werden. Hier werden vorerst nur der Dateiname und der MIME-Typ festgelegt. Neben den gerade genannten Eigenschaften können natürlich auch andere Eigenschaften angegeben werden. Für unseren Fall sind die genannten jedoch ausreichend. Abbildung 14.15 zeigt, wie die Implementierung des Views aussehen könnte.

Auf der View-Seite ist die Implementierung im Wesentlichen abgeschlossen. Nun müssen wir die entsprechende Logik im Controller über eine Funktion implementieren, die im Ereignis `beforeUploadStarts` gespeichert wird.

```
App.view.xml ×
webapp > view > App.view.xml
<mvc:View controllerName="at.clouddna.zfullstackfile.controller.App"
    xmlns:mvc="sap.ui.core.mvc" displayBlock="true"
    xmlns="sap.m" xmlns:upload="sap.m.upload">
    <App id="App">
        <Page id="page" title="{i18n>title}">
            <content>
                <upload:UploadSet
                    id="UploadSet" instantUpload="true" uploadEnabled="true"
                    items="{/FileSet}" beforeUploadStarts="onBeforeUploadStarts"
                    uploadUrl="/sap/opu/odata/sap/Z_FULLSTACK_UPLOAD_SRV/FileSet">
                    <upload:items>
                        <upload:UploadSetItem
                                fileName="{FileName}"
                                mediaType="{MimeType}">
                        </upload:UploadSetItem>
                    </upload:items>
                </upload:UploadSet>
            </content>
        </Page>
    </App>
</mvc:View>
```

Abbildung 14.15 Implementierung von »UploadSet« für den Datei-Upload

Wie in Listing 14.6 zu sehen, geschieht hier nichts weiter, als dass der Dateiname im Slug Header und ein CSRF-Token im Header an den OData-Service übergeben werden. Dieses Token ist notwendig, um die Aktion erfolgreich auszuführen.

```
onBeforeUploadStarts: function (oEvent) {
   this.oFileUploader = this.getView().byId("UploadSet");

   let oHeaderSlug = new Item({
      key: "slug",
```

```
        text: oEvent.getParameter("item").getFileName()
    });
    let oCSRFHeader = new Item({
        key: "x-csrf-token",
        text: this.getView().getModel().getSecurityToken()
    });

    this.oFileUploader.removeAllHeaderFields();
    this.oFileUploader.addHeaderField(oHeaderSlug);
    this.oFileUploader.addHeaderField(oCSRFHeader);
}
```

Listing 14.6 beforeUploadStarts-Event

Zu Beginn sieht das `UploadSet` wie in Abbildung 14.16 dargestellt aus. Um den Upload zu testen, klicken Sie auf den Button **Upload** und wählen dann eine Datei aus dem Datei-Explorer aus.

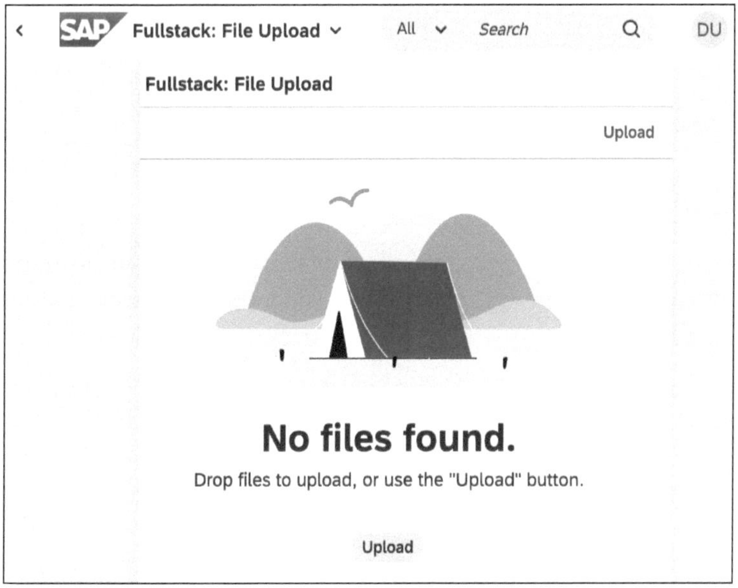

Abbildung 14.16 Leerer View des UploadSets

Nachdem Sie auf **Upload** geklickt haben, wählen Sie im Datei-Explorer eine Datei aus und bestätigen die Auswahl. Der Upload wird dann gestartet (siehe Abbildung 14.17).

Nachdem der Upload erfolgreich durchgeführt wurde, sollten wir die soeben hochgeladene Datei sehen, wie in Abbildung 14.18 dargestellt. Wie Sie sehen können, wurde auch der Dateiname korrekt übernommen.

Abbildung 14.17 Auswahl einer Datei aus dem Datei-Explorer

Abbildung 14.18 »UploadSet« nach Upload einer Datei

14.2.4 Datei-Download

Nachdem wir nun den Datei-Upload implementiert haben, brauchen wir noch die Möglichkeit, hochgeladene Dateien wieder herunterzuladen. Dies ist jedoch relativ einfach zu implementieren.

Zunächst definieren wir in unserem Controller eine Methode, die den Primärschlüssel, d. h. die ID, eines Dokuments entgegennimmt. Auf dieser Grundlage erstellen wir die entsprechende URL und geben sie zurück. Dies ist notwendig, da im `UploadSet`-Control die Möglichkeit besteht, eine URL anzugeben, die dann als Link angezeigt wird. Listing 14.7 zeigt, wie die Funktion in unserem Fall aussieht.

```
getUrl: function (id) {
   return '${this.getView().getModel().sServiceUrl}/FileSet(guid'${id}')/
$value';
}
```

Listing 14.7 Formatter-Funktion »getUrl«

Damit sind die Anpassungen am Controller abgeschlossen. Nun muss diese Funktion nur noch im View aufgerufen werden. Diese tragen wir direkt im Binding an der entsprechenden Eigenschaft als Formatter-Funktion ein (siehe Abbildung 14.19).

```
<upload:UploadSet
    id="UploadSet" instantUpload="true" uploadEnabled="true"
    items="{/FileSet}" beforeUploadStarts="onBeforeUploadStarts"
    uploadUrl="/sap/opu/odata/sap/Z_FULLSTACK_UPLOAD_SRV/FileSet">
    <upload:items>
        <upload:UploadSetItem
                fileName="{FileName}"
                mediaType="{MimeType}"
                url="{path: 'Id', formatter: '.getUrl'}">
        </upload:UploadSetItem>
    </upload:items>
</upload:UploadSet>
```

Abbildung 14.19 Hinzufügen der Formatter-Funktion zum UploadSet

Wenn wir nun wieder zur laufenden Anwendung wechseln, können wir den Download durch Klicken auf den blauen Link starten (siehe Abbildung 14.20).

Abbildung 14.20 Download einer Datei im UploadSet

Wählen Sie dann im Datei-Explorer einen Speicherort aus, und die Datei wird heruntergeladen (siehe Abbildung 14.21).

Abbildung 14.21 Auswahl der Speicherorts für den Datei-Download

14.3 OData V4

Das ABAP RESTful Application Programming Model ermöglicht den automatischen Umgang mit Large Objects oder Data Streams. Diese Streams werden dann als OData-Streams zur Verfügung gestellt und bieten Funktionen zum Hoch- und Herunterladen von Dateien. Damit diese Dateien automatisch verarbeitet werden können, sind Datenbankfelder für die Datei selbst, ihren MIME-Typ (Datentyp der Datei) und den Dateinamen erforderlich. Wir werden das ABAP-RESTful-Application-Programming-Model-Projekt aus Kapitel 6, »Entwicklung von OData-V4-Services mit dem ABAP RESTful Application Programming Model (Managed Scenario)«, erweitern, um das Hochladen eines Titelbilds für ein Buch zu ermöglichen. Dafür muss die Datenbanktabelle erweitert werden, um die Dateidaten zu speichern (siehe Abschnitt 14.3.1). Anschließend müssen die Felder mithilfe spezifischer Annotationen in die CDS-Views aufgenommen (siehe Abschnitt 14.3.2) und in die Projektionsschicht projiziert werden (siehe Abschnitt 14.3.3). Schließlich wird in Abschnitt 14.3.4 die Vorschau der Anwendung gezeigt.

14.3.1 Erweitern der Datenbanktabellen

Zunächst müssen wir der Datenbanktabelle `zrap_books` die folgenden drei Felder hinzufügen:

```
...
attachment        : abap.rawstring(0);
mimetype          : mime_typ;
filename          : file01;
...
```

Wir fügen Felder für den Anhang (`attachment`) selbst, den MIME-Typ (`mimetype`) und den zu speichernden Dateinamen (`filename`) hinzu.

14.3.2 Felder im ABAP RESTful Application Programming Model verfügbar machen

Diese neu hinzugefügten Felder müssen nun der Feldliste des Interface-Views `ZRAP_IV_BOOKS` hinzugefügt werden (siehe Listing 14.8).

```
@Semantics.largeObject: {
        mimeType: 'MimeType',
        fileName: 'FileName',
        acceptableMimeTypes: ['image/png', 'image/png', 'application/pdf'],
        contentDispositionPreference: #ATTACHMENT
    }
    attachment as Attachment,
    @Semantics.mimeType: true
    mimetype as MimeType,
```

Listing 14.8 Hinzufügen der Felder zum Interface-View

Hier machen wir die Felder verfügbar und fügen die Annotationen für das ABAP RESTful Application Programming Model hinzu, um festzulegen, dass hier ein Data Stream gespeichert werden muss. Daher fügen wir dem Feld `Attachment` die Annotation `Semantics.largeObject` hinzu. Diese Annotation macht das Feld `Attachment` zum Speicherort der Datei selbst. Außerdem fügen wir die Eigenschaften `mimeType` und `fileName` hinzu, die sich auf die Felder `MimeType` und `FileName` beziehen. Dies ist notwendig, damit das ABAP RESTful Application Programming Model weiß, wo diese zusätzlichen Informationen zu speichern sind. Darüber hinaus können wir mit der Eigenschaft `acceptableMimeTypes` steuern, welche Dateitypen hochgeladen werden können.

Nachdem der Interface-View gespeichert und aktiviert wurde, gehen Sie zur Verhaltensdefinition, klicken mit der rechten Maustaste auf den Namen der Entwurfstabelle und generieren sie mithilfe des Quick Fix neu.

14.3.3 Projizieren der Felder

Um die neu hinzugefügten Felder für die Verwendung verfügbar zu machen, müssen wir sie in die Feldliste des Projection-Views aufnehmen (siehe Listing 14.9).


```
...
define root view entity ZRAP_CV_BOOKS as projection on ZRAP_IV_BOOKS {
    ...
    Attachment,
    MimeType,
    FileName,
    ...
}
```

Listing 14.9 Hinzufüge der Felder zum Projection-View

Nun müssen wir die Metadatenerweiterung unseres Projection-Views erweitern (siehe Listing 14.10).

```
@EndUserText.label: 'Cover Image'
@UI.identification: [{ position: 70 }]
Attachment;

@UI.hidden: true
MimeType;

@UI.hidden: true
FileName;
```

Listing 14.10 Hinzufügen der Felder zur Metadatenerweiterung

Wir blenden die Felder `MimeType` und `FileName` auf der Object Page aus, indem wir die Annotation `UI.hidden` verwenden. Das Feld `Attachment` wird in den Identifikationsbereich aufgenommen und erhält ein neues Label.

Speichern und aktivieren Sie alles und starten Sie dann die Vorschau des OData-Service mithilfe der Vorschaufunktion für Service-Bindings.

14.3.4 Vorschau der Applikation

Nachdem die Vorschau geladen wurde, wählen Sie einen Eintrag im List Report aus und wechseln in die Detailseite. Sie werden das neue Feld **Cover Image** bemerken, wie in Abbildung 14.22 dargestellt. Wenn Sie in den Bearbeitungsmodus wechseln, können Sie nun neue Dateien mit dem mitgelieferten Datei-Uploader hochladen.

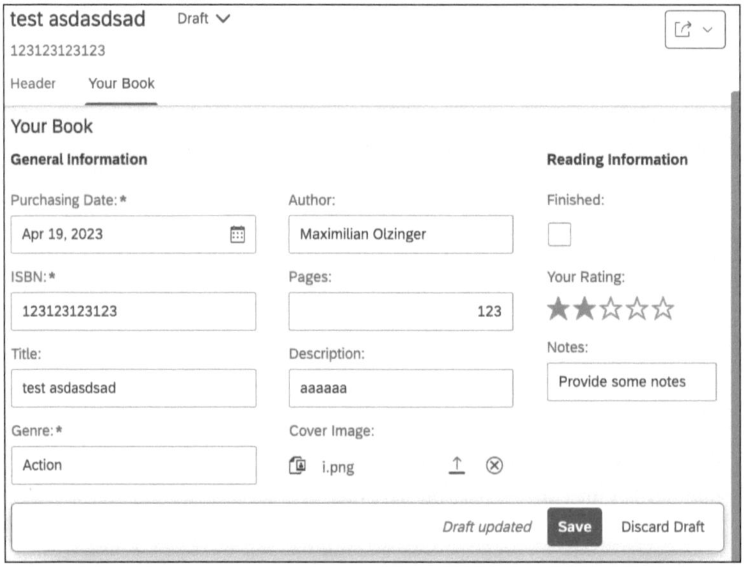

Abbildung 14.22 Eine Option zum Dateihochladen erscheint

14.4 Zusammenfassung

Media Entitys können entweder zu OData-V2- oder OData-V4-Services mithilfe der verschiedenen von SAP bereitgestellten Frameworks zur Implementierung von OData-Services hinzugefügt werden. Diese Media Entitys bieten Dateiübertragungsmethoden, die in SAPUI5 zum Hoch- und Herunterladen von Dateien mit dem Datei-Uploader verwendet werden können. SAP Fiori Elements ermöglicht diese Handhabung mit den ABAP-RESTful-Application-Programming-Model-basierten Diensten auch unter Verwendung von CDS-Annotationen.

Kapitel 15

Formularvalidierung und Error Handling

Die Formularvalidierung verhindert, dass inkonsistente Daten dauerhaft gespeichert werden. Wenn ein OData-Service solche inkonsistenten Daten empfängt, können Fehlermeldungen an die SAP-Fiori-Benutzeroberfläche ausgegeben und angezeigt werden, um die Benutzer bei der Lösung des Problems zu unterstützen.

SAPUI5 als wichtigstes Programmier-Framework bietet eine Vielzahl von Funktionen zur Validierung von Benutzereingaben und zur Verarbeitung von Nachrichten aus dem Backend. Die Werte von Eingabefeldern müssen gegen bestimmte Schemata, Datentypen oder Einschränkungen validiert werden, um die Persistenz inkonsistenter Daten zu verhindern. Dies sollte vorzugsweise auf der Seite der Benutzeroberfläche erfolgen, weshalb Abschnitt 15.1 einen detaillierten Einblick in die vielfältigen Möglichkeiten gibt, die notwendigen Funktionalitäten auf der Seite der Benutzeroberfläche bereitzustellen. Darüber hinaus bieten die SAP-Programmier-Frameworks serverseitige Validierungen an, die wir ebenfalls untersucht werden.

Das Auftreten von Fehlern auf der OData-basierten Serverseite gehört ebenfalls zu den Dingen, mit denen die Benutzeroberfläche umgehen und die sie dem Benutzer präsentieren muss. Daher bietet Abschnitt 15.2 Informationen und Beispiele dazu, wie Fehler auf der Serverseite ausgelöst werden und wie sie in der Benutzeroberfläche behandelt werden können, um die notwendigen Behandlungsschritte bereitzustellen.

15.1 Formularvalidierung

Unter Formularvalidierung versteht man die Überprüfung von Daten, die von einem Benutzer in ein Formular eingegeben wurden. Diese Formulardaten müssen oft bestimmte Voraussetzungen und Anforderungen erfüllen, wie z. B., dass die Eingabe von bestimmten Daten obligatorisch ist oder nur Daten in einem bestimmten Wertebereich erlaubt sind, wie in Abschnitt 15.1.1 gezeigt. Die SAP-Fiori-Designrichtlinien spezifizieren, wie dies auf der UI-Seite zu geschehen hat, indem sie vordefinieren, was passieren soll, wenn eine solche Validierung fehlschlägt (siehe Abschnitt 15.1.2). Die

Validierungslogik selbst muss jedoch vom Entwickler implementiert werden, wie im gleichnamigen Abschnitt 15.1.3 beschrieben.

15.1.1 Validierungstypen

Die Formularvalidierung in SAPUI5 ist ein Prozess, bei dem Benutzereingaben anhand vordefinierter Kriterien überprüft werden, um die Datenintegrität und -qualität sicherzustellen. Diese Validierungen können verschiedene Formen annehmen und umfassen typischerweise folgende Elemente, auf die wir im Folgenden noch genauer eingehen:

- grundlegende Anforderungen
- eingebaute Datentypen
- benutzerdefinierte Datentypen
- benutzerdefinierte Validierungen
- ABAP-RESTful-Application-Programming-Model-bezogene Validierungen

Grundlegende Anforderungen

Viele SAPUI5-Input-Controls erben ihre Basisfunktionalität von `sap.m.InputBase`, einschließlich der Eigenschaft `required`. Das Setzen dieser Eigenschaft auf `true` könnte wie eine Validierung erscheinen, wenn die Control einen Wert enthält, aber diese Eigenschaft wird nur für die Zugänglichkeit benötigt, sodass die Überprüfung, ob Daten eingefügt wurden, manuell in JavaScript oder mithilfe von integrierten Datentypen erfolgen muss.

Eingebaute Datentypen

SAPUI5 verwendet einfache Typen, um die Definition von Datentypen während der Datenbindung zu ermöglichen. Diese einfachen Typen sind in das Framework selbst eingebaut und können als Basis für spezifische benutzerdefinierte Datentypen dienen. Darüber hinaus definieren sie integrierte Einschränkungen, die automatisch angewendet werden, wenn ein Wert in ein Eingabefeld eingegeben wird, das mit einem bestimmten einfachen Typ gebunden ist. Die folgenden einfachen Typen sind in SAPUI5 verfügbar und befinden sich im Namespace `sap.ui.model`:

- `Boolean`

  Stellt boolesche Datentypen dar und definiert keine Beschränkungen.
- `Currency`

  Stellt einen zusammengesetzten Typ dar, der aus einem Betrag und einem Währungscode besteht. Er bietet Constraints für `minimum`- und `maximum`-Beträge.

- `Date`

  Stellt einfache Datumsangaben dar und bietet Beschränkungen für Mindest- und Höchstdaten.
- `DateInterval`

  Stellt zwei Daten in einem Intervall dar und bietet Beschränkungen für `minimum`- und `maximum`-Daten.
- `DateTime`

  Stellt einfache Datumsangaben plus Zeitstempel dar und bietet Beschränkungen für `minimum`- und `maximum`-Daten.
- `DateTimeInterval`

  Stellt einfache Datumsangaben plus Zeitstempel in einem Intervall dar und bietet Einschränkungen für `minimum`- und `maximum`-Daten plus Zeit.
- `FileSize`

  Stellt einfache Dateigrößen dar und bietet Beschränkungen für die `minimum`- und `maximum`-Dateigröße.
- `Float`

  Stellt einfache Gleitkommazahlen dar und bietet Beschränkungen für `minimum`- und `maximum`-Zahlen.
- `String`

  Stellt Strings dar und bietet Beschränkungen für `maxLength`, `minLength`, `startsWith`, `startsWithIgnoreCase`, `endsWith`, `endsWithIgnoreCase`, `contains`, `equals` und `search`-Validierungen
- `Integer`

  Stellt einfache ganze Zahlen dar und bietet Beschränkungen für `minimum`- und `maximum`-Zahlen.
- `Time`

  Stellt einfache Zeitstempel dar und bietet Beschränkungen für `minimum`- und `maximum`-Zeitwerte.
- `TimeInterval`

  Stellt einfache Zeitstempel in einem Intervall dar und bietet Beschränkungen für minimale und maximale Zeitwerte.
- `Unit`

  Kann als Basistyp für Ihre eigenen Einheitentypen verwendet werden.

Wenn diese einfachen Typen in einer Art von Datenbindung verwendet werden, bieten sie drei Funktionen, die während des Lebenszyklus eines gebundenen Datentyps aufgerufen werden:

- `formatValue`

  Diese Methode wird aufgerufen, wenn der Wert der Eigenschaft des gebundenen Modells geändert wird, und formatiert Daten für die Ausgabe. Dies kann eine `FormatException` auslösen.

- `parseValue`

  Diese Methode wird aufgerufen, wenn ein Benutzer Daten eingibt und die Daten dann so konvertiert werden, dass sie mit dem tatsächlichen Datentyp gespeichert werden, der in dem Binding angegeben ist. Dies kann eine `ParseException` auslösen.

- `validateValue`

  Diese Methode ist die Hauptmethode, die in diesem Kapitel behandelt wird. Hier werden die geparsten Daten gegen die grundlegenden Beschränkungen oder gegen benutzerdefinierte Schemata validiert. Dies kann eine `ValidateException` auslösen.

Benutzerdefinierte Datentypen

Benutzerdefinierte Datentypen sind SAPUI5-Module, die einen der einfachen Typen oder die Basisklasse `sap.ui.model.SimpleType` erben und dazu verwendet werden können, benutzerdefinierte Datentypen zu definieren, wie z. B. eine Postleitzahl, eine Kundenauftrags-ID oder einen ISO-Ländercodetyp.

Benutzerdefinierte Validierungen

Benutzerdefinierte Validierungen können entweder mithilfe von benutzerdefinierten Datentypen oder mithilfe von Änderungsereignissen der verschiedenen Eingabeelemente implementiert werden. Dort können Sie Ihre eigenen Validierungen durchführen und festlegen, wie die Einschränkungen angewendet werden sollen.

SAPUI5-Controls erben die Klasse `sap.ui.base.ManagedObject`, die ein Event Listener für `validationSuccess` und `validationError` bereitstellt. Dort können Sie eine Methode definieren, die aufgerufen wird, wenn die Validierung des Basis- oder benutzerdefinierten Datentyps fehlschlägt.

Validierungen im Zusammenhang mit ABAP RESTful Application Programming Model

Das ABAP RESTful Application Programming Model als Programmier-Framework ermöglicht es uns auch, serverseitige Validierungen zu implementieren, wie bereits in Kapitel 6, »Entwicklung von OData-V4-Services mit dem ABAP RESTful Application Programming Model (Managed Scenario)«, erläutert wurde.

15.1.2 Empfehlungen der SAP Fiori Design Guidelines

Die SAP-Fiori-Designrichtlinien bieten detaillierte Informationen über die Handhabung von Formularvalidierung und Validierungsfehlern, die wir nun besprechen werden.

Validierungsfehler von Eingabeelementen sollten mithilfe der Wertestatus (*Value State*) aus der Basisklasse `sap.m.InputBase` sichtbar gemacht werden. Wenn einer der folgenden Value States auf eine Input Control gesetzt wird, wird es dem State entsprechend gerendert:

- None
- Error
- Warning
- Success
- Information

Als Nächstes werden wir uns diese fünf Value States genauer ansehen, wann und wie sie angezeigt werden sollten.

Value State: None

Standardmäßig haben Input Controls den Status **None** (siehe Abbildung 15.1), was bedeutet, dass die Benutzereingabe noch nicht validiert wurde oder die Validierung ohne Probleme erfolgreich war. Wenn Meldungen angezeigt werden, sollten sie unkritischer Natur sein.

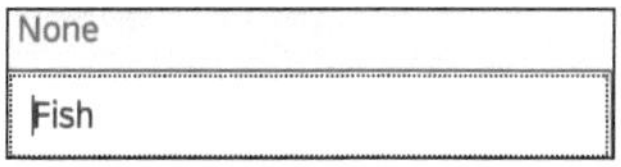

Abbildung 15.1 Value State: None

Value State: Error

Der State **Error** (siehe Abbildung 15.2) kennzeichnet, dass eine Input Control mit einem falschen Wert versehen wurde, was bedeutet, dass Einschränkungen verletzt wurden. Der Benutzer sollte seine Arbeit nicht fortsetzen können, ohne den Fehler vorher zu korrigieren. Darüber hinaus sollte eine Meldung angezeigt werden, die darauf hinweist, wie der Fehler behoben werden kann.

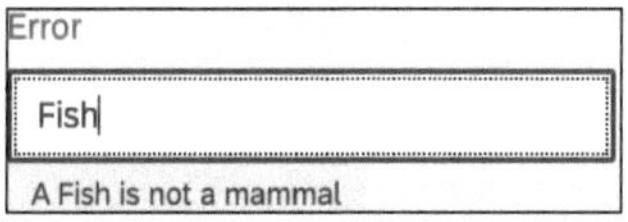

Abbildung 15.2 Value State: Error

Value State: Warning

Warning (siehe Abbildung 15.3) bedeutet, dass ein kleines Problem aufgetreten ist. Die Benutzer können ihre Arbeit fortsetzen, aber es könnte später ein Fehler auftreten. Auch hier muss eine Warnmeldung angezeigt werden.

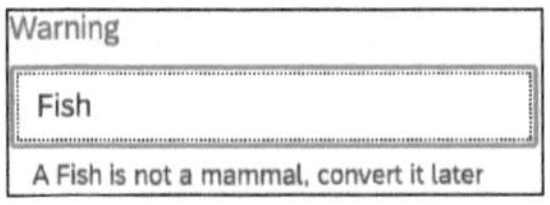

Abbildung 15.3 Value State: Warning

Value State: Success

Bei der Verwendung des States **Success** (siehe Abbildung 15.4) wurden die bereitgestellten Daten validiert, und der Benutzer wird darauf aufmerksam gemacht. Dies kann nützlich sein, wenn weitere Daten erforderlich sind und kopiert werden sollen. Dieser Status sollte jedoch nicht für einfache Erfolgsmeldungen bei der Validierung verwendet werden, sondern für den Abschluss des Prozesses.

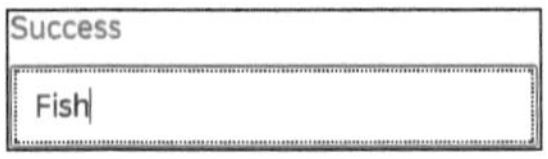

Abbildung 15.4 Value State: Success

Value State: Information

Der State **Information** (siehe Abbildung 15.5) lenkt die Aufmerksamkeit des Benutzers auf das Eingabefeld und sollte nicht zu Validierungszwecken verwendet werden.

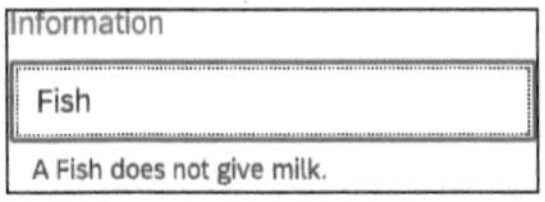

Abbildung 15.5 Value State: Information

Validierungsfehler sollten mit dem Value State **Error** und erfolgreiche Validierungen mit **None** sichtbar gemacht werden. Darüber hinaus sollten bestimmte Value States mit einem Value-State-Text versehen werden, der angezeigt wird, wenn der Benutzer das Eingabefeld ansteuert.

Validierungsprozesse

Gemäß der Designrichtlinien von SAP Fiori gibt es zwei Richtlinien, die bei der Validierung von Validierungsprozessen angewendet werden müssen:

- **Globaler Validierungsprozess**

  Bei der Validierung von Daten mit dem globalen Bearbeitungsfluss wird die gesamte Seite validiert. Die Validierung wird durch das Verlassen des Fokus eines Eingabefelds (Feldvalidierung), durch Drücken der [↵]-Taste in einem Eingabefeld (Formularvalidierung) oder durch Klicken auf einen Aktionsbutton (Seitenvalidierung) ausgelöst. Validierungsmeldungen sollten auf der Feldebene und in einem Message-Pop-over auf der Seitenebene angezeigt werden.

- **Partielle Bearbeitung**

  Teilweise Bearbeitung bedeutet Validierung auf der Formularebene. Wenn alle Validatoren erfolgreich sind, sollte das Formular in den Anzeigemodus wechseln. Wenn mindestens eine Feldvalidierung fehlschlägt, sollte eine entsprechende Meldung mithilfe von Value-State-Texten im Eingabefeld angezeigt werden.

Message-Pop-over-Control

Das Message-Pop-over (Control `sap.m.MessagePopover`) sollte in SAP-Fiori-Object-Pages verwendet werden, um globale Edit-Flow-Nachrichten anzuzeigen (siehe Abbildung 15.6). Mit seiner Hilfe können Sie Validierungs- und allgemeine Fehlermeldungen anzeigen. Das Message-Pop-over sollte nur verfügbar sein, wenn Meldungen auftreten, und muss links in einer Fußleiste auf der Object Page positioniert werden.

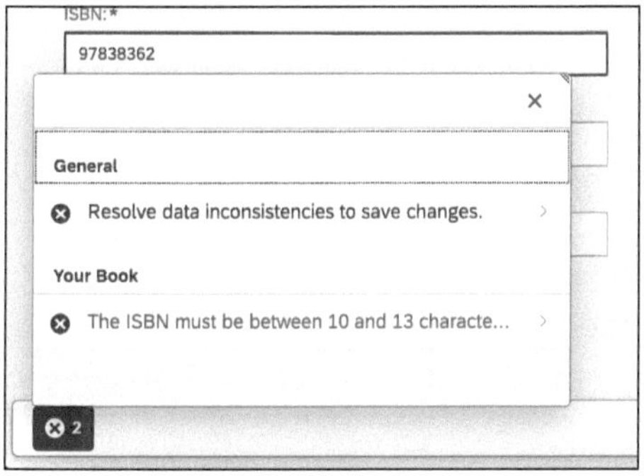

Abbildung 15.6 Ein Message-Pop-over mit Fehlerbenachrichtigungen

Fehlerprävention

Der beste Weg ist, Benutzerfehler zu verhindern, bevor sie auftreten. Input Controls sollten immer entsprechend den einzugebenden Daten benannt sein und Hilfestellungen bieten, entweder durch verschiedene Eingabetypen oder z. B. Maskeneingaben (Control `sap.m.MaskInput`). Beginnen Sie außerdem immer mit einer einfachen Dateneingabe und steigern Sie die Komplexität im Laufe des Eingabeflusses, falls erforderlich.

15.1.3 Implementierung

In diesem Abschnitt werden wir uns mit den Implementierungsansätzen befassen, die zur Bereitstellung von Validierungen verwendet werden können, wie folgt:

- Verwendung verschiedener Datentypen
- Verwendung von Value States in Input Controls
- Validierung des gesamten Formulars
- Verwendung des Message-Pop-overs

Verwendung verschiedener Datentypen

Wir können die einfachen Typen verwenden, um einen grundlegenden Validierungsprozess auf Feldebene in unsere Anwendung zu integrieren. Zum Beispiel erwartet ein Eingabefeld für eine ISBN eine Zeichenkette mit bestimmten Einschränkungen, wie folgt:

- eine maximale Länge von 13
- eine Mindestlänge von 10

Wir können dieses Steuerelement mithilfe eines `sap.m.Input`-Steuerelements mit dem einfachen Typ `sap.ui.model.type.String` und ein Binding an das `sap.ui.model.json.JSONModel` in einem XML-View implementieren:

```
<Label text="Provide an ISBN"/>
<Input id="input" value="{path: 'bookModel>/isbn', type:
'sap.ui.model.type.String', constraints: {maxLength: 13, minLength: 10}}"
width="15rem"/>
```

Durch dieses Coding wird unserer Anwendung ein neues Eingabeelement hinzugefügt, das seinen Wert aus einem named-Model namens `bookModel` bezieht. Wir definieren auch den einfachen Typ für das Binding mit den zusätzlichen Beschränkungen für `maxLength` und `minLength`.

Außerdem müssen Sie das verwendete Modell im View-Controller festlegen, wie in Listing 15.1 gezeigt.

```
onInit: function () {
 let oModel = new JSONModel({isbn: undefined});
 this.getView().setModel(oModel, "bookModel");
}
```

Listing 15.1 Ein neues »JSONModel« setzen

Durch Hinzufügen eines neuen Modells zu unserem View können wir nun eine ISBN speichern. Allerdings werden die möglicherweise auftretenden Constraint-Verletzungen nicht automatisch behandelt. Um die automatische Behandlung zu erreichen, bietet SAPUI5 einen Message Manager. Wir können die ID unserer Input Controls an den Message Manager übergeben, um automatisch den richtigen Value State und den richtigen Value-State-Text zu setzen, wenn die Constraints des Bindings verletzt werden:

```
sap.ui.getCore().getMessageManager().registerObject(this.getView().
byId("input"), true);
```

Wenn nun die Einschränkungen verletzt werden, wird eine `ValidatorExeption` ausgelöst, und die Ausnahmemeldung wird unter unserem Eingabefeld angezeigt (siehe Abbildung 15.7).

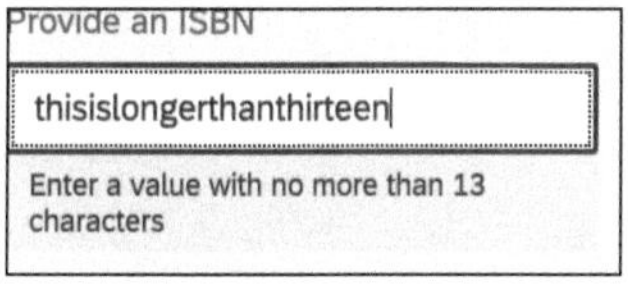

Abbildung 15.7 Der Message Manager zeigt eine Fehlermeldung.

> **SAPUI5 Message Manager**
>
> Das Singleton `MessageManager`, das mit `sap.ui.getCore().getMessageManager()` abgerufen wird, bietet eine zentrale Verwaltung für Nachrichten. Dabei kann es sich entweder um UI-Nachrichten handeln, die durch Eingabevalidierungen generiert werden, oder um Server-Nachrichten, die durch OData-Request-Antworten erzeugt werden.
>
> Um Controls oder Views für die Verarbeitung von Eingabevalidierungsnachrichten zu registrieren, kann die Methode `registerObject` des `MessageManager` verwendet werden, um automatisch auf Value-State-Änderungen dieser Control zu hören. Alternativ kann die automatische Nachrichtenbehandlung durch Definition der Eigenschaft `handleValidation: true` des Knotens `sap.ui5` in der **manifest.json**-Datei der Anwendung hinzugefügt werden.
>
> Alle Nachrichten werden in einem Nachrichtenmodell gespeichert, das über die Methode `getMessageModel` abgerufen werden kann.

Verwendung von Value States in Input Controls

Value States von Input Controls können auch entweder direkt im View oder mithilfe von JavaScript-Logik gesetzt werden. Dies ist möglich, wenn entweder dynamische Validierungen verwendet werden sollen oder wenn der Message Manager nicht geeignet ist.

Wir werden die Input Control aus dem vorangegangenen Schritt erweitern, um zu prüfen, ob die ISBN mit einem von uns definierten regulären Ausdruck übereinstimmt. Dazu muss die Input Control eine Listener-Methode für das Change-Ereignis implementieren, in der wir den Wert anhand eines regulären Ausdrucks prüfen werden.

```
<Input id="input" value="{path: 'bookModel>/isbn', type:
'sap.ui.model.type.String'}" width="15rem" change="onISBNChanged"/>
```

Der Event Handler `onISBNChanged` muss nun in unserem JavaScript-Controller hinzugefügt werden (siehe Listing 15.2).

```
onISBNChanged: function (oEvent) {
 let sValue = oEvent.getParameter("value"),
 oRegEx = new RegExp("^[0-9]{10,13}$"),
 oInput = oEvent.getSource();

 if (oRegEx.test(sValue)) {
  oInput.setValueState("None");
  oInput.setValueStateText("");
 } else {
   oInput.setValueState("Error");
   oInput.setValueStateText("Only numbers with a length between 10 and 13 are
allowed");
  }
}
```

Listing 15.2 Event Handler für das »change«-Ereignis

Der Event Handler wird immer dann aufgerufen, wenn der Benutzer den Wert des Eingabefelds ändert, der dann in der Variablen `sValue` gespeichert wird. Darüber hinaus wird ein neuer regulärer Ausdruck in der Variablen `oRegEx` definiert. Wenn unser Wert gegen den regulären Ausdruck getestet wird und der Test erfolgreich ist, setzen wir den Value State des Eingabefelds auf **None** und löschen alle Value-State-Texte. Wenn der Test fehlschlägt, setzen wir den Value State auf **Error** und geben einen entsprechenden Value-State-Text aus (siehe Abbildung 15.8).

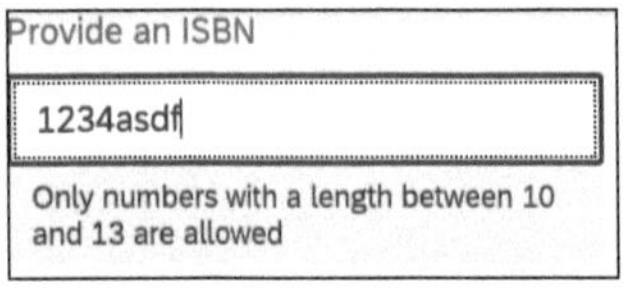

Abbildung 15.8 Value State setzen

Validierung des gesamten Formulars

Wenn Sie mehrere Eingabefelder eines Formulars, z. B. ein Simple Form (Control `sap.ui.layout.form.SimpleForm`), validieren möchten, empfehlen wir, alle Felder, die validiert werden sollen, zum Message Manager hinzuzufügen und spezifische Validierungsmethoden für die verschiedenen Eingabefelder zu schreiben.

Wir werden unserer Anwendung ein einfaches Formular hinzufügen, das das ISBN-Eingabefeld und ein zusätzliches Eingabefeld für einen Buchtitel enthält, der erforderlich ist (siehe Listing 15.3).

```
<f:SimpleForm editable="true" layout="ResponsiveGridLayout" title="Book"
labelSpanXL="3" labelSpanL="3" labelSpanM="3" labelSpanS="12"
adjustLabelSpan="false" emptySpanXL="4" emptySpanL="4" emptySpanM="4"
emptySpanS="0" columnsXL="1" columnsL="1" columnsM="1"
singleContainerFullSize="false">
 <f:content>
 <Label required="true" text="Title"/>
 <Input id="title" value="{path: 'bookModel>/title', type:
'sap.ui.model.type.String'}" change="onTitleChanged"/>
 <Label text="Provide an ISBN"/>
 <Input id="input" value="{path: 'bookModel>/isbn', type:
'sap.ui.model.type.String'}" change="onISBNChanged"/>
 </f:content>
</f:SimpleForm>
```

Listing 15.3 Neues Simple Form hinzufügen

Außerdem fügen wir irgendwo in unserem View einen Button hinzu, um die Formularvalidierung zu starten, wie folgt:

```
<Button text="Validate Form" press="onValidatePress"/>
```

Dann müssen wir eine neue Eigenschaft zu unserem `JSONModel` in unserem JavaScript-Controller hinzufügen und das Eingabefeld für den Titel im Message Manager registrieren (siehe Listing 15.4).

```
onInit: function () {
 let oModel = new JSONModel({
  isbn: undefined,
  title: undefined
 });

 this.getView().setModel(oModel, "bookModel");
sap.ui.getCore().getMessageManager().registerObject(this.getView().byId("input"),
true);

sap.ui.getCore().getMessageManager().registerObject(this.getView().byId("title"),
true);
},
```

Listing 15.4 Die »onInit«-Methode

Nun können wir eine Methode in unserem Controller definieren, die überprüft, ob der Buchtitel angegeben wurde (siehe Listing 15.5).

```
validateTitle: function (sValue) {
 let oInput = this.getView().byId("title");

 if (sValue && sValue.length > 0) {
  oInput.setValueState("None");
  oInput.setValueStateText("");
  return true;
 } else {
  oInput.setValueState("Error");
  oInput.setValueStateText("A Title needs to be provided");
  return false;
}
},
```

Listing 15.5 Methode für die Validierung des Buchtitels

Die Methode behandelt das Setzen des Value States und des Value-State-Texts, wenn der Buchtitel leer ist. Danach fügen wir eine Methode zur Validierung, dass die ISBN eine bestimmte Länge hat, hinzu (siehe Listing 15.6).

```
validateISBN: function (sValue) {
 let oRegEx = new RegExp("^[0-9]{10,13}$"),
 oInput = this.getView().byId("input")

 if (oRegEx.test(sValue)) {
  oInput.setValueState("None");
  oInput.setValueStateText("");
  return true;
 } else {
   oInput.setValueState("Error");
   oInput.setValueStateText("Only numbers with a length between 10 and 13 are
allowed");
  return false;
 }
},
```

Listing 15.6 Methode für die ISBN-Validierung

Wir wissen bereits aus dem Beispiel in Listing 15.5, wie diese Methode funktioniert; wir definieren nur die Validierungslogik in einer eigenen Methode.

Nun fügen wir den Event Handler für unseren Button hinzu, um den Start der Validierung auszulösen. Hier rufen wir die beiden Validierungsmethoden auf, die wir gerade definiert haben (siehe Listing 15.7).

```
onValidatePress: function (oEvent) {
 let oTitleInput = this.getView().byId("title"),
 oISBNInput = this.getView().byId("input");

 this.validateTitle(oTitleInput.getValue());
 this.validateISBN(oISBNInput.getValue());
},
```

Listing 15.7 Press Event Handler für die Validierung des Simple Forms

Jetzt fehlen noch die Event Handler für das change-Event der Eingabefelder. Wir werden sie jetzt hinzufügen, um eine Validierung zu ermöglichen, nachdem der Fokus das Feld verlassen hat (siehe Listing 15.8).

```
onTitleChanged: function (oEvent) {
 let sValue = oEvent.getParameter("value");
 this.validateTitle(sValue);
},
onISBNChanged: function (oEvent) {
 let sValue = oEvent.getParameter("value");
 this.validateISBN(sValue);
}
```

Listing 15.8 Event Handler des Buttons

Wenn wir nun auf den Button **Validate Form** klicken, können wir automatisch alle Felder unseres Simple Forms validieren (siehe Abbildung 15.9).

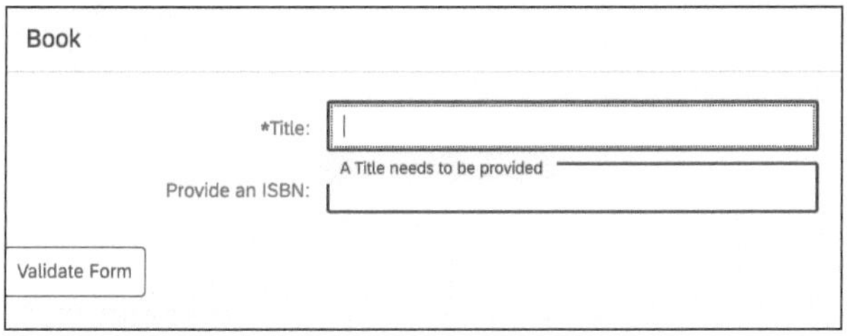

Abbildung 15.9 Fertige Formularvalidierung

Dies ist ein sehr grundlegendes Beispiel. Sie können auch das Nachrichtenmodell abrufen, dessen Länge an einen Button binden, um diesen zu deaktivieren, wenn Nachrichten auftreten, oder weitere Funktionen wie ein Message-Pop-over implementieren, was wir als Nächstes zeigen werden.

Verwendung des Message-Pop-overs

Die Control `sap.m.MessagePopover` bietet eine einfache Möglichkeit zur Anzeige von Meldungen in SAPUI5. In Kombination mit dem `MessageManager` und dem `MessageModel` können Meldungen hinzugefügt und entfernt werden, um mehrere Fehler in Ihrer Anwendung anzuzeigen.

Wir werden unsere Logik aus dem Beispiel im vorherigen Abschnitt weiter ausbauen, um ein zusätzliches `MessagePopover` zur Verfügung zu haben, das alle Fehler an einer Stelle anzeigt.

Zunächst müssen wir einen Button hinzufügen (siehe Listing 15.9), der das `MessagePopover` öffnen soll.

```
<Toolbar>
 <Button visible="{=!!${messageModel>/}.length}" icon="sap-icon://error"
type="Reject" text="{= ${messageModel>/}.length}"
press="onMessagePopoverPress"/>
 <ToolbarSpacer/>
</Toolbar>
```

Listing 15.9 Eine neue Toolbar mit einem Button hinzufügen

Dieser Button sollte in einer Toolbar am unteren Rand des Bildschirms verfügbar gemacht werden. Sie ist an ein benanntes Modell namens `messsageModel` gebunden, das später festgelegt wird. Außerdem wird dieser Button nur sichtbar sein, wenn sich Nachrichten im `messageModel` befinden, und soll die Anzahl der gespeicherten Nachrichten anzeigen. Wenn der Button angeklickt wird, ruft sie die Methode `onMessagePopoverPress` auf, die das Öffnen des Message-Pop-overs veranlasst.

Danach müssen Sie alle nachrichtenrelevanten SAPUI5-Module (siehe Listing 15.10) in Ihren Controller importieren.

```
sap.ui.define([
 ...
 'sap/m/MessagePopover',
 'sap/m/MessageItem',
 'sap/ui/core/MessageType',
 'sap/ui/core/message/Message'
], function (Controller, JSONModel, MessagePopover, MessageItem, MessageType,
Message)
...
```

Listing 15.10 Importe im Controller hinzufügen

Die erforderlichen Module sind wie folgt:

- `MessagePopover`

  Dieses SAPUI5-Pop-over zeigt Meldungen wie Fehler-, Erfolgs- oder Warnmeldungen an, die in einer Liste zusammengefasst sind, die auch eine detaillierte Meldungsansicht bietet.

- `MessageItem`

  Dies ist der `Itemtyp` einer Nachricht, der für die Anzeige einzelner Nachrichten im `MessagePopover` benötigt wird.

- `MessageType`

  SAPUI5 bietet mehrere `MessageTypes` an, von denen jeder einen anderen Schweregrad der Meldung repräsentiert.

- `Message`

  Die Nachricht selbst wird benötigt, um neue Nachrichten zum Nachrichtenmodell hinzuzufügen, die dann als `MessageItem` im `MessagePopover` angezeigt werden.

Anschließend können das Refactoring der `onInit`-Methode und zwei Hilfsvariablen hinzugefügt werden (siehe Listing 15.11).


```
oMessagePopover: undefined,
oMessageManager: undefined,

onInit: function () {
 ...

 this.oMessageManager = sap.ui.getCore().getMessageManager();
 this.getView().setModel(this.oMessageManager.getMessageModel(),
"messageModel");
},
```

Listing 15.11 Aufsetzen des Message Models

Hier wird die Controller-Eigenschaft `oMessageManager` mit dem Nachrichtenmanager instanziiert, und sein Nachrichtenmodell wird als benanntes Modell namens `messageModel` auf den View gesetzt.

Nun implementieren wir den Event Handler `press` des Buttons (siehe Listing 15.12).

```
onMessagePopoverPress: function (oEvent) {
 if (!this.oMessagePopover) {
  this.createMessagePopover();
```

```
  }
  this.oMessagePopover.toggle(oEvent.getSource());
},
```

Listing 15.12 Den Press Event Handler hinzufügen

Dieser Event Handler überprüft, ob wir das `MessagePopover` bereits instanziiert haben oder nicht. Wenn dies nicht der Fall ist, rufen wir eine Methode auf, die für die Erstellung eines Pop-overs zuständig ist; andernfalls öffnen wir es einfach.

Diese Instanziierungsmethode muss ebenfalls implementiert werden (siehe Listing 15.13).

```
createMessagePopover: function () {
 this.oMessagePopover = new MessagePopover({
  items: {
   path: "messageModel>/",
   template: new MessageItem({
   title: "{messageModel>message}",
   subtitle: "{messageModel>additionalText}",
   type: "{messageModel>type}",
   description: "{messageModel>message}"
   })
 },
 groupItems: false
 });
 this.getView().addDependent(this.oMessagePopover);
},
```

Listing 15.13 Anlegen des Message-Pop-overs

Die Methode `createMessagePopover` instanziiert ein neues `MessagePopover`, das mit den Daten des Nachrichtenmodells gefüllt wird. Als Vorlage für die Elemente fügen wir ein neues `MessageItem` hinzu und füllen seine Eigenschaften mit den Daten aus dem Nachrichtenmodell.

Jetzt sind wir bereit, das Nachrichtenmodell mit unseren eigenen Nachrichten zu füllen, also erweitern wir unsere Validierungsmethoden (siehe Listing 15.14).

```
validateTitle: function (sValue) {
 ...
 this.removeMessageFromTarget("Title");

 if (sValue && sValue.length > 0) {
  ...
 } else {
```

```
  oInput.setValueState("Error");
  oInput.setValueStateText("A Title needs to be provided");

  this.oMessageManager.addMessages(new Message({
   message: "Field is required",
   type: MessageType.Error,
   additionalText: 'A Title needs to be provided',
   target: "Title",
   processor: this.oMessageManager.getMessageModel()
   }));
  return false;
  }
},
```

Listing 15.14 Eine neue Nachricht hinzufügen

Verwalten wir zunächst unsere Titelvalidierung. Wir entfernen alle alten Nachrichten mit der Methode `removeMessageFromTarget`, die wir später hinzufügen werden. Wenn die Validierung fehlschlägt, fügen wir eine neue Nachricht zu unserem Message Manager hinzu, die alle notwendigen Informationen enthält. Dann erweitern wir den zweiten Validator (siehe Listing 15.15).

```
validateISBN: function (sValue) {
 ...
 this.removeMessageFromTarget("ISBN");

 if (oRegEx.test(sValue)) {
...
 } else {
  ...
  this.oMessageManager.addMessages(new Message({
   message: "ISBN length invalid",
   type: MessageType.Error,
   additionalText: 'Only numbers with a length between 10 and 13 are allowed',
   target: "ISBN",
   processor: this.oMessageManager.getMessageModel()
  }));
  return false;
  }
},
```

Listing 15.15 Eine zweite Nachricht hinzufügen

In unserem ISBN-Validator verwenden wir dieselbe Logik zum Einfügen von Nachrichten wie zuvor, ändern nur die Fehlermeldung und das Ziel. Das Letzte, was noch fehlt, ist die Methode zum Entfernen bestehender Nachrichten (siehe Listing 15.16).

```
removeMessageFromTarget: function (sTarget) {
 this.oMessageManager.getMessageModel().getData().forEach(function (oMessage)
{
  if (oMessage.target === sTarget) {
   this.oMessageManager.removeMessages(oMessage);}
 }.bind(this));
},
```

Listing 15.16 Löschen von Nachrichten

Die `removeMessageFromTarget`-Methode erhält ein Ziel als Importparameter, das von den Validierungsmethoden individuell bereitgestellt wird. Wenn eine Nachricht mit dem Ziel existiert, entfernen wir die Nachricht.

Versuchen wir nun, unser Formular ungültig zu machen und das Message-Pop-over zu öffnen (siehe Abbildung 15.10).

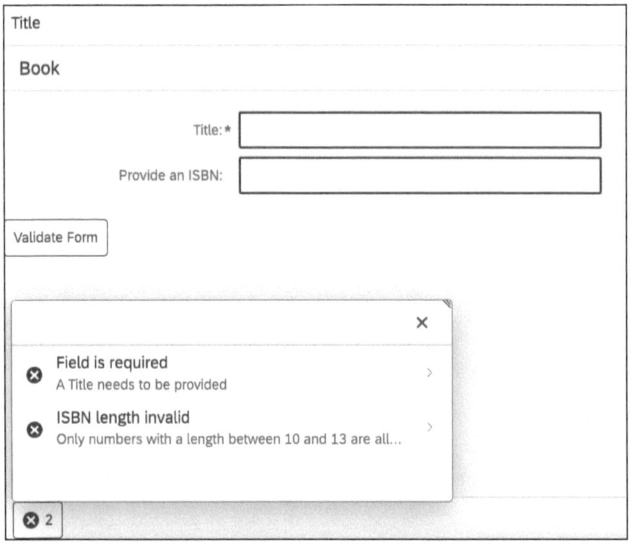

Abbildung 15.10 Das geöffnete Message-Pop-over

Das geöffnete Message-Pop-over zeigt unsere beiden erstellten Nachrichten an. Wenn eine Validierung erfolgreich durchläuft, wird die Nachricht aus dem Nachrichtenmodell entfernt und der Button wird ausgeblendet.

Nachdem wir nun die UI-relevante Behandlung von Nachrichten und Validierungen durchgegangen sind, wollen wir uns jetzt den zugehörigen Fehlermeldungen widmen.

15.2 Fehlerbehandlung

Bei der Implementierung von Geschäftslogik können Fehler auftreten. Da die Geschäftslogik auf der Backend-Seite implementiert wird, müssen Fehler, die dort auftreten und Auswirkungen auf den Benutzer haben könnten, an die Benutzeroberfläche weitergeleitet werden, wie in den SAP-Fiori-Designrichtlinien festgelegt (siehe Abschnitt 15.2.1, »Empfehlungen der SAP Fiori Design Guidelines«). Wir werden uns ansehen, wie Fehler im Backend ausgelöst werden können (siehe Abschnitt 15.2.2, »Serverseitige OData-Implementierung«) und wie sie in der Benutzeroberfläche angezeigt werden können (siehe Abschnitt 15.2.3, »SAP-Fiori-Elements-Implementierung«).

15.2.1 Empfehlungen der SAP Fiori Design Guidelines

Die Fehlerbehandlung in SAP Fiori ist eng mit der allgemeinen Nachrichtenbehandlung verbunden. Sorgfältig ausgewählte und geschriebene Meldungen sollen dem Benutzer helfen, das Problem auf einfache Weise zu lösen. Fehlermeldungen sollten daher den Benutzer davon abhalten, weiterzuarbeiten, ohne das Problem vorher zu lösen. Der beste Weg, um Fehler von vornherein zu vermeiden, ist es, Validatoren zu Ihrer Benutzeroberfläche hinzuzufügen, wodurch das Risiko einer notwendigen Fehlerbehandlung minimiert wird.

15.2.2 Serverseitige OData-Implementierung

Die verschiedenen Frameworks, die SAP für die OData-Implementierung bereitstellt, bieten unterschiedliche Methoden zum Auslösen von Ausnahmen und zur Weiterleitung von Fehlermeldungen. Wenn Sie das ABAP RESTful Application Programming Model verwenden, um OData-Services zu erstellen, dann können Meldungen über die Ausgabeparameter der verschiedenen Operationen ausgelöst werden. Wenn ein OData mit dem SAP Cloud Application Programming Model erstellt wurde, können Fehler nach dem Standard-Java-Exception-Prinzip oder unter Verwendung des Request-Kontexts ausgelöst werden. Wenn Node.js verwendet wurde, dann bietet das Request-Objekt Methoden zur Weiterleitung von Nachrichten. In OData-Services, die auf Transaktion SEGW basieren, müssen ABAP-Ausnahmen ausgelöst werden, um Fehlermeldungen weiterzuleiten.

OData-Services, basierend auf dem ABAP RESTful Application Programming Model

Als Programmier-Framework für SAP Fiori kann das ABAP RESTful Application Programming Model Fehler an OData oder die Entity Manipulation Language (EML) weiterleiten, die während der Ausführung verschiedener Operationen auftreten, wie folgt:

- **Standardmäßige Änderungsoperationen (Create, Update, Delete)**

  Bei der Implementierung von Erstellungs-, Aktualisierungs- oder Löschoperationen in einem ABAP-RESTful-Application-Programming-Model-Unmanaged-Implementierungsszenario haben diese Methoden einen impliziten Parameter namens `reported`. Dieser Parameter wird für die Rückgabe von Meldungen verwendet, die sich in diesem Fall auf die spezifische Instanz beziehen, bei der die Operation fehlgeschlagen ist. Der Parameter enthält eine interne Tabelle, der Nachrichten hinzugefügt werden können.

- **Nicht-standardmäßige Änderungsoperationen (Aktionen)**

  Aktionen verwenden ebenfalls den `reported`-Parameter, entweder einschließlich instanzbasierter Aktionen (Factory- oder Instanzaktionen) oder statischer Nachrichten (statische Aktionen).

- **Validierungen**

  Die Validierungen des ABAP RESTful Application Programming Model verwenden ebenfalls den `reported`-Parameter, um Nachrichten über fehlgeschlagene Validierungen an den Konsumenten weiterzuleiten.

- **Determinationen**

  Wenn eine Bestimmung fehlschlägt, kann der `reported`-Parameter verwendet werden, um eine Nachricht an den Konsumenten weiterzuleiten.

- **Dynamic Feature Control**

  Wenn Sie eine dynamische Feature Control in Ihr ABAP-RESTful-Application-Programming-Model-Business-Objekt implementieren, können Sie auch den `reported`-Parameter verwenden, um anzuzeigen, dass bestimmte Features nicht gesteuert werden konnten.

- **Concurrency Control**

  Die pessimistische und optimistische Concurrency Control im ABAP RESTful Application Programming Model erfordert keine zusätzliche Fehlerbehandlung, da Sperr- und ETag-Konflikte automatisch an den Konsumenten weitergeleitet werden.

- **Lokale Saver-Methoden (ABAP RESTful Application Programming Model unmanaged)**

  Bei der Implementierung einer ABAP-RESTful-Application-Programming-Model-Unmanaged-Implementierung wird eine lokale Saver-Klasse bereitgestellt, um späte Determinationen (Methode `finalize`) und späte Validierungen (Methode `check_before_save`) zu implementieren, die den letzten Punkt darstellen, an dem Fehlermeldungen weitergeleitet werden können. Nach diesen Methoden gibt es einen Point of no Return, an dem nur noch Informations- und Erfolgsmeldungen mit dem reported-Parameter geworfen werden können. Beispiele für die Implementierung dieser Meldungen finden Sie in Abschnitt 6.2, »Aktionen«.

Wie Sie vielleicht schon bemerkt haben, enthalten fast alle Operationen den Parameter reported. Bei diesem Parameter handelt es sich um eine interne Tabelle, die Sie mit Nachrichten füllen können, die an den Konsumenten gemeldet werden sollen. Er enthält abgeleitete Datentypen für die Schlüsselfelder des Business-Objekts und für die Nachricht, die mit einer neuen Nachricht instanziiert werden kann.

Diese Nachrichten sind in Form von ABAP-Klassen definiert, die das ABAP-Interface IF_ABAP_BEHV_MESSAGE implementieren. Ein Beispiel für eine solche Klasse haben wir in unserem Projekt ABAP RESTful Application Programming Model in Abschnitt 6.2, »Aktionen«, vorgestellt. Sie funktioniert durch die Definition von Konstanten, von denen jede eine Nachricht einer Nachrichtenklasse darstellt, die aus einer T100-Nachrichten-ID und einer Nachrichtennummer besteht. Die Schnittstelle bietet auch Konstanten für die verschiedenen Schweregrade von Nachrichten des ABAP RESTful Application Programming Model. Eine Instanz Ihrer Klasse kann dann für eine Zeile des reported-Parameters in den Operationen verwendet werden.

OData-Services, basierend auf dem SAP Cloud Application Programming Model

Als Cloud-Progammiermodell kann das SAP Cloud Application Programming Model seine Logik entweder in Java oder in Node.js implementieren. Beide Ansätze bieten mehrere Varianten für die Rückgabe fehlgeschlagener Anfragen, auf die wir hier nicht eingehen werden.

Fehler in Java

Das SAP Cloud Application Programming Model Java Software Development Kit (SDK) bietet eine generische Ausnahmeklasse namens ServiceException. Diese sollte verwendet werden, um Ausnahmen in Ihren Handler-Methoden auszulösen. Eine neue Service-Ausnahme kann einen Wert des aufgezählten ErrorStatus, eine Nachricht und einen Verweis auf die ursprüngliche, intern ausgelöste Ausnahme haben, wie folgt:

```
throw new ServiceException(ErrorStatuses.BAD_REQUEST, "ISBN is to short",
refToOriginalException);
```

Mit Ihrem aktuellen Anforderungskontext können Sie die Nachrichten-API verwenden, um während der Laufzeit Ihres Handlers Nachrichten (Methoden success, error, info, warn) zu sammeln, die dann mit der Methode throwIfError an die Rückmeldung der Anforderung angehängt werden können, wie folgt:

```
context.getMessages().success("A Title was provided");
context.getMessages().error("The ISBN is to short");
context.getMessages().throwIfError();
```

Wenn eine Nachricht bereitgestellt wird, können Sie den Platzhalter {} zur Formatierung Ihrer Nachricht wie folgt verwenden:

```
context.getMessages().error("The ISBN {} is to short", isbnValue);
```

Wenn Sie Ihre Nachrichten lokalisieren und übersetzen möchten, müssen Sie eine **messages.properties**-Datei im Ordner **src/main/resources** Ihres SAP-Cloud-Application-Programming-Model-Projekts erstellen. Weitere Sprachen können Sie hinzufügen, indem Sie neue **message_<hier den Code einer ISO-Sprache angeben>.property**-Dateien erstellen. In diesen Dateien definieren Sie Schlüssel-Wert-Paare, die übersetzte Nachrichten enthalten. Wenn Sie eine neue Nachricht mit der Nachrichten-API hinzufügen, müssen Sie nur den Nachrichtenschlüssel aus der Eigenschaftsdatei angeben.

Fehler in Node.js

Bei der Implementierung der Servicelogik des SAP Cloud Application Programming Model bietet das SAP Cloud Application Programming Model die Klasse `cds.Request`, die die Klasse `cds.Events` erweitert. Diese Klasse bietet Funktionen für synchrone Anfragen wie Abfragen, Parameter, Authentifizierung usw.

Wir können eine Instanz dieser Klasse verwenden, um Fehler an unseren OData-Konsumenten zurückzugeben, indem wir die folgenden Methoden bereitstellen:

- `.reject`

  Die Methode `reject` weist die Anfrage mit einem HTTP-Statuscode und einer Nachricht zurück. Sie funktioniert wie das Auslösen einer Ausnahme, da sie die weitere Ausführung der Logik abbricht.
- `.notify`, `.info`, `.warn`, `.error`

  Diese Methoden sammeln Meldungen, die in der OData-Antwort zurückgegeben werden.

  Sie bieten verschiedene Schweregrade, wie folgt:
  - `.notify` mit dem Schweregrad 1 wird in der Request Property `.messages` gesammelt und sollte in einem Message-Toast auf der Benutzeroberfläche angezeigt werden.
  - `.info` mit Schweregrad 2 wird in der Request Property `.messages` erfasst und sollte in einem Dialog in der Benutzeroberfläche angezeigt werden.
  - `.warn` mit Schweregrad 3 wird in der Request Property `.messages` gesammelt und sollte in einem Dialog in der Benutzeroberfläche angezeigt werden.

– `.error` mit Schweregrad 4 wird in der Request Property `.errors` gesammelt und sollte in einem Dialog oder einem Message-Pop-over in der Benutzeroberfläche angezeigt werden.

Außerdem sollten alle Meldungen mit einem HTTP-Statuscode über 500 nur eine allgemeine, bereinigte Fehlermeldung anzeigen und keine internen Informationen enthalten. Alle anderen Fehler, die von den Entwicklern definiert werden, müssen nicht bereinigt werden.

OData-Services, basierend auf der Transaktion SEGW

OData-Services, die auf der Transaktion SEGW basieren, sind ebenfalls in der Lage, individuelle Ausnahmen auszulösen. Daher bietet das SAP-Gateway mehrere Klassen für diesen Zweck an, dazu gehören:

- `/IWBEP/CX_MGW_BUSI_EXCEPTION`
  Löst Fehler im Zusammenhang mit der Geschäftslogik aus.
- `/IWBEP/CX_MGW_TECH_EXCEPTION`
  Lässt technisch bedingte Ausnahmen auftreten.
- `/IWBEP/CX_GATEWAY`
  Löst Ausnahmen im Zusammenhang mit dem SAP Gateway aus.
- `/IWBEP/CX_MGW_NOT_IMPL_EXC`
  Löst Fehler aus, die anzeigen, dass die Implementierung der aufgerufenen Methode noch nicht stattgefunden hat.

15

Wenn Sie nur einen Fehler mit einem generischen HTTP-Statuscode und einer Nachricht auslösen wollen, können Sie die Nachrichtenklasse `/IWBEP/CX_GATEWAY` (siehe Listing 15.17) verwenden, die eine Ausnahmekategorie und einen HTTP-Statuscode enthält.

```
RAISE EXCEPTION TYPE /iwbep/cx_gateway
 EXPORTING
  exception_category = /iwbep/cx_gateway=>gcs_excep_categories-client
  http_status_code = /iwbep/cx_gateway=>gcs_http_status_codes-not_found.
```

Listing 15.17 Neue Ausnahme mit einem vordefinierten HTTP-Statuscode werfen

Wenn Sie eine Ausnahme mit einer statischen Fehlermeldung auslösen wollen, müssen Sie zunächst den Nachrichtencontainer Ihres Request Handlers aufrufen und eine textbasierte Nachricht hinzufügen, indem Sie einen Nachrichtentyp und eine statische String-basierte Nachricht exportieren (siehe Listing 15.18).

```
mo_context->get_message_container( )->add_message_text_only(
 EXPORTING
  iv_msg_type = /iwbep/if_message_container=>gcs_message_type-error
  iv_msg_text = 'Getting MIME type failed'
).
RAISE EXCEPTION TYPE /iwbep/cx_mgw_busi_exception
 EXPORTING
  textid = /iwbep/cx_mgw_busi_exception=>business_error
  message_container = mo_context->get_message_container( ).
```

Listing 15.18 Neue Ausnahme mit einer eigenen Meldung werfen

Wenn Sie hingegen Textobjekte zu Ihrer Handler-Methode hinzugefügt haben, kann diese übersetzbare Text-ID mit derselben Methode wie zuvor bereitgestellt werden, wobei die Textobjekt-ID anstelle eines statischen Strings exportiert wird (siehe Listing 15.19).

```
DATA lv_msg_txt    TYPE bapi_msg.
lv_msg_txt = TEXT-001.
mo_context->get_message_container( )->add_message_text_only(
  iv_msg_text = lv_msg_txt
  iv_msg_type = 'E'
).

RAISE EXCEPTION TYPE /iwbep/cx_mgw_busi_exception
 EXPORTING
  textid            = /iwbep/cx_mgw_busi_exception=>business_error
  message_container = mo_context->get_message_container( ).
```

Listing 15.19 Neue Ausnahme mit einem Textobjekt auslösen

Wenn Sie eine Handler-Methode neu definiert, aber die Logik noch nicht implementiert haben, sollten Sie eine Ausnahme auslösen, die den Client darüber informiert, dass diese Methode noch nicht implementiert wurde (siehe Listing 15.20). Dies ist auch die Standardausführung von noch nicht neu definierten Methoden in Ihren Data-Provider-Klassen.

```
RAISE EXCEPTION TYPE /iwbep/cx_mgw_not_impl_exc
 EXPORTING
  textid = /iwbep/cx_mgw_not_impl_exc=>method_not_implemented
  method = 'MY_METHOD'.
```

Listing 15.20 Neue Ausnahme mit fehlender Implementierungsnachricht auslösen

15.2.3 SAP-Fiori-Elements-Implementierung

OData-bezogene Fehler können in SAPUI5 automatisch abgefangen werden, indem der Message Manager verwendet wird. Die SAPUI5-OData-Modelle verfügen über einen `MessageParser` (Klasse `sap.ui.model.odata.ODataMessageParser`), der für das Parsen von OData-Nachrichten und deren Einfügen in das Nachrichtenmodell verantwortlich ist.

Damit dies funktioniert, ist kein zusätzliches Coding erforderlich, da nur das Message-Handling über das Manifest zur Verfügung gestellt werden muss. Danach sind alle OData-Nachrichten registriert und können in einem Message-Pop-over angezeigt werden.

Alternativ können Sie auch einen Event Handler für die folgenden Methoden anhängen:

- `sap.ui.model.odata.v2.ODataModel`
  - `attachBatchRequestCompleted`
  - `attachBatchRequestFailed`
  - `attachRequestCompleted`
  - `attachRequestFailed`
- `sap.ui.model.odata.v4.ODataModel`
  - `attachRequestCompleted`
  - `attachRequestFailed`

Mit diesen Methoden können Event Handler für Batch-Anfragen (OData-V2-Modell) oder einfache HTTP-Anfragen (OData-V2- und OData-V4-Modelle) eingebunden werden, um dem Nachrichtenmodell benutzerdefinierte Nachrichten hinzuzufügen, wenn eine Anfrage entweder abgeschlossen ist oder einfach fehlschlägt. Hier können zusätzliche benutzerdefinierte Nachrichten gesetzt werden. Diese Methoden können auch bei der Bereitstellung von Event Handlern nützlich sein, wenn eine Anfrage durchgelaufen ist und eine benutzerdefinierte Logik implementiert werden muss, wie z. B. eine benutzerdefinierte Aktualisierung bestimmter Daten.

Wenn nach Abschluss einer Anfrage mehrere Nachrichten zurückgegeben werden, empfehlen wir, diese entweder in einem Message-Pop-over oder in einem Dialog (Control `sap.m.Dialog`) anzuzeigen. Wenn einzelne Nachrichten zurückgegeben werden, zeigen Sie sie entweder in einem Message Toast (Control `sap.m.MessageToast`) oder in einer Message Box (Control `sap.m.MessageBox`) an.

15.3 Zusammenfassung

Die Implementierung der Formularvalidierung verhindert viele Probleme, die eine zusätzliche Fehlerbehandlung erfordern könnten, und hilft, inkonsistente Daten zu vermeiden. Formularvalidierung und Fehlerbehandlung sollten immer Hand in Hand gehen. Daher bietet SAPUI5 Technologien wie den Message Manager und das Nachrichtenmodell, um Fehlermeldungen auf der Benutzeroberfläche anzuzeigen. Auf der Serverseite können in der OData-Implementierung Fehlermeldungen ausgegeben werden, um die Benutzeroberfläche zu informieren, dass etwas schiefgelaufen ist. Bei der Kombination von OData und SAP Fiori Elements ist keine zusätzliche UI-Implementierung erforderlich, da alle Meldungen automatisch geparst und angezeigt werden.

Kapitel 16
Entity Tags und Soft State

Zustandslos zu sein, ist der momentane Stand der Technik. Die Verwendung von Caching kann jedoch bei ressourcenintensiven Anfragen zu Leistungssteigerungen führen, insbesondere bei wiederkehrenden Anfragen. Darüber hinaus sollte der Umgang mit gleichzeitigen Datenänderungen nicht außer Acht gelassen werden, nicht nur bei neuen, modernen Anwendungen, sondern auch im Nachhinein bei bereits bestehenden Szenarien.

Da OData unser Hauptserviceprotokoll im Kontext von SAP ERP ist und auf REST basiert, sollte es gemäß den REST-Architekturrichtlinien zustandslos sein. Dennoch ermöglicht die SAP-Implementierung die Verwendung eines Caching-Mechanismus auf der Serverseite, der als *Soft State* bezeichnet wird (siehe Abschnitt 16.1). Darüber hinaus sind Gleichzeitigkeitssteuerung (engl. Concurrency Control) und Cache-Validierung in Form von Entity Tags (*ETags*) verfügbar (siehe Abschnitt 16.2). Wir zeigen Ihnen in diesem Kapitel, wie Sie dies einfach und ohne großen Aufwand in Ihren OData-Service einbauen.

16.1 Soft-State-Aktivierung

Normalerweise sollte die Kommunikation zwischen einem OData-Konsumenten und dem OData-Server zustandslos sein. Dies entspricht dann auch dem REST-Paradigma, auf dem OData basiert. Manchmal kann jedoch ein Caching in Form von Sessions einen Leistungsschub bringen.

Dies kann für OData-Services, die auf dem SAP Gateway Service Builder (Transaktion SEGW) basieren, mithilfe von SAP Gateway und SAP NetWeaver Application Server für ABAP erfolgen und wird als Soft State bezeichnet, der wie folgt funktioniert: Wenn der Soft State für SAP-Gateway-Services aktiv ist, erzeugt SAP NetWeaver Application Server ABAP eine Session mit einem Session-Timeout. Wenn `GET`-Anfragen gesendet werden, während diese Sitzung läuft, wird das zwischengespeicherte Ergebnis der gleichen, bereits gesendeten Anfrage erneut übertragen. Die Sitzungszeit wird im Internet Communication Framework (ICF, einer Anwendungsprogrammierschnittstelle für die Kommunikation zwischen ABAP und dem Internet) festgelegt, und wenn diese erreicht ist, gibt es keine Timeout-Ausnahme. Stattdessen wird eine neue Sitzung erstellt, und die Logik wird erneut durchlaufen.

Gehen Sie folgendermaßen vor, um den Soft State für einen SEGW-Service zu aktivieren:

1. DEFINE-Methode redefinieren
2. Instanzattribut anlegen
3. OPERATION_START-Methode redefinieren
4. OPERATION_END-Methode redefinieren
5. Session-Timeout setzen

Wir zeigen diese verschiedenen Schritte an einem beliebigen SAP-Gateway-Service-Builder-OData-V2-Service, aber Sie können diese Schritte auch in einem Ihrer Services implementieren.

16.1.1 DEFINE-Methode redefinieren

Zunächst müssen wir den Soft State durch die Neudefinition der DEFINE-Methode in der Klasse MPC_EXT unseres Transaktion-SEGW-Service aktivieren. Starten Sie dazu die ABAP Workbench, öffnen Sie die Klasse MPC_EXT Ihres Service, gehen Sie zu **Methods • Inherited Methods • Define**, klicken Sie mit der rechten Maustaste auf die DEFINE -Methode und dann auf **Redefine**. Nun kann die Methode neu definiert werden und benötigt das in Listing 16.1 gezeigte Coding.

```
method DEFINE.
   super->define( ).
   model->set_soft_state_enabled( abap_true ).
endmethod.
```

Listing 16.1 Redefinition der DEFINE-Methode

Damit wird die Soft-State-Behandlung generell aktiviert. Speichern Sie nun und aktivieren Sie die DEFINE-Methode.

16.1.2 Instanzattribut anlegen

Nun müssen wir ein Instanzattribut der Klasse DPC_EXT hinzufügen, um das Soft-State-Flag zu speichern.

Gehen Sie dazu zu Ihrer Klasse DPC_EXT, klicken Sie mit der rechten Maustaste auf den Ordner **Attributes** und klicken Sie auf **Add**, um ein neues Attribut einzufügen, wie in Abbildung 16.1 gezeigt:

- **Attribute**: »MV_IS_SOFTSTATE«
- **Description**: »True, if we are in soft state«
- **Visibility**: **Private**
- **Attribute**: **Instance**
- **Type**: »ABAP_BOOL«

Wir werden dieses Attribut in unserem nächsten Schritt verwenden.

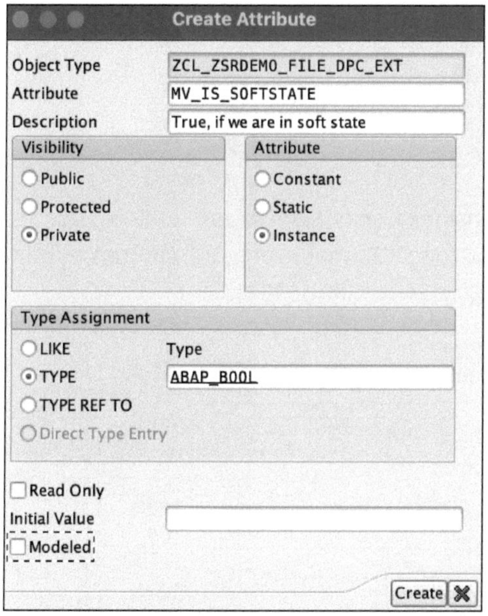

Abbildung 16.1 Anlegen eines neuen Instanzattributs

16.1.3 OPERATION_START-Methode redefinieren

Wir müssen die Methode `OPERATION_START` in unserer `DPC_EXT`-Klasse neu definieren, um das Soft-State-Flag auf `true` zu setzen, wenn eine neue Sitzung erstellt wird. Gehen Sie dazu zu **Methods • Inherited Methods • /IWBEP/IF_MGW_SOST_SRV_RUNTIME • OPERATION_START** und klicken Sie im Kontextmenü auf **Redefine**. In dieser Redefintion wie in Listing 16.2 setzen wir unser Flag `MV_IS_SOFTSTATE` auf `true`:

```
method /IWBEP/IF_MGW_SOST_SRV_RUNTIME~OPERATION_START.
    mv_is_softstate = abap_true.
endmethod.
```

Listing 16.2 Soft-State-Flag auf »true« setzen

Speichern und aktivieren Sie die Methode.

16.1.4 OPERATION_END-Methode redefinieren

Der letzte ABAP-Schritt besteht darin, die Methode OPERATION_END auf die gleiche Weise wie OPERATION_START zu redefinieren, aber es reicht aus, wenn wir eine leere Methode wie in Listing 16.3 haben, da unser Flag instanzgebunden ist:

```
method /IWBEP/IF_MGW_SOST_SRV_RUNTIME~OPERATION_END.
endmethod.
```

Listing 16.3 Leere Redefinition der OPERATION_END-Methode

Speichern und aktivieren Sie diese Methode.

16.1.5 Session-Timeout setzen

Als Letztes müssen wir im ICF-Knoten unseres OData-Service ein Session-Timeout festlegen. Dazu verwenden wir die Transaktion SICF, um unseren ICF-Knoten zu pflegen und ein Session-Timeout einzufügen (siehe Abbildung 16.2).

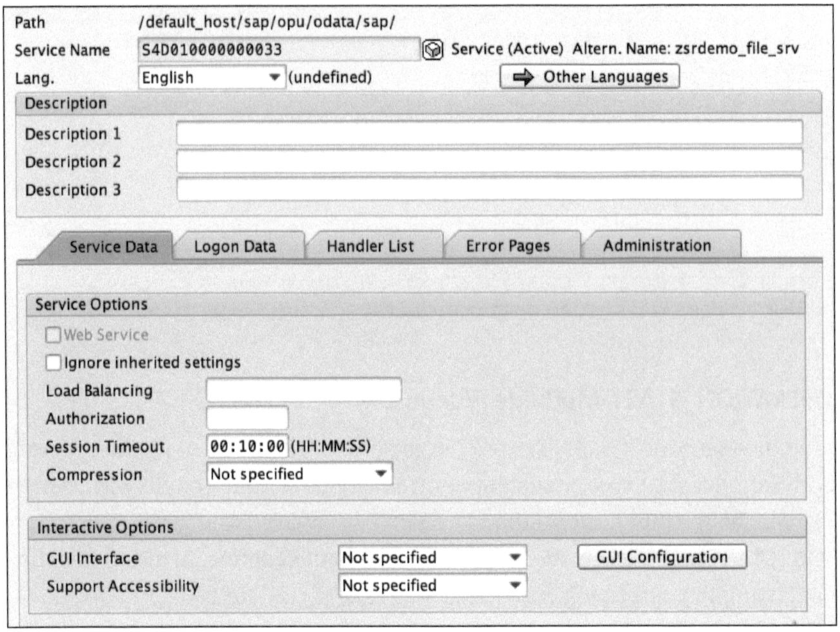

Abbildung 16.2 Session-Timeout setzen

Speichern Sie diese Konfiguration und gehen Sie zur Transaktion /IWFND/MAINT_SERVICE, in der Sie auch das Soft-State-Handling einstellen müssen. Suchen Sie Ihren Service, wählen Sie ihn aus und klicken Sie dann auf **Soft State** (siehe Abbildung 16.3). Damit wird das Soft-State-Handling aktiviert.

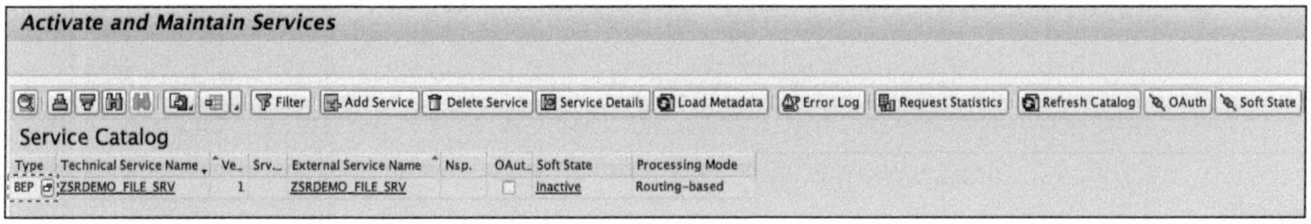

Abbildung 16.3 Inaktiver Soft State

Wenn ein Fehler auftritt, kann die Verwendung der Transaktionen /IWFND/CACHE_CLEANUP oder /IWBEP/CACHE_CLEANUP helfen.

Nach der erfolgreichen Aktivierung sollte in der Spalte **Soft State** nun **Active** stehen (siehe Abbildung 16.4).

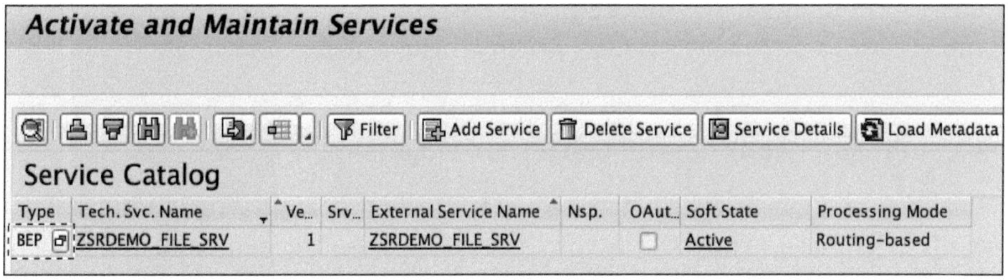

Abbildung 16.4 Aktivierter Soft State

Jetzt kann das Soft-State-Handling getestet werden, z. B. durch die Verwendung der Transaktion /IWFND/GW_CLIENT. Sie sollten feststellen, dass die zweite GET-Anfrage an dieselbe Quelle nun weniger Zeit benötigt. Dieses Soft-State-Handling eignet sich besonders für die Ausführung großer Berechnungsanforderungen, z. B. für Preisberechnungen.

16.2 ETags

Wie in Kapitel 6, »Entwicklung von OData-V4-Services mit dem ABAP RESTful Application Programming Model (Managed Scenario)«, gezeigt, sind ETags eine gute Möglichkeit, um geänderte Daten zu unterscheiden. Das ETag ist ein http-1.1-Header-Feld und kann entweder eine starke Handhabung implementieren, was bedeutet, dass Entitäten nur geändert werden können, wenn sie identisch sind, oder eine schwache Handhabung, was bedeutet, dass die Entitäten etwas unterschiedlich sein können, aber nicht wesentlich.

Der allgemeine Ablauf eines ETag-Felds sieht wie folgt aus:

- Client 1 sendet eine GET-Anfrage an Ressource A und erhält einen ETag mit der Zeit A.
- Client 2 sendet eine GET-Anfrage an Ressource A und erhält ein ETag mit der Zeit A.

- Client 1 sendet eine PUT-Anfrage an Ressource A mit ETag A und erhält ein neues ETag B.
- Client 2 sendet eine PUT-Anfrage an Ressource A mit ETag A und erhält einen Fehler, weil das neue ETag nun B ist.
- Client 2 sendet eine neue GET-Anfrage an Ressource A und empfängt die neuen Änderungen von Client 1 mit ETag B.
- Client 2 sendet eine PUT-Anfrage an Ressource A und erhält ein ETag mit Zeit C.

Dies zeigt, dass Client 2 nicht in der Lage ist, Daten zu ändern, die er noch nicht hat, wodurch ein Concurrency-Fehler in der gesamten Entität A verhindert wird.

Wir werden nun die Implementierung solcher ETags in einem ABAP-RESTful-Application-Programming-Model-OData-Service in Abschnitt 16.2.1 und in einem auf Transaktion SEGW basierenden OData-Service in Abschnitt 16.2.2 betrachten.

16.2.1 ETags im ABAP RESTful Application Programming Model

Wir haben das ETag-Handling für das ABAP RESTful Application Programming Model bereits in Kapitel 6, »Entwicklung von OData-V4-Services mit dem ABAP RESTful Application Programming Model (Managed Scenario)«, gezeigt, aber hier ist eine kurze Zusammenfassung der Einstellung des ETag-Handlings:

1. Definieren Sie einen Zeitstempel in Ihrem Datenmodell und versehen Sie ihn mit der Annotation `Semantics.systemDateTime.lastChangedAt`.
2. Verwenden Sie dieses Feld in der Verhaltensdefinition mit dem Schlüsselwort `total etag`.
3. Wenn Sie Draft Handling verwenden, definieren Sie einen zweiten Zeitstempel und referenzieren ihn mit dem Schlüsselwort `etag master`.

16.2.2 ETags in SEGW-basierten OData-Services

ETags für Transaktion-SEGW-basierte OData-Services können auf Entity-Type-Ebene definiert werden. Dort definieren Sie eine Ihrer Eigenschaften als ETag-Feld (siehe Abbildung 16.5), das dann verwendet wird, um den Zustand Ihrer Leseentität zu definieren.

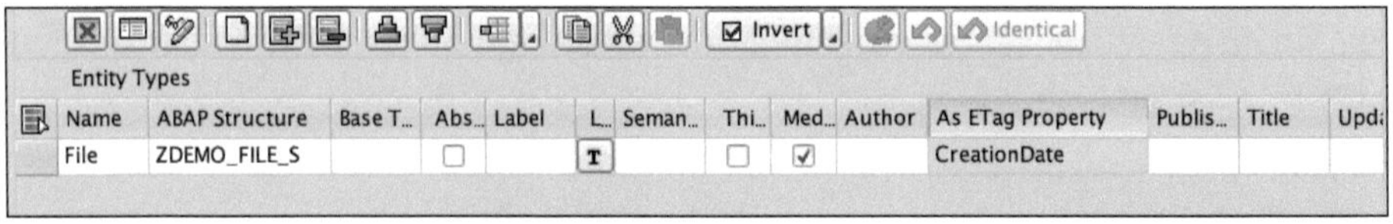

Abbildung 16.5 ETag-Feldreferenz in Datenmodell

ETags können in einer GET-Anfrage verwendet werden, um den aktuellen ETag einer UPDATE-Anfrage zu überprüfen und so Inkonsistenzen zu vermeiden:

- **ETags für Leseanfragen**

  Wenn Sie prüfen wollen, ob sich eine bereits gelesene Entität geändert hat, können Sie eine HTTP-GET-Anfrage an die Entität senden, die das Header-Feld `if-none-match` mit dem ETag der bereits gelesenen Entität als Wert enthält.

  Der Server prüft dann, ob ein neuer ETag-Wert existiert, was bedeutet, dass sich die Entität geändert hat, und sendet Ihnen die aktualisierte Entität als Antwort. Wenn die ETags übereinstimmen, haben Sie den aktuellen Zustand der Entität bereits lokal, und Sie erhalten den HTTP-Statuscode 304 (Not Modified) mit einer leeren Antwort.

- **ETags für Aktualisierungsanfragen**

  Sie können das ETag auch bei Aktualisierungsanfragen verwenden, um Concurrency-Fehler zu vermeiden. Senden Sie einfach das HTTP-Header-Feld `if-match` mit Ihrem lokalen ETag-Wert der Entität, die Sie ändern möchten, mit einer PUT/PATCH/MERGE-Anfrage.

  Wenn beide ETags übereinstimmen, kann die Aktualisierungsanforderung ausgeführt werden, und Sie erhalten einen http-204 (No Content)-Statuscode. Wenn die ETags nicht übereinstimmen, kann die Aktualisierungsanforderung nicht ausgeführt werden, und Sie erhalten einen HTTP-Fehlercode 428 (Precondition Required).

16

16.3 Zusammenfassung

Der Soft State ist eine schnelle und einfache Möglichkeit, Daten im Backend zwischenzuspeichern, insbesondere bei Anfragen, die viele Berechnungen und Festlegungen enthalten. Darüber hinaus können ETags verwendet werden, um zu prüfen, ob sich Daten geändert haben, und um die Concurrency von Aktualisierungsanfragen zu kontrollieren.

Kapitel 17
Erweiterbarkeit

SAP liefert standardmäßig mehrere Tausend SAP-Fiori-Apps aus. Trotzdem können sich Entwickler aber nur selten mit diesen Standard-Apps zufriedengeben. Oft ist es notwendig, die Apps zu erweitern. Dieses Kapitel erklärt das Konzept der SAP-Fiori-Erweiterung und zeigt Ihnen, wie Sie Erweiterungen ohne Änderungen erstellen können.

Eine große Anzahl von Anwendungen wird bereits als Standard geliefert. Allerdings erlauben es die einzigartigen Anwendungsfälle in einzelnen Unternehmen oft nicht, die Standardanwendungen zu 100 % zu übernehmen. Um in solchen Fällen nicht eine komplett neue Anwendung von Grund auf entwickeln zu müssen, gibt es verschiedene Möglichkeiten, SAPUI5-Anwendungen zu erweitern. In diesem Kapitel werden wir Adaptation Projects und wichtige Benutzeranpassungen näher betrachten. Während mit Adaptation Projects (dt. Anpassungsprojekte) ganze Anwendungen erweitert werden können, was natürlich auch Entwicklungsaufwand bedeutet, können mit Key-User-Anpassungen (engl. Key User Adaptation) weitere Elemente der Benutzeroberfläche (engl. User Interface, UI) hinzugefügt oder entfernt, unterschiedliche Views auf Anwendungen erstellt oder die Anordnung von UI-Elementen verändert werden. Key-User-Anpassungen können auch dazu verwendet werden, externe Inhalte einzubetten oder Kontrollkennungen zu ändern.

17.1 Adaptation Projects

In Kapitel 12, »Entwicklung von Benutzeroberflächen mit SAP Fiori Elements«, haben wir mehrere Floorplans, wie List Report, Object Page und Overview Page, mithilfe der Guided Development (dt. geführten Entwicklung) implementiert. Neben der Erstellung von SAP-Fiori-Elements-Anwendungen bietet dieser Leitfaden auch die Möglichkeit, Adaptation Projects zu erstellen. Unserer Erfahrung nach fühlen sich SAPUI5-Entwickler bei der Arbeit mit Freestyle-Code besonders wohl.

In diesem Abschnitt zeigen wir Ihnen anhand eines Beispiels, wie Sie ein Adaptation Project für die in Kapitel 12 erstellte List-Report-Anwendung entwickeln. Wir haben diese Anwendung bereits in das SAP-System implementiert. Wir gehen hier nicht auf alle Floorplans ein, aber die Entwicklung ist für alle Anwendungstypen ähnlich, sodass die Anweisungen in diesem Abschnitt auch auf andere Floorplans angewendet werden können. In diesem Abschnitt arbeiten wir mit SAP Business Application Studio und führen Sie durch die Erstellung eines Adaptation Projects, die Erstellung einer Erweiterung im grafischen Editor und das Deployment Ihres Adaptation Projects.

Bevor wir mit der Entwicklung beginnen, erläutern wir, wie Adaptation Projects aufgebaut sind und wie sie funktionieren. Ein Adaptation Project basiert auf einer Anwendung, die bereits in Ihrem System implementiert ist. Im Adaptation Project können Sie dann über eine grafische Benutzeroberfläche auswählen, welche Teile der bestehenden Anwendung Sie ändern, ausblenden oder sogar ersetzen möchten. Zu diesem Zweck werden zahlreiche Anpassungsmöglichkeiten angeboten. Wir führen hier die gängigsten Anpassungen auf:

- die Auswahl durch ein eigenes XML-Fragment ersetzen
- einen Controller erweitern
- Attribute eines Controls ändern
- UI-Controls komplett ausblenden
- verfügbare UI-Controls anzeigen
- UI-Controls an eine andere Position verschieben
- zusätzlichen Inhalt zu einem Erweiterungspunkt hinzufügen

Ein Erweiterungsobjekt kopiert weder die bestehende Anwendung noch den Quellcode oder die Metadatendefinitionen. Das Projekt speichert immer nur die Abweichungen von der Originalanwendung, die sogenannten *Changes*. Zu diesem Zweck wird ein Projektverzeichnis mit dem Namen **changes** angelegt, in dem die eigentlichen Änderungen in Dateien mit der Endung **.change** gespeichert werden. Alle anderen Teile des Programmcodes werden aus der Originalanwendung geladen. Abbildung 17.1 skizziert diesen Ablauf eines Adaptation Projects.

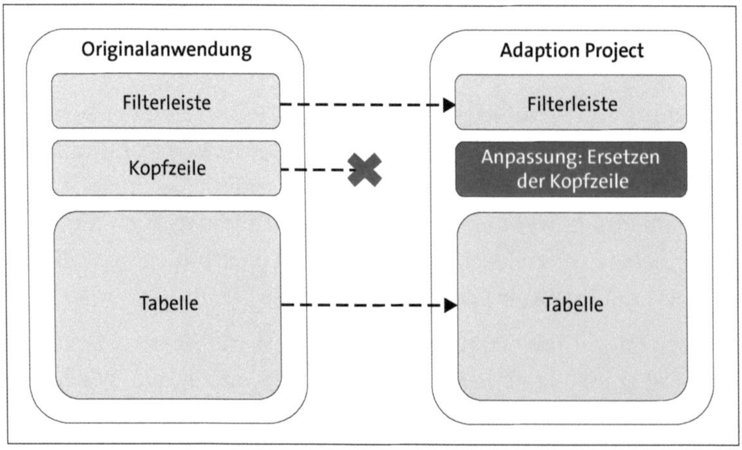

Abbildung 17.1 Funktionsweise von Adaptation Projects

17.1.1 Erstellen eines Adaptation Projects

Gehen Sie folgendermaßen vor, um ein Adaptation Project im SAP Business Application Studio zu erstellen:

1. Wählen Sie **New Project from Template**, und wählen Sie dann die Vorlage **Adaptation Project** (siehe Abbildung 17.2). Starten Sie die Projekterstellung, indem Sie auf **Start** klicken.

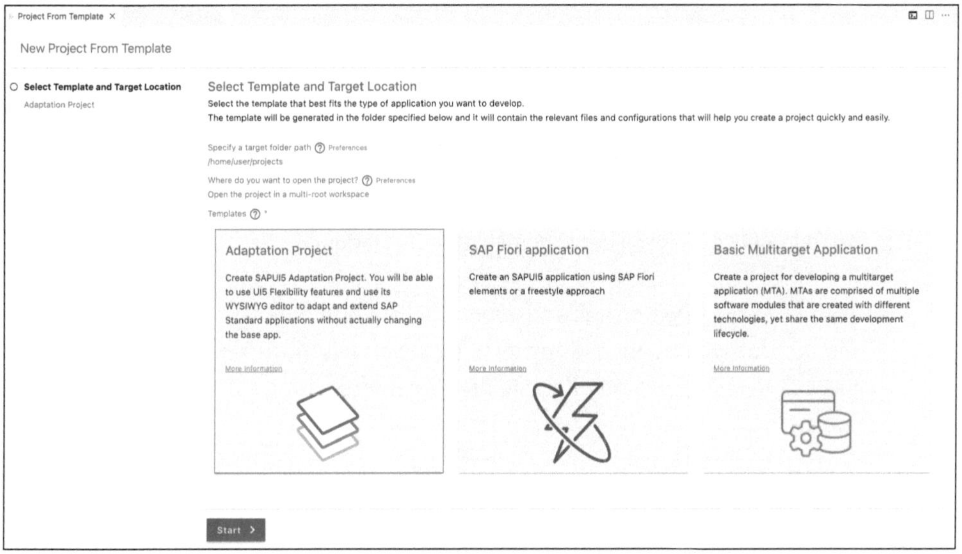

Abbildung 17.2 Erstellen eines Adaptation Projects

2. Im Schritt **Target environment** wählen Sie die gewünschte Zielplattform aus, auf der das Projekt bereitgestellt werden soll (siehe Abbildung 17.3). Fahren Sie mit **Next** fort.

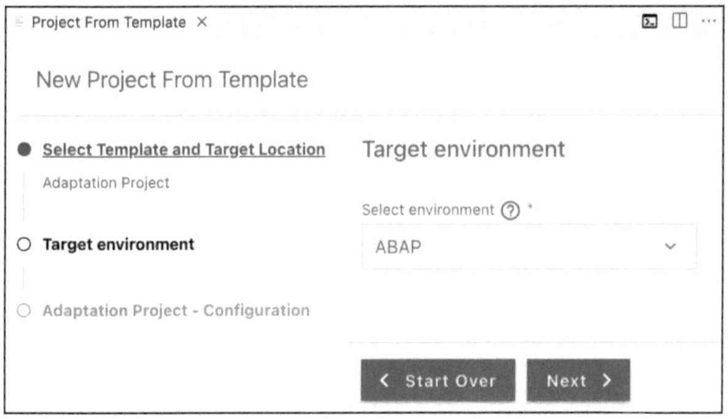

Abbildung 17.3 Auswahl der Zielumgebung

3. Geben Sie einen Namen für die Erweiterungsanwendung, einen Titel und einen Namensraum an (siehe Abbildung 17.4). Klicken Sie erneut auf **Next**.

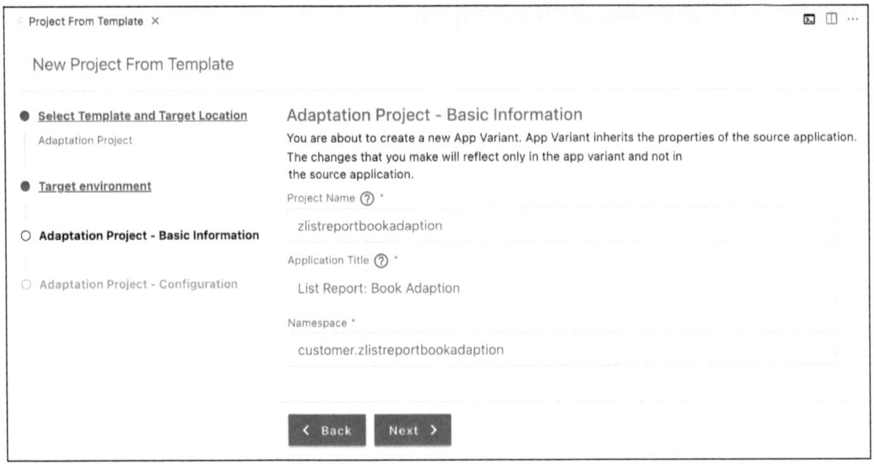

Abbildung 17.4 Eingabe der allgemeinen Informationen

4. Wählen Sie das System aus und geben Sie Ihre Anmeldedaten ein. Wählen Sie dann die ursprüngliche Anwendung aus, die Sie erweitern möchten, und geben Sie die SAPUI5-Version an. Schließen Sie die Projekterstellung mit **Finish** ab (siehe Abbildung 17.5).

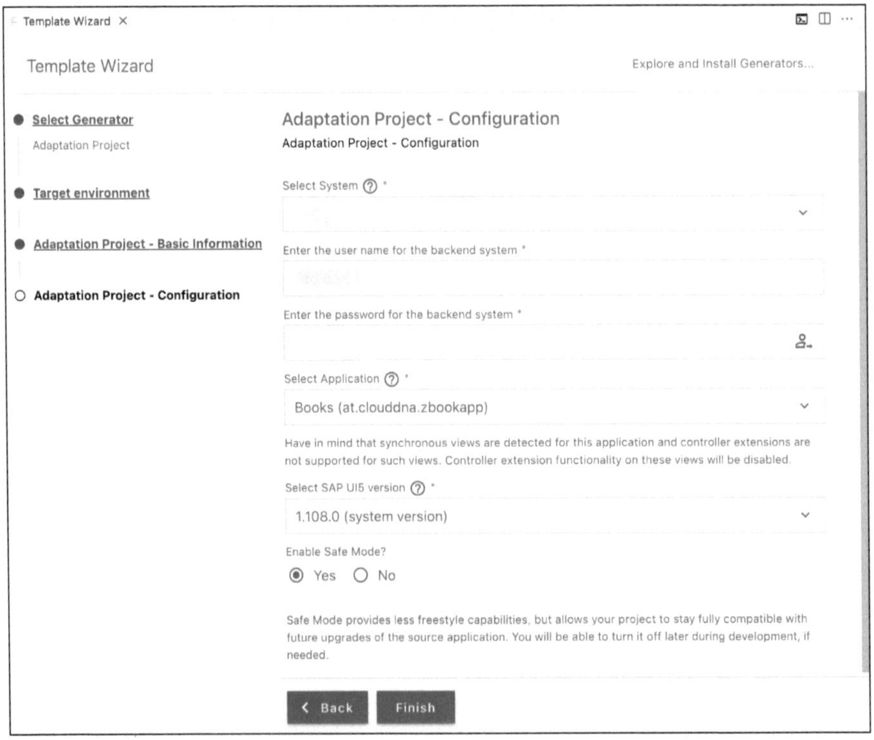

Abbildung 17.5 Auswahl der originalen Applikation

17.1.2 Erstellen von Erweiterungen im grafischen Editor

In Abbildung 17.6 sehen Sie die Projektstruktur, die bei der Erstellung des Projekts erzeugt wurde. Klicken Sie mit der rechten Maustaste auf die Datei **manifest.appdescr_variant**, um das Kontextmenü zu öffnen, und wählen Sie dann **Open SAPUI5 Visual Editor**, um den grafischen Editor zu öffnen, mit dem Sie das Adaptation Project bearbeiten.

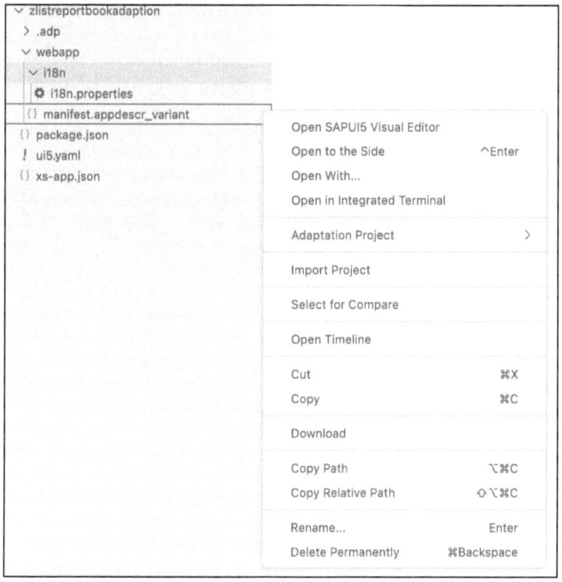

Abbildung 17.6 SAPUI5 Visual Editor öffnen

Der Editor versucht nun, die App zu öffnen und sie in einer Vorschau- und Testansicht anzuzeigen. Sie sehen nicht nur die Original-App, sondern auch Ihre Anpassungen, falls Sie bereits welche vorgenommen haben (siehe Abbildung 17.7).

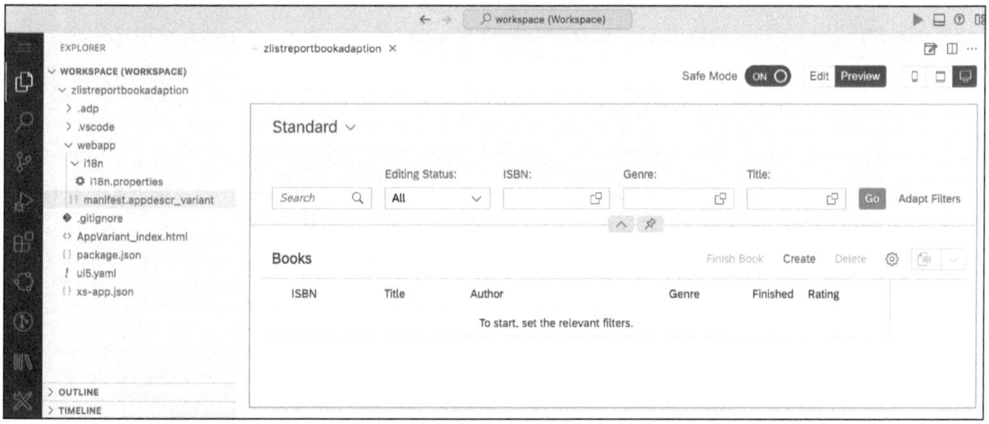

Abbildung 17.7 Vorschau der Applikation

Wechseln Sie nun in den Bearbeitungsmodus, indem Sie auf den Button **Edit** in der oberen rechten Ecke klicken. Es öffnet sich die grafische Benutzeroberfläche des Editors, die in drei Bereiche unterteilt ist (siehe Abbildung 17.8):

- Auf der linken Seite sehen Sie in der **Outline** die hierarchische Struktur der Benutzeroberfläche der Anwendung. Hier können Sie die Elemente auswählen, die Sie anpassen möchten.
- In der Mitte sehen Sie weiterhin die Vorschau der Anwendung und die Interaktionsmöglichkeiten mit der Benutzeroberfläche.
- Auf der rechten Seite sehen Sie die Attribute des in der Outline ausgewählten UI-Elements.

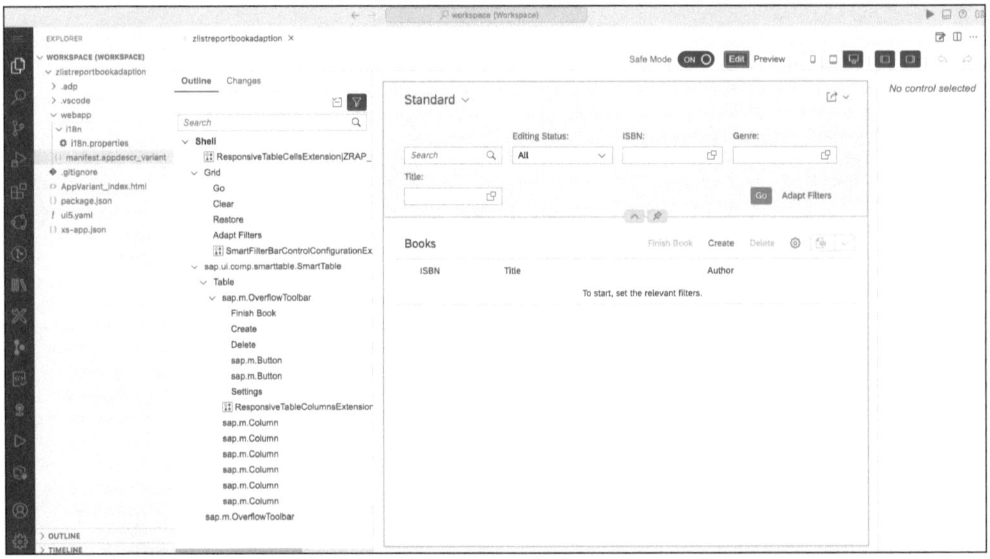

Abbildung 17.8 Bearbeiten der Applikation

In Abbildung 17.9 sehen Sie, dass die Bearbeitung durch den *abgesicherten Modus* eingeschränkt ist. So sind nur Änderungen an bestimmten Punkten möglich. Semantische Änderungen sind erlaubt.

Um den abgesicherten Modus zu deaktivieren, muss der Schalter ausgeschaltet werden. Wenn das Pop-up erscheint, bestätigen Sie die Deaktivierung durch Klicken auf **Apply** (siehe Abbildung 17.10).

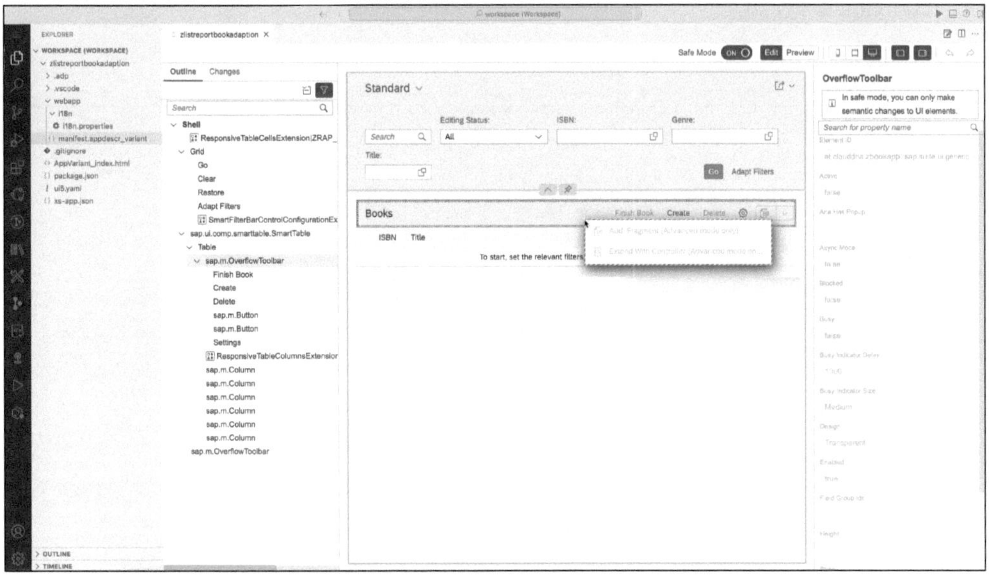

Abbildung 17.9 Abgesicherter Modus aktiviert

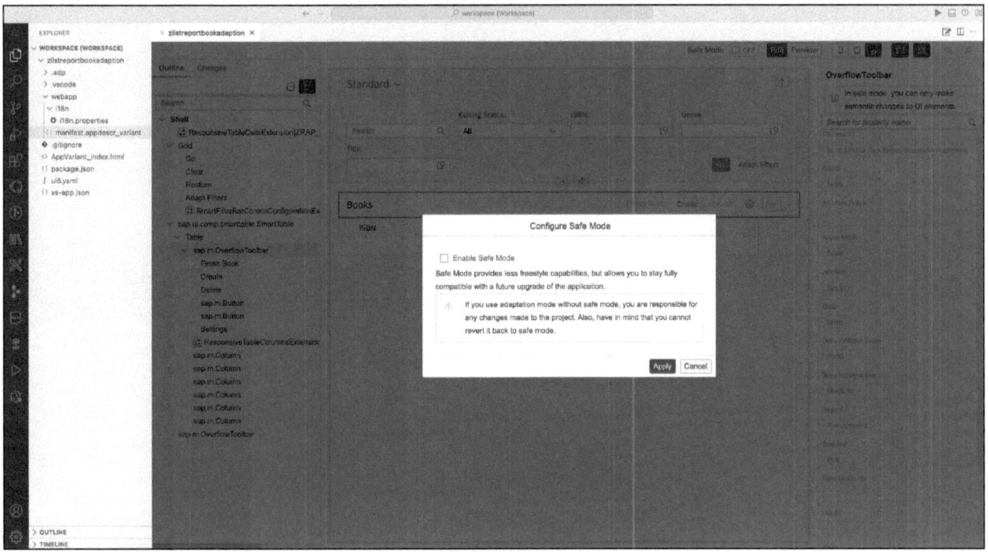

Abbildung 17.10 Deaktivieren des abgesicherten Modus bestätigen

Wir haben jetzt den sicheren Modus deaktiviert. Wenn Sie in einem Bereich der Benutzeroberfläche etwas hinzufügen möchten, klicken Sie mit der rechten Maustaste auf den Bereich im Bearbeitungsmodus. Wie Sie in Abbildung 17.11 sehen können, haben Sie in diesem Fall zwei Optionen für eine Erweiterung:

- **Add: Fragment**
- **Extend With Controller**

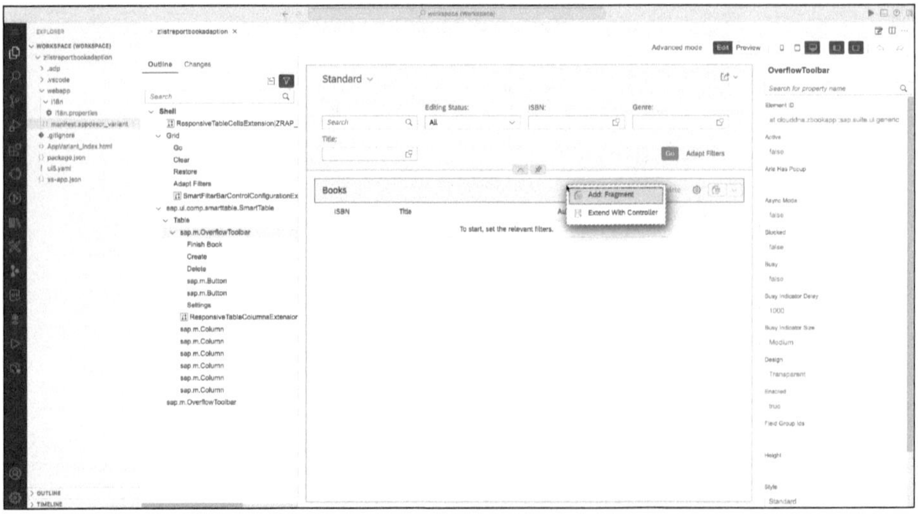

Abbildung 17.11 Bearbeiten eines Bereichs

Wenn Sie in der Vorschau ein bestimmtes Element statt eines Abschnitts auswählen, haben Sie mehr Möglichkeiten (siehe Abbildung 17.12):

- **Add: Fragment**
- **Extend With Controller**
- **Remove** (UI-Element)

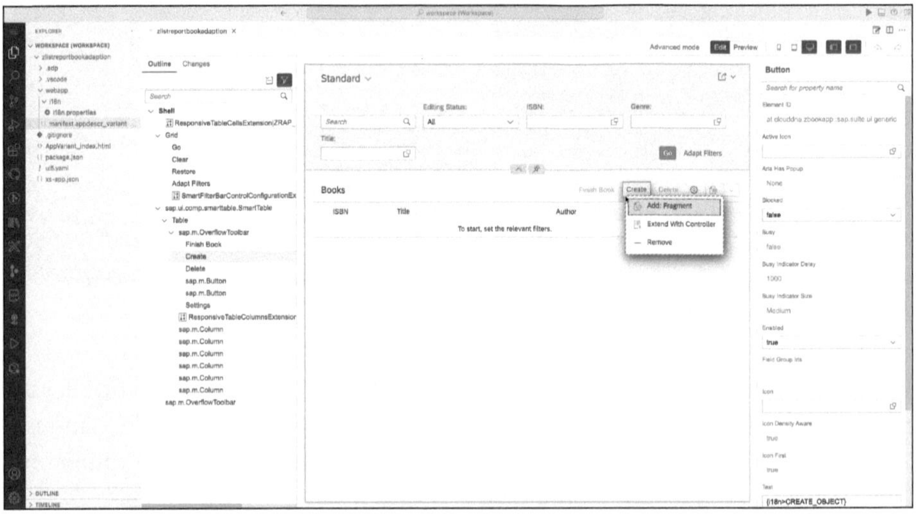

Abbildung 17.12 Ein Element anpassen

Da es verschiedene Möglichkeiten für Erweiterungen gibt, zeigen wir Ihnen ein Beispiel, wie Sie ein Fragment (d. h. wiederverwendbare UI-Elemente) hinzufügen können:

1. Markieren Sie den Bereich, den Sie erweitern möchten, z. B. die Symbolleiste der Tabelle, und wählen Sie die Option **Add Fragment**.
2. Für die Erweiterung der Symbolleiste der Tabelle werden Ihnen Optionen angeboten, wo genau das Fragment im Feld **Target Aggregation** eingefügt werden soll (siehe Abbildung 17.13). Die genaue Position innerhalb dieses Bereichs wählen Sie im Feld **Index** aus.

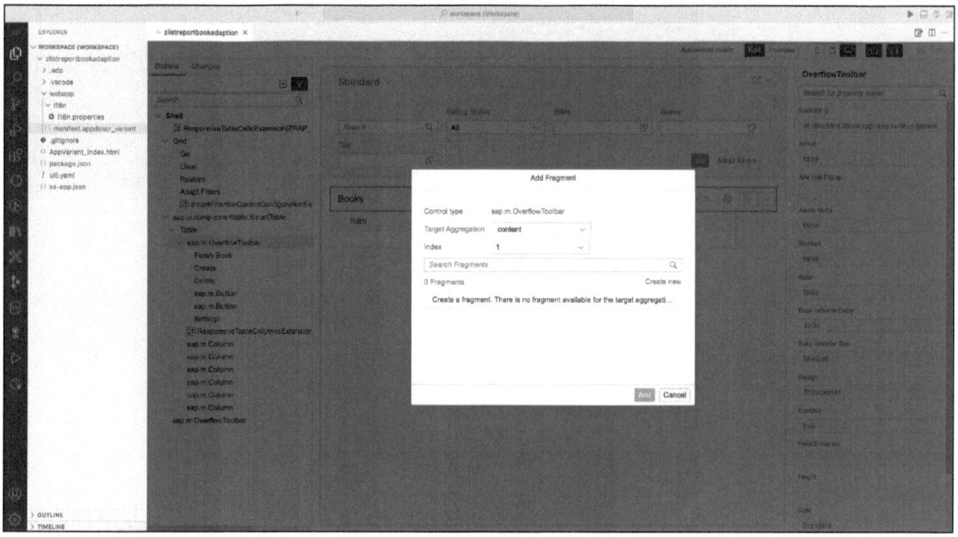

Abbildung 17.13 Hinzufügen eines Fragments

3. Wählen Sie ein bestehendes Fragment aus oder verwenden Sie **Create New**, um ein neues Fragment zu erstellen, wie wir es in diesem Beispiel tun.
4. Vergeben Sie einen Namen für das Fragment und klicken Sie auf **Create** (siehe Abbildung 17.14).

Es wird nun ein Verzeichnis namens **fragment** mit unserem neuen XML-Fragment **customButton.fragment.xml** erstellt. In dieser Datei können Sie alle möglichen SAPUI5-Controls mit XML verwenden.

Achtung: IDs für Steuerelemente zuweisen

Es ist wichtig, dass Sie für alle UI-Elemente IDs verwenden. Wenn Sie einem Element keine ID zugewiesen haben, wird das Element nicht angezeigt.

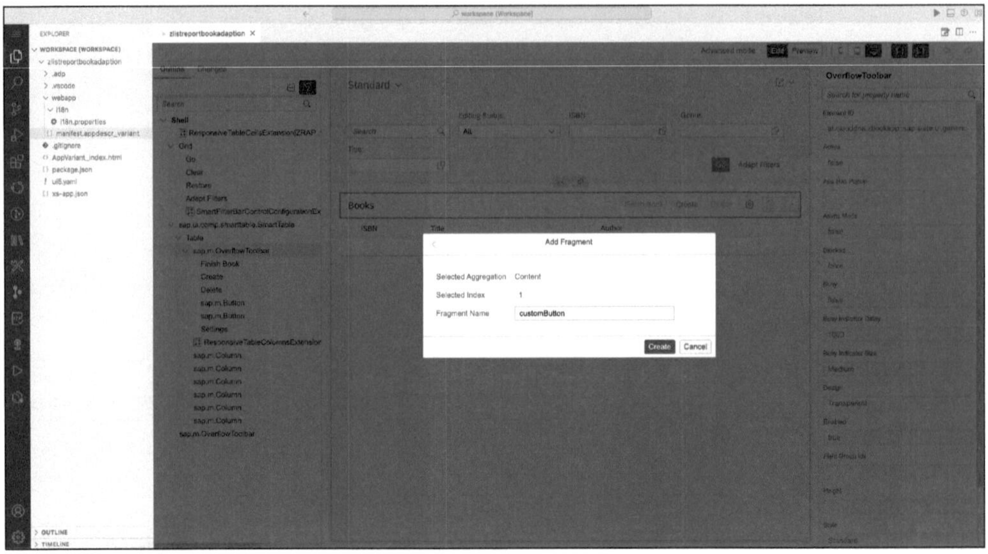

Abbildung 17.14 Erstellen eines neuen Fragments

Unsere XML-Definition in diesem XML-Fragment sieht wie der folgende Ausschnitt aus:

```
<core:FragmentDefinition xmlns="sap.m" xmlns:core="sap.ui.core">
    <Button id="customBtn" text="Custom Button"/>
</core:FragmentDefinition>
```

Wenn Sie nun die Vorschau der Anwendung erneut laden, wird ein neuer Button in der Symbolleiste der Tabelle sichtbar (siehe Abbildung 17.15).

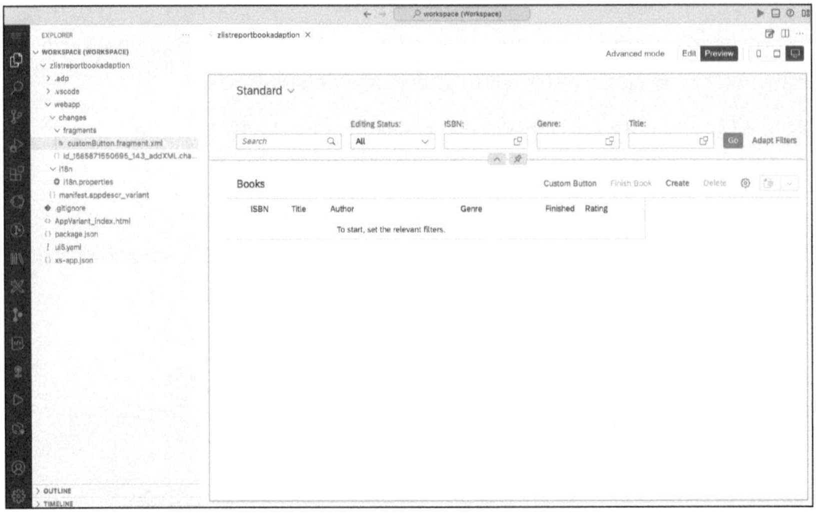

Abbildung 17.15 Hinzufügen eines eigenen Fragments

17.1.3 Deployen eines Adaptation Projects

Sobald Sie Ihre Erweiterungen erstellt haben, können Sie die Erweiterungsanwendung über das SAP-Business-Application-Studio-Terminal mithilfe des Deployment-Assistenten bereitstellen (siehe Abbildung 17.16). Sie finden diesen Assistenten, indem Sie mit der rechten Maustaste auf **manifest.appdescr_variant** klicken und **Adaptation Project • Open Deployment Wizard** wählen. Sie werden dann durch die Bereitstellung geführt. Unter anderem müssen Sie den Projektnamen und ein Paket angeben.

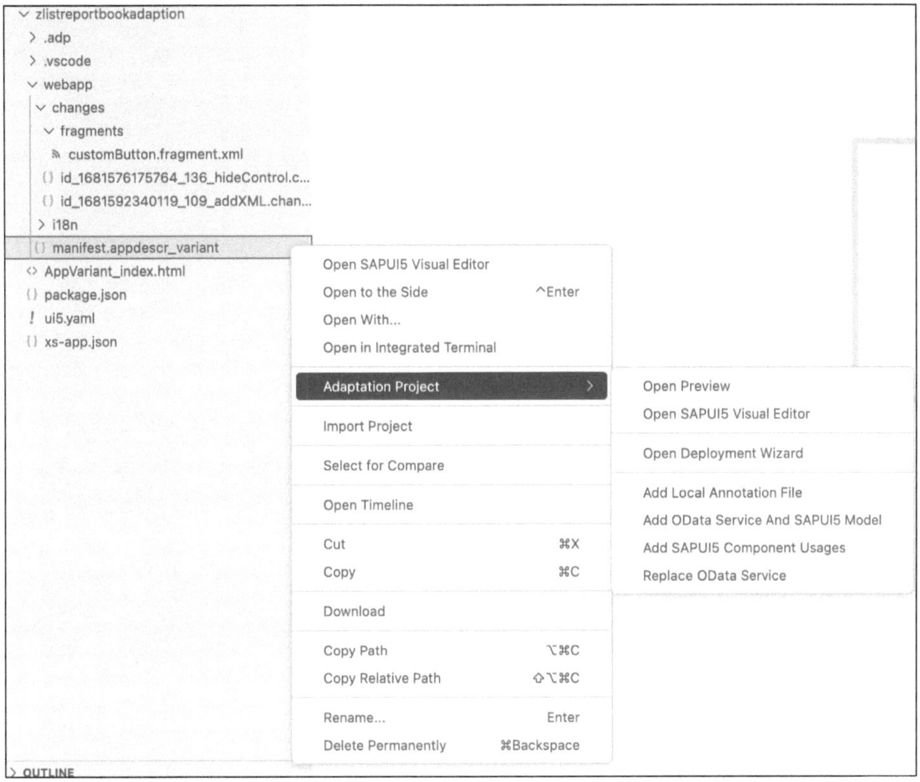

Abbildung 17.16 Öffnen des Deployment Wizards

Im nächsten Schritt muss das Zielsystem ausgewählt werden, und Sie müssen eventuell Anmeldedaten eingeben (siehe Abbildung 17.17).

Im nächsten Schritt geben Sie ein Paket im Feld **Package** an (siehe Abbildung 17.18). Für ein lokales Objekt wählen Sie das Paket **$tmp**. Wenn Sie kein lokales Paket wählen, müssen Sie auch einen Transportauftrag angeben. Klicken Sie auf **Finish**, um die Bereitstellung zu starten.

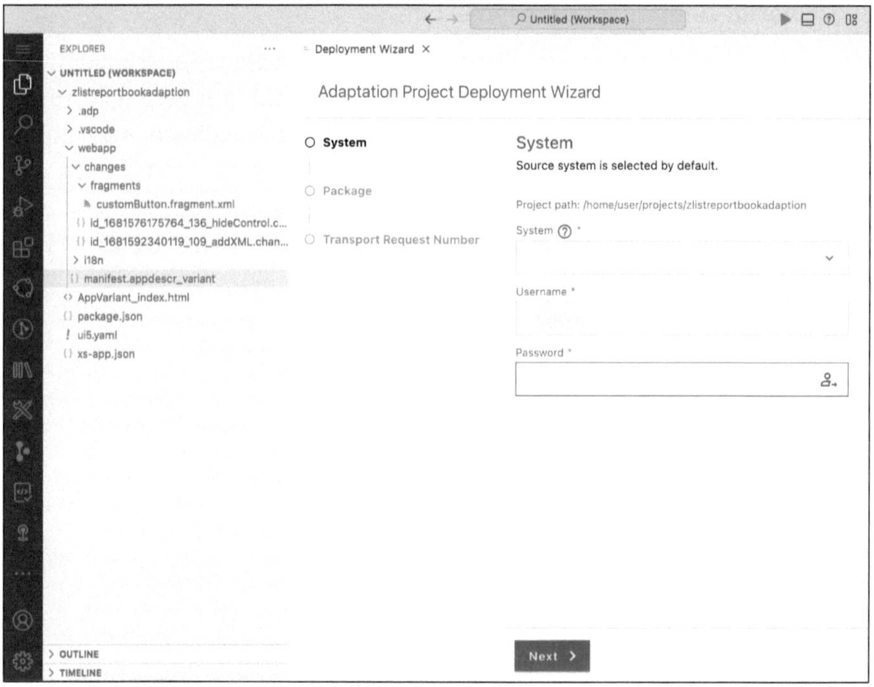

Abbildung 17.17 Zielsystem auswählen

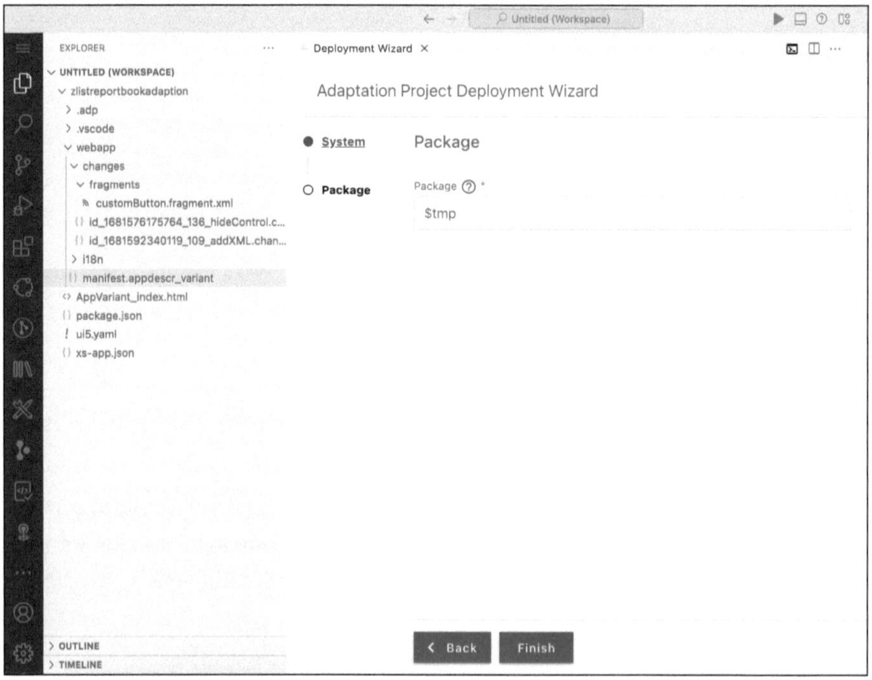

Abbildung 17.18 Definieren des Pakets

Nach der Bereitstellung sollten Sie eine Erfolgsmeldung im Benachrichtigungsfenster im unteren rechten Bereich sehen (siehe Abbildung 17.19).

Abbildung 17.19 Deployment erfolgreich

Die bereitgestellte Erweiterungsanwendung kann im Layered Repository über die Transaktion SUI_SUPPORT gesucht werden. Im Layered Repository können Anwendungen schichtweise verwaltet werden. Das bedeutet, dass der ursprüngliche Quellcode nicht manipuliert werden muss, wenn eine neue Schicht zu dieser Anwendung über ein Adaptation Project hinzugefügt wird. Es gibt mehrere solcher Schichten. Das Layered Repository speichert die Informationen über Änderungen in einer Datei auf der Basis von JSON.

Mit der Option **List repository files (support only)** können Sie z. B. eine Suche nach Erweiterungsimplementierungen starten (siehe Abbildung 17.20). Sie können entweder nach der ID oder dem Namensraum suchen.

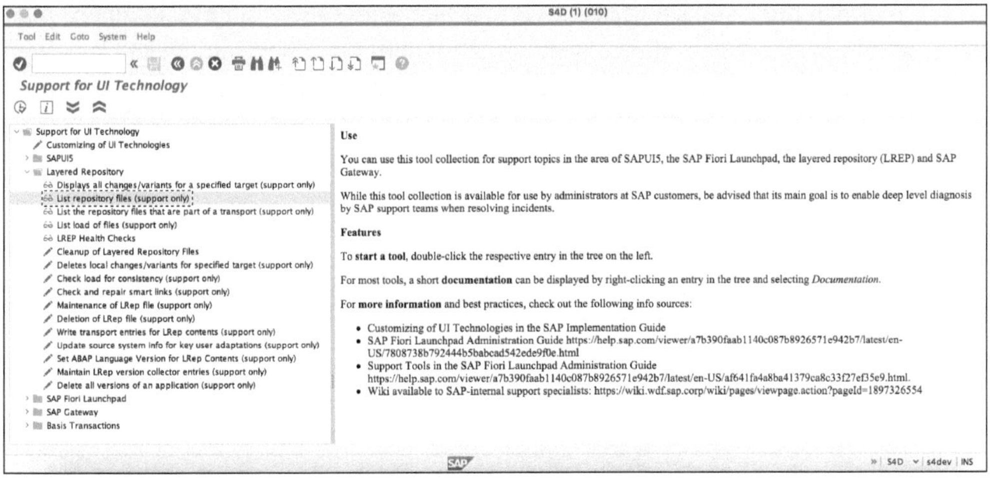

Abbildung 17.20 Layered Repository

17.2 Key-User-Erweiterbarkeit

Mit dem SAPUI5-Entwicklungs-Framework können Sie spezifische Apps erstellen und diese Ihren Benutzern oder Kunden anbieten. Doch nicht immer ist das Benutzererlebnis einer App von Anfang an für jede Benutzergruppe perfekt. Einige wünschen sich eine schlankere Benutzeroberfläche, andere benötigen zusätzliche Oberflächenelemente, und wieder andere möchten Zeit sparen, indem sie bestimmte Filter automatisch anwenden lassen. Aus diesem Grund bietet SAP die Möglichkeit, mithilfe von

Key-User-Anpassungen Änderungen an der Benutzeroberfläche zur Laufzeit vorzunehmen. Key-User-Anpassungen sind Teil der *UI5 Flexibility for Key Users*.

Mit der UI5-Flexibility-Komponente für Key User können verschiedene Benutzergruppen die Benutzeroberfläche von Anwendungen gestalten, ohne den Quellcode anfassen zu müssen. Dabei spielt es keine Rolle, ob es sich bei der Anwendung um eine SAP-Standardanwendung oder eine Eigenentwicklung handelt. Die Möglichkeit, die Benutzeroberfläche einer Anwendung mit der UI5-Flexibilität für Key User zu ändern, ist in das SAPUI5-Entwicklungs-Framework integriert. Wenn also eine Anwendung mit SAPUI5 entwickelt wird, unterstützt sie in den meisten Fällen die UI5-Flexibilität für Key User.

Die Änderungen an der Benutzeroberfläche, die mit der UI5-Flexibilität für Hauptbenutzer vorgenommen werden, ändern nicht den Quellcode der ursprünglichen Anwendung. Die Änderungen werden vom Quellcode getrennt gehalten. Wenn also die ursprüngliche Anwendung aufgrund eines Upgrades geändert wird, kommt es nicht zu Konflikten, und die Änderungen sind auch danach noch vorhanden.

Die Anpassungen, die mit der UI5-Flexibilität für Key User möglich sind, reichen von einfachen Anpassungen wie dem Verschieben eines Felds bis hin zu komplexen Erweiterungen wie dem Hinzufügen von Abschnitten mit bestimmten UI-Elementen zu einer App. Es ist sogar möglich, benutzerdefinierte Felder durchgängig hinzuzufügen, von der Benutzeroberfläche bis zur Datenbank. Die Änderungen können verwaltet, überprüft und für bestimmte Benutzergruppen aktiviert werden.

[»]

Verfügbarkeit der UI5-Flexibilität für Key User

Die Funktionen der UI5-Flexibilität für Key User sind auf den folgenden Plattformen verfügbar:

- ABAP-Plattform on premise (SAP NetWeaver, SAP S/4HANA)
- SAP S/4HANA Cloud
- SAP BTP, Cloud-Foundry-Umgebung
- SAP BTP, ABAP-Umgebung

Eine Anwendung muss nicht notwendigerweise Key-User-Anpassungen zulassen. Um dies zu steuern, gibt es in **manifest.json** einen Parameter namens `flexEnabled`. Ist er auf `true` gesetzt, kann eine Key-User-Anpassung durchgeführt werden; ist er `false`, ist die Anwendung nicht für Key-User-Anpassungen verfügbar (siehe Abbildung 17.21).

Key User sind in der Regel Geschäftsexperten, die ein oder mehrere Teams von Endanwendern koordinieren. Ihr Ziel sollte es sein, dass alle Endbenutzer effizient mit den SAP-Fiori-Anwendungen arbeiten können. Key User können daher Key-User-Anpassungen durchführen, benötigen aber spezielle Berechtigungen. Hierfür muss dem jeweiligen Benutzer die Rolle `SAP_UI_FLEX_KEY_USER` zugewiesen werden.

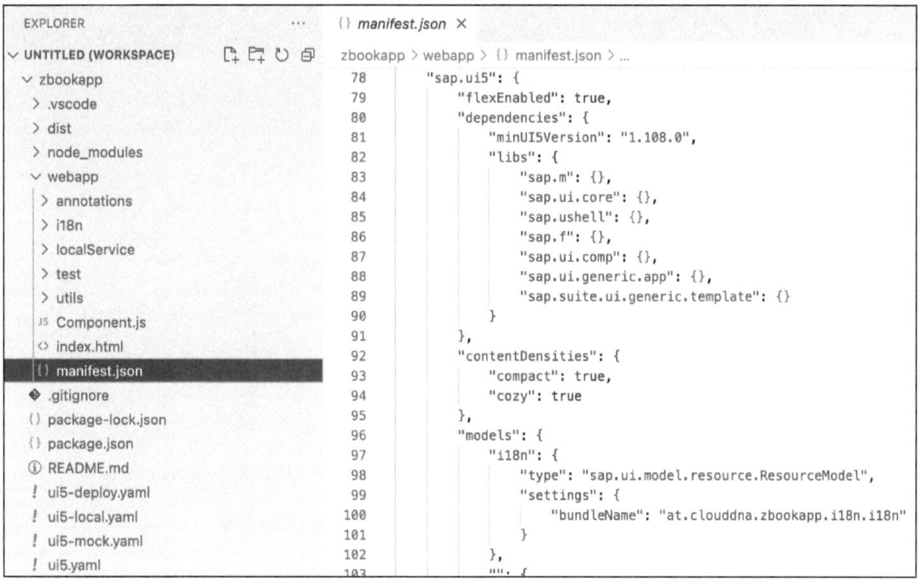

Abbildung 17.21 Aktivieren der Key-User-Anpassung

Wenn diese Rolle zugewiesen ist, öffnen wir zunächst eine Anwendung, in der das bereits erwähnte `flexEnabled`-Flag auf `true` gesetzt ist und somit Key-User-Anpassungen durchgeführt werden können. Als Nächstes wählen wir im Benutzermenü **Adapt UI** (siehe Abbildung 17.22).

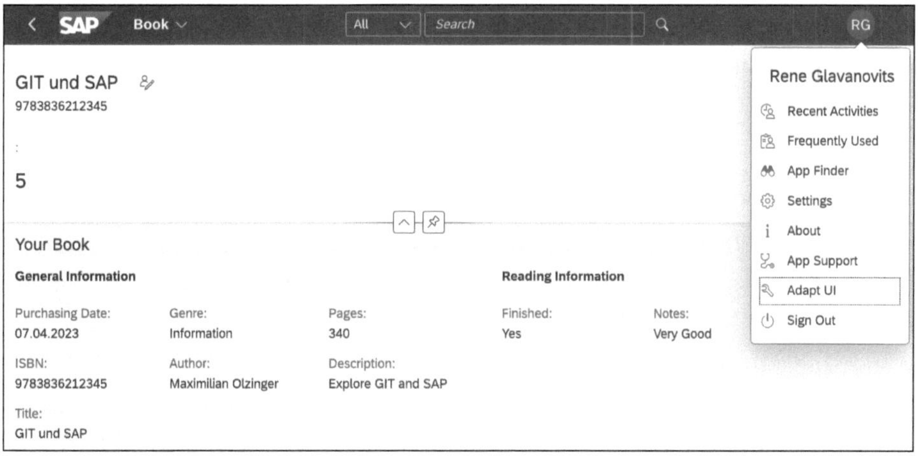

Abbildung 17.22 Aktion »Adapt UI«

Danach können Sie in den grafischen Editor wechseln, in dem Sie verschiedene Anpassungen vornehmen können. So können Sie beispielsweise Felder oder ganze Blöcke aus der Oberfläche entfernen oder hinzufügen (siehe Abbildung 17.23).

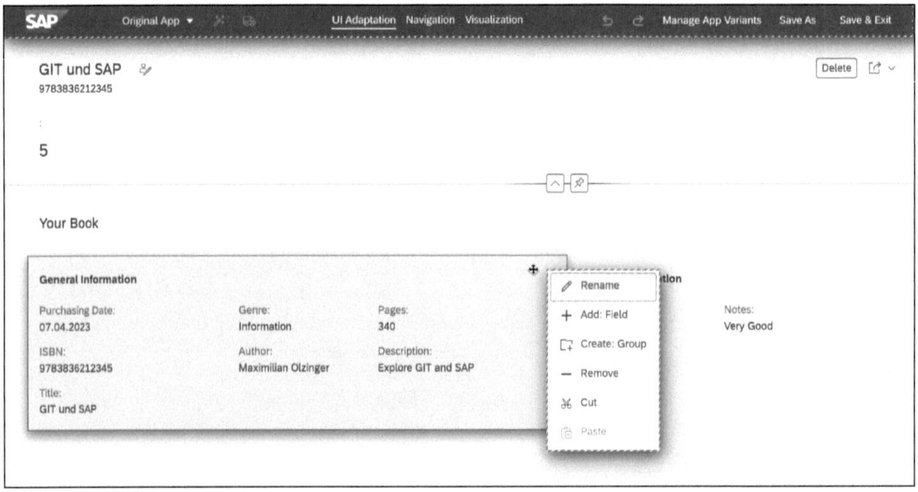

Abbildung 17.23 Anpassen der Benutzeroberfläche durch Key User

Die angepasste Anwendung wird dann den Benutzern zur Verfügung gestellt. Key User können die folgenden Änderungen vornehmen:

- Controls verschieben
- Controls hinzufügen oder entfernen
- Controls umbenennen
- Einstellungen von Controls ändern
- einzelne Felder zu Gruppen zusammenfassen und diese wieder auflösen
- externe Inhalte einbinden

Zusätzlich zu diesen Änderungen können Key User auch Änderungen im Variantenmanagement vornehmen. Beachten Sie aber, dass dies nur bei Verwendung von OData V2 möglich ist.

So können Key User öffentliche Varianten erstellen, die dann an alle Benutzer oder an Benutzer mit bestimmten Rollen ausgeliefert werden. Außerdem können sie folgende Aktionen durchführen:

- vorhandene öffentliche Varianten modifizieren
- Varianten umbenennen
- Views verwalten, indem sie Favoriten hinzufügen oder entfernen und die Sichtbarkeit modifizieren

Je nach der Umgebung, in der eine Anwendung läuft, können Sie eine angepasste Anwendung auch als Variante speichern. Auf diese Weise können Sie verschiedenen Benutzergruppen oder Teams unterschiedliche Versionen einer Anwendung zur Verfügung stellen. Eine Variante sieht aus wie eine benutzerdefinierte Anwendung, ist aber immer noch mit der Originalanwendung verknüpft. Wenn sich also die Originalanwendung aufgrund einer Aktualisierung ändert, werden diese Änderungen in Ihren Varianten wiedergegeben. Die Änderungen, die Sie an der Benutzeroberfläche vornehmen, sind davon jedoch nicht betroffen. Führen Sie die folgenden Schritte aus, um eine Variante als Hauptbenutzer zu erstellen, die für bestimmte Endbenutzer verfügbar sein soll:

1. Wechseln Sie in den grafischen Editor, indem Sie den Menüeintrag **Adapt UI** wählen.
2. Danach geben Sie einen beliebigen Filter an. In unserem Fall filtern wir nach **Title** (siehe Abbildung 17.24).

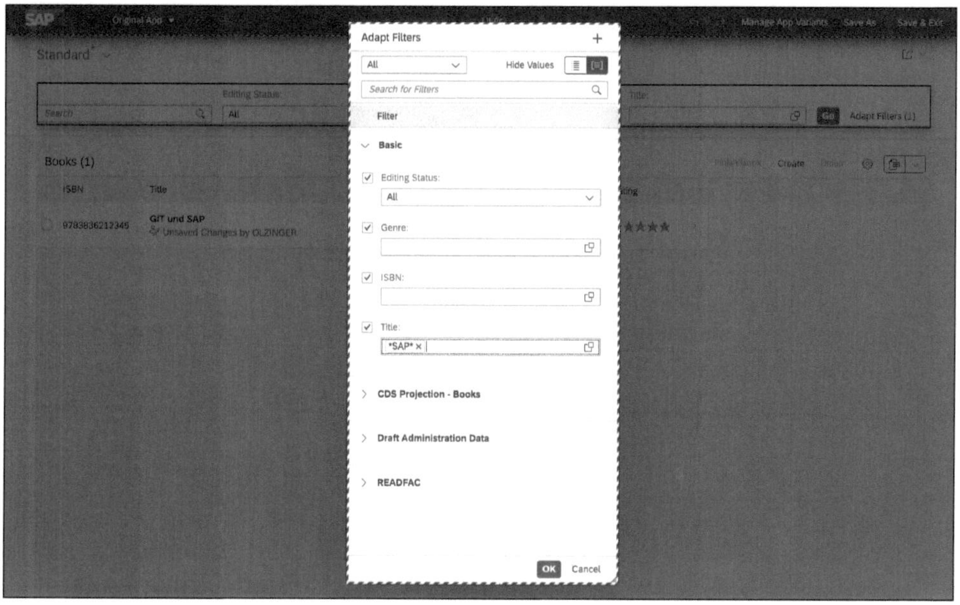

Abbildung 17.24 Hinzufügen eines Filters nach Titel

3. Nachdem der Filter angewendet wurde, klicken Sie in dem daraufhin angezeigten Dialogfeld auf **Save as New View** (siehe Abbildung 17.25).

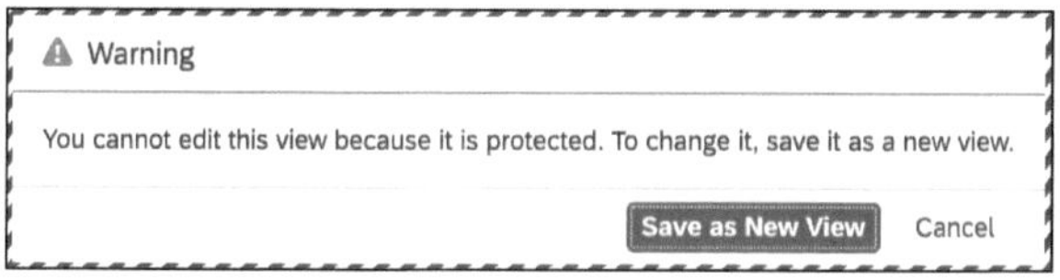

Abbildung 17.25 Bestätigungsdialog für das Speichern des Views

4. Im nun erscheinenden Dialog legen Sie die Beschreibung und die Eigenschaften der Variante fest. Unter anderem kann hier auch eine Rollenzuweisung vorgenommen werden, die festlegt, dass die Variante nur für Benutzer mit den zugewiesenen

Rollen verfügbar ist. In unserem Fall vergeben Sie einen Namen und speichern die Variante wie folgt. Klicken Sie auf **Save** (siehe Abbildung 17.26).

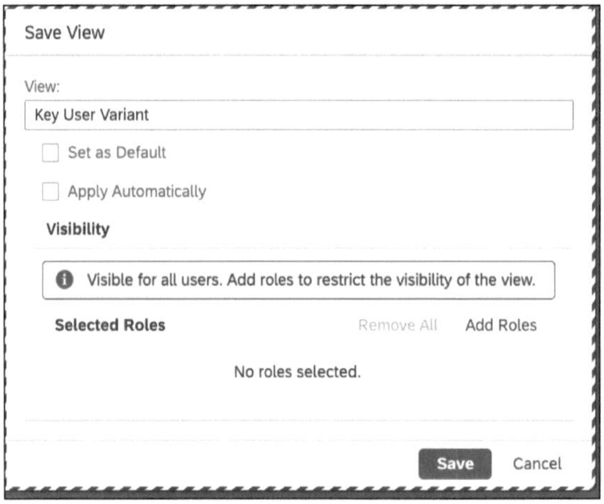

Abbildung 17.26 Speichern der Variante

Nachdem die Variante gespeichert wurde, können Sie das Ergebnis wie folgt validieren:

1. Wählen Sie im Menü der Variantenverwaltung die Option **Manage Views** (siehe Abbildung 17.27).

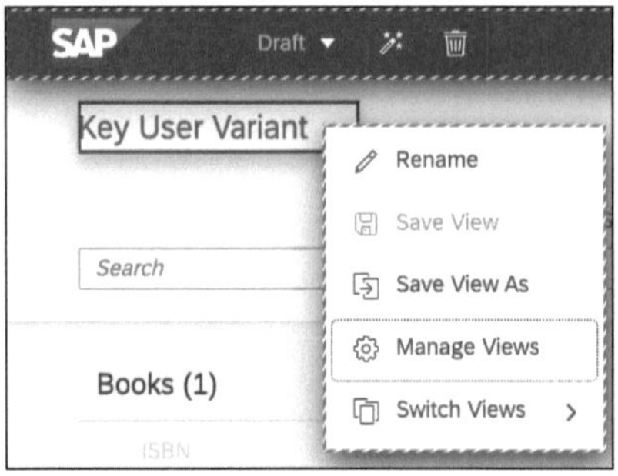

Abbildung 17.27 Menü »Key User Variant«

2. Es öffnet sich ein Dialog mit den verfügbaren Varianten. Wie in Abbildung 17.28 dargestellt, erscheint hier auch die zuvor erstellte Variante. Außerdem ist diese für alle Benutzer ohne Einschränkung sichtbar.

[!]

iFrames einbetten

Die Integration von iFrames ist mit UI-Anpassungen möglich, wird aber nicht empfohlen.

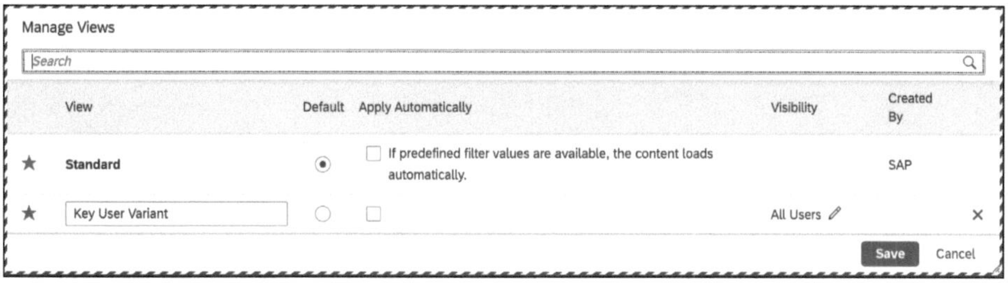

Abbildung 17.28 Verfügbare Varianten

Best Practices

Hier folgen ein paar Hinweise, was Sie bei wichtigen Benutzeranpassungen beachten sollten:

- **Verwenden Sie stabile IDs.**
  Stabile IDs werden verwendet, um die Controls zu identifizieren, die durch UI-Anpassung oder Personalisierung geändert werden können. Daher muss jedem Control und jedem View eine stabile ID zugewiesen werden.
- **Verwenden Sie SAPUI5-Controls, die von der UI-Anpassung unterstützt werden.**
  Bei der Integration neuer SAPUI5-Controls sollte darauf geachtet werden, dass die verwendeten Controls auch tatsächlich unterstützt werden. Um dies herauszufinden, können Sie in den Beispielen nachsehen. Hier kann auch die UI-Adaption getestet werden.
- **Laden Sie Ihre Views asynchron.**
  Wird Stashing zum Laden von Views verwendet, sollte darauf geachtet werden, dass die Views asynchron geladen werden. Andernfalls werden Änderungen bei einem Neuladen der App von den wichtigsten Benutzern nicht erkannt. Außerdem ist das asynchrone Laden von Views ohnehin ein Vorteil für die Performance der Anwendung. Achten Sie auf jeden Fall darauf, dass Stashing aktiviert ist, insbesondere wenn Stashing verwendet wird.

17.3 Zusammenfassung

Da die nachträgliche Erweiterung und Anpassung von Standard-Apps sowie Kundenentwicklungen immer wieder eine wichtige Rolle spielen, haben wir uns in diesem Kapitel damit beschäftigt, wie Anwendungen mithilfe von Adaptation Projects und Key-User-Anpassungen nachträglich erweitert und verändert werden können. So können neben einfachen Label- oder Layoutänderungen auch ganze Blöcke ausgetauscht oder neue UI-Elemente eingefügt werden.

Im folgenden und letzten Kapitel werden wir uns mit dem Thema Deployment beschäftigen.

Kapitel 18
Bereitstellung

Die Entwicklung einer App wird in der Regel mit der Bereitstellung abgeschlossen. Dadurch wird die Anwendung für andere Benutzer verfügbar. Die Bereitstellung kann auf verschiedene Arten erfolgen. Sie hängt im Wesentlichen von der Zielumgebung ab, in der die Anwendung bereitgestellt werden soll.

Die *Bereitstellung* (engl. Deployment) von Software bezieht sich auf den Prozess der Installation, Konfiguration und Bereitstellung einer Softwareanwendung in einer bestimmten Zielumgebung. Dabei spielt es keine Rolle, ob es sich um eine lokale Infrastruktur oder eine Cloud-Infrastruktur handelt. Die Bereitstellung ist ein wichtiger Schritt, um Software von einer Entwicklungs- oder Testumgebung in eine Produktionsumgebung zu überführen, damit sie von den Anwendern genutzt werden kann.

Continuous Integration (CI), *Continuous Delivery* (CD) und *Continuous Deployment* (CD) spielen eine entscheidende Rolle bei der Bereitstellung von Software. CI/CD/CD ist eine Methode des Softwareentwicklungsprozesses, bei der Änderungen an der Codebasis kontinuierlich integriert, getestet und automatisiert bereitgestellt werden. Ziel ist es, eine effiziente und zuverlässige Bereitstellung von Software zu ermöglichen. CI/CD/CD hat mittlerweile auch im SAP-Umfeld Einzug gehalten. Insbesondere bei der Bereitstellung von Software auf der SAP Business Technology Platform (SAP BTP) spielt CI/CD/CD eine entscheidende Rolle. Wir werden CI/CD/CD in Abschnitt 18.1 ausführlich beschreiben.

Anwendungen werden im SAP-Umfeld entweder für die On-Premise-Landschaft oder für SAP BTP entwickelt. Mit dem in Kapitel 6, »Entwicklung von OData-V4-Services mit dem ABAP RESTful Application Programming Model (Managed Scenario)«, vorgestellten ABAP RESTful Application Programming Model ist es SAP gelungen, ein Programmiermodell zur Verfügung zu stellen, mit dem für beide Umgebungen entwickelt werden kann. Auch hier ist die Bereitstellung der letzte Schritt, bevor die Anwendung verwendet werden kann. Daher werden wir in Abschnitt 18.2 die Bereitstellung auf SAP-S/4HANA-On-Premise-Systemen und in Abschnitt 18.3 die Bereitstellung auf SAP BTP behandeln.

18.1 Continuous Integration, Continuous Delivery und Continuous Deployment

Continuous Integration (CI), Continuous Delivery (CD) und Continuous Deployment (CD) sind Begriffe, die im Zusammenhang mit DevOps häufig verwendet werden. Dabei handelt es sich um eine Methode zur Verbesserung der Bereitstellung von Software mithilfe von DevOps. Ziel ist es, den Kunden oder Auftraggebern in regelmäßigen Abständen Entwicklungsergebnisse zu liefern.

[»]

Was ist DevOps?

DevOps ist ein Ansatz in der Softwareentwicklung, der die Zusammenarbeit und Kommunikation zwischen Softwareentwicklern (engl. Developer) und IT-Betrieb (engl. Operations) fördert, um effizienter und schneller Softwarelösungen bereitzustellen und zu betreiben. Im SAP-Kontext bedeutet DevOps die Integration von Entwicklungsprozessen und die Bereitstellung der Entwicklungen innerhalb von SAP-Umgebungen, wie z. B. SAP S/4HANA. Durch den Einsatz von Automatisierungstools, CI/CD und agilen Methoden können SAP-Teams schneller auf Geschäftsanforderungen reagieren, die Qualität der Software verbessern und die Time-to-Market verkürzen. Dies führt zu einer flexibleren, stabileren und kosteneffizienteren SAP-Landschaft.

Im SAP-Umfeld sind CI/CD/CD entscheidende Bestandteile des DevOps-Ansatzes, die darauf abzielen, Entwicklungs- und Bereitstellungsprozesse zu optimieren. Nachfolgend möchten wir Ihnen die wichtigen Begriffe Continuous Integration, Continuous Delivery und Continuous Deployment einmal erklären:

- **Continuous Integration (CI)**

  Entwickler integrieren ihren Code regelmäßig in ein zentrales Repository. Automatisierte Builds und Tests überprüfen jede Integration, um sicherzustellen, dass neue Codeänderungen nahtlos funktionieren. In SAP-Umgebungen verwenden wir Tools wie Jenkins oder den SAP-BTP-Service SAP Continuous Integration and Delivery, um diese kontinuierlichen Überprüfungen zu automatisieren.

- **Continuous Delivery (CD)**

  Nach der Integration stellt die Continuous Delivery sicher, dass der Code jederzeit bereit ist, in die Produktionsumgebung übernommen zu werden. Automatisierte Tests und Freigabeprozesse helfen uns, sicherzustellen, dass unsere Anwendungen stabil und einsatzbereit sind. Dies erleichtert den Übergang von der Entwicklung in die Produktion und minimiert Risiken.

- **Continuous Deployment (CD)**

  Continuous Deployment geht noch einen Schritt weiter, indem jede bestätigte Codeänderung automatisch in die Produktionsumgebung übertragen wird. Dadurch können neue Funktionen und Updates schneller und häufiger bereitgestellt werden, was die Flexibilität und Reaktionsfähigkeit des Unternehmens erhöht.

Durch die Anwendung dieser CI/CD/CD-Praktiken können wir effizientere und zuverlässigere Entwicklungs-, Test- und Bereitstellungsprozesse in SAP-Projekten sicherstellen. Dies führt zu einer höheren Softwarequalität und einer schnelleren Anpassung an die Geschäftsanforderungen.

Folgende Gründe sind für die Verwendung von CI/CD/CD im SAP-Kontext meist die treibende Kraft:

- **Beschleunigte Entwicklung**

  Mit CI/CD/CD können Entwicklungen, Anpassungen und Erweiterungen von SAP-Anwendungen kontinuierlich und automatisch integriert werden. Dadurch können Entwicklungsteams effizienter arbeiten und neue Funktionen in kürzerer Zeit bereitstellen, Fehler frühzeitig erkennen und damit die Qualität der ausgelieferten Software steigern. Durch den automatisierten Build- und Testprozess können potenzielle Fehler oder Probleme im Code frühzeitig erkannt werden. Dies führt zu einer verbesserten Codequalität. Zusätzlich wird das Risiko von Fehlern oder Systemausfällen in der Produktionsumgebung reduziert.

- **Effiziente Zusammenarbeit**

  CI/CD/CD fördert die Zusammenarbeit der Entwickler, da Änderungen kontinuierlich in die gemeinsame Codebasis einfließen. Konflikte und Probleme können so schnell erkannt und behoben werden. Dies ist die Grundlage für eine reibungslose Zusammenarbeit.

- **Kontinuierliche Bereitstellung**

  Durch den Einsatz von CI/CD/CD können Anwendungen kontinuierlich und automatisch in verschiedenen Umgebungen bereitgestellt werden. Dies ermöglicht eine schnellere Markteinführung und damit eine verbesserte Wertschöpfung für das Unternehmen.

- **Skalierbarkeit und Wiederholbarkeit**

  CI/CD/CD ermöglicht eine skalierbare und wiederholbare Bereitstellung von Anwendungen. Der Prozess lässt sich automatisieren und standardisieren. Dies ist die Grundlage dafür, dass jede Version der Anwendung konsistent und auf die gleiche Weise bereitgestellt werden kann.

- **Cloud-Tauglichkeit**

  Mit der zunehmenden Nutzung von Cloud-Angeboten wie SAP BTP wird CI/CD/CD immer wichtiger. CI/CD/CD ermöglicht die nahtlose Bereitstellung von Anwendungen in der Cloud und unterstützt DevOps.

18.1.1 CTS und CTS+

Damit Anwendungen erfolgreich genutzt werden können, müssen sie für den produktiven Einsatz verfügbar gemacht werden. In einer klassischen SAP-On-Premise-Landschaft wird dieser Prozess durch das in *SAP NetWeaver AS ABAP* integrierte *Change and Transport System* (CTS) ermöglicht. Dahinter verbirgt sich meist eine mehrstufige Landschaft, die aus drei verschiedenen Systemebenen besteht:

- eine Ebene für die Entwicklung (Development)
- eine Ebene für Abnahmetests (Test)
- eine Ebene für das Produktivsystem (Produktion)

Prinzipiell wäre auch eine Zweisystemlandschaft mit Entwicklungs- und Produktivsystem als Minimalaufbau zulässig. Die Systeme sind durch Transportwege miteinander verbunden. Über diese Wege werden Transportaufträge aus dem einen System exportiert und in das nächste importiert. Abbildung 18.1 veranschaulicht diesen Prozess.

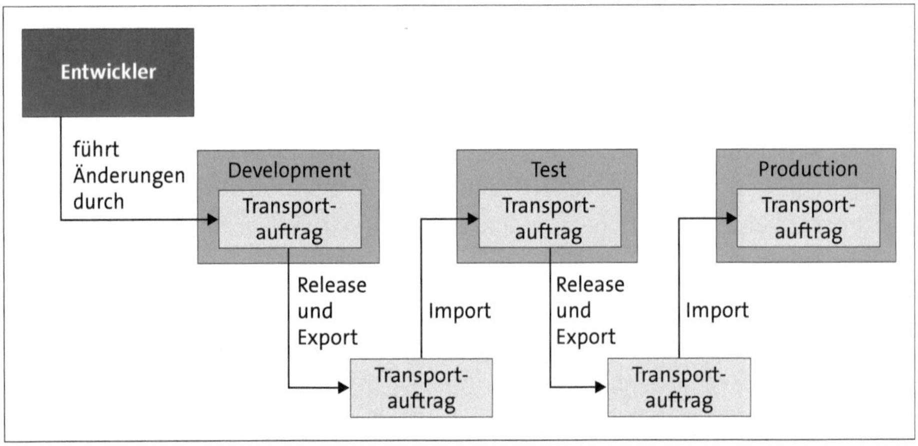

Abbildung 18.1 Transportmanagement

Das bedeutet, dass sowohl die Entwicklung als auch das Customizing in einer Systemlandschaft zentral auf einem System durchgeführt und dann in die nachfolgenden Systemebenen transportiert werden können. Der typische ABAP-Entwickler ist damit gut bedient und muss sich um nichts mehr kümmern. Prinzipiell kann mit dem Transport-Management-System eine komplette *Continuous Deployment Pipeline* abgebildet werden. Entwicklungen werden im Entwicklungssystem ausgeführt und aktiviert. Ein Build, wie er aus Java- oder node.js-Umgebungen bekannt ist, wird an dieser Stelle nicht durchgeführt. In diesem Fall entspricht ein Build der Aktivierung von Entwicklungen, da die Entwicklungen kompiliert oder in ein Binärformat umgewandelt werden. Dabei werden lediglich Syntaxprüfungen durchgeführt. Wenn Entwicklungen nicht kompiliert werden können, können sie auch nicht normal aktiviert werden. Die Aktivierung von Objekten ist Segen und Fluch zugleich. Grundsätzlich können nur aktive Objekte getestet und ausgeführt werden. Das ist kein Problem. Allerdings bedeutet die Aktivierung, dass die Änderung sofort allen Benutzern im System zur Verfügung steht.

Es gibt keine Möglichkeit, die Entwicklungen zunächst nur für den jeweiligen Entwickler zu aktivieren. Wenn Sie Änderungen an der Signatur einer Methode oder an einem Funktionsbaustein vornehmen, würden sich diese Änderungen auch sofort auf alle Entwicklungsartefakte auswirken, die diese Funktionalität verwenden. Bei der Aktivierung wird jedoch nur geprüft, ob das aktivierte Objekt frei von Syntaxfehlern ist. Verwendungsbeziehungen werden an dieser Stelle jedoch nicht nachgeprüft. Daher ist es notwendig, im nächsten Schritt Tests durchzuführen. Die Testphase kann im ABAP-Kontext die folgenden Elemente enthalten:

- Code Inspector/ABAP Test Cockpit
- Testabdeckung
- Unit-Tests
- Integrationstests
- UI-Tests
- Performancetests
- eCATT

Der Code Inspector ist ein Werkzeug zur Überprüfung von Repository-Objekten. Mit dem Code Inspector können Sie einzelne Objekte oder Objektgruppen auf Syntax, Leistung und Sicherheit prüfen. Er kann aber auch verwendet werden, um die Konformität mit Ihren eigenen Namenskonventionen zu prüfen. Build-Aspekte wie statische Codeprüfungen und Tests müssen entweder manuell angestoßen oder können in die Freigabe von Transporten integriert werden.

Nach der Testphase ist die Phase der kontinuierlichen Integration abgeschlossen. Danach müssen die Entwicklungen in Form von Transportaufträgen mit den zugrunde liegenden Aufgaben freigegeben und anschließend exportiert werden. Diese beiden Schritte finden noch auf dem Entwicklungssystem statt, aber wir befinden uns bereits in der Phase der kontinuierlichen Bereitstellung (siehe Abbildung 18.2). Anschließend werden die Entwicklungen dann in das Testsystem importiert. Während des Imports werden wieder Syntaxprüfungen durchgeführt. Spätestens jetzt würden Sie erkennen, wenn inkompatible Änderungen an Ihren Objekten andere Entwicklungsobjekte betreffen.

Der Aufbau einer Dreisystemlandschaft liefert auch eine gute Erklärung für die Begriffe Continuous Delivery und Continuous Deployment. Wie bereits erläutert, bedeutet Continuous Delivery, dass die im Entwicklungssystem durchgeführten Entwicklungen und das Customizing auf dem Testsystem zur Verfügung gestellt werden. Die Entwicklungen werden jedoch nicht sofort auf das Produktivsystem übertragen. In diesem Fall wäre die Bereitstellung auf das Produktivsystem eine kontinuierliche Bereitstellung.

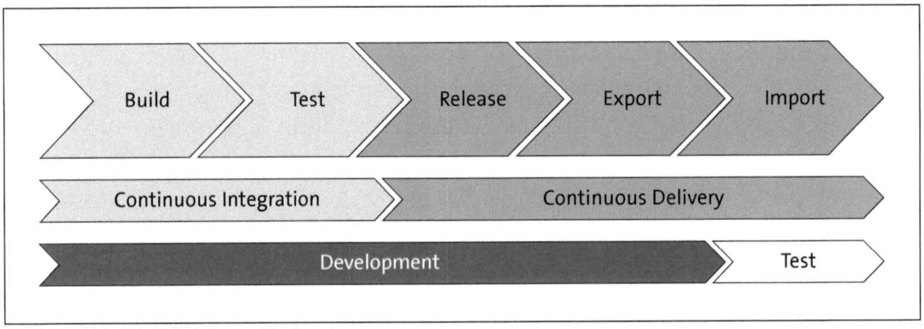

Abbildung 18.2 CI und CD in einer klassischen ABAP-Umgebung

Da sich dieses Buch mit modernen Technologien beschäftigt, fragen Sie sich an dieser Stelle vielleicht, warum wir über Change and Transport System sprechen. Diese Frage lässt sich sehr leicht beantworten. Wenn Sie SAP-Fiori-Anwendungen entwickeln und diese nicht auf SAP S/4HANA bereitgestellt werden, steht Ihnen gCTS nicht zur Verfügung. Damit sind Ihre Entwicklungen zwangsläufig an das Change and Transport Management gebunden. Selbst wenn also keine einzige ABAP-Zeile in einer SAP-Fiori-App entwickelt wird, müssen Sie sich auf das CTS verlassen.

Doch in der modernen SAP-Welt, die sich rasant in Richtung Cloud bewegt, gibt es neue Anforderungen, die sich nicht mit CTS abbilden lassen. Prinzipiell wäre es nicht sinnvoll, Cloud-Entwicklungen über ein On-Premise-ABAP-System zu transportieren. Aber auch hier gibt es Ausnahmen, wie z. B. der Transport von Cloud-Integration-Entwicklungen über CTS+ (Cloud Integration ist Teil von SAP Integration Suite). Das Enhanced Change and Transport System (CTS+) ist eine Erweiterung des klassischen Change and Transport System (CTS) in SAP-Systemen. Es ermöglicht die Verwaltung und den Transport nicht nur von ABAP-Objekten, sondern auch von einer Vielzahl anderer Objekte, wie beispielsweise Portal Content, SAP Process Orchestration Artefakten, Daten, Konfigurationen und sogar nicht-SAP-spezifischen Dateien.

Das Deployment in der produktiven Systemlandschaft wird ebenfalls als Deployment bezeichnet. Im Normal- und Idealfall werden die Entwicklungen gründlich getestet, bevor sie in Produktion gehen. Eine Continuous-Deployment-Pipeline dient der automatischen Bereitstellung von Software in der Zielumgebung. Ein Grundprinzip von DevOps ist, dass Entwickler häufig Codeänderungen in das zentrale Repository einbringen. Dadurch werden automatische Builds ausgelöst und Tests automatisch ausgeführt.

Doch bevor wir die Unterschiede zwischen Continuous Integration, Continuous Delivery und Continuous Deployment im Detail erläutern, wollen wir uns zunächst mit den zugrunde liegenden Konzepten und der Terminologie beschäftigen, da diese für das Verständnis entscheidend sind.

- **Pipeline**
  Eine Pipeline ist das Programm, das bei jedem Build ausgeführt wird. Die Pipeline besteht aus verschiedenen Stufen, die während des Auftrags ausgeführt werden.
- **Stufe**
  Eine Stufe ist eine Teilaufgabe einer Pipeline. Sie kann z. B. der Build, ein Integrationstest oder die Bereitstellung sein. Jede Stufe hat einen eigenen Status.
- **Schritt**
  Ein Schritt ist eine Teilaufgabe einer Stufe.
- **Job**
  Ein Job ist eine wiederkehrende und automatisierte Aufgabe bei CI/CD. Er ist abhängig von der Pipeline, dem Quellcode-Repository und verschiedenen Konfigurationseinstellungen.
- **Build**
  Ein Build ist die Ausführung eines Jobs für einen bestimmten Commit. Builds können entweder manuell oder automatisch durch Änderungen im Repository ausgelöst werden.

18.1.2 SAP Continuous Integration and Delivery Service

SAP stellt Unternehmen den SAP Continuous Integration and Delivery Service auf SAP BTP zur Verfügung. Der Service wird mit verschiedenen CI/CD-Pipelines für unterschiedliche Anwendungsfälle bereitgestellt. Der Service wird ausschließlich in der Cloud-Foundry-Umgebung bereitgestellt.

Service aktivieren

Der Service ist standardmäßig nicht aktiviert. Um den Service zu aktivieren, müssen Sie dem Subaccount den Service *SAP Continuous Integration and Delivery* in Form einer Entität im SAP BTP Cockpit zuordnen. Öffnen Sie dazu die **Entity Assignments** im Bereich **Entitlements** des SAP BTP Cockpit (siehe Abbildung 18.3). Wählen Sie im Feld **Subaccounts/Directories** den gewünschten Subaccount aus und klicken Sie anschließend auf **Edit**.

Sie sehen nun alle Entitäten, die dem Subaccount zugeordnet sind. Klicken Sie auf **Add Service Plans**, um die Auswahl des Serviceplans zu starten (siehe Abbildung 18.4).

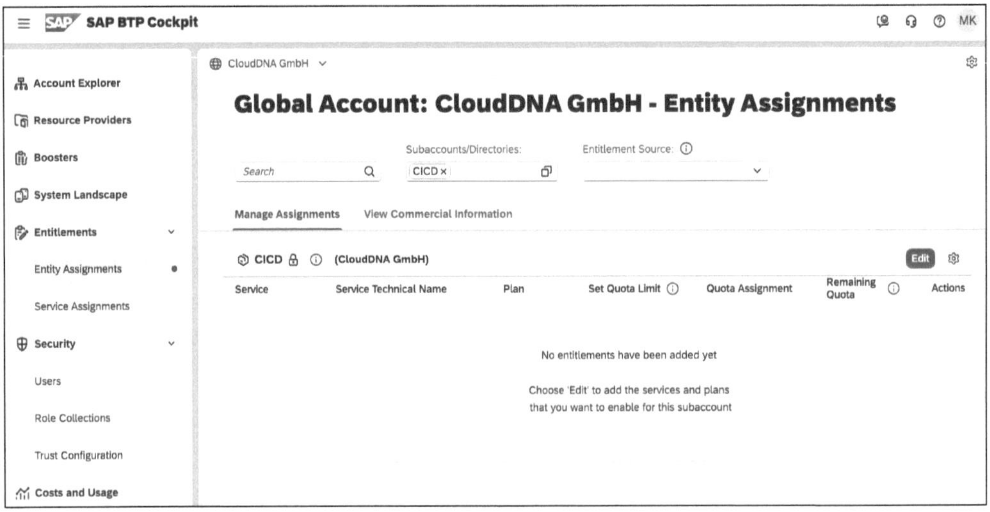

Abbildung 18.3 Entitlements konfigurieren

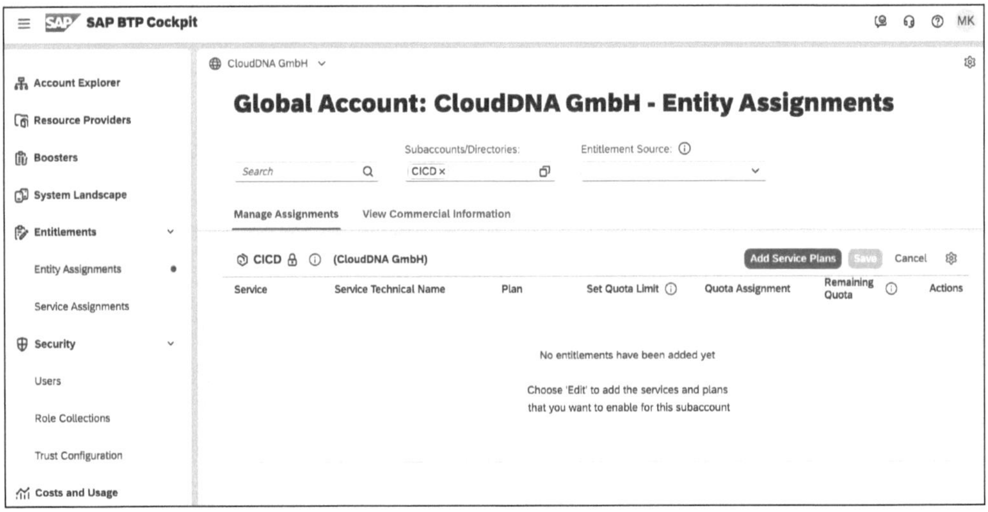

Abbildung 18.4 Serviceplan zuordnen

Wählen Sie im Dialogfeld den Service **Continuous Integration & Delivery** aus und klicken Sie dann auf **Add 1 Service Plan** (siehe Abbildung 18.5).

Sie müssen die Zuordnung noch speichern, um sie dem Subaccount dauerhaft zuzuordnen. Klicken Sie auf **Save** (siehe Abbildung 18.4). Wechseln Sie nun zum gewünschten Subaccount und öffnen Sie den Menüpunkt **Services • Service Marketplace**. Suchen Sie nach »Continuous Integration & Delivery« und klicken Sie auf **...**, um das Menü für diesen Service zu öffnen. Klicken Sie auf **Create**, wie in Abbildung 18.6 dargestellt.

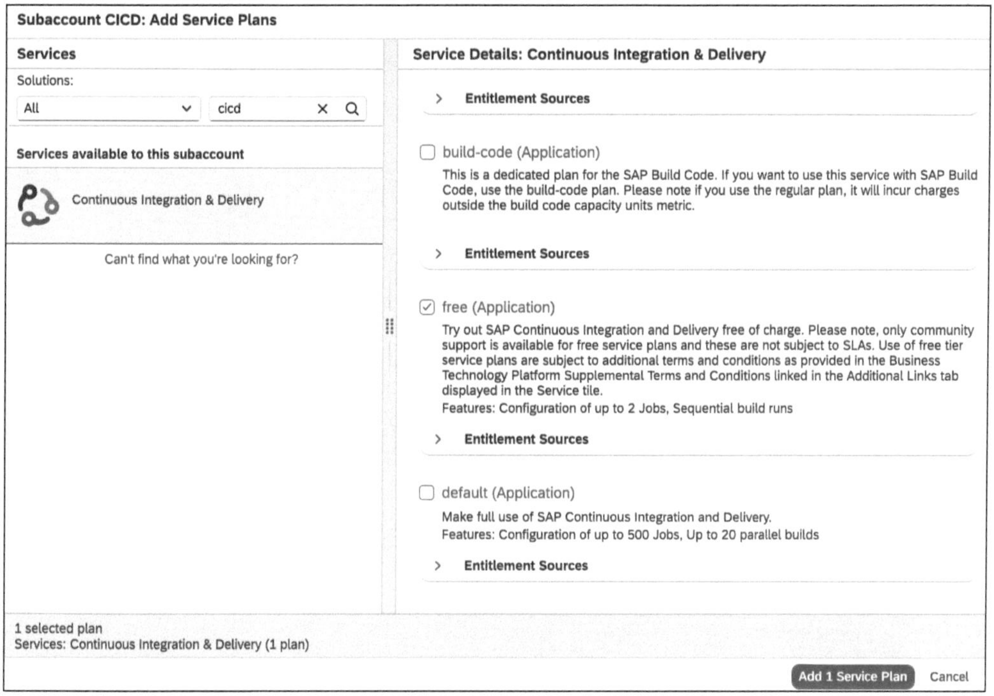

Abbildung 18.5 Service Plan auswählen

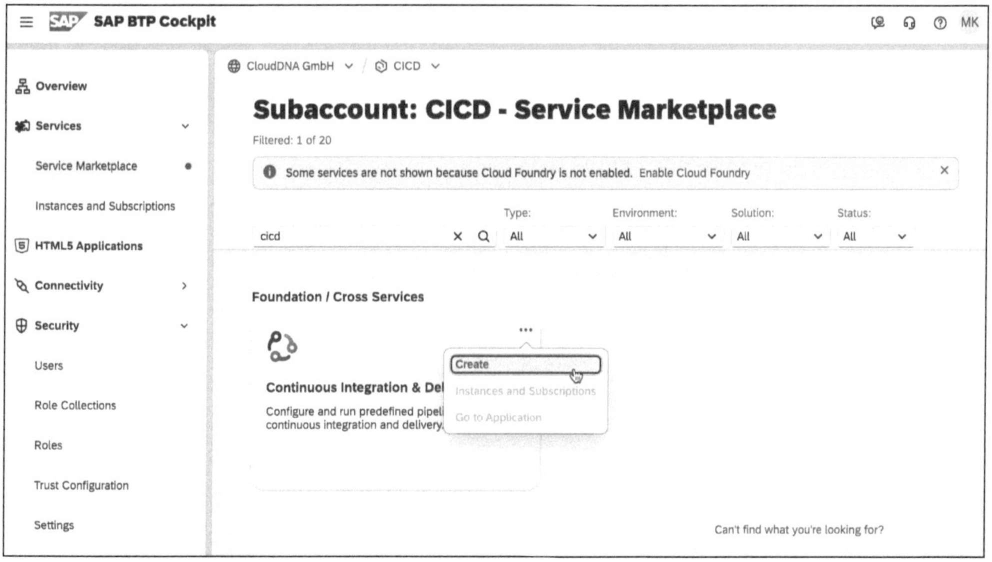

Abbildung 18.6 Serviceinstanz erstellen

Wählen Sie dann den gewünschten Plan, wie in Abbildung 18.7 gezeigt, und klicken Sie auf **Create**.

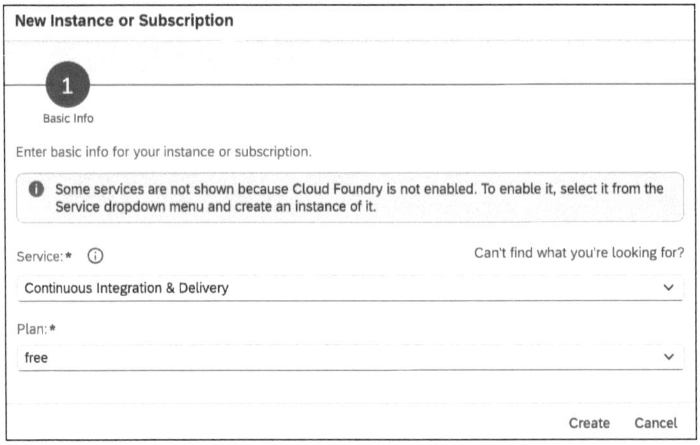

Abbildung 18.7 Serviceplan auswählen

Sie erhalten eine Meldung, dass die Subscription erstellt wird (siehe Abbildung 18.8). Klicken Sie auf **View Subscription**.

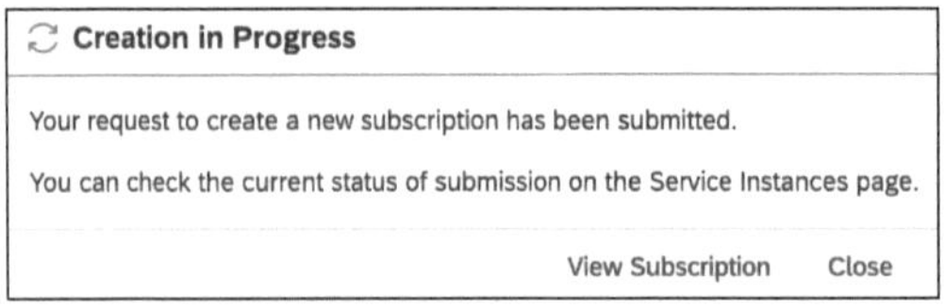

Abbildung 18.8 Fortschritt der Subscription

Mit dem Service werden zwei Role Collections ausgeliefert: **CICD Service Administrator** und **CICD Service Developer** (siehe Abbildung 18.9). Weisen Sie die Role Collection wie gewohnt dem Benutzer zu.

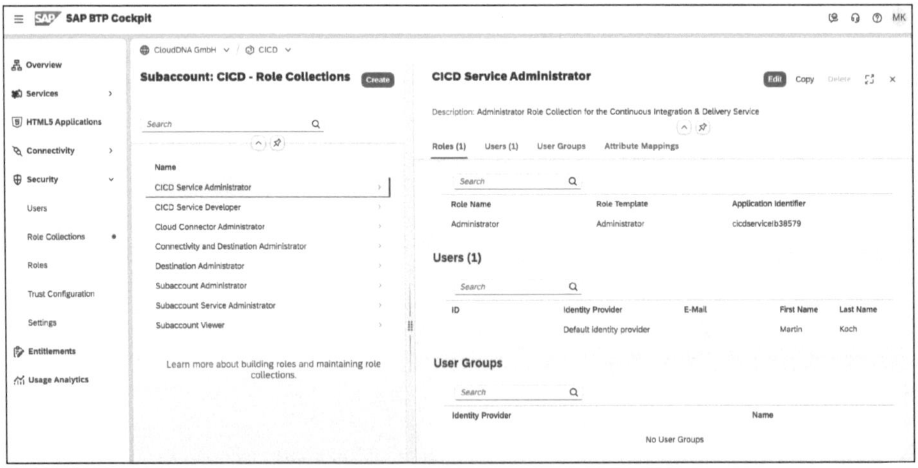

Abbildung 18.9 Role Collections

Anschließend können Sie den Service öffnen. Navigieren Sie zum Abschnitt **Services • Instances and Subscriptions** im Seitenmenü. Klicken Sie auf den Namen des Service (siehe Abbildung 18.10), um in diesen abzuspringen.

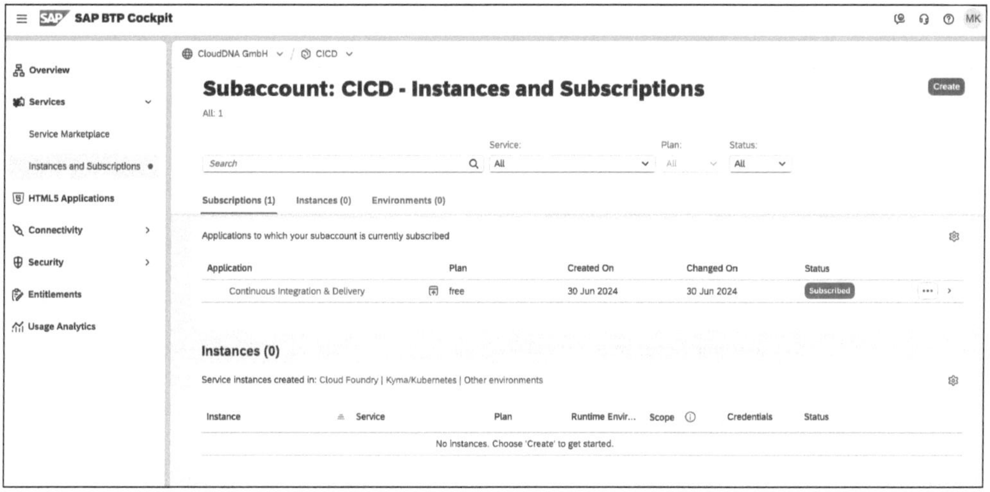

Abbildung 18.10 Absprung in den Service

Im Service können Sie zwischen den Registerkarten **Jobs**, **Repositories** und **Credentials** wählen (siehe Abbildung 18.11).

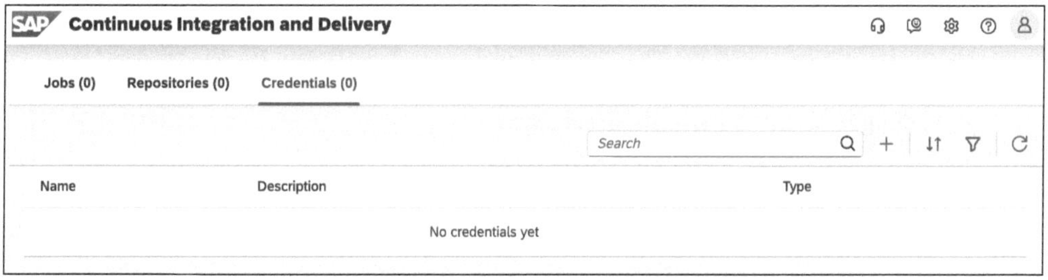

Abbildung 18.11 Service-Einstiegsseite

Pipelines

Der SAP Continuous Integration and Delivery Service kommuniziert unter anderem mit dem Git-Server und mit der mehrstufigen Umgebung. Für die Kommunikation mit diesen externen Services ist eine Authentifizierung erforderlich. Die Anmeldeinformationen werden nicht im Job selbst gespeichert, sondern in einem separaten Anmeldeinformationsspeicher aufbewahrt. Der erste Schritt besteht daher darin, die Anmeldeinformationen für die beteiligten Systeme zu speichern. Wechseln Sie dazu in den Bereich **Credentials** und klicken Sie dann auf **+** (siehe auch Abbildung 18.11).

Abbildung 18.12 zeigt dies am Beispiel der Anmeldedaten für GitHub. Je nach Bedarf können Sie die folgenden Arten von Anmeldeinformationen speichern:

- **Basis-Authentication**
- **OAuth**
- **Service Key**
- **Secret Text**
- **Cloud Connector**
- **Webhook-Secret**
- **Container Registry Configuration**
- **Kubernetes Configuration**

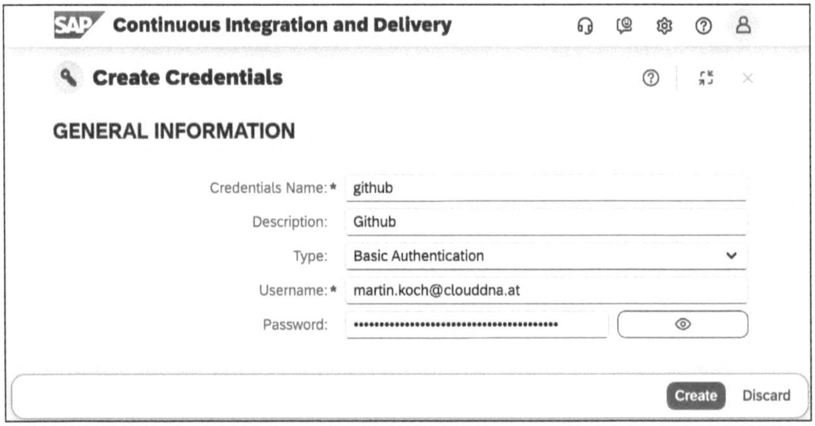

Abbildung 18.12 Github Credentials anlegen

SAP Continuous Integration and Delivery lädt die zu verarbeitenden Daten aus einem Git-Repository. Daher ist es notwendig, dass Sie ein Repository anlegen. Wechseln Sie dazu in den Bereich **Repositories** und klicken Sie auf **+**. (siehe Abbildung 18.11).

SAP unterstützt grundsätzlich jeden Git-Anbieter, ob in der Cloud oder On-Premise. Webhooks werden jedoch nur für GitHub, GibLab und BitBucket unterstützt.

Für ein Repository müssen Sie einen Namen und eine **Clone-URL** angeben. Die Anmeldedaten sind optional, da Sie für ein öffentliches Git-Repository keine Authentifizierung benötigen. Zusätzlich haben Sie die Möglichkeit, einen Cloud Connector auszuwählen. Dieser muss im Vorfeld über den bereits bekannten Prozess (siehe Abbildung 18.13) zur Erstellung von Credentials erstellt werden. Die Konfiguration des Bereichs **WEBHOOK EVENT RECEIVER** ist optional.

Sie haben nun alle Voraussetzungen geschaffen, um Jobs zu erstellen. Jobs werden auf der Registerkarte **Jobs** angelegt. Klicken Sie auf **+**, um einen neuen Job zu erstellen (siehe Abbildung 18.14).

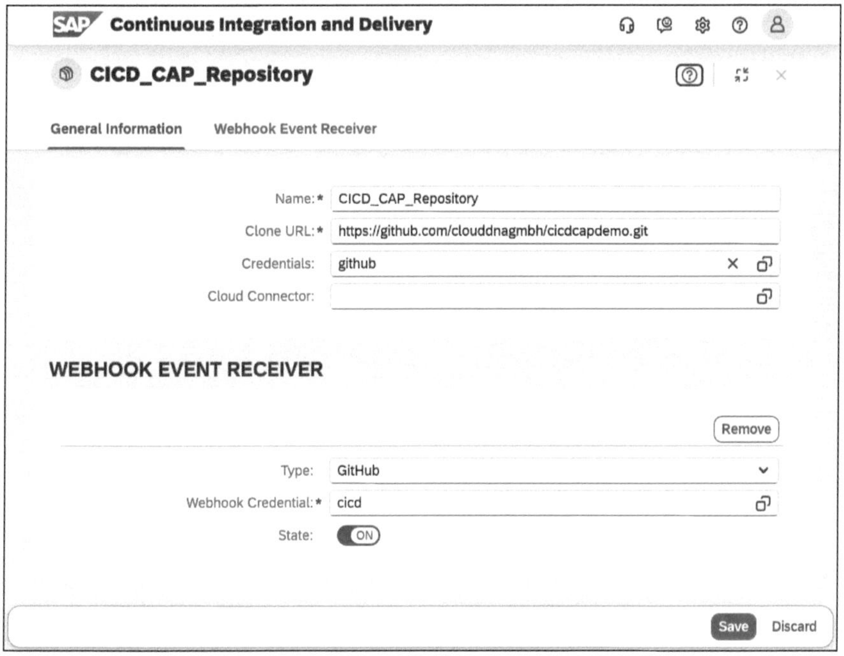

Abbildung 18.13 Repository anlegen

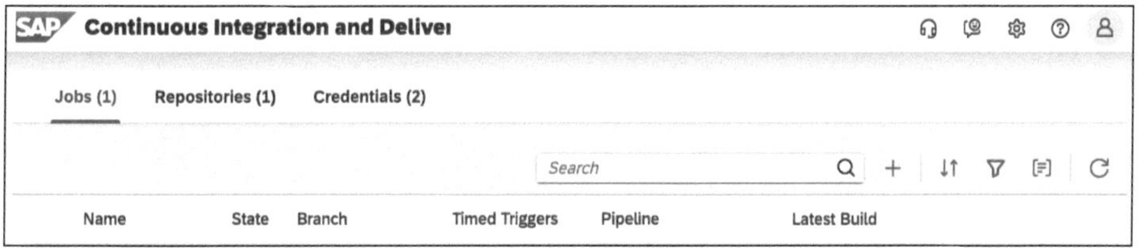

Abbildung 18.14 Job-Übersicht

Bei der Erstellung eines Jobs können Sie zwischen verschiedenen Pipelines wählen (siehe Abbildung 18.15). Die Auswahl einer Pipeline ist obligatorisch. SAP bietet die folgenden Pipelines an:

- Cloud Foundry Environment: für die Bereitstellung von SAP-Fiori- und SAP-Cloud-Application-Programming-Model-Apps in der Cloud-Foundry-Umgebung.
- SAP Fiori in the Neo Environment: für die Bereitstellung von SAP-Fiori-Apps in der Neo-Umgebung.
- SAP Fiori for ABAP Platform: für die Bereitstellung von SAP-Fiori-Apps auf einem On-Premise-ABAP-System.
- SAP Integration Suite Artifacts: für die Bereitstellung von SAP-Integration-Suite-Artefakten, beispielsweise IFlows oder Integration Packages.

- Container-Based Applications: für die Bereitstellung von Container-basierenden Applikationen.
- Kyma Runtime: um SAP-Cloud-Application-Programming-Model-(CAP-)Apps zu erstellen, sie in Docker-Images umzuwandeln und sie in der Kubernetes-basierten Kyma-Runtime-Umgebung von SAP BTP bereitzustellen.

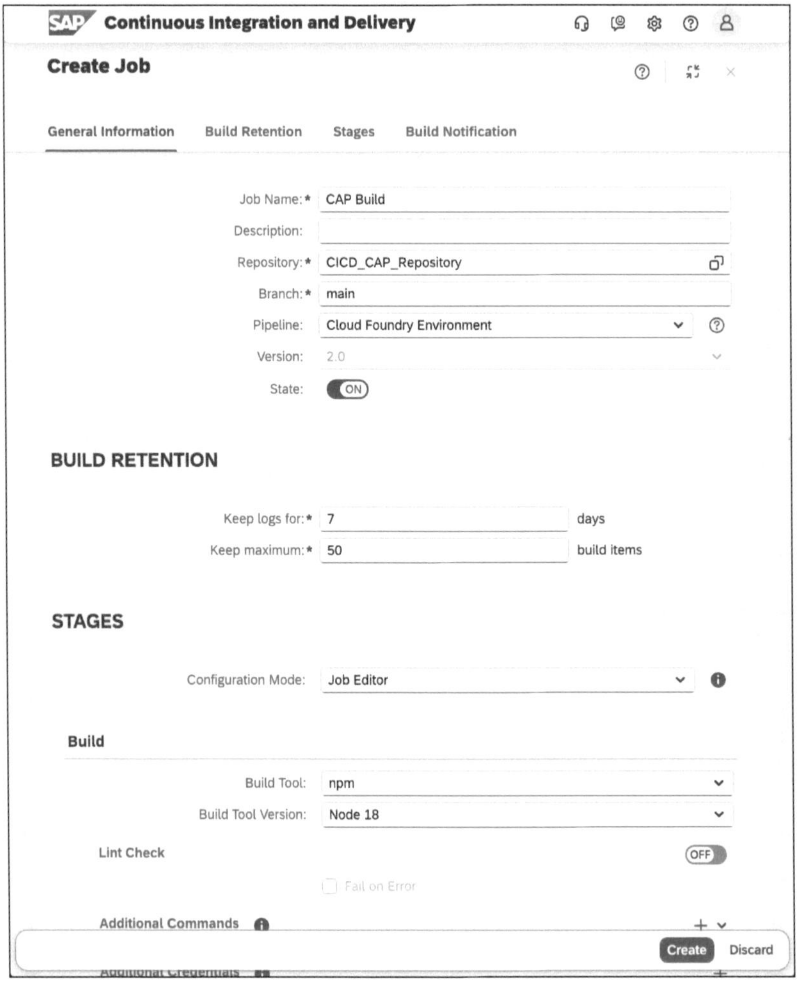

Abbildung 18.15 Pipelines

Die Konfiguration des Jobs kann entweder über den Job-Editor erfolgen oder im Quell-Repository im entsprechenden Format bereitgestellt werden.

Die erste Pipeline, die wir uns ansehen werden, ist die Cloud Foundry Environment Pipeline für das SAP Cloud Application Programming Model. Wie Sie bereits in diesem Buch gelernt haben, handelt es sich dabei um Fullstack-Anwendungen, die alle Komponenten von der Persistenzschicht bis zur Benutzeroberfläche enthalten. An dieser Stelle werden Sie die Konfiguration mit dem Job-Editor sehen. Vergeben Sie einen Namen für den Job und verknüpfen Sie den Job dann mit einem bestehenden Git-Repository. Zusätzlich zum Git-Repository müssen Sie den Branch angeben, der als Grundlage für den Git-Job verwendet werden soll (d. h., der Job kann auf dem Build von Feature-Zweigen basieren). Wählen Sie dann eine Version der Pipeline aus. Legen Sie danach die Aufbewahrungszeiten für die Protokolle und die Anzahl der Build-Elemente fest.

Wählen Sie im Bereich **Stages** den **Job Editor** als Konfigurationsmodus. Das Build-Tool muss je nach Implementierung ausgewählt werden. Neben npm sind auch Maven und MTA verfügbar. Im gezeigten Beispiel wird **npm** ausgewählt (siehe Abbildung 18.16). Sie haben auch die Möglichkeit, eine Quellcodeanalyse auf der Grundlage von Lint durchzuführen. Mit JavaScript Lint können Sie Ihren gesamten JavaScript-Quellcode auf allgemeine Fehler überprüfen, ohne das Skript auszuführen oder die Webseite zu öffnen. Optional können Sie auch zusätzliche Unit-Tests durchführen.

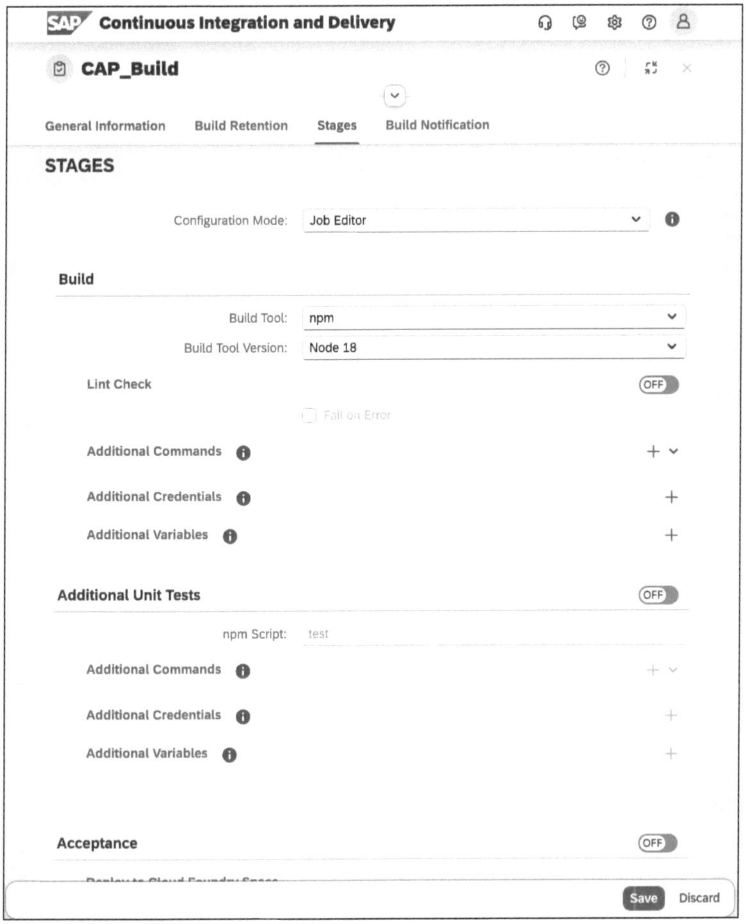

Abbildung 18.16 Build Stages konfigurieren

Nach erfolgreichem Abschluss des Builds können Sie die Anwendung optional in der Acceptance Stage bereitstellen. Dazu aktivieren Sie die **Acceptance Stage** (siehe Abbildung 18.17) und weisen einen **Application Name** zu. Außerdem müssen Sie den **API Endpoint**, den **Org Name** und den **Space** konfigurieren sowie die **Credentials** auswählen.

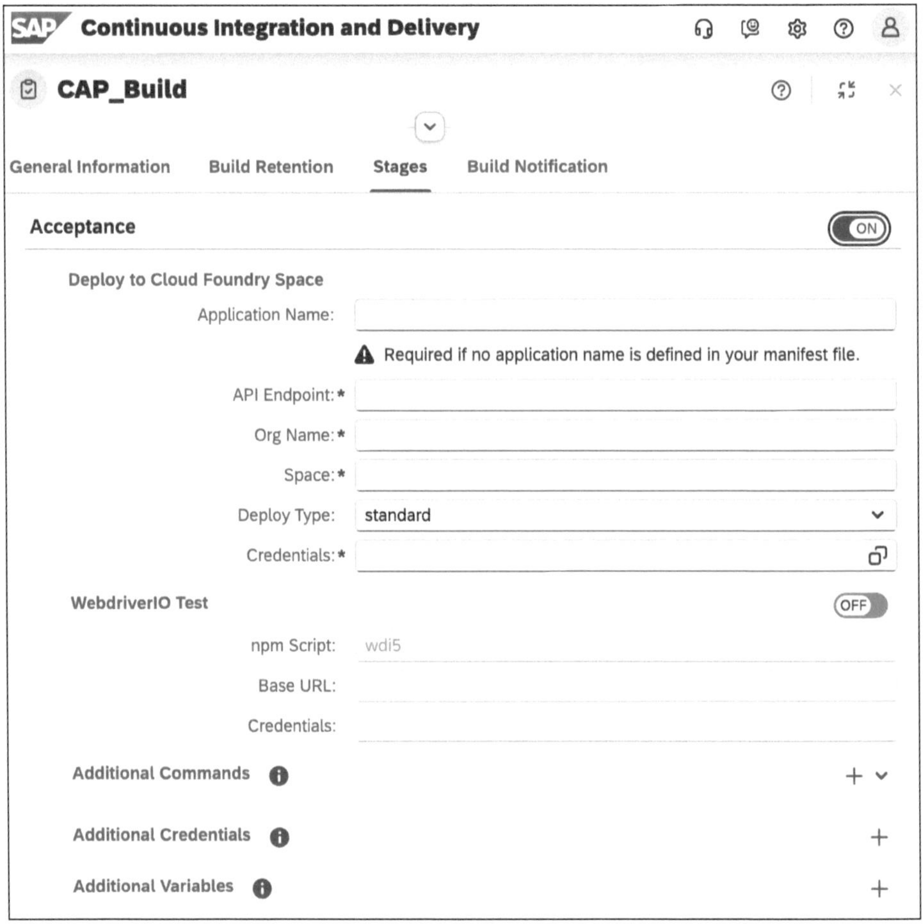

Abbildung 18.17 Acceptance Stage konfigurieren

Sie haben auch die Möglichkeit, auf dem Produktionssystem zu deployen. Dazu müssen Sie den Schieberegler **Deploy to Cloud Foundry Space** auf **ON** setzen. Die Konfiguration ist identisch mit der Acceptance Stage (siehe Abbildung 18.18).

Sie haben drei Möglichkeiten, die Builds auszulösen, und zwar

- per Webhook,
- per Timer nach einem Cron-Muster (z. B. alle 15 Minuten)
- manuell

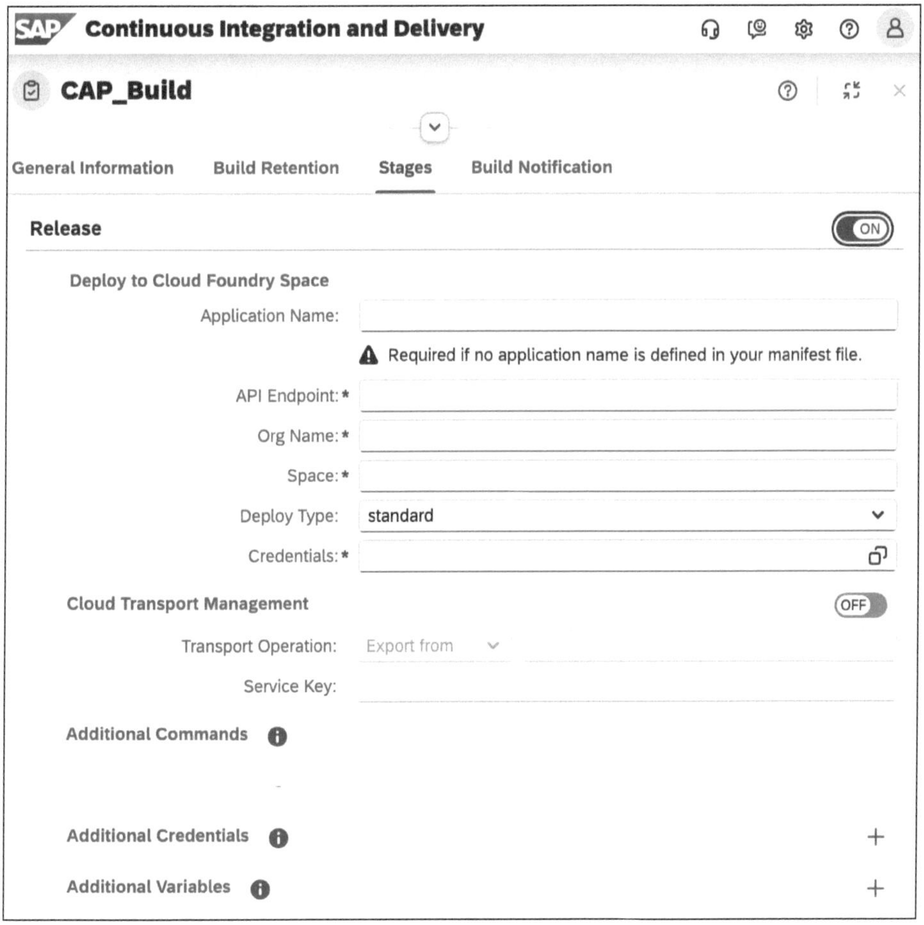

Abbildung 18.18 Release Stage konfigurieren

Nach dem Start eines Builds werden die Ergebnisse der einzelnen Phasen visuell angezeigt (siehe Abbildung 18.19). Der Status des Builds wird ständig aktualisiert. Erfolgreiche Phasen sind mit einer grünen Statusanzeige gekennzeichnet. Sie zeigt auch die Phasen an, die während des Builds übersprungen wurden. Wenn eine Phase auf einen Fehler stößt, wird sie mit einem roten Statusindikator gekennzeichnet, und der Build wird abgebrochen. Sie können das Protokoll über den Button **Show Full Log** aufrufen.

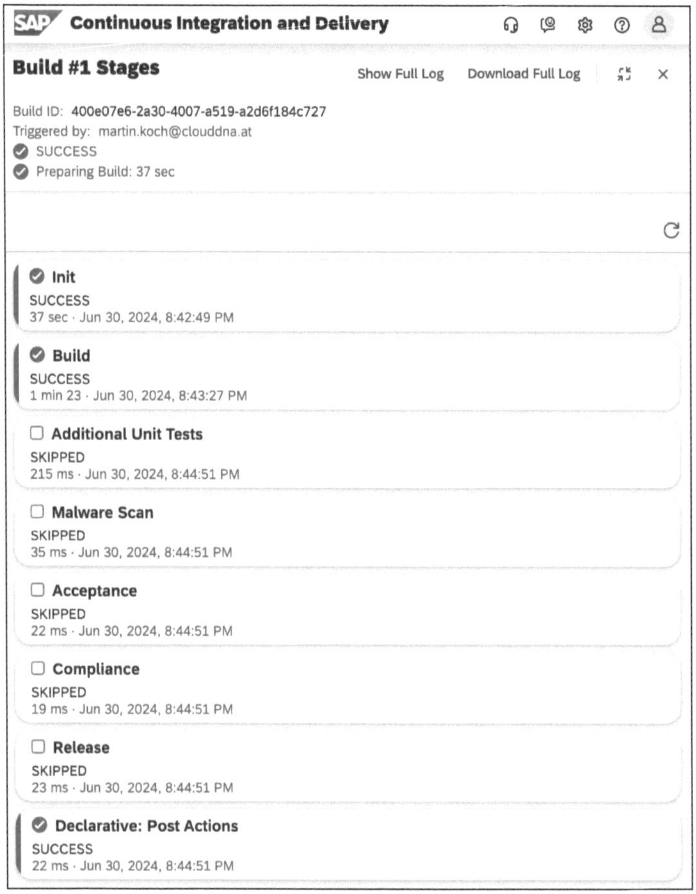

Abbildung 18.19 Ergebnis des Builds

18.2 Bereitstellung in SAP S/4HANA

Die Bereitstellung von Fullstack-Anwendungen auf einem SAP-S/4HANA-System besteht aus zwei voneinander unabhängigen Teilen. Einerseits muss die ABAP-RESTful-Application-Programming-Model-Applikation deployt werden. Das geschieht innerhalb der ABAP Development Tools für Eclipse, indem die Entwicklungen aktiviert werden. Das wurde bereits in Kapitel 6, »Entwicklung von OData-V4-Services mit dem ABAP RESTful Application Programming Model (Managed Scenario)«, ausgeführt. Zusätzlich muss die SAP-Fiori-App deployt werden.

Dies geschieht aus der Entwicklungsumgebung heraus. In diesem Abschnitt wird gezeigt, wie das Deployment aus dem SAP Business Application Studio heraus erfolgt. Öffnen Sie dazu über **Terminal • New Terminal** ein neues Terminal (siehe Abbildung 18.20).

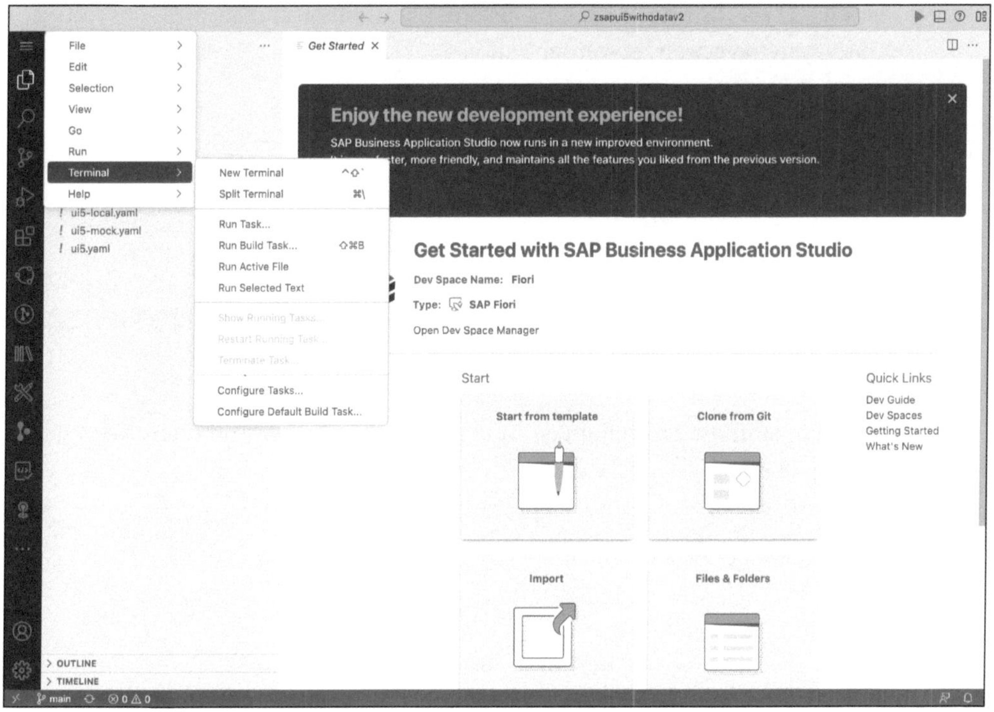

Abbildung 18.20 Terminal öffnen

Führen Sie den Befehl `npm run deploy-config` im Terminal aus, wie in Abbildung 18.21 gezeigt.

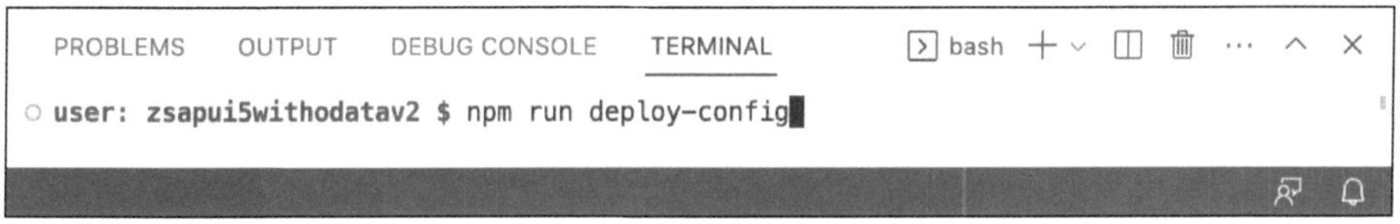

Abbildung 18.21 Bereitstellung/Deployment der Konfiguration

Sie müssen nun die folgenden Informationen angeben, wie in Abbildung 18.22 dargestellt:

- **Please choose the target**: Dies ist die Zielplattform. Wählen Sie ABAP für die Bereitstellung auf einem SAP-S/4HANA-System.
- **Destination**: der Name der SAP-BTP-Destination, die für das Deployment verwendet werden soll
- **SAPUI5 ABAP Repository**: der Name des ABAP-Repository (BSP-Applikation), in dem die SAP-Fiori-Anwendung bereitgestellt werden soll
- **Deployment Description**: eine kurze Beschreibung der Anwendung

- **Package (Type to filter matching records)**: das Entwicklungspaket, das auf dem ABAP-System verwendet werden soll
- **Transport Request**: der zu verwendende Transportauftrag

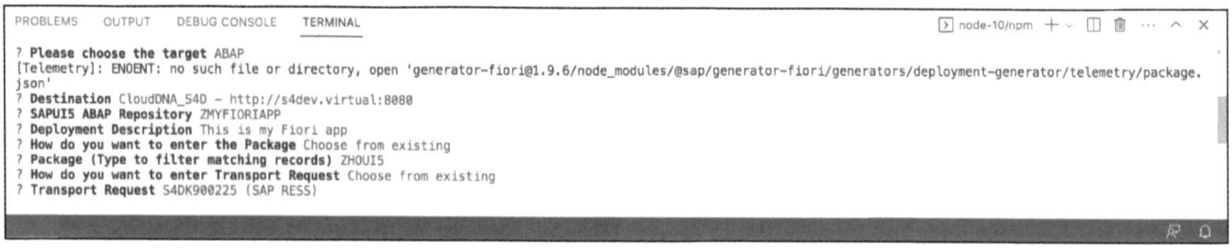

Abbildung 18.22 Details der Deploy-Konfiguration

Sie können dann die Einstellungen in der Datei **ui5-deploy.yaml** überprüfen (siehe Abbildung 18.23).

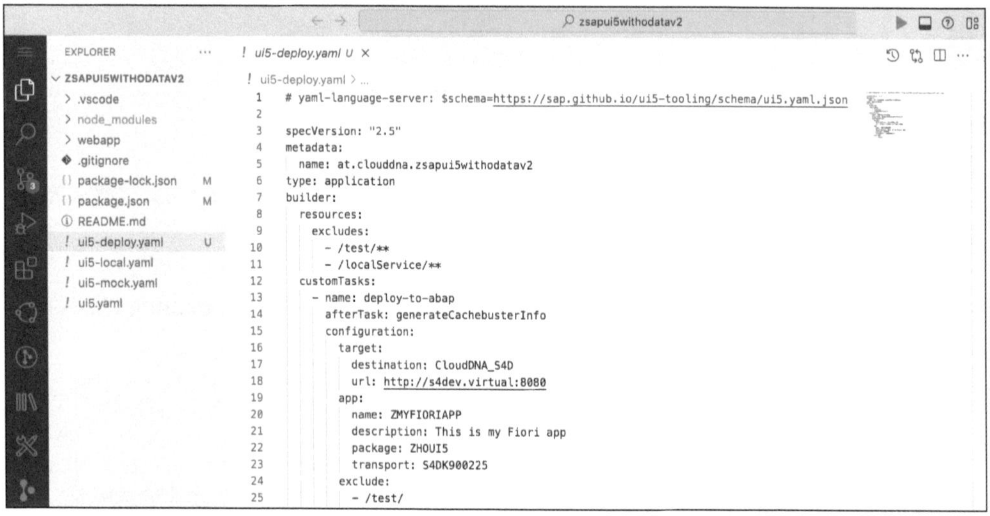

Abbildung 18.23 YAML-Datei

Führen Sie nun den Befehl `npm run deploy` im Terminal aus, um die Bereitstellung zu starten (siehe Abbildung 18.24).

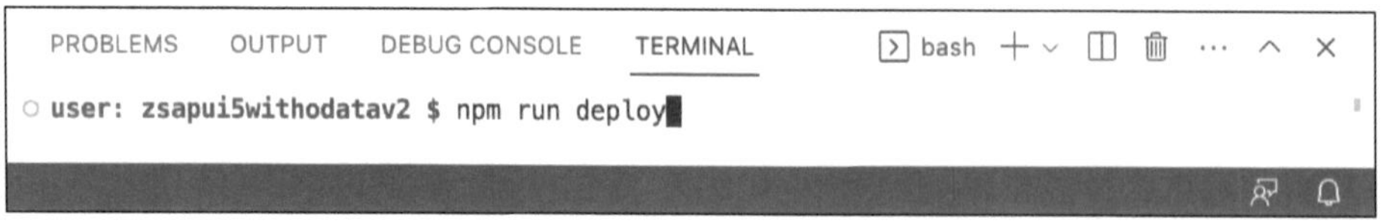

Abbildung 18.24 Deployment starten

Sie müssen die Bereitstellung erneut durch Eingabe von »Y« bestätigen (siehe Abbildung 18.25).

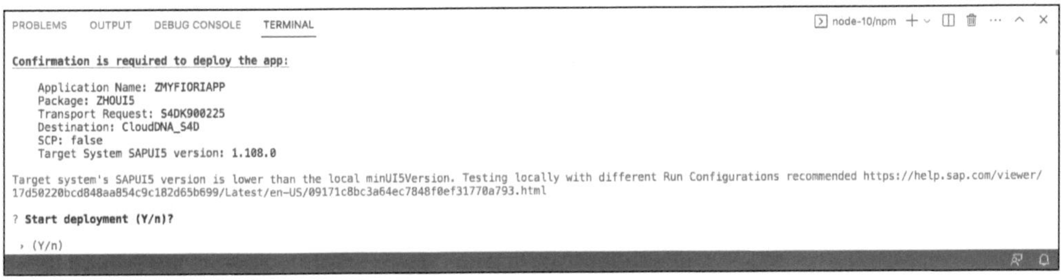

Abbildung 18.25 Bestätigen der Deployment-Einstellungen

Sie können den Fortschritt des Builds und der Bereitstellung in der Konsole verfolgen. Wenn die Bereitstellung erfolgreich war, sollten Sie **Deployment Successful** sehen, wie in Abbildung 18.26 dargestellt.

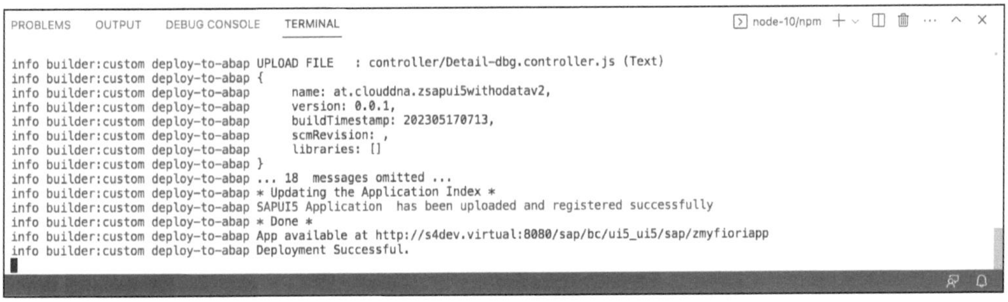

Abbildung 18.26 Deployment erfolgreich durchgeführt

Sie können das Ergebnis des Builds auch im Ordner **dist** überprüfen (siehe Abbildung 18.27).

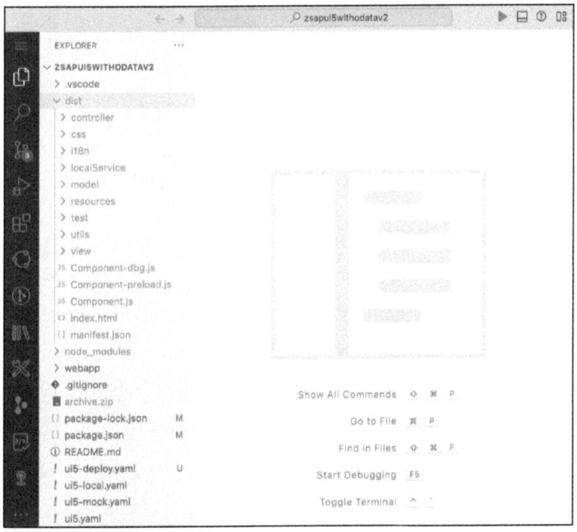

Abbildung 18.27 »dist«-Order überprüfen

Sie haben auch die Möglichkeit, die SAP-Fiori-App in der Business-Server-Page-Applikation (BSP-Applikation) in der ABAP Workbench (Transaktion SE80) zu prüfen (siehe Abbildung 18.28).

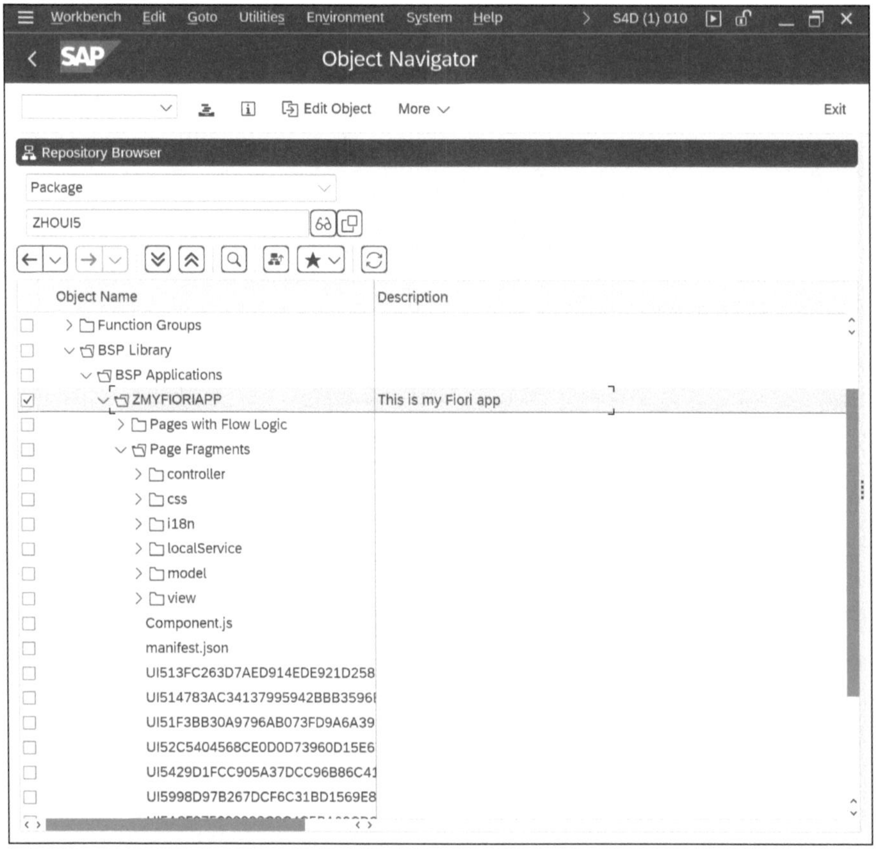

Abbildung 18.28 BSP-Applikation prüfen

18.3 Bereitstellung in der SAP Business Technology Platform

Im Gegensatz zum ABAP RESTful Application Programming Model können und müssen Sie die gesamte Anwendung im SAP Cloud Application Programming Model bereitstellen. Wir zeigen Ihnen im Folgenden, wie dies aus dem SAP Business Application Studio heraus geschieht. Die Datei **mta.yaml** ist, wie Sie bereits gelernt haben, der Deployment Descriptor. Öffnen Sie das Kontextmenü für diese Datei, wie in Abbildung 18.29 dargestellt, und klicken Sie auf den Eintrag **Build MTA Project**.

Der Build wird sofort gestartet. Sie können den Fortschritt des Build-Prozesses im Terminal verfolgen (siehe Abbildung 18.30).

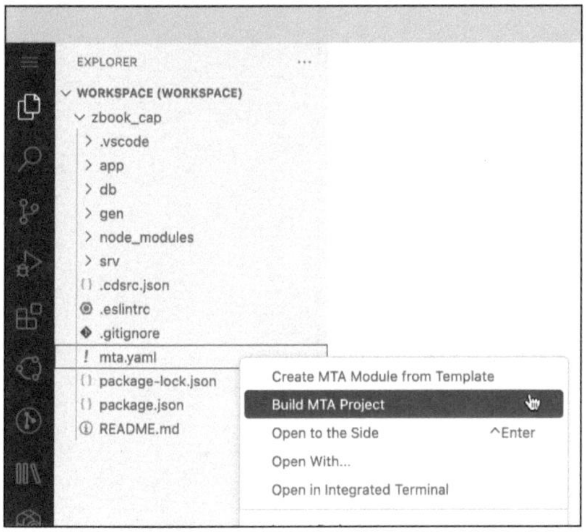

Abbildung 18.29 Projekt erstellen

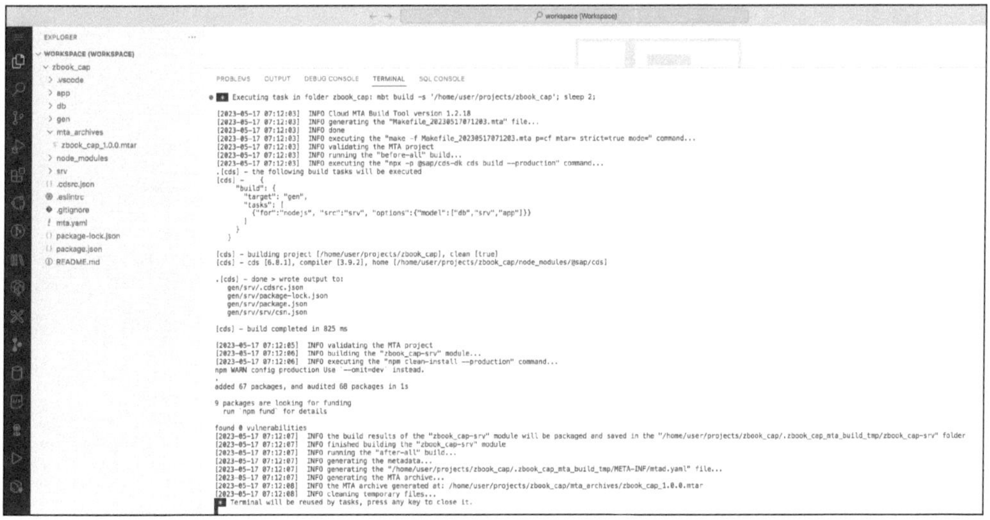

Abbildung 18.30 Build-Fortschritt im Terminal

Als Ergebnis des Builds wird ein Multi-Target-Archiv erstellt. Dazu wird eine Datei mit der Endung **.mtar** im Verzeichnis **mta_archives** angelegt. Diese Datei muss nun im nächsten Schritt in SAP BTP deployt werden. Dazu öffnen Sie das Kontextmenü dieser Datei und klicken auf **Deploy MTA Archive** (siehe Abbildung 18.31).

Für die Bereitstellung müssen Sie sich zunächst bei der Cloud-Foundry-Umgebung anmelden. Sie finden den Cloud-Foundry-Endpunkt im gewünschten Subaccount. Außerdem müssen Sie Ihren Benutzer und das entsprechende Kennwort eingeben, wie in Abbildung 18.32 dargestellt. Klicken Sie dann auf **Sign in**.

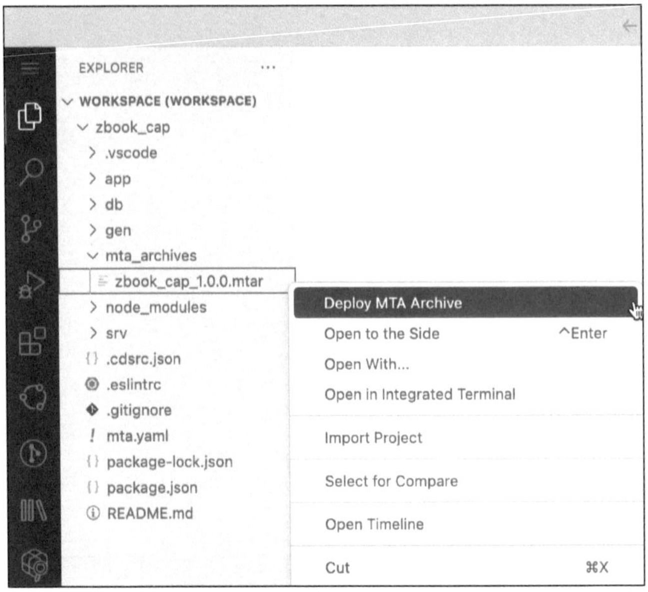

Abbildung 18.31 Deployment starten

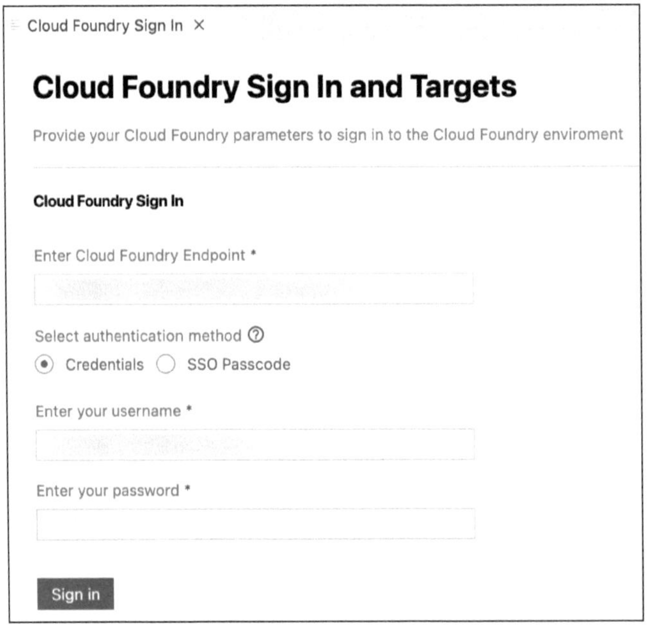

Abbildung 18.32 Cloud-Foundry-Login

Im nächsten Schritt müssen Sie die Cloud-Foundry-Organisation und einen Space darin auswählen, wie in Abbildung 18.33 dargestellt, und dann auf **Apply** klicken.

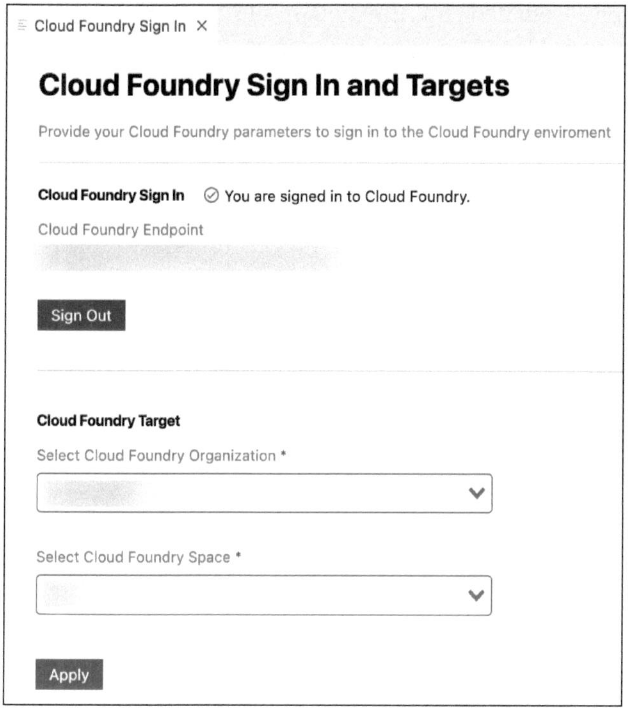

Abbildung 18.33 Cloud Foundry Organization und Space

Sie können den Fortschritt der Bereitstellung im Terminal überwachen (siehe Abbildung 18.34).

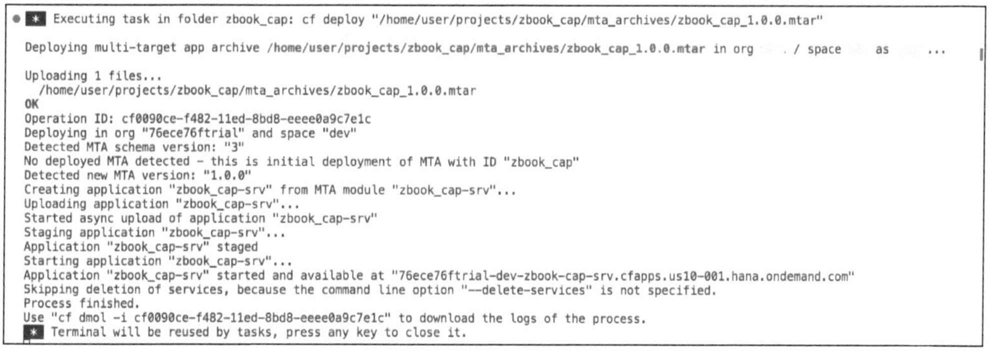

Abbildung 18.34 Deployment-Status

Nachdem das Deployment abgeschlossen ist, kann die App aus SAP BTP heraus gestartet werden. Navigieren Sie dazu im Seitenmenü des Subaccounts zum Bereich **Applications** und klicken Sie auf die zuvor bereitgestellte App, um zu den Details zu gelangen. Im Abschnitt **Application Routes** sehen Sie den Endpunkt, über den die App erreicht werden kann. Klicken Sie auf den Link, um die App zu starten. Sie sollten danach die Einstiegsmaske der App sehen (siehe Abbildung 18.35).

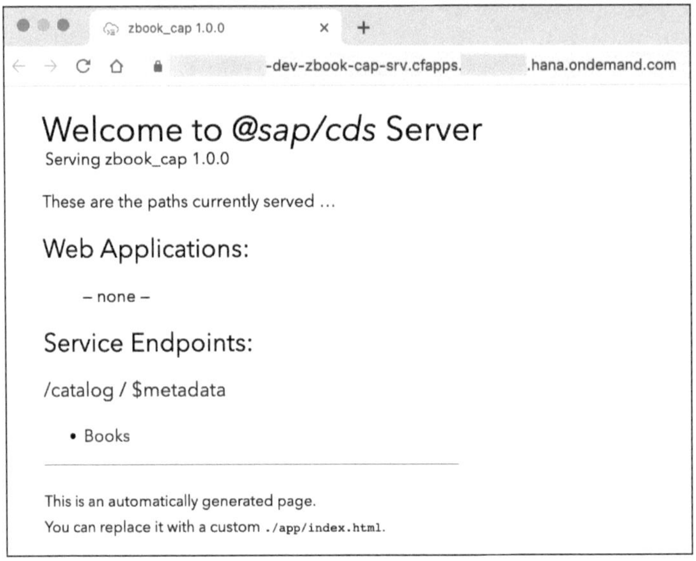

Abbildung 18.35 Startseite der App

18.4 Zusammenfassung

In diesem Kapitel haben Sie die Bereitstellungsoptionen für Anwendungen kennengelernt. Zu diesem Zweck haben wir in Abschnitt 18.1 mit Continuous Integration, Continuous Delivery und Continuous Deployment begonnen. Dies ist die Krönung der App-Bereitstellung. Seriöse Entwicklungsprojekte sind darauf angewiesen. In Abschnitt 18.2 haben wir Ihnen dann gezeigt, wie Sie SAP-Fiori-Apps aus dem SAP Business Application Studio auf SAP-S/4HANA-On-Premise-Systemen bereitstellen können. Bei diesem Prozess muss nur die SAP-Fiori-App implementiert werden, da die ABAP-RESTful-Application-Programming-Model-Anwendung in den ABAP Delevopment Tools für Eclipse erstellt und aktiviert wird. In Abschnitt 18.3 haben Sie gelernt, wie man Anwendungen bereitstellt, die mit dem SAP Cloud Application Programming Model erstellt wurden. Hier haben wir das Deployment von SAP Business Application Studio in die Cloud-Foundry-Umgebung von SAP BTP gezeigt.

Das Autorenteam

Rene Glavanovits ist SAP Consultant und Entwickler bei der CloudDNA GmbH. Er ist spezialisiert auf die neuesten SAP-Technologien, insbesondere auf die Entwicklung von Full-Stack-Applikationen mit SAP Fiori, SAPUI5, OData, CDS und dem SAP Cloud Application Programming Model. Daneben beschäftigt er sich mit SAP Cloud Integration. Die ersten Erfahrungen mit SAP machte Rene Glavanovits bereits im Zuge seiner Ausbildung. Das Erlernte setzte er bei Kunden verschiedenster Branchen und Größen immer wieder erfolgreich in die Praxis um. Neben den Entwicklungen im SAP-Umfeld wendet er sein Können in diversen Java- oder anderen Webentwicklungen an.

Martin Koch ist Managing Director der CloudDNA GmbH, einem SAP-Partner in Österreich. Er und sein Team führen für SAP sehr erfolgreich Trainings durch und haben vier eigene Trainings zu den Themen SAPUI5, SAP Fiori, Cloud-Integration und Cloud Security entwickelt, die im SAP-Trainingskatalog gelistet sind. Neben seiner Tätigkeit als Trainer ist Martin Koch als Architekt, Berater und Entwickler bei internationalen SAP-Kunden aller Unternehmensgrößen im Einsatz. Er ist ursprünglich ausgebildeter Linienpilot und Fluglotse und über Umwege 2007 in einem Trainee-Programm bei SAP Österreich gelandet. Dort beschäftigte er sich zunächst mit den Themen Integration und SAP NetWeaver Application Server Java. Ab 2010 rückten mobile Applikationen im SAP-Umfeld in seinen Fokus. Nach einigen Projekten zur Architektur, Sicherheit und Entwicklung mobiler Lösungen widmete sich Martin Koch ab 2012 schwerpunktmäßig SAP HANA, SAPUI5, SAP Fiori und der SAP Business Technology Platform.

Daniel Krancz ist Berater und Entwickler bei der CloudDNA GmbH. Bereits während seiner Ausbildung kam er mit SAP in Berührung, weshalb er sich auf die neuesten SAP-Technologien spezialisierte, insbesondere auf Full-Stack-Entwicklungen im Bereich SAP Fiori. Dies umfasst unter anderem SAPUI5, OData, Cloud Application Programming Model und ABAP RESTful Application Programming Model sowie die SAP Business Technology Platform. Auf diesen Gebieten unterstützt er SAP-Kunden aller Unternehmensgrößen und Branchen. Seit 2019 ist Daniel Krancz als externer Trainer bei SAP gelistet und hält internationale Kurse und Workshops im User-Experience-Umfeld ab. SAP hat ihn für die Erfolge im Jahr 2022 zum dritten Mal in Folge mit dem Titel »SAP Authorized Trainer« ausgezeichnet.

Maximilian Olzinger ist Software Developer und Consultant bei der CloudDNA GmbH. Als SAP Certified Development Associate wickelt er Projekte für Unternehmen aller Branchen mit großem Erfolg ab. Er hält darüber hinaus Trainings in den Bereichen SAP Fiori, ABAP und Webentwicklung und hat mehrere SAP-Standardtrainings im Umfeld von SAP Fiori entwickelt. Erste Berührungspunkte mit den SAP-Technologien hatte Maximilian Olzinger bereits während seiner Ausbildung an der HTL Pinkafeld. Anschließend vertiefte er dieses Wissen bei der CloudDNA GmbH und wählte die Schwerpunkte SAP Fiori, SAPUI5, ABAP und OData. Neben den Tätigkeiten im SAP-Umfeld ist er dort als Experte für diverse Web-Frameworks wie Angular tätig.

Index

A

L

M

N

O

P

Q

R

S

T

U